公司法實務解析

張炳坤 著

LAW

五南圖書出版公司 印行

作者序

公司法是公司組織及其運作之基本大法,公司之運行更直接影響每個人之日常生活、資本市場之健全與效率、產業及國家經濟之發展。公司法自民國(下同)18年制定公布後,歷經多次修訂,最近一次是在107年間。在修法過程中,各界含行政院版共提出超過40個版本,建議修訂之條文將近200條。最終於107年7月6日經立法院三讀通過,8月1日總統公布,共修正148條,祈能與時俱進,建構效率、公平、符合商業運作,並具有國際競爭力之公司法制。然而,修法過程,卻爭議不斷,各方角力、妥協之痕跡鑿鑿,「補釘式」個案問題解決之修訂仍大於整體架構之調整,而形式上之立法也往往輕忽實務上執行之問題,故有謂仍屬變動中的公司法制。

本書是以107年8月1日公布之公司法為版本,在架構上主要是參考柯芳枝教授公司法論之骨幹,並參酌劉連煜教授現代公司法之內容而成(謹向二位教授致敬)。在體例安排上,是採教科書之形式編寫,以法條為基礎,次摘錄(歷次修訂之)立法理由,再依次歸納、整理主管機關函釋及/或法院實務之見解。茲因採取教科書之形式,對讀者而言可能覺得嚴肅,但對初學者而言,或可觀其全貌,略知梗概。再者,本書之內容主要是整理函釋及判決之見解,且對其內容多原文照引,僅為通順或編輯之目的而略做調整或修改,故在內容上恐過於繁雜,不夠精簡,但應可窺見實務之運作與爭議之所在,並瞭解主管機關或法院對於個別法律觀點之闡釋。又因作者之職務及能力之關係,缺乏學說、理論之論述或闡釋,對欲深入研究者而言可能略嫌不足,然旁徵博引民法、證券交易法、企業併購法等,應足以舉一反三,瞭解問題之全貌。

本書之出版,首先感謝許多同事在工作上之協助,讓筆者能夠利用空檔斷斷續續編寫;感謝家人、朋友之支持與鼓勵,讓筆者能夠繼續努力,不敢懈怠;另感謝五南圖書出版公司之垂愛及協助,讓本書得以順利出版,實深感幸運;最後,謹以此書獻給我的父母,感謝其養育、教誨之大恩。

本書之內容僅為筆者個人之意見,不代表所屬事務所之見解或立場,且文責由筆者自負。另本書初出版,雖力求正確,但錯誤或在所難免,尚祈各界先進批評、指正。

炳坤 謹上

民國110年8月

本書凡例

1. 公司法：簡稱「公」。
2. 民法：簡稱「民」。
3. 證券交易法：簡稱「證」或「證交法」。
4. 企業併購法：簡稱「企併法」或「企併」。
5. 金融控股公司法：簡稱「金控法」。
6. 金融機構合併法：簡稱「金併法」。
7. 投資人保護中心依證券投資人及期貨交易人保護法：簡稱「投保法」。
8. 商業事件審理法：簡稱「商審法」。
9. 民事訴訟法：簡稱「民訴」。
10. 破產法：簡稱「破」。
11. 非訟事件法：簡稱「非訟」。
12. 國營事業管理法：簡稱「國營法」。
13. 發行人募集與發行有價證券處理準則：簡稱「募發準則」。
14. 公開收購公開發行公司有價證券管理辦法：簡稱「公開收購辦法」。
15. 公開發行公司取得或處分資產處理準則：簡稱「取處準則」。
16. 公開發行公司資金貸與及背書保證處理準則：簡稱「資背準則」。
17. 公開發行公司辦理私募有價證券應注意事項：簡稱「私募注意事項」或「私募」。
18. 公開發行公司獨立董事設置及應遵循事項辦法：簡稱「獨立董事設置辦法」。
19. 股票上市或於證券商營業處所買賣公司薪資報酬委員會設置及行使職權辦法：簡稱「薪酬委員會設置辦法」。
20. 「○○股份有限公司股東會議事規則」參考範例：簡稱「股東會議事規則」或「股東會規則」。
21. 公開發行公司董事會議事辦法：簡稱「董事會辦法」。
22. 公開發行公司出席股東會使用委託書規則：簡稱「委託書規則」或「委規」。
23. 證券發行人財務報告編製準則：簡稱「財報編製準則」。
24. 上市上櫃公司企業社會責任實務守則：簡稱「社責守則」。
25. 商業會計處理準則：簡稱「商會準則」。
26. 臺灣證券交易所股份有限公司對有價證券上市公司重大訊息之查證暨公開處理程序：

簡稱「重大訊息辦法」。

27.臺灣證券交易所股份有限公司營業細則：簡稱「營業細則」。

28.金融監督管理委員會：簡稱「金管會」。

29.臺灣證券交易所股份有限公司：簡稱「證交所」或「交易所」。

30.財團法人證券櫃檯買賣中心：簡稱「櫃買中心」。

　　本書所援引經濟部之函釋，主要是依據「經濟部商工行政法規」網站（網址：https://gcis.nat.gov.tw/elaw/lawDtlAction.do?method=viewLaw&pk=19）之函釋，當屬現仍有效之函釋；至於其他主管機關之函釋及法院判決等，則主要引自法源法律網（網址：https://www.lawbank.com.tw/）或司法院法學資料檢索系統（網址：https://law.judicial.gov.tw/）之資料。

　　另依法院組織法（108年7月4日施行）第57條之1第1項及第2項之規定，最高法院於該法修正施行前依法選編之判例，若無裁判全文可資查考者，應停止適用；該停止適用之判例，其效力與未經選編爲判例之最高法院裁判相同。茲爲行文方便及以之識別，對最高法院先前依法選編之判例，仍逕以「判例」稱之，而不逐一標示「原爲判例」。

目 錄 CONTENTS

第一章　總則

一、公司之意義

公司法第1條第1項規定：「本法所稱公司，謂以營利爲目的，依照本法組織、登記、成立之社團法人。」依此定義，公司在法律地位上是屬法人，且在法人分類上爲社團法人，主要以營利爲目的，且需依公司法之規定組織、設立及登記。

（一）公司在法律地位上是屬法人

所謂法人是相對於自然人而言。法人依相關法律成立後，於法令限制內，有享受權利負擔義務之能力（民§25、26）。如同自然人一般，法人也有自己之名稱、住所、國籍及財產等，與自然人不同的是，因公司是法律上成立之主體，故需另外設置機關以決定及實行其意思。

公司之名稱，相當於自然人之姓名。公司名稱，應使用我國文字，且不得與他公司或有限合夥名稱相同（公§18 I 前）。公司名稱，應標明公司之種類（公§2 II）。爲避免不同類業務之公司，使用相同之公司名稱，以致交易上產生混淆或造成行政管理上之差錯，如二公司或公司與有限合夥名稱中標明不同業務種類或可資區別之文字者，視爲不相同（公§18 I 後）。此外，公司不得使用易於使人誤認其與政府機關、公益團體有關或妨害公共秩序或善良風俗之名稱（公§18 IV）。公司名稱，於公司登記前應先依「公司名稱及業務預查審查準則」之規定，申請核准（公§18 V）。

公司之住所爲公司法律關係之中心地域，舉凡債務之清償、訴訟之管轄、書狀之送達等均以住所爲依據。法人以其主事務所之所在地爲住所（民§29），公司則以其本公司所在地爲住所（公§3 I）。

公司之國籍是以其依照何國法律組織登記成立而定。依中華民國公司法組織、登記、成立者，爲我國公司；如依照外國法律組織登記之公司，則爲外國公司（公§4 I）。外國公司，於法令限制內，與中華民國公司有同一之權利能力（公§4 II）。

公司是以營利爲目的之法人，自應有其財產，以從事營業。公司之財產，係以股東之出資爲其原始成分，一旦股東履行其出資義務後，其出資財產即移轉予公司，成爲公司財產之成分。公司法對於股東之出資程序，有詳細之規定。

公司雖爲法人，但公司終究是法律上成立之主體，故需另外設置機關以決定及實行其意思。以股份有限公司爲例，設有股東會、董事會及監察人等機關，以決定公司之意思、執行公司之業務，及監督公司業務之執行，俾使公司之法律組織體得以順利運作。

（二）公司在組織分類上是屬社團

法人依其內部組織基礎之不同，可區分爲社團法人及財團法人。公司是屬社團組織，公司之構成員概稱爲股東，而股東爲公司成立及存續之基礎。公司既爲社團，就其本質而言，應有股東至少二人以上組成（公§2），但公司法例外允許由一人以上股東所組織之有限公司，及政府、法人股東一人所組織之股份有限公司。

（三）以營利為目的

所謂營利，是指因經營而獲得利益而言。營利性爲公司與其他法律組織最大之差異所在。以營利爲目的，在法律解釋上，可能產生下列二種意義，包括追求股東利益最大化，以及如有獲利應分配予股東。

然隨著公司制度之發展，追求獲利已不再是企業經營的唯一目標，公司爲社會之一份子，除從事營利行爲外，也應負擔社會責任（Corporate Social Responsibility，簡稱CSR），除考量股東之利益外，也應注意利害關係人（包括員工、顧客、社區等）之利益，在追求永續經營與獲利之同時，應重視環境（environment）、社會（social）與公司治理（governance）之因素（合稱ESG），並將其納入公司管理方針與營運活動。

（四）依照本法組織、登記、成立

本法所稱公司，是指依照本法組織、登記、成立之社團法人。因此，在設立公司時，必須依「公司名稱及業務預查審查準則」、「公司登記辦法」等，完成公司之設立登記。

二、公司制度之起源

追逐利益是人類強烈的慾望，是天性也是本能，所謂「富者，人之情性，所不學而俱欲者也」、「天下熙熙，皆爲利來；天下攘攘，皆爲利往」在追逐利益的過程中，或「無財作力，少有鬥智，既饒爭時」，或「人棄我取，人取我與……趨時若猛獸摯鳥之發」，或「擇人而任時」，雖趣舍萬殊，但大抵以獨資商號或合夥形式爲之，以致「年衰老而聽子孫，子孫修業而息之」[1]，然終無以爲繼。

現代公司之起源與商業發展、國際貿易之興盛有極密切之關係。在15世紀，葡萄牙

---

[1] 以上均引自史記，貨殖列傳。

人爲打破阿拉伯商人壟斷香料貿易，在國家力量支持下，開闢從大西洋往南繞過好望角到印度的航線。西班牙女王則贊助哥倫布向西航行，希望開闢到印度的新航線，然卻意外發現美洲大陸（1492年），帶回數量可觀的黃金與白銀。之後，英國、荷蘭等亦相繼投入航海冒險而從事跨國貿易，當時，海上航行雖有相當大的風險，但因獲利頗豐，以致英、荷等仍競相投入航海冒險事業，而以「公司」（company）爲名之商業組織亦因此而生，但此時的公司是由國家主導之特許組織（regulated company），如西元1602年成立的荷蘭東印度公司（VOC）。

當時荷蘭國家議會授權荷蘭東印度公司在東起非洲南端好望角，西至南美洲南端麥哲倫海峽，具有貿易壟斷權。公司的任務是供基本物質，使會員能夠出海。成立之初，是以募股方式籌措資金，並設立管理委員會及十七人組成之董事會，探評議與協商的方式決定方針，並有人事任免及重大政策的決定權，而董事會亦制定各種規章命令成員遵守。當資金籌措完成，得以成功出海後，船長即負責該次航行的成敗，並由船員協助海上航行的各項事務，等到一年半載歸來以後，該次海上貿易所獲得的利益，則依出資比例分配，故已具備現代公司組織的運作雛形[2]。

所不同的是，荷蘭東印度公司是特許組織，並非民間組織，而是代表國家。由於當時經商貿易與外交、戰爭緊密相關，故荷蘭議會乃特許東印度公司得代表國家，進行締約、宣戰、媾和、課稅及行使司法審判權等，故東印度公司實際上是荷蘭在東方的經貿總代表機構。而在剛開始的時候，其經營仍類似合夥的型態，且負無限責任，但隨著時間的推移，漸漸地，特許公司吸收合夥以共同帳戶交易之特性，股東個人不用再負擔公司的負債，而公司也可以免於受到股東個人債務的拖累。此外，公司存在的目的，也由代表政府從事貿易，漸漸地轉爲謀求各成員的私益[3]。

三、股東有限責任原則[4]

從歷史的角度而言，人類早期的商業活動中，無論獨資商號或合夥型態，均是負無限清償責任。在無限清償責任的要求下，使相對人樂於接受交易，成交機率大爲提升。如前所述，在大航海時代背景下，特許公司漸漸地吸收了合夥以共同帳戶交易的特性，使公司成員逐漸擺脫無限清償責任，僅負擔有限責任，此即後人所稱之股東有限責任原則。

蓋公司（有別於其股東）爲法律上獨立之權利義務主體，公司之權利與責任亦通常與其股東分離；股東對於公司之債務，僅於其出資額或所認股份之限度內負責。在此等原則下，就投資人之角度而言，因投資人（股東）不須就公司所生之債務負責，故不會蒙受超

2　參見王文宇，公司法論，元照出版有限公司，2003年10月初版第1刷（下同），第3至6頁。

3　同前註。

4　參見郭大維，「股東有限責任與否認公司法人格理論之調和—『揭穿公司面紗原則』之探討」，中正財經法學第7期，2013年7月，第53至56頁。

過其投資金額之損失，且於投入之前即可預期受到之最大損失為何（即所投入之金額），可以鼓勵大眾投資；反之，如無此等原則，則投資人於投入資金到公司前，勢必先考慮及調查公司之資產及債務狀況與其他股東之資力是否雄厚，以避免將來所可能面臨之無限清償責任。

就公司之角度而言，由於公司具有獨立之法人格，且公司之債務與股東分離，股東僅就其所認股份或出資額之限度內，對公司負其責任，故股東可不必擔心及過度監督公司之經營（如每一股東皆過度介入公司經營，將使公司綁手綁腳難以運行）；另一方面，亦可減少投資人因恐懼於潛在之股東責任而怯於投資之情形，也可促使投資人願意挹注資金於其所未必熟悉之企業或具有高風險之新創事業，而有利於公司籌措資金，並使新創事業得以發展，進而促使整個經濟之活絡與發展。

就債權人之角度而言，債權人在締約前可調查公司之財務狀況，且有可能透過契約條款之設計，降低其風險，對其而言，亦無重大不利影響。

就國家經濟之角度而言，因採股東有限責任原則，且股份有限公司之股份得自由轉讓，前手股東可自由轉讓其股份以收回投資，後手股東於承受該股份時，亦無須擔心需承受前手股東所可能發生之潛在責任，將有助於資本之形成與流通，及促進經濟活動之活絡與蓬勃發展，因此，在股東有限責任原則及股份自由轉讓原則下，也才可能形成證券交易市場，發展國民經濟。職是，有謂「有限責任是當代最偉大之發明，其重要性甚至遠超過蒸氣與電力的發明[5]」，誠非虛言！故「股東有限責任原則」可謂商業活動及經濟運作之基礎。

四、商業組織型態之比較

以營利為目的之商業組織，除公司外，亦包括獨資商號或合夥型態。此外，為增加事業組織之多元性及經營方式之彈性，俾利事業選擇最適當之經營模式，104年6月24日另制定有限合夥法，引進有限合夥事業組織型態。茲先說明商號、合夥、公司及有限合夥等商業組織，並略述其差異：

（一）商號

又稱為獨資商號。依商業登記法第3條之規定：「本法所稱商業，指以營利為目的，以獨資或合夥方式經營之事業。」一般常見之「○○建材行」或「○○工程行」屬之。有關商號之所有權利義務、盈餘虧損等都是由出資人負擔，欠缺獨立之法人格與永續性。在民事訴訟上，是以「某甲即○○商號」之方式表示。獨資商號雖屬所得稅法第11條之營

---

[5] 美國哥倫比亞大學前校長Nicholas Murray Bulter之名言。其原文為：「The limited liability corporation is the greatest single discovery of modern times...... Even steam and electricity are far less important than the liability corporation.」

利事業，但依所得稅法第14條之規定，獨資資本主每年自其獨資經營事業所得之盈餘總額，屬「營利所得」，應納入資本主個人之綜合所得總額。

（二）合夥

或稱為一般合夥（俾與下述之「有限合夥」相區別）。合夥在民法上是將之視為契約之一種型態，依民法第667條第1項之規定：「稱合夥者，謂二人以上互約出資以經營共同事業之契約。」合夥在實體法上並無所謂權利能力，但民事訴訟法上，則將之視為「非法人團體」，具有訴訟當事人能力（民訴§40Ⅲ）。合夥組織具有團體性，目的在於經營共同事業。合夥人中存有「出資比例」，合夥人內部之權利義務，如無法律特別規定且合夥人間亦未特別約定者，則按出資比例（民§677Ⅰ）。合夥財產不足清償合夥之債務時，各合夥人對於不足之額，連帶負其責任（民§681）。又各合夥人之出資及其他合夥財產，為合夥人全體之公同共有（民§668），合夥財產（特別是不動產）不能登記為（合夥）單獨所有；合夥人於合夥清算前，不得請求合夥財產之分析（民§682Ⅰ）。合夥業務之執行原則上採多數決（民§673Ⅰ），並設有入夥、退夥、解散、清算等規定。合夥屬所得稅法第11條之營利事業，但依同法第14條之規定，合夥組織營利事業之合夥人每年度應分配之盈餘總額，屬「營利所得」，應納入個人之綜合所得總額。

（三）公司

依公司法第1條第1項之規定：「本法所稱公司，謂以營利為目的，依照本法組織、登記、成立之社團法人。」可知公司在法律地位上是屬法人，具有獨立之權利能力。一旦股東履行其出資義務後，其出資財產即移轉予公司，成為公司財產之成分，股東個人之財產與公司之財產即可區分及分離，故具有永續性。依公司法第2條第1項之規定，公司分為下列四種，包括無限公司、兩合公司、有限公司及股份有限公司，故股東之責任應依公司之種類而定，可能是無限責任或有限責任。

另為了鼓勵新創及中小型企業之發展及因應科技新創事業之需求，賦予企業較大自治空間，使其得在股權安排及運作上，較現行非閉鎖性股份有限公司更具有彈性，104年6月15日通過公司法修正案，於公司法第五章「股份有限公司」增訂「閉鎖性股份有限公司」（下稱「閉鎖性公司」）專節，依公司法第356條之1第1項之規定：「閉鎖性股份有限公司，指股東人數不超過五十人，並於章程定有股份轉讓限制之非公開發行股票公司。」

有關公司之運作，應依公司法之相關規定辦理，如股份有限公司之董事會、股東會、監察人等。在稅務上，公司應先繳納「營利事業所得稅」；迨公司將股息紅利分配予自然人股東後，該自然人股東對於該股息紅利所得，應再繳納股東個人之綜合所得稅。

（四）有限合夥

依有限合夥法第4條及第6條之規定：「本法用詞，定義如下：一、有限合夥：指以營利為目的，依本法組織登記之社團法人。二、普通合夥人：指直接或間接負責有限合夥之實際經營業務，並對有限合夥之債務於有限合夥資產不足清償時，負連帶清償責任之合夥人。三、有限合夥人：指依有限合夥契約，以出資額為限，對有限合夥負其責任之合夥人。」「有限合夥應有一人以上之普通合夥人，與一人以上之有限合夥人，互約出資組織之。」可知有限合夥組織是指以營利為目的，由一人以上之普通合夥人（實際經營業務，並負連帶無限清償責任），與一人以上之有限合夥人（不負責實際業務之經營，而以出資額為限，負有限清償責任）互約出資所成立之「社團法人」。

有限合夥組織，在運作上是由普通合夥人負責，普通合夥人及一般合夥人之權利義務則依契約之約定，在稅務上，亦約略與公司情形相同。

茲謹將上述各種商業組織型態彙整比較如表1-1[6]。

表1-1　各種商業組織型態

	獨資	合夥	無限公司	兩合公司	有限公司	股份有限公司	閉鎖性公司	有限合夥
法人資格	無	無	有	有	有	有	有	有
成員責任	無限責任	無限責任	無限責任	無限責任股東負無限責任，有限責任股東負有限責任	有限責任	有限責任	有限責任	普通合夥人負無限責任，有限合夥人負有限責任
業務機關	獨資個人經營	合夥人	各股東	無限責任股東	董事	董事會	股東持股比例	普通合夥人
損益分配	獨資個人	合夥人	章程自訂	章程自訂	章程自訂	股東持股比例	章程自訂	契約自訂

---

[6]　參見經濟部，閉鎖性股份有限公司解析，2015年9月，第7頁，經濟部商業司全國商工行政服務入口網〉首頁〉閉鎖性公司專區〉相關宣導〉閉鎖公司法修正與實務解析（網址：https://gcis.nat.gov.tw/mainNew/subclassNAction.do?method=getFile&pk=608）。

表1-1　各種商業組織型態（續）

	獨資	合夥	無限公司	兩合公司	有限公司	股份有限公司	閉鎖性公司	有限合夥
出資轉讓	個人決定	全體合夥人同意	其他股東全體同意	有限責任股東須經無限責任股東過半數同意，無限股東須經全體同意	經其他股東過半數同意	原則上股份自由轉讓	經其他股東同意或其他章程規定之限制	有限合夥之合夥人，得依契約約定，或經其他合夥人全體同意，以其出資額之全部或一部，轉讓於他人
存續期間	個人決定	得約定存續期間	以永續經營爲原則	以永續經營爲原則	以永續經營爲原則	以永續經營爲原則	以永續經營爲原則	得約定存續期間

五、商業組織型態之選擇

　　企業在經營時有前述多種組織型態可供選擇，就企業主而言，在經營上所面對的第一個問題是，究應選擇何者作爲其組織型態。一般而言，考量因素大致如下[7]：

（一）法律上之限制

　　例如銀行法第52條第1項規定：「銀行爲法人，其組織除法律另有規定或本法修正施行前經專案核准者外，以股份有限公司爲限。」可知經營銀行時，原則上只能以「股份有限公司」之組織型態爲之（且同條第2項甚至規定：「銀行股票應公開發行。但經主管機關許可者，不在此限。」）除是基於行業組織特性或管制需求，而要求特定組織型態外，另爲促使其財務公開以及資本大眾化，更要求銀行應辦理公開發行。

　　又如律師法第48條規定：「律師事務所之型態分下列四種：一、獨資律師或法律事務所。二、合署律師或法律事務所。三、合夥律師或法律事務所。四、法人律師或法律事務所。……第一項第四款之法人律師或法律事務所，另以法律定之。」（會計師法第15條亦有類似規定）可知律師事務所之型態爲獨資（及合署）、合夥或法人（另以法律定之）等型態，主要應是考量律師在執行業務時與客戶間之特別信賴關係，而令其負無限責任。

---

[7]　參見王文宇，公司法論，第14至17頁。

（二）有限責任

在經營事業追求利益時，可能會面臨各式各樣的風險，甚至可能血本無歸，就投資者而言，所關心的是當事業面臨各種風險時，其相關責任是將僅侷限於事業本身，還是有可能追及到投資者個人的財產。此一問題，對於投資者的風險控管，具有重要意義。質言之，如果投資者只是以其出資為限，負有限責任，則在投入資金之前，因可預見最大損失為何（即所投入之金額），將會比較勇於投資，尤其是投資高風險及高報酬的事業；反之，如投資人依法應負無限責任，亦即當事業之財產不足以承擔其所應負之相關責任時，債權人可以追及到投資者個人的財產，命投資者一併負責，則投資者為避免事業的責任波及延燒到個人身上，將會更在意事業經營之相關風險。

舉例而言，在股份有限公司之情形，依公司法第154條第1項之規定：「股東對於公司之責任，除第二項規定外，以繳清其股份之金額為限。」故採股份有限公司之組織型態，較容易匯集資金以從事高風險但高報酬的事業。又如在合夥型態之律師事務所中，依民法第681條之規定：「合夥財產不足清償合夥之債務時，各合夥人對於不足之額，連帶負其責任。」因此合夥人在法律上會有誘因留意其他合夥人業務之執行，以避免當合夥財產不足清償合夥之債務時，合夥人須為其他合夥人之行為負連帶責任。

（三）稅捐上之考量

事業經營之目的在追求利益。不同的組織型態，在稅法上可能有不同的規範方式，投資者為追求利益之最大化，往往須將稅捐負擔納入考量，以避免未先蒙其利，反先受其害。

舉例而言，如以獨資商號之方式經營事業，獨資商號所得之盈餘總額，應納入資本主個人之綜合所得總額（屬「營利所得」），再依其所適用之個人綜合所得稅稅率，繳納個人綜合所得稅。但如是以有限公司（可由一人股東組織設立）之方式經營事業者，公司雖應先繳納「營利事業所得稅」，但公司經營所產生之盈餘，並不直接納入股東個人之綜合所得，而是當公司將股息紅利分配予股東後，該股息紅利所得才又納入股東個人之綜合所得，並依股東個人所適用之稅率，繳納個人綜合所得稅。由此可知，雖同屬一人獨資經營之事業，但其課稅方式、稅率可能有所不同，甚至差異頗大，故在選擇不同的組織型態時，往往需將可能之稅捐負擔一併納入考量。

（四）組織正式程度及營運成本

事業在草創初期，可能萬事待興，百廢待舉。在資源有限的情況下，經營者可能需身兼多職，所謂「董事長兼工友」是也，此時以企業存活為最高原則，因此，簡單、彈性、非正式化的組織型態，如獨資或合夥等，可能較具優勢。就營運成本而言，如屬公司之組織型態則須遵守公司法之相關規定，例如定期召開董事會、股東會，應編製財報及將財報

送請股東會承認等，其法律遵循成本較高，不若獨資或合夥之組織型態來得簡便。惟當事業步入正軌後，或草創之初即有長遠考量者，也可以選擇相對較為正式之組織型態如公司組織，以作為事業長久經營之用。

（五）永續經營

公司組織具有法人格，除能成為交易之主體外，另一個層面的意義在於使公司能永續經營。亦即公司等法人組織，除非有法定解散或決議解散之事由外，否則原則上是可能永續存在的，並不會受到股東或其成員死亡、破產等影響。相對而言，合夥事業是由自然人所組成（公司法第13條規定：「公司不得為……合夥事業之合夥人。」）其「人合性」較重，注重成員本身之資格、條件，當合夥人個人死亡或破產時，有可能會影響合夥事業之存續，且自然人因受其生命之限制，除非不斷補入新的合夥人，否則合夥事業之存續期間將會有所限制。

（六）權益移轉之自由度

事業經營在將本求利，除追求永續經營外，有時也需要見好就收，落袋為安。因此，相關權利轉讓之自由程度，往往也是選擇事業組織型態所考量的重點之一。舉例而言，依公司法第163條本文之規定：「公司股份之轉讓，除本法另有規定外，不得以章程禁止或限制之。」此即所謂「股份自由轉讓原則」是也，俾使股東藉由股份之轉讓，收回其投資。

相對而言，合夥事業組織的「人合性」較重，注重成員本身之資格、條件，當有人要退夥而將合夥利益轉讓予他人，或他人要加入合夥時，需經其他原合夥人之同意；而退夥時至少應於兩個月前通知他合夥人（民§686 I），且尚涉及退夥後財產結算等問題，故權益轉讓程度相對較低。

六、企業社會責任

依公司法第1條第1項之規定，公司應以「營利」為目的。然而隨著公司制度之發展，「迄今全世界之公司，不知凡幾，其經濟影響力亦日漸深遠，已是與民眾生活息息相關之商業經濟組織。尤其大型企業，可與國家平起平坐，其決策之影響力，常及於消費者、員工、股東，甚至一般民眾。例如企業所造成之環境污染、劣質黑心商品造成消費者身心受害等，不一而足。公司為社會之一份子，除從事營利行為外，大多數國家，均認為公司應負社會責任。[8]因此，公司除以營利為目的外，可否兼以公益為目的，甚至單純以「公益」為目的，在學說上迭有爭議，在107年間修訂時，公司法是否應訂定「社會企

---

[8]　參見107年8月1日公司法第1條之修訂理由。

業」或「兼益企業」，究應以專節甚至專法另爲規定，也有不同的意見。

　　在修法之前，主管機關是先透過函釋之方式，緩和公司以營利爲（唯一）目的之見解，其認爲：「一、公司法第1條明定公司爲營利爲目的之社團法人。亦即，公司係由其成員（股東）所構成，並取得法人資格，成爲社會中權利義務主體。同時，公司集合其成員（股東）出資轉讓於公司之資產，依據公司成員股東之共同目標，於商業社會中，從事經營與相關活動並獲取收益進而造福社會。又股東對於公司共同目標或宗旨，於法定範圍內，自得以章程明定之。然而，公司以營利爲目的與其從事公益性質行爲之關聯，學說雖迭有發展，但無礙於公司或爲追求長遠利益、或追求調和之公司私益與公益，抑或適度地爲兼顧公司經營利害關係者權益等行爲。鑑於公司法第1條較未具公司設立之要件規範性，且公司若於章程中適切反應股東集體意志且未違反其他強行規定者，現行社會企業若擬以營利爲目的之公司組織型態經營，應無違反公司法第1條規定之疑慮。二、公司不僅爲代表全體股東之集體意志，更具有權利義務主體之法人資格，進而與社會各層面（如員工、客戶、營業活動地區及政府等）發生利益關係。準此，若公司章程明定盈餘作爲營運或特定目的之用，且依公司法第237條另提特別盈餘公積者，此類公司盈餘使用規劃，要難謂與公司法第23條規定意旨有所扞格[9]。」依此見解，公司章程中，得訂定採行增進公共利益或善盡其社會責任之規範。此外，就公司盈餘之使用規劃上，亦得以章程明定提列特別盈餘公積，以作爲營運或特定公益目的之用。而公司負責人除追求股東利益最大化外，如採行增進公共利益之行爲，以善盡其社會責任，亦難謂違反其忠實義務與善良管理人之注意義務。

　　民國107年8月1日修訂時，對於「社會企業」或「兼益企業」，並未以專節之方式加以規範，而是在第1條中增訂第2項之規定：「公司經營業務，應遵守法令及商業倫理規範，得採行增進公共利益之行爲，以善盡其社會責任。」其立法理由稱：「按公司在法律設計上被賦予法人格後，除了能成爲交易主體外，另一層面之意義在於公司能永續經營。……其經濟影響力亦日漸深遠，已是與民眾生活息息相關之商業經濟組織。……公司爲社會之一份子，除從事營利行爲外，大多數國家，均認爲公司應負社會責任。公司社會責任之內涵包括：公司應遵守法令；應考量倫理因素，採取一般被認爲係適當負責任之商業行爲；得爲公共福祉、人道主義及慈善之目的，捐獻合理數目之資源……鑑於推動公司社會責任已爲國際潮流及趨勢，爰予增訂，導入公司應善盡其社會責任之理念。」

　　上市櫃公司應依「上市上櫃公司企業社會責任實務守則」（下稱「社責守則」）而訂定其本身之企業社會責任守則，以管理其對經濟、環境及社會風險與影響（社責守則§1）。上市上櫃公司履行企業社會責任，應注意利害關係人之權益，在追求永續經營與獲利之同時，重視環境、社會與公司治理之因素，並將其納入公司管理方針與營運活動（社責守則§3）。並應以落實公司治理（governance）、發展永續環境（environ-

9　參見經濟部106年12月4日經商字第10602341570號函。

ment）、維護社會公益（social benefit）[10]及加強企業社會責任資訊揭露等，以實踐其社會責任（社責守則§4）。此外，依證券交易法第36條第4項授權訂定之「公開發行公司年報應行記載事項準則」第10條第4款第5目之規定，公開發行公司應將「履行社會責任情形及與上市上櫃公司企業社會責任實務守則差異情形及原因」記載於年報之中。

第二節　公司之分類

一、無限公司、有限公司、兩合公司及股份有限公司

　　此一分類是以股東責任之態樣作為區分，亦即以「股東對公司債務應否負清償之責」（直接責任或間接責任）及其「負責程度」（無限責任或有限責任）作為區分標準。依公司法第2條第1項之規定：「公司分為左列四種：一、無限公司：指二人以上股東所組織，對公司債務負連帶無限清償責任之公司。二、有限公司：由一人以上股東所組織，就其出資額為限，對公司負其責任之公司。三、兩合公司：指一人以上無限責任股東，與一人以上有限責任股東所組織，其無限責任股東對公司債務負連帶無限清償責任；有限責任股東就其出資額為限，對公司負其責任之公司。四、股份有限公司：指二人以上股東或政府、法人股東一人所組織，全部資本分為股份；股東就其所認股份，對公司負其責任之公司。」本條為強制規定，除限定公司之種類外，禁止創設此四種以外之公司型態，俾使法律關係明確，及確保交易安全[11]。如違反本條之規定，創設此四種以外之公司型態，應屬無效。

　　依此一分類標準可知：1.無限公司是由負直接、無限責任之股東所組成之公司；2.有限公司是由負間接、有限責任（以出資額為限）之股東所組成之公司；3.兩合公司是由一部分負直接、無限責任之股東，及一部分負間接、有限責任之股東所組成之公司，可謂無限公司與有限公司之綜合體；4.股份有限公司是由負間接、有限責任（以所認股份為限）之股東所組成之公司。

　　此外，為使交易相對人能夠知悉股東責任之態樣，確保交易安全，公司法第2條第2項規定：「公司名稱，應標明公司之種類。」俾使交易相對人能一望即明，瞭解其股東所負之責任態樣為何，藉以瞭解股東對公司之債務究係直接責任或間接責任，以及是負無限責任或有限責任。

---

[10] 此三者合稱ESG（Environment, Social, Governance），近年來ESG議題在國內外受到愈來愈多的關注，許多機構將ESG標準納入投資決策流程，亦即除傳統的企業營運展望外，也將企業對於社會與環境責任的回應納入考量，除使投資決策更具有長遠觀點，也希望藉由投資改善社會與環境，促進社會永續發展。

[11] 參見柯芳枝，公司法論（上），修訂九版（下同），第7頁。

二、本公司與分公司

此一分類標準是以公司管轄系統之不同所為之區分[12]。依公司法第3條第2項之規定：「本法所稱本公司，為公司依法首先設立，以管轄全部組織之總機構；所稱分公司，為受本公司管轄之分支機構。」

茲因公司之住所為公司法律關係之準據點，亦為公司業務中樞，從而公司主事務所之所在地，自應以一處為限[13]。又公司登記之所在地雖係其法律關係之中心地域，舉凡債務之清償、訴訟之管轄及書狀之送達均以所在地為依據，惟尚非為營業行為之發生地[14]。公司登記之所在地應以戶政機關編訂之門牌為依歸，建築屋頂突出物非屬上開所有權狀或建物謄本所載之樓層，尚不得登記為公司所在地[15]。於辦理（公司所在地）登記時，應檢附建物所有權人同意書影本（應載明同意提供使用之公司名稱）及所有權證明文件影本；建物為公司所自有者或檢附租賃契約影本，則免附同意書。

公司在設立分支機構時，究應設立分公司（並辦理分公司登記），抑或僅需設立門市部、服務中心、辦事處、分店等（無須辦理登記）？其標準為何？依主管機關之見解，「分公司係指其會計及盈虧係於會計年度終結後歸併總機構彙算，並有主要帳簿之設置者應辦分公司或分商號登記，如其交易係逐筆轉報總機構列帳不予劃分獨立設置主要帳冊者，自毋庸辦理登記[16]。」如屬應辦理分公司之設立者，分公司名稱前段須先冠本公司之名稱，且標明分公司而辦理登記；反之，如屬其他分支機構則無須辦理登記，而其名稱亦無須報主管機關備查[17]。有關總公司與分公司設在同一地址，公司法尚無禁止之規定[18]。

分公司之設立，應載明於章程（公§130 I）。外國公司在中華民國境內設立分公司者，其名稱，應譯成中文，並標明其種類及國籍（公§370）。外國公司非經辦理分公司登記，不得以外國公司名義在中華民國境內經營業務（公§371 I）。外國公司在中華民國境內設立分公司者，應專撥其營業所用之資金，並指定代表為在中華民國境內之負責人（公§372 I）。分公司係由總公司分設之獨立機構，就其業務範圍內之事項涉訟時，有訴訟當事人能力[19]。

---

12 參見柯芳枝，公司法論（上），第9頁。

13 參見經濟部74年11月21日商字第50945號函。

14 參見經濟部92年10月20日商字第092024333640號函。

15 參見經濟部103年11月3日經商字第10302130500號函。

16 參見經濟部92年10月20日商字第092024333640號函、經濟部94年10月18日經商字第09402156840號函。

17 參見經濟部84年3月14日商字第202053號函、經濟部57年11月9日商字第33656號函、經濟部71年1月15日商字第01539號函。

18 參見經濟部90年8月20日商字第09002172680號函。

19 參見最高法院40年台上字第39號民事判例、最高法院40年台上字第105號民事判例。

三、本國公司與外國公司

　　此一分類標準是以公司國籍之差異所爲之區分，亦即以公司設立之準據法作爲區分標準。依公司法第4條之規定：「（第1項）本法所稱外國公司，謂以營利爲目的，依照外國法律組織登記之公司。（第2項）外國公司，於法令限制內，與中華民國公司有同一之權利能力。」蓋依民法總則施行法第12條第1項之規定：「經認許之外國法人，於法令限制內，與同種類之我國法人有同一之權利能力。」惟在國際化之趨勢下，國內外交流頻繁，依外國法設立之外國公司既於其本國取得法人格，我國對此一既存事實宜予尊重。且爲強化國內外公司之交流可能性，配合實際貿易需要及國際立法潮流趨勢，爰廢除外國公司認許制度，並增訂第2項之規定，使外國公司於法令限制內，與中華民國公司有同一之權利能力[20]。

四、民營公司與公營公司

　　此是以公司資本構成之差異所爲之分類[21]。依公營事業移轉民營條例第3條之規定：「本條例所稱公營事業，指下列各款之事業：一、各級政府獨資或合營者。二、政府與人民合資經營，且政府資本超過百分之五十者。三、政府與前二款公營事業或前二款公營事業投資於其他事業，其投資之資本合計超過該投資事業資本百分之五十者。」國營事業管理法（下稱「國營法」）第3條亦有類似之規定。可知如由政府獨資或投資超過50%者，即屬公營（國營）事業，如台灣電力公司、台灣中油公司等；反之，則爲民營事業（公司）。

　　如屬公營（國營）事業應編製營業預算及業務計畫等，並經主管機關核定（國營法§11、§18）；其採購應依政府採購法之公開程序（政府採購法§3）；其人員之進用、考核、退休、撫卹、資遣及其他人事管理事項，則由主管機關擬定辦法，報請行政院核定（國營法§33）；其董事或理事，其代表政府股份者，應至少有五分之一席次，由國營事業主管機關聘請工會推派之代表擔任（即應設「勞工董事」。國營法§33Ⅱ）。國營事業人員除遵照公務員服務法第13條之規定外，不得經營或投資於其所從事之同類企業（國營法§36）。國營事業人員進用之迴避，準用公務人員任用法第26條規定（國營法§37）。

　　此外，依公司法第8條第3項但書之規定，政府爲發展經濟、促進社會安定或其他增進公共利益等情形，對政府指派之董事所爲之指揮，不適用與本法董事同負民事、刑事及行政罰責任之規定。

　　而除前述公營（國營）公司外，亦有爲數不少之公司或事業，政府投資比重雖未超過

---

[20]　參見107年8月1日公司法第4條之修正理由。

[21]　參見柯芳枝，公司法論（上），第9頁。

50%，但政府可能是最大股東或實質掌控該等事業之人事及經營，如中華航空公司、兆豐金控公司等。對於此等公司，政府則立於與一般人民相同之地位（如基於股東或董事身分等），參與公司之經營。

五、公開發行公司與非公開發行公司

此是以公司財務業務之公開程度及遵循法規之不同所為之分類。依公司法第156條之2第1項之規定：「公司得依董事會之決議，向證券主管機關申請辦理公開發行程序。」亦即公司得依董事會之決議，自行向金融監督管理委員會（下稱「金管會」）申請辦理公開發行程序，經核准後即為公開發行公司。公開發行公司與一般非公開發行公司之主要差異，在於公開發行公司應公開揭露其財務、業務等相關資訊，並應遵循證券交易法（下稱「證交法」）及其相關法律規範。公司法中有許多是針對公開發行公司之特別規定（如公司法第13條關於轉投資之限制）；有些則是規定「證券主管機關另有規定者，從其規定。」（如公司法第28條第3項、第177條第1項等）；有些則是排除公開發行公司之適用（如公司法第157條第4款、第5款、第7款之特別股）。

公開發行公司如向財團法人證券櫃檯買賣中心（下稱「櫃買中心」）申請登錄興櫃交易者，即成為興櫃公司；本國公司於登錄興櫃交易滿六個月後，如向臺灣證券交易所股份有限公司（下稱「證交所」）申請上市核准並掛牌者，即為上市公司；如向櫃買中心申請上櫃核准並掛牌者，即為上櫃公司。

六、人合公司、資合公司及折衷公司

此為學理上之分類，是以公司之信用所在作為分類之標準。如公司之經濟活動著重於股東之個人條件者（如財力、信用者），為人合公司。如公司之經濟活動著重於公司之財產數額，而不注重股東之個人條件者，為資合公司。如介於二者之間者，為中間公司或折衷公司[22]。

在上述分類中，人合公司之信用基礎在於人—股東，公司能否獲得債權人之信用，並非取決於公司財產之多寡，主要取決於股東個人之信用而定，此種公司以無限公司為代表。其特徵為：1.合夥性濃：股東個人如發生死亡、破產、受監護或輔助宣告等事由者，將對其他股東及公司發生影響（公§66）；2.股東地位移轉困難：依公司法第55條之規定，股東非經其他股東全體之同意，不得以自己出資之全部或一部，轉讓於他人。蓋因其注重股東之個人條件，故股東地位之移轉有所限制；3.企業所有與企業經營合一：依公司法第45條第1項之規定，各股東均有執行業務之權利，而負其義務。可知所有股東均得以

---

[22]　參見柯芳枝，公司法論（上），第9頁。

股東身分參與公司之經營，故企業所有與企業經營合一[23]。

　　資合公司之信用基礎取決於公司財產之數額，而不注重股東之個人條件。公司能否獲得債權人之信用，取決於公司財產之多寡，與股東個人之財力或信用並無關聯，此種公司以股份有限公司為代表。其特徵為：1.法人性濃：股東人數較多，公司之團體規模較大，股東彼此間之個人關係在公司之法律關係上並不具重要性，法人團體性濃；2.股東地位移轉容易：依公司法第163條之規定，公司股份之轉讓，不得以章程禁止或限制之，此即所謂「股份自由轉讓原則」，蓋因股份有限公司不注重股東之個人條件，股東地位得自由轉讓，且不得以章程加以限制；3.企業所有與企業經營分離：因股份有限公司之股東人數通常較多，各股東與公司間之關係並不密切，股東地位得自由轉讓原則，且並非所有股東均時時關心公司之經營，因此，有關公司之經營，是由股東會選出之董事（會）負責，董事不以具有股東身分為要件（公§192Ⅰ），故常可看到企業所有與企業經營分離之情形[24]。

　　介於人合公司與資合公司間之公司，稱為中間公司或折衷公司，如兩合公司及有限公司。在兩合公司中，其經濟活動著重於無限責任股東之個人條件，但又有有限責任股東，屬偏向人合之中間公司，故兩合公司原則上準用無限公司之規定（公§115）。有限公司因股東只負間接有限責任，在經濟活動上著重於公司財產之多寡，公司會計亦多準用股份有限公司之規定，屬偏向資合之中間公司[25]。

　　至於閉鎖性公司（公§356-1），性質上雖屬資合之股份有限公司，但因其章程定有股份轉讓限制，某種程度亦注重股東之個人條件，則又有幾分人合公司之色彩。

第三節　公司之設立

一、設立程序

　　公司是以營利為目的，依照公司法組織、登記、成立之社團法人。公司之設立程序實質上為成立營利性社團法人之過程。一般而言，除先辦理公司名稱及所營事業登記預查外，其過程依次為：1.訂立章程；2.確定股東；3.股東出資；4.設置機關；5.辦理登記。

　　有關公司設立行為之法律性質為何，通說採共同行為說，亦即公司之設立，乃設立人之共同行為。申言之，即基於設立公司之同一目的下，由二人以上之意思表示合致之行為，其結果為各設立人均發生共同內容之團體法上之權利義務。但如為一人公司（一人股

23　參見柯芳枝，公司法論（上），第9至10頁。

24　參見柯芳枝，公司法論（上），第10至11頁。

25　參見柯芳枝，公司法論（上），第11頁。

東所組織之有限公司，及由政府、法人股東一人組織之股份有限公司）之設立行為則應為單獨行為[26]。

我國公司法對於公司之設立是採嚴格之準則主義。所謂準則主義是以法律規定設立公司之一定要件作為準則，凡公司之設立，符合法定要件者，即可取得法人人格。因我國公司法規是嚴格規定公司之設立要件，並加重設立人之責任，故稱為嚴格之準則主義。與準則主義相對的是核准（許可）主義，亦即主管機關在核准公司設立登記前，除應審查公司設立是否符合法律所規定之要件外，亦得以政策上之理由，不准公司之設立登記[27]。

依公司登記辦法第2條及附表四之規定，股份有限公司在辦理發起登記時，應檢附申請書（並應載明「公司名稱及所營事業登記預查申請表」核准文號）、其他機關核准函影本（無則免送）、公司章程影本、發起人會議事錄影本、董事會議事錄（或董事同意書）影本、發起人名冊影本及發起人身分證明文件影本、董監事或其他負責人身分證明文件影本、董監事願任同意書影本、建物所有權人同意書影本及所有權證明文件影本、會計師資本額查核報告書、設立（變更）登記表等文件，且應於代表股份有限公司之負責人就任後十五日內，向主管機關申請設立之登記。

二、設立登記

（一）設立登記與營業許可

依公司法第17條之規定：「（第1項）公司業務，依法律或基於法律授權所定之命令，須經政府許可者，於領得許可文件後，方得申請公司登記。（第2項）前項業務之許可，經目的事業主管機關撤銷或廢止確定者，應由各該目的事業主管機關，通知中央主管機關，撤銷或廢止其公司登記或部分登記事項。」此乃因有些公司之業務與公共利益有重大關係，故要求其須先經政府主管機關之許可後，方可申請公司設立登記。例如銀行法第53條及第54條、保險法第137條等；而報關業設置管理辦法是依關稅法第22條第3項規定之「法律授權所定之命令」，依該辦法第3條之規定，設置報關業，於申辦公司設立登記或商業登記前，應先報請所在地關區或其分關審查許可[28]。同理，當公司之業務許可，經目的事業主管機關撤銷或廢止確定後，則應由各該目的事業主管機關通知中央主管機關，撤銷或廢止其公司登記或部分登記事項。

（二）驗資程序

依公司法第7條之規定：「（第1項）公司申請設立登記之資本額，應經會計師查核

---

[26] 參見柯芳枝，公司法論（上），第12頁。

[27] 參見柯芳枝，公司法論（上），第12至13頁。

[28] 參見柯芳枝，公司法論（上），第14頁。

簽證；公司應於申請設立登記時或設立登記後三十日內，檢送經會計師查核簽證之文件。（第2項）公司申請變更登記之資本額，應先經會計師查核簽證。（第3項）前二項查核簽證之辦法，由中央主管機關定之。」98年4月29日公司法修訂時，已刪除授權由中央主管機關訂定公司設立最低資本額之規定（即修改公司法第100條及第156條等規定）。而在發起人訂立公司章程，確定股東及股東出資後，審酌公司登記主管機關為查核公司登記資本之確實性，規定公司申請設立、變更登記之資本額仍應先經會計師查核簽證，而為便利民眾申請設立公司，提升企業開辦效率，乃將原公司設立登記時，應事先經會計師查核簽證之規定，修正為應於申請設立登記時或設立登記後三十日內，檢送經會計師查核簽證之文件[29]。

　　依公司法第7條第3項規定而訂定之「會計師查核簽證公司登記資本額辦法」。該辦法第4條第1項規定，會計師受託查核簽證公司設立登記或合併、分割、收購、股份轉換、股份交換、增減實收資本額等變更登記，應對公司編製之資本額變動表及附表進行查核資本額是否確實。茲以現金股款為例，依該辦法第7條第2項之規定，會計師受託查核簽證前項資本額登記，應查核股款繳納情形，其有送存銀行者，應核對存款憑證；如係以票據等方式存匯轉撥者，應查核已否兌現；股款如已動用，應查核公司之列表說明，並核對各項憑證；股款轉存定期存款者，應查核是否有質押、解約、轉讓情事。

（三）設立登記要件主義

　　公司登記之立法主義有二：一為登記要件主義，亦即登記為成立或生效要件，非經登記不生效力；一為登記對抗主義，亦即登記與否並非成立或生效要件，僅屬對抗要件而已，即該事項仍發生效力，只是不得對抗第三人而已[30]。

　　依公司法第6條之規定：「公司非在中央主管機關登記後，不得成立。」可知公司法對於公司設立登記，是採登記要件主義，非經設立登記，不得成立。蓋公司設立登記後才取得法人格，也才取得權利能力及得為交易之主體，此是為避免法律關係之複雜及不安定，故對於公司設立登記乙事，採登記要件主義，非經設立登記不得成立[31]。

（四）設立登記後之效力

　　公司經設立登記後，即發生下列之效力：1.取得法人格：依公司法第6條及第1條之規定，公司設立登記完成時，即成為法人，而有權利能力並得為交易之主體；2.得使用公司名稱：依公司法第19條之規定：「（第1項）未經設立登記，不得以公司名義經營業務或為其他法律行為。（第2項）違反前項規定者，行為人處一年以下有期徒刑、拘役或科或

---

[29]　參見90年11月12日及101年1月4日公司法第7條之修正理由。

[30]　參見柯芳枝，公司法論（上），第13頁。

[31]　參見柯芳枝，公司法論（上），第13頁。

併科新臺幣十五萬元以下罰金,並自負民事責任;行為人有二人以上者,連帶負民事責任,並由主管機關禁止其使用公司名稱。」可知公司經設立登記後,始得使用公司之名稱,從事營業;因此,在公司設立階段,通常則是以「某某公司籌備處」之名義為之;3.取得公司名稱之專用權:依公司法第18條第1項前段之規定:「公司名稱,應使用我國文字,且不得與他公司或有限合夥名稱相同。」因此,公司設立登記後,即取得公司名稱之專用權[32]。

此外,對於股份有限公司尚發生下列效力:1.得發行股票:依公司法第161條第1項前段之規定,公司非經設立登記後,不得發行股票;2.股份自由轉讓:依公司法第163條之規定,公司股份之轉讓,不得以章程禁止或限制之。但非於公司設立登記後,不得轉讓[33]。

(五)設立登記以外之其他登記

依公司法第12條之規定:「公司設立登記後,有應登記之事項而不登記,或已登記之事項有變更而不為變更之登記者,不得以其事項對抗第三人。」可知公司登記,除設立登記為公司之成立要件(參看公司法第6條)外,其他登記,皆屬對抗要件(參看同法第12條),變更董事、監察人,固屬應登記之事項,但此事項之有效存在,並不以登記為其要件[34]。股份有限公司之新任董事長,自其就任後即生效力,並非經主管機關准予變更登記後,始生效力[35]。本條所謂不得對抗第三人,並無善意、惡意之別,均不得對抗之。且本條所規定之第三人並未區分公權力機關(如稅捐機關)或私人機關而有不同適用[36]。

司法實務上認為,依公司法第12條,公司設立登記後,有應登記之事項而不登記,或已登記之事項有變更而不為變更之登記者,不得以其事項對抗第三人。基於主管機關之公司登記具有公信力,是該條所指第三人並無善意或惡意之別,亦不以與公司有為交易行為之第三人為限。且稅捐機關為稽查稅捐,以公司實際登記負責人為其追課稅捐之對象,如任令公司負責人得主張辭職已發生效力而不待登記,將使稅捐機關無法順利行其稽徵任務,故稅捐機關報請限制營利事業負責人出境,自應以公司登記之負責人為準[37]。如公司發生公司登記負責人變更而不為變更登記,復仍以負責人名義繼續對外代表公司為法律行為者,依公司法第12條規定,難以該公司之負責人業已變更,而對抗第三人[38]。

---

[32] 參見柯芳枝,公司法論(上),第15頁。

[33] 參見柯芳枝,公司法論(上),第15頁。

[34] 參見最高法院67年台上字第760號民事判例。

[35] 參見最高法院68年台上字第2337號民事判例。

[36] 參見經濟部93年6月21日商字第09302090350號函。

[37] 參見最高行政法院100年度判字第1207號民事判決。

[38] 參見臺北高等行政法院100年度訴字第330號民事判決。

三、設立中公司之法律性質

　　所謂設立中公司是指發起人已著手開始設立公司行為，但尚未完成設立登記取得法人資格者而言，此在股份有限公司特別具有意義，尤其是股份有限公司之設立可採發起設立與募集設立，而募集設立須經相當程序與時程，始能完成設立登記，故尤其具有意義[39]。

　　學者通說認為設立中公司之理論是採「同一體說」，亦即設立中之公司，猶如自然人之胎兒一般，與設立完成後之公司，實質上屬同一體，在設立登記前，發起人因設立公司之必要，以設立中公司名義為法律行為所發生之權利義務，於公司辦理設立登記後，即由公司繼受。當發起人開始設立公司時，應訂立章程並至少各自認一股以上，就形式而言，已具備設立後公司之構成員（發起人或認股人）、機關（如發起人或董事、監察人）及財產（各發起人所認之股數及股款），具有公司之雛形，但因尚未完成登記而未取得法人格，故就其性質而言，應屬無權利能力之社團，而以發起人為其執行事務及代表之機關[40]。

　　就公司法之規定而論，依公司法第6條及第19條之規定，公司非經設立登記後，不得成立；未經設立登記，不得以公司名義經營業務或為其他法律行為。旨在禁止未經公司法設立之公司，假借公司名義營業或為其他法律行為，以維護交易安全。惟如公司在設立階段，以籌備處名義為相關法律行為，因有公司籌備處字樣以資區別，則不在公司法第19條規範範疇。又如設立登記前，發起人應繳之股款，以送存該公司籌備處名義開立之金融機構帳戶，並無不可[41]。由此可知，因公司法第19條之限制，公司在設立階段，不得以公司名義對外為法律行為，故一般是以「籌備處」名義為之以資區別，而發起人以「籌備處」名義在金融機構開立帳戶及送存應繳股款之行為，屬設立公司之必要行為，並無不可。

　　發起人以設立中公司名義所為之法律行為，其效力如何，應依其情形而定：

　　（一）如自始即無設立公司之意思（亦未完成公司之設立登記），但卻故意以公司名義經營業務或為其他法律行為者，依公司法第19條第2項之規定，行為人（包括參與經營業務或為其他法律行為者）應處一年以下有期徒刑、拘役或科或併科新臺幣15萬元以下罰金，並自負民事責任；行為人有二人以上者，連帶負民事責任，並由主管機關禁止其使用公司名稱。

　　（二）如自始即有設立公司之意思，但因故公司不能成立時（如無法順利募集股款或有公司法第151條第1項創立會為公司不設立之決議），此時，應不構成公司法第19條第2項之刑事責任。至於發起人以公司籌備處名義對外進行籌備工作，例如為開業準備行為而支出室內裝潢費用等，有實務見解認為，此仍屬公司設立所為之行為及所需之費用，為

---

[39] 參見柯芳枝，公司法論（上），第16頁。

[40] 參見柯芳枝，公司法論（上），第16至17頁。

[41] 參見經濟部96年2月8日經商字第09602015420號函。

保障交易第三人，凡與設立中公司業務相關之開業準備行爲，亦應有公司法第150條之適用，應由發起人就關於公司設立所爲之行爲，及設立所需之費用，負連帶責任。惟最高法院則認爲：「公司依法未經登記雖不得認爲法人，然仍不失爲訴訟當事人之團體，……而其與合夥團體相當，……則公司未經核准登記，即不能認爲有獨立之人格，其所負債務，各股東應依合夥之例，擔負償還責任。又關於公司之設立費用與公司爲營業準備所發生之費用，二者不同，前者指發起人在籌備期間所發生之費用，後者乃係公司設立登記前以公司名義所負之債務。……上訴人爲禾○樂公司之設立人，爲原審確定之事實。果爾，上訴人對禾○樂公司欠負被上訴人之啤酒屋裝潢工程款，應屬爲禾○樂公司營業準備所發生之債務，揆諸前揭說明，即應依合夥之例擔負償還責任。原審未察，逕以上訴人爲禾○樂公司之發起人，應對被上訴人負公司法第一百五十條、第一百五十五條責任爲由，而爲上訴人不利之論斷，於法即有未合。[42]」似認爲如屬公司設立所爲之行爲及所需之費用（如委請會計師辦理驗資等），應依公司法第150條之規定，由發起人負連帶責任；但如屬「開業準備行爲」而以設立中公司名義對外所發生之費用，則非公司法第150條所能涵攝，而應由設立中公司（與合夥團體相當）之構成員依合夥之例，負擔償還責任。

（三）如公司順利完成設立登記者，發起人以設立中公司之執行及代表機關所爲關於設立必要行爲之法律效果，於公司成立之同時，即當然歸屬於公司承受。實務上之通說亦採「同一體說」。質言之，最高法院多數見解認爲：「公司於設立登記前，由發起人爲設立中之公司所爲之行爲，發生之權利義務，自公司設立登記以後，應歸公司行使及負擔。[43]」「有限公司在設立登記前，由執行業務股東，以有限公司名義所爲法律行爲發生之權利義務，於公司辦理設立登記後，即由公司繼受。[44]」「被上訴人收受上訴人所繳投資之股款，雖在公司完成設立登記前，但該股款於公司設立登記後，已由公司承受，且上訴人亦已以股東之地位，參與公司之業務，上訴人自不得再依公司法第十九條規定，請求返還。[45]」「按公司未經設立登記，固不能謂其具有獨立之人格，而不得爲法律行爲之主體。……苟嗣後公司完成登記，已承受此項法律行爲者，自此公司即成爲該法律行爲之主體。尤在股份有限公司，發起人因設立公司之必要，於設立登記前所取得之權利及負擔之義務，於設立登記後，並應認當然移轉於公司。[46]」

但有少數實務見解則認爲：「我國民法，就法人資格之取得，採登記要件主義，在公司法人，公司法第六條亦訂有明文。公司在設立登記前，既不得謂其已取得法人之資格，自不能爲法律行爲之主體，而以其名稱與第三人爲法律行爲。若以其名稱而與第三人爲法律行爲，則應由行爲人自負其責，即認行爲人爲該項行爲之主體。此公司法第十九條規定

---

[42] 參見最高法院93年度台上字第2188號民事判決。

[43] 參見最高法院72年度台上字第2127號民事判決。

[44] 參見最高法院72年度台上字第2246號民事判決。

[45] 參見最高法院72年度台上字第4934號民事判決。

[46] 參見最高法院73年度台上字第2554號民事判決。

之所由設。因之在未經設立登記，而以公司名稱與第三人所爲之法律行爲，除雙方預期於公司設立登記後，由公司承受，而公司於設立登記後已表示（無論明示或默示）承受，或公司另有與該爲法律行爲之雙方當事人成立『契約承擔』之契約外，公司原不當然承受，且由於公司非該法律行爲之主體，亦不因其後股東之承認，而變爲該法律行爲之當事人。[47]」

四、公司無法設立之處理

如發起人已著手開始設立公司，但其後公司不能成立時（如股份有限公司採募集設立時因故無法順利募集股款，或有公司法第151條第1項創立會爲公司不設立之決議），關於公司不能成立時，發起人關於公司設立所爲之行爲，及設立所需之費用，應由何人負責？公司法僅針對股份有限公司設有明文，公司法第150條規定：「公司不能成立時，發起人關於公司設立所爲之行爲，及設立所需之費用，均應負連帶責任，其因冒濫經裁減者亦同。」按設立中公司是屬無權利能力社團，因故不能完成設立登記而取得法人格，原應以目的不達而歸於解散，並經清算將剩餘財產分派予成員（設立人，包括股份有限公司之發起人及認股人），惟本法爲保護股份有限公司之認股人，就內部關係上（發起人與認股人之間，尚不涉及對外之第三人），僅令設立中公司機關之發起人，對公司設立所爲之行爲及設立所需之費用，負全部責任，以代替解散及清算。認股人則居於與設立中公司債權人同一之地位，並得向發起人請求返回其所繳之股款[48]。

第四節　公司之能力

一、權利能力

公司之權利能力始於公司成立之時，即當公司向中央主管機關辦理設立登記後，即取得權利能力；而權利能力之終了則以公司清算完結時（公§25、§26、§332）。只不過公司之「出生」（設立登記）是向經濟部或直轄市政府爲之，而公司之「死亡」（清算完結）卻是向法院聲報而已，因而衍生許多「殭屍公司」之問題。

依民法第26條之規定：「法人於法令限制內，有享受權利負擔義務之能力。但專屬於自然人之權利義務，不在此限。」理論上，法人之權利能力範圍，與自然人相比有二種限制，一爲法令上之限制，一爲性質上之限制。惟現行法令，對於法人權利能力並無一

---

[47] 參見最高法院71年度台上字第4315號民事判決。

[48] 參見柯芳枝，公司法論（上），第18頁。

般性之限制[49]。實務上比較常見的反而是性質上之限制，亦即基於自然人之身體或身分爲基礎者，乃專屬於自然人之權利義務，法人不得享受及負擔。例如生命權、身體權及健康權是以自然人之身體存在爲前提，法人不得享有，但名譽權、姓名權等，法人仍得享有。需注意著是，最高法院62年台上字第2806號民事判例認爲：「公司係依法組織之法人，其名譽遭受損害，無精神上痛苦之可言，登報道歉已足回復其名譽，自無依民法第一百九十五條第一項規定請求精神慰藉金之餘地。」此外，遺產繼承權、親權、家長權等也是以自然人之身分存在爲前提，亦非法人所得享有。

二、行為能力

　　公司爲社團法人享有權利能力，而爲從事公司之目的事業，亦應有行爲能力，乃屬當然，但公司終究爲法律上之組織體，故須由法人之機關（理論上是指自然人而言）代公司爲法律行爲（民§27）。在無限公司中，公司得以章程特定代表公司之股東；其未經特定者，各股東均得代表公司（公§56 I）。在有限公司中，公司應至少置董事一人執行業務並代表公司；如董事有數人時，得以章程置董事長一人，對外代表公司（公§108 I）；在兩合公司中，原則上由無限責任股東對外代表公司（公§122之反面解釋）；在股份有限公司中則採董事長單獨代表制（公§208Ⅲ）。

　　法人之機關如董事等，乃是居於法人代表人之地位，其代表法人所爲之行爲，無論是法律行爲、準法律行爲、事實行爲[50]、不法行爲等，均爲法人之行爲，其效果當直接歸屬於法人。此與法人之代理人或受僱人（如一般職員）所爲之行爲不同，其法律效果也有所差異。依民法第103條第1項之規定，代理人於代理權限內，以本人名義所爲之意思表示，直接對本人發生效力，可知代理人所爲之行爲，並非本人（法人）之行爲，僅其法律效果直接歸屬於本人而已，故「法人與代表人之實質關係應屬一元關係，不同於代理之二元關係。[51]」再者，代理限於法律行爲及準法律行爲而已，並不及於事實行爲與不法行爲[52]。然「代表與代理固不相同，惟關於公司機關之代表行爲，解釋上應類推適用關於代理之規定，故無代表權人代表公司所爲之法律行爲，若經公司承認，即對於公司發生效力。[53]」

　　至於受僱人（如一般職員）所爲之行爲，既非僱用人（法人）之行爲，其法律效果並

---

[49] 參見王澤鑑，民法總則，2014年2月增訂新版（下同），第195頁。

[50] 指自然人事實上動作而發生一定法律效果之行爲，如無主物之先占、遺失物之拾得等，自然人爲此等行爲時，不必有内心之效果意思，爲事實行爲時理論上亦不必有行爲能力（在公司之情形，公司之代表人則必須有行爲能力，參見公司法第108條第1項、第192條第1項等規定）。

[51] 參見最高行政法院94年度裁字第839號民事裁定。

[52] 參見最高法院86年度台上字第1782號民事判決。

[53] 參見最高法院74年台上字第2014號民事判例。

不歸屬於僱用人，僅在關於債之履行有故意或過失時，僱用人應與自己之故意或過失負同一責任（民§224）；以及受僱人因執行職務不法侵害他人之權利時，僱用人應與之負連帶損害賠償責任（民§188）而已。

三、侵權行為能力

在「法人實在說」之理論下，認為法人有行為能力，並由其代表機關代表之，法人代表機關於其權限範圍內，代表法人與第三人之行為，在法律上視為法人本身之行為，若構成侵權行為，即屬於法人本身之侵權行為，法人應以侵權行為人之身分對被害人負損害賠償責任。實務上之見解，亦多肯認法人有侵權行為能力[54]。

依民法第28條之規定：「法人對於其董事或其他有代表權之人因執行職務所加於他人之損害，與該行為人連帶負賠償之責任。」71年修正時，將原條文中之「職員」修訂為「其他有代表權之人」。其修正理由稱：「原條文所稱『職員』一詞，含義有欠明確，解釋上係指有代表權之職員而言。……而法人之董事，對外代表法人為一切行為，董事為執行機關，固無問題，現行法本條與董事並列之『職員』，係指與董事地位相當而有代表權之職員而言。又本條與第一百八十八條所規定之對象不同，前者以有代表權之職員為對象，後者以一般職員為對象，法人就其有代表權之職員所加於他人之損害，無免責之規定，所負責任較重，故範圍宜小，否則第一百八十八條將鮮有適用餘地。……」由此可知，該條修訂之目的，係為嚴格區分「法人自己責任」與「僱用人責任」。質言之，1.只有董事或其他有代表權之人所為之侵權行為，始為法人之侵權行為，法人應依民法第28條之規定，負自己責任；一般職員或受僱人之侵權行為，並非法人之侵權行為，法人對於受僱人應依民法第188條之規定，負僱用人責任；2.如屬民法第28條之法人自己責任者，則法人並無免責之機會；反之，如屬民法第188條之僱用人責任，倘符合同條第1項但書之情形，則法人可以舉證免責。

公司法第23條第2項亦有類似規定：「公司負責人對於公司業務之執行，如有違反法令致他人受有損害時，對他人應與公司負連帶賠償之責。」然如比較公司法第23條第2項與民法第28條之規定，可發現二條之規定方式，仍有些細微之差異：1.就主詞而言，前者為「公司負責人」，後者則為「法人」；2.在行為人方面，前者為「公司負責人」，當指公司法第8條之情形，包括董事、經理人、監察人、清算人等，而後者則為「董事或其他有代表權之人」；3.就違法態樣而言，前者為「對於公司業務之執行，如有違反法令致他人受有損害」，後者則為「因執行職務所加於他人之損害」。

此外，民法第184條：「（第1項）因故意或過失，不法侵害他人之權利者，負損害賠償責任。故意以背於善良風俗之方法，加損害於他人者亦同。（第2項）違反保護他人

---

[54] 參見最高法院93年度台上字第1154號民事判決、93年度台上字第1956號民事判決、96年度台上字第1457號民事判決、96年度台上字第2621號民事判決。

之法律，致生損害於他人者，負賠償責任。但能證明其行為無過失者，不在此限。」茲有疑問的是，當被害人對公司主張侵權行為損害賠償時，其所應適用之法律依據（請求權基礎），究應為何？質言之，1.請求權人可否直接依一般侵權行為之規定（民法第184條），向公司請求損害賠償？抑或須以民法第28條及／或公司法第23條第2項之規定，作為請求權基礎？2.公司法第23條第2項之性質為何？其屬「特殊侵權行為責任」，抑或「法定之特別責任」？3.公司法第23條第2項與民法第28條之適用關係為何？在適用上是否有先後或補充關係？或只是處於競合（併存）關係？

（一）法人侵權行為之請求權基礎

關於上開第1.個問題，實務及學者多數見解認為，民法第184條及第185條所規定之侵權行為類型，其行為人應為自然人，對於「法人」應負責任時，並無法直接適用，法人應依民法第28條及第188條等規定負侵權行為責任[55]。但亦有認為在現代企業經營型態下，法人具有意思決定機關（例如：董事會），得決定其作為或不作為，如以民法第28條、第188條作為法人侵權責任之依據（應以法人之代表人或受僱人成立侵權行為為前提），於現代大型企業所涉諸如公害、勞安、食安等侵權行為，事故發生恐難歸因於個別特定之自然人，如欲被害人指出企業內部加害之特定代表人或受僱人為何人，甚為困難，故應認得逕以法人為侵權行為責任主體，而無須再依附於實際行為人之侵權行為，亦毋庸區分實際行為人為有代表權之人或係一般職員[56]。

因最高法院先前裁判具有積極性歧異，經最高法院受理法庭徵詢各民事庭後，已達成大法庭統一法律見解之功能：「法人依民法第26條至第28條規定，為權利之主體，有享受權利之能力；為從事目的事業之必要，有行為能力，亦有責任能力。又依同法第28條、第188條規定，法人侵權行為損害賠償責任之成立，係於其董事或其他有代表權人，因執行職務所加於他人之損害，或其受僱人因執行職務，不法侵害他人之權利時，始與各該行為人連帶負賠償之責任。惟民法關於侵權行為，於第184條定有一般性規定，依該條規定文義及立法說明，並未限於自然人始有適用；而法人，係以社員之結合或獨立財產為中心之組織團體，基於其目的，以組織從事活動，自得統合其構成員之意思與活動，為其自己之團體意思及行為。再者，現代社會工商興盛，科技發達，法人企業不乏經營規模龐大，構成員眾多，組織複雜，分工精細，且利用科技機器設備處理營運業務之情形，特定侵害結果之發生，常係統合諸多行為與機器設備共同作用之結果，並非特定自然人之單一行為所得致生，倘法人之侵權行為責任，均須藉由其代表機關或受僱人之侵權行為始得成

---

[55] 參見最高法院71年度第3次民事庭會議決議附錄研究報告、最高法院80年度台上字第344號民事判決、最高法院95年度台上字第338號民事判決、最高法院95年度台上字第2550號民事判決、王澤鑑，民法侵權行為法，增訂新版，第116頁。

[56] 參見最高法院107年度台上字第267號民事判決、陳聰富，法人團體之侵權責任，臺大法學論叢第40卷第4期，2011年12月。

立，不僅使其代表人或受僱人承擔甚重之對外責任，亦使被害人於請求賠償時，須特定、指明並證明該法人企業組織內部之加害人及其行為內容，並承擔特殊事故（如公害、職災、醫療事件等）無法確知加害人及其歸責事由之風險，於法人之代表人、受僱人之行為，不符民法第28條、第188條規定要件時，縱該法人於損害之發生有其他歸責事由，仍得脫免賠償責任，於被害人之保護，殊屬不周。法人既藉由其組織活動，追求並獲取利益，復具分散風險之能力，自應自己負擔其組織活動所生之損害賠償責任，認其有適用民法第184條規定，負自己之侵權行為責任，俾符公平。[57]」

（二）公司法第23條之責任類型

關於上開第2.個問題，其主要之爭執點及差異在於，如採「特殊侵權行為責任說」，應以公司負責人之行為具備一般侵權行為要件作為前提，亦即被害人應舉證證明公司負責人於行為時，主觀上具有故意或過失；反之，如採「法定之特別責任說」，則認為該條為公司負責人對於第三人之法定特別責任，與民法之侵權行為要件無關，亦不以公司負責人在執行業務時具有故意或過失為要件。關於此一問題，學者之意見分歧，實務之見解亦莫衷一是，茲謹摘要其主要理由如下：

1. 學者主張「特殊侵權行為責任說」之理由

綜合學者採「特殊侵權行為責任說」之主要理由如下：

(1) 公司法第23條第2項為公司侵權行為能力之規定，公司代表機關之行為，應視為公司本身之行為，若構成侵權行為，亦屬公司以侵權行為人之身分對被害人之損害賠償責任，理論上不應再由機關擔當人（如股份有限公司之董事長），對於被害人負責。惟公司業務之執行事實上是由機關擔當人擔任，為防止機關擔當人濫用其權限而損害公司之權利，並使被害人有較多獲得賠償之機會，乃令機關擔當人與公司負連帶賠償責任。公司法第23條第2項雖與民法第28條之規定有所出入，但基本上大同小異，故應做相同之解釋，而均屬民法一般侵權行為（民§184）以外，關於特殊侵權行為之規定（如民§185～191-3等），故其成立要件上仍應以公司負責人具備一般侵權行為之構成要件為前提[58]。

(2) 就法理上觀察，依公司法第23條第2項之文字觀之，須公司應負賠償責任，公司負責人始有連帶之可言。民法對於侵權行為責任基本上是採過失責任主義，僅於例外情形，才要求行為人負較過失為重之責任，而在法人實在說之理論下，公司代表機關之行為，應視為公司本身之行為，如公司代表機關無故意或過失，則代表公司本身無故意或過失，在此情形下，公司既已不構成侵權行為，又如何令公司負責人與公司負連帶責任呢？又退萬步言，如強令（無故意或過失）公司負責人與公司負連帶責任（即公司及負責人均應負責），則無異是要求公司本身也應負無過失責任，實有悖於民法過失責任主義原則。反之，如認為公司無須負責（公司代表機關無故意或過失，即公司本身無故意或過失），公

[57] 參見最高法院108年度台上字第2035號民事判決。
[58] 參見柯芳枝，公司法論（上），第27至28頁。

司負責人卻應負責，則豈非機關擔當人（即公司負責人）所負之責任，將比公司本身來得重，更非事理之平[59]！

(3) 就立法技術及法律文義之比較而言，民法關於特殊侵權行為之法條文字，大多為「侵害他人之權利」、「致他人權利之損害」、「加損害於他人」等（參見民法第185條以下之規定），而特別法關於無過失責任之法條文字，則為「○○事故，致人死亡、損傷……時，應負賠償責任。但如能證明其事故是因不可抗力或……，不負賠償責任。」（參見鐵路法第62條第1項及民用航空器法第89條等），就公司法第23條第2項之法條文義及立法技術而言，比較類似民法關於特殊侵權行為之法條文字。更何況，條文中並未明文規定採無過失責任，且並無但書規定得免責之事由[60]。

(4) 再就侵權行為之歸責原則觀察，侵權行為責任為調和「行為自由」與「權益保護」，原則上是採過失責任主義，亦即個人對其從事某種行為所造成他人之損害，應以行為人有故意或過失為前提，以免行為人動輒得咎，瞻前顧後，畏縮不前，而妨礙個人自由及經濟發展，僅在具有高度危險性或侵害性之事業（如核子、航空器等具高度危險性或侵害性之事業[61]），或基於政策性之考量（如國家賠償法第3條），才改採無過失責任主義。就公司侵權行為責任而言，並不具無過失責任之歸責事由，且在自由經濟制度下，公司負責人在從事各種商業活動時，需在市場上與同業競爭，方能拓展市場，創造利潤，從而基於利益衡量，亦應採過失責任原則，使公司（及公司負責人）僅就過失行為負損害賠償責任，以促進工商之發達與經濟之繁榮。更何況，本條是規定於公司法之總則篇，且其規範對象為公司負責人，依公司法第8條之規定，其範圍甚廣，故其歸責事由亦不宜太過寬鬆（採無過失責任），否則將破壞法律關於侵權行為責任之規範體系[62]。

(5) 就立法背景而言，公司法第23條第2項之規定，是在民國35年修訂公司法時所制定（當時為第30條），制定當時雖未附上立法理由，但當時尚屬農業社會，工業不興，且尚未建立證券交易市場（證交所係於51年間成立），而危險責任或無過失責任之思想在當時亦尚未萌芽，實難想像當時立法者有排除公司負責人主觀上故意或過失行為之意思[63]。

2. 學者主張「法定之特別責任說」之理由

綜合學者採「法定之特別責任說」之主要理由如下[64]：

(1) 依法人實在說之理論，公司代表機關之行為，應視為公司本身之行為，如構成侵

---

59 參見劉連煜，公司負責人因違反法令所生之損害賠償責任，收錄於氏所著公司法理論與判決研究（一），第45至47頁。

60 參見林大洋，公司侵權責任之法律適用—民法第28條與公司法第23條第2項之交錯與適用，收錄於最高法院九十九年度民事學術暨債法施行八十周年研討會論文集，第170至172頁。

61 如公路法第64條、鐵路法第62條第1項、民用航空器法第89條、核子損害賠償法第18條等。

62 參見林大洋，前揭著，第171至173頁。劉連煜，前揭著，第48頁。

63 參見林大洋，前揭著，第173至174頁。

64 參見林大洋，前揭著，第159至162頁。

權行為，亦屬公司以侵權行為人身分對被害人之損害賠償責任，不應再由機關擔當人連帶負責，因此，公司法第23條第2項之規定，乃侵權行為之外，為防止公司負責人違法濫權，以「公司負責人違反法令，致第三人受有損害」為要件，法律所明定之特別責任，而本條之責任主體為公司負責人，且不以公司負責人個人執行業務有故意或過失為要件，更可見本條之規定並非負責人個人之一般侵權行為責任，而是一種法定特別責任。

(2) 再者，我國是民商合一之國家，關於法人之侵權行為責任，民法既已有規定，公司之侵權行為當然可以適用民法之規定，理應無需另以公司法為重複之規定，故立法者之意思應是於民法之外，針對公司侵權行為責任所為之特別規定。

(3) 公司負責人與公司之法人格分別獨立，本不應該由公司負責人對第三人直接負責，然為促使公司負責人謹慎執行職務，並保障第三人，特設公司法第23條第2項之規定，使公司負責人對第三人直接負無限清償責任。

3. 實務採「特殊侵權行為責任說」之見解

實務見解對此問題亦莫衷一是，甚至有完全相反之見解。採「特殊侵權行為責任說」之實務見解主要有：

(1) 最高法院84年度台上字第1532號民事判決：「按公司法第二十三條規定，公司負責人對於公司業務之執行，如有違反法令致他人受損害時，對他人應與公司負連帶賠償之責，此係有關公司侵權行為能力之規定，公司負責人代表公司執行公司業務，為公司代表機關之行為，若構成侵權行為，即屬公司本身之侵權行為……。」

(2) 最高法院102年度台上字第907號民事判決：「請求權人主張……公司法第二十三條第二項所定責任時，就公司負責人之故意或過失，或違反法令執行公司業務，應負舉證責任。」（最高法院105年度台上字第34號民事判決亦同此見解）。

(3) 最高法院108年度台上字第185號民事判決：「我國採民商法合一之立法政策，除就性質不宜合併者，另行制頒單行法，以為相關商事事件之優先適用外，特別商事法規未規定，而與商事法之性質相容者，仍有民法相關規定之適用。從而，若公司負責人執行公司業務，違反法令致他人受有損害，依公司法第二十三條第二項規定，與公司連帶賠償時，倘責任發生之原因事實，乃侵權行為性質，因公司法就此損害賠償請求權並無時效期間之特別規定，而民法第一百九十七條第一項侵權行為損害賠償請求權消滅時效二年之規定，復無違商事法之性質，自仍有該項規定之適用。」（最高法院107年度台上字第1498號民事判決亦同此見解）。

綜合上開見解可知，採「特殊侵權行為責任說」之實務見解認為，公司法第23條第2項之賠償責任，應以公司負責人之行為構成侵權行為為前提；請求權人應就公司負責人之故意或過失，負舉證責任；而該條乃侵權行為性質，有關時效期間，應適用民法第197條第1項關於二年及十年之時效期間。

4. 實務採「法定之特別責任說」之見解

採「法定之特別責任說」之實務見解主要有：

(1) 最高法院73年度台上字第4345號民事判決：「公司法第二十三條所定董事對於第三人之責任，乃基於法律之特別規定，異於一般侵權行為，就其侵害第三人之權利，原不以該董事有故意或過失為成立之條件。」（最高法院90年度台上字第382號民事判決及98年度台上字第1857號民事判決，均亦同此見解）。

(2) 最高法院76年度台上字第2474號民事判決：「公司法第二十三條所定連帶賠償責任，係基於法律之特別規定而來，並非侵權行為上之責任，故消滅時效，應適用民法第一百二十五條規定。」（最高法院78年度台上字第154號民事判決、95年度台上字第1953號民事判決、96年度台上字第2517號民事判決、103年度台上字第2177號民事判決，均同此見解）。

綜合上開見解可知，採「法定之特別責任說」之實務見解認為，公司法第23條第2項之責任，係基於法律之特別規定而來，並非侵權行為上之責任，其要件亦異於一般侵權行為，並不以公司負責人有故意或過失為成立要件；有關消滅時效之期間，則應適用民法第125條之規定，即十五年期間。

（三）公司法第23條第2項與民法第28條之適用關係

關於第3.個問題，公司法第23條第2項與民法第28條之適用關係為何？在適用時是否有先後或補充關係？或只是處於競合（併存）關係？採「特殊侵權行為責任說」，認為除應優先於民法第28條適用外，其構成要件規定如有不完備之處，應依一般侵權行為之要件補充（但似未認為只能主張公司法第23條第2項之規定，不得再主張民法第28條）。採「法定之特別責任說」則認為，公司法第23條第2項為法定之特別責任，而非特殊侵權行為之規定，故兩者可以併存（請求權競合），亦得分別存立（得擇一行使）[65、66]。

第五節　公司業務之限制

長久以來，學說上普遍認為法人之權利能力有其限制，而法規上亦呼應規定：「法人於法令限制內，有享受權利負擔義務之能力。」（民§26）。學者多認為公司法第13條（轉投資之限制）、第14條（所營事業之限制。惟已刪除）、第15條（資金貸與之限制）及第16條（背書保證之限制）乃法令上關於公司權利能力之限制[67]。惟如依此一見

---

[65] 參見林大洋，前揭著，第168至169頁及第174至175頁。

[66] 最高法院97年度台上字第2210號民事裁定：「民法第二十八條係針對法人侵權行為責任之規定，而公司法第二十三條第二項則係以公司負責人為規範對象，二者規範對象既不相同，自無公司法第二十三條第二項優先於民法第二十八條適用之餘地。」

[67] 參見柯芳枝，公司法論（上），第19頁以下。王澤鑑，民法總則，第195頁。

解，無權利能力之行爲，對公司不生效力，理論上亦無補正之可能[68]，然通說對於公司違反上述規定之效力時，卻不全然以「無效」（不生效力）而論，尤其是通說認爲當公司違反第13條第2項（原爲第1項後段）轉投資之限制時，「應認爲該行爲有效，只是公司負責人應對公司負損害賠償責任而已。蓋公司本得轉投資爲他公司之有限責任股東，僅其投資總額受限制而已，足見該規定非屬效力規定所致。[69]」茲爲避免上開爭議，姑且將上述規定稱之爲「公司業務之限制」。

一、轉投資之限制

公司法第13條第1項規定：「公司不得爲他公司無限責任股東或合夥事業之合夥人。」其立法原意係因公司無限責任股東或合夥事業之合夥人，對於公司或商業之資產不足清償債務時，須負連帶清償責任，如准予公司投資，恐有害股東和債權人權益，爲求公司股本穩固而特設限制規定[70]。所謂公司不得爲合夥事業之合夥人，包括民法第703條之隱名合夥人[71]。本國公司投資於外國「有限責任合夥」，如僅以其出資額爲限，對「有限責任合夥」負其責任，當與公司法第13條第1項前段規定無違[72]。又按權利義務之主體，僅限於自然人及法人，獨資或合夥之營利事業（俗稱商號）原無權利能力（民§6、§26），自不得爲公司之股東[73]。因此，公司不得爲合夥事業之合夥人，而合夥組織因無權利能力，亦不得爲公司之股東。

公司法第13條第2項原規定：「公司爲他公司有限責任股東時，其所有投資總額，除以投資爲專業或公司章程另有規定或經代表已發行股份總數三分之二以上股東出席，以出席股東表決權過半數同意之股東會決議者外，不得超過本公司實收股本百分之四十。」其於79年11月10日修正理由爲：「爲因應經濟發展需要，提升投資意願，鼓勵公司多角化經營，並發揮其潛力，爰修正第一項[74]使依公司章程另有規定或不同種類之公司，於取得股東同意或股東會決議者，其所有投資總額在一定之情況下，亦可不受不得超過實收股本百分之四十之限制。」

此外，民國107年8月1日公司法修正時在條文一開始增訂「公開發行股票之（公司）」等文字，而其修正理由稱：「……此次予以鬆綁，讓無限公司、有限公司、兩合公司或非公開發行股票之公司，不再受限；另考量公開發行股票之公司爲多角化而轉投資，

---

[68]　參見曾宛如，公司法制基礎理論之再建構，2011年10月初版（下同），第29頁。

[69]　參見柯芳枝，公司法論（上），第22頁。

[70]　參見經濟部64年4月7日商字第07403號函。

[71]　參見經濟部102年2月4日經商字第10202402760號函。

[72]　參見經濟部75年10月7日商字第44315號函。

[73]　參見司法行政部64年12月30日臺（64）函民11092號函及經濟部65年2月9日商字第03358號函。

[74]　107年8月1日修正時將原第1項後段移列第2項。

屬公司重大財務業務行為，涉及投資人之權益，為健全公開發行股票公司之財務業務管理，避免因不當投資而使公司承擔過高之風險，致影響公司業務經營及損及股東權益，針對公開發行股票之公司，仍有加以規範之必要，……並明定本項適用主體為公開發行股票之公司。」由此可知，修正後無限公司、有限公司、兩合公司或非公開發行股票之股份有限公司，已不再受此限制，只有針對「公開發行股票之公司」才有本條之轉投資限制。

所謂轉投資乃以是否為他公司之股東為斷[75]；公司購買股票為公司法第13條規定之「投資之一」[76]。依本條之規定，公開發行股票之公司在下列三種情形下，例外容許公司所有投資總額可以超過公司實收股本40%：

（一）以投資為專業

所謂以投資為專業者，係指公司之所營事業限於專業經營有關投資之業務，例如對各種生產事業之投資，對證券公司、銀行、保險公司、貿易公司、文化事業公司之投資，對興建商業大樓及國民住宅事業之投資等且某公司名稱應標明「投資」字樣[77]。惟107年8月1日公司法修訂後，本條之適用對象僅限於「公開發行股票之公司」，依公開發行公司取得或處分資產處理準則（下稱「取處準則」）第4條第7款之規定：「以投資為專業者：指依法律規定設立，並受當地金融主管機關管理之金融控股公司、銀行、保險公司、票券金融公司、信託業、經營自營或承銷業務之證券商、經營自營業務之期貨商、證券投資信託事業、證券投資顧問事業及基金管理公司。」以投資為專業之公司，其所有投資總額不受限制，從而其投資總額超過公司實收股本亦非所問[78]。

（二）公司章程另有規定

公司如欲「概括」定其所有投資總額不受實收股本40%限制者，應以訂立章程方式為之[79]。

（三）取得股東會之特別決議

此是指公開發行股票之公司，在公司章程未另有規定之情形下（且無欲以概括之方式解除轉投資之限制），經代表已發行股份總數三分之二以上股東出席，以出席股東表決權過半數同意之股東會決議，就個別或特定之投資案，使其投資總額不再受實收股本40%限制[80]。出席股東之股份總數不足前項定額者，得以有代表已發行股份總數過半數股東之出

---

[75] 參見經濟部68年11月23日商字第40498號函。

[76] 參見經濟部78年11月10日商字第211081號函。

[77] 參見經濟部81年10月3日經商字第227681號函。

[78] 參見經濟部80年7月5日經商字第216633號函。

[79] 參見經濟部80年2月2日商字第201613號函。

[80] 同前註。

席，出席股東表決權三分之二以上之同意行之（公§13Ⅲ）。此外，前二項出席股東股份總數及表決權數，章程有較高之規定者，從其規定（公§13Ⅳ）。

　　所謂投資總額之計算，是指「所有投資總額不得超過公司實收股本百分之四十之限制，該投資限額之計算係以個別投資金額加總計算，而經股東會決議通過之投資數額仍應累積計算之[81]。」公司因接受被投資公司以盈餘或公積增資配股所得之股份，不計入第2項投資總額（公§13Ⅴ）。蓋因被投資公司以盈餘或公積增資配股所得股份，非投資公司可掌握者[82]，而公司接受此類股份，並未繳納股款，且對公司而言並無不利益，故不計入第2項之投資限額中。

　　依公司第13條第6項之規定：「公司負責人違反第一項或第二項規定時，應賠償公司因此所受之損害。」至於該違法轉投資之行為，對公司之效力如何？學者認為如違反第1項之規定者（即成為他公司無限責任股東或合夥事業之合夥人），因違反法律禁止規定，應屬無效。至於違反第2項之規定者（即投資總額超過本公司實收股本40%），該行為仍為有效，蓋公司本得轉投資成為他公司之有限責任股東，僅其投資總額受限制而已[83]。此外，公司負責人對於公司因此所受之損害，應負賠償責任；負責人違反轉投資限制者，如構成背信，也可依刑法背信罪之規定處罰[84]。

　　需特別說明的是，1.公開發行股票之公司如欲解除轉投資之限制，得以變更章程之方式「概括」解除該限制，或依公司法第13條第2項之規定，以股東會之特別決議之方式，就特定之投資案「個別」解除該限制。由於變更章程亦須以股東會特別決議之方式為之（公§277），故以變更章程「概括」解除轉投資之限制，對公司而言，似較方便，也比較不會綁手綁腳；2.公司法對於重大事項，多要求應以股東會特別決議之方式為之，且應在股東會召集事由中列舉並說明其主要內容，不得以臨時動議提出（公§172Ⅴ），此處之解除轉投資限制，雖規定應以股東會特別決議之方式為之，但並未限定應於召集事由中列舉，不得以臨時動議提出；3.就公開發行股票之公司而言，其亦須遵守主管機關依證券交易法第36條之1所訂定之取處準則之規定（尤其是該準則第10條及第五節以下之規定），取處準則對於公開發行股票之公司取得（或處分）有價證券（包括股票等）及企業合併、分割、收購及股份受讓等，則有較詳細之規定。

二、資金貸與之限制

　　公司法第15條第1項規定：「公司之資金，除有左列各款情形外，不得貸與股東或任何他人：一、公司間或與行號間有業務往來者。二、公司間或與行號間有短期融通資金之

---

[81]　參見經濟部90年6月6日商字第09002108470號函。

[82]　參見79年11月10日公司法修正之立法理由。

[83]　參見柯芳枝，公司法論（上），第22頁。

[84]　參見90年11月12日公司法第13條之修正理由。

必要者。融資金額不得超過貸與企業淨值的百分之四十。」其立法目的在維持公司資本之充實，以保護股東及公司債權人之權益[85]。另一方面，也為避免透過資金貸與之方式將股款發還予董監或大股東，變相成為經營者掏空公司資產之捷徑，故乃對此種行為加以管制[86]。

　　公司（包括所有種類之公司）之資金，原則上不得貸與股東或任何他人，惟資金是企業經營之命脈，企業要擴張與發展，靈活的資金調度更是不可或缺。本條原規定除因公司間業務交易行為有融通資金之必要者外，不得貸與股東或任何他人，惟90年11月12日公司法修訂時，為開放中小企業資金融通之管道，使企業在資金的運用上有多重選擇，乃增列第2款之規定，使公司間或與行號間，如有短期融通資金之必要，亦得為資金之借貸，惟需受限於貸與企業淨值40%內。準此，如符合上開規定其中一款之情形，即可為資金之貸與，而不問是否為關係企業間之貸款[87]。

（一）公司間或與行號間有業務往來者

　　此之所謂「行號」者，係指依商業登記法辦妥商業登記之商業（包括以獨資或合夥方式經營之事業）[88]；符合商業登記法第5條第1項各款規定免辦商業登記之小規模商業，亦屬之[89]。而「有限合夥」與公司、行號同屬營利性商業組織，故本款貸放款例外之範圍，解釋上應可包含有限合夥[90]。適用本款之規定，應以彼此間有「業務往來」為前提，如符合本款規定者，其貸與資金不受第2款有關不得超過貸與企業淨值的40%之限制[91]。

（二）公司間或與行號間有短期融通資金之必要者

　　依此規定，公司間或與行號間即使沒有業務往來，但如有短期融通資金之必要者，仍得予以融通，惟融資金額不得超過貸與企業淨值的40%。所稱「短期」，參照商業會計處理準則第15條第1項或財務會計準則公報第1號「一般公認會計原則彙編」第19條及第30條規定，係指一年或一營業週期（以較長者為準）之期間[92]。所稱之「淨值」，係指貸與企業為貸與行為時，資產總額減去負債總額之數額（即股東權益）而言[93]。計算融資金

---

[85]　參見柯芳枝，公司法論（上），第23頁。

[86]　參見曾宛如，公司法制基礎理論之再建構，第25頁。

[87]　參見經濟部94年8月22日經商字第09401122420號函、經濟部95年5月16日經商字第09502071430號函。

[88]　參見經濟部98年8月27日經商字第09802114930號函。

[89]　參見經濟部107年5月14日經商字第10700035480號函。

[90]　參見經濟部107年4月27日經商字第10700027280號函。

[91]　參見經濟部93年6月1日經商字第09302087680號函、經濟部95年5月16日經商字第09502071430號函。

[92]　參見經濟部91年1月7日經商字第09002270580號函。

[93]　參見經濟部91年11月11日商字第09102252820號函。

額是否超過其淨值40%時，應以融資金額累計計算之，倘貸款中有已清償完畢者，不予計入[94]。公開發行公司（含外國公司）從事短期資金融通貸與他人，其淨值40%上限之計算，應以該公司最近期經會計師查核（核閱）財務報告為依據，其淨值之計算以合併資產負債表歸屬於母公司業主權益之數額為之[95]。

公司法第15條第2項規定：「公司負責人違反前項規定時，應與借用人連帶負返還責任；如公司受有損害者，亦應由其負損害賠償責任。」茲有疑問的是，如公司（負責人）違反第1項之規定，該資金貸與之效力如何？有認為本條第1項係屬效力規定，公司負責人違法貸與款項時，其行為應屬無效[96]。有認為公司若未依法定程序，理論上係公司意思未經合法機關之決議形成，為行為之負責人實無權力代表公司為此法律行為，應屬無權代理，另為保障交易相對人，可以表見代理加以救濟，亦即相對人無從得知未經合法決議程序者，公司仍應以本人身分負責[97]。

如屬公開發行股票之公司在為資金貸與時，應另外遵守主管機關依證券交易法第36條之1所訂定之「公開發行公司資金貸與及背書保證處理準則」（下稱「資背準則」），並注意下列規定：

1. 依該準則之規定，公開發行公司除符合公司法第15條之規定外，其資金不得貸與股東或任何他人（基本上同前述之說明）。公開發行公司擬將公司資金貸與他人者，應依該準則規定訂定資金貸與他人作業程序，經董事會通過後，送各監察人並提報股東會同意（如設置審計委員會者，則應經審計委員會全體成員二分之一以上同意，並提董事會決議，再提報股東會同意）（資背準則§8）。

2. 公開發行公司之資金貸與他人作業程序內容應包括：「一、得貸與資金之對象。二、資金貸與他人之評估標準：（一）因業務往來關係從事資金貸與，應明定貸與金額與業務往來金額是否相當之評估標準。（二）有短期融通資金之必要者，應列舉得貸與資金之原因及情形。三、資金貸與總額及個別對象之限額，應分別就業務往來、短期融通資金訂定總額及個別對象之限額。四、資金貸與期限及計息方式。五、資金貸與辦理程序。六、詳細審查程序，應包括：（一）資金貸與他人之必要性及合理性。（二）貸與對象之徵信及風險評估。（三）對公司之營運風險、財務狀況及股東權益之影響。（四）應否取得擔保品及擔保品之評估價值。七、公告申報程序。……」（資背準則§9Ⅰ）。

3. 公開發行公司直接及間接持有表決權股份100%之國外公司間從事資金貸與，或公開發行公司直接及間接持有表決權股份100%之國外公司對該公開發行公司從事資金貸與，不受融資金額不得超過貸與企業淨值之40%之限制（資背準則§3Ⅳ）。但仍應訂定資金貸與總額及個別對象之限額，並應明定資金貸與期限。除前述情形外，公開發行公

---

[94] 參見經濟部95年12月27日經商字第09500191240號函。

[95] 參見公開發行公司資金貸與及背書保證處理準則問答集（108年7月修正）第7題。

[96] 參見柯芳枝，公司法論（上），第24頁。

[97] 參見曾宛如，公司法制基礎理論之再建構，第45至46頁。

司或其子公司對單一企業之資金貸與之授權額度不得超過該公司最近期財務報表淨值10%（資背準則§14Ⅲ）。

4. 如有設置審計委員會者，在爲重大之資金貸與、背書或提供保證前，應經審計委員會全體成員二分之一以上同意，並提董事會決議（證§14-5Ⅰ⑥）。公開發行公司將公司資金貸與他人前，應審愼評估是否符合本準則及公司所訂資金貸與他人作業程序之規定，併同第9條第6款之評估結果提董事會決議後辦理，不得授權其他人決定（資背準則§14Ⅰ）。

5. 公開發行公司應於每月10日前公告申報本公司及子公司上月份資金貸與餘額（資背準則§21）。此外，公開發行公司及其子公司資金貸與他人之餘額達該公開發行公司最近期財務報表淨值20%以上；公開發行公司及其子公司對單一企業資金貸與餘額達該公開發行公司最近期財務報表淨值10%以上；公開發行公司或其子公司新增資金貸與金額達新臺幣1,000萬元以上且達該公開發行公司最近期財務報表淨值2%以上者，應於事實發生日之即日起算二日內公告申報（資背準則§22）。

6. 此外，所謂資金融通，並不限於「資金貸與」之會計科目爲之，也可能是以「預付貨款」、「預付購料款」等會計科目但實質上屬資金貸與者，如公司負責人違反公司法令及內部資金貸與他人作業程序等規定，以預付購料款之名義行資金貸與之實，該等不利益交易行爲，如不合營業常規，且導致公司產生重大損害，亦可能構成證券交易法第171條第1項第2款之「非常規交易罪」及第3款「特別侵占背信罪」[98]。

三、背書保證之限制

公司法第16條第1項規定：「公司除依其他法律或公司章程規定得爲保證者外，不得爲任何保證人。」旨在穩定公司財務，避免公司負責人以公司名義爲他人作保而生流弊[99]。

公司（包括所有種類之公司）除：1.依其他法律規定得爲保證；2.章程規定得爲保證兩種情形外，不得爲任何保證人，自不得以經全體股東同意爲對外保證[100]。公司欲對外保證者，應於章程（所營事業除外）中訂明「得對外保證」字樣，尚不得將「得對外保證」字樣，記載爲公司之營業項目[101]。公司於公司章程中訂定「本公司得對外保證但須經董事會決議始得行之」，經查與公司法第16條規定並無不符，可從事對外保證[102]。

公司除依其他法律或公司章程規定得爲保證者外，不得爲民法上之保證人（民

---

[98] 參見最高法院105年度台上字第2728號刑事判決及其歷審判決。

[99] 參見最高法院74年台上字第703號民事判例。

[100] 參見經濟部81年10月30日商字第229491號函。

[101] 參見經濟部74年4月12日商字第14156號函。

[102] 參見經濟部81年1月9日台商（五）發字第234042號函。

§739）。倘公司提供財產為他人設定擔保物權（即物上保證），就公司財務之影響而言，與為他人保證人之情形無殊，仍應在上開規定禁止之列[103]。所謂不得為任何保證人，非特僅指公司本身與他人訂立保證契約為保證人，即承受他人之保證契約，而為保證人之情形，亦包括在內[104]。

公司法第16條第1項雖限制公司不得為任何保證人，但並無禁止公司承擔他人債務之規定。按「債務承擔」與保證，本質上完全不同[105]。此外，以公司名義「背書」支票，不違反公司不得為保證之規定。蓋票據之背書，為票據轉讓行為之一種，支票之背書人，應照支票文義負票據法規定之責任，與民法所稱保證契約之保證人，於主債務人不履行債務時，由其代負履行責任情形有間，況依票據法第144條關於保證之規定，並不準用於支票，則在支票之背書，更不牽涉保證之問題，故以公司名義背書支票，似無違反公司法第16條規定之可言。惟若以公司名義支票上為「民法上之保證」，該公司又非依法律或章程規定為保證業務，雖不發生票據法上保證之效力，仍生民法上保證之效力，自有違反公司法第16條之規定[106]。

查法人（投資公司或轉投資公司）為他公司之股東或監察人，是否可為他公司保證，端視該法人之章程有無規定得為保證。如得為保證，則其保證責任應由法人負責，而非由其代表人承擔[107]。如公司章程並未規定公司得對外保證，而公司負責人卻以公司名義為人保證時，依公司法第16條第2項之規定：「公司負責人違反前項規定時，應自負保證責任，如公司受有損害時，亦應負賠償責任。」至於該違法保證之效力如何？司法院釋字第59號解釋認為：「公司除依其法律或章程以保證為業務者外，不得為任何保證，公司負責人如違本條規定，既非公司行為，對公司自不生效。」最高法院72年台上字第4425號民事判例認為：「本件被上訴人華○公司，係從事營造業，上訴人復已陳述華○公司非從事保證業務。……華○公司應邀為陳某之連帶保證人屬實，亦係違反前述公司法之規定，此項保證契約應屬無效。」亦有認為公司若未依法定程序，理論上係公司意思未經合法機關之決議形成，為行為之負責人實無權力代表公司為此法律行為，應屬無權代理，另為保障交易相對人，可以表見代理加以救濟[108]。

---

[103] 參見最高法院74年台上字第703號民事判例。

[104] 參見最高法院69年台上字第1676號民事判例。

[105] 參見最高法院93年台上字第4672號民事判例。惟最高法院92年度台上字第914號民事判決認為：「公司法第十六條第一項規定公司除依其他法律或公司章程規定以保證為業務者外，不得為任何保證人，旨在穩定公司財務，用杜公司負責人以公司名義為他人作保而生流弊，倘公司以債務承擔方式代他人清償債務，就公司財務之影響而言，與為他人保證人之情形無殊。保證既為法之所禁，依舉輕以明重之法理，責任較重之債務承擔，仍應在上開規定禁止之列。」

[106] 參見司法行政部61年1月18日（61）台函參字第00457號函。

[107] 參見經濟部77年8月12日商字第23969號函。

[108] 參見曾宛如，公司法制基礎理論之再建構，第45至46頁。依民法第169條之規定，第三人明知其無代理權或可得而知者，則不得再主張表見代理，令本人（公司）負授權人之責任（即保證責任）。茲因公司法第16條第1項已明文規定：「公司除依其他法律或公司章程規定得為保證者外，不得為

如屬公開發行股票之公司在背書保證時，應另外遵守主管機關依證券交易法第36條之1所訂定之「資背準則」，並注意下列規定：

1. 所稱背書保證係指下列事項：「一、融資背書保證，包括：（一）客票貼現融資。（二）為他公司融資之目的所為之背書或保證。（三）為本公司融資之目的而另開立票據予非金融事業作擔保者。二、關稅背書保證，係指為本公司或他公司有關關稅事項所為之背書或保證。三、其他背書保證，係指無法歸類列入前二款之背書或保證事項。公開發行公司提供動產或不動產為他公司借款之擔保設定質權、抵押權者，亦應依本準則規定辦理。」（資背準則§4）。

2. 公開發行公司得對下列公司為背書保證：「一、有業務往來之公司。二、公司直接及間接持有表決權之股份超過百分之五十之公司。三、直接及間接對公司持有表決權之股份超過百分之五十之公司。公開發行公司直接及間接持有表決權股份達百分之九十以上之公司間，得為背書保證，且其金額不得超過公開發行公司淨值之百分之十。但公開發行公司直接及間接持有表決權股份百分之百之公司間背書保證，不在此限。」（資背準則§5Ⅰ）。

3. 公開發行公司擬為他人背書或提供保證者，應依該準則規定訂定背書保證作業程序，經董事會通過後，送各監察人並提報股東會同意（如設置審計委員會者，則應經審計委員會全體成員二分之一以上同意，並提董事會決議，再提報股東會同意）（資背準則§11）。

4. 公開發行公司訂定背書保證作業程序應載明下列項目，並應依所定作業程序辦理：「一、得背書保證之對象。二、因業務往來關係從事背書保證，應明定背書保證金額與業務往來金額是否相當之評估標準。三、辦理背書保證之額度，包括公開發行公司背書保證之總額及對單一企業背書保證之金額，與公開發行公司及其子公司整體得為背書保證之總額及對單一事業背書保證之金額。公開發行公司及其子公司訂定整體得為背書保證之總額達該公開發行公司淨值百分之五十以上者，並應於股東會說明其必要性及合理性。四、背書保證辦理程序。五、詳細審查程序，應包括：（一）背書保證之必要性及合理性。（二）背書保證對象之徵信及風險評估。（三）對公司之營運風險、財務狀況及股東權益之影響。（四）應否取得擔保品及擔保品之評估價值。……」（資背準則§12Ⅰ）。

5. 如設置審計委員會者，在為重大之資金貸與、背書或提供保證前，應經審計委員會全體成員二分之一以上同意，並提董事會決議（證§14-5Ⅰ⑥）。公開發行公司為他人背書或提供保證前，應審慎評估是否符合本準則及公司所訂背書保證作業程序之規定，併同第12條第5款之評估結果提報董事會決議後辦理，或董事會依第12條第8款授權董事長在一定額度內決行，事後再報經最近期之董事會追認。公開發行公司直接及間接持有表

任何保證人。」於此情形下，相對人似乎有查證之義務（應確認公司是否得為保證），如未查證者，依民法第169條但書之規定（至少是「可得而知」），似不得再主張公司應負保證責任。

決權股份達90%以上之子公司依第5條第2項規定爲背書保證前，並應提報公開發行公司董事會決議後始得辦理。但公開發行公司直接及間接持有表決權股份100%之公司間背書保證，不在此限（資背準則§17Ⅰ、Ⅱ）。

6. 公開發行公司應於每月10日前公告申報本公司及子公司上月份背書保證餘額（資背準則§24）。如公開發行公司及其子公司背書保證餘額達該公開發行公司最近期財務報表淨值50%以上；公開發行公司及其子公司對單一企業背書保證餘額達該公開發行公司最近期財務報表淨值20%以上；公開發行公司及其子公司對單一企業背書保證餘額達新臺幣1,000萬元以上且對其背書保證、採用權益法之投資帳面金額及資金貸與餘額合計數達該公開發行公司最近期財務報表淨值30%以上；或公開發行公司或其子公司新增背書保證金額達新臺幣3,000萬元以上且達該公開發行公司最近期財務報表淨值5%以上者，應於事實發生日之即日起算二日內公告申報（資背準則§25Ⅰ）。

第六節　公司之監督

一、公司監督之概念

所謂公司監督，涵義甚廣，舉凡對公司之設立及其業務執行活動加以監視、督促、糾正及追究責任等均屬之。由公司內部機關或構成員所爲之監督，稱爲自治監督（或稱爲公司治理），由國家之行政機關（即行政監督）或司法機關（即司法監督）所爲之監視或糾正，稱爲公權監督[109]。

公司監督以自治監督爲原則，公權監督爲例外。如監察人爲股份有限公司之常設內部監督機關，監察人應監督公司業務之執行，並得隨時調查公司業務及財務狀況（公§218Ⅰ）；監察人對於董事會編造提出股東會之各種表冊，應予查核，並報告意見於股東會（公§219Ⅰ）。

行政監督則爲主管機關（公§5）對於公司所爲之監視或糾正，例如公司之設立登記，採登記要件主義，公司非在中央主管機關登記後，不得成立（公§6），因此主管機關對於公司之設立是否符合登記要件，自應予以審查；又如當董事會不爲股東會召集之通知時，符合一定資格條件之股東得報經主管機關許可，自行召集（公§173Ⅱ）；對未遵守公司法規定之公司負責人或代表董事予以糾正及處罰；甚至，當公司設立後如發生特定事由者（公§10），主管機關得命令公司解散等，均屬之。

司法監督則是法院對與公司或相關人員之紛爭加以解決；或代表國家對公司之特定事項加以監督等。如對於股東會之召集程序或其決議方法，違反法令或章程時，股東可訴請

---

[109] 參見柯芳枝，公司法論（上），第29頁。

法院撤銷其決議（公§189）；如當公司為合併或分割之決議，異議股東可向法院聲請為公平價格之裁定（公§316-2）；或向法院聲請選派檢查人、向法院聲請重整、向法院聲報清算等均屬之。

二、關於設立登記之監督

（一）事前監督

依公司法第6條之規定，公司非在中央主管機關登記後，不得成立。因此主管機關對於公司之設立是否符合登記要件，自應予以審查；主管機關對於各項登記之申請，認為有違反本法或不合法定程式者，應令其改正，非俟改正合法後，不予登記（公§388）。依公司法第7條之規定，公司申請設立之資本額，應先經會計師查核簽證，俾利主管機關查核公司登記資本之確實性。凡未經公司設立登記者，不得以公司名義經營業務或為其他法律行為（公§19）。上述情形，均屬主管機關對於公司設立登記之事前監督。

（二）事後監督

1. 發還股款予股東或任由股東收回之撤銷或廢止登記

主管機關為查核公司登記資本之確實性，除公司法第7條規定公司申請設立或變更登記之資本額，應先經會計師查核簽證外，公司法第9條規定：「（第1項）公司應收之股款，股東並未實際繳納，而以申請文件表明收足，或股東雖已繳納而於登記後將股款發還股東，或任由股東收回者，公司負責人各處五年以下有期徒刑、拘役或科或併科新臺幣五十萬元以上二百五十萬元以下罰金。（第2項）有前項情事時，公司負責人應與各該股東連帶賠償公司或第三人因此所受之損害。（第3項）第一項經法院判決有罪確定後，由中央主管機關撤銷或廢止其登記。但判決確定前，已為補正者，不在此限。」其立法理由是為防止虛設公司及防範經濟犯罪[110]，同時貫徹資本確定原則及加強對債權人之保護[111]。

民國90年11月12日公司法修訂時，認為公司負責人為公司法第9條第1項規定之違法行為，自依該項規定受刑事制裁，至於公司與負責人之行為宜予區別，為考量公司已持續經營狀態，如驟以撤銷，對於社會交易相對人及債權人之保障，恐衍生另一問題，因此，在未判決確定前，給予公司補正資本之程序，爰增訂第3項但書。依公司法第9條第3項但書規定補正應備書件如下：(1)公司資金補正申請書；(2)設立或增資股款補正明細表；(3)設立或增資股款動用明細表；(4)足以證明股款補正或動用之相關文件；(5)法院起訴書或判決書影本[112]。

---

[110] 參見72年12月7日公司法第9條之修正理由。

[111] 參見90年11月12日公司法第9條之修正理由。

[112] 參見經濟部106年12月19日經商字第10602428860號函。

公司法第9條第3項及第4項原規定：「第一項裁判確定後，由檢察機關通知中央主管機關撤銷或廢止其登記。但裁判確定前，已為補正或經主管機關限期補正已補正者，不在此限。」「公司之設立或其他登記事項有偽造、變造文書，經裁判確定後，由檢察機關通知中央主管機關撤銷或廢止其登記。」於107年8月1日則加以修訂為現行條文。此條在修訂當時被外界稱為「SOGO條款」[113]。其起因是太平洋（建設）集團原本掌控「太流公司」（原資本額1,000萬元），並藉由太流公司持有超過70%之「太平洋崇光百貨股份有限公司」（簡稱「SOGO百貨」）股份，間接實質掌控SOGO百貨，但在91年太流公司增資40億後，太平洋集團持有之股份數占整體股份比率大幅下降，並在股權被嚴重稀釋的情況下，失去太流公司和SOGO百貨的控制權，由買下增資股份之遠東集團取而代之。

該次增資涉及太流公司於91年9月21日舉行臨時股東會及董事會之有效性問題。該二次會議原應由李○隆及代表SOGO百貨的賴○吉出席，但當天賴○吉是委託李○隆代為行使職權，並沒有到場，所以兩場會議都是李○隆「一人會議」，並由郭○宗擔任會議記錄。因此，太平洋集團乃對91年9月21日兩場會議，先後提出一人會議不合法、背信、增資決議無效等一連串訴訟。其中關於郭○宗在會議紀錄中記載「出席股東兩人」是否成立刑法第215條業務登載不實罪、增資登記是否涉及行使業務登載不實文書部分，二審法院（臺灣高等法院93年度金上重訴字第6號刑事判決）認為股東會和董事會並未合法召開，郭○宗行使及製作會議紀錄的行為均屬有罪，且郭○宗部分因不得再上訴而定讞。

郭○宗涉犯之業務登載不實以及行使業務登載不實文書罪確定後，臺灣高等檢察署依修正前公司法第9條第4項之規定，函知經濟部判決結果，經濟部因而撤銷91年核准增資、修正章程變更登記函及後續相關登記，亦即將太流公司回復到增資前的1,000萬元資本額，及遠東集團沒有持股的狀態。

然遠東集團認為公司法第9條第4項雖然規定由檢察機關通知裁判結果，但該通知並沒有拘束力，是否要撤銷或廢止登記應由經濟部自行審酌，且太流公司之情形不符合公司法第9條第4項之要件。遠東集團向經濟部提出訴願未果後，再向行政法院提起行政訴訟。

最後，最高行政法院認為公司法第9條第4項條規定，專指狹義的刑法第210條至第212條偽造及變造文書，而不包括廣義的刑法第213條至第215條之「登載不實罪」及第217條至第219條之「偽造印章、印文罪」，此外，經濟部有撤銷登記與否之裁量權，並非一經檢察機關通知即有撤銷或廢止登記之義務，因此判定經濟部敗訴，遠東集團遂得保有太流公司股份和SOGO百貨的控制權。因為修正前公司法第9條規範不夠明確，讓SOGO案件因為相關法律爭議，前後進行了多年訴訟，因此，本次修法乃將條文內容明確化。

民國107年8月1日將公司法第9條第4項修正為：「公司之負責人、代理人、受僱人或其他從業人員以犯刑法偽造文書印文罪章之罪辦理設立或其他登記，經法院判決有罪確定

---

[113] 以下內容轉引（並略做修改）自法操思想傳媒，什麼是「SOGO條款」？談新《公司法》第9條的爭議，2018年8月1日，The News Lens關鍵評論（網址：https://www.thenewslens.com/article/100980）。

後，由中央主管機關依職權或依利害關係人之申請撤銷或廢止其登記。」其修正理由稱：「原第四項『公司之設立或其他登記事項有偽造、變造文書』，立法原意係指犯刑法偽造文書印文章所規範之罪，即除偽造、變造文書罪外，公務員登載不實罪、使公務員登載不實罪、業務上登載不實罪、行使偽造變造或登載不實之文書罪、偽造盜用印章印文罪等，亦包括在內。惟個案上，有法院在認定上採狹義見解，認為不含業務上登載不實罪。為杜爭議，將『偽造、變造文書』修正為『刑法偽造文書印文罪章之罪』，且明定犯罪行為主體，以資明確並利適用。又『裁判確定』修正為『法院判決有罪確定』，並刪除『檢察機關通知』之文字。另明定中央主管機關得依職權或依利害關係人之申請撤銷或廢止其登記。」

2. 業務許可被撤銷或廢止確定後之撤銷或廢止公司登記

公司法第17條第2項規定：「前項業務之許可，經目的事業主管機關撤銷或廢止確定者，應由各該目的事業主管機關，通知中央主管機關，撤銷或廢止其公司登記或部分登記事項。」此乃因有些公司之業務與公共利益有重大關係，故要求其須先經政府主管機關之許可後，方可申請公司設立登記。而當公司之業務許可，經目的事業主管機關撤銷或廢止之處分確定後，則應由各該目的事業主管機關通知中央主管機關，撤銷或廢止其公司登記或部分登記事項。

3. 公司被勒令歇業處分確定之廢止公司登記

公司法第17條之1規定：「公司之經營有違反法令受勒令歇業處分確定者，應由處分機關通知中央主管機關，廢止其公司登記或部分登記事項。」按公司業務之經營，應遵守有關管理法令之規定，如有違反而受勒令歇業之處分者，為建立「公司登記」與「管理」間之勾稽，爰參考本法第17條第2項等規定，於79年11月10日公司法修正時而增列本條之規定[114]。又90年11月12日公司法修正時，為釐清行政作業程序，乃規定於勒令歇業之處分「確定」後，始得依行政程序法第123條及第125條規定，廢止其公司登記或部分登記事項[115]。

三、關於公司經營之監督

（一）隨時派員檢查公司業務及財務情形

公司法第21條規定：「（第1項）主管機關得會同目的事業主管機關，隨時派員檢查公司業務及財務狀況，公司負責人不得妨礙、拒絕或規避。（第2項）公司負責人妨礙、拒絕或規避前項檢查者，各處新臺幣二萬元以上十萬元以下罰鍰。連續妨礙、拒絕或規避者，並按次連續各處新臺幣四萬元以上二十萬元以下罰鍰。（第3項）主管機關依第一項

---

[114] 參見79年11月10日公司法第17條之1之修正理由。

[115] 參見90年11月12日公司法第17條之1之修正理由。

規定派員檢查時，得視需要選任會計師或律師或其他專業人員協助辦理。」按目的事業主管機關對於相關公司有監督之責，故當公司之主管機關檢查公司業務及財務狀況時，得會同目的事業主管機關檢查。當主管機關於派員檢查公司業務及財務狀況時，公司應予配合，如妨礙或拒絕檢查時，應有處罰之規定，始能達到防制經濟犯罪及發揮管理之目的。又主管機關派員檢查公司業務及財務狀況時，常涉及會計或法律專業知識，為因應實際需要，乃規定主管機關選任會計師或律師或其他專業人員協助辦理[116]。

公司法第22條規定：「（第1項）主管機關查核第二十條所定各項書表，或依前條檢查公司業務及財務狀況時，得令公司提出證明文件、單據、表冊及有關資料，除法律另有規定外，應保守秘密，並於收受後十五日內，查閱發還。（第2項）公司負責人違反前項規定，拒絕提出時，各處新臺幣二萬元以上十萬元以下罰鍰。連續拒絕者，並按次連續各處新臺幣四萬元以上二十萬元以下罰鍰。」當主管機關派員檢查公司業務及財務狀況時，公司應予配合，本條則規定，主管機關得令公司提出證明文件、單據、表冊及有關資料，公司不得拒絕，如果違反前揭規定者，得處以罰鍰，且得連續處罰，以應管理之需要。

實務上，主管機關主動派員檢查公司業務及財務狀況之情形並不多見，主要是針對重大經濟或環保案件之情形，如大統長基混油案[117]、富味鄉棉籽油案[118]、日月光廢水汙染案[119]等，主管機關才會使出尚方寶劍，針對公司業務及財務狀況加以檢查。

（二）主管機關命令解散公司

公司法第10條規定：「公司有下列情事之一者，主管機關得依職權或利害關係人之申請，命令解散之：一、公司設立登記後六個月尚未開始營業。但已辦妥延展登記者，不在此限。二、開始營業後自行停止營業六個月以上。但已辦妥停業登記者，不在此限。三、公司名稱經法院判決確定不得使用，公司於判決確定後六個月內尚未辦妥名稱變更登記，並經主管機關令其限期辦理仍未辦妥。四、未於第七條第一項所定期限內，檢送經會計師查核簽證之文件者。但於主管機關命令解散前已檢送者，不在此限。」茲分述如下：

1. 公司設立登記後六個月尚未開始營業

本款之立法目的，是為防止虛設公司招搖撞騙，以維護交易安全[120]。此條所稱之開始營業，應是指開始營業行為而言，如僅有開業準備行為者，則不屬之。例如餐飲公司應於正式販售餐飲時，始屬開始營業行為，如僅是開業準備行為而為室內裝潢者，並不屬之[121]。依公司登記辦法第3條第2項及第3項之規定：「（第2項）公司設立登記後如未於

---

[116] 參見79年11月10日公司法第21條之修正理由。

[117] https://zh.wikipedia.org/wiki/大統長基食品。

[118] https://zh.wikipedia.org/wiki/2013年臺灣食用油油品事件。

[119] https://zh.wikipedia.org/wiki/2013年日月光廢水污染事件。

[120] 參見柯芳枝，公司法論（上），第35頁。

[121] 同前註。

六個月內開始營業者，應於該期限內向主管機關申請延展開業登記。（第3項）……延展開業期間，每次最長不得超過一年。」

2. 開始營業後自行停止營業六個月以上

本款之立法目的同前款。依加值型及非加值型營業稅法（下稱「營業稅法」）第35條第1項之規定：「營業人除本法另有規定外，不論有無銷售額，應以每二月為一期，於次期開始十五日內，填具規定格式之申報書，檢附退抵稅款及其他有關文件，向主管稽徵機關申報銷售額、應納或溢付營業稅額。」第31條規定：「營業人暫停營業，應於停業前，向主管稽徵機關申報核備；復業時，亦同。」因此，公司如暫停營業一個月以上者，依公司登記辦法第3條第1項之規定，應於停止營業前或停止營業之日起十五日內申請為停業之登記，並於復業前或復業後十五日內申請為復業之登記。申請停業期間，每次最長不得超過一年。

3. 公司名稱經法院判決確定不得使用，未於六個月內辦妥名稱變更登記

本款是100年6月29日公司法修正時所增訂。其修訂理由為：「公司名稱經法院判決確定不得再使用者，例如著名商標『XX』，被使用為公司名稱，經商標權人提起訴訟，法院判決XX股份有限公司不得使用『XX』為其公司名稱。實務上，部分公司未依判決主文主動辦理名稱之變更，造成他人權益受損，爰增訂第三款，以六個月為期限，如逾期仍未辦理名稱變更登記，並經主管機關令其限期辦妥變更登記仍未完成者，主管機關得依職權或利害關係人之申請，命令解散之，俾藉此督促公司辦理名稱變更登記。」

4. 未於設立登記後三十日內，檢送經會計師查核簽證之文件

民國101年1月4日公司法修正時，為便利民眾申請設立公司，提升企業開辦效率，將公司法第7條原公司設立登記時，應先經會計師查核簽證之規定，修正為應於申請設立登記時或「設立登記後三十日內」，檢送經會計師查核簽證之文件。因此本款乃配合增訂，其修正理由為：「……符合資本確實原則，以保障股東權益。對於公司未於修正條文第七條第一項所定期限內，檢送經會計師查核簽證之文件者，主管機關得依職權或利害關係人之申請，命令解散之；但於主管機關命令解散前，公司已檢送者，不在此限。」

命令解散公司為主管機關之行政處分，其目的在剝奪公司之法人格。公司經命令解散後，依公司法第24條至第26條之規定，公司應行清算；於清算範圍內，視為尚未解散；在清算時期中，得為了結現務及便利清算之目的，暫時經營業務。然實際上因被命令解散之公司已停業多時，早已人去樓空，再加上清算程序非常繁瑣，因此此類公司多未進行清算程序，以致衍生許多「殭屍公司」情形，而公司法對於此類「殭屍公司」並無有效之清理措施（詳如後述）。

四、關於公司財務之監督

公司法第20條第1項規定：「公司每屆會計年度終了，應將營業報告書、財務報表及

盈餘分派或虧損撥補之議案，提請股東同意或股東常會承認。」此類書表，主管機關得隨時派員查核或令其限期申報；其辦法，由中央主管機關定之（公§20IV）。其立法理由是爲加強公司管理及防制經濟犯罪，對於公司各種書表，主管機關基於管理需要，得隨時派員查核或令公司限期申報[122]。

　　公司法第20條第2項規定：「公司資本額達一定數額以上或未達一定數額而達一定規模者，其財務報表，應先經會計師查核簽證；其一定數額、規模及簽證之規則，由中央主管機關定之。但公開發行股票之公司，證券主管機關另有規定者，不適用之。」其立法理由是爲加強公司管理，促進商業會計上軌道，特規定資本額在一定數額以上者，其資產負債表及損益表，於送交主管機關查核前，應先經會計師簽證，以期正確[123]。

　　本條原只規定「公司資本額達一定數額以上者」（主管機關函令並以實收資本額新臺幣3,000萬元作爲基準），107年8月1日公司法修正時認爲：「部分實收資本額不高但其經濟活動具有一定規模之公司，因對社會整體之影響，已達一定程度，實有必要納入規範。……例如員工人數、總資產、營業額、超過票面金額發行股票所得之溢額等，……並授權中央主管機關訂定數額及規模[124]。」依主管機關之函釋，所稱公司資本額達一定數額以上者，「係指財務報導期間結束日，實收資本額達新臺幣三千萬元以上之公司」；所稱公司資本額未達一定數額而達一定規模者，「係指財務報導期間結束日，實收資本額未達新臺幣三千萬元而符合下列兩者之一之公司：（一）營業收入淨額達新臺幣一億元。（二）參加勞工保險員工人數達一百人[125]。」

　　公司法第20條第3項規定：「前項會計師之委任、解任及報酬，準用第二十九條第一項規定。」其立法理由是爲提升會計師簽證品質，健全工商企業之財務報表[126]。公司法第20條第5項規定：「公司負責人違反第一項或第二項規定時，各處新臺幣一萬元以上五萬元以下罰鍰。規避、妨礙或拒絕前項查核或屆期不申報時，各處新臺幣二萬元以上十萬元以下罰鍰。」乃是爲加強公司管理，對於規避、妨礙或拒絕查核或逾期不申報者，加以處罰，以收實效。

五、關於公司構成員之監督

　　公司法第22條之1第1項規定：「公司應每年定期將董事、監察人、經理人及持有已發行股份總數或資本總額超過百分之十之股東之姓名或名稱、國籍、出生年月日或設立登記之年月日、身分證明文件號碼、持股數或出資額及其他中央主管機關指定之事項，以電

---

[122]　參見79年11月10日公司法第20條之修正理由。

[123]　參見69年5月9日公司法第20條之修正理由。

[124]　參見107年8月1日公司法第20條之修正理由。

[125]　參見經濟部107年11月8日經商字第10702425340號公告。

[126]　參見79年11月10日公司法第20條之修正理由。

子方式申報至中央主管機關建置或指定之資訊平臺；其有變動者，並應於變動後十五日內
為之。但符合一定條件之公司，不適用之。」本條為107年8月1日公司法修正時所增訂，
其立法理由為：「（一）為配合洗錢防制政策，協助建置完善洗錢防制體制，強化洗錢防
制作為，增加法人（公司）之透明度，明定公司應每年定期以電子方式申報相關資料至
中央主管機關建置或指定之資訊平臺。申報資料如有變動，並應於變動後十五日內申報。
（二）參照證券交易法第二十五條第一項、第二項規定，明定公司應申報之資料為董事、
監察人、經理人及持有已發行股份總數或資本總額超過百分之十之股東之持股數或出資額
等相關資料。（三）鑑於具特殊性質之公司例如國營事業等，因有特殊考量，宜予以排除
適用，爰於但書規定，符合一定條件之公司，不適用之。」

　　為配合洗錢防制政策，經濟部指定臺灣集中保管結算所（TDCC）建構封閉式的「公
司負責人及主要股東資訊申報平臺」（Company Transparency Platform, CTP），供公司申
報資料。公司主動申報，可提高公司資訊透明度，並維護交易安全與公平，以遵守洗錢防
制及打擊資恐之國際義務，達到經營者資訊透明，防範公司成為他人利用作為洗錢工具的
目的。

　　除國營事業公司、公開發行股票之股份有限公司或其他經中央主管機關會同法務部公
告之公司，可以免除申報義務，所有種類公司，包括有限公司、未公開發行股票之股份有
限公司、無限公司和兩合公司都要申報[127]。

　　公司需申報資料內容為董事、監察人、經理人及持有已發行股份總數（有限公司為資
本總額）超過10%之股東，其姓名（或法人名稱）、國籍、出生年月日（或設立登記之年
月日）、身分證明文件號碼（或統一編號）及持股數（有限公司為出資額）；另無限公司
或兩合公司因無董事、監察人制度，故只須申報出資超過10%之股東即可。

　　有關公司董事、監察人係依第27條當選，其申報資料如下：1.法人股東如係依第27
條第1項當選董事或監察人者，公司應申報法人股東之資料。例如，甲公司為乙公司之法
人股東，並依第27條第1項以法人股東身分當選董事或監察人，乙公司應申報甲公司之資
料；2.法人股東如依第27條第2項指派代表人當選董事或監察人，公司應申報法人股東及
其代表人之資料，所應申報之「持股數或出資額」係指該法人股東之持股數或出資額而
言。例如，甲公司指派A自然人代表擔任乙公司之董事，乙公司應申報甲公司及A董事之
資料，所申報之「持股數或出資額」係指該甲公司之持股數[128]。

　　有關持股或資本總額超過10%之股東部分，雖然防制洗錢金融行動工作組織（the Financial Action Task Force, FATF）對於「實質受益人」（註：指對公司具有「最終」控制
權力自然人）之認定方式包括：1.直接或間接持有公司股份達25%之自然人股東；2.對公
司具有控制能力之自然人；3.公司之董事及經理人。而公司負責人有義務瞭解到公司第二

---

[127] 參見經濟部，公司負責人及主要股東資訊申報平臺操作指南；公司法第二十二條之一資料申報及管
理辦法第7條。

[128] 參見經濟部108年1月21日經商字第10802400690號函。

層以上股東之資訊。但依公司法第22條之1之規定，僅應申報公司董事、監察人、經理人及持股超過10%股東之資料（有關持股超過10%之股東部分，僅需申報第一層股東資料，無論其爲自然人、本國公司、財團法人或境外公司）[129]。

　　本條之申報時點可分爲「首次申報」、「變動申報」及「年度申報」：1.首次申報：在107年10月31日（含）前設立的公司，應在107年11月1日至108年1月31日期間完成註冊及首次申報；在107年11月1日（含）後設立的公司，應在設立登記後十五日內完成註冊及申報；2.變動申報：只要應申報資料發生變動，例如董事、監察人、經理人就任、辭任或其持股數（有限公司爲出資額）有變動，公司應在變動後十五日內申報；3.年度申報：自109年起，公司應在每年3月1日至3月31日期間申報前一年度資料，但公司在當年度1月1日至3月31日期間有做過變動申報者，可免另爲年度申報[130]。

　　茲因公司法第22條之1之申報，係爲增加法人透明度（參該條之立法理由），核與公司法第387條規定之各項登記性質不同，且登記事項與申報資料亦有不同，仍須分別辦理。又公司履行第22條之1申報義務，是否等同履行第197條董事持股之申報義務一節，查兩者申報性質不同，且受理之主管機關亦有不同，故不可併案辦理[131]。

　　主管機關另依公司法第22條之1第3項之規定，制定「公司法第二十二條之一資料申報及管理辦法」。依公司法第22條之1第4項之規定：「未依第一項規定申報或申報之資料不實，經中央主管機關限期通知改正，屆期未改正者，處代表公司之董事新臺幣五萬元以上五十萬元以下罰鍰。經再限期通知改正仍未改正者，按次處新臺幣五十萬元以上五百萬元以下罰鍰，至改正爲止。其情節重大者，得廢止公司登記。」

第七節　公司負責人及經理人

一、公司負責人

（一）當然負責人

　　公司爲法人，並無行爲實體，因此需設置機關，以決定、實行其意思，及對外代表公司。公司法將意思決定機關（股東會）以外之機關，概稱爲公司負責人[132]。依公司法第8

---

[129] 參見經濟部，公司法宣導說明會簡報__公司法部分條文修正（逐條式）（1070814修正版）（網址：https://gcis.nat.gov.tw/mainNew/subclassNAction.do?method=getFile&pk=900）。

[130] 參見經濟部，公司負責人及主要股東資訊申報平臺操作指南；公司法第二十二條之一資料申報及管理辦法第6條。

[131] 參見經濟部108年1月21日經商字第10802400690號函。

[132] 參見柯芳枝，公司法論（上），第39頁。

條第1項規定：「本法所稱公司負責人：在無限公司、兩合公司為執行業務或代表公司之股東；在有限公司、股份有限公司為董事。」

在無限公司中，各股東均有執行業務之權利，而負其義務。但章程中訂定由股東中之一人或數人「執行業務」者，從其訂定（公§45Ⅰ）。公司得以章程「特定代表公司之股東」；其未經特定者，各股東均得代表公司（公§56Ⅰ）。代表公司之股東，關於公司營業上一切事務，有辦理之權（公§57）。因此，無限公司之章程如有訂定「代表公司之股東」者，則由該股東對外代表公司，而該股東對內關於公司營業上一切事務，亦有辦理之權，故該代表公司之股東即為無限公司之當然負責人。反之，如未以章程訂定代表公司之股東者，則各股東對外均得代表公司，且對內均有執行業務之權利（亦得以章程規定對內「執行業務」之股東），在此情形下，所有股東均為無限公司之當然負責人。至於兩合公司則準用前述無限公司之規定（公§115）。

在有限公司中，依公司法第108條第1項之規定，有限公司應至少置董事一人執行業務並代表公司；董事有數人時，得以章程置董事長一人，對外代表公司。因此，有限公司之董事，對內執行業務並對外代表公司（如有設董事長者，則由董事長對外代表公司），故董事為有限公司之當然負責人。

在股份有限公司中，公司法第8條規定股份有限公司之負責人為「董事」（非董事長），但除董事長外，個別董事對內並無單獨管理權限，只能透過參與董事會以合議方式決定公司業務之執行；而董事會之決議是採多數決，因此，個別董事之角色十分有限，但因董事為董事會之成員，原則上有決定公司一切事務之權力，且為使其於執行職務時，對公司負忠實義務及善良管理人之注意義務，故乃將董事列為公司之當然負責人。相對於一般董事而言，董事長對內為股東會、董事會及常務董事會主席，對外代表公司（採董事長單獨代表制），且對公司營業上一切事務，有辦理之權（公§208Ⅲ、Ⅴ、公§57），因此，除非公司法明文規定需經董事會決議之事項，否則公司日常之一切事務，董事長均得單獨決定如何辦理，亦即實質上是由董事長對外代表公司，並對內決定公司營業上之一切事務。

（二）職務負責人

公司法第8條第2項規定：「公司之經理人、清算人或臨時管理人，股份有限公司之發起人、監察人、檢查人、重整人或重整監督人，在執行職務範圍內，亦為公司負責人。」

董事會或董事對於公司事務無法事必躬親，故公司得依其需要設置經理人，以為輔助業務執行機關，經理人在執行職務範圍內，亦為公司負責人，應負相當之義務與責任。

有關「臨時管理人」之部分，是107年8月1日公司法修正時所增訂，當指有限公司及股份有限公司之臨時管理人而言，至於無限公司及兩合公司則無臨時管理人之制度。蓋依公司法第208條之1第1項之規定：「董事會不為或不能行使職權，致公司有受損害之虞

時，法院因利害關係人或檢察官之聲請，得選任一人以上之臨時管理人，代行董事長及董事會之職權……」旨在因應公司董事會不爲或不能行使職權時，藉臨時管理人之代行董事長及董事會職務，以維持公司運作。而依第108條第4項規定，有限公司亦準用第208條之1之規定，因此，有限公司及股份有限公司之臨時管理人，得代行董事長及董事會職權，其在執行職務範圍內，亦爲公司負責人[133]。

至於公司之清算人及股份有限公司之發起人、監察人、檢查人、重整人或重整監督人，在一定情形下，亦得爲公司管理事務且代表公司，故其在執行職務範圍內，亦爲公司負責人。

（三）實質董事

依公司法第8條第3項之規定：「公司之非董事，而實質上執行董事業務或實質控制公司之人事、財務或業務經營而實質指揮董事執行業務者，與本法董事同負民事、刑事及行政罰之責任。但政府爲發展經濟、促進社會安定或其他增進公共利益等情形，對政府指派之董事所爲之指揮，不適用之。」此規定是101年1月4日所增訂，且原僅限於「公開發行股票之公司」始有本項之適用，107年8月1日修訂時，爲強化公司治理並保障股東權益，乃不再限於公開發行股票之公司，而擴及適用於所有的公司。

依101年1月4日增訂時之立法理由[134]稱：「……（三）人頭文化不僅降低公司透明度，造成有權者無責；更使資本市場紀律廢弛，導致我國競爭力排名大幅下降。（四）公司法就負責人認定係採形式主義，只要名義上不擔任公司董事或經理人，就算所有董事經理人皆須聽命行事而大權在握，也不會被認定爲公司負責人，須對違法行爲負責。（五）經營者對公司的控制，並不是依靠其在公司的職稱，而是經由控制董事會。因爲，控制股東即使不在董事會占有任何席位，仍可經由其他方式對公司進行控制。董事人選係由經營者所控制之投資公司所指派，並得隨時撤換改派。而這些由母公司轉投資之空殼公司往往名不見經傳，很難讓外界清楚地瞭解眞正的經營者。（六）董事的認定不宜再依據形式上名稱，須使實際上行使董事職權，或對名義上董事下達指令者，均負公司負責人責任，使其權責相符藉以保障公司及投資人權益。因此，特引進實質董事觀念，藉以提高控制股東在法律上應負的責任。」

由本條項之規定可知，公司法所稱之「董事」（包括第8條第1項之情形），是採形式認定，即指經由股東會選出之董事（或稱爲「法律上董事」）而言，而本條項則是針對「非董事」，但「實質上執行董事業務者」或「實質控制公司之人事、財務或業務經營而

---

[133] 參見107年8月1日公司法第8條之修正理由。

[134] 嚴格而言，此並非101年1月4日增訂第8條第3項之立法理由，僅爲修法當時，丁守中委員等提案於第8條第1項增訂但書（「……但實質上執行董事職權，或直接或間接控制公司之人事、財務或業務經營者，同爲有限公司、股份有限公司負責人。」）之提案理由而已。經朝野協商之結果，改爲增訂第3項，且其最後通過之版本，也與丁守中委員等之提案內容，大不相同。

實質指揮董事執行業務者」，則將其當作「董事」處理。學說上將前者之情形，即非董事而事實上有執行董事業務之外觀者，稱爲「事實上董事」；將後者之情形，即非董事而經常指揮公司之董事，但未對外顯現其董事身分，而是藉由指揮董事以遂行其執行公司業務之目者，稱爲「影子董事」。並將二者合稱爲「實質董事」。

　　然應如何適用本條項之規定，則頗值得深思。茲分述如下：

　　1. 就101年間立法過程而言，立委是提案於本條第1項增訂但書之規定：「……但實質上執行董事職權，或直接或間接控制公司之人事、財務或業務經營者，同爲有限公司、股份有限公司負責人。」亦即將所謂事實上董事或影子董事，同視爲公司負責人，但最終法律通過的版本卻是「與本法董事同負民事、刑事及行政罰之責任」。因此，本條究竟是關於「『董事』認定」之規定，或關於「法律效果」之規定，不無疑義。

　　2. 再者，101年間立委提案之內容，只是針對有限公司及股份有限公司而已，或認爲無限公司與兩合公司皆有股東負無限責任，如公司資產不足以清償債務時，可追及至無限責任股東個人之財產，故有無實質董事之規定，對無限公司及兩合公司債權人之影響有限。而101年間修法最終通過的版本，卻只限於公開發行股票之股份有限公司而已；107年修法後，已不再限於公開發行股票之公司，而擴及適用於所有種類的公司。

　　3. 又，本條項究應如何認定及其標準爲何，亦不無疑義。就「事實上董事」而言，條文的定義爲非董事而「實質上執行董事業務」者，然何謂「董事業務」？尤其是股份有限公司，有關公司業務之執行，是由「董事會決議」行之（公§202），且公司法並未具體規定何爲「專屬於董事之業務」[135]，且該行爲僅能由董事（而非經理人）執行，在未清楚界定何爲「董事業務」的前提下，又如何認定「實質上」是否有「執行董事業務」，進而將其認定爲「事實上董事」呢？

　　4. 就「事實上董事」而言，較明確之案例是選舉董事之股東會決議無效或被撤銷或未經合法有效選任，導致董事不符合「法律上董事」之情形[136]，該等不符合資格之董事，因確有執行董事業務（如參與所謂董事會並作成決議等），而股東會瑕疵雖對董事資格產生影響，但依公司法第8條第3項之規定，其責任則不受影響（與本法董事同負責任）。至於其他情形又如何認定其是執行「董事業務」（而非執行經理人業務）呢？在判斷上恐不容易。因此，立法原意是否僅限於前述董事選任瑕疵之情形，亦有待斟酌。

　　5. 再就「影子董事」而言，依其文義而言，似乎是客觀上已先「實質控制公司之人事、財務或業務經營」，並且或進而「實質指揮董事執行業務」者。然何謂「實質控制公司之人事、財務或業務經營」（或稱爲「對公司有控制能力」），究應如何認定？其標準

---

[135] 公司法針對股份有限公司之多數條文用語爲「公司得於董事任期內『就其執行業務』範圍」（第193條之1）、「董事執行業務」（第200條）、「公司業務之執行，……由董事會決議行之」（第202條）、「董事會或董事執行業務有違反法令……」（第218條之2）等，但此等規定仍非常抽象，並無法清楚得知何謂專屬之「董事業務」，且該行爲僅能由董事（而非經理人）執行者。

[136] 參見周振鋒，評公司法第8條第3項之增訂，中正財經法學第8期，第39頁。

爲何？亦不無疑義。

6. 再者，本條項之實質董事，並未限於自然人，因此「自然人」或「公司」均可能構成，且條文並未排除關係企業「控制公司」之情形，而依公司法第369條之2第2項之規定：「……公司直接或間接控制他公司之人事、財務或業務經營者亦爲控制公司」，因此控制公司如又指派代表人而當選爲董事（公§27Ⅱ），並「實質指揮董事執行業務」者，極可能該當於「影子董事」之情形。因此，本條項究應如何適用？與關係企業章之間之適用關係爲何？仍有待進一步釐清。

7. 甚且，本條項之用語爲「與『本法』董事同負……責任」，爲何不直接稱與「董事同負……責任」，而特別規定「與本法」，是否僅限於「公司法」所規定關於「董事之民事、刑事及行政罰之責任」，或是指「所有法律」關於董事之責任，亦不無疑義。

8. 就「民事責任」而言，其在適用時，究是將「實質董事」視爲「（法律上）董事」，而令「實質董事」依相關條文之規定，「負」「相同」之民事責任（自己責任），並作爲實質董事之獨立請求權基礎？或者，是與其他董事「同負」責任（共同責任）？如果是共同責任，則其與民法第185條共同侵權行爲責任之適用關係爲何[137]？仍不無疑義。

9. 抑且，所謂「同負」責任是指何種責任型態而言？究竟是「連帶責任」、「不眞正連帶責任」或「共同平均分擔責任」？依民法第272條第2項之規定，連帶債務之成立，以當事人有明示或法律有特別規定者爲限，但本條中並無「連帶」的明文規定。又如其他董事應負「連帶責任」時，則實質董事「同負」責任時，是否亦負連帶責任（此時似無「連帶」之明文規定）？抑或，如其他董事應負「連帶責任」時，而實質董事雖與之「同負」責任，但因欠缺「連帶」之明文規定，是否僅負「不眞正連帶」責任？

10. 抑有進者，就董事之「民事責任」而言，尚可區分爲對第三人之損害賠償責任及對公司之損害賠償責任。依公司法第212條及第213條之規定，公司對於董事提起訴訟時，須先經股東會決議，且應由監察人代表公司。則公司在對「實質董事」提起訴訟時，是否應先經股東會決議，並由監察人代表公司？或僅如公司對其他一般人提起訴訟之情形，頂多由董事會決議，並由董事長代表公司爲之？如果是後者，因該「影子董事」已「實質控制公司之人事、財務或業務經營」且「實質指揮董事執行業務」，則欲公司董事會作成決議追究「影子董事」之民事責任，猶如緣木求魚，殆無可能！

11. 就「刑事責任」而言，也將遇到前述關於民事責任部分之相關問題，亦即本條究竟是在資格認定上，將「實質董事」視爲「（法律上）董事」，使該實質董事就其本身之違法行爲，負刑事責任？或須透過「共同正犯」或「教唆犯」等，追究該影子董事之刑事責任？如屬「身分犯」之情形，則又應如何適用？

---

[137] 最高法院67年台上字第1737號民事判例：「民事上之共同侵權行爲（狹義的共同侵權行爲，即加害行爲）與刑事上之共同正犯，其構成要件並不完全相同，共同侵權行爲人間不以有意思聯絡爲必要，數人因過失不法侵害他人之權利，苟各行爲人之過失行爲，均爲其所生損害之共同原因，即所謂行爲關連共同，亦足成立共同侵權行爲，依民法第一百八十五條第一項前段之規定，各過失行爲人對於被害人應負全部損害之連帶賠償責任。」

12. 就「行政罰責任」而言，亦然。亦即本條究竟是在資格認定上，將「實質董事」視爲「（法律上）董事」，使該實質董事就其本身之不法行爲，負行政罰之責任，抑或僅是法律效果的擬制？再者，依行政罰法第7條第2項之規定，法人違反行政法上義務者，其代表人、其他有代表權之人之故意、過失，推定爲該等組織之故意、過失，則實質董事有無該條項之適用（即將實質董事之故意、過失，「推定」爲公司之故意、過失）？依行政罰法第15條第1項之規定，公司之董事或其他有代表權之人，因執行其職務或爲公司之利益爲行爲，致使公司違反行政法上義務應受處罰者，該行爲人如有故意或重大過失時，原則上應並受同一規定罰鍰之處罰。於此情形下，除處罰公司外，可否一併處罰實質董事？依行政罰法第15條第2項之規定，公司之職員、受僱人或從業人員，因執行其職務或爲公司之利益爲行爲，致使公司違反行政法上義務應受處罰者，公司之董事或其他有代表權之人，如對該行政法上義務之違反，因故意或重大過失，未盡其防止義務時，原則上應並受同一規定罰鍰之處罰。則實質董事（尤其是影子董事）有無該條之適用？可否主張其對公司之職員、受僱人或從業人員，已盡其防止義務而主張免責？亦不無疑義。

由上可知，本條之立意雖甚佳，但在實際執行上似仍問題重重，仍有待學說或司法實務加以闡釋。

二、法人董事及法人代表人董事

公司法第27條第1項及第2項規定：「政府或法人爲股東時，得當選爲董事或監察人。但須指定自然人代表行使職務。」「政府或法人爲股東時，亦得由其代表人當選爲董事或監察人。代表人有數人時，得分別當選，但不得同時當選或擔任董事及監察人。」本條是55年間所增訂，而101年修訂時，因當時條文第2項並未規定「不得由其代表人同時當選或擔任公司之董事及監察人」導致諸多公司經營陷入「董監狼狽爲奸」之謬誤，遂參考證券交易法第26條之3而於第2項增訂但書之規定[138]。

（一）公司法第27條第1項及第2項適用之差異

經比較本條第1項及第2項之規定，並參考主管機關之見解：

1. 第1項與第2項規定之運作方式不同，自僅能擇一行使[139]。

2. 在當選席次上，如依第1項之方式當選者，只能當選1席董事或監察人；如依第2項之方式當選者，則可當選數席董事或監察人。

3. 在董監登記上，如是依第1項之規定者，於公司登記之董事爲法人股東，而不涉及指定之自然人，該自然人僅爲代表行使職務；如是依第2項之規定者，公司登記之董事爲

---

[138] 參見101年1月4日公司法第27條之修正理由。

[139] 參見經濟部87年9月29日經商字第87223431號函。

該法人股東所指派之代表人[140]。如由法人或其代表人當選並被選為董事長，有關公司負責人登記方式，倘依公司法第27條第1項及第208條規定選任為董事長，其登記之負責人應為法人股東；依同法條第2項及第208條規定選任為董事長，其登記之負責人應為法人股東指派之代表人[141]。

4. 在改派代表人補足原任期是否應申請變更登記上，如依第1項之方式當選者，因當選董監事者係政府或法人股東本身，故其改派代表人行使職務尚非屬董監事變更；如依第2項之方式當選者，因當選董監事者係自然人代表本身，故若政府或法人股東改派其他代表人補足原任期，此應屬董監事之變更，而應辦理變更登記[142]。

5. 在委任關係認定上，依公司法第27條第1項、第2項規定，政府或法人為股東時，得自己當選為董事；亦得由其代表人當選為董事。前者因係政府或法人股東自己當選為董事，是與公司成立委任關係者固係政府或法人股東本身，惟後者係由政府或法人股東之代表人當選為董事，則與公司成立委任關係者應為該代表人個人，而非政府或法人股東本身[143、144]。

（二）持有股份之認定

有關董事持股之認定及計算上，依主管機關之見解：

1. 按董事、監察人選任後，應向主管機關申報，其選任當時所持有之公司股份數額，在任期中不得轉讓其二分之一以上，超過二分之一時，其董事、監察人當然解任（公§197、§227），於法人股東指派代表人擔任董事、監察人之情形（註：指公司法第27條第2項之情形），如「法人股東」轉讓股份超過前舉法定數額時，其指派之董事、監察人即應當然解任，尚不生如何認定各代表人持股數之問題[145]。

2. 於法人董事當選（公§27Ⅰ）或法人董事指派之代表人當選（公§27Ⅱ）者，係以法人股東之持股為準，被指派之代表人將個人持股設質，與公司法第197條之1第2項（註：設質超過二分之一之表決權限制）規定無涉[146]。

---

[140] 參見經濟部94年5月5日經商字第09402311260號函。

[141] 參見經濟部89年8月10日經商字第89215323號函。

[142] 參見經濟部77年11月3日商字第33593號函。

[143] 參見最高法院89年度台上字第2191號民事判決。

[144] 另依經濟部79年1月31日商字第216577號函之見解：「法人為公司股東時，其指定之代表人行使股東權利或代表法人董事執行職務（公司法第27條第1項），或被推為董監事等，該代表人與法人間，乃該代表人受任為法人處理事務，其性質應為民法上之委任。」只不過在第1項之情形，委任關係是存在於「公司」與「該法人股東（董事）」之間，及「該法人股東」與「其指定行使職務之自然人」之間（公司與受法人股東指定行使職務之自然人間，並無委任關係存在）；在第2項之情形，委任關係是存在於「公司」與該法人股東「所指派代表人」之間，及「法人股東」與「該代表人」之間。

[145] 參見經濟部82年2月16日商字第001346號函。

[146] 參見經濟部100年12月29日經商字第10052403510號函。

3. 有關公司董事、監察人係依第27條當選，在依公司法第22條之1辦理董監經理人股東資料之申報時，法人股東如係依第27條第1項當選董事或監察人者，公司應申報法人股東之資料。例如，甲公司為乙公司之法人股東，並依第27條第1項以法人股東身分當選董事或監察人，乙公司應申報甲公司之資料；法人股東如依第27條第2項指派代表人當選之董事或監察人，公司應申報法人股東及其代表人之資料，所應申報之「持股數或出資額」係指該法人股東之持股數或出資額而言。例如，甲公司指派A自然人代表擔任乙公司之董事，乙公司應申報甲公司及A董事之資料，所申報之「持股數或出資額」係指該甲公司之持股數[147]。

4. 依公司法第27條第1項規定，政府或法人為股東，以政府或法人身分當選為董事、監察人，並指派「代表行使職務之自然人」時，該自然人及其配偶、未成年子女、利用他人名義所持有之股票，亦有證券交易法第22條之2（持股轉讓）、第25條（持股申報）、第157條（短線交易歸入權）、第157條之1（內線交易）[148]有關董事、監察人持股規定之適用；依公司法第27條第2項規定，政府或法人為股東，由其代表人當選為董事、監察人時，除當選為董事、監察人之代表人持股外，其配偶、未成年子女及利用他人名義持有之股票，及該政府或法人之持股，亦有前開證券交易法有關董事、監察人持股規定之適用[149]。

5. 有關董事競業禁止之規範：按公司法第209條有關董事競業禁止規定之規範目的係為保障公司之營業機密，而法人股東依同法第27條第2項規定，指派代表人當選為董事時，該代表人即有知悉公司營業秘密之機會，又其與法人股東有委任關係，依民法第540條之規定，受任人（代表人）應將委任事務進行之狀況報告委任人（法人股東），該法人股東自亦有知悉公司營業秘密之機會，故二者均應受董事競業禁止之限制，始符合公司法第209條規定之意旨。準此，公司法第27條第1項規定，自應亦為相同之解釋[150]。

（三）隨時改派補足原任期

公司法第27條第3項規定：「第一項及第二項之代表人，得依其職務關係，隨時改派補足原任期。」其立法意旨係在避免公司不致因此而須召集股東會之繁複程序[151]。

依主管機關之見解：

1. 法人股東得依其職務關係，隨時改派補足原任期。公司選任法人股東改派代表人

---

[147] 參見經濟部108年1月21日經商字第10802400690號函。

[148] 有關內線交易之部分，因涉及刑事責任，基於罪刑法定主義之要求，尚無法以行政函令之方式擴大其適用範圍，故證券交易法第157條之1第1項第1款乃規定：「該公司之董事、監察人、經理人及『依公司法第二十七條第一項規定受指定代表行使職務之自然人』。」以避免爭議。

[149] 參見財政部證券管理委員會77年8月26日台財證（二）字第08954號函。

[150] 參見經濟部89年4月24日商字第89206938號函。

[151] 參見經濟部57年1月20日商字第02136號函。

爲董事後，不論時間長短，依上開規定，皆可隨時改派[152]。

2. 除依職務關係隨時改派外，如法人股東之代表人當選董事後（註：指公司法第27條第2項之情形），因故向該法人股東請辭其職務時，法人股東自得依其職務關係改派他人補足其原任期[153]；法人股東之代表人當選爲董事如有第30條情事，法人股東亦得依第27條第3項規定改派之[154]。

3. 依公司法第27條第2項規定當選董事、監察人，其經公司股東會決議解任者，即屬董事、監察人之缺位，自不發生另爲改派之情事[155]。

4. 依同法條第1項及第2項分別產生之董事、監察人，得依其職務關係，隨時改派補足原任期，其改派人員到職生效日期，自應依政府或法人意思到達公司時即生效力[156]。

5. 依公司法第27條第1項規定當選爲董事或監察人，再由該股東指定自然人代表行使職務，若該股東因其職務關係改派其他代表人行使職務，則因當選董監事者係政府或法人股東本身，故其改派代表人行使職務尚非屬董監事變更，尚無須申請變更登記；惟股份有限公司依公司法第27條第2項規定由政府或法人股東之代表人被推選爲董事或監察人，則當選董監事者係自然人代表本身，故若政府或法人股東改派其他代表人補足原任期，此應屬董監事之變更，應申請變更登記[157]。

6. 依第27條第2項之方式當選爲董事，並擔任董事長時，改派之代表尚非當然繼任董事長職務，仍應依公司法第208條第1項或第2項規定選舉董事長[158]；如該代表人原是擔任常務董事，政府或法人股東改派之代表人如繼續擔任原代表人之常務董事職務，仍應由董事會另行推選[159]。惟如是依第27條第1項規定當選者，於公司登記之董事爲法人股東，而不涉及指定之自然人，該自然人僅爲代表行使職務；如該法人股東當選爲董事長時，亦同。是以，A法人當選爲B公司董事，並經B公司董事會選舉爲董事長，A法人仍可依同法第27條第3項規定隨時改派之[160]。

7. 公司因合併而消滅，原代表人依公司法第27條第2項被選任爲他公司董事或監察人者，得由合併後存續或另立之公司，重新指派代表人，接續原職務[161]；基於相同之法理，關於公司因合併而消滅，消滅公司原依公司法第27條第1項規定當選爲他公司董事或

[152] 參見經濟部94年6月22日經商字第09402081330號函。
[153] 參見經濟部84年8月28日商字第84219357號函。
[154] 參見經濟部97年1月21日經商字第09700502440號函。
[155] 參見經濟部85年12月10日商字第85222923號函。
[156] 參見經濟部82年3月12日商字第205706號函。
[157] 參見經濟部77年11月3日商字第33593號函。
[158] 參見經濟部79年10月17日經商字第218571號函。
[159] 參見經濟部57年1月20日商字第02136號函。
[160] 參見經濟部94年5月5日經商字第09402311260號函。
[161] 參見經濟部87年5月14日商字第87204541號函。

監察人者，得由合併後存續或另立之公司以變更董事或監察人名稱方式接續原職務[162]。

8. 依公司法第128條之1第2項規定，政府或法人股東一人所組織之股份有限公司，其董事及監察人均係由該政府或法人股東指派，與同法第27條第2項規範之情形，尚有不同。是以，政府或法人股東一人所組織之股份有限公司之董事、監察人，係依公司法第128條之1第2項規定，由該政府或法人股東指派，尚無同法第27條第2項之適用[163]。單一法人股東投資之有限公司，可類推適用公司法第128條之1第2項規定，由法人股東直接指派董事，其指派自然人擔任董事係依上開規定及公司章程規定之結果，非屬公司法第27條第1項或第2項規定登記之董事，亦不適用同法第108條第1項規定[164]。

本條是我國所獨特之立法，外國立法例並無類似規定。當政府或法人為股東時，得由其政府或法人本身（本尊）當選為董事或監察人，亦得指派代表人（分身）當選為董事或監察人，代表人有數人時，並得分別當選，但不得同時當選為董事及監察人。而政府或法人對其所指派之代表人並得依其職務關係隨時改派補足原任期。此種立法：1.違反股東平等原則；2.侵犯股東（有限公司）或股東會（股份有限公司）對董事或監察人之任免權；3.有害公司治理：使得政府或法人得藉由改派權而實質控制其所指派代表人職務之行使；4.造成利益衝突：該代表人與公司間及與政府或法人股東均具有委任關係（雙重委任關係），當政府或法人股東與公司間之利益相左時，卡在中間之代表人（同時為公司之董事，及法人股東之代表人）即產生利益衝突之情形，究應以公司之利益為優先，抑或優先考量其所代表之法人股東之利益，即產生兩難之情形；5.造成適用上之紊亂：有關董事持股之認定及計算上，究竟是以代表人本身或其所代表之法人股東為準，並無一定邏輯可循，而對於適用第1項或第2項之情形，在委任關係之認定上亦欠缺堅強之法律上理由，而向為學者所詬病，故每當公司法修訂時多主張應予以刪除，然往往是雷聲大雨點小，從55年增訂迄今，仍不動如山，並未作重大修訂。

對於銀行及金控公司之部分，依「銀行負責人應具備資格條件兼職限制及應遵行事項準則」第9條及「金融控股公司發起人負責人應具備資格條件負責人兼職限制及應遵行事項準則」第9條之規定，要求銀行及金控公司之董（理）事中，符合專業資格（具備特定銀行或金控公司專業知識或經營銀行或金控公司之能力），且有一定比例人數[165]，是非以政府、法人或其代表人當選者（可為獨立董事或一般專業自然人董事）。自然人專業

---

[162] 參見經濟部88年11月19日商字第88222810號函。

[163] 參見經濟部101年7月16日經商字第10102089760號函。

[164] 參見經濟部105年4月25日經商字第10502411030號函。

[165] 例如：依「銀行負責人應具備資格條件兼職限制及應遵行事項準則」第9條第2項及第3項之規定：「銀行前一年度經會計師查核簽證之資產總額達新臺幣一兆元以上者，其董（理）事、監察人（監事），在五人以下者，應有三人，人數超過五人者，每增加三人應再增加一人，其設有常務董（理）事者，應有三人以上具備前項各款所列資格之一。」「銀行董（理）事中，符合第一項資格，且非以政府、法人或其代表人當選者，其人數，應符合前二項規定。但董（理）事全體人數超過十三人者，得為五人。」

董事經選任後仍有缺額者（如獨立董事因故辭任、解任或自然人專業董事不足額者），可參照獨立董事規定於最近一次股東會補選之[166]。似為導正上述問題，而向前跨出了一小步。

三、受任人義務

依公司法第23條第1項之規定：「公司負責人應忠實執行業務並盡善良管理人之注意義務，如有違反致公司受有損害者，負損害賠償責任。」本條之規定是90年11月12日所增訂，乃為「明確規定公司負責人對於公司應踐行之忠實義務及注意義務，並對公司負責人違反致公司受有損害，應負損害賠償責任。」學者多將「忠實義務」（duty of loyalty）及「善良管理人之注意義務」（duty of care）合稱為「受任人義務」或「受託義務」（fiduciary duty）。

（一）忠實義務

所謂忠實，望文生義就是「忠誠且篤實」的意思。忠實義務源自於英美法，是指董事在處理公司事務時，應將公司之利益置於自己利益之上，必須全心為公司之利益行事，不得犧牲公司之利益，而圖謀個人或第三人之私利。亦即忠實義務乃是要求公司董事於執行公司業務時，應以公正且誠實之判斷，竭盡所能為公司謀求最大利益，並禁止董事追求公司外之私利，而作出任何有損於公司權益之行為；若董事故意使公司受損害（actual intent to do harm）或全然不顧其職責（intentional dereliction of duty），即有違其忠實義務，因此，忠實義務乃築基於「利益衝突」防免並包含誠信要求而形成之法理[167]。

在90年11月12日公司法修正前，依公司法第192條第5項及第216條第3項之規定，公司與董事、監察人間之關係，依民法關於委任之規定。依民法第535條之規定，受任人處理委任事務，應依委任人之指示，其受有報酬者，應以善良管理人之注意為之。惟在民法中，並無委任人應負「忠實義務」之明文規定，有謂得以「契約之附隨義務」[168]加以處理。蓋委任是本於雙方互相信賴而締結之法律關係，而董事既然受公司或股東之託，就必須忠人之事，時時刻刻都要把公司之利益放在第一位，避免圖利個人而犧牲公司的利益，

---

[166] 參見「銀行負責人應具備資格條件兼職限制及應遵行事項準則」第9條及「金融控股公司發起人負責人應具備資格條件負責人兼職限制及應遵行事項準則」第9條有關自然人專業董事規定之實務問答集第4題。

[167] 參見臺灣高等法院103年度金上重訴字第29號刑事判決。

[168] 最高法院104年度台上字第799號民事判決稱：「契約關係在發展過程中，債務人除應負契約所約定之義務外，依其情事，為達成給付結果或契約目的所必要，以確保債權人之契約目的或契約利益（債權人透過債務人之給付所可能獲得之利益），得以圓滿實現或滿足；或為保護當事人之生命、身體、健康、所有權或其他財產法益遭受侵害，尚可發生附隨義務，如協力、告知、通知、保護、保管、照顧、忠實、守密等義務。此項屬於契約所未約定之義務一如有機體般隨債之關係之發展，基於誠信原則或契約漏洞之填補而漸次所產生……。」

亦即可透過董事與公司間委任關係之附隨義務，推導出董事亦負有忠實義務。在修法之前，有關公司法第209條（董事競業禁止）、第206條準用第178條（利益迴避）及第223條（董事與公司之交易，應由監察人為公司代表）等規定，均為忠實義務之具體實現。90年公司法修正時，則「明確規定公司負責人對於公司應踐行之忠實義務」，以避免爭議。

司法實務認為：「所謂忠實義務，即公司負責人因受公司股東信賴而委以特殊優越之地位，故於執行業務時，自應本於善意之目的，著重公司之利益，依公司規定之程序做出適當之經營判斷，避免自身利益與公司利益相衝突。忠實義務大致可歸納為二種類型，一為禁止利益衝突之規範理念，一為禁止奪取公司利益之理念。[169]」而學者則認為忠實義務主要是為解決利益衝突之問題，參考美國法之經驗，就違反忠實義務之案例約可區分為五大類型：1.董事與公司間之交易（通稱「自己交易」或「自我交易」；self-dealing）；2.有共通董事之兩家公司間的交易；3.董事侵吞或利用屬於公司之機會；4.董事私下與公司從事業務競爭之行為；5.董事從交易中得到私人利益（如給付董事中間人佣金等）[170]。

依公司法第23條第1項之規定，公司負責人如違反忠實義務，導致公司受有損害者，應負損害賠償責任。此規定以公司受有「損害」為要件（有損害方有賠償），但前述違反忠實義務之類型，並不一定會導致公司受有損害，故備受批評，因此，101年1月4日公司法修正時，乃增訂第3項：「公司負責人對於違反第一項之規定，為自己或他人為該行為時，股東會得以決議，將該行為之所得視為公司之所得。但自所得產生後逾一年者，不在此限。」其立法理由稱：「原公司法第二十三條『負責人忠實義務』之規定，係延續自英美法及日本商法『公司與董事間之委任關係』而來。公司法第二百零九條第三項『股東歸入權』以避免公司負責人動輒中飽私囊並逕為脫產。原公司法第二十三條顯有增訂該規定之必要。」準此，公司負責人如違反忠實義務，導致公司受有損害或其本身有所得者，公司得依本條第1項或第3項之規定，請求損害賠償或行使歸入權。

此外，公司負責人如違反忠實義務，在刑事上可能會構成背信罪（刑§342）或業務侵占罪（刑§336）；如屬公開發行公司者，則可能會構成證券交易法第171條第1項第2款之非常規交易罪或第3款之特殊侵占、背信罪。

（二）善良管理人之注意義務

所謂善良管理人之注意義務，是指社會上一般誠實、勤勉且有相當經驗之人所應具備之注意。質言之，「乃指有一般具有相當知識經驗且勤勉負責之人，在相同之情況下是否能預見並避免或防止損害結果之發生為準，如行為人不為謹慎理性之人在相同情況下，所應為之行為，即構成注意義務之違反而有過失，其注意之程度應視行為人之職業性質、

---

[169] 參見臺灣高等法院98年度上字第1307號民事判決。

[170] 參見劉連煜，現代公司法，2019年9月增訂十四版（下同），第136頁。

社會交易習慣及法令規定等情形而定。[171]」而「行為人過失責任之最重者，莫過於『應以善良管理人之注意為之』，亦即學者所謂『抽象的輕過失』，申言之，行為人注意之程度，依一般社會上之觀念，認為具有相當知識及經驗之人對於一定事件所能注意者，客觀的決定其標準；至行為人有無盡此注意義務之知識或經驗，在所不問。」可知善良管理人的注意義務是以極高標準（具有相當知識經驗且勤勉負責之人對於一定事件所能注意作為標準），且以客觀之方式加以決定及判斷。

　　然而在實務運用上，可能出現相關問題，1.就其定義而言，何謂「一個具有相當知識經驗且勤勉負責之人」？又何謂「在相同情況下，所應為之行為或所能注意」？此一標準頗為抽象且不確定，適用的結果極可能是「事後」以「倒果為因」之方式加以認定。一般而言，就程序面問題，或比較容易判斷有無違反注意義務，例如依法應取得股東會之同意但未取得；或者併購交易複雜而金額龐大，但管理者並沒有蒐集相關資料、沒有進行相關查核，也沒有委託專家進行評估，即輕易作成決定等，比較容易認定其未盡注意義務；2.就實質面而言（即一項行為或交易的利弊得失），因為沒有案件是完全相同，每個案件均有其獨特之處，實在很難以假設的方式去設定有一個超然專業的行為人，並去設想他在該特定情況下會如何判斷；3.原告需以幾近證明行為人具有「重大過失」之方式，間接加以證明。質言之，當行為人顯然欠缺普通人之注意（亦即稍加注意，即可避免結果之發生），當可推論行為人亦未盡到善良管理人之注意意義。

　　以實例而言，依公開收購公開發行公司有價證券管理辦法（下稱「公開收購辦法」）第14條及第14條之1之規定，被收購有價證券之公開發行公司於接獲公開收購人之公開收購書件後，應即設置審議委員會，審議委員會應就本次公開收購人身分與財務狀況、收購條件公平性，及收購資金來源合理性進行查證與審議，並就本次收購對其公司股東提供建議。審議委員會進行之查證，須完整揭露已採行之查證措施及相關程序，如委託專家出具意見書亦應併同公告。之後，董事會應再就前述事項進行之查證，且須完整揭露已採行之查證措施及相關程序，如委託專家出具意見書亦應併同公告。因此，審議委員會或董事會在查證與審議時，如未取得作成決策所需之相關資訊，或未委託專家進行評估及出具意見書等，就輕易作成決定者，即可能違反了善良管理人之注意義務[172]。

　　需特別說明的是，依民法第535條之規定，受任人處理委任事務，如未受有報酬者，應與「處理自己事務為同一之注意」為之；其受有報酬者，應以善良管理人之注意為之。然因公司法於90年修正時，是為「明確規定公司負責人對於公司應踐行之忠實義務及注意義務」，亦即公司法既已明文規定公司負責人應盡善良管理人之注意義務，因此，董事

---

[171] 參見最高法院100年度台上字第328號民事判決。

[172] 除前述程序方面明顯之瑕疵外（未遵循法令之要求，或未取得作成決策所需之相關資訊，或未委託專家進行評估及出具意見書等），除非逐一記載各委員或董事查證與審議之情形，否則在審議委員會或董事會集體決策下所為之決定，亦難判斷各委員或董事個別是否已盡其善良管理人之注意義務。

即不得以「不支領報酬」之安排，主張只需負應與處理自己事務為同一之注意程度。

公司負責人如違反善良管理人之注意義務，依公司法第23條第1項之規定，應對公司負損害賠償責任。此外，依民法第544條之規定，受任人因處理委任事務有過失[173]，或因逾越權限之行為所生之損害，對於委任人應負賠償之責。二者應是處於請求權競合之情形。

（三）經營判斷法則[174]

企業經營都有風險，不能保證每一項經營或投資決策都一定能夠獲利，如因經營決策不如預期造成公司損失，就要作決策的董事或經理人負責或賠償，恐將導致動輒得咎，畏縮不決。為此，英美公司法制之相關判決乃有所謂「經營判斷法則」（Business Judgement Rule, BJR）。經營判斷法則「是一個法律的前提性假定（presumption），即董事作出的商業決策，是本於充分研究後之知情基礎上作出，並本於善意且真誠地相信該決策是以公司利益最大化為目的。」其重點是當董事的決策「能夠被解釋認為本於任一合理商業目的時」（can be attributed to any rational business purpose），法院將不會採事後猜測的方式，以自己的商業判斷取代董事會的判斷[175]。藉以保障董事於其作出經營決策後，若有致公司損失，毋庸負責任，俾防止法院於訴訟中以日後較為充分之資料與環境，來論斷公司董事當時之經營判斷是否合理，產生不公平之審查，並鼓勵董事勇於任事、降低法律對企業經營的負面牽制。

因此，董事或經理人如符合下列規定者，即已盡到其受任人義務[176]：

1. 與其所作成之經營判斷間不具利害關係：即在處理公司事務時，是否以公正且誠實之判斷，竭盡所能地全心為公司謀求最大利益行事？有無犧牲公司之利益而圖謀公司外之個人或第三人之私利，而違背忠實義務？即有無誠實（integrity）之經營決策？有無在自我利益（self-interest）或自我交易（self-dealing）之情況下而為？是否善意且適當注意（due care）而為之無利益（unprofitable）或有害（harmful）於公司的交易行為？

2. 按情形，其已依合理的確信，就其經營判斷所需之相關資訊予以掌握：即在為經營決策及決定之際，有無注重其決策程序之過程具有合理性，有無合理且勤勉（reasonable diligence）地對於公司經營判斷上之業務或重要資訊（material information）加以調查或考慮（considering material information），諸如詢問其他專家、律師、有能力的公司經理人或者是外部的顧問之意見，而具有合理的注意（due care）？

3. 合理的相信其所為之經營判斷是最有利於公司的：即是否以善意（in good faith）

---

[173] 依最高法院19年上字第2746號民事判例：「過失之有無，應以是否怠於善良管理人之注意為斷者。」

[174] 有時或稱為「商業判斷原則」、「商業判斷法則」或「經營判斷原則」等。

[175] 參見Randy J. Holland，在台公司法演講集，社團法人中華公司治理協會，2019年10月，第21頁。

[176] 參見臺灣高等法院103年度金上重訴字第29號刑事判決。

且誠實的相信（honest belief）所為係符合公司之最佳利益所作成的經營決策？是否具有合理商業目的（rational business purpose）的經營決策？有無不以明智的（sound）、合理的（reasonable）、合法的（legal）以及具有「異常的」（egregious）或欠缺合理的商業目的（rational purpose）方式濫用裁量權（absent an abuse of discretion）作成決定？

如符合上開要件，縱使公司董事或經理人之決策日後造成公司受有損害，然只要其於決策當時，與交易相對人「無利害關係」、於決策過程中「已盡注意義務參酌相關資訊」並「基於善意」作出商業決策，自應受經營判斷法則之保護，法院不應、也不宜以事後諸葛的態度，假想當初可能存在其他更佳的決策方式，遽認決策者有損害公司或圖利自己或圖利第三人之意圖或遽指行為人有違背其忠誠義務的行為。

因此，如原告無法證明董事或經理人就判斷事項具有「利益衝突」，或「不具充分資訊」即作成判斷；或其判斷「不具理性基礎」時，則經營判斷法則將會為董事及其經營決策提供實質性的法律保護；反之，如原告能成功推翻經營判斷法則的推定，舉證責任將轉換至被告身上，亦即被告應證明該交易對公司而言仍是公平的交易（包括交易過程與交易價格）[177]。

英美法制上採取經營判斷法則有其政策考量：1.鼓勵承擔風險對經濟發展及創造財富有利；2.股東可藉由投資組合分散風險，故不宜鼓勵管理者趨向保守；3.法院干預經營判斷之錯誤成本過高；4.若無經營判斷法則，管理者承擔之風險過大[178]。而我國法上是否應引進經營判斷法則，學者間已有諸多討論[179]。

我國司法實務又是如何面對學說所提倡的經營判斷法則呢？就民事責任而言，英美法上之經營判斷法則是證據規則的一環，初始證明責任置於原告一方。然就我國法制而言，1.「若一種事實得生推定證據之效力者，必須現行法規有所依據，亦即以現行法規所明認者為限」[180]，在欠缺法律明文規定之情形下，實難逕行適用經營判斷法則，「推定」董事所作出商業決策，是本於資訊充足的情況下，基於善意是為公司利益最大化下所為；2.在民事訴訟上，原則上原告應對其主張之事實負舉證責任，因此原告如依公司法第23條第1項請求董事對公司負損害賠償責任時，本應就董事執行業務違反「忠實義務」或「盡善良管理人之注意義務」，負舉證責任；如依民法第544條請求者，亦應就受任人因處理委任事務有過失[181]或因逾越權限等，負舉證責任。其適用結果，應由原告先舉證證明董事違反忠實義務（如對該事項具有利益衝突）或未盡善良管理人之注意義務（如在作成行

---

[177] 參見劉連煜，董事責任與經營判斷法則的運用—從我國司法判決看經營判斷法則的發展，財金法學研究第3卷第1期，第6至7頁。

[178] 參見方嘉麟，論經營判斷法則於我國法下適用之可能，政大法學評論第128期，2012年8月，第296至297頁。

[179] 可詳參施茂林等著，商業判斷原則與企業經營責任，新學林出版，2011年11月。

[180] 參見最高法院79年度第1次民事庭會議決議。

[181] 依最高法院19年上字第2746號民事判例之見解：「過失之有無，應以是否怠於善良管理人之注意為斷者。」

爲當時,是處於「資訊不足」之狀況——沒有蒐集相關資料、沒有進行相關查核,也沒有委託專家進行評估,即輕易作成決定者等),實與適用所謂經營判斷法則之結果,並無太大差異;3.我國公司法之代表訴訟設計亦有許多限制(公§214、§215等),以防止股東濫訴,實質上也使董事等得免於動輒被訴之風險(換個角度而言,也可能造成董事在經營管理上較肆無忌憚),因此,在民事訴訟上,司法實務以「經營判斷法則」作爲其判決基礎者,並不多見[182]。

由於我國公司法代表訴訟設計的限制,以致一般股東對董事提起民事損害賠償訴訟之情況並不多見,當股東認爲董事違反「忠實義務」或「違背職務」時,往往是以提起刑事告訴或告發等方式加以處理,且通常涉及刑法背信罪(刑§342)或業務侵占罪(刑§336)或證券交易法上非常規交易罪或特殊侵占、背信罪(證§172 I ②、③)等。我國司法實務在刑事案件中,如何適用經營判斷法則,則是相當有趣之議題。在臺灣高等法院103年度金上重訴字第29號刑事判決,法院詳述說明公司負責人忠實義務及善良管理人之注意義務的意涵,並運用經營判斷法則論斷證券交易法之非常規交易罪及特殊背信侵占掏空公司資產罪間之關係,頗值得參考。

本件事實背景爲被告是金○昌公司之實際負責人,且曾長期擔任中○信託公司之常務董事。金○昌公司因營運困難,有股票下市之危機,被告爲避免該公司淨值低於零而下市,乃決定以公司所購買之淡水水仙段土地,與實質關係人○揚公司進行交易,以該水仙段土地作價「以物抵債(償)」予○揚公司(抵償金額約18億元),之後○揚公司以該土地向中○信託貸款,而被告在金○昌公司的財報中,故意隱匿而未在「關係人交易」項下,誠實揭露上述關係人重大交易之會計事項,足以生損害於證券交易市場投資人之正確判斷及主管機關對於金○昌公司財務報告查核之正確性。其中,就土地抵償之部分,是否構成證券交易法第171條第1項第2款非常規交易罪及同項第3款特殊背信侵占掏空公司資產罪之構成要件,法院有精彩之論述。

有關證券交易法第171條第1項第2款非常規交易罪及同項第3款特殊背信侵占掏空公司資產罪,與公司法第23條第1項之忠實義務與善良管理人之注意義務間之關係,法院首先闡釋認爲:「證券交易法第171條第1項第2款非常規交易罪及同項第3款特殊背信侵占掏空公司資產罪之刑罰規範,無非係公司負責人違反公司法增訂第23條第1項所定違反注意義務而不受經營判斷法則保護,或違反忠實義務所爲業務執行之刑罰具體實現之一,以免董事對公司所負責任之規定落空,故其構成要件之內涵,應與公司法增訂第23條第1項所定注意義務與忠實義務規定相呼應。……由於交易多伴隨一定風險,而風險即是投資失敗之可能性,此爲投資成本,應納入投資價格決定之考量因素,是所謂使公司爲『不利益交易』,應指在交易締結當時,依所知之資訊,董事……使公司爲風險過高而投資回收可

---

[182] 雖然我國現行實務之運作,對於是否引進「經營判斷法則」,在結果上並無太大之差異。但由上開說明可知,英美法上採用「經營判斷法則」有其背後之政策考量,且在法律之適用上及推論過程較爲精細且可預測。相對而言,我國法上對於董事之企業經營責任,則過於抽象且難以預測。

能過低之交易。……如有證據充分證明該交易係一高風險，但缺乏相應收益之交易，經營決策者對於使公司承受與收益不相當之高風險交易條件，公司遭受損害之可能性極高，並可能形成對投資人及證券市場之危害，已能預見，此等交易即得審查是否非常規交易罪之『不利益交易』。……所謂『不合營業常規交易』，乃指交易雙方因具有特殊關係，董事與公司利益衝突（have a conflict of interest），交易之決策違反相關的程序或禁止規範，或一般業界商業習慣通常必須踐行之程序，進行不符合規範或程序之交易，從客觀上觀察，與一般正常交易顯不相當、欠缺合理，致其交易條件與市場之公平、合理原則相背離而言；凡與交易條件有關之事項，均是『不利益交易』之要件是否該當之問題，而關於『不合營業常規』之要件，乃著重決策的形成過程所為之規定。」

法院認為本件○揚公司與金○昌公司為關係人，該交易含有利害衝突性質，故被告所為之交易不受經營判斷法則之保護，但此不代表該交易即當然違法，仍應進一步檢視該交易之實質公平性。法院認為：「……當經營判斷法則遭推翻後，法院即進入交易實質公平性之審查，由被告董事就交易對公司而言係屬公平加以舉證。進入實質公平性之檢驗，民事上並不代表系爭交易必然遭到撤銷或董事必須就公司的損害負起責任，刑事上亦非可認定違法。經由董事就其交易之公平性、合理性舉證，並不排除法院判決董事會之決策係屬公平、合理。公平性之概念有二個基本層面，即公平之交易過程與公平之價格。公平交易過程所考量者，包括交易開始進行之時間、交易如何開始、交易過程如何、協議內容如何達成、資訊對無利害關係之董事或股東如何揭露、說明及如何獲得無利害關係董事或股東同意等。至於公平之價格涉及系爭交易之經濟與財務考量，包括所有與其相關之要素，如資產、市場價格、獲利條件、未來發展性與其他任何可能影響股票價格之因素。公平性概念並非需絕對區分公平交易過程及公平價格而分別考量，所有爭議中之各項要素，皆須從整體性立場審查，因問題之重點在於是否符合整體公平。」

在審查「水仙段土地以物抵債（償）移轉至○揚公司」交易過程與價格條件對金○昌公司是否公平合理時，法院認為：「1.『以物抵債（償）』之法律依據及前例說明：按民法第三百十九條所定……本案所謂『以物抵債（償）』交易，並非法所不許……〔且〕並非無前例可循……。2.金○昌公司尋求建商合作開發水仙段土地之努力已窮：……金○昌公司斯時財務窘迫，已無資金可以自行開發土地，復因債信不佳尋無其他願意共同合作開發之建商，於尋求建商合作開發水仙段土地之努力已窮，方選擇以最有利於金○昌公司之清償債務方式，即以系爭水仙段土地抵償於金○昌公司之以物抵債（償）方式，使金○昌公司免除17.55億元之全部債務，另可獲得3.55億元收入，總計利益為21.1億元，應屬有利於金○昌公司且不得已之措施。3.系爭水仙段土地以物抵債（償）方式交易決策作成之程序並無不當：……系爭水仙段土地以物抵債（償）交易復經充分揭露於董事會，上開董事會成員均瞭解該交易之目的係用以清理債務、降低負債比例及增加現金流量，與會之董事均一致表達支持，並無反對之意見；且無證據證明董事會成員中與○揚公司具有利害關係，而為不利於金○昌公司決議，且未見被告林○明對董事成員之表決施諸阻擋或勸說之

不當影響力……〔且〕其程序復符合金○昌公司當時內部之92年6月27日修訂版『取得及處分資產程序』……是以本件金○昌公司就系爭水仙段土地以物抵債（償）予關係人○揚公司之交易過程既經董事會決策通過，且非無前例可循，則其交易決策作成之程序並無不當……。」

此一案件法院鉅細靡遺討論經營判斷法則運用的過程，頗為特殊。本案透過個案事實分析公平之交易過程與公平之價格，堪稱經典。由本判決的論理過程中，亦可瞭解公司法第23條第1項之忠實義務、善良管理人之注意義務，與證交法非常規交易罪與特殊背信侵占掏空公司資產罪，及如何運用經營判斷法則加以涵攝及論斷，頗為精彩，值得一讀[183]。

四、公司之經理人

（一）經理人之意義、設置及人數

經理人為公司內部常見之職務，也是法律上常見但容易混淆的用語，且概念上亦不一致。在民法上，「稱經理人者，謂由商號之授權，為其管理事務及簽名之人」（民§553 I）。在公司法上，對於經理人並未加以定義，但依公司法第31條之規定，應是指「在公司章程或契約規定授權範圍內，有為公司管理事務及簽名之權限之人」。商業會計法第66條第3項規定：「決算報表應由代表商業之負責人、經理人及主辦會計人員簽名或蓋章負責。」此處之經理人當是指「總經理」而言。在證券交易法上，也有許多關於經理人之規定，但證券交易法對於經理人並未加以定義，而依主管機關函釋之見解，證券交易法第22條之2、第25條、第28條之2、第157條、第157條之1等規定之經理人適用範圍是指：1.總經理及相當等級者；2.副總經理及相當等級者；3.協理及相當等級者；4.財務部門主管；5.會計部門主管；6.其他有為公司管理事務及簽名權利之人[184]。由此可知，經理人在法律上最主要的特徵，是指得為公司（商號）管理事務及簽名權利之人，但有時是採狹義的概念，指「總經理」而言；有時則採廣義之概念，包括總經理、副總經理、協理等。

此外，勞動基準法雖無關於經理人之明文規定，然卻有許多「經理人」與公司間涉及有無勞動基準法適用之訴訟存在[185]，而實務見解認為：「公司之員工與公司間究屬僱傭或委任關係？仍應依契約之實質關係以為斷，初不得以公司員工職務之名稱逕予推

---

[183] 關於該判決之評釋，請參見劉連煜，董事責任與經營判斷法則的運用—從我國司法判決看經營判斷法則的發展，財金法學研究第3卷第1期，第21至26頁。

[184] 參見財政部證券暨期貨管理委員會92年3月27日台財證三字第0920001301號函。

[185] 主要之爭點通常涉及聘僱關係（勞動關係）是否存在？是否業經合法終止？該訴訟有無勞動基準法之適用？公司終止聘僱關係是否符合勞動基準法第11條之資遣事由？公司應否支付預告期間工資及資遣費等。

認。[186]」「公司經理人與公司間之關係究爲勞動關係或委任關係，應視其是否基於人格上、經濟上及組織上從屬性而提供勞務等情加以判斷。[187]」「勞動基準法所規定之勞動契約，係指當事人之一方，在從屬於他方之關係下，提供職業上之勞動力，而由他方給付報酬之契約，就其內涵言，勞工與雇主間之從屬性，通常具有：1.人格上從屬性，即受僱人在雇主企業組織內，服從雇主權威，並有接受懲戒或制裁之義務；2.親自履行，不得使用代理人；3.經濟上從屬性，即受僱人並不是爲自己之營業勞動而是從屬於他人，爲該他人之目的而勞動；4.組織上從屬性，即納入雇方生產組織體系，並與同僚間居於分工合作狀態等項特徵，初與委任契約之受委任人，以處理一定目的之事務，具有獨立之裁量權者迥然不同。[188]」「按公司之員工與公司間屬僱傭關係或委任關係，應以契約之實質關係爲判斷。勞動契約之特徵在於從屬性，當事人間成立以供給勞務爲內容之契約，縱兼有委任之性質，惟既有部分從屬性存在，基於保護勞工之立場，仍應從寬認定係屬勞動基準法所規範之勞雇關係。上訴人公司章程第二十三條雖規定：『本公司得設總經理一人，經理若干人，總經理之委任及解任須有董事過半數同意行之。經理之委任、解任，由總經理提請後，經董事過半數同意辦理』，惟其內容係著重在委任之程序，兩造間之實質法律關係，仍應依其契約以爲判斷，尚難以前開章程之規定概認係屬委任關係。……被上訴人於任職技術副總經理期間曾同時擔任上訴人董事乙節，尚不足以作爲認定兩造間屬委任關係而非僱傭關係之依據。兩造間之契約屬僱傭契約，而有勞動基準法之適用……。[189]」

由上可知，勞動事件關於公司經理人有無勞動基準法之適用，並非以公司員工職務之名稱逕予推認，而是以實質關係確認其是否有人格上、經濟上及組織上從屬性，且基於保護勞工之立場，即使僅有部分從屬性存在，仍從寬認定。甚至有所謂「技術副總」並兼任公司「董事」，仍被認定是僱傭關係，而有勞動基準法之適用。因此，在適用上及認定上頗令人混淆及困擾。

依公司法第29條第1項前段之規定：「公司得依章程規定置經理人。」因此公司是否設置經理人，應以其營業上是否有需要而定，如擬設置經理人者，應先於章程中加以規定。經理人之主要權限是針對特定事務，有爲公司管理事務及簽名之權，其在執行職務範圍內，亦爲公司負責人，因此經理人當屬章定、任意、常設之輔助業務執行機關[190]。

此外，公司法第38條原規定：「公司依章程之規定，得設副總經理或協理，或副經理一人或數人，以輔佐總經理或經理。」惟90年11月12日修正時已刪除此規定，故經理人的職稱及人數均由公司自行決定。

---

[186] 參見最高法院97年度台上字第1510號民事判決。

[187] 參見最高法院97年度台上字第1542號民事判決。

[188] 參見最高法院96年度台上字第2630號民事判決。

[189] 參見最高法院96年度台上字第160號民事判決。

[190] 參見柯芳枝，公司法論（上），第47頁。

（二）經理人之資格

依公司法第30條之規定：「有下列情事之一者，不得充經理人，其已充任者，當然解任：一、曾犯組織犯罪防制條例規定之罪，經有罪判決確定，尚未執行、尚未執行完畢，或執行完畢、緩刑期滿或赦免後未逾五年。二、曾犯詐欺、背信、侵占罪經宣告有期徒刑一年以上之刑確定，尚未執行、尚未執行完畢，或執行完畢、緩刑期滿或赦免後未逾二年。三、曾犯貪污治罪條例之罪，經判決有罪確定，尚未執行、尚未執行完畢，或執行完畢、緩刑期滿或赦免後未逾二年。四、受破產之宣告或經法院裁定開始清算程序，尚未復權。五、使用票據經拒絕往來尚未期滿。六、無行為能力或限制行為能力。七、受輔助宣告尚未撤銷。」本條在適用上頗為複雜，茲分述如下：

1. 第1款至第3款有關服刑期滿尚未逾一定年限之規定，包括判決確定後「尚未執行」、「尚未執行完畢」及「執行完畢」，此外，如經有罪判決確定，而受「緩刑宣告」或「赦免」後未逾一定年限者亦屬之[191]。

2. 第1款（犯組織犯罪防制條例規定之罪）及第3款（犯貪污治罪條例之罪）只要經「有罪判決確定」即構成，不論刑期為何；第2款（犯詐欺、背信、侵占罪）則須經宣告有期徒刑「一年以上」之刑確定者方構成；如未滿一年者，仍不構成。

3. 第2款所謂「曾犯詐欺、背信、侵占罪經宣告有期徒刑一年以上之刑確定」者，係指宣告之刑而言，如減刑條例減刑時，則其減得之刑，仍為所宣告之刑。因減刑結果，所宣告之刑不滿有期徒刑一年時（如減為有期徒六月），即與該規定不符[192]。

4. 如曾犯詐欺、背信、侵占罪案件（即第2款之情形）被判刑並宣告（有期徒刑一年以上之刑），雖通緝期已過（並未服刑），自不能視為服刑期滿，而仍應受公司法第30條第2款有關經理人消極資格規定之限制[193]。

5. 如是受「緩起訴」處分，依刑事訴訟法第253條之1第1項之規定：「被告所犯為死刑、無期徒刑或最輕本刑三年以上有期徒刑以外之罪，檢察官參酌刑法第五十七條所列事項及公共利益之維護，認以緩起訴為適當者，得定一年以上三年以下之緩起訴期間為緩起訴處分，其期間自緩起訴處分確定之日起算。」如於緩起訴處分期滿未經撤銷者，除非有同法第260條第1款（發現新事實或新證據）或第2款（若干有得為再審原因之情形）情形之一者，否則，不得對於同一案件再行「起訴」，故其與所謂「經有罪判決（確定）」之情形不同，並不受該消極資格之限制。

6. 第4款所謂「受破產之宣告，尚未復權」，係指經理人受破產之宣告「確定」，尚未復權者而言，如仍在抗告或再抗告者，即與該款之情形有間。

7. 依公司法第27條第2項規定，以法人股東代表人當選為董事或監察人時，由於法人

---

[191] 參見107年8月1日公司法第30條之修正理由。

[192] 參見經濟部65年12月15日商字第34262號函。

[193] 參見經濟部100年4月14日經商字第10000558410號函。

股東與代表人間為委任關係，法人股東如有公司法第30條第5款規定之情事者（即「使用票據經拒絕往來尚未期滿」），該當選之董事或監察人，應當然解任[194]。

另公司法第29條第3項原規定：「經理人應在國內有住所或居所。」惟107年8月1日公司法修正時，「為因應公司經營之國際化、自由化，經理人住、居所已無限制必要」，爰刪除該規定，故現行公司法已無關於經理人「積極資格」之規定。此外，經理人亦無國籍之限制。

（三）經理人之任免及報酬

依公司法第29條第1項之規定：「公司得依章程規定置經理人，其委任、解任及報酬，依下列規定定之。但公司章程有較高規定者，從其規定：一、無限公司、兩合公司須有全體無限責任股東過半數同意。二、有限公司須有全體股東表決權過半數同意。三、股份有限公司應由董事會以董事過半數之出席，及出席董事過半數同意之決議行之。」

依主管機關之見解：1.所謂經理人乃指為公司管理事務及簽名之人，是凡由公司授權為其管理事務及簽名之人，即為公司之經理人，不論其職稱為何[195]；2.依公司法第29條第1項第3款之規定，只有經理人之委任、解任及報酬須經董事會之決議，尚不包括經理人職務調動[196]；3.有關經理人之委任，在程序上，係經董事會決議後，始發生委任關係，尚無追認之問題[197]；4.經理人之報酬，係指經理人為公司服務應得之酬金而言，除章程有較高規定者外，應依本法第29條第1項規定之決議行之[198]。股份有限公司經理人之報酬，係專屬董事會決議事項，尚不得由董事會授權董事長核定[199]；5.公司申請經理人變更登記，依公司法第29條之規定，應檢附董事會決議錄辦理；外國公司申請分公司經理人變更登記，僅須提出經簽證之總公司授權書，毋庸檢附董事會決議錄辦理[200]。公司經理人之委任或解任，應於到職或離職後十五日內，向主管機關申請登記[201]，惟是否登記，允屬對抗要件[202]（公§12）。

如屬公開發行公司且已設置審計委員會者，依證券交易法第14條之5第1項第9款之規定，有關「財務、會計或內部稽核主管之任免」，應先經審計委員會之決議，並提董事會決議。如屬上市上櫃公司者，有關經理人之薪資、股票選擇權與其他具有實質獎勵之措

---

[194] 參見經濟部92年10月2日商字第09202197920號函。

[195] 參見經濟部103年10月7日經商字第10302105870號函。

[196] 參見經濟部91年1月16日商字第09002274230號函。

[197] 參見經濟部94年4月28日經商字第09402050630號函。

[198] 參見經濟部95年4月11日經商字第09502042600號函。

[199] 參見經濟部96年1月4日經商字第09500202210號函。

[200] 參見經濟部57年6月20日商字第21949號函。

[201] 參見經濟部94年4月1日經商字第09402040120號函。另參見公司登記辦法第2條之規定。

[202] 參見經濟部95年4月11日經商字第09502042600號函。

施，應先經薪資報酬委員會之決議，並提董事會決議。

（四）經理人與公司間之法律關係

有關經理人與公司間之法律關係，學者[203]、主管機關[204]及司法實務[205]多依公司法第29條第1項之規定：「公司得依章程規定置經理人，其『委任』、解任及報酬，依下列規定定之。……」即逕認爲公司經理人與公司間爲民法第528條規定之委任關係，而不再去深論其與民法債編各論第十一節「經理人」（第553條以下）之關係爲何。而最高法院102年度台上字第2457號民事判決則認爲：「董事與公司間委任關係之形成係以股東會之決議爲基礎，經理與公司間之關係，不因委任契約之締結，乃基於董事會之決議產生，均以處理公司法（團體法）上之事務爲其標的，與依據民法（個人法）所訂立之一般委任契約，未盡相同。」似認爲仍有些微之差異。惟無論如何，學者及司法實務在論及經理人之職權時，卻仍多認爲民法債編各論經理人章節之相關條文，於公司經理人仍有適用（詳如下述）[206]。

（五）經理人之職權

依公司法第31條第2項及第33條之規定：「經理人在公司章程或契約規定授權範圍內，有爲公司管理事務及簽名之權。」「經理人不得變更董事或執行業務股東之決定，或股東會或董事會之決議，或逾越其規定之權限。」

有關民法債編各論經理人章節之相關條文，依最高法院42年台上字第554號民事判例之見解：「公司所設置之經理人法律上既未另設限制，自不能因其爲法人而有所差異」，亦即公司法之經理人仍應適用民法之相關規定。

依民法第553條及第554條之規定，經理人之職權得限於管理「公司事務之一部」或「一分司或數分公司」。經理人對於第三人之關係，就其所管理之事務，視爲其有爲管理上之一切必要行爲之權。民法對於經理人在「進行訴訟」及「不動產之處理」之權限上，則有特別之規定。

在進行訴訟部分，「經理人對於第三人之關係就商號或其分號或其事務之一部，視爲其有爲管理上一切必要行爲之權。經理人就所任之事務，視爲有代表商號爲原告或被告或其他一切訴訟上行爲之權。民法第五百五十四條第一項、第五百五十五條定有明文。公

---

[203] 參見柯芳枝，公司法論（上），第50頁。

[204] 參見經濟部92年4月3日商字第09200529470號函。

[205] 參見最高法院97年度台上字第2351號民事判決。

[206] 依民法第529條之規定：「關於勞務給付之契約，不屬於法律所定其他契約之種類者，適用關於委任之規定。」就法律適用上，似應優先適用民法債編各論第十一節關於「經理人」章節之相關條文，如其未規定者，再（類推）適用「委任關係」之相關規定。

司所設置之經理人，亦有此適用（參看本院42年台上字第554號判例）。[207]」準此，經理人就所任之事務，視爲有代表公司爲原告或被告或其他一切訴訟上行爲之權（註：如依民法第534條第3款至第5款之規定，受任人在爲「和解」、「起訴」或「提付仲裁」須有特別之授權），因此，公司經理人爲公司爲營業上所必要之和解，並無經公司特別授權之必要[208]。再者，經理人就所任之事務，視爲有代商號爲原告或被告或其他一切訴訟行爲之權，此項規定於公司之經理人並未排斥適用，是公司經理人就其所任事務權限範圍內之事項，固有代表公司應訴之權限，惟如爲訴訟標的之法律關係非爲其所任事務權限範圍內之事項，則無此權限[209]。

　　在不動產之處理部分，依民法第554條第2項之規定：「經理人，除有書面之授權外，對於不動產，不得買賣，或設定負擔。」因此，經理人對於不動產之買賣或對於不動產設定抵押權（而向他人借款之行爲），應有書面之授權。而依本條之反面解釋，「不動產以外之其他財產，縱無書面之授權，亦不能遽謂其設定負擔爲無權限之行爲。[210]」

　　如上所述，公司得以章程或契約約定經理人之授權範圍，僅限於管理「公司事務之一部」或「一分司或數分公司」，但依公司法第36條之規定：「公司不得以其所加於經理人職權之限制，對抗善意第三人。」司法實務認爲所謂不得以之對抗善意第三人者，應以經理人所管理之事務，屬「關於營業上之事務」爲限，因此，除屬於該公司之營業範圍，或依特殊情事，可認爲營業上之行爲外，經理人自無代爲之權，如竟擅自爲之，對於該公司不生效力[211]。再者，因民法第557條規定：「經理權之限制，除第五百五十三條第三項、第五百五十四條第二項及第五百五十六條所規定外，不得以之對抗善意第三人。」因此，實務見解認爲：「民法第五百五十七條所稱經理權之限制不得對抗善意第三人者，係指『意定限制』而言，若屬同法第五百五十三條第三項、第五百五十四條第二項及第五百五十六條等『法定限制』之情形者則不與焉，自得以之對抗任何人。[212]」

　　由上可知，經理人就特定事務有無管理及簽名之權限，應先探究其是否爲該經理人之「所任之事務」，及該所任之事務「有無以章程或契約加以限制」，以決定該經理人有無權限及是否對公司發生效力。如屬經理人之權限範圍內，則其代理公司所爲之行爲，當對公司發生效力；如該經理人並無權限，則將發生無權代理之問題，而應依其情形適用民法第169條（表見代理）或第170條（無權代理）之規定，以決定是否對公司發生效力。

---

[207] 參見最高法院76年度台上字第534號民事判決。

[208] 參見最高法院67年台上字第2732號民事判例、最高法院76年度台上字第534號民事判決。

[209] 參見最高法院82年度台抗字第504號民事裁定、最高法院83年度台抗字第5號民事裁定、最高法院83年度台抗字第74號民事裁定。

[210] 參見最高法院52年台上字第1170號民事判例。

[211] 參見司法院28年院字第1931號解釋。

[212] 參見最高法院91年度台上字第1551號民事判決。

（六）經理人之義務與責任

1. 忠實義務及善良管理人之注意義務

依公司法第8條第2項之規定，公司之經理人，在執行職務範圍內，亦爲公司負責人。依公司法第23條第1項之規定，公司負責人應忠實執行業務並盡善良管理人之注意義務，如有違反致公司受有損害者，負損害賠償責任。

2. 不爲競業之義務

依公司法第32條之規定：「經理人不得兼任其他營利事業之經理人，並不得自營或爲他人經營同類之業務。但經依第二十九條第一項規定之方式同意者，不在此限。」其立法理由係爲避免經理人之利益與公司之利益產生衝突，導致經理人未忠實履行自己的職責，另行經營同類業務，進而損及公司的利益[213]。

經理人與公司間之關係，並不以登記爲生效之要件；依據公司法第12條規定，應登記事項而不登記者，亦僅不得以其事項對抗第三人，而非不生效力，因此，經理人無論登記與否，均負有不爲競業之義務[214]。再者，所謂不得兼任「其他營利事業」之經理人，指包括公司組織、獨資、合夥事業之經理人在內[215]；所謂「經營同類之業務」，係指其所爲之行爲（業務）屬於章程所載之公司所營事業中爲公司實際上進行之事業，並包括公司業已著手準備或只是暫時停止之事業在內[216]。

又，禁止經理人爲競業行爲，係在保護公司之利益，因此，得經公司之同意而予以解除，有關經理人競業行爲之同意方式，應依第29條第1項規定之方式同意解除之。亦即：(1)如甲公司經理人兼任乙公司經理人，或乙公司經理人兼任甲公司經理人時，應依公司法第29條第1項之規定，得到甲乙兩公司之同意[217]；(2)如股份有限公司之董事長欲兼任另一同類業務之股份有限公司經理時，應分別經原公司股東會（參照公司法第209條之規定）及所兼任經理公司之董事會（參照公司法第32條之規定）同意[218]。

惟若董事兼任經營同類業務之他公司董事或經理人，而該二公司爲100%母子關係時，在法律上雖爲二獨立法人格公司，但在經濟意義上實爲一體，二者之間並無利益衝突可言。故應認爲於此情形下之董事或經理人兼充，並不構成公司法第32條、第209條競業行爲[219]。此外，A公司同時持有B公司及C公司100%之股份，又C公司轉投資D公司持有100%股份。於此，B、C、D公司爲A公司100%直接、間接持股之公司，在法律上各公司

---

[213] 參見經濟部101年10月11日經商字第10102435880號函。

[214] 參見經濟部63年5月10日商字第11890號函。

[215] 參見經濟部95年5月16日經商字第09502071130號函。

[216] 參見經濟部95年10月31日經商字第09502156510號函。

[217] 參見經濟部57年12月21日商字第44798號函。

[218] 參見經濟部66年8月29日商字第25392號函。

[219] 參見經濟部101年10月11日經商字第10102435880號函。

雖為獨立法人格公司，但在經濟意義上則為一體，彼此之間並無利益衝突可言。爰此，BC公司間（平行關係）與AD公司間、BD公司間（垂直關係），倘有董事或經理人之兼充行為，也不構成公司法第32條、第209條競業行為[220]。

　　有關經理人如違反上開競業禁止之規定者，其效果為何？公司法第32條本身並未如同董事一般有第209條第4項之明文規定。民法第562條及第563條規定：「經理人或代辦商，非得其商號之允許，不得為自己或第三人經營與其所辦理之同類事業，亦不得為同類事業公司無限責任之股東。」「（第1項）經理人或代辦商，有違反前條規定之行為時，其商號得請求因其行為所得之利益，作為損害賠償。（第2項）前項請求權，自商號知有違反行為時起，經過二個月或自行為時起，經過一年不行使而消滅。」最高法院81年台上字第1453號民事判決判例認為：「公司經理人違反公司法第三十二條競業禁止之規定者，其所為之競業行為並非無效，但公司得依民法第五百六十三條之規定請求經理人將因其競業行為所得之利益，作為損害賠償。」

　　惟應注意的是，101年1月4日公司法修正時，已增訂第23條第3項之規定，公司負責人應忠實執行業務並盡善良管理人之注意義務，如違反該規定，「為自己或他人為該行為時，股東會得以決議，將該行為之所得視為公司之所得。但自所得產生後逾一年者，不在此限。」其立法理由稱：「公司法第二百零九條第三項『股東歸入權』以避免公司負責人動輒中飽私囊並逕為脫產。原公司法第二十三條顯有增訂該規定之必要。」因此，在101年1月4日公司法修訂後，有關公司法第23條第3項及民法第563條之適用關係為何，實有待釐清。包括但不限於下列問題：二者究是處於優先適用關係或普通競合關係？在行使歸入權，是否應依公司法第23條第3項之規定，先經「股東會」之決議？又因二者的權利行使期間不盡相同，假設該歸入權依民法第563條第2項之規定，於知悉後已經過二個月，則公司是否還可再依公司法第23條第3項之規定，行使歸入權？上述問題均有待學說或司法實務加以闡釋。

　　附帶說明的是，歸入權之行使，並不以公司「受有損害」為要件，如經理人違反競業禁止之義務，導致公司受有損害時，公司應得依公司法第23條第1項、民法第184條、第227條或第544條等規定，對該經理人請求損害賠償。

　　此外，公司法第32條之競業禁止，是針對經理人在「任職中」所為之規範，至於經理人「離職後」之競業禁止行為，公司法並無規定。依勞動基準法第9條之1之規定：「（第1項）未符合下列規定者，雇主不得與勞工為離職後競業禁止之約定：一、雇主有應受保護之正當營業利益。二、勞工擔任之職位或職務，能接觸或使用雇主之營業秘密。三、競業禁止之期間、區域、職業活動之範圍及就業對象，未逾合理範疇。四、雇主對勞工因不從事競業行為所受損失有合理補償。（第2項）前項第四款所定合理補償，不包括勞工於工作期間所受領之給付。（第3項）違反第一項各款規定之一者，其約定無效。

---

[220] 參見經濟部102年1月7日經商字第10102446320號函。

（第4項）離職後競業禁止之期間，最長不得逾二年。逾二年者，縮短為二年。」此外，經理人離職後，如利用公司之營業秘密為自己或他人與公司而為競業行為時，該行為人可能會構成營業秘密法第13條之1之侵害營業秘密罪，並應依營業秘密法第12條、第13條或民法第184條第1項後段，負損害賠償責任。

3. 遵守法令、章程及決議之義務

依公司法第33條及第34條之規定：「經理人不得變更董事或執行業務股東之決定，或股東會或董事會之決議，或逾越其規定之權限。」「經理人因違反法令、章程或前條之規定，致公司受損害時，對於公司負賠償之責。」

4. 基於委任關係所生之義務與責任

依學者及實務之通說，經理人與公司間亦有委任關係之適用，故仍有基於委任關係所生之義務，包括但不限於經理人應將委任事務進行之狀況，報告公司（民§540）、因處理委任事務，所收取之金錢、物品及孳息，應交付於公司（民§541）等，而經理人因處理委任事務有過失，或因逾越權限之行為所生之損害，對於公司應負賠償之責（民§544）。

第八節　公司之解散

一、公司解散之概念

所謂公司之解散，是指導致公司法人格消滅之法律事實，換言之，解散乃公司法人格消滅之原因。然發生公司解散之事由時，公司之法人格並非立即消滅，而須進行清算，以處理公司解散時尚未了結之法律關係，俟清算完結時，公司之法人格始消滅，此觀諸公司法第24條及第25條規定：「解散之公司除因合併、分割或破產而解散外，應行清算。」「解散之公司，於清算範圍內，視為尚未解散。」自明[221]。

依公司法第24條之規定，公司如因合併、分割或破產者，無須進行清算。蓋因合併而消滅之公司，其權利義務，應由合併後存續或另立之公司承受（公§75、§319、企併§4I③），故無須進行清算程序。而本條所稱之分割，是指消滅分割而言[222]，是指被分割公司將其全部之營業或財產移轉給承受公司承受，於完成分割程序後，無須經清算程序而解散消滅（企併§35IX）。而當公司經法院宣告破產時，應依照破產法規定辦理，亦無須進行清算程序[223]。

---

[221] 參見柯芳枝，公司法論（上），第55至56頁。

[222] 參見90年11月12日公司法第24條之修正理由。

[223] 參見經濟部60年9月1日商字第35000號函。

二、公司解散之事由

（一）任意解散

此是基於公司之自己意思而為解散，例如發生章程所定之解散事由（公§71 I ①）、§315 I ①），或無限公司與兩合公司經股東三分之二以上之同意[224]而解散（公§71 I ③、§115）、有限公司經股東表決權三分之二以上之同意[225]而解散（公§113 I），或股份有限公司經股東會特別決議而解散（公§316 I）。

（二）法定解散

此是基於法律規定而解散，如公司所營事業已成就或不能成就而解散（公§71 I ②、§315 I ②），或股東不滿法定最低人數之要求（公§71 I ④、§126 I、§315 I ④），或與他公司合併、分割（指消滅分割）或破產而解散（公§71 I ⑤⑥、§315 I ⑤⑥⑦）等。

（三）命令解散

此是依主管機關之命令而解散。依公司法第10條之規定，公司設立登記後六個月尚未開始營業、開始營業後自行停止營業六個月以上、公司名稱經法院判決確定不得使用，未於判決確定後六個月內辦理名稱變更登記且未於主管機關所命令限期辦妥者，或申請設立登記時或設立登記後三十日內，未檢送經會計師查核簽證之文件者，主管機關得依職權或利害關係人之申請，命令解散之。

另公司經中央主管機關撤銷或廢止登記者（公§26-1），「與解散同屬公司法人人格消滅之法定事由，亦有進行清算以了結債權債務關係之必要。[226]」

（四）裁定解散

此是依法院之裁定而解散。依公司法第11條之規定：「（第1項）公司之經營，有顯著困難或重大損害時，法院得據股東之聲請，於徵詢主管機關及目的事業中央主管機關意見，並通知公司提出答辯後，裁定解散。（第2項）前項聲請，在股份有限公司，應有繼

---

[224] 107年8月1日公司法修正時，修正第71條第1項第3款「降低無限公司解散之門檻，以應需要」。

[225] 依107年8月1日公司法第113條之修正理由：「……依原條文規定，有限公司變更章程、合併、解散及清算，係準用無限公司有關之規定。惟為便利有限公司運作，修正有限公司變更章程、合併及解散之門檻為股東表決權三分之二以上之同意，不再準用無限公司有關變更章程、合併及解散須經全體股東同意門檻之規定。二、原條文修正移列第二項。有限公司之清算仍應準用無限公司有關之規定；至於有限公司之變更章程、合併及解散，除其門檻之規定依第一項規定辦理外，其餘仍準用無限公司有關之規定。」

[226] 參見90年11月12日公司法第26條之1之立法理由。

續六個月以上持有已發行股份總數百分之十以上股份之股東提出之。」此是爲避免公司因股東意見不合無法繼續營業，而其餘股東又不同意解散時，允許少數股東向法院聲請裁定解散之規定[227]。

聲請公司裁定解散事件應以書面爲之（非訟§172 I）。法院於受理後，應徵詢主管機關及目的事業中央主管機關之意見（受法院徵詢之機關必須就該公司之經營是否有顯著困難或重大損害表示意見，並非僅形式上有向法院函復即爲已足[228]），並通知公司提出答辯，且應訊問利害關係人（非訟§172 II）。如法院認爲公司之經營有顯著困難或重大損害時，諸如公司因業務無法推展，虧損連連，且公司內部股東意見嚴重歧異，無人願意增資彌補虧損，已難繼續經營，雖召開股東會會議，經出席股東全體同意辦理解散清算程序，但因持股超過三分之一以上之主要股東拒絕出席，亦未表示同意解散，以致無法作成公司解散之股東會決議等[229]，則得裁定公司解散。

三、公司解散之防止[230]

公司存廢，關係股東之投資利益、債權人之權益、員工之生計等，一旦公司成立後，如能繼續經營，應使其繼續存續，儘量避免解散。因此公司法有許多防止公司解散之規定：1.依公司法第10條之規定，公司設立登記後六個月尚未開始營業、開始營業後自行停止營業六個月以上者，主管機關得依職權或利害關係人之申請，命令解散之。但如公司已辦妥延展登記，或辦理停業登記者，不在此限；2.公司如發生章程所定之解散事由，或章程所定公司所營事業已成就或不能成就時，公司得變更章程而繼續經營，無須解散（公§71 IV、§113 II、§115、§315 II前段[231]）；3.無限公司或兩合公司如因股東變動而不足本法所定之最低人數而須解散時，得加入新股東，並變更章程，而繼續經營（公§71 I ④、III、IV、§126 I但）；股份有限公司如非由政府、法人股東一人所組成者，當其股東不滿二人而須解散時，得增加有記名[232]股東繼續經營（公§315 II）；4.無限公司之股東經變動而不足本法所定之最低人數而須解散時，得經全體股東之同意，以一

---

[227] 參見經濟部57年4月26日商字第14942號函。

[228] 參見臺灣高等法院暨所屬法院65年度法律座談會民事類第25號。

[229] 參見臺灣屏東地方法院91年度司字第16號民事裁定。

[230] 以下參見柯芳枝，公司法論（上），第60至61頁。

[231] 在無限公司之情形，公司法第71條第2項及第4項規定，無限公司如有同條第1項第2款「公司所營事業已成就或不能成就」時，如經全體或一部股東之同意繼續經營者，應變更章程。相較於股份有限公司，公司法第315條並無類似規定，惟應得類推適用公司法第71條之規定，經股東會之特別決議，變更章程而繼續經營。參見柯芳枝，公司法論（上），第60至61頁。

[232] 107年8月1日公司法修正時，已全面修正廢除無記名股票制度，因此，股份有限公司已不得再增加「無記名」股票，故公司法第315條第2項中似應將「有記名」等字刪除。

部股東改爲有限責任或另加入有限責任股東，變更其組織爲兩合公司，而繼續經營（公§76）。兩合公司因無限責任或有限責任股東全體之退股而須解散時，其餘股東得以一致之同意，加入無限責任股東或有限責任股東，繼續經營（公§126 I 但）；如其有限責任股東全體退股時，無限責任股東在二人以上者，得以一致之同意變更其組織爲無限公司（公§126 I 、 II ）。如其無限責任股東全體之退股時，公司得經股東三分之二以上之同意變更章程，將其組織變更爲有限公司或股份有限公司[233]（公§126 I 、 IV ）。

四、公司之解散登記

公司之解散，除破產外[234]，須依公司登記辦法之規定，於十五日內向主管機關申請爲解散登記。公司之解散（主要是指前述任意解散或法定解散之情形），不向主管機關申請解散登記者，主管機關得依職權或據利害關係人申請，廢止其登記（公§397 I ）。主管機關對於前項之廢止，除命令解散或裁定解散外，應定三十日之期間，催告公司負責人聲明異議；逾期不爲聲明或聲明理由不充分者，即廢止其登記（公§397 II ）。

應特別說明的是，公司解散時，雖應向主管機關爲解散登記。但主管機關認爲公司爲社團法人，依民法第42條第1項規定：「法人之清算，屬於法院監督。法院得隨時爲監督上必要之檢查及處分。」因此，公司有無進行清算，應向公司所在地之管轄法院查詢[235]。

此外，主管機關認爲股份有限公司之清算，係依公司法規定辦理，如公司法未爲規定者，始適用民法之規定。依公司法第334條準用第83條規定，清算人應於就任後十五日內⋯⋯「向法院聲報」。準此，清算人之就任、解任係向法院聲報，自無須向公司登記主管機關辦理清算人（負責人）變更登記[236]。

另主管機關認爲：「公司解散或廢止後即進入清算程序，清算中之公司其負責人爲清算人，原董事職務及董事會已不復存在，是以，廢止登記後之公司，尚無塗銷董事之問題。本案如原告請求與被告間之清算人委任關係不存在，應爲塗銷清算人登記，惟依民法第42條第1項前段規定，法人之清算，屬於法院監督範圍，清算人之解任或塗銷，應逕向管轄法院辦理。」[237]

由上可知，公司解散時，雖應向主管機關爲解散登記，但主管機關認爲公司之清

[233] 依107年8月1日公司法第126條之修正理由：「爲利兩合公司轉型，允許兩合公司經股東三分之二以上之同意，即可變更章程將其組織變更爲有限公司或股份有限公司，爰予增訂。」

[234] 依經濟部65年3月10日經商字第06037號函：「（一）公司經法院裁定破產，除應依破產法第六十六條規定囑託爲破產之登記外，無須申辦公司解散登記。⋯⋯」

[235] 參見經濟部92年6月10日商字第09202118980號函。

[236] 參見經濟部87年3月7日商字第87204050號函、經濟部93年7月23日商字第9300116760號函。

[237] 參見經濟部98年4月28日經商字第09802038270號函。

算，是屬於法院監督範疇，公司有無進行清算，應向公司所在地之法院查詢，而清算人並非應登記事項，其就任或解任應向法院聲報，並無須向主管機關辦理清算人（負責人）變更登記，故解散、撤銷、廢止登記後之公司，公司登記主管機關僅須在其變更登記表劃除董事名單，並於公示資料刪除董事名單而已[238]。是以當公司解散時，其於「商工登記公示資料查詢服務」網站[239]之網頁會註記：「公司已解散，董事會已不存在，依公司法第83條規定，清算人之就任、解任等均應向法院聲報；依民法第42條第1項規定，清算中之公司，係屬法院監督範疇。」經撤銷或廢止登記者，亦同。

五、公司解散之效力

公司之解散，為公司法律上人格消滅之原因。公司經解散後，其法人人格並非即告消滅，必須經清算程序，處理其未了事務後，始歸消滅，此觀公司法第24條、第25條之規定自明。蓋依公司法第25條及第26條之規定，解散之公司，於清算範圍內，視為尚未解散；解散之公司在清算時期中，得為了結現務及便利清算之目的，暫時經營業務，故其法人人格仍須存續，必至清算完結，始歸消滅[240]。

依公司法第24條之規定，公司如因合併、分割或破產而解散者，無須進行清算。蓋如因合併、分割（指消滅分割）而解散時，公司之法人格於完成合併或分割程序時消滅。又公司之撤銷或廢止登記者（公§26-1），必俟清算終結，法人人格始行消滅[241]。

至於公司如經法院宣告破產者，原先司法實務及主管機關認為「法人宣告破產後，其法人人格即歸消滅」[242]。惟嗣後已變更見解認為：「按股份有限公司經法院裁定宣告破產，依公司法第315條第1項第7款規定，應予解散。其所有財產之處分及未了結事務之處理，原則上依破產程序為之，無須行清算程序（公§24）。該公司雖因破產之宣告，對於應屬破產財團之財產，喪失其管理及處分權（破§75），惟其所有權並不因而喪失。是故，於該公司所有財產經處分、分配完畢前，尚難認其公司法人之人格，已因宣告破產而當然歸於消滅；應類推適用公司法第25條規定，於其財產處理之範圍內，視為尚未解散，仍可為權利義務之主體，惟就應屬破產財團之財產，應由破產管理人管理、處分

---

[238] 參見經濟部105年5月5日經商字第10502228780號函。

[239] 網址：https://findbiz.nat.gov.tw/fts/query/QueryBar/queryinit.do。

[240] 參見經濟部64年5月23日商字第11522號函。

[241] 參見經濟部95年5月8日經商字第09502067450號函。

[242] 參見最高法院62年度第1次民庭庭長會議決議（六）（已廢止）；經濟部64年5月23日商字第11522號函、經濟部65年3月10日經商字第06037號函。

之。[243]」而主管機關嗣後亦改採此等見解[244]。

依公司法第26條之規定，解散之公司在清算時期中，得為了結現務及便利清算之目的，暫時經營業務，係指公司於清算必要範圍內，繼續營業，應為了結現務及便利清算之目的。而依90年11月12日修正之公司法第18條之規定，公司所營事業除許可業務應載明於章程外，其餘不受限制，則公司經營法令非禁止或限制之非許可業務，並不以登記之營業項目為限。是以，公司在清算時期中所經營之業務，如符合便利清算目的者，亦得暫時經營之。至於所經營之業務是否為便利清算之目的，應依具體個案認定[245]。再者，解散之公司倘為了結現務之目的而為清算之必要範圍者，應以繼續原有之營業為限。至對外開發新業務是否有違反規定，應依具體個案認定[246]。

一般而言，解散之公司，為了結現務及便利清算之目的，得暫時經營業務（公§26），但因已喪失營業活動能力，只能從事了結公司解散前所發生之權利義務關係而已，因此，凡以營業存在為前提之法律規定，於清算中之公司應不適用，諸如解除董事競業禁止、盈餘分配、設立分公司、發行新股、發行公司債或認股權憑證、增資或減資[247]、公司法第172條之1之少數股東提案權等[248]。而依主管機關之見解，解散之公司，於清算範圍內，仍得為下列行為：1.公司經辦理解散登記後，於清算程序中股東會依然得行使職權（參照同法第322條、第323條、第325條、第326條及第331條等之規定），惟其權限之行使，僅限於清算之範圍[249]；2.為便利公司達成公司法第331條第1項規定之程序，法人股東改派監察人者，仍屬清算範圍之事項，應准其辦理監察人變更登記[250]；3.解散之公司，於清算範圍內，如為了結現務及便利清算之目的而擔任他公司董事，似無不可[251]。

解散之公司，必至清算完結，其公司法人格始歸消滅。所謂清算完結係指清算人就清算程序中應為之清算事務，全部辦理完竣而言[252]。公司之清算事務頗為複雜及繁瑣，其所需之清算作業及估計時間約略如下[253]：

---

[243] 參見司法院95年9月27日秘台廳民二字第0950018223號函。此外，司法院96年1月25日秘台廳民二字第0960002208號函、司法院100年3月9日秘台廳民二字第1000005698號函，亦同此見解。並另參照101年1月4日公司法第26條之2之立法理由。

[244] 參見經濟部100年4月8日經商字第10002406660號函、經濟部109年4月6日經商字第10902408530號函。

[245] 參見經濟部107年5月30日經商字第10702411080號函。

[246] 參見經濟部90年4月2日經商字第09002073140號函。

[247] 以上參見柯芳枝，公司法論（上），第59頁。

[248] 參見經濟部100年2月22日經商字第10002403200號函。

[249] 參見經濟部63年7月11日商字第17803號函。

[250] 參見經濟部68年5月17日商字第13713號函。

[251] 參見經濟部107年1月17日經商字第10602086460號函。

[252] 參見柯芳枝，公司法論（上），第59頁。

[253] 參見網路資料：如何完整辦理公司解散後之清算申報（網址：https://www.trusty.tw/index.php/tw/info/

作業內容	預計時間
公司解散登記	約7天
各類所得扣繳申報	1天
營業及稅籍註銷登記	約12天
當期所得稅決算申報	資料齊全10天內
清算人就任聲報	3日
清算人檢查財產（並經股東會承認）	應於10天前送監察人，且應依公司法第165條及第172條之規定辦理
催報債權	三次以上公告，3個月內
清算完結（股東會承認）	15天
營利盈餘分配扣繳申報	1天
所得稅清算申報	清算完結日起30日內辦理
清算完結法院聲報	15日內向法院聲報
	整個清算程序原則上應於6個月內完成清算，如無法完成，應向法院聲請展期

應特別說明的是，公司清算人於清算完結將表冊等提請股東會承認後，依公司法第93條第1項、第331條第4項規定，仍須向法院聲報備查，而司法實務認為：「解散之公司，於清算範圍內，視為尚未解散。公司法第二十五條定有明文。故公司法人於清算人了結其現務、收取債權、清償債務、交付賸餘財產於應得者完結以前其清算不得謂已終結，其法人格仍視為存在。至清算人向法院聲報清算完結，不過為備案性質，不因法院准予備案遽認其法人格當然消滅。[254]」「向法院聲報清算完結，係屬非訟事件，法院所為准予備查之意思表示，無實體確定公司清算事務是否完結之效力，已向法院聲報清算完結獲准備查之公司，如尚有未辦完之事務，該公司就了結該項未辦完事務之範圍內，自仍應視為未解散而有權利能力。[255]」「法人資格之消滅與自然人之死亡不同，是一個法律程序的實踐，而程序實踐之目標則是為了了結該法人之全部事務，只要實證上其有未了結之事務，在處理該事務之範圍內，其法人之身分即因此事務處理之需要在規範上認定為繼續存在，此乃為團體法之基本法理原則，而與有程序上有無申報清算完結無涉。[256]」「法院縱准予備查，亦僅為備案性質，並無實質上確定力，是否發生清算完結之效果，應視是否完成合法清算而定，若尚未完成合法清算，縱經法院為准予清算完結之備查，仍不生清算

---

bussiness/2011-10-24-10-22-29/621-2013-01-09-08-38-36），並依相關法令修改而成。

[254] 參見最高法院97年度台抗字第375號民事裁定。
[255] 參見臺灣高等法院89年度抗字第3991號民事裁定。
[256] 參見最高行政法院101年度判字第629號民事判決。

完結之效果，其法人人格自未消滅。[257]」

　　由上可知，解散之公司須至清算完結時，其公司法人格始歸消滅。然何謂清算完結，並無清楚明確之時點，而應視其依法應完成之清算事務均已完成（諸如已依法完成了結現務、收取債權、清償債務，並將謄餘財產交付予應得者等事務均已完結），予以實質認定；清算人向法院聲報清算完結，法院縱准予備查，亦僅為備案性質，並無實質上確定力（亦不得遽認其法人格當然消滅），事後如發現公司尚有未辦完之事務，公司就了結該項未辦完事務之範圍內，自仍應視為未解散。

六、「僵屍公司」之清理

　　公司之權利能力始於公司成立之時，即當公司向中央主管機關辦理設立登記後，即取得權利能力；公司經解散後，必須經清算程序，處理其未了事務後，其法人格始歸消滅。只不過公司之「出生」（設立登記）是向經濟部或直轄市政府為之；而公司之「死亡」（解散後之清算），主管機關認為公司為社團法人，依民法第42條第1項規定：「法人之清算，屬於法院監督」範疇[258]，且須至清算完結時，其公司法人格始歸消滅[259]。惟如前所述，公司清算完結時，雖應向法院聲報，惟是否清算完結仍應以實質認定，並無清楚明確之時點，而縱使已向法院聲報，且經法院准予備查，亦僅為備案性質，並無實質上確定力（亦不得遽認其法人格當然消滅）。

　　再者，如前所述，公司之解散包括任意解散、法定解散、主管機關命令解散及法院裁定解散等情形（另公司經中央主管機關撤銷或廢止登記者，亦應進行清算）。命令公司解散（或撤銷、廢止登記）為主管機關之行政處分，其目的在剝奪公司之法人格。公司經命令解散後，依公司法第24條至第26條之規定，公司應行清算；於清算範圍內，視為尚未解散；在清算時期中，得為了結現務及便利清算之目的，暫時經營業務。然實際上因被命令解散之公司或被撤銷或廢止登記者，早已停業多時，且已人去樓空，再加上清算程序非常繁瑣，故有許多解散之公司並未進行清算程序，以致衍生許多「僵屍公司」情形。

　　民國101年1月4日公司法修訂時，已意識到此一問題，而增訂公司法第26條之2之規定：「經解散、撤銷或廢止登記之公司，自解散、撤銷或廢止登記之日起，逾十年未清算完結，或經宣告破產之公司，自破產登記之日起，逾十年未獲法院裁定破產終結者，其公司名稱得為他人申請核准使用，不受第十八條第一項規定之限制。但有正當理由，於期限

---

[257]　參見最高行政法院103年度判字第625號民事判決。

[258]　參見經濟部92年6月10日商字第09202118980號函、經濟部95年10月26日經商字第09502154370號函、經濟部98年11月2日經商字第09802144800號函、經濟部103年11月3日經商字第10302128450號函、經濟部105年5月5日經商字第10502228780號函。

[259]　如前所述，當公司解散或撤銷、廢止登記時，在「商工登記公示資料查詢服務」網站會註記：「公司已解散，董事會已不存在，依公司法第83條規定，清算人之就任、解任等均應向法院聲報；依民法第42條第1項規定，清算中之公司，係屬法院監督範疇。」

屆滿前六個月內，報中央主管機關核准者，仍受第十八條第一項規定之限制。」

該立法理由稱：「一、本條新增。二、按經解散、撤銷或廢止登記之公司，係屬不得再經營業務之公司，依法應行清算。惟實務上，經解散、撤銷或廢止登記之公司，多數未進行清算。按第六條及第二十五條規定，公司之法人人格始於登記完成，終於清算完結。公司如未清算完結，因法人人格尚存在，其公司名稱仍受保護而不得為他人申請使用。此種情形，並不合理，爰予修正，明定經解散、撤銷或廢止登記之公司，超過十年未清算完結者，其公司名稱得為他人申請使用。又為避免與第十八條第一項『公司名稱，不得與他公司名稱相同……』之規定扞格，爰排除該項規定之適用。三、依司法院九十六年一月二十五日秘台廳民二字第○九六○○○二二○八號函略以：『法院宣告公司破產之裁定遭抗告法院裁定廢棄，駁回破產之聲請確定，該宣告公司破產之裁定即失其效力，公司之人格自不因而消滅……』，上開見解業取代最高法院六十二年二月二十日第一次民事庭庭長會議決議『法人宣告破產後，其法人人格即歸消滅』之見解。四、經濟部辦理公司名稱之預查，向依上開最高法院六十二年度決議之見解，於公司經宣告破產後，其名稱即開放他人申請使用。為配合司法院變更其見解，對於經宣告破產之公司，不再開放其名稱供他人申請使用。惟亦不宜長久禁止他人申請使用，爰明定公司自破產登記之日起，逾十年未獲法院裁定破產終結者，開放其名稱供人申請。五、對於已進行清算或破產程序之公司，如有正當理由無法於十年內清算完結或破產終結，得於期限屆滿前六個月內，報中央主管機關核准，仍得適用第十八條第一項規定，以防止其名稱開放他人申請使用，爰增訂但書。」

由上可知，立法者雖已意識到「經解散、撤銷或廢止登記之公司，係屬不得再經營業務之公司，依法應行清算。惟實務上，經解散、撤銷或廢止登記之公司，多數未進行清算」等問題，而於101年1月4日公司法修訂時，增訂公司法第26條之2之規定，然該條主要是針對清算中及破產中公司，開放「公司名稱得為他人申請使用」而已，並未徹底解決「殭屍公司」之問題。

民國107年公司法修訂前，起草學者雖建議引進國外除名制度，透過一定之程序將公司除名，並完整補充要件與程序（如先詢問該公司有無繼續營運意願，一個月未回覆或回覆沒有營運，再公告有無其他人異議，經三個月後無人異議，則主管機關予以除名，財產歸政府，負債由董事承擔，名稱釋放給他人用等），並建議刪除公司法第26條之2，以一步到位解決殭屍公司之問題[260]，然該等修法建議及相關配套措施等並未為主管機關所接受，亦未納入修正條文草案之中。

---

[260] 參見公司法全盤修正修法委員會修法建議〉檔案下載〉第二部分修法建議摘要，第24頁（網址：http://www.scocar.org.tw/pdf/section2.pdf）。

七、清算公司欠稅而限制清算人出境之問題[261]

　　公司解散或被撤銷或廢止登記者，實務上最常遇到的問題之一是，清算公司因欠稅導致其公司負責人（清算人）被限制出境之問題。依稅捐稽徵法第24條第3項之規定：「在中華民國境內居住之個人或在中華民國境內之營利事業，其已確定之應納稅捐逾法定繳納期限尚未繳納完畢，所欠繳稅款及已確定之罰鍰單計或合計，個人在新臺幣一百萬元以上，營利事業在新臺幣二百萬元以上者；其在行政救濟程序終結前，個人在新臺幣一百五十萬元以上，營利事業在新臺幣三百萬元以上，得由財政部函請內政部移民署限制其出境；其為營利事業者，得限制其負責人出境。但已提供相當擔保者，應解除其限制。」可知國家為保全其租稅債權，對於欠繳應繳納稅捐之納稅義務人，當所欠繳稅款達到一定金額者[262]，並得限制該納稅義務人（個人）出境；其為營利事業者，得限制其負責人出境[263]。

　　當公司解散或經中央主管機關撤銷或廢止登記而應進行清算時，除章程另有規定或股東會另選任或法院另有選派清算人外，否則應以（全體）股東或董事為清算人（公§79、§322）；依公司法第8條第2項之規定，清算人在執行職務範圍內，亦為公司負責人。而公司主管機關認為公司解散時，雖應向主管機關申請解散登記，其認為公司之清算，是屬法院監督範疇，而清算人並非應登記事項，其就任或解任應向法院聲報，並無須向主管機關辦理清算人（負責人）變更登記。

　　當公司清算時，如其欠稅達到一定金額者，稅捐主管機關認為：1.依公司法第8條第2項之規定，清算人在執行職務範圍內，亦為公司負責人，因此，公司清算期間應以清算人為限制出境之對象[264]；2.依公司法第79條及第322條之規定，公司清算時，如公司章程對於清算人未有規定，其股東會亦未選任時，應以（有限公司）全體股東或（股份有限公司）全體董事為清算人，並以其為限制出境對象[265]；3.公司清算時，於填發稅捐繳納文書時，關於負責人部分，應載明全體清算人（即全體股東或董事）之姓名，按行政程序法第69條第3項規定：「法定代理人、代表人或管理人有二人以上者，送達得僅向其中一人為之。」從而，上述稅捐繳納文書得僅向其中一位清算人送達，即為合法送達[266]。

261　此部分請參見拙著，清算人限境函釋應通盤檢討，刊載於「稅務旬刊」，2012年3月31日。

262　另依行政執行法第17條及第24條之規定，公司欠稅之金額雖未達到稅捐稽徵法第24條第3項之金額，但公司負責人如違反該法第17條第1項有關到場、報告財產狀況及陳述等義務，仍有可能被限制出境。

263　依司法院大法官釋字第345號解釋之見解，原「限制欠稅人或欠稅營利事業負責人出境實施辦法」（註：之後更名為「限制欠稅人出國實施辦法」，已於99年7月21日廢止）限制出境之規定，係為確保稅收，增進公共利益所必要，與憲法第10條及第23條之規定，尚無牴觸。

264　參見財政部74年8月19日台財稅字第20693號函、財政部83年12月2日台財稅字第831624248號函。

265　參見財政部74年8月19日台財稅字第20693號函、財政部94年4月21日台財稅字第09404522480號函。

266　參見財政部96年4月16日台財稅字第09604522400號函。

另在實務運作上，行政法院除支持上述稅捐主管機關函釋之見解外，更有法院見解認為，依公司法第12條，公司設立登記後，有應登記之事項而不登記，或已登記之事項有變更而不為變更之登記者，不得以其事項對抗第三人。基於主管機關之公司登記具有公信力，是該條所指第三人並無善意或惡意之別，亦不以與公司有為交易行為之第三人為限。且稅捐機關為稽查稅捐，以公司實際登記負責人為其追課稅捐之對象，如任令公司負責人得主張辭職已發生效力而不待登記，將使稅捐機關無法順利行其稽徵任務，故稅捐機關報請限制營利事業負責人出境，自應以公司登記之負責人為準[267]。

然而清算人與公司間，應適用民法關於委任之規定，依民法第549條規定，委任關係當事人之任何一方，得隨時終止委任契約。但依公司法第387條第1項及第5項之規定，公司之登記，應由代表公司之負責人備具申請書，連同應備之文件一份，向中央主管機關申請，代表公司之負責人應辦理變更登記而不辦理時，僅能科處罰鍰，因此，董事與公司終止董事委任關係後，並無法以自己名義向主管機關申請辦理董事解任變更登記，因此實務上常發生董事向公司辭任後，而代表公司之負責人並未依規定辦理董事解任變更登記，俟公司清算後，發現公司欠稅達一定金額以上者，因其形式上仍登記為董事，依財政部函釋之見解，如股東會亦未選任清算人時，則全體董事為限制出境對象。因此，在上開董事已辭任，惟公司並未為其辦理變更登記之情形，即顯得相當無辜。

再者，當公司尚屬正常營運時，如因欠稅而有限制其負責人出境之必要時，依財政部函釋之見解，認為「係指以依法得代表該營利事業之法定代理人為限。其為公司組織者，係經公司董事會或股東會議合法授權之董事長」，蓋或因董事長對內為股東會及董事會主席，對外代表公司，竟任公司形成鉅額稅款，自屬責任攸關，而許有些許道理。然當公司解散或因撤銷或廢止登記而應進行清算時，透過公司法第322條、第8條第2項、第12條及稅捐稽徵法第24條第3項之推演，卻變成只要是清算人（如股東會未特別選任，則由清算前登記為董事全體當然就任），且公司欠稅達一定金額者，即可一律予以限制出境，全然不問其就任清算人之原因為何，以及對於公司欠稅乙事是否可歸責，亦有待商榷。

實則，依稅捐稽徵法第13條之規定，清算人於稅法上之義務應僅限於在分配賸餘財產前，應依法按稅捐受清償之順序，以公司之財產繳清稅捐而已，清算人並無以自己之財產，為公司繳清稅捐之義務；同理，當公司欠稅時，清算人似亦無以其自身居住及遷徙自由，為公司負擔保之義務。因此，財政部函釋限制清算人出境之理由，如僅是因清算人於執行職務之範圍內，亦為公司之負責人，故於清算期間應以其為對象云云，則有待商榷。

再從責任歸責原則之角度出發，依行政罰法第7條第1項、第10條第1項、第14條及第15條第1項之規定，行政處罰應以行為人違反行政法上義務為前提；對於違反行政法上義務事實之發生，如依法有防止之義務者，亦必須是以能防止而不防止，才可加以處罰；如需使董事為其他董事或行為人之行為負責，亦需該董事本身有故意或重大過失時，才應並

---

267 參見最高行政法院100年度判字第1207號行政判決。

受同一規定之處罰；即使因違反行政法上義務而需予以處罰，亦應依其行為情節之輕重，分別處罰之，而稅捐主管機關不區分股東或董事是否違反行政法上義務，本身有故意或過失，亦未依情節之輕重，分別予以處罰，亦有可議之處，也衍生許多爭議。此等問題涉及許多不同法律之問題（如民法第42條、公司法、稅捐稽徵法等問題），應由各部分共同協商並修法解決。

　　租稅債權之確保雖具有強烈公益性，但人民居住或遷徙自由之基本權利，亦不容任意踐踏。因此，如法律政策上必須透過「限制出境」之方式，方達到租稅債權之確保與實現，則在立法技術或執行層面上，除應嚴格遵循法律保留原則，依憲法第23條規定，不應增加其他限制，程序上亦應保障當事人即時依法尋求救濟之機會，以落實人民基本自由權利之保障，也才能在落實基本人權保障與確保租稅債權間取得平衡。

第二章　股份與出資

第一節　股份與資本概說

一、股份之意義

　　依公司法第2條第1項第4款之規定：「股份有限公司：指二人以上股東或政府、法人股東一人所組織，全部資本分為股份；股東就其所認股份，對公司負其責任之公司。」股份有限公司乃是聚集多數人之資金而形成大資本，以因應企業之需要，其股東人數通常較多，尤其是公開發行股票之公司。

　　股份有限公司與其他種類公司不同之處，在於股份有限公司之全部資本，須分為「股份」。股份為資本之成分，亦表彰各股東對公司之法律上地位（即股東權）。股東原則上僅就其所認股份，對公司負其責任（即股東有限責任原則）而已（公§154 I）。

二、資本之意義

　　所謂資本，在法律上之意義，是指股東為達成公司目的之事業，對公司所為財產出資之總額，乃一計算上不變之數額。在股東有限責任原則下，股東對於公司債務，原則上不負任何責任，公司之債務應以公司自身之財產清償之，為保護公司債權人及維護公司信用，公司應盡力確保其現實資產與公司資本「相當」（但實際上資本僅是一計算上不變之數額，其與公司之現實財產並無必然等同之關係）。資本是公司對債權人最低限度之擔保總額；債權人則可粗略地以公司資本大小，作為衡量公司信用之標準[1]。在此等思維下，學說上有所謂「資本三原則」。

三、資本三原則[2]

（一）資本確定原則

　　是指股份有限公司在設立時，資本總額必須在章程中確定，且應認足或募足，以確保

---

[1]　以上參見柯芳枝，公司法論（上），第125頁。

[2]　以下參見柯芳枝，公司法論（上），第126頁以下。

公司於成立時即有穩固的財產基礎。

（二）資本維持原則

又稱為「資本充實原則」，是指在公司存續時，至少應經常維持相當於資本額的財產，以具體充實抽象的資本，並藉以保護公司債權人。例如：採票面金額股之公司，股票之發行價格不得低於票面金額（公§140Ⅰ）；公司不得將自己股份收回、收買或收為質物（公§167Ⅰ、Ⅲ、Ⅳ）；公司分派盈餘時，應先提出10%作為法定盈餘公積（公§237Ⅰ）；公司非彌補虧損及依法提出法定盈餘公積後，不得分派股息及紅利（公§232Ⅰ）等，均是此一原則之具體表現。

（三）資本不變原則

此是指資本總額一經章程確定後，應保持固定不動，公司如欲變動（增加或減少）資本時，須進行嚴格之法定增資或減資程序。此一原則須與前述資本維持原則相互搭配，亦即在公司存續中，公司須經常維持相當於資本額之財產，且不得任意減少資本總額，才能保護公司債權人之利益。

資本三原則對於公司債權人之保護固然較為周到，但卻可能妨礙公司資本之籌集。質言之，就資本確定原則而言，乃要求公司在設立之初，即須先確定資本總額，且應認足或募足，然此不僅將妨礙公司之迅速成立，且將迫使公司在籌設之初即需收足超過企業所需之資金，而予以閒置，顯無效率。再者，就資本不變原則而言，資本總額一經確定後，即應保持固定不動，公司如欲變動（尤其是增加）資本，須進行嚴格之法定程序（即先修訂章程調高資本總額，之後再踐行增資程序），不僅程序繁複，有礙公司資本之籌集，且在時間上也常緩不濟急。因此，原先採行資本三原則之國家，乃紛紛改弦易張，或改採英美法之授權資本制[3]。

四、授權資本制

所謂授權資本制，是指公司在設立時，發起人只需在章程中確定資本總額，並各認一股以上，即可申請設立公司，待取得設立證書後，公司即得成立。在公司設立階段，並不需就章程所定之股份全數發行，其餘股份可俟公司成立後，再依公司的實際需要，授權董事會分次發行。在授權資本制之下，可於章程所定資本（即授權股份數）之範圍內發行新股，無須先踐行變更章程之繁複程序，只需經董事會之決議，即可發行新股，俟章程所授權之股份數額全數發行完畢後，如欲再發行新股時，才須依變更章程之程序，增加資本

3　參見柯芳枝，公司法論（上），第127頁。

（即再增加授權股份總數）。授權資本制之最大優點，在使公司易於迅速成立，公司資金之籌措趨於方便，公司亦無須閒置超過其營運所需之巨額資金[4]；其缺點是，公司設立時所發行之股份數額太少，公司欠缺穩固之財產基礎，不足以保護公司債權人之利益[5]。

　　依公司法第156條第4項前段之規定：「公司章程所定股份總數，得分次發行。」可知我國也是採行授權資本制。但因98年4月29日公司法修正時，已廢除「最低資本額」之限制（參見下述），如公司設立時所發行之股份數額太少，公司欠缺穩固之財產基礎，將不足以保護公司債權人之利益。因此，公司法乃採取折衷之方式，依公司法第131條第1項之規定，發起人應認足第一次應發行之股份（採發起設立時）；如不認足第一次發行之股份時，依公司法第132條第1項之規定，應募足之（採募集設立），乃是相對地遵守資本確定原則，以保護公司債權人之利益。

　　依公司法第156條第4項前段之規定，「股份有限公司」章程所訂之股份總數，得分次發行，因此，公司資本可分為「授權資本」及「已發行之資本」兩種。前者是指由章程所確定之股份總數額，稱為「資本總額」（即擬發行股份總數額或授權股份數額）；後者是指公司實際已發行之股份數額，稱為「實收資本額」（有時或稱為「公司實收股本」或「公司實收資本」）。至於其他種類公司，依公司法第41條第1項第4款及同法第116條之規定，資本總額為「無限公司」及「兩合公司」章程必要記載事項；「無限公司」及「兩合公司」在公司法並無股東之出資額得分次繳納之規定，爰「無限公司」及「兩合公司」亦如「有限公司」僅有「資本總額」之登記，並無「實收資本額」之登記事項[6]。

五、廢除「最低資本額」之限制

　　98年4月29日以前，公司法第156條第3項原規定：「股份有限公司之最低資本總額，由中央主管機關以命令定之。」然「公司最低資本額之規定，係要求公司於設立登記時，最低資本須達一定數額，方得設立。惟資本僅為一計算上不變之數額，與公司之現實財產並無必然等同之關係；同時資本額為公示資訊，交易相對人可透過登記主管機關之資訊網站得知該項資訊，作為交易時之判斷；再者，公司申請設立登記時，其資本額仍應先經會計師查核簽證，如資本額不敷設立成本，造成資產不足抵償負債時，董事會應即聲請宣告破產，公司登記機關依本法第388條規定將不予登記。爰此，資本額如足敷公司設立時之開辦成本即准予設立，有助於公司迅速成立，亦無閒置資金之弊，該數額宜由個別公司因應其開辦成本而自行決定，尚不宜由主管機關統一訂定最低資本額[7]」乃廢除上開最低資本額之規定。

4　參見94年6月22日公司法第156條之修正理由。

5　參見柯芳枝，公司法論（上），第128頁。

6　參見經濟部101年8月8日經商字第10102101300號函。

7　參見98年4月29日公司法第156條之修正理由。

第二節　公司之設立

公司之設立程序實質上為成立營利性社團法人之過程。一般而言，除先辦理公司名稱及所營事業登記預查外，其過程依次為：1.訂立章程；2.確定股東；3.股東出資；4.設置機關；5.辦理登記。股份有限公司之設立方式有二種，一為發起設立，即公司設立時，第一次發行股份悉由發起人認足，不對外招募認股人之情形；一為募集設立，即公司設立時，發起人不認足第一次發行之股份，將其餘額對外募足，因對外募足股份需召開創立會等程序，設立過程較為複雜，且股東人數眾多，因此，除極少數之情況，如設立商業銀行或設立固網公司等，才採取此一方式外，否則為使公司能迅速成立，一般是採發起設立之方式成立公司。

一、發起設立

（一）發起人

所謂發起人是指股份有限公司之設立人而言。依公司法第129條之規定，發起人應以全體之同意訂立章程，並簽名或蓋章。因此，凡於公司設立時之章程簽名或蓋章者，即為公司之發起人。公司為他股份有限公司之發起人時，僅須於章程末書立該公司之名稱及蓋公司印章已足，毋庸該公司所指派行使股權之代表人簽名蓋章[8]。

在發起設立時，（全體）發起人有認足第一次應發行之股份及按股繳足股款之義務，至於每一發起人究應認多少股，公司法並無硬性規定，惟至少需認購一股以上[9]。

有關發起人之資格，如屬自然人者，依公司法第128條第2項之規定：「無行為能力人、限制行為能力人或受輔助宣告尚未撤銷之人，不得為發起人。」如屬法人者，依公司法第128條第3項之規定：「政府或法人均得為發起人。但法人為發起人者，以下列情形為限：一、公司或有限合夥。二、以其自行研發之專門技術或智慧財產權作價投資之法人。三、經目的事業主管機關認屬與其創設目的相關而予核准之法人。」可知公法人（政府）或私法人（不限於公司）均得為發起人。在私法人方面，除公司或有限合夥外，其餘之私法人應符合第128條第3項第2款及第3款之規定。依商業登記法登記之獨資或合夥組織未具法人資格，不得登記為股份有限公司股東，亦不得擔任發起人[10]。

有關發起人之人數方面，股份有限公司應有二人以上（自然人）為發起人（公§128 I）；政府或法人股東一人所組織之股份有限公司，則不受前條第1項之限制（公

8　參見經濟部67年12月26日商字第41390號函。

9　參見柯芳枝，公司法論（上），第131頁。

10　參見經濟部84年12月20日商字第84227349號函。

§128-1Ⅰ）。可知股份有限公司至少應有二人以上自然人或由政府或法人股東一人所組織設立。

（二）發起設立之程序

1. 發起人訂立章程

依公司法第129條第1項之規定，發起人應以全體之同意訂立章程，並簽名或蓋章。公司章程之內容可分爲「絕對必要記載事項」與「相對必要記載事項」（即非經載明於章程者，不生效力）。依公司法第129條第1項之規定，章程之絕對必要記載事項包括：「一、公司名稱。二、所營事業。三、採行票面金額股者，股份總數及每股金額；採行無票面金額股者，股份總數。四、本公司所在地。五、董事及監察人之人數及任期。六、訂立章程之年、月、日。」

依主管機關相關函釋之見解：(1)公司如採行票面金額股者，應記載「股份總數」、「每股金額」及實收資本總額等；採行無票面金額股發行股份者，應於章程載明股份總數及發行無票面金額股，至於設立登記表之「資本總額」欄應以「劃橫線」方式表示，「每股金額」欄亦應爲相同處理；無票面金額股發行價格之訂定，公司法尚無限制，如公司所定發行價格低於1元，尚無不可[11]；(2)因公司法第129條第5款規定：「董事及監察人之人數及任期」，公司章程對董事人數僅訂「至少三位董事」（而未載明上限人數），核與上開規定不符[12]；(3)所謂董事及監察人之任期者，應載明其任期之起迄時間[13]；(4)公司章程之本公司所在地僅記載至縣（市）即可，不必詳細載明街名門牌號碼[14]。

依公司法第130條第1項之規定，章程之相對必要記載事項包括：「一、分公司之設立。二、解散之事由。三、特別股之種類及其權利義務。四、發起人所得受之特別利益及受益者之姓名。」此外，章程亦可記載其他個別相對必要記載事項，如設置經理人及其職權（公§29Ⅰ）、董監事之報酬（公§196Ⅰ）、董事出席董事會之代理（公§205Ⅰ）、設置副董事長或常務董事（公§208Ⅰ）、授權董事會辦理股息及紅利之分派（公§240Ⅴ）等。

2. 發起人認足第一次應發行之股份及繳足股款

依公司法第131條第1項前段之規定：「發起人認足第一次應發行之股份時，應即按股繳足股款。」有關股款之繳納，多以現金方式爲之，股款需一次繳足，不得分次繳納。依同條第3項之規定：「發起人之出資，除現金外，得以公司事業所需之財產、技術抵充之。」可知除現金出資外，亦得以公司事業所需之財產（即「現物出資」，如以公司所需之股票、土地、機器等抵繳股款）或「技術出資」。

---

[11]　參見經濟部105年1月14日經商字第10402146980號函。

[12]　參見經濟部92年1月9日經商字第09102304310號函。

[13]　參見經濟部98年11月23日經商字第09802158190號函。

[14]　參見經濟部95年3月2日經商字第09500029620號函及經濟部65年7月30日商字第20670號函。

如採「現物出資」或「技術出資」者，依主管機關相關函釋之見解：(1)如發起人以現金以外之財產抵繳股款，而該財產復為公司事業所需者，於法即無不合，但申請公司登記時，應詳述以財產抵繳股款者之姓名、財產種類、數量、價格或估價之標準及公司核給之股數[15]；(2)「股票」為有價證券，屬「財產」之一種，股份有限公司發起人如以股票抵繳股款時，該股票應為公司事業所需之財產方可[16]；(3)公司發起設立或增資發行新股時，發起人或股東以公司所需之財產抵繳股款，如涉及以「土地」抵繳者，公司應先行踐行土地所有權移轉登記程序，始得申請公司登記[17]。而法人在未完成法人設立登記前，取得土地所有權者，得提出協議，以其籌備人公推之代表人名義申請登記，但其代表人應表明身分及承受原因。登記機關為前項之登記，應於登記簿所有權其他登記事項欄，註記取得權利之法人籌備處名稱[18]；(4)「採礦權」為權利標的，其受讓之一方依法需為自然人或法人，惟公司尚未完成法人設立登記，並取得公司執照前，無法據礦業登記規則辦理礦業權移轉登記，故設立中公司不得為採礦權受讓人，發起人自無法以採礦權抵繳股款[19]；(5)發起人不得以「提供一定期間之土地使用權」抵繳股款[20]；(6)依公司法第131條第3項規定，發起人得以公司事業所需之財產，抵繳其所應繳納之股款，即外國公司得以其台灣「分公司」之全部資產及營業，以資產作價方式設立台灣「子公司」[21]。

需特別說明的是，依公司法第156條第5項之規定：「股東之出資，除現金外，得以對公司所有之貨幣債權、公司事業所需之財產或技術抵充之；其抵充之數額需經董事會決議。」如比較公司法第131條第3項及第156條第5項之規定可知：(1)前者是公司設立登記前，發起人除以現金外，得以公司事業所需之財產、技術抵繳股款；後者則應是指公司設立登記後，公司發行新股時股東之出資方式；(2)在公司設立登記前，發起人以公司所需之財產或技術抵繳股款時，仍應進行估價，並由發起人會議決定公司核給之股數，此時因尚未設置董事會及監察人，並無抵充之數額需經董事會決議之問題；在公司設立登記後，公司發行新股時，股東以公司事業所需之財產或技術抵充者，其抵充之數額需經董事會決議；(3)前者之出資方式並不包括（發起人）對公司所有之貨幣債權（即「以債作股」）在內，或因考量「資本確定原則」，以確保公司於成立時即有穩固之財產基礎；後者則因公司業已成立，為避免繁雜的股款繳納程序，並幫助公司改善財務狀況，故得以股東對公司所有之貨幣債權抵繳股款（但以債作股並無法使發行公司獲得足夠之資金，可能有違資本維持原則）。

---

[15] 參見經濟部82年3月27日商字第206392號函。

[16] 參見經濟部66年1月10日商字第00632號函。

[17] 參見經濟部94年6月7日經商字第09402410621號函。

[18] 參見經濟部72年11月23日商字第46755號函。

[19] 參見經濟部81年3月9日商字第200414號函。

[20] 參見經濟部102年8月16日經商字第10202096260號函。

[21] 參見經濟部91年7月31日商字第09102152360號函。

3. 發起人選任董事及監察人

　　發起人認足第一次應發行之股份時，應即按股繳足股款後並選任董事及監察人。但實際上應先繳足股款後，再予選舉董事及監察人[22]。選任時依公司法第131條第2項之規定，準用第198條之規定，採「累積投票」選任董事及監察人，不得未經選任而自任董事[23]。又發起人之權限僅止於選任董事及監察人而已，選舉常務董事及董事長，並非發起人會議之職權，不得為之[24]。

4. 董事長申請設立登記

　　依公司登記辦法之規定，股份有限公司在辦理發起登記時，應檢附申請書（並應載明「公司名稱及所營事業登記預查申請表」核准文號）、其他機關核准函影本（無則免送）、公司章程影本、發起人會議事錄影本、董事會議事錄（或董事同意書）影本、發起人名冊影本及發起人身分證明文件影本、董監事或其他負責人身分證明文件影本、董監事願任同意書影本、建物所有權人同意書影本及所有權證明文件影本、會計師資本額查核報告書、設立（變更）登記表等文件，且應於代表股份有限公司之負責人就任後十五日內，向主管機關申請設立之登記。

5. 主管機關之審核

　　主管機關對於各項登記之申請，認為有違反本法或不合法定程式者，應令其改正，非俟改正合法後，不予登記（公§388）。主管機關審查公司申請設立登記之結果，如認為並無違反本法之規定或不合法定程式（包括公司已遵令改正者）之情形者，即應准予設立登記。

二、募集設立

（一）發起人訂立章程

　　此一步驟如同發起設立之情形，茲不贅述。

（二）發起人認股

　　在募集設立時，發起人無須認足第一次發行之股份，但每一人應至少認購1股以上，且全體發起人所認之股份，不得少於第一次發行股份四分之一（公§133Ⅱ）。其餘部分同發起設立之情形，茲不贅述。

---

[22] 參見經濟部61年9月27日商字第27049號函。

[23] 參見經濟部71年2月17日商字第04701號函。

[24] 參見經濟部61年9月27日商字第27049號函。

（三）發起人對外公開招募股份

依公司法第132條第1項及第133條第1項前段之規定：「發起人不認足第一次發行之股份時，應募足之」、「發起人公開招募股份時……」可知在募集設立時，發起人於認股後，就第一次應發行股份之未認足部分，應即對外向不特定之公眾為公開招募。其招募程序如下：

1. 向證券管理機關提出申請

依證券交易法第7條第1項及第22條第1項之規定：「本法所稱募集，謂發起人於公司成立前或發行公司於發行前，對非特定人公開招募有價證券之行為。」「有價證券之募集及發行，除政府債券或經主管機關核定之其他有價證券外，非向主管機關申報生效後，不得為之。」因此，發起人於公司成立前，對非特定人公開招募有價證券之行為，應先向主管機關（金融監督管理委員會，下稱「金管會」）提出申請。而金管會依據證券交易法第22條第4項之授權，制定「發行人募集與發行有價證券處理準則」（下稱「募發準則」）以資遵循。

依募發準則第3條第1項及第2項之規定：「金融監督管理委員會（以下簡稱本會）審核有價證券之募集與發行、公開招募、補辦公開發行、無償配發新股與減少資本採申報生效制。」「本準則所稱申報生效，指發行人依規定檢齊相關書件向本會提出申報，除因申報書件應行記載事項不充分、為保護公益有必要補正說明或經本會退回者外，其案件自本會及本會指定之機構收到申報書件即日起屆滿一定營業日即可生效。」至於公開招募之程序，應依募發準則第五章「公開招募」（第61條以下）辦理。此處僅介紹公司法之相關規定。

依公司法第133條第1項之規定：「發起人公開招募股份時，應先具備左列事項，申請證券管理機關審核：一、營業計畫書。二、發起人姓名、經歷、認股數目及出資種類。三、招股章程。四、代收股款之銀行或郵局名稱及地址。五、有承銷或代銷機構者，其名稱及約定事項。六、證券管理機關規定之其他事項。」

所謂「招股章程」，依公司法第137條之規定：「招股章程應載明下列各款事項：一、第一百二十九條及第一百三十條所列各款事項。二、各發起人所認之股數。三、股票超過票面金額發行者，其金額。四、招募股份總數募足之期限，及逾期未募足時，得由認股人撤回所認股份之聲明。五、發行特別股者，其總額及第一百五十七條第一項各款之規定。」

所謂「承銷或代銷機構者」，是指「證券承銷商」而言，依其情形可分為「承銷」（包銷）及「代銷」二者。所謂包銷者是指「證券承銷商包銷有價證券，於承銷契約所訂定之承銷期間屆滿後，對於約定包銷之有價證券，未能全數銷售者，其賸餘數額之有價證券，應自行認購之。」（證§71Ⅰ）；所謂代銷者是指「證券承銷商代銷有價證券，於承銷契約所訂定之承銷期間屆滿後，對於約定代銷之有價證券，未能全數銷售者，其賸餘

數額之有價證券,得退還發行人。」(證§72)。證券管理機關規定之其他事項者,如依證券交易法第30條第1項之規定:「公司募集、發行有價證券,於申請審核時,除依公司法所規定記載事項外,應另行加具公開說明書。」另依募發準則第12條第1項之規定,亦應依案件性質分別檢具各項申報書(該準則附表二至附表十二),載明其應記載事項,連同應檢附書件,向金管會申報生效後,始得為之。

依募發準則第13條第1項之規定:「發行人辦理下列各款案件,於本會及本會指定之機構收到發行新股申報書即日起屆滿二十個營業日生效:一、募集設立者。……」惟依第12條第2項及第16條之規定:「發行人所提出之申報書件不完備、應記載事項不充分或有第五條規定之情事,於未經本會通知停止其申報生效前,自行完成補正者,自本會及本會指定之機構收到補正書件即日起屆滿第十三條規定之申報生效期間生效。」「(第1項)發行人於停止申報生效送達日起,得就停止申報生效之原因提出補正,申請解除停止申報生效,如未再經本會通知補正或退回案件,自本會及本會指定之機構收到補正書件即日起屆滿第十三條規定之申報生效期間生效。(第2項)發行人經本會依前條規定停止其申報生效後,自停止申報生效函送達即日起屆滿十二個營業日,未依前項規定申請解除停止申報生效,或雖提出解除申請而仍有原停止申報生效之原因者,本會得退回其案件。」

依募發準則第4條第1款之規定:「發行人有下列情形之一,不得募集與發行有價證券:一、有公司法第一百三十五條第一項所列情形之一者,不得公開招募股份。……」公司法第135條第1項規定:「申請公開招募股份有左列情形之一者,證券管理機關得不予核准或撤銷核准:一、申請事項有違反法令或虛偽者。二、申請事項有變更,經限期補正而未補正者。」

依公司法第133條第3項本文之規定,於取得證券管理機關申報生效後,「應於證券管理機關通知到達之日起三十日內,加記核准文號及年、月、日公告招募之。」

2. 發起人應備認股書

在收到證券管理機關申報生效之通知後,發起人應備認股書,載明第133條第1項各款事項,並加記證券管理機關核准文號及年、月、日,由認股人填寫所認股數、金額及其住所或居所,簽名或蓋章(公§138 I)。發起人如不備認股書者,由證券管理機關各處新臺幣1萬元以上5萬元以下罰鍰(公§138 III)。

3. 公開招募

發起人應於收到證券管理機關申報生效之通知到達之日起三十日內,將經生效之各事項,加記核准文號及年、月、日公告招募之,但承銷或代銷機構約定事項,得免予公告(公§133 III)。

4. 認股人認股

認股人認股時,須於發起人所備之認股書上填寫所認股數、金額及其住所或居所,簽名或蓋章。以超過票面金額發行股票者,認股人應於認股書註明認繳之金額(公§138 I後段、II)。認股人認股後即有按照所填認股書,繳納股款之義務(公§139)。如認股

人所認之股份總數超過公司擬募集之股份數額時，發起人即以預先公告之抽籤等方式決定何人之認股對公司發生效力。發起人亦應於招股章程中載明招募股份總數募足之期限，及逾期未募足時，得由認股人撤回所認股份之聲明（公§137④）。

5. 催繳股款

第一次發行股份總數募足時，發起人應即向各認股人催繳股款，以超過票面金額發行股票時，其溢額應與股款同時繳納（公§141）。繳款地點為發起人於公告招募時所指定代收股款之銀行或郵局（公§133 I ④）。代收股款之銀行或郵局，對於代收之股款，有證明其已收金額之義務，其證明之已收金額，即認為已收股款之金額（公§134）。發起人應於第一次發行股份募足後三個月催收股款完畢，否則，認股人得撤回其所認之股（公§152前段）。

如認股人延欠應繳之股款時，發起人應定一個月以上之期限催告該認股人照繳，並聲明逾期不繳失其權利。如發起人已為前項之催告，認股人不照繳者，即失其權利，所認股份另行募集。如有損害，仍得向認股人請求賠償（公§142）。對於認股人已認而未照繳以致失權之部分，發起人得另外招募認股人，如未另外招募或仍無法募足，或已認而經撤回者，應由發起人連帶認繳（公§148）；如有損害，仍得向認股人請求賠償（公§142Ⅲ）。

（四）召開創立會

在認股人繳足股款後，發起人應於二個月內召開創立會（公§143）。創立會之召集權人為發起人。召開之日期則為發起人及認股人繳足股款後二個月內。如發起人不於二個月內召集創立會者，認股人得撤回其所認之股（公§152後段）。創立會為募集設立時，由發起人召集認股人所組成之設立中公司的意思決定機關，為公司成立後之股東會前身，因此，其召集程序及決議原則上均準用股東會之規定；關於董事及監察人之選任，則準用第198條之規定（公§144）。

創立會之召集應於二十日前通知各認股人，通知應載明召集之事由。有關創立會之主席，公司未設明文規定，似可類推適用公司法第182條之1之規定，由發起人互推一人擔任主席。有關發起人及認股人出席創立會（包括親自出席及委託代理出席）、創立會之決議（包括決議方式、假決議、表決權行使之利益迴避、表決權之計算及無表決權、議事錄之作成及保存等）、召集程序及決議方法瑕疵之效果與決議內容無效等，均準用股東會之相關規定。創立會之權限包括：

1. 聽取發起人關於設立事項之報告

依公司法第145條之規定：「（第1項）發起人應就下列各款事項報告於創立會：一、公司章程。二、股東名簿。三、已發行之股份總數。四、以現金以外之財產、技術抵繳股款者，其姓名及其財產、技術之種類、數量、價格或估價之標準及公司核給之股數。五、應歸公司負擔之設立費用，及發起人得受報酬。六、發行特別股者，其股份總數。

七、董事、監察人名單，並註明其住所或居所、國民身分證統一編號或其他經政府核發之身分證明文件字號。（第2項）發起人對於前項報告有虛偽情事時，各科新臺幣六萬元以下罰金。」

2. 選任董事及監察人

依公司法第146條第1項前段之規定：「創立會應選任董事、監察人」，並應採累積投票之方式選任（公§144 I但書準用§198）。

3. 調查設立經過

依公司法第146條之規定：「（第1項後段）董事、監察人經選任後，應即就前條所列事項，為確實之調查並向創立會報告。（第2項）董事、監察人如有由發起人當選，且與自身有利害關係者，前項調查，創立會得另選檢查人為之。（第3項）前二項所定調查，如有冒濫或虛偽者，由創立會裁減之。（第4項）發起人如有妨礙調查之行為或董事、監察人、檢查人報告有虛偽者，各科新臺幣六萬元以下罰金。第一項、第二項之調查報告，經董事、監察人或檢查人之請求延期提出時，創立會應準用第一百八十二條之規定，延期或續行集會。」

發起人所得受之報酬或特別利益及公司所負擔之設立費用有冒濫者，創立會均得裁減之，用以抵作股款之財產（即現物出資），如估價過高者，創立會得減少其所給股數或責令補足（公§147）。此際，創立會應作成決議，並以普通決議為之。

4. 修改章程

公司章程係由發起人所訂立，創立會如認為發起人所訂之章程未臻完善時，得修改章程（公§151 I前段）。於修改章程時，則準用股東會變更章程之決議，故應以特別決議之方式為之（公§151 II準用§277 II至IV）。創立會所為章程之修訂如有損害特別股認股人之權利時，應再經特別股認股人會之特別決議（參照公§159）。

5. 為公司不設立之決議

創立會於聽取董事、監察人或檢查人設立經過之報告後，並斟酌設立過程中社會經濟之變遷及其他情事後，如認為公司以不設立為適當者，亦得為公司不設立之決議（公§151 I後段）。但此應絕無僅有，果真如此，則應準用股東會解散決議之規定（公§151 II準用公§316）。

創立會結束後，認股人不得將股份撤回（公§153）。蓋創立會既已結束，且未為公司不設立之決議，則應不許認股人將股份撤回，以避免影響公司之設立。

6. 董事長申請設立登記

此一部分請參見發起設立之說明，茲不贅述。

7. 主管機關之審核

此一部分請參見發起設立之說明，茲不贅述。

第三節　股份有限公司之股份

一、股份乃資本之成分

　　股份有限公司之資本，應分為股份，擇一採行票面金額股或無票面金額股。公司採行票面金額股者，每股金額應歸一律；採行無票面金額股者，其所得之股款應全數撥充資本（公§156Ⅰ、Ⅱ）。可知股份乃資本之成分，如採行票面金額股者，每股金額應歸一律，但因並未禁止元以下之金額為單位，且依商業會計處理準則第12條但書之規定，得依交易之性質延長元以下之位數為會計處理，因此，以元或以元以下金額為單位，本法無限制規定[25]。另公司不得發行不足1股之股票[26]，但股份亦不妨由數人所共有（公§160）。如採行無票面金額股者，其所得之股款應全數撥充資本。

二、股份乃表彰股東權

　　股東權乃股東對公司之法律上地位。股份有限公司為社團法人，股東出資後，股東在法律上即喪失對其所投入資本之所有權而改歸公司所有，但在經濟上，公司事業實質仍歸股東所有，各股東依其所投資比例享有對公司之權利。質言之，當股東投入資本後，其投入資本之所有權的使用、收益及處分權能，已移轉至公司，並實際上由擔任公司經營責任之董事會所掌控，但股東則可基於對公司之法律上地位，而享有一定權利[27]。就其權利之分類，可區分為下列數種[28]：

（一）共益權與自益權

　　此是以股東行使權利目的之不同所作之分類標準。所謂「共益權」乃股東基於社團法人構成員之身分，得參與公司營運、管理等目的所享有之權利。此類權利不外乎是股東得參與公司經營之權利、防止不當之經營，或於不當經營時，謀求救濟等為內容之權利，諸如表決權（公§179）、股東提案權（公§172-1）、董監候選人提名權（公§192-1）、董事會違法行為制止請求權（公§194）、請求監察人為公司對董事提起訴訟之權利（公§214）、訴請撤銷股東會決議之權利（公§189）等。所謂「自益權」乃股東基於其自身之利益而行使之股東權利，諸如盈餘分配請求權（公§232）、膳餘財產分派請求權（公§330）、股份轉讓權（公§163Ⅰ前段）、股份收買請求權（公§186、§316-2Ⅱ、

---

[25]　參見經濟部107年2月1日經商字第10702402640號函。

[26]　參見司法行政部45年4月5日臺（45）令民字第1596號函。

[27]　參見柯芳枝，公司法論（上），第159頁。

[28]　以下參見柯芳枝，公司法論（上），第160至163頁。

§317Ⅰ）、新股認購權（公§267Ⅲ）等。

（二）單獨股東權及少數股東權

　　此是以股東權利行使之方法作爲分類標準。凡每一股東單獨可行使之權利，稱爲「單獨股東權」。此種權利之行使，與股東持有股份數之多寡無關。前揭屬自益權者均屬單獨股東權；共益權中則有部分與股東持有股份數之多寡無關，如表決權（公§179）、訴請撤銷股東會決議之權利（公§189）等。反之，如股東持有之股份需達公司已發行股份總數之一定比例（如1%、3%等）始得行使之權利，稱爲少數股東權。如一股東持有之股份，未達此一比例者，得集結數股東之股份合併計算，以達此一比例而共同行使。少數股東權主要是爲避免大股東之專橫，賦予股東（尤其是小股東）之權利（並允許股東得集結而共同行使），以保護公司之利益，但爲避免股東濫用權利，乃要求需持股達一定比例，始能行使（有部分情形，亦需繼續持有股份達一定期間）。如股東提案權（公§172-1）及董監候選人提名權（公§192-1）需持有股份達已發行股份總數之1%，始得行使。又如少數股東得報經主管機關許可而自行召集股東會之權利（公§173）、訴請法院裁判解任董監之權利（公§200）等，需持有股份達已發行股份總數之3%，始得行使。又如公開發行股票或公司債之公司，因財務困難，暫停營業或有停業之虞，而有重建更生之可能者，則需由繼續六個月以上持有已發行股份總數10%以上股份之股東，始得向法院聲請重整（公§282Ⅰ①）。

（三）固有權與非固有權

　　此是以股東權利能否加以剝奪作爲分類標準。凡不得以章程或股東會決議予以剝奪或限制之股東權利，稱爲固有權；反之，則爲非固有權。至於何種權利爲固有權，應依股份有限公司之本質及法律之規定，個別決定之。本法有特別明文規定者，包括：特別股股東行使表決權，或被選舉爲董事、監察人之禁止或限制，得由章程加以規定（公§157Ⅰ③、⑤）；公司股份之轉讓，除本法另有規定外，不得以章程禁止或限制之（公§163前段）等。

三、面額股與無面額股

（一）概說

　　股票依其是否記載一定金額作區分，可分爲票面金額股（par-value stock。或稱爲「金額股」或「面額股」）及無票面金額股（non par-value stock。或稱爲「無金額股」或「無面額股」）。在107年8月1日修正以前，本法僅允許公司發行「票面金額股」。當時，公司法第156條第1項原規定：「股份有限公司之資本，應分爲股份，每股金額應

歸一律。」而與之配套的是，股份總數及每股金額為章程之絕對必要記載事項（公§129③）；股票上亦應記載股份總數及每股金額（公§162 I ③）；股票之發行價格，不得低於票面金額（公§140）。在107年8月1日修正時，則允許公司「擇一採行票面金額股或無票面金額股」（公§156 I）。公司究應選擇採行面額股或無面額股，則應先從瞭解「票面金額」之功能為何。

（二）股票面額之功能[29]

按股票面額之功能如下：1.確保公平性之功能：在早期，票面金額之主要功能在確保新設公司所有股東間之平等對待。但其前提是在（發行新股）出售股票時，也要以票面所載之金額為之；2.協助債權人評估借貸行為之風險：對債權人而言，公司之資本等於「面額」乘以「股份總數」，資本是對公司債權人最低限度之擔保額，債權人可藉由公司資本額之大小，作為決定是否貸予該公司所需之資金及決定借貸條件的考慮因素之一，以評估其借貸行為之風險；3.面額為發行股份時之最低價格：在資本維持（資本充實）原則之思維下，公司至少需經常維持相當於資本額之財產，以保護公司債權人，為避免「灌水」之情形，面額為公司發行股份時之最低價格，股票之發行價格不得低於票面金額；4.面額部分為撥充資本之最低限度：在資本不變原則之思維下，資本總額一經章程確定後，即應保持固定不動，不得任意減少資本總額。在會計處理上，「面額」乘以「股份總數」等於「資本」，為一不動之數額，而發行新股時，超過面額之部分則應記入「資本公積－發行溢價」科目中；5.可方便公司作業及投資人比較：在面額制度下，每股金額歸於一律，可方便公司及投資人作業，例如每股盈餘（earnings per share, EPS）等於「稅後盈餘」除以「股份總數」，在目前大多數上市櫃公司採面額新臺幣10元之情形下，投資人可從媒體報導EPS高低，快速粗略比較各公司之獲利表現；又如以「市價」除以「每股盈餘」則為「本益比」（price-to-earning ratio），投資人也可藉由本益比快速瞭解「成本（購買價格）和獲利的比例」，作為股票是便宜或昂貴的指標。

（三）股票面額功能之式微[30]

股票面額雖有上述功能，但卻也面臨下列挑戰及困難：1.難以確保只能以票面金額發行及出售：在早期，票面金額之主要功能在確保新設公司所有股東間之平等對待，其前提是只能以票面金額作為（發行新股）發行價格。此在公司設立時或有可能，但隨著時日之演變，股票之價格會隨公司財務及業務情形、市場供需及其他因素而發生變動，票面金額並非絕對可靠且永恆不變之基準，發行價格由公司董事會以發行當時之情形決定，應較合理；2.以資本額大小衡量公司之信用，顯過於約化：資本固為債權人最低限度之擔保額，

---

[29] 以下參見劉連煜，現代公司法，第302至303頁。
[30] 參見劉連煜，現代公司法，第304至310頁。

但隨著公司之營運情況，資本額之大小，與公司之現實財產及信用狀況，並無必然等同之關係。債權人等在與公司進行交易時，不能再一味地僅依賴該公司之法律上資本而已，反而應進一步評估公司之債信及財產狀況，俾真正明瞭該公司之信用及資力。因此，如僅以公司之資本額大小作為衡量該公司信用之唯一標準，不僅過於約化，且可能產生誤判；3.股票之發行價格不得低於票面金額造成諸多不便：在資本維持原則之思維下，面額為公司發行股份時之最低價格，但如公司之實際價值低於股票面額時，而法律卻強迫公司只能以面額發行，顯將造成無人認購之情形。因此有些公司乃刻意將票面金額壓低，採「低面額股」（nominal par）以避免折價發行之問題。再者，在採面額股之制度下，當公司虧損而有增資之必要時，因法律強制規定發行之價格不得低於票面金額，以致公司往往必須先減資再增資，將淨值提升至面額（以上），才有辦法發行新股，因而耗費相當之時日與成本；4.面額部分撥充資本造成資金運用之不便：在資本不變原則之思維下，資本為一不變之數額，如欲變動時，須進行嚴格之法定程序。再者，發行新股時，面額之部分應記入「股本」之中，超過面額之部分則應記入「資本公積—發行溢價」，股本為一不變之數額，不能任意更動，而「資本公積」則可較彈性運用（可用填補公司虧損，或配給股東新股或現金），因此公司如將票面金額壓低（相對地「資本公積」會變大），將可增加資金運用的彈性。由上可知，股票面額之功能已經式微，大概只剩下方便投資人快速粗略比較各公司之獲利表現上，或仍具有功能而已。

（四）無票面金額股之實益

民國107年8月1日公司法修正時，允許公司「擇一採行票面金額股或無票面金額股」（公§156 I。此外，公§129③、§162 I③、§140亦配合修訂）。依經濟部公司法宣導說明會簡報1070814版之說明[31]，其修法效益為：「1.發行價格不被面額綁住：每次發行價格可自由決定，不被面額綁住，真實反映公司價值，避免面額跟市價落差太大。2.可低出資高持股：新創事業可以用極低價格發行股票，吸引投資人及早進入，提高未來獲利期待。」質言之，依公司法第140條第2項之規定：「採行無票面金額股之公司，其股票之發行價格不受限制。」即該股票發行價格之高低，可由公司（董事會）依時價自行訂定。此對新創公司而言特別重要，因創業者可充分利用無面額股制度，其發行價格不被面額綁住，且又能真實反映公司價值而發行新股。再者，創業者也可以藉由「本身低出資高持股，他人高出資低持股」之策略，繼續掌控公司經營權[32]。

（五）現行規範之分析

依107年8月1日公司法第156條之修訂理由：「本法於一百零四年七月一日修正時引

31　網址：https://gcis.nat.gov.tw/mainNew/subclassNAction.do?method=getFile&pk=900。
32　參見劉連煜，現代公司法，第308頁。

進國外無票面金額股制度，允許閉鎖性股份有限公司得發行無票面金額股。現擴大適用範圍讓所有股份有限公司均得發行無票面金額股。爰修正第一項，明定公司應選擇票面金額股或無票面金額股中一種制度發行之，惟不允許公司發行之股票有票面金額股與無票面金額股併存之情形。」可知公司法已允許所有（新設）股份有限公司均得採行無票面金額股（由於閉鎖性股份有限公司亦屬股份有限公司，是以閉鎖性股份有限公司亦得適用本條之規定，爲避免疊床架屋，爰刪除第356條之6之規定），但公司只能擇一採行票面金額股或無票面金額股制度，不允許公司發行之股票有票面金額股與無票面金額股併存之情形。依公司法第156條第2項後段之規定：「採行無票面金額股者，其所得之股款應全數撥充資本。」因此，並無資本公積提列及使用之問題（公§239、§241）。

　　現行公司採票面金額股者應如何轉換爲無票面金額股，公司法則增訂第156條之1：「（第1項）公司得經有代表已發行股份總數三分之二以上股東出席之股東會，以出席股東表決權過半數之同意，將已發行之票面金額股全數轉換爲無票面金額股；其於轉換前依第二百四十一條第一項第一款提列之資本公積，應全數轉爲資本。（第2項）前項出席股東股份總數及表決權數，章程有較高之規定者，從其規定。（第3項）公司印製股票者，依第一項規定將已發行之票面金額股全數轉換爲無票面金額股時，已發行之票面金額股之每股金額，自轉換基準日起，視爲無記載。（第4項）前項情形，公司應通知各股東於轉換基準日起六個月內換取股票。（第5項）前四項規定，於公開發行股票之公司，不適用之。（第6項）公司採行無票面金額股者，不得轉換爲票面金額股。」

　　由上可知，1.依前述第6項之規定，本次修法採僅允許票面金額股轉成無票面金額股之單向轉換立法，亦即採無票面金額股者，不得轉換爲票面金額股。蓋如許自由互轉將造成投資人交易習慣及資訊之混淆，且國外亦少見票面金額股與無票面金額股可自由互轉之立法例[33]；2.再者，依前述第5項之規定，公開發行股票之公司原則上仍應繼續維持現行票面金額制度。其立法理由稱：「鑒於公開發行股票之公司涉及眾多投資人權益，原則上仍續維持現行票面金額股制度，不得轉換爲無票面金額股，爰增訂第五項，明定第一項至第四項之規定，於公開發行股票之公司，不適用之。」3.依前述第5項之立法理由稱：「非公開發行股票之公司未來申請首次辦理公開發行或申請上市、上櫃掛牌時，其原爲票面金額股者，於公開發行後，即不得轉換，以免造成投資人交易習慣及資訊之混淆，併予敘明。」另依經濟部公司法宣導說明會簡報1070814版之說明：「未來非公發公司採無面額股者，倘將來欲公開發行，可不必轉爲面額股。」準此，修法後新成立之公司如採無面額股者，依前述第6項之規定，不得轉換爲票面金額股，得以無票面金額股申請公開發行及上市上櫃；如新成立之公司採面額股者，在公開發行前，得依第1項之規定轉換爲無票面金額股；如於公開發行後，即不得再轉換；4.公司經股東會特別決議，得將已發行之票面金額股全數轉換爲無票面金額股者，依前述第1項之規定，轉換前所提列之資本公積，應

33　參見107年8月1日公司法第156條之1之修訂理由。

全數轉爲資本；5.公司如有印製股票，而將票面金額股轉換爲無票面金額股時，其股票應如何處理？依前述第3項之規定，「已印製之票面金額股股票上之每股金額，自股東會決議轉換之基準日起，視爲無記載」；公司應通知各股東於轉換基準日起六個月內換取股票。

（六）公開發行公司之特別規定

　　如前所述，在107年8月1日公司法修正前，公司法僅允許公司發行票面金額股。在「公開發行股票公司股務處理準則」第14條（102年12月23日以前）原規定：「股票每股金額均爲新臺幣壹拾元。」之後則修訂爲：「公司發行之股份，每股金額應歸一律。」其修訂理由乃爲鼓勵國內新創事業之發展，參照公司法第156條第1項（現爲第2項）之規定，爰將每股固定面額新臺幣壹拾元修正爲彈性面額（註：包括低面額股）。另，爲配合第一上市（櫃）制度，102年4月11日修正「公開發行股票公司股務處理準則」（下稱「股務準則」）第49條之2第2項規定：「第一上市（櫃）公司、興櫃公司發行股票之每股金額，得依註冊地國法令規定，不受第十四條規定之限制。」繼而於102年12月23日再進一步修正爲：「第一上市（櫃）公司、興櫃公司發行之股份，每股金額得依註冊地國法令規定辦理。」其修訂理由稱：「配合第十四條之修正，考量第一上市（櫃）及登錄興櫃外國企業股票，得爲無面額或彈性面額。」另特別說明的是，「本部（註：經濟部）92年12月1日經商字第09202242000號函規定，每股金額應以1元、2元、3元……等爲單位，惟公司法第156條第1項僅規定股份有限公司之資本，應分爲股份，每股金額應歸一律，並未禁止元以下之金額爲單位。且每股金額採元以下之單位者，依商業會計處理準則第12條但書規定，得依交易之性質延長元以下之位數爲會計處理。」

　　綜合前述公司法第156條之1及前述股務準則之規定，在107年8月1日修法後，1.本國公開發行股票之公司原則上仍應繼續維持現行票面金額制度，但可採彈性面額制度，即面額不再限於新臺幣10元，可爲1元、0.1元、0.01元等；2.修法後，採無票面金額股之公司，得以無票面金額股申請公開發行及上市上櫃；3.在股票代號上，如股票代號上特別標示「*」者，表示無面額或每額非爲新臺幣10元之公司。如標示「OO*」爲面額非爲新臺幣10元之本國上市（櫃）公司；如標示「-KY」者，爲每股爲新臺幣10元第一上市（櫃）之外國公司；如標示「*-KY」者，則爲無面額或每額非爲新臺幣10元第一上市（櫃）之外國公司[34]。

　　由於國內投資人已習慣以EPS、本益比等作爲投資判斷之基準，如取消票面金額或採彈性面額，需改以其他財務分析，如股價淨值比、股東權益報酬率、股利殖利率等以評估公司獲利情況，將會增加公司揭露成本及提供投資人閱讀財務資訊之難度，故應愼重考量其影響性。

---

[34]　無面額或面額非爲新臺幣10元之上市（櫃）公司，例如：長科*（6548）、太景*-KY（4157）等。

（七）無面額股之行政監理

在證券法規中，有許多是以「股本」或「實收資本額」之一定比例作為規範方式，例如：在變更交易方法時，面額新臺幣10元之上市公司，當其依證券交易法第36條規定公告並申報最近期之財務報告，顯示淨值已低於財務報告所列示「股本」二分之一者，證交所得列為變更交易方法有價證券；於無面額或每股面額非屬新臺幣10元之上市公司，則改以係指「股本加計資本公積－發行溢價之合計數」二分之一，作為認定標準[35]。又如有關重大訊息公告之事由，「董事會或股東會決議直接或間接進行投資計畫達公司『股本百分之二十』或新台幣拾億元以上，或前開事項有重大變動者。無面額或每股面額非屬新台幣十元之公司，前開股本百分之二十之計算應以『淨值百分之十』替代之。[36]」

第四節　股份有限公司之出資

一、股東之義務

出資乃股東基於股東地位對於公司所負之義務。依公司法第154條第1項之規定：「股東對於公司之責任，除第二項規定外，以繳清其股份之金額為限。」蓋在股東有限責任原則之下，股東對於公司之義務，原則上只有在公司成立前，繳清其股份之金額而已（另參見公司法第141條及第142條之規定），除此出資義務外，在公司成立後，股東並無任何之義務存在[37]（僅在極少數之情形下，才可依公司法第154條第2項之揭穿公司面紗原則，命股東為公司之債務負責）。

二、出資之標的

股東出資標的之種類為何，涉及資本結構、資本維持原則等問題，公司法對於不同種類之公司（公§43、§117、§156V、§356-6II）、公司成立前或成立後（公§131、§156V）、是否公開發行（公§272）等有不同之規定。公司法所規定股東之出資標的，包括現金、公司所需之財產（現物出資）、技術、對公司所有之貨幣債權（以債作股）及勞務等[38]。在股份有限公司之情形，依公司法第156條第5項之規定：「股東之出

---

[35] 臺灣證券交易所股份有限公司營業細則第49條之4第2項。

[36] 臺灣證券交易所股份有限公司對有價證券上市公司重大訊息之查證暨公開處理程序第4條第15款。

[37] 公司增資發行新股時，依公司法第266條第3項準用第141條及第142條之規定，各認股人亦有繳納股款之義務，但嚴格而言，此應屬認股人之義務，並非股東之義務。

[38] 在90年11月12日修正時，得以「商譽」作為出資標的，但有鑑於商譽並非一種可以隨時充作現物之

資，除現金外，得以對公司所有之貨幣債權、公司事業所需之財產或技術抵充之；其抵充之數額需經董事會決議。」可知其出資之方式，包括現金、對公司所有之貨幣債權、公司事業所需之財產及技術等四種，茲分述如下：

（一）現金出資

就資本維持原則之觀點而言，公司之資本應該與其現實資產相當，故公司法規定股東之出資以現金為原則，現金以外之出資方式則容易出現公司資本與實際財產不符之情形。依公司法第272條之規定：「公司公開發行新股時，應以現金為股款。但由原有股東認購或由特定人協議認購，而不公開發行者，得以公司事業所需之財產為出資。」可知公開發行公司對外公開招募發行新股時，應以現金方式為之（現金增資）；在不公開發行而由原有股東認購或由特定人協議認購時，才可以「公司事業所需之財產」出資[39]。另依公司法第274條第1項後段及第2項之規定，如以現金以外之財產抵繳股款者，並於認股書加載其姓名或名稱及其財產之種類、數量、價格或估價之標準及公司核給之股數，且於該財產出資實行後，董事會應送請監察人查核加具意見，報請主管機關核定之。

（二）現物出資

依公司法第131條及第156條第5項之規定，無論公司設立前，或公司設立後，均得以公司事業所需之財產出資。所不同的是：1.在公司設立登記前，應由發起人會議決定公司核給之股數；在公司設立登記後，依第156條第5項之規定，其抵充之數額需經董事會決議；2.在公司設立登記前，發起人如以公司事業所需之財產出資時，發起人需應先踐行移轉該財產所有權予（籌設中）公司之程序後，始得申請公司登記，而主管機關之函釋認為某些權利（如採礦權、提供一定期間之土地使用權等），在公司尚未完成法人設立登記前，並無法辦理移轉登記，故不得以之抵繳股款[40]、[41]；在公司設立登記後，該等問題並

財產出資，僅係公司合併因支付成本高於其資產公平價值而產生會計處理之科目，不宜作為出資標的，故已於100年6月29日修正時予以刪除。104年7月1日增訂閉鎖性股份有限公司章節時，依公司法第356條之3第2項之規定，允許以「信用」作為閉鎖性公司之出資標的（公§356-3Ⅱ），但基於信用界定不易，且勞務或其他權利出資，已足敷股東使用，故爰刪除有關信用出資之規定。

39　依經濟部92年3月12日商字第09202047660號函之見解，公開發行股票公司私募股票之應募人得以非現金之方式出資。

40　經濟部81年3月9日商字第200414號函認為：「礦業權於讓與時得為權利標的，惟受讓之一方依法需為自然人或法人，惟公司尚未完成法人設立登記，並取得公司執照前，並無法據礦業登記規則辦理礦業權移轉登記。……來函所稱『以切結方式辦理，先予同意公司發起設立，完成礦業權移轉後，再由成立之公司提出移轉完成之憑證。』乙節，除與公司設立登記時，應即收足股款之規定不符外，且設立後公司能否取得礦業權尚繫於主管機關之核准，嗣後股款能否補足亦屬不能確定，本部礙難據以核准設立。」

41　經濟部102年8月16日經商字第10202096260號函認為：「……至於股東以公司事業所需之財產抵繳股款時，……其財產必須為股東所有，並將所有權移轉公司。另『提供一定期間之土地使用權』並非『財產』，與公司法第131條第3項『第一項股款得以公司事業所需之財產抵繳之。』之規定未

不存在，似不妨以之作爲出資之標的。

（三）技術出資

依主管機關函釋之見解：1.技術出資發行時，應以出資標的可經估價衡量確定其價值，公司可獲得該出資技術之所有、使用及收益權爲限[42]；2.公司股東以技術出資抵繳股款，如技術無法分割成多筆而分開估價時，該技術爲整體價值之認定後，如該技術出資經其他發起人或股東同意，而無損於股東權益之虞及違背資本確實原則，且有利於公司正常運作者，則分次發行似無不可。換言之，技術出資採分次發行，該技術必須爲無法分割成多筆而分開估價者爲限[43]；3.承上，如以整體技術無法分割而分次發行時，技術出資第一次發行時，出資標的、技術出資人及技術出資整體價值均已衡量確定，公司並同時取得技術之使用、收益及處分權，自不得嗣後調整各技術人員名單或出資比例辦理發行新股變更登記，且尚不發生技術人員離職，而逕行由其他技術人員填補之問題[44]。

（四）以債作股

公司法第156條第5項規定所稱之「貨幣債權」，係指債權人對公司之債權而言。公司法上應否准許債權人以其對公司之「債權」作價轉換爲「股權」乃立法政策取捨之問題。「以債作股」因無法使發行公司實際上獲取資金，乃有違資本維持原則；再者，容易使公司內部之董監事及大股東，利用以債作股之便，產生灌水股。然而，以債作股可以免除繁雜的股款繳納程序，有助於促進交易活潑，吸引投資之意願，且以債作股有助於金融商品之開發，如發行可轉換公司債（§248Ⅰ⑱、§262），並有助於公司財務狀況之改善（將「信用風險」改成「權益風險」），故自90年11月12日修正公司法第156條後，即允許以債作股。至於其他說明請參照前述非現金出資之部分，茲不贅述。

依公司法第156條第5項之規定，如以對公司所有之貨幣債權、公司事業所需之財產或技術抵充者，其抵充之數額需經董事會決議。另依「會計師查核簽證公司登記資本額辦法」第7條第2項之規定，會計師受託查核簽證資本額登記時，如以技術作價、股票抵繳或其他財產抵繳股款者，應查核公司股東姓名及財產之種類、數量、價格或估價標準與公司核給之股份或憑證；以技術作價及其他財產抵繳股款者，會計師應取得有關機關團體或專家之鑑定價格意見書，並評估是否採用；及查核相關財產是否已於設立前或增資基準日

符……。」所稱「提供一定期間之土地使用權」其本質仍屬一種「財產」，故該函認爲其並非「財產」應屬謬誤。再者，在公司設立後，依該函所示，如該財產爲股東所有，並將所有權移轉公司，股東應得以公司事業所需之財產抵繳股款。

[42] 參見經濟部91年10月15日經商字第09102220840號函。

[43] 參見經濟部88年5月25日經商字第88207629號函。

[44] 參見經濟部89年10月2日經商字第89218549號函及91年10月15日經商字第09102220840號函。

前依法登記予公司；但依法無登記之規定者，應查核該項財產已於設立前或增資基準日前交付予公司。

第五節　股票之發行

一、實體發行與無實體發行

所謂股票之發行，是指公司製作並交付，或以帳簿劃撥方式交付有價證券之行為（證§8Ⅰ）。

依公司法第161條第1項之規定：「公司非經設立登記或發行新股變更登記後，不得發行股票。但公開發行股票之公司，證券管理機關另有規定者，不在此限。」蓋股票乃表彰股東權之有價證券，股東權應於公司設立登記或發行新股生效後，始得發行股票，以維護交易安全。故違反該規定而發行股票者，其股票無效。但持有人得向發行股票人請求損害賠償（公§161Ⅱ）。90年11月12日修正時增列第1項但書之規定，允許公開發行股票之公司發行可轉換公司債時，公司得逕行交付股票，事後再以補辦變更登記之方式辦理。

又，依公司法第161條之1第1項之規定：「公開發行股票之公司，應於設立登記或發行新股變更登記後三個月內發行股票。」之所以規定股份有限公司應限期發行股票，其立法意旨在保障股東之權益，俾便股票持有人行使權利，並期促進證券之流通[45]。另107年8月1日公司法第161條之1之修訂理由稱：「依原第一項規定，不論公開發行或非公開發行股票之公司，只要實收資本額達中央主管機關所定一定數額（新臺幣五億元）以上者，均應於設立登記或發行新股變更登記後三個月內發行股票……惟考量非公開發行股票之公司是否發行股票，宜由公司自行決定，爰修正第一項，改以公司有無公開發行，作為是否發行股票之判斷基準。」可知現行公司法是以公司有無公開發行，作為應否發行股票之判斷基準。如是公開發行股票之公司，應於設立登記或發行新股變更登記後三個月內發行股票；如非公開發行公司，則可不發行股票（無須製作並交付或以帳簿劃撥方式交付股票）。非公開發行公司，如未發行股票者，有關公司之股份轉讓方式，允屬公司自治事項[46]。非公開發行公司如擬發行股票者，應於章程中明確記載[47]。

有關股票之發行可分為實體發行及無實體發行二種方式。有價證券無實體化可有效降低實體有價證券遺失、被竊及被偽造、變造等風險，已為國際主要證券市場發展趨勢，目前各主要證券市場之國家亦陸續朝有價證券無實體化之方向推動。我國亦遵循國際證券市

45　參見經濟部86年4月11日商字第86200707號函。

46　參見經濟部91年9月19日商字第09102205290號函。

47　參見經濟部91年2月26日商字第09102029700號函。

場之發展趨勢，自100年7月29日起，所有上市、上櫃及興櫃之有價證券全面轉換爲無實體發行[48]。因此，以下所述者，是指除上市、上櫃或興櫃以外之公開發行股票公司，或非公開發行公司而擬發行股票者而言。

股票如採實體發行者，依公司法第162條之規定：「（第1項）發行股票之公司印製股票者，股票應編號，載明下列事項，由代表公司之董事簽名或蓋章，並經依法得擔任股票發行簽證人之銀行簽證後發行之：一、公司名稱。二、設立登記或發行新股變更登記之年、月、日。三、採行票面金額股者，股份總數及每股金額；採行無票面金額股者，股份總數。四、本次發行股數。五、發起人股票應標明發起人股票之字樣。六、特別股票應標明其特別種類之字樣。七、股票發行之年、月、日。（第2項）股票應用股東姓名，其爲同一人所有者，應記載同一姓名；股票爲政府或法人所有者，應記載政府或法人之名稱，不得另立戶名或僅載代表人姓名。」如採實體發行者，其股票之轉讓，應以記名背書轉讓之方式爲之（公§164）。有關實體股票之設質，則應依民法第908條之規定，依背書方法爲之。

股票如採無實體發行者，依公司法第161條之2之規定：「（第1項）發行股票之公司，其發行之股份得免印製股票。（第2項）依前項規定未印製股票之公司，應洽證券集中保管事業機構登錄其發行之股份，並依該機構之規定辦理。」如前所述，自100年7月29日起，所有上市、上櫃及興櫃之有價證券已全面轉換爲無實體發行。至於未上市、未上櫃或未登錄興櫃之公開發行股票公司或非公開發行公司而擬發行股票者，其發行時，亦可自行決定採無實體證券之方式（免印製股票）爲之[49]。依公司法第161條之2第3項之規定：「經證券集中保管事業機構登錄之股份，其轉讓及設質，應向公司辦理或以帳簿劃撥方式爲之，不適用第一百六十四條及民法第九百零八條之規定。」蓋因已無實體股票，股東辦理股份轉讓或設質，無法再以背書、交付之方式爲之，故明定其轉讓及設質應向公司辦理或以帳簿劃撥方式爲之。

另鑑於現行實務上，部分公司於全部股份洽證券集中保管事業機構登錄前，仍存在已發行之實體股票並未繳回公司之情形，該實體股票仍爲有效之有價證券，具有流通性，故公司已印製之股票未繳回者，不適用公司法第161條之2第3項之規定，其轉讓及設質仍回歸實體股票之方式辦理（即依公司法第164條及民法第908條之規定爲之）。

另公司法第162條之1原規定：「（第1項）公開發行股票之公司發行新股時，其股票得就該次發行總數合併印製。（第2項）依前項規定發行之股票，應洽證券集中保管事業機構保管。（第3項）依第一項規定發行新股時，不適用前條第一項股票應編號及第一百六十四條背書轉讓之規定。」此爲上市、上櫃及興櫃公司有價證券全面無實體化前之過渡階段，而採單張大面額股票係以降低公開發行股票公司股票發行之成本。惟因我國現

---

[48] 參見107年8月1日公司法第161條之2之修正理由。

[49] 依107年8月1日公司法第161條之2之修正理由，刪除原條文中「公開」二字，因此所有公司發行股票時，均得以無實體方式發行。

行上市、上櫃及興櫃公司股票業已全面無實體，此條已無適用之可能及存在之必要，故於107年8月1日修正，予以刪除。另公司法第162條之2原規定：「公開發行股票之公司，其發行之股份得免印製股票。依前項規定發行之股份，應洽證券集中保管事業機構登錄。」但因已移列、合併於第161條之2規範之中，故爰予刪除。

綜上所述，一般而言，非公開發行股票之公司或非上市、非上櫃或未登錄興櫃之公開發行股票之公司，其股票轉讓及設質作業本應回歸由股東洽發行公司辦理，發行公司於審查相關文件或稅單後自行辦理帳務調整或移轉；至上市、上櫃及興櫃公司之股票則採帳簿劃撥方式辦理轉帳及設質[50]。

但應注意的是，無實體發行雖可有效降低實體有價證券遺失、被竊及被偽造、變造等風險，但現行非公開發行公司在決定是否發行股票時，反而是從稅賦上加以考量。依稅務主管機關之函釋[51]：「股份有限公司股東轉讓其所持有未依公司法第一百六十二條規定簽證之股票，是項股票既未完成法定發行手續，應非屬證券交易稅條例第一條所稱有價證券，其交易所得應依所得法第十四條第一項第七類財產交易所得及第二十四條規定課徵所得稅。」質言之，依該函釋之見解，如轉讓實體發行之股票者（已簽證並完成發行手續者），屬證券交易稅條例第1條所稱有價證券，僅需繳納千分之三證券交易稅；反之，則非證券交易，而係轉讓其出資額，屬證券以外之財產交易，就該交易之所得則應課徵所得稅。

二、公開發行與停止公開發行

股票之公開發行，是指股份有限公司向證券主管機關申請辦理公開發行程序，將其財務公開之意思。一旦公開發行後，即應適用證券交易法之相關規定，有外部、公眾股東，且受到定時公開財務、業務資訊之嚴格管理，而內部人的相關法律責任，也較一般非公開發行公司為重，因此，除法令有特別要求或欲申請上市、上櫃者外，否則大部分的公司多不願意成為公開發行公司。

民國90年11月12日公司法修正後，業已廢除公司資本額達中央主管機關所定一定數額以上者，其股票應強制公開發行之規定。依現行公司法第156條之2第1項前段之規定：「公司得依董事會之決議，向證券主管機關申請辦理公開發行程序。」可知公司股票是否公開發行，屬企業自治事項[52]，由公司董事會普通決議通過後，再向證券主管機關申請辦理公開發行程序。另公營事業之申請辦理公開發行，應先經該公營事業之主管機關專案核定（公§156-2Ⅴ）。

---

[50] 參見107年8月1日公司法第161條之2之修正理由。

[51] 參見財政部84年6月29日台財稅字第841632176號函。

[52] 參見90年11月12日公司法第156條之修正理由。

公司向證券主管機關申請辦理公開發行程序，成為公開發行公司後，如欲停止公開發行時，過去法律並未規定撤銷公開發行程序之意思決定機關為何？程序為何？如公司章程又未規定時，依公司法第202條之規定，似只需由公司董事會普通決議行之即可，而司法實務亦認同只需以董事會決議即可撤銷公開發行[53]。然一旦停止公開發行後，公司之財務狀況將回復至不公開之情況（無須再定時公開財務、業務資訊），且股票將不具流通性，對投資人權益影響甚鉅，因此，100年6月29日公司法修正時，乃於第156條第3項後段及第4項明定：「申請停止公開發行者，應有代表已發行股份總數三分之二以上股東出席之股東會，以出席股東表決權過半數之同意行之。」「出席股東之股份總數不足前項定額者，得以有代表已發行股份總數過半數股東之出席，出席股東表決權三分之二以上之同意行之。」（107年8月1日修正時，已移列為第156條之2第1項及第3項），即須經股東會特別決議。

又基於公司公開發行係自願為之，如其無法履行證券主管機關之法令規範，應賦予證券主管機關得停止其股票公開發行之依據，俾利證券主管機關之管理。乃於100年6月29日修正時，增訂第156條第5項之規定：「公開發行股票之公司已解散、他遷不明或因不可歸責於公司之事由，致無法履行證券交易法規定有關公開發行股票公司之義務時，證券主管機關得停止其公開發行。」（現已移列為第156條之2第4項）。另公營事業之申請停止公開發行，應先經該公營事業之主管機關專案核定（公§156-2 V）。

三、記名股票與無記名股票之廢除

依股票上是否記載股東姓名作分類，可區分為記名股票及無記名股票。二者之差異，僅在於股票記載方式之不同而已，至於所表彰之股東權則並無差異。此一分類實益，在股東行使權利及轉讓方法之不同。如屬記名股票（且有實體發行者），應以記名背書轉讓之方式為之（公§164）。股份轉讓後，應將受讓人之姓名或名稱及住所或居所，記載於公司股東名簿，否則，不得以其轉讓對抗公司（公§165 I），且一經記載於股東名簿以後，即得依法行使各項股東權（毋庸再交存股票予公司）。如屬無記名股票者，依舊公司法之規定，無記名股票之股東，應於開會五日前將股票交存於公司，才可出席股東會；其股份之轉讓，得以交付轉讓之。

然為遵守國際洗錢防制規範，避免無記名股票成為洗錢之工具，107年8月1日公司法修訂時，已全面修正廢除無記名股票制度[54]。依公司法第447條之1之規定：「（第1項）本法中華民國一百零七年七月六日修正之條文施行前，公司已發行之無記名股票，繼續適用施行前之規定。（第2項）前項股票，於持有人行使股東權時，公司應將其變更為記名式。」

---

[53] 參見臺灣高等法院95年度上更（二）字第160號民事判決。

[54] 修正公司法第137條、第164條、第166條、第169條、第172條、第175條、第176條、第204條、第273條、第279條、第291條、第297條、第311條、第316條及第447條之1。

第六節　特別股

一、特別股之意義及分類

所謂特別股，乃相對於普通股而言，是指該股份所表彰之股東權（如盈餘分配請求權、賸餘財產分派請求權、表決權等）異於普通股者。特別股約略可再細分如下[55]：

（一）優先股、劣後股與混合股

此是以股份所表彰股東權中之盈餘分派請求權與賸餘財產分配請求權等內容之優劣作為分類之標準，並以普通股作為基準，凡公司盈餘或賸餘財產分派優先於普通股者，稱為優先股[56]；劣於（或後於）普通股者，稱為劣後股；如一部分權利優於普通股，一部分權利劣於普通股者（如盈餘分派優於普通股，但賸餘財產分派劣於普通股者；或反之亦然），稱為混合股。

（二）複數表決權股與無表決權股

此是以股份所表彰股東權中之表決權多寡及有無作為分類之標準，並與普通股之1股一表決權作比較，凡1股有數表決權者，稱為複數表決權股；如無表決權者，稱為無表決權股。當然，就表決權之比例相對於普通股而言，亦可加以限制（表決權比例可介於0與1之間。例如特別股之表決權依普通股之表決權打九折計算之）。

就複數表決權股而言，因一個股份享有多個表決權，擁有較高比例之表決權，對於股東會決議事項（如選任、解任董事，或公司合併等重大事項）有較大之影響力，可以相對地控制公司之經營（甚至衍生萬年董事，導致不良之公司治理及代理問題），而其1股具有數個表決權，也可能會違背股東（份）平等原則（股東間之權利義務應儘量使其平等一致），故是否允許複數表決權股，往往取決於各國之立法政策而定。就無表決權股而言，公司如需資金但不希望別人介入經營時，常會發行無表決權特別股，但為吸引投資人認購特別股，一般而言，無表決權特別股其盈餘分派或賸餘財產分派等權利，通常會優先於普通股[57]。

---

[55] 以下參見柯芳枝，公司法論（上），第174至176頁。

[56] 就盈餘分派優先於普通股之特別股而言，依其是否定有「累積條款」亦可再細分為累積或非累積特別股，亦即具有優先權利之盈餘分派額如未達章程所定之分派定率或定額時，得就次年度以後之盈餘分派中補足其不足額者，為累積特別股，反之則為非累積特別股。

[57] 依財務會計準則公報第三十六號之規定，企業發行特別股（金融商品）應經濟實質而非僅依法律形式決定特別股（金融商品）於資產負債表中之分類。某些金融商品，其法律形式上屬權益但經濟實質上則具有負債之性質，或同時具有權益及金融負債二者之特性。如發行人必須於固定或可決定之未來日期按固定或可決定之金額強制贖回，或持有人有權要求發行人於特定日期當日或之後按固定

（三）償還股與非償還股

此是以股份是否事先預定其償還或銷除作為分類標準。如有事先預定其償還或銷除之股份者，稱為償還股；反之，則稱為非償還股。一般而言，如屬優先股者，因其盈餘分派等權利優於普通股，通常會預定對其如何償還或銷除等方式加以規定。

（四）轉換股與非轉換股

此是以股份得否轉換為同一公司所發行之其他種股份（通常是普通股）作為分類標準。如可以轉換者，稱為轉換股；反之，則稱為非轉換股。

（五）其他種類之特別股

相對於普通股而言，特別股亦得對於特定事項（如公司併購、修改章程等）具否決權（俗稱「黃金股」）或得當選一定名額董事，或限制當選為董事、監察人等。

二、特別股之發行及限制

依公司法第156條第3項之規定：「公司股份之一部分得為特別股；其種類，由章程定之。」特別股得於公司設立時或公司成立後發行。在公司設立時，如採發起設立時，發起人以全體同意訂立章程時，得於章程載明「特別股之種類及其權利義務」（公§130 I ③）；如採募集設立時，發起人除於章程中載明特別股之種類及其權利義務外，對於發行特別股之股份總數，並應報告於創立會（公§145 I ⑥）。公司成立後於發行新股時，亦得發行特別股，發行時得採公開發行（公§268 I ⑥、⑦）或不公開發行之方式為之（公§274 I、§273 I ③）。惟如有公司法第269條所列情形之一者，則不得公開發行具有優先權利之特別股。發行特別股時，如有印製實體股票者，應於股票上標明其特別種類之字樣（公§162 I ⑥）。

關於特別股股東權利義務之行使，應依公司章程之規定。有關尚未發行特別股股份情況下，可否於章程中預先明定特別股相關權利、義務之事項？主管機關認為公司法第157條之規定，係指公司發行特別股時，有關特別股權利義務事項應於章程中定之，並非章程中訂有特別股相關權利、義務之事項，即應發行特別股，因此，公司於章程中預先明定特別股之相關權利、義務，自無不可[58]。

或可決定金額贖回之特別股，宜列為金融負債。又如持有人有權要求發行人以現金或其他金融資產贖回金融商品（可賣回之金融商品）也宜歸類為金融負債；反之，則宜分類為權益商品。一旦特別股被分類為「負債」時，將使發行人財務結構之負債比率升高。

[58] 參見經濟部商業司107年9月3日經商一字第10702046810號函。

三、特別股之立法沿革

特別股乃其股份所表彰之股東權異於普通股者，法律允許公司發行何種特別股，往往取決於立法政策而定。在69年5月9日公司法修正以前，當時公司法僅允許「分派股息及紅利之順序，定額或定率」、「分派公司賸餘財產之順序，定額或定率」、「股東行使表決權之順序限制」異於普通股之特別股而已（並不允許「無表決權」之特別股）。

在69年5月9日修訂時，因「實務上公司多有所建議，且從理論上言，無表決權股份之發行，可便利公司籌募資金；蓋股東有所謂企業股東、投資股東、投機股東三者之分。投資股東取得股票，目的只在投入資本，賺取股息紅利等，故其所關心者，唯股息紅利之多寡，對於股東表決權之有無，並不介意，公司發給股息紅利或其他權利，有高度定額或定率之優先股份，即更滿足此類股東之希望，而毋庸給以表決權，以使公司經營可趨簡易，此乃股份有限公司特色之一，即『企業所有與企業經營分離』之典型表現。……[59]」可知該次修訂主要是在公司法第157條第1項第3款增訂「無表決權」特別股之規定（惟仍不許發行複數表決權或其他種類之特別股）。

迨104年7月1日增訂「閉鎖性股份有限公司」相關條文時，則大幅放寬閉鎖性公司發行特別股之限制，而於公司法第356條之7規定（以下並非現行條文）：「公司發行特別股時，應就下列各款於章程中定之：一、特別股分派股息及紅利之順序、定額或定率。二、特別股分派公司賸餘財產之順序、定額或定率。三、特別股之股東行使表決權之順序、限制、無表決權、複數表決權或對於特定事項之否決權。四、特別股股東被選舉為董事、監察人權利之事項。五、特別股轉換成普通股之轉換股數、方法或轉換公式。六、特別股轉讓之限制。七、特別股權利、義務之其他事項。」

其立法理由稱：「本於閉鎖性之特質，股東之權利義務如何規劃始為妥適，宜允許閉鎖性股份有限公司有充足之企業自治空間。此外，就科技新創事業而言，為了因應其高風險、高報酬、知識密集之特性，創業家與投資人間，或不同階段出資之認股人間，需要有更周密、更符合企業特質之權利義務安排，爰特別股之存在及設計，經常成為閉鎖性股份有限公司（特別是科技新創事業）設立及運作過程中不可或缺之工具。美國商業實務上，新創事業接受天使投資人或創投事業之投資時，亦多以特別股為之。是以，除第一百五十七條固有特別股類型外，於第三款及第五款放寬公司可發行複數表決權之特別股、對於特定事項有否決權之特別股、可轉換成複數普通股之特別股等；第四款允許特別股股東被選舉為董事、監察人之權利之事項；另如擁有複數表決權之特別股、對於特定事項有否決權之特別股、可轉換成複數普通股之特別股，得隨意轉讓股份，對公司經營將造成重大影響，是以，第六款允許公司透過章程針對特別股之轉讓加以限制[60]。」由上可知，該次修訂乃是允許閉鎖性公司除原先公司法第157條之固有特別股類型外，特放寬允

---

[59]　參見69年5月9日公司法第157條之修正理由。

[60]　參見104年7月1日公司法第356條之7之立法理由。

許閉鎖性公司可發行「複數表決權」之特別股、「對於特定事項有否決權」之特別股、「可轉換成複數普通股」之特別股、「允許特別股股東被選舉為董事、監察人之權利之事項」及允許公司透過章程針對特別股之轉讓加以限制等。

茲因前述公司法第356條之7之規定，已放寬「允許閉鎖性股份有限公司為追求符合其企業特質之權利義務規劃及安排，已可於章程中設計相關類型之特別股，為提供非公開發行股票公司之特別股更多樣化及允許企業充足之自治空間」，故107年8月1日公司法修正時，乃參酌該規定，將第157條修訂為：「（第1項）公司發行特別股時，應就下列各款於章程中定之：一、特別股分派股息及紅利之順序、定額或定率。二、特別股分派公司膳餘財產之順序、定額或定率。三、特別股之股東行使表決權之順序、限制或無表決權。四、複數表決權特別股或對於特定事項具否決權特別股。五、特別股股東被選舉為董事、監察人之禁止或限制，或當選一定名額董事之權利。六、特別股轉換成普通股之轉換股數、方法或轉換公式。七、特別股轉讓之限制。八、特別股權利、義務之其他事項。（第2項）前項第四款複數表決權特別股股東，於監察人選舉，與普通股股東之表決權同。（第3項）下列特別股，於公開發行股票之公司，不適用之：一、第一項第四款、第五款及第七款之特別股。二、得轉換成複數普通股之特別股。」由上可知，107年8月1日之修訂，主要是為提供非公開發行股票公司之特別股更多樣化及允許企業充足之自治空間，至於公開發行公司，依同條第3項之規定，仍然不允許發行「複數表決權特別股」或「對於特定事項具否決權特別股」，亦不允許「特別股股東當選一定名額董事之權利」及訂定「特別股轉讓之限制」。

四、特別股之種類

依公司法第157條第1項之規定，本法所允許之特別股種類如下：

（一）特別股分派股息及紅利之順序、定額或定率（第1款）

依主管機關函釋之見解：1.前述定額或定率，尚非不得為零[61]；2.有關特別股分派股息及紅利之「定率」，如擬以特定時點公開市場之指標利率加計一固定利率加碼幅度之方式表達，應無不可[62]；3.特別股股息如為股票股息者，應依公司法第240條規定之股東會決議為之即可，尚毋庸於章程中訂明。惟股票股息以普通股為限[63]。

---

[61] 參見經濟部91年11月28日商字第09102272830號函、經濟部99年5月6日經商字第09902042010號函。

[62] 參見行政院金管會證期局94年3月11日證期一字第0940106765號函、經濟部94年3月22日經商字第09400523280號函。

[63] 參見經濟部98年2月16日經商字第09802016570號函。

（二）特別股分派公司賸餘財產之順序、定額或定率（第2款）

依主管機關函釋之見解，前述定額或定率，尚非不得為零[64]。

（三）特別股之股東行使表決權之順序、限制或無表決權（第3款）

依主管機關函釋之見解：1.本款所稱「行使表決權之限制」固不能解釋為每股享有數表決權，「行使表決權之順序」亦僅在分別普通股股東與特別股股東，或二種以上特別股股東對同一事項決議之先後，而與表決權之多寡應無關聯[65]；2.如章程中規定：「特別股分派股息及紅利、賸餘財產之定額或定率為零，且特別股股東無表決權」，尚無不可[66]。

（四）複數表決權特別股或對於特定事項具否決權特別股（第4款）

在107年8月1日公司法修正前，公司法並不允許公司發行複數表決權特別股或對於特定事項具否決權特別股（俗稱「黃金股」）[67]。只有少數情形透過法律之規定，賦予特定股東黃金股[68]。此次修法，「為提供非公開發行股票公司之特別股更多樣化及允許企業充足之自治空間」，乃引進複數表決權特別股或黃金股。

特別股複數表決權，所謂複數，不限1倍，公司應於章程中明定之[69]。另本條第2項規定：「前項第四款複數表決權特別股股東，於監察人選舉，與普通股股東之表決權同。」其立法理由稱：「為避免具複數表決權特別股股東掌控董事及監察人席次，有違公司治理之精神。爰對於具有複數表決權特別股之股東，限制其於選舉監察人時，表決權應與普通股股東之表決權同（原則上回復為一股一權），始屬妥適。」因此，複數表決權特別股於選舉董事時，應依章程所訂之複數表決權計算；至於監察人選舉，則應回復與普通股股東之表決權同（即「一股一權」），以避免扼殺小股東當選監察人之機會，避免特別股股東長期掌控監察人席次，甚至與公司經營階層沆瀣一氣，而失去監察人獨立性，導致公司治理大打折扣[70]。

有關黃金股之部分，依主管機關函釋之見解：1.對於特定事項具否決權之特別股股東，於行使否決權時，應以股東會所得決議之事項為限，依法屬於董事會決議之事項，

---

[64] 參見經濟部91年11月28日商字第09102272830號函、經濟部99年5月6日經商字第09902042010號函。

[65] 參見經濟部72年3月23日商字第11159號函。

[66] 參見經濟部99年5月6日經商字第09902042010號函。

[67] 參見經濟部72年3月23日商字第11159號函。

[68] 如91年7月10日修訂之電信法第12條第8項及第9項（現已廢除）規定：「中華電信股份有限公司移轉民營時，其事業主管機關得令事業發行特別股，由事業主管機關依面額認購之，於三年內行使第九項所列之權利，並為當然董、監事。」「中華電信股份有限公司為下列行為，應先經該特別股股東之同意：一、變更公司名稱。二、變更所營事業。三、讓與全部或主要部分之營業或財產。」

[69] 參見經濟部商業司「全國商工行政服務入口網」：首頁〉閉鎖性公司專區〉常用問答Q2.4（網址：https://gcis.nat.gov.tw/mainNew/subclassNAction.do?method=getFile&pk=607）。

[70] 參見劉連煜，現代公司法，第336頁。

例如：經理人之委任、解任及報酬（公§29Ⅰ③），則不得行使否決權；2.特別股股東對於「董事選舉之結果」，亦不得行使否決權，以維持公司之正常運作；3.特別股股東針對特定事項行使否決權時，應於討論該事項之股東會中行使，以避免法律關係懸而未決。縱使特別股發行條件另有約定「得於股東會後行使」，亦宜限於該次股東會後合理期間內行使，以使法律關係早日確定[71]；4.在授權資本制原則下，發行新股仍屬董事會職權，並非股東會所得決議之事項，尚不得由特別股股東對於「洽特定人增資」事項行使否決權[72]。

至於公開發行公司之部分，本條第3項已明文規定，排除本款之適用。其立法理由稱：「考量放寬特別股限制，少數持有複數表決權或否決權之股東，可能凌駕或否決多數股東之意思，公開發行股票之公司股東眾多，為保障所有股東權益，並避免濫用特別股衍生萬年董事或監察人之情形，導致不良之公司治理及代理問題，且亞洲大多數國家對於發行複數表決權或否決權之特別股仍採較嚴謹之規範[73]。」此外，立法理由亦附帶說明：「至已發行具複數表決權特別股、對於特定事項有否決權特別股或其他類型特別股之非公開發行股票之公司，嗣後欲申請辦理公開發行時，應回復依股份平等原則辦理。」

（五）特別股股東被選舉為董事、監察人之禁止或限制，或當選一定名額董事之權利（第5款）

如前所述，本款係參酌閉鎖性公司相關規定而增訂，依104年7月1日修正之公司法第356條之7第4款之規定原為：「特別股股東被選舉為董事、監察人權利之事項。」然主管機關認為：「依原第四款規定，解釋上係指特別股股東可被選舉為董事、監察人或剝奪、限制特別股股東被選舉為董事、監察人之情形，尚無保障特別股股東當選一定名額董事、監察人之意。[74]」為此，107年8月1日公司法修正時，乃同步修訂公司法第356條之7第4款之規定及增訂本款之規定，俾明確規定保障特別股股東得當選一定名額董事（及監察人）之權利。

然如比較本款及現行第356條之7第4款之規定，本款後段僅允許「當選一定名額董事」之權利，相對於後者則為「當選一定名額之權利」（指包括一定名額董事、監察人之權利）。依107年8月1日本條之立法理由：「第一項第五款允許非公開發行股票公司以章程規定，禁止或限制特別股股東被選舉為董事或監察人，且其亦得於章程規定，保障特別股股東當選一定名額之董事。基於監察人為公司之監督機關，為落實監察權之行使及公司治理之需求，爰本款未允許公司以章程保障特別股股東當選一定名額之監察人。」

另依主管機關函釋之見解：「條文既明定『特別股股東當選一定名額董事』，即指當

---

[71] 以上參見經濟部108年1月4日經商字第10702430970號函。

[72] 參見經濟部109年6月8日經商字第10902414770號函。

[73] 參見107年8月1日公司法第157條之修訂理由。

[74] 參見107年8月1日公司法第356條之7之修正理由。

選之董事須具此等特別股股東資格（該條修正說明參照）[75]。……公司法第二十七條第一項規定，政府或法人爲股東時，得當選爲董事或監察人。但須指定自然人代表行使職務。是以，依該項規定，公司之董事爲該法人股東（特別股股東），而非其所指定之自然人，該自然人僅爲代表行使職務，爰可指定非具特別股股東身份之人（自然人）代表行使董事職務。」

　　至於公開發行公司之部分，本條第3項已明文規定，排除本款之適用。其立法理由稱：「特別股股東被選舉爲董事、監察人之禁止或限制，或當選一定名額董事之權利，有違股東平等原則；至一特別股轉換複數普通股者，其效果形同複數表決權；基此，考量公開發行股票之公司，股東人數衆多，爲保障所有股東權益，不宜放寬限制。」

（六）特別股轉換成普通股之轉換股數、方法或轉換公式（第6款）

　　依主管機關函釋之見解：1.公司發行特別股，而累積特別股轉換爲普通股或贖回時，其帳上特別股相關科目應一併沖銷；至於公司因無盈餘而積欠特別股股東之累積特別股股息部分，因其並未入帳，故無沖銷之問題；以往年度累積積欠之特別股股息，於轉換時，公司自不得以發行普通股補足[76]；2.公司如擬發行普通股收回特別股，形同特別股轉換爲普通股，事涉公司股東股權結構與持股比例之變動，應依公司法第157條第6款規定，於章程明定轉換之股數、方法或轉換公式，尚不得泛以新發行普通股作爲收回特別股之對價於章程中定之[77]。

　　另依本條第3項之規定，公開發行公司不得發行「得轉換成複數普通股之特別股」，依其反面解釋，非公開發行公司如發行得轉換成複數普通股之特別股者，並無不可。

（七）特別股轉讓之限制（第7款）

　　依本條107年8月1日之修訂理由，本款是參酌公司法第356條之7有關閉鎖性公司之規定所增訂。惟公司法第356條之1明定「章程定有股份轉讓之限制」乃閉鎖性公司之特性之一，是股東間關係緊密，彼此有信賴關係，因此就股份轉讓是否限制而言，不論普通股或特別股，應無差別對待[78]。然對一般股份有限公司而言，依公司法第163條之規定，公司股份之轉讓，除公司法另有規定外，不得以「章程」禁止或「限制之」（即所謂「股份自由轉讓原則」）。因此，對於特別股如擬以章程訂定股份轉讓之限制者，應有法律之明文規定者爲限，始得爲之。另依本條第3項之規定，公開發行公司於發行特別股時，不得對其轉讓加以限制。

---

[75] 依公司法第192條第1項之規定：「公司董事會，設置董事不得少於三人，由股東會就有行爲能力之人選任之。」董事不以具有股東身分爲必要。

[76] 參見經濟部92年3月31日經商字第09202053110號函。

[77] 參見經濟部109年6月9日經商字第10902025270號函。

[78] 參見經濟部107年8月13日經字第10700057880號函。

（八）特別股權利、義務之其他事項（第8款）

依主管機關函釋之見解：1.本款係概括性規定，即公司發行特別股，其權利義務並不以同項前七款所規定者爲限。是以，公司發行特別股之發行條件訂定，倘屬同項前七款所定事項，公司自應於章程中訂明，至於第8款之其他權利義務事項，係指同項前七款所規定以外或爲不足補充之特別股權利義務事項，因同屬特別股發行條件，爰亦應於章程中訂明[79]；2.至於前述各款以外，股東之何種權利、義務事項得以章程訂定？應視其訂定有無違反股份有限公司之本質及法律之強制或禁止規定而定。例如依公司法第168條第1項前段之規定，公司減少資本，應依股東所持比例減少之，乃係基於股東平等原則，依股東持股比例減少，至於股東包括普通股股東及特別股股東，因此，公司章程如規定，公司減少資本，僅減除普通股股東或特別股股東之持股者，應爲法所不許[80]；3.公司倘發行具有收回條件、期限之特別股時，特別股應收回之條件、期限與公司應給付對價之種類及數額等事項，係屬公司法第157條第1項第8款所稱之「特別股權利、義務之其他事項」，應於章程中訂定之[81]。

五、特別股之收回

依公司法第158條之規定：「公司發行之特別股，得收回之。但不得損害特別股股東按照章程應有之權利。」本條原規定，公司發行之特別股，得「以盈餘或發行新股所得之股款」收回之，惟100年6月29日修正時，認爲：「依原規定，僅得以盈餘或發行新股所得股款收回，尚不得以法條所列舉者以外之其他款項收回。此種限制，對企業之財務運用，欠缺彈性；又公司以何種財源收回特別股，允屬公司內部自治事項，宜由公司自行決定，毋庸以法律限制之，以利公司彈性運用，爰刪除『以盈餘或發行新股所得之股款』等文字。」

有關特別股應收回之條件、期限與公司應給付對價之種類及數額等事項，仍應依公司法第157條第1項第8款規定於章程中訂定之。至於特別股應收回之條件、期限與公司應給付對價之種類及數額等事項，仍應依公司法第157條第1項第4款（註：現爲第8款）規定於章程中訂定之，公司並應據以辦理[82]。

依主管機關函釋之見解：1.依修正後規定，公司以何種財源收回特別股並無限制，惟公司章程如對收回特別股另有規定者，自應從其規定；公司發行及收回特別股，係公司與

---

[79] 參見經濟部77年8月23日商字第25389號函、經濟部109年6月9日經商字第10902025270號函。

[80] 參見經濟部93年6月11日經商字第09302318110號函。

[81] 參見經濟部100年7月7日經商字第10002418380號函。

[82] 參見經濟部100年7月7日經商字第10002418380號函。

特別股股東間權利義務事項，應回歸當事人間之約定處理[83]；2.公司法第158條規定之特別股收回屬法定減資事由，無須依第168條規定經股東會決議減少資本[84]；3.公司依公司法第158條規定，收回特別股，並辦理減資，無須（依第168條規定）依股東所持股份比例減少[85]；4.公司得無償收回特別股，惟發行此種以無償方式收回之特別股，應依公司法第157條第1項第4款（註：現爲第8款）規定，將發行條件及無償收回載明於章程[86]。

依本條但書之規定，特別股之收回，不得損害特別股股東按照章程應有之權利。例如，公司對於盈餘分派優先之特別股訂有「累積條款」，即具有優先權利之盈餘分派額如未達章程所定之分派定率或定額時，得就次年度以後之盈餘分派中補足其不足額者，則公司於收回特別股時，對於以往年度未經給付之盈餘分配亦應與收回之價額一併償還，否則，即屬損害特別股股東按照章程應有之權利，特別股股東得拒絕之[87]。

六、特別股股東之保護

依公司法第159條之規定：「（第1項）公司已發行特別股者，其章程之變更如有損害特別股股東之權利時，除應有代表已發行股份總數三分之二以上股東出席之股東會，以出席股東表決權過半數之決議爲之外，並應經特別股股東會之決議。（第2項）公開發行股票之公司，出席股東之股份總數不足前項定額者，得以有代表已發行股份總數過半數股東之出席，出席股東表決權三分之二以上之同意行之，並應經特別股股東會之決議。（第3項）前二項出席股東股份總數及表決權數，章程有較高之規定者，從其規定。（第4項）特別股股東會準用關於股東會之規定。」

本條之立法目的，是爲維護特別股股東之利益，避免普通股股東利用變更章程而侵害其權利。依主管機關函釋之見解：1.本條之適用前提是指「章程之變更」時。因此，倘無章程需變更之情事，自無公司法第159條規定之適用。例如已發行特別股之公司依據企業併購法第29條規定股份轉換方式被他公司收購爲子公司者，若無章程需變更，則無本條之適用[88]；2.再者，係指章程之變更造成特別股股東權利之損害，始有適用，至具體個案是否有損害特別股股東之權利，應由司法機關認定之[89]。例如公司對於盈餘分派優先之特別股原訂有「累積條款」，擬變更章程取消該累積條款（即具有優先權利之盈餘分派額如未達章程所定之分派定率或定額時，「不」得再於次年度以後之盈餘分派中補足其不足額

---

83 參見經濟部100年7月26日經商字第10002420340號函。

84 參見經濟部100年9月2日經商字第10002118440號函。

85 參見經濟部91年10月14日商字第09102226190號函。

86 參見經濟部98年11月19日經商字第09802152860號函。

87 參見柯芳枝，公司法論（上），第180頁。

88 參見經濟部102年11月28日經商字第10202135390號函。

89 參見經濟部商業司93年5月13日經商字第09302075020號函。

者）；3.公司如章程僅修正爲「特別股股東得隨時請求將特別股轉換爲相同面額，相同股數之普通股。」另別無其他損害原特別股股東權利條款時，此項修正並無損害原優先股股東之權益，自無不可，且尙非屬公司法第159條第1項須經特別股股東會決議事項[90]；4.有關章程之變更，如已經股東會之特別決議，故縱有損害「普通股」股東之權利時，亦認爲其已接受該決議，即無再經「普通股」股東會決議之必要[91]（註：依本條之規定，只有章程之變更如有損害「特別股」股東之權利時，除經股東會之特別決議外，並應經「特別股」股東會之決議）。

依本條第4項之規定，特別股股東會準用關於股東會之規定。因此，應有代表已發行「特別股」股份總數三分之二以上股東出席之股東會，以出席「特別股」股東表決權過半數之決議爲之。此際，如屬無表決權之特別股股東對於該決議事項亦應享有表決權。

另依企業併購法第18條第5項之規定：「公司已發行特別股者，就公司合併事項，除本法規定無須經股東會決議或公司章程明定無須經特別股股東會決議者外，應另經該公司特別股股東會決議行之。有關特別股股東會之決議，準用前四項之規定。」乃鑑於因公司合併對於特別股股東權利影響頗鉅，故除企業併購法規定無須經股東會決議者外，應另經特別股股東會決議行之。亦即若公司合併事項依企業併購法規定無需普通股股東會決議者（例如該法第18條第6項之非對稱式合併），因該等合併對於公司股東影響甚小，自無經特別股股東會決議之必要。至於特別股股東會之決議合併門檻，則規定準用普通股股東會有關合併決議之相關規定[92]。

第七節　股份之轉讓

一、股份轉讓之意義

所謂股份之轉讓，是指以法律行爲移轉表彰股東權之股份而言。就法律意義而言，乃股東將其基於股東之資格對於公司所有之股東權移轉予受讓人，由受讓人繼受取得該股東權而成爲公司之新股東。就經濟意義而言，則爲股東收回其投資之方法之一。

按股份有限公司並無退股制度，公司法第65條第2項關於無限公司股東申請退股之規定，於股份有限公司不得準用之，股東如欲收回投資，可以轉讓其股份爲方法[93]。因此，股份轉讓遂成爲股東收回其投資之最主要方法，此在買賣上市櫃公司股份時，更加明顯。

---

[90] 參見經濟部79年11月15日台商（五）發字第221289號函、經濟部57年4月25日經商字第14875號函。

[91] 參見經濟部57年4月25日經商字第14875號函。

[92] 參見91年2月6日企業併購法第18條之立法理由。

[93] 參見經濟部78年12月27日商字第065253號函。

二、股份自由轉讓原則

依公司法第163條之規定：「公司股份之轉讓，除本法另有規定外，不得以章程禁止或限制之。」蓋股份有限公司乃匯集多數人之資金，形成大資本而從事一定規模事業之經營目的，公司之信用基礎取決於公司財產之數額，而非股東個人之資格與條件；又股份有限公司並無退股制度，股份轉讓為股東收回投資之最主要方法；再加上為配合證券交易，遂於55年間增訂該條之規定，此謂之為「股份自由轉讓原則」。另本條第2項原規定：「發起人之股份非於公司設立登記一年後，不得轉讓。」其立法意旨，原在防止發起人以發起組織公司為手段，以獲取發起人之報酬及特別利益為目的，形成專業之不正當行為[94]。惟107年8月1日公司法修正時，考量「股份有限公司之特色為股份自由轉讓，限制發起人股份之轉讓，並不合理；又此限制將降低發起人新創事業之意願；另查本限制為外國立法例所無，爰刪除原第二項，以貫徹股份自由轉讓原則。」

依公司法第163條規定，公司股份以自由轉讓為原則，除法律另有規定外，不得以章程禁止或限制之。因此，公司如以章程規定股份不得轉讓，或股份之轉讓須經董事會之決議等，乃係對股份自由轉讓原則之限制，學者[95]及實務[96]認為其規定應屬無效。

三、股份自由轉讓原則之例外

本法固採股份自由轉讓原則，然本法及相關法律亦有許多例外之規定（即以「法律」限制股份自由轉讓者），其情形包括：

（一）企業併購法之規定

依企業併購法第11條之規定：「（第1項）公司進行併購時，得以股東間書面契約或公司與股東間之書面契約合理限制下列事項：一、股東轉讓持股時，應優先轉讓予公司、其他股東或指定之第三人。二、公司、股東或指定之第三人得優先承購其他股東所持有股份。三、股東得請求其他股東一併轉讓所持有股份。四、股東轉讓股份或將股票設質予特定人應經公司董事會或股東會之同意。五、股東轉讓股份或設質股票之對象。六、股東於一定期間內不得將股份轉讓或股票設質予他人。（第2項）未公開發行股票之公司得以章程記載前項約定事項。（第3項）第一項所指合理限制，應符合下列原則：一、為符合證券交易法、稅法或其他法令規定所為之限制。二、其他因股東身分、公司業務競爭或整體業務發展之目的所為必要之限制。……（第5項）公司法第一百六十三條第一項不得以章程禁止或限制股份轉讓及同條第二項發起人之股份於公司設立登記一年內不得轉讓之規

94　參見經濟部84年10月14日商字第84225895號函。

95　參見柯芳枝，公司法論（上），第186頁。

96　參見最高法院103年度台上字第620號民事判決。

定[97]，於第一項及第二項情形不適用之。」

由上可知，公司在「進行併購」時，股東間或公司與股東間得以書面契約約定前揭第1項所載之事項，合理限制股份之自由轉讓與設質，以排除公司法第163條之適用。而非公開發行公司更得以章程記載此等約定事項（公開發行公司依該條第2項之反面解釋，則不許以章程加以限制）。

（二）公司不得自行或透過從屬公司等取得或收質自己股份

依公司法第167條第1項之規定：「公司除依……規定外，不得自將股份收回、收買或收為質物。」學說認為此為公司不得取得自己股份之規定（對象上之限制），屬法律所為股份自由轉讓之例外。

另依公司法第167條第3項及第4項之規定：「被持有已發行有表決權之股份總數或資本總額超過半數之從屬公司，不得將控制公司之股份收買或收為質物。」「前項控制公司及其從屬公司直接或間接持有他公司已發行有表決權之股份總數或資本總額合計超過半數者，他公司亦不得將控制公司及其從屬公司之股份收買或收為質物。」此乃90年11月12日公司法修正時，為避免控制公司利用其從屬公司，將控制公司股份收買或收為質物，可能滋生弊端，爰參考日本立法例，增訂第3項；另為求周延，控制公司及其從屬公司再轉投資之其他公司，亦受規範，增訂第4項。

（三）公司設立登記前，不得轉讓股份

依公司法第163條之規定：「公司股份之轉讓，除本法另有規定外，不得以章程禁止或限制之。但非於公司設立登記後，不得轉讓。」依本條但書之規定，公司設立登記前，不得轉讓股份（此為時間上之限制）。蓋公司既尚未完成設立登記，將來是否成立，尚未可知，為維護交易安全並防杜投機，及期待公司設立程序之穩定進行，乃禁止其轉讓[98]。實務上認為，本條但書是屬禁止規定，如違反而於公司經設立登記前為轉讓，依民法第71條之規定，應屬無效[99]。

（四）員工庫藏股之轉讓限制

按企業為留住公司所需人才，達到激勵員工之效果，得依法律之規定，給予員工具有股權性質之獎勵[100]。依公司法第167條之1、證券交易法第28條之2第1項等規定，公司得買

---

[97] 有鑑於107年8月1日公司法修正時，已刪除第163條第2項之規定，故企業併購法之此一規定，亦有隨同修正之必要。

[98] 參見劉連煜，現代公司法，第357頁。

[99] 參見最高法院75年度台上字第431號民事判決。

[100] 公司法關於員工股票獎勵制度之規範主要有員工酬勞（公§235-1Ⅰ、Ⅲ）、員工新股認購權（公§267Ⅰ、Ⅱ）、員工庫藏股轉讓（公§167-1、證§28-2Ⅰ）、員工認股權憑證（公§167-2）及限制員工權利新股（或通稱「限制型股票」）（公§267Ⅸ～Ⅻ）等制度。

回其股份轉讓予員工（員工庫藏股）。而企業為激勵員工而發給員工庫藏股，無非希望員工長期持有並繼續留在公司服務，如員工取得股份後立即轉讓，將喪失用以激勵並留住員工之原意，故100年6月29日公司法修正時，爰參酌美國等先進國家有關「員工限制股」之精神，制定第167條之3之規定，明定公司依第167條之1或其他法律規定（例如證券交易法第28條之2）收買自己之股份轉讓給員工，得限制員工在一定期間內不得轉讓，並規定其期限最長不得超過二年。

（五）員工行使新股認購權所承購股份轉讓之限制

依公司法第267條之規定：「（第1項）公司發行新股時，除經目的事業中央主管機關專案核定者外，應保留發行新股總數百分之十至十五之股份由公司員工承購。（第2項）公營事業經該公營事業之主管機關專案核定者，得保留發行新股由員工承購；其保留股份，不得超過發行新股總數百分之十。……（第6項）公司對員工依第一項、第二項承購之股份，得限制在一定期間內不得轉讓。但其期間最長不得超過二年。」

（六）公開發行公司董事、監察人任期中轉讓股份之限制

依公司法第197條之規定：「（第1項）董事經選任後，應向主管機關申報，其選任當時所持有之公司股份數額；公開發行股票之公司董事在任期中轉讓超過選任當時所持有之公司股份數額二分之一時，其董事當然解任。……（第3項）公開發行股票之公司董事當選後，於就任前轉讓超過選任當時所持有之公司股份數額二分之一時，或於股東會召開前之停止股票過戶期間內，轉讓持股超過二分之一時，其當選失其效力。」另監察人則準用本條之規定（公§227）。可知公開發行公司之董事及監察人，在任期中不得轉讓持股超過二分之一，否則將當然解任。

四、以契約限制股份轉讓之效力

如上所述，公司股份是以自由轉讓為原則，除法律另有規定外，不得以「章程」禁止或限制之，而依上開說明，並不排除以「法律」加以限制（包括限制轉讓之對象、轉讓之期間及轉讓之比例等）。茲有疑問的是，當事人間得否以「契約」對於股份之轉讓，加以限制？尤其是在前述員工庫藏股或員工行使新股認購權而承購股份時，公司常會要求員工出具承諾書，約定其於任職或離職後，讓售公司股份時，應以公司同仁或公司指定之特定人為限，以維持公司之閉鎖性質，避免不相干或不歡迎之人成為公司之股東。

在最高法院70年度台上字第1025號民事判決中：「上訴人雖以其公司股東唐○曾出具承諾書，約定讓售系爭股票，以轉讓於公司同仁為限，而被上訴人並非公司同仁，不得受讓，並請過戶等語為辯；然此約定，無拘束第三人之效力。且公司股份之轉讓，不得以章程禁止或限制之，公司法第一百六十三條第一項定有明文。所辯自難成立。」可知股

東如出具「承諾書」，約定讓售系爭股票，以轉讓於公司同仁爲限者，最高法院認爲此等約定，並「無拘束第三人之效力」，依其反面解釋，此等承諾書仍有拘束契約當事人之效力，但不得以契約之約定對抗第三人。

另在臺灣高等法院100年度上易字第913號民事判決中，員工（該案原告及上訴人）曾出具同意書予公司（該案被告及被上訴人），約定「本人於在職期間所領取公司發放之員工紅利及股票，若本人於公司服務未滿三年而離職者，願無條件將所領取之員工紅利及股票，無條件全數歸還公司」等語，上訴人於離職後，主張系爭同意書第1條約定違反公司法股份自由轉讓規定，應屬無效云云。法院則認爲：「公司法所明文禁止者，係股份有限公司於其『章程』上，就股份之轉讓有所禁止或限制。……兩造基於『契約』而爲限制，與公司法禁止以『章程』限制者有所不同，是以系爭同意書第1條約定既未與公司法第一百六十三條第一項之強制規定有所牴觸，本於契約自由原則，即無不合。……被上訴人公司基於公司股東權益之考量，並謀公司組織之安定及企業經營利益之維護，於核發員工分紅配股之際，同時要求員工爲一定期間內不離職之承諾，當非法所不許。是以系爭同意書第1條之約定內容，難謂有何違反公司法第一百六十三條第一項、第二百三十五條第二項及第二百四十條第四項之規定。」可知該判決認爲本於契約自由原則，並考量員工分紅配股（註：現已廢除，改爲員工酬勞），爲激勵員工士氣、增進員工對公司之向心力、提升公司績效等目的，當事人間得以契約約定一定期間內不離職之承諾，及限制股份轉讓之對象。

五、股份之轉讓、設質與過戶

有關股份之轉讓及設質方式，應視股份爲記名或無記名，以及有無實體發行而定。107年8月1日公司法修訂時，爲遵守國際洗錢防制規範，避免無記名股票成爲洗錢之工具，已全面修正廢除無記名股票制度。但依公司法第447條之1之規定：「（第1項）本法中華民國一百零七年七月六日修正之條文施行前，公司已發行之無記名股票，繼續適用施行前之規定。（第2項）前項股票，於持有人行使股東權時，公司應將其變更爲記名式。」因此，如屬修法前已發行之無記名股票，依舊公司法第164條後段及民法第908條第1項之規定，得以交付轉讓之，或以交付股票於質權人，而生設定質權之效力。但一旦向公司行使股東權者（如於股東會開會五日前將股票交存於公司而出席股東會，或向公司辦理過戶），公司應將其變更爲記名式股票，並依下述方式辦理轉讓及設質。

如爲記名股票，因自100年7月29日起，所有上市、上櫃及興櫃之有價證券全面轉換爲無實體發行，依公司法第161條之2第3項之規定，轉讓及設質應透過集保公司以帳簿劃撥方式爲之。至於其他未上市、未上櫃或未登錄興櫃之公開發行公司或非公開發行公司，如採實體發行者，依公司法第164條之規定，股票由股票持有人以背書轉讓之，並應將受讓人之姓名或名稱記載於股票，另依民法第908條之規定，其亦應以背書方式設定質權

（並得記載設定質權之意旨）；如採無實體發行者，依公司法第161條之2之規定，應洽集保公司登錄其發行之股份，其股份之轉讓及設質，應向公司辦理或以透過集保公司以帳簿劃撥方式爲之。

另依公司法第165條第1項之規定：「股份之轉讓，非將受讓人之姓名或名稱及住所或居所，記載於公司股東名簿，不得以其轉讓對抗公司。」因此除當事人間之轉讓或設質外，並應向公司辦理過戶（記載於公司股東名簿），始得以其轉讓對抗公司。

如屬集中保管之股票（應包括所有上市、上櫃及興櫃之股份及其他未上市、未上櫃或未登錄興櫃之公開發行公司或非公開發行公司採無實體發行，而洽集保公司登錄者），依證券交易法第43條第5項後段及公司法第161條之2第3項之規定：「證券集中保管事業於股票、公司債發行公司召開股東會、債權人會議，或決定分派股息及紅利或其他利益，或還本付息前，將所保管股票及公司債所有人之本名或名稱、住所或居所及所持有數額通知該股票及公司債之發行公司時，視爲已記載於公司股東名簿、公司債存根簿或已將股票、公司債交存公司，不適用公司法第一百六十五條第一項、第一百七十六條、第二百六十條及第二百六十三條第三項之規定。」「經證券集中保管事業機構登錄之股份，其轉讓及設質，應向公司辦理或以帳簿劃撥方式爲之，不適用第一百六十四條及民法第九百零八條之規定。」

如屬非集中保管股票，而有實體發行者，一般而言，其轉讓應辦妥下列文件：1.出讓人原留印鑑；2.受讓人印章（印鑑）；3.股票；4.證券交易稅單；5.身分證正反面影本乙份（舊戶免附）；6.印鑑卡一張（舊戶免附）；7.股票轉讓過戶申請書等，向公司辦理過戶。

六、股份之收回、收買或收質

（一）得適法取得自己股份之情形及其處理

依公司法第167條第1項本文之規定：「公司除依第一百五十八條、第一百六十七條之一、第一百八十六條、第二百三十五條之一及第三百十七條規定外，不得自將股份收回、收買或收爲質物。」可知股份有限公司「原則上」不得收回、收買或收質自己股份。一般認爲禁止公司取得自己股份之原因，主要是基於下列理由：1.爲維持資本維持原則，以保護債權人；2.避免內部人或大股東利用公司取得自己股份之方式，先行退場或選擇性收回等，圖利自己或特定人；3.避免操縱股價、影響證券市場之交易秩序等[101]。然依現行法律規定，卻有許多例外情形，允許公司適法取得自己之股份。另公司適法取得自己之股份後，究應如何處理，包括可否再行出售、可出售之期間爲何，抑或應視爲公司未發行股份，並爲變更登記，其情形各異，茲分述如下：

---

[101]　參見劉連煜，現代公司法，第361頁。

1. 於股東清算或受破產之宣告時，以市價收回其股份，而抵償其所結欠公司之債務

依公司法第167條第1項但書之規定：「公司……不得自將股份收回、收買或收爲質物。但於股東清算或受破產之宣告時，得按市價收回其股份，抵償其於清算或破產宣告前結欠公司之債務。」本條但書之立法意旨，係因股東既已進行清算或破產程序，其先前所結欠公司之債務，將因其進行清算使其法人格旋即消滅，或因破產程序而無法取償，進而危害公司之權益，故容許公司得以市價收回該股東所持有公司之股份，以抵償其所結欠公司之債務，讓公司之債權能或多或少獲得受償[102]。

依主管機關函釋之見解：(1)所謂「股東清算」，係指法人股東於公司解散後辦理清算情形而言；自然人股東因無清算程序，除破產外自無該項但書之適用[103]；(2)上開但書意指當股東清算或受破產宣告時，如尙對公司負有債務不能清償，公司得按照市價收回其股份，以抵償其於清算或破產宣告前結欠公司債務[104]；如公司與股東間無債權債務關係，自無本條項但書規定之適用[105]；(3)股東因他種法律關係，結欠公司債務，而受破產宣告時，公司雖不得援引破產法第113條規定行使抵銷權，惟本條項但書係破產法之特別規定，似得逕行適用此一規定辦理[106]。

本條是賦予公司得選擇按市價請求收回其股份，以抵償該股東於清算或破產前所結欠公司之債務，俾保護公司之權益，但因違反債權效力平等原則，而備受批評[107]。另（法人）股東清算時，並不一定是「公司資產顯有不足抵償其所負債務」，殊不應與破產之情形等同而論，理應由公司配合該法人股東之清算程序辦理即可（公司法第322條以下），實無賦予公司得按市價收回其股份，以抵償其債務之必要。

公司依第167條第1項但書之規定，於股東清算或受破產之宣告時，以市價收回其股份，而抵償其所結欠公司之債務時，依公司法第167條第2項之規定，應於六個月內，按市價將其出售，屆期未經出售者，視爲公司未發行股份，並爲變更登記。

2. 收回公司所發行之特別股

依公司第158條之規定：「公司發行之特別股，得收回之。但不得損害特別股股東按照章程應有之權利。」蓋特別股爲股東平等原則之例外，如容許其長久存在，將影響普通股股東之權益，故允許公司得收回特別股（公司自己股份）。

公司依第158條之規定收回特別股時，其目的是爲避免特別股之存在，而將影響普通

---

[102] 參見柯芳枝，公司法論（上），第189頁。

[103] 參見經濟部61年11月15日商字第31114號函。

[104] 參見經濟部99年1月26日經商字第09902006010號函。

[105] 參見經濟部91年11月17日商字第09102285650號函。

[106] 參見經濟部58年4月10日商字第11936號函。

[107] 參見劉連煜，現代公司法，第366頁。

股股東之權益，因此該收回之特別股不得再行出售，而特別股收回屬法定減資事由[108]，故公司應予以銷除，並辦理變更登記。

3. 收買公司自己股份以供轉讓予員工

依公司法第167條之1之規定：「（第1項）公司除法律另有規定者外，得經董事會以董事三分之二以上之出席及出席董事過半數同意之決議，於不超過該公司已發行股份總數百分之五之範圍內，收買其股份；收買股份之總金額，不得逾保留盈餘加已實現之資本公積之金額。（第2項）前項公司收買之股份，應於三年內轉讓於員工，屆期未轉讓者，視為公司未發行股份，並為變更登記。（第3項）公司依第一項規定收買之股份，不得享有股東權利。（第4項）章程得訂明第二項轉讓之對象包括符合一定條件之控制或從屬公司員工。」本條一般稱為「員工庫藏股」，旨在激勵優秀員工，使其經由取得股份，對公司產生向心力，以促進公司營運發展[109]。

依主管機關函釋之見解：

(1) 本條之適用對象：公司法第167條之1所稱之「公司」，除證券交易法第28條之2另有特別規定外，係指未上市、上櫃之公開發行股票公司及非公開發行股票公司二者而言[110]。

(2) 員工之意義：法條所稱員工，係指自然人；而由員工組成之職工福利會，或係法人組織或係非法人團體型態或係其他組織型態，二者尚有不同。而公司依本條規定買回之庫藏股，僅能轉讓於員工，尚不得捐贈給公益團體或基金會[111]。倘三年屆滿未轉讓於員工者，視為公司未發行股份，應辦理減資變更登記。

(3) 收買股份為董事會權限：非公開發行公司董事會決議「授權董事長在公司已發行股份總數5%之範圍內，以不高於公司每股淨值之股價買回部分公司股份為庫藏股」，尚不可行[112]。

(4) 收買股份議案之內容：公司依本條規定收買自己股份之議案，須表明「收買之數額」及「總金額」，於「法定限額」內，經董事會特別決議通過[113]。公司法第167條之1業已明定「收買之程序」、額度、「轉換之限期」及「屆期未轉換之處理」，而轉讓價格允屬公司自治事項，且尚無應向主管機關申報之規定。另股份之轉讓應依本法第164條規定辦理[114]。

(5) 收買股份之總金額（限額）：不得逾保留盈餘加已實現之資本公積之金額。其

---

[108] 參見經濟部100年9月2日經商字第10002118440號函。

[109] 參見本條90年11月12日之修正理由及經濟部103年9月2日經商字第10302097610號函。

[110] 參見經濟部91年8月9日商字第09102166860號函、經濟部91年11月28日商字第09102270100號。

[111] 參見經濟部95年11月14日經商字第09500174750號函。

[112] 參見經濟部96年3月1日經商字第09602022820號函。

[113] 參見經濟部96年3月1日經商字第09602022820號函。

[114] 參見經濟部91年1月9日商字第09002287120號函。

「保留盈餘」係指包括法定盈餘公積、特別盈餘公積及未分配盈餘；而「已實現之資本公積」係指「超過票面金額發行股票所得之溢額」及「受領贈與之所得」資本公積，但受領本公司股票於未再出售前非屬已實現資本公積。另商業會計處理準則第28條第1項規定：「資本公積，指公司因股本交易所產生之權益。」包括超過票面金額發行股票所得之溢價、庫藏股票交易溢價等項目[115]，且包括未經決算之本期損益[116]。而是否逾越上述額度，應以董事會爲特別決議之日，公司財務報表上所載之金額爲斷[117]。其財務報表當指董事會決議日之報表，至其是否經會計師查核或核閱及後續產生之虧損或盈餘，尚非所問[118]。

(6) 收買時並無次數之限制：公司得經董事會特別決議，於上述額度內收買股份，無收買次數之限制，亦不須待所收買之股份經員工全數認購後，始得再次對外收買[119]。且既無收買次數之限制，自無時間間隔之限制，惟收買之股份數額及總金額仍應在法定限額內[120]。

(7) 得限制員工在一定期間內不得轉讓：依公司法第167條之3之規定，公司依第167條之1或其他法律規定（例如證券交易法第28條之2）收買自己之股份轉讓於員工，得限制員工在一定期間內不得轉讓。但其期限最長不得超過二年。

(8) 未將股份轉讓於員工前之處理：依本條第3項之規定，該收買而尚未轉讓於員工前之股份，不得享有股東權利。另公司於買回股份後未轉讓於員工前，該股份仍係存在，如公司辦理減資時，即應依比例銷除股份[121]。

(9) 逾越三年期限仍未將股份轉讓於員工時之處理：公司逾越三年期限仍未將股份轉讓於員工者，始應依公司法第167條之1規定辦理變更登記[122]。亦即應視爲公司未發行股份，應辦理減資變更登記[123]；上開之減資因係公司持有之股份，將未轉讓員工之股份全數銷除，尚無依股東持股比例減少問題[124]。又倘公司在不同年月收買股份（金額股數在額度內），於認定是否逾越三年期限時，係個別認定之[125]。

(10)控制或從屬公司員工之認定及範圍：所稱「一定條件之控制或從屬公司」包括國

[115] 參見經濟部91年3月20日商字第09102055950號函。
[116] 參見經濟部95年2月14日經商字第09502403220號函。
[117] 參見經濟部91年12月23日商字第09102298480號函。
[118] 參見經濟部93年10月21日商字第09302173850號函。
[119] 參見經濟部92年12月16日商字第09202253870號函。
[120] 參見經濟部102年8月6日經商字第10202080150號函。
[121] 參見經濟部93年11月26日商字第09302199890號函、經濟部91年8月22日經商字第09102172880號函。
[122] 參見經濟部92年1月9日商字第09102308630號函。
[123] 參見經濟部95年11月14日經商字第09500174750號函。
[124] 參見經濟部98年3月12日經商字第09802027270號函。
[125] 參見經濟部96年9月4日經商字第0960213560號函。

內外控制或從屬公司，認定上，依公司法第369條之2、第369條之3、第369條之9第2項、第369條之11之標準為之[126]。

(11)如法院拍賣債務人所持有債權人（公司）股份，倘債權人擬買受時，仍應受公司法第167條之1第1項之規範。但如債權人主張欲依公司法第167條之1規定買受自己股份，如符合公司法第167條之1相關規定要件，諸如：董事會應先作成買回員工庫藏股之決議、收買股份總數不超過公司已發行股份總數5%等事項，應可據以行之[127]。

未上市、上櫃之公開發行股票公司及非公開發行股票公司依公司法第167條之1之規定，收買公司自己股份以供轉讓予員工時，依第167條之1第2項之規定，應於三年內轉讓於員工，屆期未轉讓者，視為公司未發行股份，並為變更登記。

4. 因股東行使股份收買請求權而收買其股份

依公司法第186條之規定：「股東於股東會為前條決議前，已以書面通知公司反對該項行為之意思表示，並於股東會已為反對者，得請求公司以當時公平價格，收買其所有之股份。」質言之，當公司為營業政策重大變更之行為時（包括締結、變更或終止關於出租全部營業，委託經營或與他人經常共同經營之契約；讓與全部或主要部分之營業或財產；受讓他人全部營業或財產，對公司營運有重大影響），不同意之股東得請求公司收買其所有之股份，公司可適法收買自己之股份。

另依公司法第317條之規定：「（第1項）公司分割或與他公司合併時，董事會應就分割、合併有關事項，作成分割計畫、合併契約，提出於股東會；股東在集會前或集會中，以書面表示異議，或以口頭表示異議經紀錄者，得放棄表決權，而請求公司按當時公平價格，收買其持有之股份。……（第3項）第一百八十七條及第一百八十八條之規定，於前項準用之。」當公司分割或與他公司合併時，不同意之股東得請求公司收買其所有之股份，公司可適法收買自己之股份。

依主管機關函釋之見解[128]，公司法第167條第2項規定：「公司依前項但書或第一百八十六條規定，收回或收買之股份，應於六個月內，按市價將其出售，屆期未經出售者，視為公司未發行股份，並為變更登記。」準此，依第317條規定而收買之股份，自無前揭出售股份規定之適用；公司與他公司合併時，消滅公司因反對之股東依公司法第317條規定行使股份收買請求權所收買之股份，可於合併契約中約定於合併基準日一併銷除。惟該函釋應是針對企業併購法施行前之情形，在企業併購法施行後，則應優先適用企業併購法第13條之規定。

公司依公司法第185條為營業政策重大變更之行為，而依第186條之規定，向異議股東收買其所有之股份時，依公司法第167條第2項之規定，應於六個月內，按市價將其出售，屆期未經出售者，視為公司未發行股份，並為變更登記。

---

[126] 參見經濟部107年11月30日經商字第10702427750號函。

[127] 參見經濟部103年9月2日經商字第10302097610號函。

[128] 參見經濟部90年6月6日商字第09002110060號函。

但公司依公司法第317條之規定，向合併或分割之異議股東收買其所有之股份時，依其情形將優先適用企業併購法第13條之規定。因其情形並未包括在公司法第167條第2項之規定中，故公司不得將其所收買之股份再行出售，依主管機關函釋之見解[129]，股東依公司法第317條規定行使股份收買請求權所收買之股份，可於合併契約中約定於合併基準日一併銷除。

5. 收買公司自己股份以分派員工酬勞

民國104年5月20日公司法修正時，為降低公司無法採行員工分紅方式獎勵員工（即「員工分紅費用化」）之衝擊，乃增訂公司法第235條之1之規定，要求公司應於章程訂明以當年度獲利狀況之定額或比率，合理分配公司利益，以激勵員工士氣。另，權衡人才與資金對企業經營的重要性及必要性，員工酬勞以現金發放或股票須經董事會特別決議通過，嗣後並報告股東會以兼顧股東權益[130]。鑑於第235條之1第3項所定「員工酬勞以股票或現金為之」，所謂股票，不以新股為限，公司亦得收買其已發行股份發給員工，且本次修正第235條之1增訂第4項有關公司收買自己已發行股份之規定，爰修正公司法第167條第1項之規定，增列第235條之1亦為公司不得將股份收買之除外規定，讓公司為上開目的有收買自己已發行股份之依據[131]。

公司依第235條之1之規定收買公司自己股份以分派員工酬勞時，其立法目的是為合理分配公司利益，以激勵員工士氣，故應再轉讓予員工，至於轉讓期間為何，公司法並未特別規定，但公司法第235條之1第1項既規定，公司應於章程訂明以「當年度」獲利狀況之定額或比率，分派員工酬勞，故解釋上應在該年度轉讓予員工，以達到即時激勵員工士氣之效果。

6. 依證券交易法第28條之2之規定

依證券交易法第28條之2之規定：「（第1項）股票已在證券交易所上市或於證券商營業處所買賣之公司，有下列情事之一者，得經董事會三分之二以上董事之出席及出席董事超過二分之一同意，於有價證券集中交易市場或證券商營業處所或依第四十三條之一第二項規定買回其股份，不受公司法第一百六十七條第一項規定之限制：一、轉讓股份予員工。二、配合附認股權公司債、附認股權特別股、可轉換公司債、可轉換特別股或認股權憑證之發行，作為股權轉換之用。三、為維護公司信用及股東權益所必要而買回，並辦理銷除股份。……（第4項）公司依第一項規定買回之股份，除第三款部分應於買回之日起六個月內辦理變更登記外，應於買回之日起五年內將其轉讓；逾期未轉讓者，視為公司未發行股份，並應辦理變更登記。……」本條是針對上市、上櫃公司所為之特別規定，包括員工庫藏股、作為股權轉換之用及為維護公司信用及股東權益所必要而買回（俗稱「護盤式庫藏股」）等三種之情形，而相關細節則應依「上市上櫃公司買回本公司股份辦法」

---

[129] 參見經濟部90年6月6日商字第09002110060號函。

[130] 參見104年5月20日公司法第235條之1之立法理由。

[131] 參見107年8月1日公司法第167條之立法理由。

（下稱「庫藏股辦法」）之規定辦理。

　　上市、上櫃公司依證券交易法第28條之2之規定執行庫藏股時，應視其執行目的而爲不同之處理。如是爲：(1)轉讓股份予員工者：依同條第4項之規定，應於買回之日起五年內將其轉讓；逾期未轉讓者，視爲公司未發行股份，並應辦理變更登記；(2)作爲股權轉換之用者：究其目的應配合附認股權公司債、附認股權特別股、可轉換公司債、可轉換特別股或認股權憑證之發行（及期間），但依同條第4項之規定，應於買回之日起五年內將其轉讓；逾期未轉讓者，視爲公司未發行股份，並應辦理變更登記；(3)維護公司信用及股東權益所必要而買回（「護盤式庫藏股」）：依同條第4項之規定，應於買回之日起六個月內辦理銷除股份，並辦理變更登記。又上市、上櫃公司依證券交易法第28條之2之規定減資（註銷庫藏股）情形，於申辦減少資本額變更登記前，無須先向證券主管機關申報辦理減資[132]。

7. 依企業併購法第11條及第12條之規定

　　依企業併購法第11條之規定：「（第1項）公司進行併購時，得以股東間書面契約或公司與股東間之書面契約合理限制下列事項：一、股東轉讓持股時，應優先轉讓予公司、其他股東或指定之第三人。二、公司、股東或指定之第三人得優先承購其他股東所持有股份。……（第6項）公司依第一項第一款或第二款買回股份之數量併同依其他法律買回股份之總數，不得超過該公司已發行股份總數百分之二十，且其收買股份之總金額，不得逾保留盈餘加已實現之資本公積之金額。」

　　另依企業併購法第12條之規定，公司於進行併購而有該條所訂情形之一，股東得請求公司按當時公平價格，收買其持有之股份。例如：公司股東對公司依前條規定修改章程記載股份轉讓或股票設質之限制，於股東會集會前或集會中，以書面表示異議，或以口頭表示異議經記錄，放棄表決權者（第1款）、合併、簡易合併、依第27條所爲之收購、股份轉換、非對稱式或母子公司間之簡易股份轉換、分割、簡易分割等。

　　公司進行併購時，依企業併購法第11條第1項第1款及第2款之規定，以書面契約約定股東轉讓持股時，應優先轉讓予公司，或公司優先承購其他股東所持有股份時，公司適法取得自己之股份後究應如何處理，可否再行出售、出售期間，抑或應辦理銷除股份等，企業併購法本身並未明文規定，亦無函釋可供參照，或可類推適用同法第13條第1項第2款之規定，再行轉讓予他人、逕行辦理變更登記，或於買回之日起三年內，按市價將其出售，屆期未經出售者，視爲公司未發行股份，並辦理變更登記。

　　公司進行併購時，依企業併購法第12條之規定，向異議股東收買其所有之股份時，依企業併購法第13條之規定：「（第1項）公司依前條規定買回股份，應依下列規定辦理：一、消滅公司自合併後買回股東之股份，應併同消滅公司其他已發行股份，於消滅公司解散時，一併辦理註銷登記。二、前款以外情形買回之股份，得依下列規定辦理：

---

[132] 參見經濟部101年9月11日經商字第10102123480號函。

（一）依合併契約、股份轉換契約、分割計畫或其他契約約定轉讓予消滅公司或其他公司股東。（二）逕行辦理變更登記。（三）於買回之日起三年內，按市價將其出售，屆期未經出售者，視為公司未發行股份，並辦理變更登記。」

8. 公司因受贈或股東拋棄其持有之股份而無償取得

公司因受贈、遺贈或股東拋棄其持有之股份而取得自己之股份，因公司是無償取得自己股份並不會導致公司資產之減少，並無違反資本維持原則之問題；而此等無償取得之情形，對公司有利無弊，故應無不許之理[133]。

依主管機關函釋之見解：(1)股份有限公司之股東拋棄其持有之股份時，應向公司為拋棄之意思表示，其意思表示完成後，該公司因而取得該股份所有權[134]；(2)倘公司取得股東拋棄之股份且不擬出售該股份者（註：如擬出售者，應於六個月內，按市價將其出售），可參照公司法第167條第2項後段規定，逕行辦理減資變更登記，毋庸召開股東會決議[135]；(3)股東拋棄股份，無須俟取得股份起六個月後，即可逕行辦理減資變更登記[136]。

（二）利用從屬公司取得自己股份之限制

公司法第167條第1項本文固禁止「公司」本身自將股份收回、收買或收為質物。另為避免控制公司利用其從屬公司，將控制公司股份收買或收為質物，可能滋生弊端；且為求周延，使控制公司及其從屬公司再轉投資之其他公司，亦受規範，故90年11月12日公司法修正時，乃增訂第3項及第4項之規定：「（第3項）被持有已發行有表決權之股份總數或資本總額超過半數之從屬公司，不得將控制公司之股份收買或收為質物。（第4項）前項控制公司及其從屬公司直接或間接持有他公司已發行有表決權之股份總數或資本總額合計超過半數者，他公司亦不得將控制公司及其從屬公司之股份收買或收為質物。」

依主管機關函釋之見解：1.法條（公司法第167條第3項）係在限制將股份收買或收為質物之行為。如因合併導致從屬公司取得控制公司之股份者，與上開「收買或收為質物」之情形，係屬二事[137]；2.原持有控制公司股份之二從屬公司合併，存續之從屬公司持有控制公司之股份因而增加[138]；或從屬公司與他公司合併（他公司持有控制公司之股份），致存續之從屬公司因合併而持有控制公司之股份[139]，與公司法第167條第3項規定「收買或收為質物」之情形，係屬二事；3.（如有前述之情形時）子公司持有母公司股票，母公

---

[133] 參見柯芳枝，公司法論（上），第193頁。

[134] 參見司法行政部64年6月17日臺（64）函參字第05196號函。

[135] 參見經濟部91年10月31日商字第09102245560號函、經濟部92年5月15日商字第09202100410號函。

[136] 參見經濟部95年3月8日經商字第09502024260號函。

[137] 參見經濟部95年7月11日經商字第09502096910號函。

[138] 參見經濟部94年4月22日經商字第09402046670號函。

[139] 參見經濟部95年1月18日經商字第09402202920號函。

司於認列投資損益及編製財務報表時，應將子公司持有母公司股票視同庫藏股票處理；而從屬公司若編製個別之財務報表，對於所持有之證券投資，即按一般會計原則認列，尚無特別規定[140]；4.公司法第156條第5項規定（註：現為第156條之3）所稱「股份交換」，即公司設立後得發行新股作為受讓他公司股份對價之行為，係因股份交換取得新股東之有利資源，對公司整體之營運將有助益，其目的乃在藉由公司間部分持股，形成企業間策略聯盟之效果，應包含公司發行新股受讓他公司股份的各種態樣。倘認從屬公司得以股份交換方式取得控制公司股份，恐將使第167條第3項規定形同具文，其所稱「收買」自不限於民法之買賣關係，應擴及於「支付對價取得股份」之行為。爰此，從屬公司不得以股份交換取得控制公司之股份，俾杜弊端之衍生[141]。

（三）公司違法取得自己股份之效力

依公司法第167條第5項之規定：「公司負責人違反前四項規定，將股份收回、收買或收為質物，或抬高價格抵償債務或抑低價格出售時，應負賠償責任。」但如屬違反證券交易法第28條之2第1項之規定者，依同法第175條之規定：「處二年以下有期徒刑、拘役或科或併科新臺幣一百八十萬元以下罰金。」

又公司違法取得自己股份效力為何？依最高法院72年度台上字第289號民事判決之見解：「股份有限公司除公司法第一百五十八條、第一百八十六條及第三百十七條規定外，不得自將股份收回、收買或收為質物，同法第一百六十七條第一項定有明文。此項禁止取得自己股份之規定，為強制規定，違反此項規定之行為，應屬無效。」然如採完全無效之見解恐不適宜，例如公司未依公司法第167條之1之規定，即向第三人收買其所持有公司之股份，因第三人恐無法或難以確認公司是否業經董事會應先作成買回員工庫藏股之決議、收買股份總數是否已超過公司已發行股份總數5%等事項，如遽認其買賣行為無效，恐不足以保護交易安全（如認為該交易無效，則相對人似只能依民法第113條之規定，請求回復原狀或請求損害賠償；或依民法第179條之規定，請求返還不當得利；或依或類推適用公司法第167條第5項之規定，請求損害賠償）。又有學者認為在證券市場上違法購進自己公司之股份者，為維護交易安全及證券交易市場之目的，應解為有效，僅為公司負責人應負民事賠償責任之問題[142]。

---

[140] 參見經濟部91年5月31日經商字第09102095820號函、經濟部95年1月18日經商字第09402202920號函。

[141] 參見經濟部100年6月27日經商字第10002416950號函。

[142] 參見劉連煜，現代公司法，第370頁。

第八節　股份之銷除

股票銷除是指公司使已發行之股份所表彰之股東權絕對消滅，並使股票失其效力而言[143]。主管機關認為股份銷除，係指公司登記資本總額有減少而使已發行之股份銷除者而言，如公司資本額並無減少，僅就股份總數及每股金額予以調整，並非銷除股份[144]。

依公司法第168條第1項之規定：「公司非依股東會決議減少資本，不得銷除其股份；減少資本，應依股東所持股份比例減少之。但本法或其他法律另有規定者，不在此限。」其立法理由，蓋以資本為公司之基礎，亦為債權人有力之保障，銷除股份等於減少資本，任意銷除股份，亦等於任意減少資本，對於公司之股東與債權人利害關係甚大，自應加以限制[145]。再者，公司如未經股東會決議即逕行減少資本，影響股東、債權人及第三人之權益甚鉅，故規定公司應先依股東會決議減少資本，才可銷除股份；又本法規定之減資如第167條，或其他法律另有規定者，應予以排除，爰增訂但書[146]。另為劃一減少資本之方法及遵守股東平等原則，乃規定減少資本時，原則上應依股東所持股份比例減少之[147]。

依主管機關函釋之見解：

（一）股份有限公司依法辦理減資登記，係減少股份總額或每股金額或兩者兼而有之，並非專指設立或某次增資所繳納某種股款之減少[148]。

（二）公司將公司章程所定未發行股份予以刪除，因公司實收資本並無減少，實際股份並未銷除，股東所持股份並未比例減少，是以非屬減資之情形，尚無須依上開條文之規定辦理減資[149]。

（三）一股為資本構成之最小單位，是以，依股東所持股份比例減少應以一股為計算單位[150]。

（四）公司為健全財務結構以減資消除虧損，繼而引進新資，可同時申辦減資及增資；於同時辦理減資及增資登記時，若減資後之資本額為零時，公司已無股東，且實際已不存在，如何再辦理增資，故在法理上公司之資本額不可能為零[151]。

（五）公司法第168條關於公司減資之規定係屬股東會專屬職權，是以其減資之決

---

[143] 參見柯芳枝，公司法論（上），第199頁。

[144] 參見經濟部57年12月28日商字第45531號函。

[145] 參見經濟部78年3月15日商字第015226號函。

[146] 參見90年11月12日公司法第168條之修正理由。

[147] 參見69年5月9日公司法第168條之修正理由，及柯芳枝，公司法論（上），第201頁。

[148] 參見經濟部73年11月29日商字第46671號函。

[149] 參見經濟部78年3月15日商字第015226號函。

[150] 參見經濟部90年8月8日商字第09002168930號函。

[151] 參見經濟部90年9月4日商字第09002185470號函。

議，尚非得以授權董事會決議撤銷之[152]。公司減資允屬股東會決議事項[153]，倘公司股東會已決議減資基準日及相關減資細節時，自毋庸再經董事會決議[154]；公司經股東會決議減資並授權董事長訂定減資基準日，或股東會未討論減資基準日，股東會後由董事會決議減資基準日授權董事長訂定，均無不可[155]。

（六）公司發行特別股者，應就本法第157條第1項規定之各款事項於章程明定特別股之權利義務，該條並未排除特別股適用本法第168條第1項股東依持股比例減少之規定，是以，公司減少資本時，不問股東所持股份係特別股或普通股，應依股東所持股份比例減少之[156]。

（七）（上市、上櫃）公司依證券交易法第28條之2第1項規定就買回公司股份供尚未轉讓部分，於公司辦理減資時，庫藏股之股份既仍存在，即應依比例銷除股份[157]。

（八）本項但書規定係指本法規定之減資如第167條第1項但書及第186條規定收回或收買之股份，逾六個月未將其出售，視為公司未發行股份所為之減資等；其他法律另有規定之減資，如證券交易法第28條之2第4項規定所為之減資等[158]。

另依公司法第168條第2項及第3項之規定：「公司減少資本，得以現金以外財產退還股款；其退還之財產及抵充之數額，應經股東會決議，並經該收受財產股東之同意。」「前項財產之價值及抵充之數額，董事會應於股東會前，送交會計師查核簽證。」此是100年6月29日時所新增之規定，在此之前，則是先透過主管機關函釋之方式，允許公司減資退還股款時，得以現金以外財產為之[159]。蓋依第156條規定，股東出資之種類除現金外，得以對公司所有之貨幣債權，或公司所需之技術抵充之。為使公司靈活運用資本，以因應企業經營之實際需求，爰明定公司減資退還股款，得以現金以外財產為之。惟為保障股東權益，並落實公司治理，退還之財產及抵充之數額，應經股東會決議，並經該收受財產股東之同意，另為確保退還財產估價之合理，該財產之價值及抵充之數額，董事會應於股東會前送交會計師查核簽證。

依主管機關函釋之見解：（一）公司減資退還股款，如以現金以外財產為之時，作業上，宜先徵詢股東之意見，使其得知退還財產之數額，如股東不同意者，應以現金退還股

[152] 參見經濟部92年10月31日經商字第09202221530號函。

[153] 學者認為此處之股東會決議是指特別決議而言，蓋減少資本於變更章程中，而變更章程應經股東會之特別決議。參見柯芳枝，公司法論（上），第200頁。

[154] 參見經濟部91年9月3日經商字第09102164470號函。

[155] 參見經濟部93年8月10日經商字第09302124840號函。

[156] 參見經濟部107年1月8日經商字第10702000390號函、經濟部90年8月8日商字第09002168930號函。

[157] 參見經濟部91年8月22日商字第09102172880號函。

[158] 參見經濟部107年1月8日經商字第10702000390號函。

[159] 參見經濟部97年1月29日經商字第09700511280號函。

款,並提交股東會決議[160];2.公司減資退還財產,辦理減資登記應檢附申請書、其他機關核准函、公司章程、章程修正條文對照表、股東會議事錄、公司出具所退還之財產及抵充之數額均經收受財產股東同意之聲明書、董事會議事錄及其簽到簿、股東名簿、會計師資本查核報告書暨其附件、委託會計師簽證之委託書等文件。又公司減資退還財產,應踐行經該收受財產股東之同意程序,公司仍應取得該收受財產股東之同意書[161]。

依公司法第168條第4項之規定:「公司負責人違反前三項規定者,各處新臺幣二萬元以上十萬元以下罰鍰。」公司銷除股份,須申請減資變更登記,因此,公司登記主管機關受理時,發現有違反前三項規定,除不得准其銷除股份外,並處公司負責人行政罰[162]。

---

[160] 參見經濟部98年2月26日經商字第09802017930號函。

[161] 參見經濟部97年4月23日經商字第09702408501號函。

[162] 參見90年11月12日公司法第168條之修正理由。

第三章　股東會

第一節　股東會之召集

一、股東會之種類

依公司法第170條之規定：「（第1項）股東會分左列二種：一、股東常會，每年至少召集一次。二、股東臨時會，於必要時召集之。（第2項）前項股東常會應於每會計年度終了後六個月內召開。但有正當事由經報請主管機關核准者，不在此限。」可知股東會可分為二種：1.股東常會：每年應召集一次，且應於每會計年度終了後六個月內召開，通常是由董事會召集；2.股東臨時會：沒有固定時間與次數，而是於必要時召集之，除董事會外，可能是由其他有召集權人所為之召集。而二者之召集通知期間也有所不同（公§172 I、II）。附帶說明的是，條文中有所謂「召集」與「召開」之區別。所謂的「召集」，是指有召集權人依法定程序（包括停止過戶、召集通知等）召集股東會而言；至於所謂「召開」，則指召集開會而言，亦即股東會當天之實際開會程序而言[1]。

二、召集權人

（一）董事會

依公司法第171條之規定：「股東會除本法另有規定外，由董事會召集之。」可知股東會原則上是以董事會（而非董事長）名義召集之，故應先召開董事會，由董事會決議召集股東會。所謂本法另有規定外，包括下述由監察人（公§220）、少數股東（公§173 II、IV）召集等情形。

由董事會所召集之股東會，包括股東常會及於必要時所召集之股東臨時會。所謂「於必要時」，多是指法律規定須經股東會決議之事項，如辦理併購事宜、私募、董事缺額達三分之一應於三十日內召開股東臨時會補選之（公§201）、監察人全體均解任（公§217-1）、公司虧損達實收資本額二分之一（公§211 I）等。

---

[1] 參見柯芳枝，公司法論（上），第212頁。

（二）少數股東

依公司法第173條之規定：「（第1項）繼續一年以上，持有已發行股份總數百分之三以上股份之股東，得以書面記明提議事項及理由，請求董事會召集股東臨時會。（第2項）前項請求提出後十五日內，董事會不為召集之通知時，股東得報經主管機關許可，自行召集。……（第4項）董事因股份轉讓或其他理由，致董事會不為召集或不能召集股東會時，得由持有已發行股份總數百分之三以上股份之股東，報經主管機關許可，自行召集。」其立法理由乃因股東會是由董事會召集為原則，但如董事會應召集股東會而不為召集，或因與董事有利害關係，故意拖延，不肯召集股東會，或一部分股東認為有召集股東會之必要時，允宜給予股東有請求召集權[2]。

由該條文可知，少數股東召集股東會之情形有二：1.由繼續一年以上，持股3%以上之股東，先以書面記明提議事項及理由，請求董事會召集，如董事會未於收到該請求之十五日內為召集之通知時，則股東得報經主管機關許可後，自行召集；2.董事因股份轉讓或其他理由，致董事會不為召集或不能召集股東會時，由持股3%以上之股東，逐報經主管機關許可後，自行召集。

在前述第一種情形，請求人為繼續一年以上，持股3%以上之股東。所謂「繼續一年以上」，應以股東名簿所載之過戶日期為準（註：或以提出書面請求之日起往前回溯，以確認是否超過一年）；所稱繼續，應係指一年內未有再轉讓情事而言，如曾出售復又買回者，既非屬繼續[3]。因此，如繼續一年以上持有已發行股份總數3%以上股份之股東已死亡，則其繼承人應向公司辦妥股票過戶手續後，始有本條之適用[4]。所稱「持有已發行股份總數百分之三以上股份之股東」不以一人為限，如數股東持有股份總數之和達3%以上亦包括在內[5]。

再者，該（等）股東應以書面詳載提議事項及理由，向董事會提出請求。惟董事會係所謂合議制機關，故解釋上應向為董事會主席之董事長提出。少數股東以書面（郵局存證信函）向董事長請求召集股東臨時會，只須該項書面到達董事長時，即發生提出之效力。公司董事長是否拒收，對於上述效力之發生不生影響；少數股東向董事長提出召集股東臨時會之請求十五日內，董事會不為召集之通知時，股東自得依公司法第173條第2項規定報經主管機關許可，自行召集[6]。

所謂主管機關，是指地方主管機關而言[7]。公司股東於報請地方主管機關許可，所應

2　參見經濟部87年4月18日商字第87208369號函。

3　參見經濟部80年11月11日商字第227250號函。

4　參見經濟部81年10月20日商字第229137號函。

5　參見經濟部80年4月19日商字第207772號函。

6　參見司法院63年10月31日（63）台函民字第9392號函、經濟部63年11月18日經商字第29525號函。

7　參見經濟部83年6月8日商字第21080號函。

具備之文件包括持有股份證件、書面通知董事會之證明文件、召集事項及理由，且對於董事會不爲召集之通知，並應負舉證責任[8]。此外，申請文件宜載明由何人召集及何人擔任主席；如已於申請文件指定主席者，則由指定者擔任主席；如未指明何人擔任主席，則應依該公司章程之規定處理[9]，或由原申請召集股東臨時會之股東自行推選一人擔任主席[10]。

　　在前述第二種情形，應以董事因股份轉讓或其他理由，致董事會不爲召集或不能召集股東會爲要件，所謂董事會不爲召集股東會者，通常是指有法定事由依法「應」召集股東會而言，如董事缺額達三分之一（公§201）、監察人全體均解任（公§217-1）、公司虧損達實收資本額二分之一（公§211Ⅰ）等事由，而董事會不爲召集而言。董事會不爲召集股東會之情形，除自始即不爲召集外，其雖爲召集，但所定股東會開會日期故意拖延之情形，亦應包括在內[11]。所謂董事會不能召集股東會者，是指有法定事由應由股東會決議，但因客觀情事不能合法召開董事會，進而由董事會召集股東會者，如公司全體董事經地方法院假處分裁定不得執行董事職務與股東會之召集及舉行有關之職務，致不能依本法之規定召集股東會[12]；或股份有限公司部分董事及唯一監察人因持有股份全部轉讓而解任，其餘董事均因案羈押或通緝[13]。又，董事資格與股東資格不同，其得行使之職權亦有所別，故董事雖被假處分禁止行使職權，尚不影響其以股東身分行使股東權[14]。

　　如公司之不同股東各依公司法第173條第4項申請自行召集股東會，則地方主管機關應分別爲准駁之處分，不宜併案核准共同召集，且縱有其他股東已依同條項規定申請許可在先，亦不影響其行使此項權利，至於應如何准駁及應核准何者，應由地方主管機關本諸職權依據事實自行認定[15]。又股東會之召集，並非股東之義務，故經主管機關核准召集股東會之股東縱迄未召集，仍不得強制其召集之[16]。

（三）監察人

　　依公司法第220條之規定：「監察人除董事會不爲召集或不能召集股東會外，得爲公司利益，於必要時，召集股東會。」所謂「必要時」，原應以「不能召開股東會，或應召集而不爲召集股東會，基於公司利害關係有召集股東會必要之情形，始爲相當。」惟

---

[8]　參見經濟部65年3月8日經商字第05891號函。

[9]　參見經濟部88年7月16日商字第88215006號函。

[10]　參見經濟部83年5月27日商字第208989號函。

[11]　參見經濟部82年12月10日商字第230086號函。

[12]　參見經濟部84年10月19日商字第84225901號函。

[13]　參見經濟部79年10月24日台商五發字第220160號函、經濟部78年8月1日商字第206318號函。

[14]　參見經濟部80年11月2日商字第227503號函。

[15]　參見經濟部80年11月2日商字第227503號函、經濟部80年12月3日商字第231005號函。

[16]　參見經濟部80年12月3日商字第231005號函。

依90年11月12日之修訂理由：「除董事會不為或不能召集情形下，為積極發揮監察人功能，由監察人認定於『為公司利益，而有必要』之情形，亦得召集之。」因此，監察人得行使股東會召集權之情形有二[17]：1.董事會不為召集或不能召集股東會時；2.監察人為公司利益認為必要時。換言之，修法後，為強化監察人權限，使其得即時合法召集股東會，監察人不再限於「董事會不為召集或不能召集股東會時」始得行使其股東會召集權；監察人得為公司利益於必要時召集股東會[18]。監察人可單獨行使，毋庸徵得其他監察人之同意。

有關董事會不為召集或不能召集股東會者，可參考前述「少數股東」部分之說明。所謂「為公司利益」於「必要時」召集股東會，極為抽象，經濟部之函釋雖稱：「允屬具體個案，如有爭議，請循司法途徑解決」[19]。但因公司法第171條已規定，股東會以由董事會召集為原則，監察人如無堅強之理由，而貿然以為公司利益所必要而召集股東會，恐將僭越董事會之權項，構成股東會召集程序之瑕疵，衍生撤銷股東會決議訴訟之問題（公§189）。又監察人於無召集股東會之必要時召集股東會，與無召集權人召集股東會情形有別，僅係股東會之召集有無違反法令，股東得否依公司法第189條之規定，訴請法院撤銷其決議之問題，在該項決議為撤銷前，其決議仍為有效[20]。

依證券交易法第14條之4第1項前段之規定：「已依本法發行股票之公司，應擇一設置審計委員會或監察人。」而同條第3項規定：「公司設置審計委員會者，本法、公司法及其他法律對於監察人之規定，於審計委員會準用之。」但因同條第4項又規定，公司法第220條之規定，對審計委員會之獨立董事成員準用之。因此，已依法設置審計委員會之公開發行公司，除董事會不為召集或不能召集股東會外，個別之獨立董事亦得為公司利益，於必要時，召集股東會[21]。

（四）持股過半股東

公司法第173條之1規定：「（第1項）繼續三個月以上持有已發行股份總數過半數股份之股東，得自行召集股東臨時會。（第2項）前項股東持股期間及持股數之計算，以第一百六十五條第二項或第三項停止股票過戶時之持股為準。」本條一般俗稱「大同條款」，乃107年8月1日公司法修訂時所新增，其立法理由稱：「當股東持有公司已發行股份總數過半數股份時，其對公司之經營及股東會已有關鍵性之影響，倘其持股又達一定期間，賦予其有自行召集股東臨時會之權利，應屬合理，爰明定繼續三個月以上持有已發行

---

[17] 另依公司法第245條之規定，於法院選派檢查人之情形，法院對於檢查人之報告認為必要時，亦得命監察人召集股東會。

[18] 參見經濟部93年4月13日經商字第09302055200號函。

[19] 參見經濟部93年4月13日經商字第09302055200號函。

[20] 參見最高法院86年台上字第1579號民事判例、經濟部91年5月21日經商字第09102094570號函。

[21] 參見經濟部100年3月1日經商字第10000533380號函。

股份總數過半數股份之股東，可自行召集股東臨時會，毋庸先請求董事會召集或經主管機關許可。」

　　依主管機關之見解：1.依公司法第173條之1規定，股東自行召集具董事、監察人選舉議案之股東臨時會行為，保險業依保險法第146條之1第3項第5款規定，不得為之[22]；2.股東倘依股東臨時會停過日之股東名簿所載持股期間及持股數不符合第173條之1第1項所定條件〔註：諸如停止股票過戶時之持股（合計）未超過50%；至停過日為止，未繼續持股三個月以上〕，即無依該條規定取得股東臨時會召集權[23]；3.關於公司法第173條及第173條之1規定之股東會召集權，並無排除持有無表決權股東之適用，故持有無表決權之股東仍得行使股東會召集權，無表決權之股份數亦應計入已發行股份總數[24]；4.公司法第173條之1，不以董事會不為召集為前提，亦不因公司有經法院選任臨時管理人，而影響股東得依公司法第173條之1自行召集股東臨時會之權利[25]；5.清算中公司之股東仍得依公司法第173條之1規定自行召集股東臨時會另選或解任清算人（同法第322條第1項及第323條第1項規定參照）及選任監察人[26]；6.公開發行公司股東依公司法第173條規定獲得主管機關許可、依第173條之1規定自行召集股東臨時會，或監察人依公司法第220條規定召集股東會者，應委託股務代理機構辦理股務相關事宜[27]。

（五）其他召集權人

　　如公司重整人於重整完成時，應聲請法院為重整完成之裁定，並於裁定確定後，召集重整後之股東會選任董事、監察人（公§310Ⅰ）。清算人就任後，應即檢查公司財產情形，造具財務報表及財產目錄，送經監察人審查，提請股東會承認後，並即報法院（公§326Ⅰ）；清算完結時，清算人應於十五日內，造具清算期內收支表、損益表、連同各項簿冊，送經監察人審查，並提請股東會承認（公§331Ⅰ）等情形。

三、召集程序與召集通知

　　依公司法第172條之規定：「（第1項）股東常會之召集，應於二十日前通知各股東。（第2項）股東臨時會之召集，應於十日前通知各股東。（第3項）公開發行股票之公司股東常會之召集，應於三十日前通知各股東；股東臨時會之召集，應於十五日前通知各股東。」惟有關股東會之召集程序，除寄發召集通知外，應一併考慮停止過戶（公

22　參見金管會107年11月12日金管保財字第10704504271號令。

23　參見經濟部109年1月30日經商字第10800112160號函。

24　參見經濟部107年11月26日經商字第10702062910號函。

25　參見經濟部108年8月29日經商字第10802421950號函。

26　參見經濟部110年1月7日經商字第10902436080號函。

27　參見金管會107年11月16日金管證交字第1070340761號令。

§165）等規定。此外，也會因公司是「公開發行公司」或「非公開發行公司」，所召集者為「股東常會」或「股東臨時會」，而有不同之期間。而在期間之計算上，到底「當日」要不要算入，或應從「翌日」起算；是算到開會「當日」或「前一日」止，也非常困擾。如再考慮少數股東於股東常會之提案權（公§172-1）等問題，將使時程之規劃非常複雜，稍有不甚，即可能構成股東會召集程序違背法令，而致生股東訴請法院撤銷股東會決議之問題（公§189），不可不慎。

依公司法第165條之規定：「（第2項）前項股東名簿記載之變更，於股東常會開會前三十日內，股東臨時會開會前十五日內，……不得為之。（第3項）公開發行股票之公司辦理第一項股東名簿記載之變更，於股東常會開會前六十日內，股東臨時會開會前三十日內，不得為之。（第4項）前二項期間，自開會日或基準日起算。」可知依公司法第165條第4項之規定，在計算停止過戶期間時，應自股東會開會當日開始起算，例如6月20日召開股東常會，依公司法第165條第2項及第4項之規定，自開會日起算回溯三十日，亦即最後過戶日為5月21日（含），自5月22日起至6月20日間不得辦理過戶。

惟需注意的是，有關公司法第172條第1項、第2項所定期間之計算，因公司法對於如何計算期間之方法既未特別規定，故仍應適用民法第119條、第120條第2項不算入始日之規定，自通知之翌日起算至開會前一日，算足公司法所定期間。例如6月20日召開股東常會，依公司法第172條第1項規定應於二十日前通知各股東，則至遲5月30日即應通知各股東[28]。

此外，如係召開股東常會，依公司法第172條之1第1項之規定，持有已發行股份總數1%以上股份之股東，得向公司提出股東常會議案。而依同條第2項及第6項之規定：「公司應於股東常會召開前之停止股票過戶日前，公告受理股東之提案、書面或電子受理方式、受理處所及受理期間；其受理期間不得少於十日。」「公司應於股東會召集通知日前，將處理結果通知提案股東，並將合於本條規定之議案列於開會通知。對於未列入議案之股東提案，董事會應於股東會說明未列入之理由。」由此可知，1.公司應於股東常會之停止股票過戶日前，公告受理股東之提案；2.該提案之受理截止期間，應於股東會召集通知日前；3.受理期間不得少於十日（至於受理期間係在停止過戶之前或之後，法無規定，允屬公司之自治事項[29]）。附帶說明的是，有關股東議案之提出，公司法採到達主義，故股東之提案應於公司公告受理期間內送達公司公告之受理處所[30]。如「有股東提案」者，應召開董事會確認有無同條第3項所規定之不合法情事；如公司於所訂提案期間內並「無股東提案」時，因無案可審，則公司尚無召開董事會向董事說明此案之必要[31]。

---

[28] 參見最高法院84年1月17日84年度第一次民事庭會議決議、經濟部84年2月25日經商字第84202275號函。

[29] 參見經濟部97年3月31日經商字第09702032650號函。

[30] 參見經濟部95年4月7日經商字第09502043500號函。

[31] 參見經濟部103年5月21日經商字第10302044950號函。

　　另依公司法第177條之3之規定：「（第1項）公開發行股票之公司召開股東會，應編製股東會議事手冊，並應於股東會開會前，將議事手冊及其他會議相關資料公告。（第2項）前項公告之時間、方式、議事手冊應記載之主要事項及其他應遵行事項之辦法，由證券管理機關定之。」另依（公開發行公司）「○○股份有限公司股東會議事規則」參考範例（下稱「股東會議事規則」或「股東會規則」）第3條第2項之規定：「本公司應於股東常會開會三十日前或股東臨時會開會十五日前，將股東會開會通知書、委託書用紙、有關承認案、討論案、選任或解任董事、監察人事項等各項議案之案由及說明資料製作成電子檔案傳送至公開資訊觀測站。並於股東常會開會二十一日前或股東臨時會開會十五日前，將股東會議事手冊及會議補充資料，製作電子檔案傳送至公開資訊觀測站。股東會開會十五日前，備妥當次股東會議事手冊及會議補充資料，供股東隨時索閱，並陳列於本公司及本公司所委任之專業股務代理機構，且應於股東會現場發放。」

　　綜合上述說明，依公司為公開發行公司或非公開發行公司，及所召集者為股東常會或股東臨時會，有關停止過戶、股東會召集通知等之規劃，可概分如圖3-1～圖3-4。

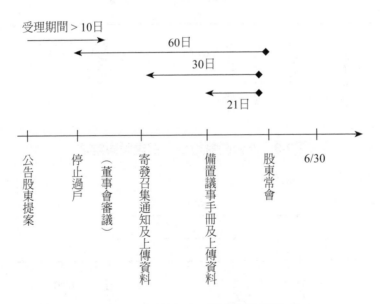

圖3-1　公開發行公司召集股東常會

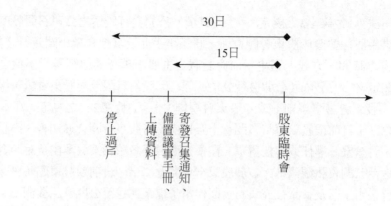

圖3-2　公開發行公司召集股東臨時會

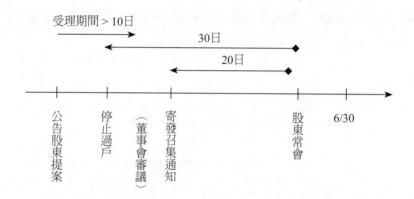

圖3-3　非公開發行公司召集股東常會

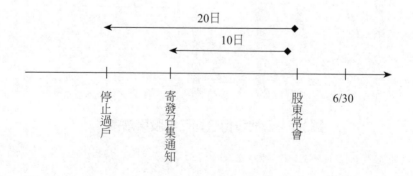

圖3-4　非公開發行公司召集股東臨時會

　　有關股東會之召集是採「發信主義」，而非「到達主義」，亦即以公司將召集之通知書交郵局寄出之日爲準，受通知人何時收到，並不影響股東會召集之效力[32]。通知對象，則係以股東會之停止過戶日股東名簿記載之股數爲準[33]。所謂「通知」，係指以「文書」之型態所爲之通知而言，此觀諸同條第3項「通知及公告應『載明』召集事由」之規定益明。是以股東會之召集通知以電話聯絡之方式爲之者，尚與上開之規定不合[34]。至於股東會議召集通知以書面作成，並以派人親送各股東簽收方式爲之，因公司法尚無明文，恐致生爭議，故應儘量避免[35]。董事會於召集股東會時，對特別股股東（無論有無表決權），仍應依公司法第172條規定寄發召集通知[36]。又公司法第172條第4項後段規定：「其通知經相對人同意者，得以電子方式爲之。」

　　依公司法第172條第4項前段之規定：「通知應載明召集事由」。而同條第5項規定：「選任或解任董事、監察人、變更章程、減資、申請停止公開發行、董事競業許可、盈餘轉增資、公積轉增資、公司解散、合併、分割或第一百八十五條第一項各款之事項，應在召集事由中列舉並說明其主要內容，不得以臨時動議提出；其主要內容得置於證券主管機關或公司指定之網站，並應將其網址載明於通知。」107年8月1日公司法修訂時，對於本項之修訂重點有三：1.將「減資、申請停止公開發行、董事競業許可、盈餘轉增資、公積轉增資」等事項，應在召集事由中列舉，不得以臨時動議提出；2.對於應列舉之事項，除說明其案由外，並應「說明其主要內容」；3.主要內容得置於證券主管機關或公司指定之網站，並應將其網址載明於通知。

　　公司法第172條第5項之修訂理由稱：「（一）鑒於公司減資涉及股東權益甚鉅；又授權資本制下，股份可分次發行，減資大多係減實收資本額，故通常不涉及變更章程，爰增列『減資』屬應於股東會召集通知列舉，而不得以臨時動議提出之事由，以保障股東權益；又公司申請停止公開發行，亦影響股東權益至鉅，一併增列。另董事競業許可、盈餘轉增資、公積轉增資亦屬公司經營重大事項，應防止取巧以臨時動議提出，以維護股東權益，爰一併納入規範。（二）由於本項之事由均屬重大事項，明定股東會召集通知除記載事由外，亦應說明其主要內容。所謂說明其主要內容，例如變更章程，不得僅在召集事由記載『變更章程』或『修正章程』等字，而應說明章程變更或修正之處，例如由票面金額股轉換爲無票面金額股等。另考量說明主要內容，可能資料甚多，爰明定主要內容得置於證券主管機關指定之網站（例如公開資訊觀測站）或公司指定之網站，並明定公司應將載有主要內容之網址載明於開會通知，以利股東依循網址進入網站查閱。[37]」

[32]　參見經濟部69年11月10日商字第38934號函。

[33]　參見經濟部93年9月13日經商字第09302145050號函。

[34]　參見經濟部86年10月20日商字第86032115號函。

[35]　參見經濟部93年6月4日經商字第09302084840號函。

[36]　參見經濟部91年10月31日經商字第09102249600號函。

[37]　參見107年8月1日公司法第172條之修正理由。

　　實則，在公司法修訂前，證券交易法第26條之1已規定：「已依本法發行有價證券之公司召集股東會時，關於公司法第二百零九條第一項（註：董事競業許可）、第二百四十條第一項（註：盈餘轉增資）及第二百四十一條第一項（註：公積轉增資）之決議事項，應在召集事由中列舉並說明其主要內容，不得以臨時動議提出。」因此，此次公司法修訂，對於應於召集事由中列舉，不得以臨時動議提出之事項，除將證券交易法第26條之1所規定「董事競業許可」、「盈餘轉增資」及「公積轉增資」等事項外，再增加「減資」及「申請停止公開發行」等二項。

　　此外，公司法第172條第5項原僅規定：「應在召集事由中列舉，不得以臨時動議提出」而已，並未規定應「說明其主要內容」，而證券交易法第26條之1則規定對於董事競業許可、盈餘轉增資及公積轉增資等事項，應一併說明其主要內容。影響所及，將造成公開發行公司或非公開發行公司以召集事由為何（是否屬證券交易法第26條之1所定之事項），作為應否說明主要內容之標準，不僅缺乏正當理由，且致生實務上之困擾。

　　以修訂章程為例，似僅需在召集事由記載「變更章程」或「修正章程」即可，對於擬修訂章程的哪些條文，則無須逐一列舉或說明，導致股東無法事先知道擬修訂章程之內容，而事先準備及參與討論，甚至對股東造成突襲，因此，此次公司法修訂，對於應在召集事由中列舉而不得以臨時動議提出之事項，亦應一併說明其主要內容，以保障股東「知」的權利。又依公司法第172條第5項之規定，變更章程應在召集事由中列舉，不得以臨時動議提出，惟公司股東會開會通知書之召集事由如已載明修改章程，則股東就該修正章程案，得以提議增修章程條項內容[38]。

　　又「選任或解任董事、監察人」不得以臨時動議提出，係屬重大事項，應在股東常會或臨時股東會之召集事由中列舉，不得以臨時動議提出，旨在保障股東權益，至於董事監察人在任期中因故出缺，就其缺額予以「補選」，其與改選之性質相同，仍有上述規定之適用[39]。至於股東於股東常會中「建議」另行擇期召開股東臨時會改選董事、監察人，尚不違反前開規定（即得以臨時動議提出），惟公司如依其建議召開股東臨時會，其召集程序仍應受公司法第172條第5項之規範[40]。又，依第199條之1第1項之規定，股東會於董事任期未屆滿前，經決議改選全體董事者，如「未決議董事於任期屆滿始為解任」，視為提前解任；惟如股東會決議全面改選董事，並「決議董事於任期屆滿始為解任」，則與前開公司法規定無違，倘股東會召集事由已載明全面改選董事、監察人，並「載明就任日期」，該次股東會改選完成後，同次會議不得再以臨時動議或其他方式變更其就任日期[41]。此外，對於公開發行公司，如其章程所定董監事人數非固定數額時，應使股東於股東會選任董監事前即知悉擬選舉之人數所為之說明，因此對於擬選任董事之人數，應在召

38　參見經濟部99年5月27日經商字第09902061930號函。

39　參見經濟部61年6月30日商字第17897號函。

40　參見經濟部83年6月6日商字第210083號函。

41　參見經濟部107年8月6日經商字第10702417500號函。

集事由中說明其主要內容，不得以臨時動議提出，以利股東選舉權之規劃行使[42]。

此外，依公司法第177條之1第1項之規定：「公司召開股東會時，採行書面或電子方式行使表決權者，其行使方法應載明於股東會召集通知。」因此，如採用書面投票或電子投票者，亦應於股東會召集通知中載明。

又所謂臨時動議是開會時臨時提出之議案，股東會議程進行中，股東自得依法為臨時動議之提案，此允屬股東之固有權，尚不得於公司章程或公司自訂之股東會議事規則中加以限制（包括附議之限制）[43]。依公司法第177條之1第2項後段之規定，股東會如採書面投票或電子投票者，以書面或電子方式行使表決權之股東，就該次股東會之臨時動議及原議案之修正，視為棄權。

此外，股東會議事規則第3條第4項之規定：「選任或解任董事、監察人、變更章程、減資、申請停止公開發行、董事競業許可、盈餘轉增資、公積轉增資、公司解散、合併、分割或公司法第一百八十五第一項各款之事項、證券交易法第二十六條之一、第四十三條之六、發行人募集與發行有價證券處理準則第五十六條之一及第六十條之二之事項，應在召集事由中列舉並說明其主要內容，不得以臨時動議提出。」亦即公開發行公司除公司法第172第5項所列之事由外，如進行有價證券之私募、以低於市價發行員工認股權憑證，或發行限制員工權利新股時，亦應在召集事由中列舉，不得以臨時動議提出。

第二節　股東提案權與股東會議案

一、股東提案權

依公司法第171條之規定，股東會原則上是由董事會召集，故有關股東會之議案內容，原則上也是由董事會決定；如由其他召集權人召集者，股東會議案則由該召集權人決定。此外，如係由董事會所召集之股東常會，則依公司法第172條之1第1項之規定：「持有已發行股份總數百分之一以上股份之股東，得向公司提出股東常會議案。」

公司法第172條之1之規定是於94年6月22日修正時所增訂，其立法理由稱：「鑒於現代公司法架構下，公司之經營權及決策權多賦予董事會，本法已明文規定，公司業務之執行，除本法或章程規定應由股東會決議者外，均應由董事會決議行之。若股東無提案權，則許多不得以臨時動議提出之議案，除非由董事會於開會通知列入，否則股東難有置喙之餘地，為使股東得積極參與公司之經營，爰賦予股東提案權。」

依107年8月1日修訂後第172條之1之規定：「（第1項）持有已發行股份總數百分之

---

[42] 參見經濟部107年11月26日經商字第10700093610號函。

[43] 參見經濟部92年8月19日經商字第09202170620號函。

一以上股份之股東，得向公司提出股東常會議案。但以一項爲限，提案超過一項者，均不列入議案。（第2項）公司應於股東常會召開前之停止股票過戶日前，公告受理股東之提案、書面或電子受理方式、受理處所及受理期間；其受理期間不得少於十日。（第3項）股東所提議案以三百字爲限……。（第4項）除有下列情事之一者外，股東所提議案，董事會應列爲議案：一、該議案非股東會所得決議。二、提案股東於公司依第一百六十五條第二項或第三項停止股票過戶時，持股未達百分之一。三、該議案於公告受理期間外提出。四、該議案超過三百字或有第一項但書提案超過一項之情事。（第5項）第一項股東提案係爲敦促公司增進公共利益或善盡社會責任之建議，董事會仍得列入議案。」

所謂「持有已發行股份總數百分之一以上股份之股東」，不以單一股東爲限，如數股東持有股份總數之和達1%以上者，亦包括在內[44]。於計算「已發行股份總數百分之一」時，因屬提案權或提名權，不涉及股東會之議決，故無需扣除公司法第179條第2項各款無表決權之股份數[45]。股東之持股證明得以：1.股務單位開立；2.自行提示證券存摺；或3.集保公司所產製的餘額資料證明，其中任一項均可[46]。此項股東提案權，係股東之固有權，不分普通股或特別股均有上開權利[47]。公司如違反公司法第172條之1第2項規定，未公告受理提案、（書面或電子受理方式、）受理處所及受理期間，並不影響股東提案權之行使，股東仍得於公司寄發股東會開會通知前向公司提出議案[48]。

公司法第172條之1第1項既明定「股東『常』會議案」，自僅限於公司（董事會）召開股東常會時，股東始有依上開條文於公司規定之受理期間提出議案之權利[49]。法人股東一人所組織之股份有限公司，依第128條之1第1項之規定，因不適用公司法有關股東會之規定，自無公告受理股東常會議案之問題[50]。又依公司法第172條之1第2項之規定：「公司應於股東常會召開前之停止股票過戶日前，公告受理股東之提案、書面或電子受理方式、受理處所及受理期間；其受理期間不得少於十日。」107年8月1日之修正時，增列「書面或電子受理方式」等文字，「可由公司斟酌其設備之是否備妥而決定是否採行，採何種受理方式，應於公告中載明，以利股東使用。」而條文既明定公司應在股東常會召開前之停止股票過戶日前，公告受理股東提案，自應由董事會決議股東常會開會日期及受理股東之提案、（書面或電子受理方式、）受理處所及受理期間[51]。至於受理期間係在停止過戶之前或之後，法無規定，允屬公司之自治事項[52]。對於股東之提案，公司法採到達主

[44]　參見經濟部97年5月15日經商字第09702060280號函。

[45]　參見經濟部95年2月8日經商字第09502402920號函。

[46]　參見經濟部107年4月27日經商字第10700027290號函。

[47]　參見經濟部97年5月9日經商字第09702410410號函。

[48]　參見經濟部97年3月31日經商字第09702032650號函。

[49]　參見經濟部95年4月13日經商字第09500537340號函。

[50]　參見經濟部95年4月28日經商字第09502057920號函。

[51]　參見經濟部95年3月2日經商字第09502405020號函。

[52]　參見經濟部97年3月31日經商字第09702032650號函。

義，故股東之提案應於公司公告受理期間內送達公司公告之受理處所[53]。如股東提案逾越公司所定之受理提案期間，公司將被迫再召開董事會審查顯不合法之提案，在實務操作上甚為不便，因此，依主管機關之見解，公司在公告受理股東之提案等相關事項之董事會決議中，可附帶決議：「本次董事會審查股東提案後，如有股東逾越公司公告之受理提案期間提出者，即不列入股東會之議案，毋庸再送董事會審查。[54]」

股東向公司提出之議案，應以一項為限，且所提議案以三百字為限。所謂三百字，應包括案由、相關說明及標點符號[55]。超過三百字者，該提案不予列入議案。符合上開規定之提案，其內容如有涉及人身攻擊或不雅之字句時（如解任董事之提案），公司可否在不違反其原意情形下，酌予修正提案內容之字句後列入議案一節，公司法尚無明文規定，具體個案應由公司自行斟酌處理[56]。股東所提案之議案是否為一案，應以該構成要件事實是否相同者予以判斷，例如持有已發行股份總數1%以上股份之股東，以書面向公司提出追究三位董事之法律責任之議案，究為一項議案或多項議案乙節，如基於其議案之「構成要件事實相同」者，為一項議案。至對象多少，表決次數為何，尚不過問；如係對於參與董事會某一議案之討論及決議之多數董事提出時，亦同[57]。又如有數股東持有股份總數之和達1%以上者，而該聯合提案數股東中，如有同一人重複出現在不同提案，即屬提案超過一項，依上開規定，均不列入議案[58]。

依公司法第172條之1第4項之規定：「除有下列情事之一者外，股東所提議案，董事會應列為議案：一、該議案非股東會所得決議。二、提案股東於公司依第一百六十五條第二項或第三項停止股票過戶時，持股未達百分之一。三、該議案於公告受理期間外提出。四、該議案超過三百字或有第一項但書提案超過一項之情事。」如公司於所訂提案期間內並無股東提案時，因無案可審，則公司尚無召開董事會向董事說明此案之必要[59]。提案期間內如有股東提案者，因法條既明定董事會審查，自專屬董事會職權，故不得授權常務董事會為之[60]。又董事會於審查股東提案時，董事對於會議之事項，有自身利害關係致有害於公司利益之虞時，不得加入表決（公司法第206條第4項準用第178條）。個案上，董事審查議案時，可否加入表決，應視其對於該表決事項有無自身利害關係致有害於公司利益之虞而定。如有之，即不得加入表決；反之，可行使表決權[61]。

---

[53]　參見經濟部95年4月7日經商字第09502043500號函。

[54]　參見經濟部95年6月1日經商字第09502414330號函。

[55]　參見經濟部95年4月13日經商字第09500537340號函。

[56]　參見經濟部95年2月9日經商字第09502402930號函。

[57]　參見經濟部95年6月1日經商字第0950202414310號函。

[58]　參見經濟部99年6月15日經商字第09902071480號函。

[59]　參見經濟部103年5月21日經商字第10302044950號函。

[60]　參見經濟部95年1月11日經商字第09402204660號函。

[61]　參見經濟部97年5月20日經商字第09702055180號函。

依107年8月1日之修訂理由稱：「現行第四項立法原意係認爲若不存在該項各款所列事由時，董事會即『應』將股東提案列爲議案，僅存在該項各款所列事由時，董事會始『得』將股東提案不列爲議案。」可知董事會對於股東之提案僅能審查形式要件是否符合，如持股是否未達1%、是否於公告受理期間外提出、該議案是否超過三百字或提案超過一項之情事而已，若不存在該項各款所列事由時，董事會即「應」將股東提案列爲股東會議案，並無裁量之空間。除非其爲同條第5項所稱，係爲敦促公司增進公共利益或善盡社會責任之建議，則董事會仍得列入議案。

公司法第172條之1第6項之規定，公司應於股東會召集通知日前，將處理結果通知提案股東。審查之結果，如無同條第4項所定情事之一者，公司應將該議案列於開會通知。至於應如何列入議案中及列入議案之排列順序等事項，因公司法並無明文規定，允爲公司內部自治事項，由公司自行決定[62]。又，審查之結果，如有公司法第172條之1第4項所定情事之一者，董事會始「得」不列爲議案，惟應將處理結果通知提案股東，且應於股東會上說明未列入之理由。

實務上常見之股東提案爲全面改選董監事或解任特定董監事，蓋依公司法第172條第5項之規定，選任或解任董事、監察人之議案，應在召集事由中列舉並說明其主要內容，不得以臨時動議提出，因此，少數股東須利用公司法第172條之1所定之股東提案權，將選任或解任董事、監察人之議案列入股東會召集通知之中。股東如提案解任董監者，因係就任期中之董監事，予以解除其職務而言，故應以提案時在任期中之董監事爲對象始可[63]。如有數股東提出全面改選董監事之討論議案及附條件董監事選舉案即：「如全面改選董監事議案經股東常會通過，即於當次股東常會進行董監事全面改選事宜」者，因改選董監事討論議案，係屬股東會所得決議之議案，如無其他不符合股東提案規定之情形，公司應將該議案列於開會通知，由股東常會決議是否通過該議案。該議案如經股東常會通過，因條件已成就，公司應於當次股東常會進行董監事全面改選事宜[64]。惟需注意的是，如公司章程已明定對於董監事選舉，採候選人提名制度者，因不可能於當次股東常會進行董監事改選事宜，故對於股東所提全面改選董監事議案，於股東常會決議通過後，須再召開一次股東會辦理後續董監事選舉事宜[65]。

依公司法第172條之1第7項之規定，公司負責人違反同條第2項（未公告受理股東提案等）、第4項（對股東所提議案依法應予列爲議案，而卻未列入）或第6項（未將處理結果通知提案股東，或未說明未列入之理由）規定者，各處新臺幣1萬元以上5萬元以下罰鍰。公開發行股票之公司，因「股權分散，保護其少數股東更有政策上之需要，爰提高公開發行股票公司之罰鍰額度，以收嚇阻成效。」故由證券主管機關各處公司負責人新臺

62　參見經濟部96年8月7日經商字第09602097570號函。

63　參見經濟部96年8月7日經商字第09602097560號函。

64　參見經濟部99年5月14日經商字第09902056860號函。

65　同前註。

幣24萬元以上240萬元以下罰鍰。

二、股東會議案

依公司法第182條之1第2項前段之規定，公司應訂定（股東會）議事規則。一般而言，股東會是由董事會召集，故有關股東會之議案原則上也是由董事會決定（如由其他召集權人所召集者，則由其決定）。一般而言，股東常會之議案，通常分為：1.報告事項；2.承認事項；3.討論事項；4.選舉事項（視情況而定）；5.臨時動議等。

（一）報告事項

依公司法之規定，應向股東會報告之事項主要如下：1.營業報告（公§228Ⅰ）；2.監察人查核報告或審計委員會查核報告（公§228Ⅰ；證§14-4Ⅲ）；3.分派員工酬勞之報告（公§235-1Ⅲ）；4.股東提案未列入之理由報告（公§172-1Ⅵ）；5.虧損達實收資本額二分之一以上之報告（公§211Ⅰ）；6.合併後之報告（公§318；企併§26）；7.募集公司債之原因及有關事項報告（公§246Ⅰ）。

如屬公開發行公司，章程授權以董事會特別決議，以現金分派股息及紅利者，應報告股東會（公§240Ⅴ），另依證券交易法之規定，尚包括：1.私募之資金運用情形、計畫執行進度及計畫效益顯現情形等報告（私募§5）；2.庫藏股之董事會決議及執行情形報告（證§28-2Ⅶ）；3.修訂董事會議事規範；4.修訂「上市上櫃公司訂定道德行為準則」等。

（二）承認事項

依公司法第228條第1項、第184條第1項、第230條第1項前段、第231條前段等規定：「每會計年度終了，董事會應編造左列表冊，於股東常會開會三十日前交監察人查核：一、營業報告書。二、財務報表。三、盈餘分派或虧損撥補之議案」「股東會得查核董事會造具之表冊、監察人之報告，並決議盈餘分派或虧損撥補。」「董事會應將其所造具之各項表冊，提出於股東常會請求承認」「各項表冊經股東會決議承認後，視為公司已解除董事及監察人之責任。」因此，每年股東常會之議案，會固定列：1.財務報表之承認（公§228）；2.盈餘分派或虧損撥補之議案（公§228）。

（三）討論事項及選舉事項

依公司法第202條之規定：「公司業務之執行，除本法或章程規定應由股東會決議之事項外，均應由董事會決議行之。」可知有關公司業務執行之決定權，除公司法、相關法律或章程規定應由股東會決議者外，否則均由董事會決議行之。

依公司法等法律所列舉應由股東會決議之事項，包括選任或解任董事、監察人、變更

公司章程、減資、申請停止公開發行、董事競業許可、盈餘轉增資、公積轉增資、公司合併、解散、分割或公司法第185條第1項各款之事項（參見公§172應於召集通知列舉之事項）、公開發行公司解除轉投資總額之限制（公§13Ⅱ）、董事之報酬（公§196）、股東會決議對於董事或監察人提起訴訟（公§212、§225）、公司發行限制員工權利新股（公§267Ⅸ）、私募有價證券（證§43-6Ⅰ）等。

（四）臨時動議

所謂臨時動議是開會時臨時提出之議案，股東會議程進行中，股東自得依法為臨時動議之提案，此允屬股東之固有權，尚不得於公司章程或公司自訂之股東會議事規則中加以限制（包括附議之限制）[66]。除公司法第172條第5項所定之事項外，股東得於股東會上以臨時動議提出議案。

第三節　表決權之代理

一、概說

依公司法第177條第1項之規定：「股東得於每次股東會，出具委託書，載明授權範圍，委託代理人，出席股東會。但公開發行股票之公司，證券主管機關另有規定者，從其規定。」其立法原意，在於使股東以便捷方式行使表決權，而一般股東可能因持股不高，通常並無意願親自出席股東會，尤其是公開發行公司，因股權分散，股東持股不高，且通常對於公司業務較不關心，若要求股東親自出席股東會行使其表決權，似強人所難；再加上股東會之決議，有最低出席定額之限制，需滿足該定額之要求（並且經一定比例表決權之同意），股東會決議才能成立。因此，在股東出席率每下愈況之情形下，承認表決權形式代理（委託書）之制度，應有必要。但也因少數股東無意親自出席股東會，法律上又承認委託書制度，使得公司經營者得藉由取得委託書之方式（甚至是以收買方式）行使表決權，藉此掌控／壟斷公司之經營，而致生許多流弊[67]，此在公開發行公司之情形，更加嚴重，故對於委託書之運作，確有加以管理及規範之必要。

依證券交易法第25條之1之規定：「公開發行股票公司出席股東會使用委託書，應予限制、取締或管理；其徵求人、受託代理人與代為處理徵求事務者之資格條件、委託書之格式、取得、徵求與受託方式、代理之股數、統計驗證、使用委託書代理表決權不予計算之情事、應申報與備置之文件、資料提供及其他應遵行事項之規則，由主管機關定之。」

---

[66] 參見經濟部92年8月19日經商字第09202170620號函。

[67] 參見柯芳枝，公司法論（上），第232頁。

證券主管機關並據此授權制定「公開發行公司出席股東會使用委託書規則」（下稱「委託書規則」或「委規」），以作爲公開發行公司使用委託書出席股東會之相關規範。

二、授權人及代理人

　　一般而言，公司之股東可略分爲自然人股東及法人股東。公司法第177條第1項規定，股東得委託代理人出席股東會，就立法原意而言，似僅指自然人股東而言，有關法人出席股東會之方式，依公司法第181條第1項之規定：「政府或法人爲股東時，其代表人不限於一人。但其表決權之行使，仍以其所持有之股份綜合計算。」因此，法人爲股東時，應指派代表人出席股東會行使股權，縱使全部代表人均因故不能出席，亦可由法人股東隨時改派其他代表人出席，惟因條文上並無明文限制，法人股東委託代理人出席股東會，亦非法所不許[68]。

　　至於代理人之部分，其資格並不限於公司之股東（註：相較於董事會，依公司法第205條第1項之規定，僅能委託其他董事代理），因此，如公司章程規定「但代理人必須是本公司股東」，顯有不合[69]。再者，代理人之資格，並無限制規定。是以，「自然人股東」委託法人爲代理人出席股東會，於法尚無不合，但自然人股東委託法人爲代理人出席股東會，法人自以指派自然人一人爲限[70]；而「法人股東」委託法人爲代理人出席股東會，受委託之法人自以指派自然人一人出席爲限[71]（註：相較於法人股東自己出席股東會，依公司法第181條之規定，其代表人並不限於一人）。

　　依公司法第177條第2項之規定：「除信託事業或經證券主管機關核准之股務代理機構外，一人同時受二人以上股東委託時，其代理之表決權不得超過已發行股份總數表決權之百分之三，超過時其超過之表決權，不予計算。」此爲強制規定，其立法目的旨在防止少數股東收買委託書以操縱股東會之流弊，章程亦不得爲相反之規定[72]。而其所限制者，爲一人同時受二人以上股東委託時，其代理之表決權不得超過已發行股份總數表決權之3%，因此，如一人僅受一股東之委託時，其代理之表決權自不受不得超過3%之限制[73]。同理，如一人同時受二人以上股東委託，而其代理之表決權合計未超過3%，亦當無不可，且無代理表決權之限制。

　　所謂「其代理之表決權不得超過已發行股份總數表決權之百分之三」者，是指實際得行使表決權之股份，故公司法第179條第1項「限制其表決權部分之股份」及第2項「公司

---

[68]　參見司法行政部68年4月16日台函參字第03629號函。

[69]　參見經濟部72年3月30日商字第11957號函。

[70]　參見經濟部85年5月16日商字第85208705號函。

[71]　參見經濟部85年12月17日商字第85223526號函。

[72]　參見臺灣高等法院花蓮分院七十六春季法律座談會。

[73]　參見經濟部55年12月21日商字第2922號函。

依法自己持有股份」依法既無表決權，自不包括在總表決權數之內，而應予扣除；但如屬提存於法院之股份或尚未領取之配發增資股，屬已發行股份總數之一部分，且是項股份所有人得隨時領取出席股東會，故在舉行股東會計算出席股數及表決權時不應由「已發行股份總數」中予以減除[74]。再者，如一人同時受二人以上股東委託，而其受託代理表決權數超過3%者，僅是超過之「表決權」不予計算而已，因此，其所代理之全部股份數（包括超過3%之部分）仍應計入已出席股份總數[75]；只有在行使表決權時，其超過3%部分之表決權不予計算（即只算3%而已）。又，依公司法第198條第2項及第227條之規定，股東選舉董事及監察人之選舉權，僅排除同法第178條之規定，並未明文排除同法第177條第2項之適用，從而股份有限公司股東選舉董事及監察人，仍應受公司法第177條第2項關於代理表決權之限制[76]。

綜上所述，如屬自然人股東，而無法親自出席股東會時，只能透過代理出席之方式（需出具委託書）。在適用時，1.代理人得為自然人或法人（且不限於股東），如委託法人代理出席者，受委託之法人應再指派自然人一人出席股東會；2.代理人本身之持股不併入計算；3.如僅代理「一人」時（縱所代理者超過3%），亦無該條項之適用；4.雖代理二人（含）以上，但所代理之股份合計未超過3%，則無不可；5.除信託事業或股務代理機構外，如一人同時受二人以上股東委託時，所代理之股份合計超過3%者，不予計算（表決權）；6.如屬法人股東者，在出席股東會時，可用指派代表人（填具指派書）或代理（出具委託書）二種方式為之。如以指派之方式為之者，其所指派之代表人之資格並無限制，且其代表人不限於一人（公§181Ⅰ）；如以代理之方式為之者，則有公司法第177條第2項之適用，其餘同上開之說明。

三、委託書及授權範圍

依公司法第177條第1項前段及第3項前段之規定，股東得於每次股東會，出具委託書，載明授權範圍，委託代理人，出席股東會。一股東以出具一委託書，並以委託一人為限，應於股東會開會五日前送達公司。該條文原規定應出具由「公司印發」之委託書，惟107年8月1日公司法修訂時，考量司法實務已以判決肯認非公開發行股票公司之股東得自行書寫委託書，委託他人代理出席，並不限於公司所印發之委託書，故修正第1項刪除「公司印發之」之文字。至於公開發行公司，因委託書規則第2條第2項仍規定：「公開發行公司出席股東會使用委託書之用紙，以公司印發者為限。」故應以公司印發者為限。

依公司法第177條第1項之規定，委託書應「載明授權範圍」，其目的是為尊重股東

---

[74] 參見經濟部56年1月26日商字第02007號函。

[75] 參見經濟部92年4月11日商字第09200059580號函、經濟部101年6月28日經商字第10102276300號函。

[76] 參見經濟部75年8月20日商字第36747號函。

之意思而保障其權益，故股東得針對議案逐項委託（即「限制委託」），但如未特別記明委託事項，主管機關認為則對於授權範圍未加限制，除法令另有規定外，該受委託人於當次股東會，似得就委託之股東依法得行使表決權之一切事項代理行使表決權[77]（即「全權委託」）。

　　公司法第177條第3項規定，委託書應於股東會開會五日前送達公司，其立法目的為便利公司之作業。因此，股東於開會當日報到時始提出委託書於公司，公司如拒絕受理，於法尚非無據[78]。惟如公司仍接受該委託書並予受理，亦應無不可[79]。

四、代理權之撤回及限制

　　按表決權代理行使之制度，係為股東之利益而設，因此，股東得授權他人行使表決權，亦得撤回其授權，由自己親自行使或另外委託他人代理行使。依第177條第3項後段及第4項之規定，「委託書有重複時，以最先送達者為準。但聲明撤銷前委託者，不在此限。」「委託書送達公司後，股東欲親自出席股東會或欲以書面或電子方式行使表決權者，應於股東會開會二日前，以書面向公司為撤銷委託之通知；逾期撤銷者，以委託代理人出席行使之表決權為準。」其94年6月22日之修訂理由為：「實務上，有股東已交付委託書委託代理人出席股東會，於股東會召開當日，受託人已報到並將出席證及選票取走後，股東方親自出席股東會要求當場撤銷委託，造成股務作業之困擾與爭議，亦使得委託書徵求人徵得股數具有不確定性，為避免股務作業之不便與爭議，股東之委託書送達公司後，欲親自出席股會時，至遲應於股東會開會前一日（註：已改為二日）撤銷委託，不得於股東會召開當日撤銷委託，其逾期撤銷委託者，以委託代理人出席行使之表決權為準。[80]」

　　依上開規定，委託書送達公司後，1.股東如欲親自出席股東會，或擬改以書面或電子方式行使表決權者，應於股東會開會二日前，以書面向公司為撤銷委託之通知，否則仍以委託代理人出席行使之表決權為準（即以委託書為準）；2.股東如欲另外委託他人代理行使者，應於股東會開會二日前，以書面向公司為撤銷委託之通知，否則仍以最先送達之委

---

[77]　參見經濟部71年12月20日商字第47593號函。

[78]　參見經濟部82年6月22日商字第214389號函。

[79]　最高法院106年度台上字第1203號民事判決：「公司法第一百七十七條第三項所定委託書應於股東會開會五日前送達公司，揆其立法目的非僅便利公司之作業，實含有糾正過去公司召集股東會所生收買委託書之弊，防止大股東操縱股東會之意旨。……該規定雖非強制規定，惟如謂僅屬訓示規定，於股東未於股東會開會五日前送達委託書，公司亦不得拒絕其代理人出席股東會，該規定豈非成為具文，自不符合立法本旨。則除公司已同意排除適用上開規定，或於股東逾規定期間送達委託書而未拒絕者外，股東自仍應遵守該期間送達委託書於公司，否則公司拒絕其委託之代理人出席，自屬於法有據。」

[80]　參見94年6月22日公司法第177條之修正理由。

託通知爲準。

五、委託書規則之規定

依公司法第177條第1項但書及證券交易法第25條之1之規定，公開發行公司股東出席股東會使用委託書之相關事項，應依委託書規則辦理。

（一）徵求及非屬徵求

依委託書規則之規定，公開發行公司出席股東會所使用之委託書，應以公司印發者爲限，其格式內容應包括填表須知、股東委託行使事項，以及股東、徵求人、受託代理人基本資料等項目（委規§2）。委託書規則對於取得之方式，區分爲「徵求」與「非屬徵求」二種。所稱徵求，「指以公告、廣告、牌示、廣播、電傳視訊、信函、電話、發表會、說明會、拜訪、詢問等方式取得委託書藉以出席股東會之行爲。」所稱非屬徵求，「指非以前項之方式而係受股東之主動委託取得委託書，代理出席股東會之行爲。」[81]

（二）徵求人資格

依公司法函釋之規定，受託出席股東會之代理人，其資格並不限於公司之股東。委託書規則亦未做此限制，但要求徵求人需持有相當數量之股份。徵求人可以是股東自任徵求人（委規§5），或委託信託事業或股務代理機構（下稱「股代」）擔任徵求人（委規§6）。如股東自任徵求人者，前者門檻較低，其代理股數不得超過公司股份總數之3%（委規§20）；如委託信託事業或股務代理機構者，其代理股數則不受限制（委規§6I）。有關徵求人之資格條件，依自任／委託徵求；公司是否爲金控公司、銀行、保險公司或爲其他一般公司；以及有無選舉議案等，而有不同之要求，茲整理如表3-1。

表3-1　委託書徵求人之資格及表決權之限制

自任／委託	股東自任徵求人		委託信託事業或股代擔任徵求人	
公司類型	一般公司	金融機構	一般公司	金融機構

---

[81] 委託書規則明定徵求行爲係以「取得委託書」爲目的，因此，如勸誘股東不出席股東會，或不給予他人或特定人委託書，或希望股東撤銷委託書之行爲，均非「徵求」；如非爲取得委託書而刊登廣告或寄發信函予股東，藉以影響股東之投票行爲者，亦非徵求，均不受委託書規則之規範。參見賴英照，證券交易法解析簡明版，2017年9月三版，第125頁。

表3-1　委託書徵求人之資格及表決權之限制（續）

資格條件	無選舉議案：應持有5萬股以上。有選舉議案：應繼續六個月以上，持有80萬股或千分之二以上且不低於10萬股。	無選舉議案：應持有5萬股以上。有選舉議案：應繼續一年以上，且持股千分之五以上。	持有股10%以上；或持有股8%以上，且於選舉董監議案，其所擬支持之被選舉人之一符合獨立董事資格。	股東及其關係人持股10%以上，且符合金控法、銀行法、保險法所定大股東適格性規定，或不適用上述法規相關申請程序者。
表決權限制	受代理表決權數3%之限制（一般徵求）		不受代理表決權數3%之限制（無限徵求）	

　　因徵求人本身需持有相當數量之股票，依公司法第167條之規定，公司原則上不得持有自己發行之股票，故公司本身不能為委託書之徵求人或委託信託事業或股代擔任徵求人，只能在該次股東會無選舉董監事議案時，為股東之方便，委任股務代理機構擔任股東之受託代理人（委規§14），對於選舉董監事議案以外之重大議案，如合併、概括承受等，委任股務代理機構得擔任公司股東之受託代理人，以爭取小股東之支持。此時，股務代理機構所代理之股數，並無限制[82]。

　　股東依委託書規則徵求委託書時，尚不能依公司第210條第2項規定，請求查閱或抄錄股東名簿[83]。

（三）徵求程序及資訊公開

　　徵求人應於股東常會開會三十八日前或股東臨時會開會二十三日前，檢附出席股東會委託書徵求資料表、持股證明文件、代為處理徵求事務者資格報經主管機關備查之文件、擬刊登之書面及廣告內容定稿送達公司及副知證基會之後，始得為徵求行為（委規§7 I 前段、VI）。

　　徵求委託書之書面及廣告，應載明對於當次股東會各項議案，逐項為贊成與否之明確表示；與決議案有自身利害關係時並應加以說明。對於當次股東會各項議案持有相反意見時，應對該公司有關資料記載內容，提出反對之理由。關於董事或監察人選任議案之記載事項，包括說明徵求委託書之目的、擬支持之被選舉人人選、與擬支持之被選舉人相互間是否有利用他人名義持有股票之情形、委任股東其自有持股是否支持徵求委託書書面及廣告內容記載之被選舉人等。徵求人姓名、股東戶號、持有該公司股份之種類與數量、設置及以信用交易融資買進情形、徵求場所、電話及委託書交付方式。委託代為處理徵求事務者之名稱、地址、電話等（委規§8 I）。徵求人或受其委託代為處理徵求事務者不

---

[82]　參見賴英照，證券交易法解析簡明版，第125至126頁。

[83]　參見經濟部93年12月29日經商字第09302406700號函。

得於徵求場所外徵求委託書，且應於徵求場所將前項書面及廣告內容為明確之揭示（委規§8Ⅱ）。

公司應於股東常會開會三十日前或股東臨時會開會十五日前，製作徵求人徵求資料彙總表冊，以電子檔案傳送至證基會予以揭露或連續於日報公告二日。股東會如有選舉董事或監察人議案者，並應彙總徵求人名單與徵求委託書之書面及廣告中擬支持董事被選舉人之經營理念內容，於寄發或以電子文件傳送股東會召集通知時，同時附送股東（委規§7Ⅰ後段、Ⅱ、Ⅲ）。

徵求人應編製徵得之委託書明細表，於股東會開會五日前，送達公司或其股務代理機構（委規§12前段）。於公司召開股東會前，公司應自行或委託股代為委託書之統計驗證，並於應於股東會開會當日，將徵求人徵得之股數彙總編造統計表，以電子檔案傳送至證基會，並於股東會開會場所為明確之揭示（委規§13-1、§12後段）。

（四）非屬徵求

非屬徵求是指徵求以外，而係受股東之主動委託取得委託書，代理出席股東會之行為。非屬徵求委託書之代理人可分為一般受託代理人及受公司委任之股務代理機構二種。如屬一般受託代理人，所受委託之人數不得超過三十人。其受三人以上股東委託者，應於股東會開會五日前檢附委託書明細表及聲明書，載明其委託書並非徵求而取得，送達公司或其股務代理機構（委規§13Ⅰ、Ⅱ）。受三人以上股東委託之受託代理人須為股東，其代理之股數不得超過其本身持有股數之四倍，且不得超過公司已發行股份總數之3%（委規§21）。

該次股東會如無選舉董監事之議案者，公司得載明委任事項，委任股務代理機構擔任公司股東之受託代理人，其所代理之股數，不受已發行股份總數3%之限制（委規§14Ⅰ、Ⅱ）。股務代理機構應維持公正超然立場，且不得接受股東全權委託；並應於股東會開會完畢五日內，將受託代理出席股東會彙整報告備置於股務代理機構（委規§14Ⅲ、Ⅳ）。

（五）股東會紀念品

依委託書規則第11條之規定：「（第1項）出席股東會委託書之取得……，限制如下：一、不得以給付金錢或其他利益為條件。但代為發放股東會紀念品或徵求人支付予代為處理徵求事務者之合理費用，不在此限……。（第2項）各公開發行公司每屆股東會如有紀念品，以一種為限，其數量如有不足時，得以價值相當者替代之。（第3項）徵求人或受託代理人依第十二條及第十三條規定，檢附明細表送達公司或繳交一定保證金予公司後，得向公司請求交付股東會紀念品，再由其轉交委託人，公司不得拒絕。（第4項）前項股東會紀念品交付予徵求人、保證金金額及收取方式之訂定，公司應以公平原則辦理。」

因此，徵求人僅得以轉交公司所提供之當次股東會紀念品予所徵得之委託人，不得自行以等值之其他商品交付予委託人[84]。如發放紀念品，以印製紀念品兌換券發放爲宜，不得要求股東於親自出席聯（出席簽到卡）或委託書上蓋妥原留印鑑交付公司後始得領取；公司自行發放紀念品之處所與委託書徵求人徵求場所或受託代理人處所應明顯區分[85]。

（六）禁止事項

依委託書規則之規定，（徵求）不得有下列行爲：

1. 禁止代寄徵求資料：徵求人或受其委託代爲處理徵求事務者，不得委託公司代爲寄發徵求信函或徵求資料予股東（委規§7V）。

2. 禁止場外徵求：徵求人或受其委託代爲處理徵求事務者不得於徵求場所外徵求委託書（委規§8Ⅱ）。

3. 禁止空白徵求：委託書應由委託人親自簽名或蓋章，並應由委託人親自塡具徵求人或受託代理人姓名。徵求人應於徵求委託書上簽名或蓋章，並應加蓋徵求場所章戳，及由徵求場所辦理徵求事務之人員於委託書上簽名或蓋章（委規§10）。

4. 禁止收購委託書：出席股東會委託書之取得，不得以給付金錢或其他利益爲條件。但代爲發放股東會紀念品或徵求人支付予代爲處理徵求事務者之合理費用，不在此限（委規§11Ⅰ①）。因此，公司大股東如有與認購權證發行人約定，以交換出席股東會委託書爲購買認購權證之條件者，亦屬違反有關取得出席股東會委託書不得以給付金錢或其他利益爲條件之限制[86]。

5. 相關資料內容不得有虛僞隱匿之情事：出席股東會委託書及相關文件資料，不得對應記載之主要內容有虛僞或欠缺之情事（委規§16Ⅰ）。

6. 禁止利用他人名義爲徵求行爲：出席股東會委託書之取得，不得利用他人名義爲之（委規§11Ⅰ②）。

7. 禁止轉讓：徵求人應於徵求委託書上簽名或蓋章，且不得轉讓他人使用（委規§10Ⅱ）。公司對於徵求委託書之徵求人所發給之出席證、出席簽到卡或其他出席證件，亦不得轉讓他人使用（委規§19）。

8. 禁止將徵求委託書作爲非屬徵求之用：出席股東會委託書之取得，不得將徵求之委託書作爲非屬徵求之委託書出席股東會（委規§11Ⅰ③）。

（七）表決權不予計算之情形

依委託書規則第22條之規定：「使用委託書有下列情事之一者，其代理之表決權不

---

[84] 參見財政部證券暨期貨管理委員會93年4月9日台財證三字第0930001482號函。

[85] 參見財政部證券暨期貨管理委員會90年3月9日台財證三字第000627號函。

[86] 參見財政部證券暨期貨管理委員會86年10月20日台財證三字第04770號函。

予計算：一、其委託書用紙非為公司印發。二、因徵求而送達公司之委託書為轉讓而取得。三、違反第五條、第六條或第七條之一第一項規定（註：有關徵求人資格之規定）。四、違反第八條第二項規定於徵求場所外徵求委託書或第四項規定（註：擬支持之董監之被選舉人人數超過應選任人數）。五、違反第十一條第一項規定取得委託書（註：如以給付金錢或其他利益為條件而取得者）。六、依第十三條出具之聲明書有虛偽情事。七、違反第十條第一項（註：禁止空白徵求）、第十三條第一項（註：非屬徵求之受託人數超過三十人）、第十四條、第十六條第一項（註：資料內容有虛偽隱匿之情事）或第十九條第二項規定（註：轉讓出席證、出席簽到卡等）。八、徵求人或受託代理人代理股數超過第二十條或第二十一條所定限額，其超過部分。九、徵求人之投票行為與徵求委託書之書面及廣告記載內容或與委託人之委託內容不相符合。十、其他違反本規則規定徵求委託書。」

（八）法律責任

違反主管機關依證券交易法第25條之1所定規則有關徵求人、受託代理人與代為處理徵求事務者之資格條件、委託書徵求與取得之方式、召開股東會公司應遵守之事項及對於主管機關要求提供之資料拒絕提供之規定者，處新臺幣（下同）24萬元以上480萬元以下罰鍰。並得依規定連續處以罰鍰。檢舉違反第25條之1案件因而查獲者，應予獎勵（證§178Ⅰ⑤、Ⅱ、Ⅲ）。依「檢舉違法使用公開發行公司股東會委託書案件獎勵辦法」之規定，檢舉人於委託書違規案件未經主管機關發覺前，向主管機關檢舉，經行政處分確定者，給與檢舉獎金。其金額依違規人所受罰鍰之金額而定，最高為12萬元。

徵求取得委託書後，應依股東委託出席股東會，如有違反致委託之股東受有損害者，依民法委任有關規定負損害賠償之責（委規§8Ⅰ⑥）。證券交易法對於違反委託書規則者，並無刑事責任之規定。但徵求人對於委託書之資料內容如有虛偽隱匿之情事，或偽造非屬徵求聲明書（委規§13Ⅱ）等，可能會構成偽造文書及行使偽造文書等罪（刑§210、§216）。

第四節　股東會開會及投票之特別方式

一、書面或電子投票

依公司法第177條之1之規定：「（第1項）公司召開股東會時，採行書面或電子方式行使表決權者，其行使方法應載明於股東會召集通知。但公開發行股票之公司，符合證券主管機關依公司規模、股東人數與結構及其他必要情況所定之條件者，應將電子方式列為

表決權行使方式之一。（第2項）前項以書面或電子方式行使表決權之股東，視爲親自出席股東會。但就該次股東會之臨時動議及原議案之修正，視爲棄權。」

此爲94年6月22日公司法修正時，爲鼓勵股東參與股東會之議決，公司得允許股東以書面或電子方式行使其表決權。但是否採行以書面或電子方式行使其表決權，「係由公司自由選擇，惟甚少公司採用。鑒於近年來上市上櫃公司之年度股東會日期，有過度集中現象，致股東無法一一出席股東會行使其表決權，影響股東權益甚鉅，且電子投票平台已由證券主管機關協助業者建制完成，爲落實電子投票制度，鼓勵股東參與公司經營，強化股東權益之保護，爰於第一項增訂但書，明定證券主管機關應視公司規模、股東人數與結構及其他必要情況，命公司將電子方式列爲表決權行使管道之一。公司違反第一項但書規定者，股東得依第一百八十九條訴請法院撤銷其決議。[87]」

依公司法第177條之1第1項之規定，公司召開股東會時，如採行書面或電子方式行使表決權者，其行使方法應載明於股東會召集通知。對於公開發行公司而言，證券主管機關原是依公司實收資本額大小（如新臺幣20億元以上）及前次停止過戶日股東名簿記載股東人數多寡（如一萬人以上），而規定符合該條件之上市、上櫃公司召開股東會時，應將電子投票列爲表決權行使管道之一。惟自106年度起，已規定所有上市（櫃）公司召開股東會時，均應將電子方式列爲表決權行使管道之一[88]。因此，所有上市（櫃）公司均應將電子方式列爲表決權行使方式之一；而對於其他公開發行公司及非公開發行公司則得自由選擇是否採用書面或電子投票。如採書面或電子方式者，其行使方法應載明於股東會召集通知。

依公司法第177條之1第2項之規定，以書面或電子方式行使表決權之股東，視爲親自出席股東會。但就該次股東會之臨時動議及原議案之修正，視爲棄權。因此，於計算股東會決議成數時，應視爲親自出席股東會，故該股東之表決權數，應計入「已出席股東之表決權數」，惟因就該次股東會之臨時動議及原議案之修正，視爲棄權，故不計入同意之表決權數[89]。股東會決議事項，應以會議之形式爲之，殊無法於會後再取得個別股東同意，依公司法第177條之1第2項但書之規定，以電子方式行使表決權之股東，就該次股東會之臨時動議及原議案之修正，法已明定其法律效果爲「視爲棄權」，既「視爲棄權」，即非屬「同意」，自不發生於會後再個別取得其同意之問題[90]。

依公司法第177條之2之規定：「（第1項）股東以書面或電子方式行使表決權者，其意思表示應於股東會開會二日前送達公司，意思表示有重複時，以最先送達者爲準。但聲明撤銷前意思表示者，不在此限。（第2項）股東以書面或電子方式行使表決權後，欲親自出席股東會者，應於股東會開會二日前，以與行使表決權相同之方式撤銷前項行使表決

---

[87]　參見101年1月4日公司法第177條之1之修正理由（經濟部立法說明）。

[88]　參見金管會106年1月18日金管證交字第1060000381號函。

[89]　參見經濟部95年1月11日經商字第09402204660號函。

[90]　參見經濟部102年7月15日經商字第10202076670號函。

權之意思表示；逾期撤銷者，以書面或電子方式行使之表決權爲準。（第3項）股東以書面或電子方式行使表決權，並以委託書委託代理人出席股東會者，以委託代理人出席行使之表決權爲準。」

二、股東會視訊會議

依公司法第172條之2之規定：「（第1項）公司章程得訂明股東會開會時，以視訊會議或其他經中央主管機關公告之方式爲之。（第2項）股東會開會時，如以視訊會議爲之，其股東以視訊參與會議者，視爲親自出席。（第3項）前二項規定，於公開發行股票之公司，不適用之。」

此爲107年8月1日修訂時所新增之條文，其修訂理由稱：「二、依原第三百五十六條之八第一項及第二項規定，僅閉鎖性股份有限公司股東會得以視訊會議或其他經中央主管機關公告之方式爲之。鑒於科技發達，以視訊會議或其他經中央主管機關公告之方式開會，亦可達到相互討論之會議效果，與親自出席無異，爰參酌上開規定，放寬閉鎖性股份有限公司以外之非公開發行股票之公司，其股東會亦得以視訊會議或其他經中央主管機關公告之方式召開並規定其效果，爰增訂第一項及第二項。三、考量公開發行股票之公司股東人數眾多，且視訊會議尚有股東身分認證、視訊斷訊之處理、同步計票技術之可行性等相關疑慮，執行面尚有困難，爰於第三項排除公開發行股票公司之適用。」

因此，非公開發行公司得自行斟酌其股東人數之多寡、視訊會議之設備，並考量修訂理由所稱「股東身分認證、視訊斷訊之處理、同步計票技術之可行性等相關疑慮」能否克服，以及股東發生爭議之可能性等，以決定是否以視訊會議之方式召開股東會。如欲以此方式召開者，則應先修改章程訂明股東會得以視訊會議之方式開會。

第五節　表決權之安排、限制與計算

一、表決權契約與信託

公司法第175條之1規定：「（第1項）股東得以書面契約約定共同行使股東表決權之方式，亦得成立股東表決權信託，由受託人依書面信託契約之約定行使其股東表決權。（第2項）股東非將前項書面信託契約、股東姓名或名稱、事務所、住所或居所與移轉股東表決權信託之股份總數、種類及數量於股東常會開會三十日前，或股東臨時會開會十五日前送交公司辦理登記，不得以其成立股東表決權信託對抗公司。（第3項）前二項規定，於公開發行股票之公司，不適用之。」

此為107年8月1日修訂時所新增之條文，其修訂理由稱：「為使非公開發行股票公司之股東，得以協議或信託之方式，匯聚具有相同理念之少數股東，以共同行使表決權方式，達到所需要之表決權數，爰參酌修正條文第三百五十六條之九第一項有關閉鎖性股份有限公司之規定，於第一項明定公司股東得訂立表決權拘束契約及表決權信託契約。」

需注意的是，表決權契約或表決信託只適用於非公開發行公司股東之間，蓋同條第3項已明文規定「於公開發行股票之公司，不適用之」。其修訂理由為：「證券交易法第二十五條之一及公開發行公司出席股東會使用委託書規則第十一條規定，明文禁止價購公開發行股票公司股東會委託書，故公開發行股票之公司表決權不得以有償方式移轉，為避免股東透過協議或信託方式私下有償轉讓表決權，且考量股務作業亦有執行面之疑義，爰排除公開發行股票公司之適用，明定於第三項。」然而禁止價購委託書，與股東得否訂定表決權契約或表決信託係屬二事，而股東訂定表決權契約或表決信託，亦不全然是為「私下有償轉讓表決權」，絕大部分之原因反而是為其自身之利益與需要，同時確保公司經營之穩定，公司法明文排除公開發行公司之理由，似不夠充分，且造成實務上之困擾。

實則，91年2月6日制定企業併購法時，該法第10條即規定：「（第1項）公司進行併購時，股東得以書面契約約定其共同行使股東表決權之方式及相關事宜。（第2項）公司進行併購時，股東得將其所持有股票移轉予信託公司或兼營信託業務之金融機構，成立股東表決權信託，並由受託人依書面信託契約之約定行使其股東表決權。（第3項）股東非將前項書面信託契約、股東姓名或名稱、事務所或住（居）所與移轉股東表決權信託之股份總數、種類及數量於股東會五日前送交公司辦理登記，不得以其成立股東表決權信託對抗公司。」

其立法理由稱：「一、公司進行併購，其目的之一係為取得公司經營權之控制，持股未過半數之股東間常藉由表決權契約及表決權信託，取得一致行使股東表決權之方式，以強化參與公司經營權。有關股東表決權契約（voting agreement）之效力，因有助於股東間成立策略聯盟及穩定公司決策，普遍為美國主要各州公司法（美國模範公司法第7.31條、德拉瓦州公司法第218(c)條、紐約州公司法第620條及加州公司法第706(a)條）所承認。惟我國最高法院民國七十一年十月二十七日台上字四五○○號判決對於股東表決權契約之效力持否定見解。故為鼓勵公司或股東間成立策略聯盟及進行併購，並穩定公司決策，有關股東表決權契約應回歸『股東自治原則』及『契約自由原則』，不應加以禁止，故參酌美國模範公司法第7.31條規定有關股東表決權契約規定，第1項明定股東得以書面契約約定其共同行使股東表決權之方式及相關事宜。」「二、美國主要各州公司法（美國模範公司法第7.30條、德拉瓦州公司法第218(a)～(b)條、紐約州公司法第620條及加州公司法第706(a)條），亦承認股東表決權信託之效力。我國現行公司法並無明文承認股東得成立股東表決權信託（voting trust），但為鼓勵公司或股東間成立策略聯盟或進行併購行為，藉由書面信託契約之約定成立股東表決權信託，透過受託人行使表決權而有一致之投票行為，擴大影響公司決策力，對於公司形成穩定決策有所助益。參照美國模範公司法第

7.30條規定，第二項明定成立股東表決權信託之成立要件。」可知股東表決權契約或股東表決權信託在國外甚為常見且行之有年，並以法律加以明定，其目的之一則是為取得公司經營權之控制，讓持股未過半數之股東間可藉由表決權契約及表決權信託，取得一致行使股東表決權之方式，以強化參與公司經營權，基於「股東自治原則」及「契約自由原則」，並不加以禁止。

惟在我國，最高法院71年度台上字第4500號民事判決卻稱：「按所謂表決權拘束契約，係指股東與他股東約定，於一般的或特定的場合，就自己持有股份之表決權，為一定方向之行使所締結之契約而言。此項契約乃股東基於支配公司之目的，自忖僅以持有之表決權無濟於事，而以契約結合多數股東之表決權，冀能透過股東會之決議，以達成支配公司所運用之策略。此種表決權拘束契約，是否是法律所准許，在學說上雖有肯定與否認二說。惟選任董事表決權之行使，必須顧及全體股東之利益，如認選任董事之表決權，各股東得於事前訂立表決權拘束契約，則公司易為少數大股東所把持，對於小股東甚不公平。因此，公司法第一百九十八條第一項規定：『股東會選任董事時，每一股份有與應選出董事人數相同之選舉權，得集中選舉一人，或分配選舉數人，由所得選票代表選舉權較多者當選為董事』。此種選舉方式，謂之累積選舉法；其立法本旨，係補救舊法時代當選之董事均公司之大股東，祇須其持有股份總額過半數之選舉集團，即得以壓倒數使該集團支持之股東全部當選為董事，不僅大股東併吞小股東，抑且引起選舉集團收買股東或其委託書，組成集團，操縱全部董事選舉之流弊而設，並使小股東亦有當選董事之機會。如股東於董事選舉前，得訂立表決權拘束契約，其結果將使該條項之規定形同虛設，並導致選舉董事前有威脅，利誘不法情事之發生，更易使有野心之股東，以不正當手段締結此種契約，達其操縱公司之目的，不特與公司法公平選舉之原意相左且與公序良俗有違自應解為無效。[91]」

由上可知，企業併購法第10條之立法目的，是希望以法律明文之規定，排除司法實務上所採取表決權拘束契約違反公序良俗而為無效之見解。此次公司法第175條之1第3項又明文規定：「於公開發行股票之公司，不適用之。」則在法律適用上，將致生許多困擾：1.公司法第175條之1之規定，是於107年8月1日修訂，屬「新法」；企業併購法第10條則是於91年2月6日即已制訂，屬「舊法」；但公司法為「普通法」，企業併購法卻為「特別法」，因此，在法律適用上究是採「特別法優於普通法」原則，抑或「新法優於舊法」原則，已生困擾；2.再者，依公司法第175條之1第3項之規定：「於公開發行股票之公司，不適用之。」則對於公開發行公司而言，如屬企業併購法第10條第1項所稱「公司進行併購時」，因為「特別法優於普通法」原則，應優先適用企業併購法之規定，故仍得訂定表決權（拘束）契約或表決權信託；反之，則否。惟如此一解釋，對於公開發行公司而言，如屬「公司進行併購」者，則表決權（拘束）契約或表決權信託「有效」；如非屬

---

[91] 採無效見解者，尚有最高法院96年度台上字第134號民事判決。

「公司進行併購」者,則是否應採最高法院71年度台上字第4500號民事判決之見解,因公序良俗而解爲「無效」?其效力爲何如此天壤之別?而所謂「公司進行併購時」,又應如何解釋?3.如公司原爲非公開發行公司,而其股東得依公司法第175條之1第1項或第2項之規定,訂定表決權契約或表決權信託,惟當公司辦理公開發行後,因公司法第175條之1第3項已明文規定「於公開發行股票之公司,不適用之」,故原先所訂定之表決權契約或表決權信託,其效力又當如何?

在台新金控與財政部間有關於彰化銀行經營權之民事訴訟,就兩造間(均爲彰化銀行之股東,彰化銀行爲上市公司)是否存有表決權(拘束)契約及其效力爲何,最高法院106年度台上字第2329號民事判決認爲:「按所謂『股東表決權拘束契約』係指股東與他股東約定,於一般的或特定的場合,就自己持有股份之表決權,爲一定方向之行使所締結之契約而言。當事人締結之股東表決權拘束契約,除符合公司法第一百七十五條之一、第三百五十六條之九,或企業併購法第十條規定,依法爲有效外,倘締約目的與上開各規定之立意旨無悖,非以意圖操控公司之不正當手段爲之,且不違背公司治理原則及公序良俗者,尚不得遽認其契約爲無效。該契約之拘束,不以一次性爲限,倘約定爲繼續性拘束者,其拘束期間應以合理範圍爲度。〔參酌企業併購法第10條第1項之規定及其立法理由〕……鑑於股東表決權拘束契約,有助於經營團隊鞏固公司主導權,提高經營效率,併購公司於進行併購過程之準備階段,以書面與被併購公司其他股東成立股東表決權拘束契約,倘無違背公司治理及公序良俗者,應認爲有效,始符法意。」可知對於107年8月1日公司法第175條之1修正前,公開發行公司股東間之表決權(拘束)契約,最高法院認爲,如其締約目的並非意圖操控公司之不正當目的,因表決權拘束契約,有助於經營團隊鞏固公司主導權,提高經營效率,故於進行併購過程之準備階段,與其他股東成立表決權拘束契約,倘無違背公司治理及公序良俗者,應認爲有效。

二、表決權及其行使限制

依公司法第179條第1項之規定:「公司各股東,除本法另有規定外,每股有一表決權。」可知各股東應依其持有之股數而享有與其股份數同額之表決權,是爲表決權平等之原則,乃股東平等原則之具體表現[92]。因此,政府或法人爲股東時,其代表人雖不限於一人。但其表決權之行使,仍以其所持有之股份綜合計算(公§181Ⅰ)。

所謂「本法另有規定」之情形,包括公司法第157條第1項第3款「股東行使表決權限制或無表決權之特別股」及第4款「複數表決權特別股」,及公司法第179條第2項所規定無表決權之情形(如下述)。此外,對於董事及監察人之選舉,公司法第198條已特別規定採(強制)累積投票制(以「股份數」乘以應選出董事「席次」爲選舉權),故亦不適用公司法第179條第1項之規定。有關表決權行使之限制如下:

---

[92]　參見柯芳枝,公司法論(上),第225頁。

（一）利益迴避

公司法第178條規定：「股東對於會議之事項，有自身利害關係致有害於公司利益之虞時，不得加入表決，並不得代理他股東行使其表決權。」其立法原意，乃因股東對於會議事項既有利害關係，若許其行使表決權，恐因其私利忘公益，而不能為公正之判斷，故禁止其參與表決及代理其他股東行使表決權[93]。

所謂有「自身利害關係」，依大理院統字第1766號解釋，係指因其事項之決議，該股東特別取得權利或免義務，或喪失權利或新負義務之謂。「有自身利害關係致有害於公司利益之虞」之認定，應依據事實個案認定之。認定上，應有「具體、直接」利害關係致有害於公司利益之虞，始構成本條之規定[94]。依公司法第178條之規定，股東應迴避不得參與表決者，應同時符合「自身利害關係」且「致有害於公司利益之虞」二個要件[95]。然上開見解仍然非常抽象，遇到具體案例時，應如何適用，亦非常棘手。舉例而言，董事監察人因具有股東身分，於股東常會決議承認同法第228條所規定各項表冊時，得否加入表決[96]？法人股東對於其所指派代表人董事個人之競業禁止議案，得否行使表決權[97]？又例如解任董事議案，該擔任董事之股東是否應迴避而不得參加表決[98]？經濟部相關函釋亦未給予明確之意見，多僅表示「股東可否加入表決，應就具體個案視其對於該表決事項有無自身利害關係致有害於公司利益之虞而定。如有之，即不得加入表決，無者，可行使表決權。因涉及具體個案事實之認定，如有爭議，允屬司法機關認事用法之範疇。[99]」致使相關決議之作成，面臨法律上的重大不確定風險。

又依公司法第198條第2項及第227條之規定：「第一百七十八條之規定，對於前項選舉權，不適用之。」「第一百九十六條至第二百條、第二百零八條之一、第二百十四條及第二百十五條之規定，於監察人準用之。」可知於董監選舉時，不適用同法第178條有關表決權行使限制之規定。

需注意的是，企業併購法第18條第6項（104年7月8日修訂前原為第5項）規定：「公司持有其他參加合併公司之股份，或該公司或其指派代表人當選為其他參加合併公司之董事者，就其他參與合併公司之合併事項為決議時，得行使表決權。」其立法理由稱：「……鑑於合併通常係為提升公司經營體質，強化公司競爭力，故不致發生有害於公司利益之情形，且公司持有其他參與合併公司之一定數量以上股份，以利通過該參與合併公司

[93] 參見柯芳枝，公司法論（上），第227頁。
[94] 參見經濟部99年10月22日經商字第09902145220號函。
[95] 參見劉連煜，股東及董事因自身利害關係迴避表決權之研究，收錄於是氏所著「公司法理論與判決研究（五）」，第45頁。
[96] 參見經濟部80年3月11日台商五發字第205526號函。
[97] 參見經濟部93年4月29日經商字第09302058780號函。
[98] 參見劉連煜，前揭註，第65頁。
[99] 參見經濟部100年6月30日經商字第10000599000號函。

之決議，亦爲國內外合併收購實務上常見之作法（即先購後併），故於第五項明定公司若持有其他參加合併公司之股份或該公司或其指派代表人當選爲其他參加合併公司之董事者，就其他參與合併公司之合併事項爲決議時，不適用公司法第一百七十八條及第二百零六條第二項準用公司法第一百七十八條之規定，以臻明確。」亦即在「合併」時，公司持有其他參加合併公司之股份，就合併事項爲決議時，仍得行使表決權，而無須依公司法第178條之規定，予以迴避。

　　然併購類型並非僅限於「合併」而已，而當時企業併購法卻僅明文規定於「合併」時，股東（公司持有其他參加合併公司之股份）得參與表決而不用迴避，至於其他併購類型（如股份轉換、概括承受或概括讓與等），因企業併購法並未明文規定，以致在適用上發生爭議。就法律適用而言，有二種可能：1.依「明示其一，排除其他」之法理，對於其他併購類型，因法無明文，故應回歸適用公司法第178條之規定，亦即對於公司持有其他參加公司之股份，於合併以外之併購類型，仍應予迴避，不得參與表決；2.依「舉重以名輕」之法理，因合併時，若干參與之合併公司將因合併而消滅，此時都無須迴避而得參與表決，則對於其他併購類型（如股份轉換，僅是成立母子公司架構而已），參與公司之法律主體均仍繼續存續，亦即在「重」的情形（指合併）都無須迴避，則在「輕」的情形（指其他併購類型），亦當然無須迴避而得參與表決。而主管機關認爲：「按公司合併如符合企業併購法第十八條第五項規定之情事，自可依該條規定辦理。至於股份轉換尚無上開規定之適用。[100]」

　　民國104年7月8日企業併購法修訂時，對於合併以外之併購類型，包括概括承受或概括讓與，或依公司法第185條第1項第2款或第3款讓與或受讓營業或財產、股份轉換、股份轉換收購其持有90%以上已發行股份之子公司及分割等所有併購類型，均準用同法第18條第6項之規定（企併§27Ⅶ、§29Ⅶ、§30Ⅳ、§35ⅩⅢ），而無須迴避，仍得參與表決。蓋「於併購實務常見公司持有其他參與併購公司之一定數量以上的股份、取得董事席次，再進一步藉由所持有之股份及董事席次，推動目標公司董事會及股東會通過併購之提案。如認爲收購公司就該等提案有利害衝突而不得在目標公司董事會或股東會行使其表決權，可能會阻礙併購交易之進行，爰增訂公司依本條進行收購時，準用第十八條第六項之得行使表決權規定。[101]」

　　附帶說明的是，企業併購法第5條第3項之規定：「公司進行併購時，公司董事就併購交易有自身利害關係時，應向董事會及股東會說明其自身利害關係之重要內容及贊成或反對併購決議之理由。」另同法第18條第6項規定：「公司持有其他參加合併公司之股份，或該公司或其指派代表人當選爲其他參加合併公司之董事者，就其他參與合併公司之合併事項爲決議時，得行使表決權。」故針對董事部分，亦僅需向董事會及股東會說明其

---

[100]　參見經濟部91年6月3日經商字第09102102680號函。

[101]　參見104年7月8日企業併購法第27條之修正理由。

自身利害關係之重要內容及贊成或反對併購決議之理由而已，並無須迴避，仍得參與表決。

（二）公司持有自己之股份及從屬公司持有控制公司之股份等

依第179條第2項之規定：「有下列情形之一者，其股份無表決權：一、公司依法持有自己之股份。二、被持有已發行有表決權之股份總數或資本總額超過半數之從屬公司，所持有控制公司之股份。三、控制公司及其從屬公司直接或間接持有他公司已發行有表決權之股份總數或資本總額合計超過半數之他公司，所持有控制公司及其從屬公司之股份。」其立法理由為：「……第一百六十七條第三項及第四項增訂禁止控制公司持股過半之從屬公司，將控制公司之股份收買或收為質物之規定，控制公司及其從屬公司再轉投資之其他公司，亦同受規範，以防止公司利用建立從屬公司之控股結構以持有公司自己之股份而生流弊。……鑒於從屬公司就其對控制公司之持股，在控制公司之股東會中行使表決權時，實際上與控制公司本身就自己之股份行使表決權無異，此與公司治理之原則有所違背。是以，有限制其行使表決權之必要，又控制公司及其從屬公司再轉投資之其他公司持有控制公司及其從屬公司之股份，亦應納入規範。[102]」

須特別說明的是，公司法中，對於控制公司與從屬公司之定義，除「公司持有他公司有表決權之股份或出資額，超過他公司已發行有表決權之股份總數或資本總額半數者」之情形外（公§369-2 I），尚包括公司法第369條之2第2項及第369條之3：「公司直接或間接控制他公司之人事、財務或業務經營者亦為控制公司，該他公司為從屬公司。」「有左列情形之一者，推定為有控制與從屬關係：一、公司與他公司之執行業務股東或董事有半數以上相同者。二、公司與他公司之已發行有表決權之股份總數或資本總額有半數以上為相同之股東持有或出資者。」茲因公司法第179條之控制公司與從屬公司，係以持有已發行有表決權之股份總數或資本總額超過「半數」為斷，與同法第369條之2第2項及第369條之3規定，係屬二事[103]，故公司法第369條之2第2項及第369條之3之規定，尚無公司法第179條規定之適用。

（三）公開發行公司董監事質押超過二分之一之部分

依公司法第197條之1第2項之規定：「公開發行股票之公司董事以股份設定質權超過選任當時所持有之公司股份數額二分之一時，其超過之股份不得行使表決權，不算入已出席股東之表決權數。」此一規定係於100年11月9日所修訂，其立法理由為：「發生財務困難之上市、上櫃公司，其董監事多將持股質押以求護盤，使持股質押比例往往較一般公司高；但股價下跌時，為免遭銀行催補擔保品，又再大肆借貸力守股價，惡性循環之結果

---

[102] 參見94年6月22日公司法第179條之修正理由。

[103] 參見經濟部94年12月2日經商字第09402187400號函。

導致公司財務急遽惡化，損害投資大眾權益。為健全資本市場與強化公司治理，實有必要對設質比重過高之董事、監察人加強控管。……藉此杜絕企業主炒作股票之動機與歪風，及防止董監事信用過度膨脹、避免多重授信。」

本條之規定只適用於公開發行公司之董事及監察人（依公司法第227條準用本條之規定）。於自然人董事當選之情形，該董事之配偶及未成年子女將持股設質，與本條規定無涉。另如是以法人股東或其代表人當選為董監事者，無論是依公司法第27條第1項（由法人本身當選，再指派自然人行使職務），或依公司法第27條第2項（由法人股東先指數代表人，由代表人當選），均是以「法人股東」之持股為準，被指派之代表人將個人持股設質，與公司法第197條之1第2項規定無涉[104]。

又，該條之適用必須是股東會開會時仍為董監事者，才有其適用。若公開發行股票公司之董監事於股東會開會前辭任董監事身分，則因股東會開會時，渠等已非董監事，自無公司法第197條之1第2項規定之適用[105]。惟倘公司召開股東會時，議程列有董監事改選案，董監事於最後過戶日之股份設定質權超過選任當時所持有公司股份二分之一，而於股東會停止過戶期間或股東會當天辭職，復參與行使表決權，甚或當選董監事者，在司法實務上，可能被法院認定為規避法律之脫法行為而有公司法第197條之1第2項之適用，致該次股東會作成之決議，其決議方法違反法令而被撤銷[106]。

在計算董事股份「設質數」時，係以股東會最後過戶日股東名簿記載之設質數為準。如果設質數大於選任當時所持有之公司股份數額二分之一者，其超過之股份（設質數減去選任當時所持有之公司股份數額二分之一）不得行使表決權。又因董事可能有增加持股，故不得行使表決權之股份，是以選任當時所持有之公司股份數額二分之一為上限。如設質數低於或等於選任當時持有之公司股份數額二分之一，則設質股份之表決權不受影響。如選任時持股為0，其後買進股份並設質者，表決權不受影響[107]。又所謂設質數，無論董監事之持股設質係在任期前或任期中，均包括在內，並不以其於任期中之設質為限[108]。

例如：1.董事選任時持股10,000股，股東會開會時持股10,000股，設質6,000股，則不得行使表決權之股數為1,000股〔6000－(10000×1/2)＝1000〕，得行使表決權之股數為9,000股（10000－1000＝9000）；2.董事選任時持股10,000股，股東會開會時持股為30,000股，設質6,000股，不得行使表決權之股數為1,000股〔6000－(10000×1/2)＝1000〕，得行使表決權之股數為29,000股（30000－1000＝29000）；3.董事選任時持股10,000股，任期中買進50,000股，以其中30,000股設質，不得行使表決權之股數為5,000股

104　參見經濟部100年12月29日經商字第10052403510號函。
105　參見經濟部101年2月20日經商字第10102412460號函。
106　參見經濟部101年6月4日經商字第10102418160號函。
107　參見經濟部100年12月29日經商字第10052403510號函。
108　參見最高法院103年度台上字第1732號民事判決。

（10000×1/2＝5000），即以選任當時所持有之公司股份數額二分之一為上限，得行使表決權之股數為55,000股（10000＋50000－5000＝55000）；4.董事選任時持股0股，股東會開會時持股30,000股，設質20,000股，因選任時持股0股，表決權不受影響，故不得行使表決權之股數為0股，得行使表決權之股數為30,000股（30000－0＝30000）[109]。

　　如公司有辦理減資者，計算董事「選任時」所持有之公司股份數額二分之一時，則改以「減資後」所持有之股份數額之二分之一為準，而超過之股份不得行使表決權。如公司除發行普通股外，亦發行具有表決權之特別股，則計算董事選任時之持股及設質股數時，普通股與特別股應合併計算。例如：董事於選任時持有普通股10,000股，特別股0股，而特別股之表決權同普通股；股東會停止過戶時持有普通股10,000股，設質3,000股；持有特別股10,000股，設質5,000股。則普通股與特別股合併計算其二分之一為5,000股；停止過戶時之普通股與特別股合併計算設質數8,000股，故不得行使表決權之股數為3,000股〔8000－(10000＋0)1/2＝3000〕，可行使表決權之股數為17,000股〔(10000＋10000)－3000＝17000〕[110]。

　　所謂「超過之股份不得行使表決權，不算入已出席股東之表決權數」，係指董事設質股份數大於選任當時所持有之公司股份數額二分之一時，其超過部分不算入已出席股東之表決權數，惟仍算入已發行股份總數[111]。亦即仍算入出席門檻，但不算入表決門檻之中。例如：公開發行公司已發行股份總數為100,000,000普通股（並未發行特別股），某董事於選任時持股10,000股，於股東會停止過戶時持股20,000股，設質8,000股，其不得行使表決權之股數為3,000股，可行使表決權之股數為17,000股。假設該董事親自出席股東會，且某議案應以普通決議之方式行之（即應有代表已發行股份總數過半數股東之出席，以出席股東表決權過半數之同意之），則其所持有之20,000股應算入「已發行股份總數過半數股東之出席」之中，而在決定是否有「出席股東表決權過半數之同意」時，應先扣除該董事所不得行使表決權之股數為3,000股，假設該董事同意該議案，則其可行使表決權之股數為17,000股應計入同意之表決權中，以決定該議案是否有過半數之同意[112]。

（四）相互投資公司之表決權限制

　　依公司法第369條之9條第1項之規定：「公司與他公司相互投資各達對方有表決權之股份總數或資本總額三分之一以上者，為相互投資公司。」而依同法第369條之10第1項之規定：「相互投資公司知有相互投資之事實者，其得行使之表決權，不得超過被投資公司已發行有表決權股份總數或資本總額之三分之一。但以盈餘或公積增資配股所得之股份，仍得行使表決權。」

---

[109] 參見經濟部100年12月29日經商字第10052403510號函。

[110] 同前註。

[111] 參見經濟部100年12月14日經商字第10002154230號函。

[112] 參見經濟部100年12月29日經商字第10052403510號函。

三、表決權計算與決議方法

（一）政府或法人一人組成之公司

依公司法第128條之1第1項之規定：「政府或法人股東一人所組織之股份有限公司，不受前條第一項之限制。該公司之股東會職權由董事會行使，不適用本法有關股東會之規定。」政府或法人股東一人所組織之公司，因股東人數不足以形成會議，因此由董事會代替行使股東會職權，故其召集程序或決議方法應依照董事會之規定行之[113]。另，原屬股東會決議事項，雖公司法規定應以股東特別決議之方式行之（如公司法第185條出租全部營業等重要事項、第277條變更章程等），但因已由董事會決議，故除章程另有規定外，應有過半數董事之出席，出席董事過半數之同意行之[114]。

一人股東之公司依公司法第128條之1規定，由董事會行使股東會職權時，至是否須表明「代行股東會職權」及是否須表明係依據公司法第128條之1規定一節，公司法尚無明文規定，允屬企業自治事項，由公司自行決定。惟為使議事內容明確，避免事後發生爭議，可於議案「說明」部分，敘明係「代行股東會職權」及依據公司法第128條之1規定為之[115]。

比較特別的是，有關一人股東公司之會計表冊編造及監察人查核程序，依主管機關函釋之見解，公司法第228條有關表冊之編造，係屬董事會專屬職權。又公司法第230條有關董事會所造具表冊之承認，係屬股東會專屬職權，自應依同法第128條之1規定由董事會行使。公司法第228條有關查核期限之規定，於一人股東之公司，董事會仍應於開會三十日前交監察人查核[116]。亦即如一人公司設有董事會者，有關公司會計表冊編造與承認之事項，應先召開董事會「編造」會計表冊（公§228Ⅰ），將該會計表冊送監察人查核，並於三十日後再召開一次董事會「承認」該會計表冊（依公司法第230條第1項，惟依公司法第128條之1規定由董事會代行使股東會職權）。

另需注意的是，107年8月1日公司法修訂時，已於第128條之1增訂第2項及第3項之規定，亦即一人股東之公司得依章程規定不設董事會，亦得不設置監察人，而僅置董事一人（或二人）；如僅設置董事一人者，以其為董事長，董事會之職權由該董事行使，不適用本法有關董事會之規定。依新修正公司法問答集（107年11月2日更新）[117]之說明：「有關會計報表之編制與承認，政府或法人股東一人所組成之股份有限公司如僅置董事一人，則董事會之職權均由該董事行使，故第228條之表冊由該董事造具，請監察人查核後，由

---

[113] 參見經濟部100年12月14日經商字第10002154230號函。

[114] 參見經濟部91年5月17日商字第09102091680號函。

[115] 參見經濟部92年3月17日商字第09202051360號函、經濟部92年11月4日商字第09202435440號函。

[116] 參見經濟部91年5月24日商字第09102099060號函。

[117] 參見經濟部商業司全國商工行政服務入口網‧首頁〉公司法修法專區〉最新公司法問答集〉新修正公司法問答集（網址：https://gcis.nat.gov.tw/mainNew/subclassNAction.do?method=getFile&pk=955）。

該董事決定分派。無監察人者，即不需查核程序。」因此，如有監察人者，依照前述邏輯，似應是由該董事編造會計報表後，於三十日前送交監察人查核，之後再由該董事予以承認及分派；如無監察人者，似不妨由該董事逕行予以編造及決定分派。

（二）普通決議

依公司法第174條之規定：「股東會之決議，除本法另有規定外，應有代表已發行股份總數過半數股東之出席，以出席股東表決權過半數之同意行之。」所謂「除本法另有規定」者，是指依公司法應以特別決議通過之事項而言。此處所謂「出席股東之定額」（或稱為「出席門檻」），係以股份數為據，並非以股東人數為據（註：相對於董事會，則是以董事人數為準）。茲因股東不過為股份之行使人而已，故如一股東持有過半數以上之股份，即已超過召開股東會所需股數時，由其一人出席股東會作成之決議，應屬有效（註：相對於董事會，如一人出席而另代理一人，主管機關函釋認為無從成立多數意思表示平行的一致，似難有效成立決議）。惟其召集之程序及決議之方法仍應依照有關規定為之[118]。

在計算股東表決權數時，是以「出席」股東表決權過半數之同意行之，並非以「表決時實際在場」表決權數為準。亦即出席股東代表之股數如合於召開之股東會之法定數額（如：代表已發行股份總數三分之二以上股東出席），即可開會，至其表決時，如有股東中途退席，亦無須以表決時實際在場之表決權數為準（即毋庸扣除中途退席股東所代表之表決權數），而是以原先出席股東表決權之過半數，以確認決議是否適法有效[119]。

（三）特別決議

所謂特別決議是指股東會之決議，應有代表已發行股份總數三分之二以上股東出席之股東會，以出席股東表決權過半數之同意行之。對於公開發行股票之公司，因其規模較大，股東人數眾多，召開股東會較不容易，因此在72年公司法修訂時，為使規模較大公開發行股票之公司遇有特別議案時，股東會易於召開，在不違反多數決議之原則下，乃規定公開發行股票之公司，出席股東之股份總數不足該定額者，得以有代表已發行股份總數過半數股東之出席，出席股東表決權三分之二以上之同意行之[120]。此外，對於出席股東股份總數及表決權數，如章程有較高之規定者，則從其規定。

應以特別決議方式為之者，通常屬對公司或股東之重大事項，包括公開發行股票之公司解除轉投資之限制（公§13Ⅱ）、公開發行股票之公司申請停止公開發行（公§156-2Ⅰ）、公司營業或財產之重大變更（公§185）、解任董監事（公§199Ⅱ、

---

[118] 參見經濟部65年1月7日商字第00474號函。

[119] 參見經濟部64年1月30日商字第02367號函。

[120] 參見72年12月7日公司法第159條之修正理由。

§ 227）、解除董事競業許可（公§ 209 II）、盈餘轉增資（公§ 240 II）、公積轉增資
（公§ 241 I）、公開發行股票之公司發行限制員工權利新股（公§ 267 IX）、變更章程
（公§ 277 II）、解散、合併或分割（公§ 316 I）等。亦即除公開發行股票之公司解除
轉投資之限制及發行限制員工權利新股外[121]，約略與公司法第172條第5項所規定，應在
召集事由中列舉而不得以臨時動議提出之事項相當。

（四）假決議

依公司法第175條之規定，當出席股東不足已發行股份總數過半數股東之定額，而有
代表已發行股份總數三分之一以上股東出席時，得以出席股東表決權過半數之同意，為假
決議，並將假決議通知各股東，於一個月內再行召集股東會。如仍有已發行股份總數三分
之一以上股東出席，並經出席股東表決權過半數之同意，視同普通決議。

其立法原意，係鑑於股東會開會不易，而又屬普通決議，自得依此法解決，為免實務
執行運作困難，是假決議不宜以章程提高假決議之出席股數及表決權數[122]。公司法第175
條假決議之規定，僅適用於討論一般事項，倘屬公司法規定之特別決議事項，如決議變更
章程，同法第277條已有特別規定，自不得準用公司法第175條之規定作成假決議[123]。又
公司選舉董監事之方法，依公司法第198條之規定，並不準用於第174條後段之決議，故
應無第175條假決議之適用[124]。

所謂應於一個月內再行召集股東會者，係指應於一個月內寄發召集股東會之通
知[125]。又因其性質上應係延續第一次股東會，且既為普通決議之權宜措施，是以毋庸重
新依同法第165條辦理股票停止過戶，而以第一次股東會之股東為開會通知對象。又所謂
再行召集之股東會，僅得就假決議再為表決，不得修改假決議之內容而為決議，否則即失
再行召集股東會加以確認第一次決議之本意，故再行召集之股東會，其議案自應沿用上次
股東會之議案，亦無重新依同法第172條之1公告受理股東提案及依第192條之1公告受理
董事候選人提名之問題。而第一次股東會之股東，原所為委託行為於第二次股東會是否仍
有效力一節，應視委託書記載之股東委託行使事項範圍而定，除委託書載明委託行使範圍
不及於假決議後再行召開之股東會關於股東權行使事項之意旨外，其原委託行為仍有其效
力。惟本人（股東）如欲撤銷前委託，應依相關法令規定辦理[126]。

---

[121] 依募發準則第56條之1第1項之規定：「發行人發行認股價格不受第五十三條規定限制之員工認股權
憑證（註：以低於發行日標的股票之收盤價發行），應有代表已發行股份總數過半數股東之出席，
出席股東表決權三分之二以上同意行之。」

[122] 參見經濟部104年7月29日經商字第10402418440號函。

[123] 參見經濟部65年5月26日商字第13757號函、經濟部75年3月3日商字第08896號函。

[124] 參見經濟部69年5月7日商字第14655號函。

[125] 參見經濟部94年8月17日經商字第09702071430號函。

[126] 參見經濟部99年1月12日經商字第09902400130號函。

第六節　股東會之會議

依公司法第182條之1第2項之規定，公司應訂定議事規則。主管機關針對公開發行股票之公司則訂有「公開發行公司股東會議事手冊應行記載及遵行事項辦法」以資參考，故所有公開發行公司（含所有上市、上櫃公司、興櫃公司及其他公開發行公司）應參考前述股東會會議事手冊應行記載及遵行事項辦法之規定，訂定公司內部之股東會議事規則[127]。

一、股東會主席

依公司法第208條第3項之規定：「董事長對內為股東會、董事會及常務董事會主席，對外代表公司。董事長請假或因故不能行使職權時，由副董事長代理之；無副董事長或副董事長亦請假或因故不能行使職權時，由董事長指定常務董事一人代理之；其未設常務董事者，指定董事一人代理之；董事長未指定代理人者，由常務董事或董事互推一人代理之。」另公司法第182條之1第1項規定：「股東會由董事會召集者，其主席依第二百零八條第三項規定辦理；由董事會以外之其他召集權人召集者，主席由該召集權人擔任之，召集權人有二人以上時，應互推一人擔任之。」因此，股東會如由董事會召集者，原則上應以董事長為股東會之主席；如由監察人（公§220）、少數股東（公§173）或過半數股東（公§173-1）召集者，則以該召集權人擔任主席；召集權人有二人以上時，則應互推一人擔任之。

如是法人股東依公司法第173條等規定，召集股東臨時會時，該法人股東即為召集權人，惟因法人本身依法尚須由代表人代為行使職務，則該召集權人自應由其法定代表人，或由其指定（派）之人代表行使會議主席職務。至於應於何時指定（派）代表人行使會議主席職務，公司法尚無明文限制；是以如股東會當日召集權人始指派代表人擔任會議主席者，似無不可[128]。

對公開發行股票之公司而言，依「○○股份有限公司股東會議事規則」參考範例（下稱「股東會議事規則」或「股東會規則」）第7條之規定，股東會如由董事會召集者，其主席由董事長擔任之，如係由依公司法第208條第3項由常務董事或董事代理者，以任職六個月以上，並瞭解公司財務業務狀況之常務董事或董事擔任之。主席如為法人董事之代表人者，亦同。董事會所召集之股東會，董事長宜親自主持；股東會如由董事會以外之其他召集權人召集者，主席由該召集權人擔任之，召集權人有二人以上時，應互推一人擔任之。

---

[127] 證交所並制定「○○股份有限公司股東會議事規則」參考範例作為範本。

[128] 參見經濟部103年1月20日經商字第10302002070號函。

二、開會地點及時間

依股東會議事規則第5條之規定，公開發行股票之公司，股東會召開之地點，應於本公司所在地或便利股東出席且適合股東會召開之地點爲之，會議開始時間不得早於上午九時或晚於下午三時，召開之地點及時間，應充分考量獨立董事之意見。

三、股東出席股東會之方式

股東如爲自然人者，除得親自出席股東會外，亦得委託代理人出席股東會（公§177Ⅰ）。自然人股東委託法人爲代理人出席股東會，於法尚無不合，惟法人自以指派代理人一人爲限[129]。如公司召開股東會時，採行書面或電子方式行時表決權者，股東亦得採取該等方式行使表決權者，視爲親自出席股東會。但就該次股東會之臨時動議及原議案之修正，視爲棄權（公§177-1）。

股東如爲法人者，依公司法第181條之規定：「（第1項）政府或法人爲股東時，其代表人不限於一人。但其表決權之行使，仍以其所持有之股份綜合計算。（第2項）前項之代表人有二人以上時，其代表人行使表決權應共同爲之。」蓋政府或法人之代表人有二人以上時，如不限制其應共同行使股東權，實務上易滋紛擾，尤其各代表人所代表行使股權之計算，極爲繁瑣，爰增訂第2項，規定行使表決權應共同爲之，以免兩歧[130]。

法人股東出席股東會時，除依公司法第181條之規定指派代表人（填具指派書）外，亦得依公司法第177條之規定，委託代理人出席（需出具委託書）。如以指派之方式爲之者，其所指派之代表人之資格並無限制，且其代表人不限於一人（公§181Ⅰ）；如以代理之方式爲之者，則有公司法第177條第2項之適用。如公司有採行書面或電子方式者，亦得以該等方式行使表決權。

此外，爲預防法人股東濫用權利，造成股東會場失序情事，公司如於議事規則規定法人股東指派代表人之人數，以當次股東會擬選董事及監察人之人數爲上限，於法尚屬可行[131]。

四、股東報到

依股東會議事規則第6條之規定：「（第1項）本公司應於開會通知書載明受理股東報到時間、報到處地點，及其他應注意事項。（第2項）前項受理股東報到時間至少應於會議開始前三十分鐘辦理之；報到處應有明確標示，並派適足適任人員辦理之。（第3

---

[129] 參見經濟部85年5月16日經商字第85208705號函。

[130] 參見69年5月9日公司法第181條之修正理由。

[131] 參見經濟部104年3月10日經商字第10402404570號函。

項）股東本人或股東所委託之代理人（以下稱股東）應憑出席證、出席簽到卡或其他出席
證件出席股東會，本公司對股東出席所憑依之證明文件不得任意增列要求提供其他證明文
件；屬徵求委託書之徵求人並應攜帶身分證明文件，以備核對。（第4項）本公司應設簽
名簿供出席股東簽到，或由出席股東繳交簽到卡以代簽到。（第5項）本公司應將議事手
冊、年報、出席證、發言條、表決票及其他會議資料，交付予出席股東會之股東；有選舉
董事、監察人者，應另附選舉票。（第6項）政府或法人為股東時，出席股東會之代表人
不限於一人。法人受託出席股東會時，僅得指派一人代表出席。」

　　依股東會議事規則第8條之規定：「（第1項）本公司應於受理股東報到時起將股東
報到過程、會議進行過程、投票計票過程全程連續不間斷錄音及錄影。（第2項）前項影
音資料應至少保存一年。」

五、宣布開會

　　依股東會議事規則第9條之規定：「（第1項）股東會之出席，應以股份為計算基
準。出席股數依簽名簿或繳交之簽到卡，加計以書面或電子方式行使表決權之股數計算
之。（第2項）已屆開會時間，主席應即宣布開會，並同時公布無表決權數及出席股份數
等相關資訊。（第3項）惟未有代表已發行股份總數過半數之股東出席時，主席得宣布延
後開會，其延後次數以二次為限，延後時間合計不得超過一小時。延後二次仍不足有代表
已發行股份總數三分之一以上股東出席時，由主席宣布流會。（第4項）前項延後二次仍
不足額而有代表已發行股份總數三分之一以上股東出席時，得依公司法第一百七十五條第
一項規定為假決議，並將假決議通知各股東於一個月內再行召集股東會。（第5項）於當
次會議未結束前，如出席股東所代表股數達已發行股份總數過半數時，主席得將作成之假
決議，依公司法第一百七十四條規定重新提請股東會表決。」

六、主席之指揮權

　　依股東會議事規則第17條之規定：「（第1項）辦理股東會之會務人員應佩帶識別證
或臂章。（第2項）主席得指揮糾察員或保全人員協助維持會場秩序。糾察員或保全人員
在場協助維持秩序時，應佩戴『糾察員』字樣臂章或識別證。（第3項）會場備有擴音設
備者，股東非以本公司配置之設備發言時，主席得制止之。（第4項）股東違反議事規則
不服從主席糾正，妨礙會議之進行經制止不從者，得由主席指揮糾察員或保全人員請其離
開會場。」

　　另依股東會議事規則第18條之規定：「（第1項）會議進行時，主席得酌定時間宣布
休息，發生不可抗拒之情事時，主席得裁定暫時停止會議，並視情況宣布續行開會之時
間。（第2項）股東會排定之議程於議事（含臨時動議）未終結前，開會之場地屆時未能

繼續使用，得由股東會決議另覓場地繼續開會。」

七、股東發言及議案討論

依股東會議事規則第10條第1項之規定，股東會應依排定之議程進行，非經股東會決議不得變更之。依該規則第11條之規定，出席股東發言前，須先填具發言條載明發言要旨、股東戶號（或出席證編號）及戶名，由主席定其發言順序。出席股東僅提發言條而未發言者，視爲未發言。發言內容與發言條記載不符者，以發言內容爲準。同一議案每一股東發言，非經主席之同意不得超過兩次，每次不得超過五分鐘，惟股東發言違反規定或超出議題範圍者，主席得制止其發言。出席股東發言時，其他股東除經徵得主席及發言股東同意外，不得發言干擾，違反者主席應予制止。法人股東指派二人以上之代表出席股東會時，同一議案僅得推由一人發言。出席股東發言後，主席得親自或指定相關人員答覆。依該規則第10條第4項之規定，主席對於議案及股東所提之修正案或臨時動議，應給予充分說明及討論之機會，認爲已達可付表決之程度時，得宣布停止討論，提付表決。

八、議案之表決

股東會之表決，應以股份爲計算基準（股東會規則§12Ⅰ）。議案表決之監票及計票人員，由主席指定之，但監票人員應具有股東身分（股東會規則§13Ⅶ）。表決時，應逐案由主席或其指定人員宣布出席股東之表決權總數後，由股東逐案進行投票表決（股東會規則§13Ⅴ前段）。同一議案有修正案或替代案時，由主席併同原案定其表決之順序。如其中一案已獲通過時，其他議案即視爲否決，毋庸再行表決（股東會規則§13Ⅵ）。股東會表決或選舉議案之計票作業應於股東會會場內公開處爲之，且應於計票完成後，當場宣布表決結果，包含統計之權數，並作成紀錄（股東會規則§13Ⅷ）。表決結果並於股東會召開後當日，將股東同意、反對及棄權之結果輸入公開資訊觀測站（股東會規則§13Ⅴ後段）。

在統計表決結果時，對無表決權股東之股份數（如公司法第179條等），不算入已發行股份之總數（即不算入出席門檻，亦不算入決議門檻）。股東對於會議之事項，有自身利害關係致有害於本公司利益之虞時，不得加入表決，並不得代理他股東行使其表決權（即算入出席門檻，但不算入決議門檻）。如有一人同時受二人以上股東委託時，其代理之表決權不得超過已發行股份總數表決權之3%，超過時其超過之表決權，不予計算（即代理之全部股數仍算入出席門檻，但表決權只算3%，超過部分不算入決議門檻）。

九、選舉事項

　　有關董事及監察人之選舉，如公司章程規定採候選人提名制度者，股東應就董事及監察人候選人名單中選任之（公§192-1 I、§216-1 I）。公開發行股票之公司，如由全體獨立董事組成審計委員會替代監察人者（證§14-2 I、II），獨立董事選舉，應採候選人提名制度（獨董辦法§5 I）。公開發行公司之董事選舉，應依公司法第198條規定辦理，獨立董事與非獨立董事應一併進行選舉，分別計算當選名額（獨董辦法§5 VII）。

　　依公司法第198條第1項之規定：「股東會選任董事時，每一股份有與應選出董事人數相同之選舉權，得集中選舉一人，或分配選舉數人，由所得選票代表選舉權較多者，當選為董事。」另依公司法第227條之規定，有關監察人之選舉，亦準用公司法第198條之規定，採強制累積投票制。

　　選舉議案之計票作業應於股東會場內公開處為之，且應於計票完成後，當場宣布表決結果，包含當選董事、監察人之名單與其當選權數及落選董監事名單及其獲得之選舉權數，並作成紀錄（股東會規則§13 VIII、§14）。

十、臨時動議與散會

　　所謂臨時動議是開會時臨時提出之議案，除公司法第172條第5項所規定不得以臨時動議提出之事項外，股東會議程進行中，股東自得依法為臨時動議之提案。如有股東提出臨時動議者，倘該次股東會採書面投票或電子投票者，以書面或電子方式行使表決權之股東，就該次股東會之臨時動議，視為棄權（公§177-1 II後段）。

　　股東會排定之議程於議事（含臨時動議）未終結前，非經決議，主席不得逕行宣布散會（股東會規則§10 III前段）；主席違反議事規則，宣布散會者，董事會其他成員應迅速協助出席股東依法定程序，以出席股東表決權過半數之同意推選一人擔任主席，繼續開會（公§182-1 II後段；股東會規則§10 III後段）。

十一、會議紀錄

　　依公司法第183條之規定：「（第1項）股東會之議決事項，應作成議事錄，由主席簽名或蓋章，並於會後二十日內，將議事錄分發各股東。（第2項）前項議事錄之製作及分發，得以電子方式為之。（第3項）第一項議事錄之分發，公開發行股票之公司，得以公告方式為之。（第4項）議事錄應記載會議之年、月、日、場所、主席姓名、決議方法、議事經過之要領及其結果，在公司存續期間，應永久保存。（第5項）出席股東之簽名簿及代理出席之委託書，其保存期限至少為一年。但經股東依第一百八十九條提起訴訟者，應保存至訴訟終結為止。（第6項）代表公司之董事，違反第一項、第四項或前項規

定者，處新臺幣一萬元以上五萬元以下罰鍰。」

依公司法第210條第1項之規定：「除證券主管機關另有規定外，董事會應將章程及歷屆股東會議事錄、財務報表備置於本公司，並將股東名簿及公司債存根簿備置於本公司或股務代理機構。」

第七節　股東會決議之瑕疵

一、概說

股東會決議之瑕疵，有存在於決議之成立過程者，有存在於決議之內容者，公司法乃以此區別為基礎，設有不同之救濟方法。前者以股東會之召集程序或其決議方法違反法令或章程為要件，而應依公司法第189條之規定訴請法院撤銷之；後者則以股東會決議之內容違反法令或章程為必要，依第191條之規定認為無效，故兩者不能併存[132]。

再者，公司法第189條所定訴請法院撤銷股東會決議，係屬形成之訴，法院就該訴訟為原告勝訴之判決確定前，決議仍屬有效。俟決議經法院判決撤銷確定，始溯及於決議時成為無效[133]，因此，該項決議在未撤銷前，仍非無效，此與公司法第191條規定「股東會決議之『內容』違反法令或章程者無效」不同[134]（理論上亦不必以訴訟方式主張之）。股東得自決議之日起三十日內，訴請法院撤銷其決議。該項法定期間為除斥期間，其期間自決議之日起算，於期間經過時，撤銷訴權即告消滅[135]，股東會之決議即確定繼續有效。

司法實務上認為，股東會之決議，乃多數股東基於平行與協同之意思表示相互合致而成立之法律行為，因此，股東會決議之瑕疵，與法律行為之瑕疵相近，有不成立、無效、得撤銷等態樣。所謂決議不成立，係指自決議之成立過程觀之，顯然違反法令，在法律上不能認為有股東會召開或有決議成立之情形而言。因必須先有符合成立要件之股東會決議存在，始有探究股東會決議是否有無效或得撤銷事由之必要，故股東會決議不成立應為股東會決議瑕疵之獨立類型[136]。我國公司法雖僅就決議之無效及撤銷有所規定，惟當事人如就股東會決議是否成立有爭執，以決議不成立為理由，提起確認股東會決議不成立之

---

[132] 參見最高法院69年度台上字第3879號民事判決。

[133] 參見最高法院86年度台上字第1333號民事判決。

[134] 參見最高法院67年台上字第2561號民事判例。

[135] 參見最高法院96年度台上字第362號民事裁定。

[136] 參見臺灣高等法院104年度上字第1349號民事判決。

訴，應非法所不許[137]。

惟所謂股東會之瑕疵，究屬於無效、得撤銷或不成立之何種態樣，有時並不容易辨別。例如：司法實務上認為「無召集權人」召集之股東會所為之決議，乃當然無效[138]，惟卻認為：1.董事長未先召開董事會，再由董事會決議召集股東會，而以董事長名義召集股東會者，僅屬公司法第189條規定股東會召集程序違反法令，得否訴請法院撤銷決議之問題，究與無召集權人召集股東會之情形有別[139]；2.按董事會未通知監察人列席陳述意見即逕為決議，其決議應屬無效，然既有董事會決議召集股東會之外觀，並據以召集股東會，則該股東會自與由無召集權人召集之情形有別，應認僅屬召集程序之瑕疵[140]；3.監察人於無召集股東會之必要時召集股東會，與無召集權人召集股東會之情形有別，僅係該股東會之召集程序有無違反法令，得否依公司法第189條規定，由股東自決議之日起一個月內（註：已改為三十日），訴請法院撤銷其決議而已，該決議在未經撤銷前，仍為有效[141]；4.清算人一人，未得過半數清算人之同意，即召開股東會，僅屬召集程序違法之問題，究與無召集權人召開會議有間，尚無從逕認該次會議決議為無效[142]。另亦有認為無召集權人所為召集，其決議應屬不成立，而非無效[143]。

又如司法實務上原認為應經股東會以特別決議之事項，如出席之股東不足代表已發行股份總數三分之二以上之定足額，乃股東會決議方法之違法，依公司法第189條規定，僅得訴請法院撤銷之，而不屬於同法第191條決議內容違法為無效之範圍（最高法院63年台上字第965號民事判例參照），惟經最高法院103年8月5日103年度第十一次民事庭會議決議，不再援用。爾後，最高法院多數見解則認為，法律如規定決議須有代表已發行股份總數之股權達一定額數之股東出席時，此一定足額數股份之股東出席，即為該股東會決議之成立要件，欠缺此項要件，該股東會決議即屬不成立，並非單純之決議方法違法問題而已[144]。

二、決議之撤銷

依公司法第189條之規定：「股東會之召集程序或其決議方法，違反法令或章程時，

---

[137] 參見最高法院103年度台上字第1644號民事判決。

[138] 參見最高法院28年渝上字第1911號民事判例。

[139] 參見最高法院106年度台上字第1649號民事判決。

[140] 參見最高法院106年度台上字第57號民事判決。

[141] 參見最高法院86年台上字第1579號民事判例。

[142] 參見最高法院100年度台上字第32號民事判決。

[143] 參見最高法院107年度台上字第965號民事判決。

[144] 參見最高法院103年度台上字第1516號民事判決、103年度台上字第1644號民事判決、103年度台上字第1764號民事判決、103年度台上字第1876號民事判決等。

股東得自決議之日起三十日內，訴請法院撤銷其決議。」所謂召集程序乃會議前之程序；所謂決議方法乃會議開始後之程序，為股東決定公司意思之程序，如有違反，均屬股東會決議之瑕疵，由於屬於決議成立過程上之瑕疵，通常較為輕微，且其判定往往因時間經過而發生困難，為避免動輒無效，乃規定此種有瑕疵之決議並非當然無效，而需由股東在特定時間內提起撤銷之訴，使之歸於無效，而該決議在未經撤銷前，仍為有效[145]。

（一）召集程序違背法令

召集程序違反法令，如召集通知未遵守法定期間（公§172Ⅰ～Ⅲ）、對於不得以臨時動議提出之事項，未在召集通知列舉並說明主要內容（公§172Ⅴ）、未依停止過戶時之股東名簿對全體股東寄發召集通知（公§165Ⅱ、Ⅲ）、公司指定之股東會地點不洽當，或未於股東會召集通知書上明確載明股東會地點，或以其他不當方法阻撓或妨害股東到達或進入股東會之會場等，亦應認為股東會之召集程序違法[146]。

此外，實務上認為召集權人乃法律所明定有召集權限之人，其召集權屬有瑕疵，因具有依法召集股東會之外觀，與（完全）無召集權人召集股東會之情形有別，亦構成召集程序之瑕疵，如監察人未具公司法第220條之要件而擅自召集股東會；董事長先未行召開董事會，再由董事會決議召集股東會，而逕以董事長名義召集股東會者；或董事會召開不合法所決議召集之股東會等。

司法實務上認為有些情形，並不構成召集程序之瑕疵，包括：1.公司董事長代表公司秉承董事會之決議，通知召集股東臨時會，所發開會通知雖未記載由董事會名義召集，與單純無召集權之人擅自召集之情形有別，尚不得指其召集程序為違法，據以撤銷決議之原因[147]；2.股東會召集之通知，雖採發信主義，若確實知悉該股東之實際所在，而向非股東名簿所載之地址發送時，因客觀上得使該股東確實收受通知，自應認為屬合法通知[148]。

（二）決議方法違背法令

決議方法違反法令，如股東會主席非由法定主席擔任[149]、既非股東亦非其代理人之人而參與表決者、准許未提出委託書之代理人參與表決、有特別利害關係之股東參與表決或代理其他股東參與表決（公§178）、對於依法不得以臨時動議提出之事項，卻以臨時動議方式提出並加以表決（公§172Ⅴ）、股東之表決應受限制卻未予限制而計入表

---

[145] 參見柯芳枝，公司法論（上），第247頁。
[146] 參見臺灣高等法院102年度上字第855號民事判決。
[147] 參見最高法院79台上字第1302號民事判例。
[148] 參見最高法院103年度台上字第615號民事判決。
[149] 參見最高法院76年度台上字第957號民事判決。此外，依股東會議事規則第7條之規定，股東會主席，如係由依公司法第208條第3項由常務董事或董事代理者，應「以任職六個月以上」，並暸解公司財務業務狀況之常務董事或董事擔任之。

決權（公§177 II、公§197-1 II）、依法無表決權之股份數卻計入表決權（公§179 II）等[150]。此外，對於公開發行公司之部分，委託書規則第22條有臚列許多表決權不予計算之情形，如仍將該表決權列入計算，亦屬決議方法違背法令。

又如司法實務上原認為應經股東會以特別決議之事項，如出席之股東不足代表已發行股份總數三分之二以上之定足額，乃股東會決議方法之違法，依公司法第189條規定，僅得訴請法院撤銷之，而不屬於同法第191條決議內容違法為無效之範圍（最高法院63年台上字第965號民事判例參照），惟經最高法院103年8月5日103年度第十一次民事庭會議決議，不再援用。爾後，最高法院多數見解則認為，法律如規定決議須有代表已發行股份總數之股權達一定額數之股東出席時，此一定足額數股份之股東出席，即為該股東會決議之成立要件，欠缺此項要件，該股東會決議即屬不成立，並非單純之決議方法違法問題而已[151]。

（三）撤銷之訴

依公司法第189條之規定：「股東會之召集程序或其決議方法，違反法令或章程時，股東得自決議之日起三十日內，訴請法院撤銷其決議。」可知股東對於股東會之召集程序或其決議方法，違反法令或章程時，須以訴之形式向法院請求為撤銷決議之形成判決，始能發生撤銷之效果。

提起撤銷決議之訴之原告，在「起訴時」須具有股東身分，其當事人之適格，始無欠缺[152]。於股東會決議時，雖尚未具有股東資格，然若其前手即出讓股份之股東，於股東會決議時，具有股東資格，其訴權固不因股份之轉讓而消滅。但若其前手未取得撤銷訴權，則繼受該股份之股東，亦無撤銷訴權可得行使[153]。至於其所持有之股份數多寡，則非所問。

此外，司法實務認為，股東依公司法第189條規定訴請撤銷股東會之決議，仍應受民法第56條第1項但書之限制：1.如已出席股東會而其對於股東會之召集程序或決議方法未當場表示異議者，不得為之[154]；2.未出席股東會之股東，則因非可期待其事先預知股東會決議有違反章程或法令之情事而予以容許，亦無法當場表示異議，自應許其於法定期間內提起撤銷股東會決議之訴[155]；3.如屬前述繼受前手而提起撤銷之訴者，如前手已出席股東會，亦必須已對股東會召集程序或決議方法當場表示異議，後手於繼受後才可提起。否

---

[150] 參見柯芳枝，公司法論（上），第249頁。

[151] 參見最高法院103年度台上字第1516號民事判決、103年台上字第1644號民事判決、103年度台上字第1764號民事判決、103年度台上字第1876號民事判決等。

[152] 參見最高法院57年台上字第3381號民事判例。

[153] 參見最高法院73年台上字第595號民事判例。

[154] 參見最高法院73年台上字第594號民事判例。

[155] 參見最高法院86年度台上字第3604號民事判決。

則，出席而對股東會召集程序或決議方法，原無異議之股東，事後得轉而主張召集程序或決議方法爲違反法令或章程，而得訴請法院撤銷該決議，不啻許股東任意翻覆，影響公司之安定甚鉅，法律秩序，亦不容許任意干擾[156]。

所謂「當場」者，雖不以於股東會開會時，須自始至終均在現場爲必要，然其異議，應係於股東會進行中之現場所爲者，方足當之。倘股東會尚未開始或業經終了，即無「當場」異議之可言[157]。如股東於開會當日到達會場後，未待股東會開始即先行離去，縱其對股東會之決議方法有所爭議，亦非當場異議，而不得依公司法第189條規定請求撤銷股東會決議[158]。

有關被告之部分，則應以股東會所由屬之「公司」爲被告，其當事人之適格始無欠缺[159]。有關提起之時間，則應自決議之日起三十日內。惟有關「股東會決議當日」應否算入，則有不同意見，有實務見解認爲，該項法定期間爲「除斥期間」，其期間自決議之日起算，於期間經過時，撤銷訴權即告消滅，本件法律已明定「自決議之日起」，顯無再解釋爲「自決議日之翌日」起算之空間[160]。亦有實務見解認爲，以日、星期、月或年定期間者，其始日不算入，民法第120條第2項定有明文。公司法對於期間之計算方式既未特別規定，即應回歸民法第120條第2項之適用（即決議當日不算入，自決議日之翌日起算）[161]。又如其期間之末日，爲星期日、紀念日或其他休息日時，是否依民法第122條之規定，以其休息日之次日代之？如就除斥期間之性質而言，法定除斥期間爲權利本身存續之終始期間，其時間經過時權利即告消滅，非如消滅時效得因中斷或不完成之事由而延長[162]，因此，縱該期間之末日爲星期日、紀念日或其他休息日時，似不應以其休息日之次日代之[163]。

另司法實務認爲，撤銷股東會決議之訴訟乃爲形成之訴，以股東之撤銷權爲其訴訟標的，在形成之訴，同一主體之形成權，因其發生之原因事實不同，各該事實如均足以獨立形成法律效果者，雖具有同一撤銷決議之目的，仍爲數形成權，亦即有數訴訟標的，而公司法第189條係以召集程序或決議方法違反法令或章程爲其撤銷權之原因事實，召集程序爲股東會會議前之程序，如有違法之事實，原則上得撤銷該次全部股東會決議；決議方法乃會議開始後之程序，如有違法，僅得撤銷該特定決議，二者各有不同法律效果，爲不同原因事實，基於該原因事實所形成之撤銷權，爲不同之形成權，在訴訟上爲不同之訴訟標

---

[156] 參見最高法院73年台上字第595號民事判例。

[157] 參見最高法院88年度台上字第152號民事判決。

[158] 參見最高法院89年度台上字第731號民事裁定。

[159] 參見最高法院68年台上字第603號民事判例。

[160] 參見臺灣高等法院96年度上字第528號民事判決、臺北地方法院98年度訴字第844號民事判決。

[161] 參見基隆地方法院104年度訴字第350號民事判決。

[162] 參見最高法院50年台上字第412號民事判例、最高法院77年度台上字第67號民事判決。

[163] 參見臺灣高等法院96年度上字第528號民事判決。

的，若有多次原因足致同次股東會之召集程序違法或多次原因足致同一決議之決議方法違法，各該原因係分別形成召集程序違法或決議方法違法之同一法律效果，僅係獨立之攻擊防禦方法，是故如股東在召集程序或決議違法範圍內，追加、變更新原因事實者，僅爲攻擊或決議方法之更正或補充，因訴訟標的並無變更、追加，故不涉及訴訟變更、追加之問題[164]。

惟如在該起訴期間經過後，應不得再行追加新的撤銷事由（如以決議方法違背法令，另外請求撤銷其他特定決議），否則，股東會決議之效力，將可能陷於長期不確定之狀態，造成以該公司股東會決議爲前提之公司交易行爲之法律關係錯綜複雜，且在該期間經過後，如允許再行追加新的撤銷原因事實，則股東即可不備原因事實，先行起訴，使一個月（註：已改爲三十日）之法定起訴期間之規定成爲具文[165]，因此，在起訴前，宜先充分研究可以提起撤銷之原因事實及理由，以免發生失權之效力。

（四）法院之駁回裁量權

依公司法第189條之1之規定：「法院對於前條撤銷決議之訴，認爲其違反之事實非屬重大且於決議無影響者，得駁回其請求。」此爲90年11月12日所新修訂之條文，其立法目的，在賦予法院之裁量權，對於股東會召集程序或決議方法違反法令或章程之事實，如非屬重大且於決議無影響，法院得駁回其請求，以兼顧大多數股東之權益。因此，原告如提起撤銷股東決議之訴時，宜一併說明該瑕疵何以重大，何以對決議有所影響。

實務上認爲違反之事實非屬重大且於決議無影響者，如：1.對於承認決算表冊及盈餘分配議案，股東出席及同意決議之比例甚高，而原告所占持股比例甚少，是縱認系爭股東會之召集程序違法屬實，扣除後，對於原所同意成立之系爭股東會決議並無影響；2.公司對於部分股東未依股東名簿之地址寄發通知，該股東持股比例不高，且公司並非惡意將持股比例甚低之股東摒除於股東會之外者[166]；3.董事會未通知監察人列席陳述意見即逕爲決議召集股東會，然監察人暨股東已有機會於股東會中針對股東會召集程序之瑕疵提出異議，且該董事會召集程序之瑕疵，實質上不會影響股東會決議結果及公司之利益，而認爲股東會召集程序之瑕疵，非屬重大[167]。

（五）撤銷後之效力

撤銷股東會決議，爲形成之訴，在未撤銷前，該決議仍屬有效，俟決議經法院判決撤銷確定時起，始溯及於決議時成爲無效[168]。另依公司法第190條之規定：「決議事項已

---

[164] 參見臺灣高等法院89年度上字第1314號民事判決、臺北地方法院90年度訴字第2000號民事判決。
[165] 參見臺北地方法院90年度訴字第2000號民事判決。
[166] 參見最高法院106年度台上字第440號民事判決。
[167] 參見最高法院106年度台上字第57號民事判決。
[168] 參見最高法院86年度台上字第1333號民事判決。

爲登記者，經法院爲撤銷決議之判決確定後，主管機關經法院之通知或利害關係人之申請時，應撤銷其登記。」蓋公司登記，除設立登記爲公司之成立要件外，其他事項（如變更董事、監察人等）之有效存在，雖不以登記爲要件，但登記具有對抗效力（公司法第12條參照），因此，對於業經登記之公司決議事項，事後經法院爲撤銷決議之判決確定，該決議即溯及決議時無效，主管機關經法院之通知或利害關係人之申請時，應撤銷其登記，以符合眞實情況[169]。

再者，公司法第190條所稱「利害關係人之申請」，應僅是促請主管機關注意，並非利害關係人與主管機關相互間產生何種公法上法律關係，蓋該條之撤銷登記，並不以經利害關係人申請爲限，於法院通知時，亦得撤銷其登記之規定。與公司法第388條之規定，係主管機關對於公司登記之申請，認爲有違法令或不合法定程式而得改正者之情形不同[170]。

依該股東會決議所爲之不實登記，經登記機關依法院判決撤銷後，其先前以錯誤事實基礎所爲核准之相關變更登記亦應撤銷，不得因此而放任瑕疵之登記（縱該撤銷可能肇致交易第三人及現有股東之不利，或影響公司歷年所爲法律行爲或準法律行爲之效力等），且後續登記如是基於先前錯誤事實基礎所爲之登記，亦應依職權撤銷，如有爭議應循司法機關途徑解決[171]。

三、決議之無效

股東會決議之內容，違反法令或章程者無效（公§191）。所謂決議內容違反法令，包括違反股東平等原則、股東有限責任原則、股份轉讓自由原則或侵害股東固有權，或決議違反強行法規或公序良俗等情形[172]。

在司法實務上，其具體情況包括：1.公司未經修改章程（註：須股東會之特別決議）增加股份總數，而發行超過章程所訂股份總數之股票時，自應解爲無效[173]；2.依公司法第196條之規定，董事之報酬，未經章程訂明者，應由股東會議定，爲貫徹此一立法意旨，公司股東會不得以決議將董、監事報酬額之決定委諸董事會定之，否則該決議無效[174]；3.公司於股東常會爲分派盈餘之決議後，若未於股東常會召開當年度營業終結前召開之股東臨時會變更該股東常會之決議，而係於其後年度召開之股東會爲變更之決議（註：公司於83年度股東會決議82年度盈餘由股東分三期分配紅利後，於86年度召開股東會決議82

---

[169] 參見臺中高等行政法院104年度訴字第269號行政判決。

[170] 參見最高法院67年台上字第760號民事判例及臺中高等行政法院104年度訴字第269號行政判決。

[171] 參見經濟部93年8月27日經商字第09302136070號函。

[172] 參見最高法院103年度台上字第620號民事判決。

[173] 參見最高法院99年度台上字第1792號民事判決、最高法院98年度台上字第1259號民事判決。

[174] 參見最高法院98年度台上字第935號民事判決。

年度盈餘分配之第三期款取消給付），該決議內容即違反公司法第228條、第230條與第231條規定意旨，應屬無效[175]；4.依公司法168條第1項之規定，「減少資本」無論爲股份金額之減少或股份數額之減少，均應依股東平等之原則，即使其他全體股東同意，亦不能專就特定股東持有股份項下減除，否則應屬無效[176]；5.公司法第164條前段明定，記名股票，由股票持有人以背書轉讓之，並應將受讓人之姓名或名稱記載於股票，是股東會作出記名股票無須依前開規定轉讓之決議，自屬無效[177]；6.股東會議案僅爲概括性地解除董事競業禁止之義務，則全體股東無法評估判斷是否解除董事競業禁止之義務及其風險，與公司法第209條第1項之立法目的顯然有違，應認股東會決議無效[178]。

確認之訴，除確認證書眞僞之訴外，原必須以法律關係爲其訴訟標的。公司法第191條雖規定股東會決議之內容違反法令或章程者無效，然此種決議之內容爲法律關係發生之原因，並非法律關係之本身，原不能作爲確認之訴之標的[179]。惟89年2月9日民事訴訟法第247條修訂時，明定：「確認法律關係之訴，非原告有即受確認判決之法律上利益者，不得提起之；確認證書眞僞或爲法律關係基礎事實存否之訴，亦同。前項確認法律關係基礎事實存否之訴，以原告不能提起他訴訟者爲限。」因此，如認爲股東會決議之內容違反法令或章程者，該決議之內容雖爲法律關係發生之原因，但如原告有即受確認判決之法律上利益，且不能提起他訴訟者，亦可提起確認股東會決議無效之訴。

四、決議不成立

司法實務上認爲，股東會之決議，乃多數股東基於平行與協同之意思表示相互合致而成立之法律行爲，因此，股東會決議之瑕疵，與法律行爲之瑕疵相近，有不成立、無效、得撤銷等態樣。因必須先有符合成立要件之股東會決議存在，始有探究股東會決議是否有無效或得撤銷事由之必要，故股東會決議不成立應爲股東會決議瑕疵之獨立類型[180]。

惟所謂決議不成立，並無清楚規範，司法實務認爲係指自決議之成立過程觀之，顯然違反法令，在法律上不能認爲有股東會召開或有決議成立之情形而言[181]。就具體情形而論，目前司法實務多認爲，法律如規定決議須有代表已發行股份總數之股權達一定額數之股東出席時，此一定足額數股份之股東出席，即爲該股東會決議之成立要件，欠缺此項要

[175] 參見最高法院90年度台上字第1934號民事判決。

[176] 參見最高法院58年度台上字第2697號民事判決。

[177] 參見臺灣高等法院臺南分院102年度上更（一）字第12號民事判決。

[178] 參見臺北地方法院96年度訴字第4947號民事判決、新竹地方法院106年度訴字第578號民事判決、彰化地方法院106年度訴字第861號民事判決。

[179] 參見最高法院71年度台上字第4013號民事判決。

[180] 參見最高法院103年度台上字第1644號民事判決。

[181] 參見臺灣高等法院104年度上字第1349號民事判決、臺北地方法院94年度訴字第6680號民事判決、桃園地方法院88年度訴字第207號民事判決。

件，該股東會決議即屬不成立，並非單純之決議方法違法問題而已[182]。

　　至於無召集權人召集之股東會所為之決議，則有爭議，有認為是無效[183]，但亦有認為其應為決議不成立[184]，不能為有效決議，與股東會決議之內容違反法令或章程者無效，完全不同。由於司法實務上認為股東會決議不成立為股東會決議瑕疵之獨立類型，又股東會決議不成立與股東會決議無效不同，在若干情形則又認為如召集權人乃法律所明定有召集權限之人，其召集具有依法召集股東會之外觀，與（完全）無召集權人召集股東會之情形有別，亦構成召集程序之瑕疵。因此，究應提起撤銷股東會決議之訴、確認股東會決議無效之訴或確認股東會決議不成立（或不存在）之訴，以及如何提起訴訟等，實應仔細推敲及斟酌。

　　如前所述，確認股東會決議不成立（或不存在）之訴，依民事訴訟法第247條之規定，非原告有即受確認判決之法律上利益者，不得提起之，且以原告不能提起他訴訟者為限。

五、決議瑕疵對外部法律行為之影響

　　如上所言，股東會之決議可能是不成立、無效或得撤銷。公司內部機關決議之瑕疵，是否會連動地影響公司外部法律行為之效力，乃值得探討之問題。質言之，公司內部決議若屬不成立或無效，則公司代表人或代理人對外代表或代理公司所進行與該決議相關之法律行為時，該法律行為是否因連動而無效？抑或不成立或無效之決議將使公司代表人或代理人因無代表或代理權限而落入「無權代理」之範疇，進而依「無權代理」之相關法理加以解決？抑有進者，如公司內部機關之決議係屬得撤銷者，當公司代表人或代理人對外為相關法律行為並已履行完畢後，如該決議嗣後被法院撤銷，則已完成之法律行為是否會因撤銷視為自始無效而受到影響？

　　在處理上述問題時，須先釐清「代表」與「代理」之區分。民法第27條第2項前段規定：「董事就法人一切事務，對外代表法人。」如將此一概念套用於公司，董事為公司之代表人，在「法人實在說」之概念下，董事以公司名義所為之行為，係屬公司本身之行為；相對而言，依民法第103條第1項之規定：「代理人於代理權限內，以本人名義所為之意思表示，直接對本人發生效力。」因此，代理通常存在「代理人」、「本人」及「相對人」之三面關係，亦即代理人以本人名義與相對人為法律行為，其法律效果直接歸屬於

---

[182]　參見最高法院103年度台上字第1516號民事判決、103年度台上字第1644號民事判決、103年度台上字第1764號民事判決、103年度台上字第1876號民事判決等。

[183]　參見最高法院28年渝上字第1911號民事判例、最高法院98年度台上字第257號民事判決、最高法院70年度台上字第2235號民事判決、司法院（76）廳民一字第2491號研究意見。

[184]　參見臺灣高等法院臺中分院99年度上字第154號民事判決、臺北地方法院94年度訴字第6680號民事判決。

本人。再者，代理限於法律行爲；而代表除法律行爲外，兼及事實行爲及侵權行爲。如代理人使用詐術與相對人訂立契約，本人並不因此而負侵權行爲責任，但如代理人同時爲受僱人時，本人依民法第188條應負僱用人責任，惟如選任受僱人及監督其職務之執行已盡相當之注意，或縱加以相當之注意而仍不免發生損害者，得不負賠償責任。反之，代表人使用詐術與相對人訂約時，法人應依民法第28條之規定，負損害賠償責任，且無免責之餘地[185]。

　　然而上述「代表」與「代理」之區分，在實際適用上確有諸多混淆之處。例如民事訴訟法第52條即明文規定：「本法關於法定代理之規定，於法人之代表人……準用之。」因此，在訴訟程序中，即直接將代表公司之董事（長）稱爲「法定代理人」。再者，最高法院74年台上字第2014號民事判例亦稱：「代表與代理固不相同，惟關於公司機關之代表行爲，解釋上應類推適用關於代理之規定，故無代表權人代表公司所爲之法律行爲，若經公司承認，即對於公司發生效力。」

　　依公司法第208條第3項前段：「董事長……對外代表公司。」另同條第5項準用同法第57條及第58條之規定：「代表公司之股東，關於公司營業上一切事務，有辦理之權」「公司對於股東代表權所加之限制，不得對抗善意第三人。」可知董事長對外代表公司，而對內關於公司營業上一切事務有辦理之權，茲因法律已明文規定董事長對外之代表權限，如其代表公司所爲之法律行爲亦屬公司日常營業事務，此時應不生是否構成無權代表之問題，更何況，公司法第58條亦明文規定，公司對於董事長代表權所加之限制，不得對抗善意第三人。甚且，依公司法第393條第3項之規定，一般人並無法由主管機關之資訊網站查閱該公司章程之內容，爲保護交易安全並使交易能順利且簡便地快速完成，公司自應受其董事長對外所爲法律行爲效力之拘束，除非公司可以舉證證明第三人（交易相對人）係明知（非善意）其代表權有所限制，才能予以排除。

　　再者，如法令規定特定事項需經公司董事會決議（已非得逕由董事長決行），因法令已明定董事長或其他代表人需先經董事會決議（例如公開發行公司依「取得或處分資產處理準則」之相關規定，於取得或處分特定資產時，需經董事會決議），才有權代表公司對外爲相關法律行爲，如該董事會決議有瑕疵（例如應迴避卻仍加入表決等），董事長或其他代表人即欠缺合法權源得對外爲法律行爲，此時似應類推適用關於無權代理及表見代理[186]之規定，亦即公司再召開董事會補正原本決議之瑕疵，使其對公司發生效力；如有表見代表（理）之外觀者，則交易相對人應可主張類推適用民法第169條之規定，命公司負授權人責任。而就交易相對人而言，因爲法令已明定該事項經公司董事會決議，故相對

---

[185] 參見王澤鑑，民法總則，第491至492頁。

[186] 參見最高法院79年台上字第2012號民事判例雖認爲：「民法第一百六十九條關於表見代理之規定，惟意定代理始有適用，若代表或法定代理則無適用該規定餘地。」惟依最高法院74年台上字第2014號民事判例之見解，「無代表權人代表公司所爲之法律行爲，若經公司承認，即對於公司發生效力」，因此，無權代表似仍有可能產生表見代理（表）之問題，而應得類推適用民法第169條之規定。

人應有義務取得相關董事會議事錄加以查證，至於董事會決議或股東會決議是否有瑕疵，並非相對人所知悉，因此公司如欲主張不負授權人責任，則應舉證證明第三人（交易相對人）是明知或可得而知者，才無需負責。附帶說明的是，如交易相對人應取得董事會議事錄或股東會議事錄而均未要求或取得，則有過失，依民法第169條但書之規定，公司似無需負授權人責任。又如交易相對人已明知或可得而知董事會決議或股東會決議有瑕疵，則似應類推適用民法第170條及第171條之規定，亦即公司如能補正該決議之瑕疵，仍可對公司發生效力（民§170Ⅰ）；交易相對人亦得逕行撤回（民§171Ⅰ），或定相當期限，催告公司補正該決議之瑕疵，如公司無法於期限內補正者，則視為拒絕承認，應對公司不生效力（民§170Ⅱ）。而對於交易無法成立所造成之損害，似應依民法第245條之1有關「締約過失責任」處理。

第四章　董事、董事會及監察人

一、股份有限公司之業務執行機關

　　股份有限公司通常是聚集多數人之資金，以形成大資本，其股東人數可能眾多，但不大可能讓每個股東均直接參與公司之經營；而在股東有限責任原則下，股東對公司之責任原則上以出資額為限，股東因不用擔心公司之債務會追及到個人身上，故也無需過度干涉公司之運營。因此，對於公司之經營，主要是委由業務執行機關為之。

　　依公司法第202條之規定：「公司業務之執行，除本法或章程規定應由股東會決議之事項外，均應由董事會決議行之。」另依公司法第192條第1項之規定，公司董事會，設置董事不得少於三人，由股東會就有行為能力之人選任之。此外，公司應由董事互選一人為董事長，對內為股東會、董事會及常務董事會主席，對外代表公司（公§208Ⅰ、Ⅲ）。由此可知，股份有限公司之董事會係由董事數人所組成；公司業務執行之決定權，除公司法或章程保留由股東會決議之事項外，原則上由董事所組成之董事會以決議之方式行之，期使董事能集思廣益，並慎重妥適地執行公司業務之決定。

　　另董事會為會議體機關，其業務之決定，除公司法另有規定外，應有過半數董事之出席，出席董事過半數之同意行之（公§206Ⅰ）。而董事人數可能很多，且非經常開會，故公司可以依其需要設置常務董事，於董事會休會時，依法令、章程、股東會決議及董事會決議，以集會方式經常執行董事會職權，由董事長隨時召集，以半數以上常務董事之出席，及出席過半數之決議行之（公§208Ⅳ）。

　　無論是董事會或常務董事均是以集會方式執行權限，仍不足以因應公司日常事務之執行，故公司法要求公司應由董事或常務董事互選一人為董事長，對內為股東會、董事會及常務董事會主席，對外代表公司（公§208Ⅰ、Ⅱ、Ⅲ）。另依公司法第208條第5項準用第57條之規定，董事長關於公司營業上一切事務，有辦理之權。由於董事長之地位重要，業務繁忙，公司也可視其需要設置副董事長一人，以輔佐董事長。因此，董事會（如設有常務董事者，則為常務董事會）得依章程之規定，互選一人為副董事長；於董事長請假或因故不能行使職權時，由副董事長代理之（公§208Ⅰ、Ⅱ、Ⅲ）。

　　另民國95年證券交易法修訂時，其重點之一在於推動公司治理，對於公開發行公司之董事及董事會進行重大變革，包括引進獨立董事之制度（證§14-2）、強化董事之獨立

性（證§26-3Ⅲ）及提高董事最低人數至五人（證§26-3Ⅰ）等；而在董事會方面，則引進審計委員會之制度，要求應擇一設置審計委員會（由全體獨立董事組成，其人數不得少於三人）或監察人（證§14-4Ⅰ、Ⅱ）；如設有審計委員會者，公司重要財務業務事項，原則上應先經審計委員會同意，再提報董事會決議（證§14-5）。又99年間為打擊所謂的「肥貓」，要求所有上市（櫃）公司均應設置薪資報酬委員會，就董事、監察人及經理人之薪資、股票選擇權及其他具有實質獎勵之措施，應先由薪資報酬委員會審議，再提報董事會決議。

此外，公司亦得依其需要，以章程規定置經理人，俾輔佐董事會管理公司之業務。

二、董事之概念及地位

董事為董事會之構成員，為股份有限公司之法定、必備、常設之業務執行機關[1]。另依公司法第8條第1項之規定，董事亦為股份有限公司之當然負責人（非僅限於董事長才是公司負責人）。惟除董事長外，董事對內並無單獨管理權限，只能透過參與董事會而作成決策；而董事會之決議是採多數決，因此，個別董事之角色十分有限。

相對於一般董事而言，董事長對內為股東會、董事會及常務董事會主席，對外代表公司，且對公司營業上一切事務，有辦理之權（公§208Ⅲ、Ⅴ、§57），因此，除非公司法或公司章程規定需經董事會決議之事項，否則公司日常之一切事務，董事長均得單獨決定如何辦理。

至於公開發行公司之獨立董事[2]，其本質為公司董事，亦為股份有限公司之當然負責人（公§8Ⅰ），其權利義務及法律責任原則上與一般董事相同。證券交易法要求公開發行公司應擇一設置審計委員會（由全體獨立董事組成，其人數不得少於三人）或監察人。因此，如同時設有獨立董事及監察人者（未成立審計委員會），則監察權限仍是由監察人行使，惟對於公司重要財務、業務事項，獨立董事如有反對意見或保留意見，應於董事會議事錄載明，並應辦理重大訊息公告（證§14-3Ⅰ）；如公司已設置審計委員會者（已無監察人），則監察權限則由審計委員會之獨立董事成員行使（證§14-4Ⅳ）。

此外，為使獨立董事能善盡公司治理之責、強化獨立董事之專業監督能力，並避免獨立董事執行職務受到不當干擾，於107年4月25日修訂證券交易法第14條之2第3項之規定，明定「公司不得妨礙、拒絕或規避獨立董事執行業務。獨立董事執行業務認有必要時，得要求董事會指派相關人員或自行聘請專家協助辦理，相關必要費用，由公司負擔之。」以健全公司治理，落實獨立董事對公司事務為獨立判斷與提供客觀意見之職責與功能。

---

[1] 參見柯芳枝，公司法論（下），第2至3頁。

[2] 非公開發行股票之公司，不得於章程訂定設置獨立董事；另公司法尚無「外部董事」及「獨立性質之董事」等規定，自不得於章程訂明上開職稱之設置。參見經濟部97年9月8日經商字第09702112950號函。

三、董事之人數及任期

依公司法第192條第1項之規定：「公司董事會，設置董事不得少於三人，由股東會就有行爲能力之人選任之。」107年8月1日公司法修訂時增訂第2項之規定：「公司得依章程規定不設董事會，置董事一人或二人。置董事一人者，以其爲董事長，董事會之職權並由該董事行使，不適用本法有關董事會之規定；置董事二人者，準用本法有關董事會之規定。」而其修訂理由稱：「爲回歸企業自治，開放非公開發行股票之公司得不設董事會，而僅置董事一人或二人，惟應於章程中明定。至於公開發行股票之公司，則應依證券交易法第二十六條之三第一項『已依本法發行股票之公司董事會，設置董事不得少於五人。』之規定辦理。另因適用本條規定者，爲非公開發行股票之公司，而其股東結構有一人者，亦有二人以上者，爲保障股東權益，爰本條未開放股東有二人以上之公司得以章程排除置監察人之義務。至股東僅有一人之公司，則依修正條文第一百二十八條之一辦理，自屬當然。」

由上可知：1.對於股東有二人以上之非公開發行公司：依公司法第192條第2項之規定，得依章程規定不設董事會（但仍應設監察人），僅設置董事一人或二人。如設置董事一人者，則以該人爲董事長，董事會之職權並由該董事行使；如設置董事二人者，則準用本法有關董事會之規定。如章程未特別明定者，則仍應設置董事會，且董事人數不得少於三人；2.對於由政府或法人股東一人所組織之股份有限公司：依公司法第128條之1規定，亦得依章程規定不設董事會（亦得不設監察人），其董事人數、董事會之設置等，同前開之情形；3.至於公開發行股票之公司：依證券交易法第26條之3第1項之規定，應設置董事會，且設置董事不得少於五人（應擇一設置審計委員會或監察人）。

實務上有部分公司章程僅載明：「公司設置董事○人至○人，任期3年。」即就董監事名額係採「非明定固定數額制」。茲因董監事選舉人數攸關股東選舉權之行使，且公司法第172條第5項規定，選任董事或監察人應在召集事由中列舉並說明其主要內容，不得以臨時動議提出，因此，董事會於召集股東會時即應確認應選人數，並於召集通知載明，以利股東就應選董監事人數評估投票規劃；而公司章程如採「非明定固定數額制」者，則該次股東會章程變更，亦不得於股東會現場以臨時動議方式修正選舉之董監事席次，以免影響股東選舉董監事之權益[3]。

依107年8月1日修訂後公司法第192條第2項之規定，公司章程雖得規定不設董事會，但因章程訂定置董事一人或二人者，應分別適用不同規定（即設置一人時，以該人爲董事長，董事會之職權並由該董事行使；設置董事二人時雖無董事會，惟董事決議方式應準用有關董事會之規定），是以於章程中應定明爲「設董事一人」或「設董事二人」，以確立公司應如何適用公司法之規定，如公司章程記載「設董事一至二人」或「設董事一至三

3　參見經濟部106年2月20日經商字第10602403710號函及經濟部107年11月26日經商字第10700093610號函。

人」自與前揭說明核有不符。另對於由政府或法人股東一人所組織之股份有限公司，應選擇是否設置監察人，以確定是否適用公司法中有關監察人之規定，尚不得於章程中訂定「得（不）置監察人」[4]。

依公司法第129條第5款之規定，有關董事之人數及任期為章程應記載事項。另公司法第195條第1項規定：「董事任期不得逾三年。但得連選連任。」此為強制規定，公司尚不得決議其任期超過三年[5]。如公司章程明設董事任期三年，則其當選屆數之計算，自應以每滿三年股東會改選時為一屆[6]。有關董事之任期，除股東會決議定有起訖日期或自上屆董事任期屆滿計算者外，否則應自當選之日起計算[7]。

四、董事之資格

（一）一般董事

依公司法第192條第1項之規定：「公司董事會，設置董事不得少於三人，由股東會就有行為能力之人選任之。」可知董事並不需具備股東身分，因此，自然人只須具有行為能力，即具備擔任董事之資格。而同條第4項規定：「民法第十五條之二及第八十五條之規定，對於第一項行為能力，不適用之。」亦即受輔助宣告之人，雖應經輔助人同意，仍不得充任董事；限制行為能力人雖經其法定代理人允許獨立營業者，關於其營業有行為能力，但仍不得充任董事。

但須注意的是，公司選任之董事或監察人，雖不以具有股東身分為必要；但如未具有股東身分者，以有行為能力之「自然人」為限，始得被選任為董事或監察人[8]。如係以「法人本身」當選為董事者，依公司法第27條第1項之規定：「政府或法人為『股東』時，得當選為董事或監察人」，已明定須具「股東」身分；如係由政府或法人股東所指派之代表人（自然人）當選為董事或監察人者，依公司法第27條第2項之規定，其代表人不以具有股東身分為要件（但須有行為能力）[9]。

依公司法之規定，自然人或法人始得當選為董事或監察人[10]。而依主管機關函釋之見解，外國人（依其本國法已成年者）[11]、職工福利委員會[12]、外國機構投資人具法人資格

4　參見經濟部108年1月10日經商字第10802400490號函。

5　參見經濟部80年11月15日商字第228118號函。

6　參見經濟部63年10月14日商字第26503號函。

7　參見經濟部68年8月14日經商字第25472號函。

8　參見經濟部91年2月5日經商字第09102022290號函。

9　參見經濟部56年9月8日商字第23486號函。

10　參見經濟部93年2月12日經商字第09302019660號函。

11　參見經濟部100年5月11日經商字第10002054140號函。

12　參見經濟部86年11月29日商字第86037387號函。

者（QFII）[13]，均得被選為公司之董事或監察人；但「證券投資信託基金」無法且不宜被選任為董事或監察人[14]。

公司法第192條第6項規定：「第三十條之規定，對董事準用之。」因此，如有下列情事之一者，不得充董事人，其已充任者，當然解任：1.曾犯組織犯罪防制條例規定之罪，經有罪判決確定，尚未執行、尚未執行完畢，或執行完畢、緩刑期滿或赦免後未逾五年；2.曾犯詐欺、背信、侵占罪經宣告有期徒刑一年以上之刑確定，尚未執行、尚未執行完畢，或執行完畢、緩刑期滿或赦免後未逾二年；3.曾犯貪污治罪條例之罪，經判決有罪確定，尚未執行、尚未執行完畢，或執行完畢、緩刑期滿或赦免後未逾二年；4.受破產之宣告或經法院裁定開始清算程序，尚未復權；5.使用票據經拒絕往來尚未期滿；6.無行為能力或限制行為能力；7.受輔助宣告尚未撤銷。

此外，監察人不得兼任公司董事（公§222）。公務員不得經營商業或投機事業；公務員非依法不得兼公營事業機關或公司代表官股之董事或監察人；公務員於其離職後三年內，不得擔任與其離職前五年內之職務直接相關之營利事業董事、監察人、經理、執行業務之股東或顧問（公務員服務法§13Ⅰ、Ⅱ、14-1）。

（二）獨立董事

依公開發行公司獨立董事設置及應遵循事項辦法（下稱「獨立董事設置辦法」）第2條第1項之規定：「公開發行公司之獨立董事，應取得下列專業資格條件之一，並具備五年以上工作經驗：一、商務、法務、財務、會計或公司業務所需相關科系之公私立大專院校講師以上。二、法官、檢察官、律師、會計師或其他與公司業務所需之國家考試及格領有證書之專門職業及技術人員。三、具有商務、法務、財務、會計或公司業務所需之工作經驗。」此為獨立董事專業資格之規定。

依獨立董事設置辦法第2條第2項之規定：「有下列情事之一者，不得充任獨立董事，其已充任者，當然解任：一、有公司法第三十條各款情事之一。二、依公司法第二十七條規定以政府、法人或其代表人當選。三、違反本辦法所定獨立董事之資格。」此為獨立董事消極資格之規定。由此可知，不得擔任董事者，亦不得擔任獨立董事；而獨立董事不得依公司法第27條規定以政府、法人或其代表人當選，故只能以自然人之身分當選。

有關獨立性之認定，則規定於獨立董事設置辦法第3條，亦即：「（第1項）公開發行公司之獨立董事於執行業務範圍內應保持其獨立性，不得與公司有直接或間接之利害關係，應於選任前二年及任職期間無下列情事之一：一、公司或其關係企業之受僱人。二、公司或其關係企業之董事、監察人。三、本人及其配偶、未成年子女或以他人名義持有公司已發行股份總數百分之一以上或持股前十名之自然人股東。四、第一款之經理人或前二款所列人員之配偶、二親等以內親屬或三親等以內直系血親親屬。五、直接持有公司已發

---

[13]　參見金管會95年11月1日金管證四字第0950148282號函。

[14]　參見財政部證券期貨管理委員會86年4月19日台財證四字第26482號函。

行股份總數百分之五以上、持股前五名或依公司法第二十七條第一項或第二項指派代表人擔任公司董事或監察人之法人股東之董事、監察人或受僱人。六、公司與他公司之董事席次或有表決權之股份超過半數係由同一人控制，他公司之董事、監察人或受僱人。七、公司與他公司或機構之董事長、總經理或相當職務者互爲同一人或配偶，他公司或機構之董事（理事）、監察人（監事）或受僱人。八、與公司有財務或業務往來之特定公司或機構之董事（理事）、監察人（監事）、經理人或持股百分之五以上股東。九、爲公司或關係企業提供審計或最近二年取得報酬累計金額逾新臺幣五十萬元之商務、法務、財務、會計等相關服務之專業人士、獨資、合夥、公司或機構之企業主、合夥人、董事（理事）、監察人（監事）、經理人及其配偶。但依本法或企業併購法相關法令履行職權之薪資報酬委員會、公開收購審議委員會或併購特別委員會成員，不在此限。（第2項）公開發行公司與其母公司、子公司或屬同一母公司之子公司依本法或當地國法令設置之獨立董事相互兼任者，不適用前項第二款、第五款至第七款及第四項第一款規定。（第3項）公開發行公司之獨立董事曾任第一項第二款或第八款之公司或其關係企業或與公司有財務或業務往來之特定公司或機構之獨立董事而現已解任者，不適用第一項於選任前二年之規定。（第4項）第一項第八款所稱特定公司或機構，係指與公司具有下列情形之一者：一、持有公司已發行股份總數百分之二十以上，未超過百分之五十。二、他公司及其董事、監察人及持有股份超過股份總數百分之十之股東總計持有該公司已發行股份總數百分之三十以上，且雙方曾有財務或業務上之往來紀錄。前述人員持有之股票，包括其配偶、未成年子女及利用他人名義持有者在內。三、公司之營業收入來自他公司及其集團公司達百分之三十以上。四、公司之主要產品原料（指占總進貨金額百分之三十以上者，且爲製造產品所不可缺乏關鍵性原料）或主要商品（指占總營業收入百分之三十以上者），其數量或總進貨金額來自他公司及其集團公司達百分之五十以上。（第5項）第一項、第二項及前項所稱母公司、子公司及集團，應依國際財務報導準則第十號之規定認定之。（第6項）第一項及第三項所稱關係企業，爲公司法第六章之一之關係企業，或依關係企業合併營業報告書關係企業合併財務報表及關係報告書編製準則、國際財務報導準則第十號規定應編製合併財務報告之公司。」

有關獨立董事持股及兼任家數之限制，獨立董事不得有「本人及其配偶、未成年子女或以他人名義持有公司已發行股份總額百分之一以上或持股前十名之自然人股東」（獨立董事設置辦法§3Ⅰ③）；「公開發行公司之獨立董事兼任其他公開發行公司獨立董事不得逾三家。」（獨立董事設置辦法§4Ⅰ），亦即最多只能擔任四家公開發行公司之獨立董事。

需特別說明的是，依主管機關函釋之見解：「公司法尚無獨立董事之規定；獨立董事係規範在證券交易法中，公開發行公司始有適用。是以，非公開發行公司設立獨立董事，自不可行。[15]」

[15] 參見經濟部97年9月19日經商字第09702347670號函。

五、董事之選任

（一）選任機關

公司設立後，有關首任董事之選任，如係採發起設立者，是由發起人選任（公§131 I 後段）；如係採募集設立者，則由創立會選任（公§146 I 前段）。如係政府或法人股東一人所組織之股份有限公司，則由政府或法人股東指派（公§128-1 IV）。公司成立後之董事則由股東會選任（公§192 I）。

（二）候選人提名制度

1. 適用範圍

依公司法第192條之1第1項之規定：「公司董事選舉，採候選人提名制度者，應載明於章程，股東應就董事候選人名單中選任之。但公開發行股票之公司，符合證券主管機關依公司規模、股東人數與結構及其他必要情況所定之條件者，應於章程載明採董事候選人提名制度。」（註：依公司法第216條之1第1項之規定，有關監察人之選舉則準用同法第192條之1之規定）。有關董事選舉，原僅限公開發行股票之公司才得採行候選人提名制度，惟107年8月1日公司法修訂時，刪除原第1項「公開發行股票之」之文字，因此，修法後無論是公開發行或非公開發行股票之公司，均得採行董事候選人提名制度。

此外，證券主管機關已依證券交易法第14條之2第1項之規定，要求所有上市（櫃）公司，應設置獨立董事[16]。依獨立董事設置辦法第5條第1項之規定：「公開發行公司獨立董事選舉，應依公司法第一百九十二條之一規定採候選人提名制度，並載明於章程，股東應就獨立董事候選人名單中選任之。」此外，證券主管機關亦已依公司法第192條第1項但書之規定，要求所有上市（櫃）公司，自110年1月1日起，對於董事（及監察人）選舉應採候選人提名制度[17]。

由上可知，上市（櫃）公司董事及獨立董事選舉應採候選人提名制度；上市（櫃）以外之公開發行公司，其獨立董事選舉應採候選人提名制度，至於一般董事則應視章程是否規定採候選人提名制度；非公開發行公司並無獨立董事[18]，但得於章程規定對於董事（及監察人）選舉，採候選人提名制度。

2. 應於章程明定

依公司法第192條之1第1項之規定，董事選舉，如擬採候選人提名制度者，應於章程中載明，且不可選擇採用（即不得載明：「本公司董事選舉，『得』採候選人提名制

---

[16] 參見金管會107年12月19日金管證發字第1070345233號令。至於非屬金融業之興櫃公司，應自109年1月1日起於章程規定設置獨立董事；其董事、監察人任期於109年未屆滿者，得自其任期屆滿時，始適用之。

[17] 參見金管會108年4月25日金管證交字第1080311451號令。

[18] 參見經濟部97年9月19日經商字第09702347670號函。

度⋯⋯」）[19]：如未於章程中載明者，即無候選人提名制度之適用。再者，如採候選人提名制度者，依同條第2項之規定應公告受理董事之提名，因此，無法於同一次股東會上先修訂公司章程，接者對於董監事選舉議案（以臨時動議方式）提出候選人名單而由名單中選任之。因此，公司應召開兩次股東會（不同年度的股東常會；或股東常會與股東臨時會），第一次股東會先修訂章程（明定董監事選舉採候選人提名制度），再由之後的股東會依候選人提名制度選任董監事[20]。

　　採董監事候選人提名制度之公司，於召開股東會時，如同時列有選舉議案及修正章程變更董事「人數」議案時（如公發公司原設有二席獨立董事；擬改設置審計委員會需有至少三席之獨立董事），董監事應選名額，應以公告時已生效章程之董監事人數為準[21]；至於股東會新修訂通過之章程（變更董監事人數），應於下一次股東會進行改選或補選時，始有適用[22]。

3. 公告受理提名程序

　　依公司法第192條之1第2項之規定：「公司應於股東會召開前之停止股票過戶日前，公告受理董事候選人提名之期間、董事應選名額、其受理處所及其他必要事項，受理期間不得少於十日。」此是指公告時間應在停止股票過戶日之前，至受理期間是否在股東會召開前之停止過戶期間內或之前，並非所問[23]。

　　該條所稱「其他必要事項」，其內容應具體、明確並以正面表列方式為之。換言之，除公司受理董事候選人提名之期間、董事應選名額及受理處所外，「其他必要事項」應以法令所明定要求之資格條件（如獨立董事設置辦法第2條及第3條規定等）有關之證明文件，以及同條第5項第1款至第4款所定不予列入董事候選人名單之事項為限，且不得要求提名股東檢附公告事項以外之文件[24]。

4. 提名人、被提名人人數及應敘明事項

　　依公司法第192條之1第3項之規定：「持有已發行股份總數百分之一以上股份之股東，得以書面向公司提出董事候選人名單，提名人數不得超過董事應選名額；董事會提名董事候選人之人數，亦同。」可知具有董事候選人提名權者，為董事會及持有已發行股份總數1%以上股份之股東。

　　「持有已發行股份總數百分之一以上股份之股東」，不以單一股東為限，如數股東持有股份總數之總和達1%以上者，亦包括在內[25]。而持股證明得以股務單位開立、自行提

---

[19]　參見經濟部94年8月12日經商字第09402115470號函。

[20]　參見經濟部96年4月13日經商字第09602037820號函。

[21]　參見經濟部98年2月11日經商字第09802012930號函。

[22]　參見經濟部103年12月9日經商字第10302146130號函。

[23]　參見經濟部97年4月1日經商字第09702032640號函。

[24]　參見經濟部104年3月10日經商字第10402404650號函。

[25]　參見經濟部97年5月15日經商字第09702060280號函。

示證券存摺或集保公司所產製的餘額資料，以其中任一項加以證明[26]。公開徵求人僅為召開股東會時代理股東行使表決權之人，與出資之股東，尚屬有間，自無法賦予董事候選人提名權[27]。持股1%以上股份之股東，均得提出不超過董事應選名額之董事候選人名單，各名單中之候選人有重複者，並無不可。又選舉董事時，應以公告名單中之候選人為對象進行選舉，尚無依股東提出之名單為單位（組）進行包裹選舉之問題[28]。此外，如無股東提名或股東不足額提名，為符章程規定，董事會仍應提名至足額，蓋若非如此，公司法第129條第5款董事人數為章程必要記載事項之規定將形同具文[29]。

公司法第192條之1第4項原規定：「前項提名股東應檢附被提名人姓名、學歷、經歷、當選後願任董事之承諾書、無第三十條規定情事之聲明書及其他相關證明文件；被提名人為法人股東或其代表人者，並應檢附該法人股東登記基本資料及持有之股份數額證明文件。」但因實務上屢有公司在提名截止日前，臨時公告要求被提名人應提供個人信用資料、個人所得資料、良民證等資格文件，致使提名股東及被提名人準備不及，並利用董事會對於被提名人審查之權限，動輒以市場派股東所提之候選人「應備文件不齊全而未通過形式審查」為由，剔除市場派股東所提之候選人名單，藉以確保自身之經營權，致生弊端。因此，107年8月1日公司法修訂時，為簡化提名股東之提名作業程序，乃修正第192條之1第4項之規定：「前項提名股東應敘明被提名人姓名、學歷及經歷。」亦即將「檢附」改為「敘明」，且僅需敘明被提名人姓名、學歷、經歷即可，以減少弊端。

惟需注意的是，依獨立董事設置辦法（最後一次修正日期為109年1月15日）第5條第4項規定：「股東或董事會依前項提供推薦名單時，應敘明被提名人姓名、學歷及經歷，並檢附被提名人符合第二條第一項、前二條之文件及其他證明文件。」其修訂理由稱：「考量獨立董事有其專業資格及獨立性之要求，爰明定股東會及董事會提供獨立董事推薦名單時，應檢附被提名人符合第二條第一項專業資格、第三條獨立性及第四條兼職限制等文件，前述獨立性及兼職限制之文件，如符合獨立性及兼職規定之聲明書。另配合公司法一百零七年八月一日修正公布第一百九十二條之一，簡化提名董事之提名作業程序，爰修正第四項之『檢附』為『敘明』，且僅需敘明被提名人姓名、學歷及經歷，並刪除應檢附當選後願任獨立董事之承諾書、無公司法第三十條規定情事之聲明書等文件。」茲因「公開發行股票公司獨立董事係屬證券交易法之規定，因獨立董事相較於一般董事，有其專業資格及獨立性之要求，爰公司選任獨立董事仍應依『證券交易法』第14條之2第2項及『公開發行公司獨立董事設置及應遵循事項辦法』第5條規定辦理。[30]」因此，有關獨立

26　參考經濟部106年8月8日經商字第10600627120號函。

27　參見經濟部102年7月15日經商字第10200616010號函。

28　參見經濟部95年2月17日經商字第09502018490號函。

29　參見經濟部107年5月17日經商字第10702019080號函。

30　參見「新修正公司法問答集」。路徑為：經濟部商業司全國商工服務入口網首頁〉公司法修法專區〉最新公司法問答集〉新修正公司法問答集（https://gcis.nat.gov.tw/mainNew/subclassNAction.do?method=getFile&pk=955）。

董事之選任,除敘明被提名人姓名、學歷及經歷外,公司仍得要求被提名人提出其符合專業資格、獨立性及兼職限制等文件,但不得要求檢附當選後願任獨立董事之承諾書、無公司法第30條規定情事之聲明書等文件。

另股東依公司法第192條之1所提名之(一般)董事或監察人候選人,並不限於自然人,被提名為董事或監察人候選人者,亦得為法人股東本身(公司第27條第1項之情形)或法人股東之代表人(公司第27條第2項之情形)[31]。

5. 董事候選人名單之形式認定

公司法第192條之1第5項及第6項原規定:「董事會或其他召集權人召集股東會者,對董事被提名人應予審查,除有左列情事之一者外,應將其列入董事候選人名單……」「前項審查董事被提名人之作業過程應作成紀錄,其保存期限至少為一年。但經股東對董事選舉提起訴訟者,應保存至訴訟終結為止。」惟因實務上屢有公司利用董事會或其他召集權人對於被提名人審查之權限,動輒以市場派股東所提之候選人「應備文件不齊全而未通過形式審查」為由,剔除市場派股東所提之候選人名單之情形,因此,107年8月1日公司法修訂時,乃刪除董事會或其他召集權人對被提名人予以審查之規定,而將該條第5項修正為:「董事會或其他召集權人召集股東會者,除有下列情事之一者外,應將其列入董事候選人名單:一、提名股東於公告受理期間外提出。二、提名股東於公司依第一百六十五條第二項或第三項停止股票過戶時,持股未達百分之一。三、提名人數超過董事應選名額。四、提名股東未敘明被提名人姓名、學歷及經歷。」並同時刪除上開原第6項之規定。

如係由持股1%以上股份之股東所提者,提名股東應於公告受理期間內提出董事候選人名單;倘董事候選人名單係由董事會提出者,不受公告受理期間內提出之限制。又受理期間屆滿後,如「無」股東提出董事候選人名單,而董事會前已決議通過其提名人選者,於受理期間屆滿後,毋庸再召開董事會(因新法已刪除審查董事被提名人之作業過程應作成紀錄之規定);如「有」股東提出董事候選人名單者,倘召集股東會之主體為董事會時,針對提名股東提出之董事候選人名單,則應召開董事會就有無第192條之1第5項第1款至第4款之情事為形式認定[32],且應以決議方式為之[33]。此外,公司依公司法第192條之1規定,採董事候選人提名制度,董監事應選名額係以公告時已生效章程之董事人數為準。準此,如(1%)股東不足額提名,為符合章程規定,董事會仍應提名至足額[34]。

6. 董事候選人名單之公告

公司法第192條之1第7項原規定:「公司應於股東常會開會四十日前或股東臨時會開會二十五日前,將董事候選人名單及其學歷、經歷、持有股份數額與所代表之政府、法人

---

[31] 參見經濟部106年7月11日經商字第10602034790號函。

[32] 參見經濟部107年12月21日經商字第10702429010號函。

[33] 參見經濟部109年4月23日經商字第10900027060號函。

[34] 參見經濟部109年6月8日經商字第10900046230號函。

名稱及其他相關資料公告，並將審查結果通知提名股東，對於提名人選未列入董事候選人名單者，並應敘明未列入之理由。」惟爲配合本條已刪除董事會或其他召集權人對被提名人予以審查之規定，故乃刪除應將審查結果通知提名股東，及敘明未列入之理由等相關規定；另爲配合本條第1項修正後，所有股份有限公司均得採董事候選人提名制度，故將原第6項前段針對公開發行股票之公司所設計之期限規定，改置於（第6項）但書，而將本條第6項修訂爲：「公司應於股東常會開會二十五日前或股東臨時會開會十五日前，將董事候選人名單及其學歷、經歷公告。但公開發行股票之公司應於股東常會開會四十日前或股東臨時會開會二十五日前爲之。」

另現行公司法第192條之1第7項規定：「公司負責人或其他召集權人違反第二項或前二項規定者，各處新臺幣一萬元以上五萬元以下罰鍰。但公開發行股票之公司，由證券主管機關各處公司負責人或其他召集權人新臺幣二十四萬元以上二百四十萬元以下罰鍰。」亦即公司負責人或其他召集權人如違反同條第2項（未依規定公告受理提名）、第5項（應列入董事候選人名單而未列入）或第6項（未於期限公告董事候選人名單）之規定，應處以罰鍰。另修訂理由並稱：「董事會及其他召集權人違反第五項規定（應列入董事候選人名單而未列入）者，提名股東得依民事訴訟法第七編『保全程序』辦理，併予敘明。」亦即對於應列入董事候選人名單而未列入之情形，提名股東得依民事訴訟法之規定向法院聲請假處分加以救濟。

（三）選任方式

依公司法第198條第1項之規定：「股東會選任董事時，每一股份有與應選出董事人數相同之選舉權，得集中選舉一人，或分配選舉數人，由所得選票代表選舉權較多者，當選爲董事。」另公司法第227條有關監察人之部分，亦準用第198條之規定。可知公司法對於董監事之選舉，是採「累積投票制」（cumulative voting），在選任董事時，每一股份有與應選出董事人數相同之選舉權，股東得集中選舉一人，或分配選舉數人，並由所得選票代表選舉權較多者，當選爲董事。例如某一股份有限公司已發行股份爲100股，假設多數派股東全體合計（爲簡化起見，下稱「甲股東」）持有70股；少數派股東全體合計（下稱「乙股東」）持有30股，欲選出三席董事，則甲股東之選舉權數爲70股×3席＝210權；乙股東之選舉權數爲30股×3席＝90權。甲股東擬支持A、B、C候選人；乙股東擬支持D、E候選人。如乙股東將所有選舉全集中於一人，該人可獲得90權選舉權；甲股東如平均分配選舉權予A、B、C三人，每人僅得70權而已，不足以使三人同時當選，由此可知，累積投票制可保障少數股東有當選董事之機會，俾參與公司之經營。

與累積投票制相對的是「直接投票制」（straight voting），又稱爲「全額連記法」、「聯選制」或「連選連記法」。亦即每一股有與應選候選人人數相同之選舉權，然必須將該數個選舉權分配於數個候選人中，不能將其選舉權集中投給一人或數人[35]。承上例，甲

---

[35] 參見邵慶平，公司法—組織與契約之間，2008年12月初版，第245頁。

股東持有70股，每1股最多可圈選三人，甲股東支持之A、B、C候選人，每人各得70權；乙股東持有30股，每1股最多可圈選三人，乙股東只投給其所支持D、E候選人，故D、E候選人每人各得30權，其結果將由A、B、C三人當選。因此，只要股東掌握多數股權，就可拿下所有之董事席次，造成「贏者全拿」之結果[36]。

有關選舉董事之方法，在35年修正公布之公司法中，並無明文規定，當時公司多採「聯選制」之多數決方法選任，在此一制度下，掌控多數股權之一方，即可囊括所有之董事席次。55年公司法修訂時，為強化個別股東權，防止多數操控，並保障少數利益，首度將強制累積投票制制定於公司法中[37]。直到90年11月12日修正時，認為董事之選任方式，係屬公司內部自治事宜，故修正公司法第198條第1項之規定，增列「除公司章程另有規定外」等文字，俾為彈性處理（即改採任意累積投票制）。實行結果，卻有「部分公司經營者以及股權相對多數者，利用修改公司章程之方式，將選任公司董事之選舉法，變更為『全額連記法』，不僅違反『股東平等原則』，影響股東投資意願，更使公司失去制衡的力量變成一言堂，變成萬年董事會、萬年董事長，讓公司治理徹底崩盤……」[38]。因此，100年12月28日公司法修正時，又刪除「除公司章程另有規定外」等文字，而回復採取強制累積投票制。

選舉董監事之股東會應有已發行股份總數過半數股東出席（公§174），如股東出席股數未達已發行股份總數過半數，致無法召開股東會選舉董事時，公司應再重行召集股東會選舉董事[39]。又公司法第198條第2項規定：「第一百七十八條之規定，對於前項選舉權，不適用之。」亦即股東選舉董事時，不適用同法第178條有關利益迴避之規定。惟需注意的是，依公司法第198條第2項之規定，僅排除同法第178條之規定，並未明文排除同法第177條第2項之適用，從而股份有限公司股東選舉董事，似仍應受公司法第177條第2項關於代理表決權之限制[40]。同理，公司法第179條有關無表決權及第369條之10第1項有關相互投資公司表決權行使之限制（不得超過被投資公司已發行有表決權總數之三分之一），於選舉董監事時，因不在公司法第198條第2項之排除範圍，故仍應適用之。

另依107年8月1日修正後公司法第157條第1項第4款及第5款之規定，非公開發行股票之公司得發行複數表決權特別股及當選一定名額董事權利之特別股，如公司有發行該等特別股者，將會減弱強制累積投票制之功能；至於公開發行公司依公司法第157條第3項之規定，不得發行複數表決權特別股或當選一定名額董事權利之特別股，仍採強制累積投票制，以保障少數股東有當選董事之機會。至於閉鎖性公司，依新修訂公司法第

---

[36] 採全額連記法之公司章程規定如：「本公司董事及監察人之選舉，每一股份有與應選出董事及監察人人數相同之選舉權，每名被選舉人所得選舉權以各選舉股東所持有股數之全額計算，股東所填選之被選舉人數不得超過應選人數。」

[37] 參見邵慶平，前揭書，第262頁以下。

[38] 參見100年12月28日公司法第198條之修正理由。

[39] 參見經濟部93年8月9日經商字第09302126390號函。

[40] 參見經濟部75年8月20日商字第36747號函。

356條之3第7項之規定：「股東會選任董事及監察人之方式，除章程另有規定者外，依第一百九十八條規定。」可知閉鎖性公司選任董事及監察人之方式，已不強制公司採取累積投票制，而允許公司得以章程另定選舉方式（如每股僅有一個選舉權，或採全額連記法等）。

（四）選任登記

依公司登記辦法第4條第1項之規定，公司及外國公司登記事項如有變更者，應於變更後十五日內，向主管機關申請為變更之登記。而依該辦法「附表四、股份有限公司登記應附送書表一覽表」所示，改選董監事時，應檢附申請書、其他機關核准函影本（無則免送）、股東會議事錄影本、董事會議事錄（或董事同意書）影本、董監事或其他負責人身分證明文件影本（原任者免附身分證明文件）、董監事願任同意書影本（政府股東指派之董事、監察人免附願任同意書）及變更登記表等，向主管機關辦理登記。

六、董事與公司間之法律關係

依公司法第192條第5項之規定：「公司與董事間之關係，除本法另有規定外，依民法關於委任之規定。」基此，1.受任人處理委任事務，應依委任人之指示（民§535前段）；類此，公司法亦規定，董事會執行業務，應依照法令章程及股東會之決議（公§193 I）；2.受任人處理委任事務，受有報酬者，應以善良管理人之注意為之（民§535後段）；類此，公司法亦規定，董事應忠實執行業務並盡善良管理人之注意義務（公§23 I）；3.受任人應自己處理委任事務（民§537前段）；類此，公司法亦規定，董事會開會時，原則上董事應親自出席（公§205 I）；4.受任人應將委任事務進行之狀況，報告委任人（民§540）；類此，公司法亦規定，每會計年度終了，董事會應編造營業報告書、財務報表、盈餘分派或虧損撥補之議案，提出於股東常會請求承認（公§228、§230）等。

此外，由於公司與董事間之關係，原則上應依民法關於委任之規定，依民法第549條第1項規定，當事人之任何一方得隨時終止委任契約，是以董事辭職並不以股東會或董事會之決議為生效要件[41]。且董事不論是否有任期，或其事由如何，亦不須經公司之承諾。董事之辭職，向公司之代表人（董事長或其代理人）為辭任意思表示即生效力。至於辭任之意思表示，以口頭或書面為之，並無限制。僅前者依民法第94條之規定，以相對人瞭解時，發生效力；而後者以通知達到相對人時，發生效力[42]。

基於公司與董事間之特殊性質，公司法另有規定者，包括董事之報酬（公§196）、董事之解任（公§199、§199-1、§200）、競業禁止（公§209）等，則不適用民法有關

---

[41] 參見經濟部55年8月31日商字第19825號函。

[42] 參見經濟部80年9月7日商字第223815號函。

委任之規定。

　　另特別說明的是，依公司法第27條之規定當選為董事者，在委任關係之認定上，亦有所不同。最高法院89年度台上字第2191號民事判決認為：「依公司法第二十七條第一項、第二項規定，政府或法人為股東時，得自己當選為董事；亦得由其代表人當選為董事。前者因係政府或法人股東自己當選為董事，是與公司成立委任關係者固係政府或法人股東本身，惟後者係由政府或法人股東之代表人當選為董事，則與公司成立委任關係者應為該代表人個人，而非政府或法人股東本身。」

七、董事之薪資報酬

　　依公司法第196條第1項之規定：「董事之報酬，未經章程訂明者，應由股東會議定，不得事後追認。」其立法原意是為避免董事利用其為公司經營者之地位與權利，恣意索取高額報酬，故不以董事會決議為足，而須將董事報酬委由章程與股東會決議定之，且不得事後追認[43]。

　　所謂「董事報酬」，是指董事為公司服務應得之酬金而言，亦即委任關係之對價。依公司法第196條第1項之規定，董事之報酬額及其分配方法，應依章程之規定，如章程未明定時，應由股東會議定，且不得事後追認。惟主管機關認為如「公司章程經股東會決議，訂明全體董事及監察人之報酬，授權董事會議依同業通常水準支給議定，於法尚無不可[44]。」依此見解，似可由公司章程授權董事會議依同業通常水準支給議定。

　　所謂「同業通常水準」，參酌外國立法例、法院判決及與會專家學者意見，除於章程訂明全體董事及監察人之報酬，授權董事會議依同業通常水準支給外，也可於章程中增訂全體董事及監察人報酬之總額、上限、一定比例等明確授權之範圍，並考量所投入之時間、所負擔之職責及公司近年給予同等職位者之報酬，以落實公司法第196條之立法目的[45]。至其支給是否超乎同業標準，係屬具體個案認定，如有爭議，宜循司法途逕解決[46]。

　　此外，董事所受領之酬金，除董事之報酬外（董事為公司服務應得之酬金）外，還可能以不同之名稱為之。所謂「車馬費」，顧名思義，則指董事前往公司或為公司與他人洽商業務所應支領之交通費用而言，自與董事之報酬有別，至於薪資、車馬費、交際費、伙食津貼、各項獎金、退職金等，公司應據上揭說明依其性質分別認定之[47]。

---

[43]　參見98年1月21日公司法第196條之修正理由。

[44]　參見經濟部93年3月8日商字第09302030870號函。

[45]　參見經濟部106年10月16日經商字第10602423970號函。

[46]　參見經濟部93年3月8日商字第09302030870號函。

[47]　參見經濟部93年1月20日商字第09302005550號函（註：該函已被經濟部107年6月21日經商字第10702411470號函停止適用／廢止）。

在政府或法人股東或其代表人依公司法第27條之規定當選為董事者，主管機關認為：「無論係政府或法人本身被推定為執行業務股東或當選為董事或監察人而由其指定之自然人代表行使職務（註：指第27條第1項之情形），抑其代表被推定為執行業務股東或當選為董事或監察人（註：指第27條第2項之情形），該代表人與政府或法人間實屬民法上之委任關係，依民法第五百四十一條第一項規定受任人因處理委任事務所收取之金錢物品及孳息，應交付於委任人，因此公司支付於董監事之酬勞金，應歸為股東之政府或法人所有，至於車馬費係供實際需要之費用，由其代表人支領，尚無不當。[48]」

另與「董事報酬」名稱相近，但意義不同的是「董事酬勞」。「董事酬勞」乃相對於「員工酬勞」之概念（公§235-1），尚非屬公司法第196條規定之範圍。依主管機關函釋之見解，章程除依法訂定員工酬勞外，亦得訂定董監事酬勞，公司是否發放董監事酬勞係屬章程規範範疇，公司如擬發放董監事酬勞，自應於章程中明文規定董監事酬勞發放金額之定額或比率。倘章程未明定董監事酬勞發放金額之定額或比率，即認定為公司不發放董監事酬勞，尚不得以股東會決議之方式代替章程；董監事酬勞之發放僅能以現金為之；章程上董監事酬勞比率訂定方式，應以上限之方式為之[49]。

如屬上市（櫃）公司，依證券交易法第14條之6之規定，應設置薪資報酬委員會。依「股票上市或於證券商營業處所買賣公司薪資報酬委員會設置及行使職權辦法」（下稱「薪酬委員會設置辦法」）第7條之規定，薪資報酬委員會應以善良管理人之注意，訂定並定期檢討董事、監察人及經理人績效評估與薪資報酬之政策、制度、標準與結構，定期評估並訂定董事、監察人及經理人之薪資報酬，並將所提建議提交董事會討論（第1項）。所稱之薪資報酬，包括現金報酬、認股權、分紅入股、退休福利或離職給付、各項津貼及其他具有實質獎勵之措施；其範疇應與公開發行公司年報應行記載事項準則中有關董事、監察人及經理人酬金一致（第3項）。董事會討論薪資報酬委員會之建議時，應綜合考量薪資報酬之數額、支付方式及公司未來風險等事項（第4項）。董事會不採納或修正薪資報酬委員會之建議，應由全體董事三分之二以上出席，及出席董事過半數之同意行之，並於決議中依前項綜合考量及具體說明通過之薪資報酬有無優於薪資報酬委員會之建議（第5項）。董事會通過之薪資報酬如優於薪資報酬委員會之建議，除應就差異情形及原因於董事會議事錄載明外，並應於董事會通過之即日起算二日內於主管機關指定之資訊申報網站辦理公告申報（第6項）。

另98年公司法修訂時，增訂第196條第2項之規定：「第二十九條第二項之規定，對董事準用之。」亦即公司有第156條之4之情形者，專案核定之主管機關應要求參與政府專案紓困方案之公司提具自救計畫，並得限制其發給董事報酬或為其他必要之處置或限制。依「參與政府專案紓困方案公司發行新股與董事監察人經理人限制報酬及相關事項辦法」第3條之規定：「專案核定之主管機關得對專案核定紓困方案之公司，於紓困期間，

---

[48]　參見司法行政部63年7月20日臺（63）函參字第6303號函。

[49]　參見經濟部104年10月15日經商字第10402427800號函。

爲下列必要之處置或限制：一、董事、監察人或經理人之報酬。二、董事、監察人或經理人之更換。三、其他相關事項。」其目的在避免公司因營運狀況不佳而申請紓困，然其董事、監察人或經理人卻受領高薪之不公平現象，故授予專案核定之主管機關得對紓困公司董事、監察人或經理人之報酬予以限制。

八、董事之退任與解任

（一）任期屆滿及提前改選

依公司法第195條第1項之規定：「董事任期不得逾三年。但得連選連任。」此爲強制規定，公司尙不得決議其任期超過三年[50]。而公司與董事間之關係，依民法委任契約期間屆滿，公司本應召集股東會改選之。然實務上，可能因故而未及改選，爲保障股東之權益，促進公司業務正常經營，乃於90年修法時增訂第2項：「董事任期屆滿而不及改選時，延長其執行職務至改選董事就任時爲止。但主管機關得依職權限期令公司改選；屆期仍不改選者，自限期屆滿時，當然解任。」以因應公司之實際需要。

所謂「不及改選」，係以董事任期屆滿，公司是否選出新任董事爲斷，至原因爲何，尙非所問[51]。如屬股份有限公司法人股東指派之代表人當選爲董事、監察人，而其任期屆滿不及改選時，該法人股東得另改派代表人，延長執行職務至改選就任時爲止[52]。而爲避免公司藉故而遲不改選，主管機關得依職權限期改選，如屆期仍不改選者，自限期期滿時，發生當然解任之效力，尙無須俟主管機關爲解任之處分始生解任效力之問題[53]。

與此相對的是，董事任期尙未屆滿而提前改選之情形，依公司法第199條之1第1項之規定：「股東會於董事任期未屆滿前，改選全體董事者，如未決議董事於任期屆滿始爲解任，視爲提前解任。」蓋董事係採任期制，實務上公司於董事任期中提前改選者頗多，而所附之召集通知及會議紀錄，也多僅是載明改選董監事議案，並未同時於議程中就現任董事爲決議解任，故該條規定除股東會決議董事於原任期屆滿始爲解任外，否則以新任董事就任日視爲原董事提前解任，俾釐清董事與公司之權益關係[54]。此外，股東會召集事由亦可載明全面改選董事、監察人，並載明就任日期；如已載明就任日期，且經該次股東會改選完成後，則同次會議不得再以臨時動議或其他方式變更其就任日期[55]。

茲有疑問的是，前揭條文並未明定決議方法爲何，有認爲依公司法第199條之規定，

---

[50] 參見經濟部80年11月15日商字第228118號函。

[51] 參見經濟部94年12月8日經商字第09402188600號函。

[52] 參見經濟部91年11月12日商字第09102257800號函。

[53] 參見經濟部91年7月12日商字第091021319170號函。

[54] 參見90年11月12日公司法第199條之1之立法理由。

[55] 參見經濟部107年8月6日經商字第10702417500號函。

解任「單一董事」之議案，須以特別決議爲之，而依第199條之1改選全體董事議案則帶有解任「全體董事」之實質意義，依舉輕以明重之法理，亦應以特別決議爲之。然在司法實務上，法院見解認爲該條既曰「視爲提前解任」，當不以改選全體董事前先行決議解任全體董事爲必要，即改選全體董事前無須經決議解任全體董事之程序，僅需以第174條所定應有代表已發行股份總數過半數之出席，並行第198條累積投票方式選任之即可[56]，故101年1月4日公司法修正時，乃增訂第2項之規定，而明定：「前項改選，應有代表已發行股份總數過半數股東之出席。」以避免爭議。

（二）董事自行辭任

董事與公司間之關係，依民法關於委任之規定（公§192Ⅳ）。委任關係，因當事人一方死亡、破產或喪失行爲能力而消滅（民§550）。又委任關係中，當事人之任何一方，均得隨時終止委任契約（民§549Ⅰ），因此，董事得隨時向公司辭任，以終止委任關係。董事一經提出辭任，無需公司同意，即失其董事之身分，並不以經股東會或董事會之決議爲生效要件[57]。如董事是在不利於公司之時期終止契約者，應負損害賠償責任。但因非可歸責於該董事之事由，致不得不終止契約者，不在此限（民§549Ⅱ）。

（三）當然解任

1. 持股超額轉讓而當然解任

依公司法第197條第1項之規定：「董事經選任後，應向主管機關申報，其選任當時所持有之公司股份數額；公開發行股票之公司董事在任期中轉讓超過選任當時所持有之公司股份數額二分之一時，其董事當然解任。」其立法意旨乃爲防止股東以多數股份爭取得董事之後，即將股份大量讓出，仍然保持占據董事席位，或因知悉公司業務前途不利，財產狀況欠佳，及早將持有股份拋出[58]，故不許其任意將持有股份隨意轉讓。另爲防免選任時至就任時兩時點間大量股份轉讓，而使同條第1項的管制存有漏洞，於102年公司法修訂時，乃增訂第3項之規定：「公開發行股票之公司董事當選後，於就任前轉讓超過選任當時所持有之公司股份數額二分之一時，或於股東會召開前之停止股票過戶期間內，轉讓持股超過二分之一時，其當選失其效力。」

公司法第197條董事當然解任之規定，係專指公開發行股票公司之董事而言[59]，至於非公開發行公司之董事，則不在適用之列。此外，獨立董事持股轉讓，亦不適用該規定（證§14-2Ⅳ）。

董事經選任後應先向主管機關申報其選任當時所持有之公司股份數額。其申報及公

56　參見最高法院98年度台上字第2261號民事判決及101年1月4日公司法第198條之修正理由。
57　參見經濟部55年8月31日商字第19825號函。
58　參見經濟部75年1月11日商字第01289號函。
59　參見經濟部91年10月29日商字第09102242860號函。

告義務，應由公司為之[60]。至於依公司法第27條第2項之規定，政府或法人股東指派代表人，分別當選為公司董事（或監察人）時，其持有股份仍應以政府或法人持有之股份總數為準，因此，如法人股東轉讓股份超過前舉法定數額時，其指派之董事、監察人即應當然解任，與各代表人持股數無關[61]。

　　所謂「轉讓」，原則上是以所有權是否移轉作為判斷依據，例如：(1)董事將其持有股份全部設質予他人，與轉讓股份有別，自不能適用公司法第197條規定[62]；(2)減資銷除股份並非轉讓股份[63]；(3)公開發行股票之公司董事，因公司依章程規定收回特別股而交回該特別股，與轉讓股份不同，不適用上開規定[64]；(4)董事以消費借貸方式出借他人，如所有權已移轉於借券人，股份數額既有變更，自有公司法第197條第1項規定之適用[65]；(5)董事或監察人信託移轉「保留運用決定權之交付信託股份」超過選任當時所持有之公司股份總數二分之一時，公司股東名簿所記載之股東名稱已變更為受託人，其所有權已移轉，仍有公司法第197條第1項當然解任之適用[66]。

　　董事、監察人選任後持有股份有變動，是否達於當然解任，係以「選任當時所持之股份數額」為計算標準，即董事、監察人在任期中轉讓股份後其「實際持有之股份」若低於選任時持有股份之二分之一時，應當然解任[67]。所謂「選任當時所持有之公司股份數額」之認定，係指停止過戶股東名簿所記載股份數為準[68]。為避免「分段」轉讓持股之情形，所謂轉讓持股則係採「累積計算」[69]，亦即轉讓持股累計超過選任當時所持有之公司股份數額二分之一時，即當然解任（例如：選任時持有10,000股，之後陸續賣出持股，當賣出累計超過5,000股時，即當然解任）。如有買入股份而又賣出股份者，則任期中轉讓股份後其「實際持有」之股份若低於選任時持有股份之二分之一時，應當然解任[70]（例如：董事選任時持股10,000股，之後曾買進股份，又再賣出股份者，當其實際持有股份低

---

[60]　參見經濟部65年3月30日商字第07812號函。

[61]　參見經濟部82年2月16日商字第001346號函。

[62]　參見經濟部72年6月3日商字第21648號函。

[63]　參見經濟部56年11月1日商字第29577號函。但依公司法第197條之1第2項之規定：「公開發行股票之公司董事以股份設定質權超過選任當時所持有之公司股份數額二分之一時，其超過之股份不得行使表決權，不算入已出席股東之表決權數。」

[64]　參見經濟部102年6月19日經商字第10202418630號函。

[65]　參見經濟部94年8月19日經商字第09400588020號函。

[66]　參見金管會（原：財政部證券暨期貨交易委員會）92年9月16日台財證三字第0920137238號函。但依經濟部102年4月19日經商字第10200569710號函之見解，如公職人員財產申報法所定財產申報信託義務人，如本為公開發行股票之公司董事，若將股票全部強制信託予信託業者，應非屬公司法第197條第1項後段所稱「轉讓」，其應可繼續擔任董事職務。

[67]　參見經濟部91年9月9日商字第09102195340號函。

[68]　同前註。

[69]　參見經濟部90年12月25日商字第09002275090號函。

[70]　參見經濟部77年2月3日商字第03310號函。

於5,000股者（＞10000*1/2），即當然解任）。

如原為非公開發行股票公司嗣後成為公開發行股票公司者，則應以公司公開發行後之轉讓股份數，併同公開發行前之轉讓股份數累計是否超過選任當時所持有之公司股份數額之二分之一為準[71]。如公開發行股票之公司依法辦理減資，因減資銷除股份，並非轉讓股份，故不能適用公司法第197條規定，減資後轉讓股份應重新計算（不適用前述「累積計算」之方式），當實際持有之股份若低於「減資後」所持有之股份數額之二分之一時，應當然解任（例如：選任時持股10,000股，賣出2,000股，公司辦理減資減除20%股份，故減資後持有6,400股（(10000 – 2000)*80%），當實際持有之股份若低3,200股時，應當然解任）。又當公開發行公司依章程規定收回特別股，與轉讓不同，亦不適用公司法第197條規定，收回特別股後轉讓股數應重新計算，且當實際持有之股份低於交回特別股後所持有之股份數額之二分之一時，當然解任[72]。

2. 違反消極資格而當然解任

依公司法第192條第6項之規定，有關公司法第30條之規定（經理人消極資格），對董事準用之。故董事於就任後如發生第30條所列各款情事之一者，亦因失格而當然解任。

3. 獨立董事違反獨立性而當然解任

依證券交易法第14條之2第4項之規定：「有下列情事之一者，不得充任獨立董事，其已充任者，當然解任：一、有公司法第三十條各款情事之一。二、依公司法第二十七條規定以政府、法人或其代表人當選。三、違反依第二項所定獨立董事之資格。」因此，獨立董事如違反獨立董事之資格者，當然解任。

4. 公開發行公司董監事間因特定親屬關係之當然解任

依證券交易法第26條之3之規定：「（第3項）公司除經主管機關核准者外，董事間應有超過半數之席次，不得具有下列關係之一：一、配偶。二、二親等以內之親屬。（第4項）公司除經主管機關核准者外，監察人間或監察人與董事間，應至少一席以上，不得具有前項各款關係之一。（第6項）已充任董事或監察人違反第三項或第四項規定者，準用前項規定當然解任。」因此，公開發行公司董監事間如因違反前述規定，充任者亦當然解任。

（四）決議解任

依公司法第199條之規定：「（第1項）董事得由股東會之決議，隨時解任；如於任期中無正當理由將其解任時，董事得向公司請求賠償因此所受之損害。（第2項）股東會為前項解任之決議，應有代表已發行股份總數三分之二以上股東之出席，以出席股東表決

---

[71] 參見經濟部92年5月6日商字第09202092230號函。

[72] 參見經濟部102年6月19日經商字第10202418630號函。

權過半數之同意行之。（第3項）公開發行股票之公司，出席股東之股份總數不足前項定額者，得以有代表已發行股份總數過半數股東之出席，出席股東表決權三分之二以上之同意行之。（第4項）前二項出席股東股份總數及表決權數，章程有較高之規定者，從其規定。」蓋董事與公司之間為委任關係，董事固得隨時向公司辭任，以終止委任關係；而公司亦得由經股東會之決議，隨時解任董事。然因董事之解任，對於公司經營運作有重要影響，故90年公司法修訂時，明定將董事解任之門檻，由原先之普通決議事項改為特別決議事項，以昭慎重。

再者，董事得由股東會之決議，隨時解任。如於任期中無正當理由將其解任時，董事得向公司請求賠償因此所受之損害。所謂「正當理由」者，如董監事不盡職或從事損害公司利益之行為等。

又股東會依前述規定，可解任全部或僅解任部分董監事[73]。股東會解任董監事表決時，具有董監事身分之股東應否迴避？有學者認為因公司法第199條並未如同第198條設有排除第178條適用之明文，被解任之董事對於該解任決議應屬有自身利害關係，因此，不得加入表決，亦不得代理其他股東行時表決權[74]。亦有學者認為有關利益迴避之規定，是假設公司與特定股東間發生利益衝突時，排除其表決權，以維持股東會決議之公正性，確保公司利益不受侵害；而在資本多數決制度下，股東之表決權反映股東之財產上利益，如對「自身利害關係」之要件解釋過廣，將導致股東會決議形成之意志並非全體股東利益總和之衡量，反而僅係其他股東個人之利益考量，扭曲多數決之公司民主含意，「有自身利害關係致有害於公司利益之虞」之認定，應採狹義之解釋，即毋庸迴避[75]。

對此，主管機關認為應就具體個案視其對於該表決事項有無自身利害關係致有害於公司利益之虞而定，因涉及具體個案事實之認定，宜由司法機關加以認定[76]。而司法實務多數見解認為公司法第198條第2項明定第178條之規定，對於董事選舉權不適用之，選任與解任均為取得或喪失董事、監察人身分資格之行為，自應一體適用前開規定；且解任董監事僅屬公司內部機關組織架構問題（即董事等身分之得喪），並未涉及公司與他人間之外部行為，即與董事是否違反忠實義務無關，自非公司法第178條自身利害關係之內涵，故毋庸迴避[77]。

又依公司法第172條第5項之規定，解任董事或監察人，應在召集事由中列舉並說明其主要內容，不得以臨時動議提出。然股東於股東常會中建議另行擇期召開股東臨時會改

[73] 參見經濟部70年10月30日商字第45489號函。

[74] 參見柯芳枝，公司法論（下），第18頁。

[75] 參見劉連煜，股東及董事因自身利害關係迴避表決之研究—從台新金控併購彰化銀行談起，公司法理論與判決研究（五），元照出版有限公司，第43至76頁。

[76] 參見經濟部96年8月7日經商字第09602097560號函。

[77] 參見臺灣高等法院高雄分院107年度上字第67號民事判決、臺北地方法院93年度訴字第1857號民事判決、臺灣高等法院93年度重上字第539號民事判決、高雄地方法院102年度訴字第1627號民事判決、新竹地方法院103年度訴字第98號民事判決等。

選董事、監察人，尚不違反前開規定。惟公司如依其建議召開股東臨時會，其召集程序仍應受前開條文之規範[78]。

股東會之解任決議，僅是決定公司內部之意思而已，尚未對外發生解任效力，故應由監察人代表公司與該被解任之董事終止委任關係（公§223），始生解任之效力[79]（因並非當然解任，故仍須公司另為意思表示，始生效力）。

（五）裁判解任

依公司法第200條之規定：「董事執行業務，有重大損害公司之行為或違反法令或章程之重大事項，股東會未為決議將其解任時，得由持有已發行股份總數百分之三以上股份之股東，於股東會後三十日內，訴請法院裁判之。」蓋董事執行業務，如有重大損害公司之行為或違反法令或章程之重大事項時，已構成股東會為解任決議之正當事由，股東會原得隨時決議解任之，但唯恐股東會為大股東所把持，致無法予以解任，故特規定當股東會未為決議解任時，少數股東得訴請法院裁判解任，以保護公司及一般股東之利益[80]。另一方面，由於裁判解任涉及經營者（董事）變動，為避免有心人士利用司法資源干擾公司經營穩定，故要求一定持股門檻；而解任董事涉及公司內部事務，司法不宜貿然介入，故本條要求起訴前應先尋公司內部機制解決，倘公司自治功能不彰時，司法才有介入干涉之必要。

依本條規定提起裁判解任訴訟時，需具備以下要件：1.起訴股東須持有公司已發行股份總數3%以上；2.董事執行業務，有重大損害公司之行為或違反法令或章程之重大事項；3.解任董事議案曾提出於股東會但表決未獲通過；4.應於股東會後三十日內提起該訴訟。

有關第一個要件，並不要求單一股東持股達此一門檻比例，數股東合併持股而共同行時並無不可；起訴時應以被要求解任之董事與公司為共同被告[81]。

就第二個要件而言，相對於「決議解任」時，得以任何理由，甚至不附理由之方式為之[82]（公§199Ⅰ），在提起裁判解任時，則應以「董事執行業務，有重大損害公司之行為或違反法令或章程之重大事項」為理由，原告對此應負舉證責任。何謂有「重大損害公司或違法行為」，屬不確定之法律概念，一般而言，如其情節已達刑事背信、侵占程度，或故意濫用職權致公司受有重大損害，固然屬之；惟如僅屬過失行為或輕微違背法令者，則不屬之，實務上有法院見解認為董事未配合法院指派之檢查人檢查且經法院裁處罰鍰，

78　參見經濟部83年6月6日商字第210083號函。

79　參見柯芳枝，公司法論（下），第19頁。

80　參見柯芳枝，公司法論（下），第19頁。

81　參見楊建華，股份有限公司解任董事或監察人之訴之被告，問題研析民事訴訟法（三），第195頁以下。

82　於此情形，依公司法第199條第1項之規定，董事得向公司請求賠償因此所受之損害。

該董事於被處罰後已提供資料給檢查人查核者，尚難認為已構成「重大損害公司或違法行為」[83]。

　　就第三個要件而言，看似合理，實則限制重重。蓋依公司法第172條第5項及第199條第2項之規定，解任董監事議案，應在召集事由中列舉並說明其主要內容，不得以臨時動議提出，且應以股東會特別決議之方式為之。因此，如擁有股東會召集權及議事決定權之董事會，不願主動提出解任案，則只能仰賴少數股東於股東常會行使提案權（公§172-1）或由其他召集權人（公§173Ⅱ、Ⅳ、§173-1、§220）召集股東會並將解任董事議案列於議案中，才能滿足該起訴前提要件。再者，如解任董事議案已列入議程，但因出席股數未達法定出席門檻以致未能決議時，是否亦符合「股東會未為決議將其解任」之要件，則有爭議。就文義解釋而言，似指該議案業經股東會「表決」但未通過決議之情形；但就目的解釋而言，本條之立法目的，是為避免股東會為大股東所把持，致無法予以解任，而賦予少數股東得訴請法院裁判解任之權利，因此，如股東會召集後，因出席股數不足而無法作成解任之決議，應更符合此一構成要件。尤其是非公開發行公司依第199條第2項之規定，應有代表已發行股份總數三分之二以上股東之出席，才能開會、討論與決議，如大股東利用不出席股東會予以杯葛，將使股東利用本條規定尋求救濟之機會更為減少，故宜將所謂「股東會未為決議」，包括因出席股數不足而無法付諸表決之情形，以彌補公司治理缺陷及防止大股東濫權之立法目的。

　　就第四個要件而言，該期間應自股東會開會翌日起算。

　　除上述要件，亦有實務見解認為提起本條訴訟之股東，應以在股東會表決贊同解任案者為限，如出席股東反對解任或放棄表決者，即不得提起解任之訴[84]。亦有實務見解認為，訴請裁判解任董事之事由，應以股東會所提解任董事提案之理由為限，例如股東會以董事違反競業禁止造成公司業務大量流失而提案解任該董事，但未獲決議通過，則少數股東訴請法院裁判時，即不得再主張其他事由作為解任（如虧空公司資金、違法貸與公司資金予他人）之事實基礎[85]。

　　由上可知，本條之規定因為高持股門檻、以股東會未為決議將其解任為要件（但解任董事議應載明於召集通知，不得以臨時動議提出）、股東欠缺起訴誘因（縱使獲得勝訴判決確定，其法律效果亦僅被告不得再擔任公司董事而已）等因素，使得本條之立法美意大打折扣。此外，董事任期最長三年，亦可預見在解任訴訟終結前公司已發生改選董事之情況，因此在實務運作上或偶見於經營權爭奪之場合，但由少數股東單純為公司利益起訴以對抗大股東之案例卻相當罕見。

　　目前實務上多數案例，是投資人保護中心依證券投資人及期貨交易人保護法（下稱「投保法」）第10條之1之規定（109年6月10日修正），對上市（櫃）公司之董事或監察

---

[83]　參見臺北地方法院94年度訴字第3764號民事判決。

[84]　參見臺灣高等法院102年度上字第518號民事判決。

[85]　參見臺北地方法院90年度訴字第4550號民事判決。

人所提出之裁判解任訴訟。依投保法第10條之1第1項第2款、第2項及第7項之規定：「保護機構辦理前條第一項業務，發現上市、上櫃或興櫃公司之董事或監察人，有證券交易法第一百五十五條、第一百五十七條之一或期貨交易法第一百零六條至第一百零八條規定之情事，或執行業務有重大損害公司之行為或違反法令或章程之重大事項，得依下列規定辦理：……二、訴請法院裁判解任公司之董事或監察人，不受公司法第二百條及第二百二十七條準用第二百條之限制，且解任事由不以起訴時任期內發生者為限。」「前項第二款訴請法院裁判解任權，自保護機構知有解任事由時起，二年間不行使，或自解任事由發生時起，經過十年而消滅。」「第一項第二款之董事或監察人，經法院裁判解任確定後，自裁判確定日起，三年內不得充任上市、上櫃或興櫃公司之董事、監察人及依公司法第二十七條第一項規定受指定代表行使職務之自然人，其已充任者，當然解任。」不僅明文規定得對董事跨任期解任（即重大損害公司行為或違法情事不以本次任期發生者為限），且規定自法院裁判解任確定日起，三年內不得充任上市（櫃）公司之董事或監察人，已使裁判解任訴訟制度更加完備。

九、董事之義務

（一）忠實義務及善良管理人之注意義務

　　股份有限公司之董事為公司之負責人，依公司法第23條第1項之規定：「應忠實執行業務並盡善良管理人之注意義務。」

（二）基於委任關係而生之相關義務

　　公司與董事間之關係，依民法關於委任之規定（公§192Ⅴ），故董事（會）執行業務，亦應依照法令章程及股東會之決議（民§535前段、公§193Ⅰ）；董事應自己處理委任事務（民§537前段、公§205Ⅰ）；董事應將委任事務進行之狀況，報告公司及股東（民§540、公§228、§230）等；此外，董事（受任人）因處理委任事務，所收取之金錢、物品及孳息，應交付於公司（委任人）；董事（受任人）以自己之名義，為公司（委任人）取得之權利，應移轉於公司（委任人）（民§541）。

（三）申報持股、設質或解質之義務

　　依公司法第197條第1項前段、第2項及第197條之1第1項之規定：「董事經選任後，應向主管機關申報，其選任當時所持有之公司股份數額。」「董事在任期中其股份有增減時，應向主管機關申報並公告之。」

　　如屬公開發行公司，依證券交易法第25條之規定：「（第1項）公開發行股票之公司於登記後，應即將其董事、監察人、經理人及持有股份超過股份總額百分之十之股東，所

持有之本公司股票種類及股數，向主管機關申報並公告之。（第2項）前項股票持有人，應於每月五日以前將上月份持有股數變動之情形，向公司申報，公司應於每月十五日以前，彙總向主管機關申報。必要時，主管機關得命令其公告之。（第3項）第二十二條之二第三項之規定，於計算前二項持有股數準用之（註：即應包括其配偶、未成年子女及利用他人名義持有者）。」

依公司法第197條之1第1項之規定：「董事之股份設定或解除質權者，應即通知公司，公司應於質權設定或解除後『十五日內』，將其質權變動情形，向主管機關申報並公告之。但公開發行股票之公司，證券管理機關另有規定者，不在此限。」如屬公開發行公司，依證券交易法第25條第4項之規定，公開發行公司之董事、監察人、經理人及持有股份超過股份總額10%之股東所持有之股票，「經設定質權者，出質人應即通知公司；公司應於其質權設定後『五日內』，將其出質情形，向主管機關申報並公告之。」

（四）不為競業之義務

依公司法第209條第1項之規定：「董事為自己或他人為屬於公司營業範圍內之行為，應對股東會說明其行為之重要內容並取得其許可。」此即所謂董事競業禁止之義務。蓋依公司法第23條第1項之規定，董事對於公司負有忠實義務，應為公司謀取最大利益，當公司之利益與董事個人之利益相衝突時，應優先考量公司之利益，因此，如董事為自己或他人為屬於公司營業範圍內之行為（下稱「競業行為」），該董事究應為公司，抑或自己或他人謀取最大利益，將處於利益衝突之窘境。再者，董事因參與董事會討論，可能知悉公司之營業機密，如為自己或他人從事與公司具有競爭性質之行為時，恐有流用公司機密之高度危險，而縱使董事之競業行為並未使用公司之資訊或機密，但其競業行為亦將導致該董事無法全心全意投注所有心力於公司之業務，仍可能損害公司之利益，因此，公司法乃要求董事為競業行為時，應對股東會說明其行為之重要內容，並取得其許可。

公司法對於經理人亦有類似之規定，依公司法第32條之規定：「經理人不得兼任其他營利事業之經理人，並不得自營或為他人經營同類之業務。」所不同的是，有關經理人之部分，條文用語為「不得兼任」、「不得自營或為他人經營同類之業務」；相較於公司法第209條第1項之條文用語，則為「董事為自己或他人『為』屬於公司營業範圍內『之行為』」，因此，究竟是「兼任其他同類業務之其他公司董事」本身，即構成公司法第209條第1項之規定，抑或須進一步「為競業之行為」始構成，即有疑問。

有認為公司法第209條之規定，旨在禁止董事為自己或他人與公司現實「為競爭行為」，因此，董事如只是單純為他公司之董事，甚至是擔任他公司之董事長，並非問題所在，必須董事有違反競業禁止之「行為」時，方屬相當，自不得僅以其擔任其他公司董事之職務，即遽認為有違反競業禁止之行為[86]。惟如就立法目的而言，董事如兼任另一經營

---

[86] 參見柯芳枝，公司法論（下），第30頁以下、臺中地方法院89年度重訴字第421號民事判決及臺中地方法院91年度訴字第3036號民事判決。依柯芳枝教授之見解，董事若單純為其他同業公司之董

同類業務公司之董事，對於他公司亦負有忠實義務，可能會產生利益衝突。再者，縱使實際上並未爲他公司與本公司爲競業行爲，但參與公司董事會之運作本身，即有流用公司機密之高度危險，因此無似必要將董事競業行爲限縮至具體交易行爲本身[87]。而主管機關針對本條之函釋，卻多將第209條及第32條之情形予以並列，而未特別加以區分。

　　本條之受規範對象，自然人董事固屬之，獨立董事亦爲董事，故亦包括在內；如依公司法第27條第1項之規定當選者，即先以「政府或法人股東」本身當選爲董事或監察人（一席），再指定自然人代表行使職務之情形，實務上認爲委任關係存在於公司與該「政府或法人股東」之間；如果依公司法第27條第2項之規定當選者，即由政府或法人股東先指派代表人一人或數人，再由其代表人（分別）當選董事或監察人之情形，實務上認爲委任關係存在於公司與該「代表人個人」之間。如依此推論，在適用公司法第209條第1項時，如是依同法第27條第1項當選者，應是指該「政府或法人股東」而言，而不包括受指定行使職務之自然人；如是依同法第27條第2項當選者，應是指「代表人個人」而言，而不包括其所代表之「政府或法人股東」在內，但主管機關認爲：「公司法第209條有關董事競業禁止規定之規範目的係爲保障公司之營業機密，而法人股東依同法第27條第2項規定，指派代表人當選爲董事時，該代表人即有知悉公司營業秘密之機會，又其與法人股東有委任關係，依民法第540條之規定，受任人（代表人）應將委任事務進行之狀況報告委任人（法人股東），該法人股東自亦有知悉公司營業秘密之機會，故二者（註：指法人股東及其代表人）均應受董事競業禁止之限制，始符合公司法第209條規定之意旨。準此，公司法第27條第1項規定，自應亦爲相同之解釋（註：指法人董事及其指定自然人）。[88]」

---

[87] 事，並不構成競業禁止。其認爲如董事之行爲完全不具有營利性之行爲（如汽車公司之董事爲家人購買其他汽車公司之轎車等行爲），並不包括在禁止之列；法條所稱「行爲之重要內容」係指提供股東會爲許可決議所必要之判斷而言，如以買賣爲例，包括「契約相對人、標的公司、價格、數量及行爲期間等即屬其重要內容」，如僅「兼任經營同類業務公司之董事」本身，並不構成違反競業禁止之規定。

[87] 依公司法第223條原即規定：「董事爲自己或他人與公司爲買賣、借貸或其他法律行爲時，由監察人爲公司之代表。」雖然該條中究應由何人（是否由監察人代表，故由監察人許可？）或何機關（依證券交易法第14條之5第1項第4款之規定，對於「涉及董事自身利害關係之事項」，應由審計委員會同意，並提董事會決議）代表公司爲許可，條文本身之規定並不明確，但似不應將董事競業限制限縮至「具體交易行爲」本身，並認爲依公司法第209條第1項之規定，如「屬於公司營業範圍內之行爲」者，才應再對股東會說明其行爲之重要內容，並以股東會特別決議之方式取得許可。

[88] 參見經濟部89年4月24日商字第89206938號函。如依此函釋之見解，競業禁止之範圍應包括「政府或法人股東」在內（包括公司法第27條第1項之「法人董事」本身及第2項代表人所代表之法人股東）。假定A公司係經營零售業務，B公司是經營倉儲業務，而B公司有進入零售業務之「計畫」，如A公司本身或其代表人X當選爲B公司董事，則A公司是否應受競業禁止之限制？如果是，則依公司法第209條第1項之規定，似應取得B公司股東會之許可（A公司本身原即經營零售業務，B公司僅是「計畫」進入零售業務而已，然該函令卻要求X董事及A公司仍應先取B公司股東會之許可）？如無法取得B公司股東會之許可，則B公司依法可以行使歸入權，將A公司「該行爲之所得視爲公司之所得」（是否是指A公司經營零售業務之所得？）。以此推論，不僅顯得相當奇怪，且不合商業邏輯與常情。

再者，主管機關認為：「若董事兼任經營同類業務之他公司董事或經理人，而該二公司為100%母子關係時，在法律上雖為二獨立法人格公司，但在經濟意義上實為一體，二者之間並無利益衝突可言。故應認為於此情形下之董事或經理人兼充，並不構成公司法第32條、第209條競業行為。[89]」如屬同一法人100%持有之平行子公司間或各子公司與孫公司間有董事或經理人兼任時，在法律上各公司雖為獨立法人格公司，但在經濟意義上則為一體，彼此之間並無利益衝突可言，倘有董事或經理人之兼充行為，亦不構成公司法第32條、第209條競業行為[90]。

此外，股份有限公司之董事（長）欲兼任另一同類業務之股份有限公司經理人時，依公司法第209條第1項及同法第32條之規定，應分別經原公司股東會及所兼任經理人公司之董事會同意[91]。

所謂「公司營業範圍內之行為或經營同類之業務（註：指公司法第32條經理人競業禁止之情形），係指其所為之行為（業務）屬於章程所載之公司所營事業中為公司實際上進行之事業，並包括公司業已著手準備或只是暫時停止之事業在內。[92]」但何謂「公司實際上進行之事業，並包括公司業已著手準備或只是暫時停止之事業在內」，在認定上並不容易[93]，故實務上為避免掛一漏萬之情形，多是列出該董事「目前兼任本公司及其他公司之職務」之情形，而提請股東會解除競業禁止之限制，並不去探究其所兼任之職務與公司間有無現實競業關係。

所謂「為自己或他人」在解釋上有兩種可能，一是以董事自己或他人「名義」所為之行為，是否屬於公司營業範圍作為判斷標準；另一則是以董事自己或他人之「計算」，即以「經濟效果」是否歸屬於董事或他人作為判定基準[94]。如採前者之見解，只要董事形式上是以自己名義或為他人之代理人所為，而屬於公司營業範圍內者，即屬之，在認定上較為簡便及容易；如採後者之見解，因本條之規範目的在於防止董事為謀取私益而損害公司利益，故應以競業行為之利益歸屬作為規範重點，而不應拘泥於以何人名義之形式，或較符合本條之立法目的，但判斷上較為不易。惟上開兩種見解在實際適用時可能區別不大。

又依公司法第209條第1項之規定，董事在為競業行為前，「應對股東會說明其行為之重要內容並取得其許可」，其立法目的是在保護公司及股東之利益，惟當公司之意思決定機關經過斟酌評估後，作成願意放棄法律保護而容忍董事競業行為之決定時，法律亦

89　參見經濟部101年10月11日經商字第10102435880號函。

90　參見經濟部102年1月7日經商字第10102446320號函。

91　參見經濟部66年8月29日商字第25392號函。

92　參見經濟部95年10月12日經商字第09500626690號函、經濟部95年10月31日經商字第09502156510號函。依91年修訂後公司法第18條第2項之規定：「公司所營事業除許可業務應載明於章程外，其餘不受限制。」已不需再具體記載公司營業項目之代碼及業務內容，因此似乎不再以「章程所載」為限。

93　如屬公司業已著手準備之事業，可能涉及公司之商業機密，更加不易判斷。

94　參見柯芳枝，公司法論（下），第30頁。

予以尊重，但董事應先對股東會說明其行爲之重要內容，並經股東會以特別決議之方式爲之，以昭愼重[95]。

在對股東會說明時，「董事應於『事前』『個別』向股東會說明行爲之重要內容，並取得許可，並不包括由股東會『事後』『概括性』解除所有董事責任之情形[96]。」而其說明之內容，應足以讓股東能合理預測公司之營業今後將因該競業行爲而受到何種程度之影響[97]。「董事依此規定對股東會說明時，是否須親自出席說明，公司法尙無明文。[98]」實務上，有認爲如解除董事競業禁止限制之議案表決前，由司儀宣讀當選董事競業禁止之主要內容以爲該議案之補充說明時，已足以使股東得以瞭解董事「兼任其他營利事業職務」及「該營利事業主要營業項目」者，並無違反公司法第209條第1項之規定[99]。

需注意的是，依公司法第172條第5項之規定，董事競業許可，應在召集事由中列舉並說明其主要內容，不得以臨時動議提出（證券交易法第26條之1有類似之規定）。而公司法第192條之1第1項之規定，公司董事選舉並非強制採候選人提名制，因此，如公司未於章程規定，對於董事選舉採候選人提名制時，因並無候選人名單（理論上是採盲選之方式），亦不知道誰會當選，故在寄發召集通知時，顯無法於召集事由中列舉並說明其主要內容（主要應說明董事兼任其他營利事業職務之情形），於此情形下，將構成召集事由之瑕疵，而爲撤銷股東會決議之事由（公§189），或屬「概括性」解除董事競業禁止之限制，可能構成決議無效[100]（公§191）。比較嚴謹且符合法律之做法，似應先由股東會選出董事後，再召開臨時股東會，並於召集通知中列舉並說明擬解限制之董事及其競業情形（即就該董事具體擔任「何家」同類業務公司之董事、監察人或經理人之情形加以具體說明），再以股東會特別決議爲許可，但考量股東會召開不易及其召集成本（尤以公開發行公司爲甚），實務上甚少以如此方式爲之。

實務上認爲證交法第26條之1（公司法第172條第5項亦有類似規定），董事競業許可，應在召集事由中列舉並說明其主要內容，惟「實際上應如何在召集事由中列舉並說明其主要內容，仍應考量實務作業之可行性及便利性。若公司欲於同次股東會中先選舉董監事，而後決議解除新任董事競業禁止限制時，因於製發該次股東會之開會通知書當時，公司新任董事均尙未選任確定，且開會通知書之篇幅有限，實不能期待公司於事前即將各個可能當選董事之競業行爲內容均載明於開會通知書之上，是就此類議案之開會通知書記載方式，雖僅列舉議案名稱『解除董事競業禁止限制』，難認已違反證交法第26條之1規

95　參見劉連煜，現代公司法，第526頁。
96　參見經濟部86年8月20日商字第8621697號函。
97　參見柯芳枝，公司法論（下），第31頁。
98　參見經濟部94年9月15日經商字第09402133270號函。
99　參見士林地方法院98年度訴字第10號民事判決。
100　參見臺北地方法院96年度訴字第4616號民事判決及96年度訴字第4947號民事判決。

定。[101]」因此，在未採董事候選人提名制之情形下，實務上通常之做法，是先於召集通知之中載明「擬解除新任董事及其代表人之競業禁止限制之議案」，而於議程中說明「為借助本公司新任董事之專才與相關經驗，並使本公司順利拓展業務，擬於無礙公司利益之範圍內，提請股東會解除本次股東常會改選新任董事及其代表人競業禁止之限制。」迨股東會選出新任董事後，在表決「解除新任董事競業禁止限制之議案」前，再以大字報或由司儀宣讀新任董事「兼任其他營利事業職務」之情形，加以補充。

又在討論解除董事競業禁止限制之議案時，該擬被解除限制之董事，對於該議案應屬公司法第178條所稱「有自身利害關係致有害於公司利益之虞」者，應不得加入表決，並不得代理他股東行使其表決權。但實務上卻鮮少看到有針對擬被解除限制之每一董事令其逐一迴避並逐一表決之情形，反而大多是將其包裹進行表決。

依公司法第209條第2項及第3項之規定，在解除董事競業禁止之限制時，應以股東會之特別決議為之，以昭慎重。惟如股東會通過此項許可案時，不足法定出席人數代表股權數（如出席之股東不足代表已發行股份總數三分之二以上之定足額），此一股東會決議之瑕疵，究竟是得撤銷，抑或決議無效或股東會決議不成立[102]，在實務上有不同之見解，最高法院多數見解則認為，法律如規定決議須有代表已發行股份總數之股權達一定額數之股東出席時，此一定足額數股份之股東出席，即為該股東會決議之成立要件，欠缺此項要件，該股東會決議即屬不成立，並非單純之決議方法違法問題而已[103]。

如董事未取得股東會之許可，即為自己或他人為競業行為時，其行為並非無效[104]，但依公司法第209條第5項之規定，公司可以行使「歸入權」，即「股東會得以決議，將該行為之所得視為公司之所得，但自所得產生後逾一年者，不在此限。」另依公司法第23條第3項之規定，公司負責人應忠實執行業務並盡善良管理人之注意義務，如對於違反該規定，「為自己或他人為該行為時，股東會得以決議，將該行為之所得視為公司之所得。但自所得產生後逾一年者，不在此限。」

有關公司法第209條第5項「歸入權」之性質為何，則有不同見解，有認為係屬「形成權」，即係以股東會決議，基於公司一方之意思表示，使違反競業禁止義務而為自己或他人為行為之董事，將其由該行為所得之經濟效果歸屬於公司之特殊權利[105]；有認為是法定請求權，以股東會決議作為該請求權發動之要件[106]。而主管機關似認為「歸入權」之性質為形成權，故歸入權行使之「除斥期間」為自所得產生時起算一年。逾此一年期間

---

[101] 參見士林地方法院98年度訴字第10號民事判決。

[102] 參見經濟部69年1月8日商字第00540號函。

[103] 參見最高法院103年度台上字第1516號民事判決、103年度台上字第1644號民事判決、103年度台上字第1764號民事判決、103年度台上字第1876號民事判決等。

[104] 參見經濟部71年8月27日商字第31182號函及經濟部86年8月20日商字第8621697號函。

[105] 參見柯芳枝，公司法論（下），第32頁。

[106] 參見林國全著，董事競業禁止規範之研究，月旦法學雜誌第159期，2008年8月，第233頁。

而未行使者，即不得再行使[107]。

需注意的是，歸入權之行使，並不以公司「受有損害」為要件，如董事違反競業禁止之義務，導致公司受有損害時，公司應得依公司法第23條第1項、民法第184條、第227條或第544條等規定，對該董事請求損害賠償。

行使歸入權之「股東會決議」，究應以何種方式為之，公司法未設特別規定，似應以普通決議為之即為以足。本項歸入權之行使，應以董事因競業行為有「所得」為必要。所謂「所得」大抵是指董事因該競業行為所取得之金錢、物品、報酬或將所得之權利移轉於公司而言。至於應如何證明「該行為之所得」，恐屬不易，實務上有試圖調取被告薪資所得之報稅資料，以同類業務之他公司是否有支付違反競業禁止董事薪資、報酬、分紅或其他所得等方式，加以證明[108]。

附帶說明的是，公司法第209條之競業禁止，是針對董事「任職中」所為之規範，至於董事卸任後之競業禁止行為，公司法並無規定。相對於一般員工離職後之競業禁止而言，勞動基準法第9條之1定有明文：「（第1項）未符合下列規定者，雇主不得與勞工為離職後競業禁止之約定：一、雇主有應受保護之正當營業利益。二、勞工擔任之職位或職務，能接觸或使用雇主之營業秘密。三、競業禁止之期間、區域、職業活動之範圍及就業對象，未逾合理範疇。四、雇主對勞工因不從事競業行為所受損失有合理補償。（第2項）前項第四款所定合理補償，不包括勞工於工作期間所受領之給付。（第3項）違反第一項各款規定之一者，其約定無效。（第4項）離職後競業禁止之期間，最長不得逾二年。逾二年者，縮短為二年。」因此，對於董事卸任後之競業禁止應如何建構，包括但不限於：1.競業禁止條款本身是否侵害憲法所保障人民的工作權與生存權；2.可否以契約加以限制；3.於何種情形下，其約定屬公平、合理，且未逾越合理限度；何種情形下則構成違反公序良俗；4.應否有一定期間、區域或範圍之限制；5.是否應予以合理補償（否則無效）等，均有待學說或判決實務加以闡釋。

如董事於卸任後，利用公司之營業秘密為自己或他人與公司而為競業行為時，該行為人可能會構成營業秘密法第13條之1之侵害營業秘密罪，並應依營業秘密法第12條、第13條或民法第184條第1項後段，負損害賠償責任。

（五）公司有重大損害之虞時，向監察人報告之義務

依公司法第218條之1之規定：「董事發現公司有受重大損害之虞時，應立即向監察人報告。」其立法目的為監察人監察董事職務之執行，並得隨時調查公司業務及財務狀況，爰增設董事向監察人報告義務之條文。如屬公開發行公司設有審計委員會者，則應向審計委員會成員之獨立董事報告（證§14-4IV）。

---

[107] 參見經濟部90年5月21日商字第09002095350號函。

[108] 參見臺灣高等法院臺中分院92年度上易字第204號民事判決。

（六）簽章之義務

　　依公司法第161條第1項前段之規定，公司於設立登記後，得選擇是否發行股票。如公司選擇發行股票時，得再選擇是否印製股票（公§161-2Ⅰ）。如未印製股票者，應洽證券集中保管事業機構登錄其發行之股份，並依該機構之規定辦理（公§161-2Ⅱ）；如有印製實體股票者，股票應編號，並載明相關事項，由代表公司之董事簽名或蓋章，並經依法得擔任股票發行簽證人之銀行簽證後發行之（公§162Ⅰ）。因此，如公司有印製實體股票者，董事對於公司所發行之股票有簽章之義務。另公司於發行公司債時，亦有類似之規定（公§257、§257-2），亦即如未印製債券者，應洽證券集中保管事業機構登錄及依該機構之規定辦理（公§257-2）；如有印製實體公司債之債券者，應由代表公司之董事簽名或蓋章，並經依法得擔任債券發行簽證人之銀行簽證後發行之（公§257）。

十、董事之責任

（一）對公司之責任

　　董事違反其對公司應盡之義務，致公司受有損害時，即應對公司負責。依公司法第23條第1項之規定，董事對公司負有忠實義務及善良管理人之注意義務，如違反該義務致公司受有損害者，負損害賠償責任。另依公司法第192條第5項之規定，公司與董事間之關係，應依民法關於委任之規定。而民法第544條規定：「受任人因處理委任事務有過失，或因逾越權限之行為所生之損害，對於委任人應負賠償之責。」因此，董事處理委任事務如有過失或逾越權限，導致公司受有損害時，應對公司負損害賠償責任[109]。

　　依公司法第8條第1項之規定，董事雖為股份有限公司之負責人，但除董事長外，個別董事並無特定之角色與職務，而需透過董事會以集體方式行使職務。有關董事業務之執行方面，公司法第202條規定：「公司業務之執行，除本法或章程規定應由股東會決議之事項外，均應由董事會決議行之。」因此，在現行公司法下，股份有限公司業務之執行，除公司法或公司章程規定應由股東會決議之事項外，否則，均應由董事會決議行之。而在業務執行時，可分為二個階段，一為意思決定，二為所決定意思之具體執行[110]。依公司法第193條第1項之規定：「董事會執行業務，應依照法令章程及股東會之決議。」似在強調「董事會」於形成公司意思決定時，應依照法令、章程及股東會之決議，故「公司法或章程起定股東會決議之事項，董事會應依決議執行之，自不得由董事會決議變更」[111]。

　　在具體執行董事會之相關決議時，則必須依據章程之規定、董事會之授權或指定

---

[109] 基於董事與公司間之委任關係，如因可歸責於董事之事由，於處理委任事務時，未為完全之給付，致公司受有損害時，亦應依民法第227條第2項之規定，對公司負債務不履行之賠償責任。

[110] 參見柯芳枝，公司法論（下），第33頁。

[111] 參見經濟部94年5月27日經商字第09402071210號函。

人選或逕由董事長等（公§208Ⅲ前段、Ⅴ、§57）辦理（該人選姑且稱之為「執行董事」）。執行董事在執行業務時，有依照董事會決議而為者，有則不然。而此還涉及董事會決議本身，是否違反法令、章程及股東會之決議之問題。1.如董事會決議本身即違反法令、章程或股東會之決議，此時「董事會」決議（意思形成）即屬違法或不當，公司法乃先區分參與作成決議相關董事之責任，故第193條第2項規定：「董事會之決議，違反前項規定，致公司受損害時，參與決議之董事，對於公司負賠償之責；但經表示異議之董事，有紀錄或書面聲明可證者，免其責任。」亦即參與並贊同違法決議之董事，對於公司所受之損害，應對公司負賠償之責；反之，如對該違法決議表示異議，而有紀錄或書面聲明可證者，當可免其賠償責任。需說明的是，如董事會之決議雖違反法令、章程或股東會之決議，但尚未付諸實行，因公司「尚未受損害」，故不生本條之賠償問題。另董事會之決議雖並「未違反」法令、章程或股東會之決議，但執行結果，卻導致公司受有損害，亦尚難請求董事負賠償責任；2.如董事會之決議並無違反法令、章程或股東會，而執行董事卻未依董事會決議而為之，則屬該執行董事違背義務之問題，應由其依民法第544條、第227條第2項及或公司法第23條第1項等規定，對公司負損害賠償責任。

　再者，如細繹公司法第193條之規定，似僅規定出席並「參與決議」，及「表示異議之董事」而已，並未規定「未出席」董事之責任，如依公司法第193條第2項之文義，需是參與違法決議之董事，才應對公司負賠償之責。反面解釋，「未出席」之董事因並未參與決議，故不需依本條之規定負責，而公司法亦未規定董事有出席董事會議之義務[112]，影響所及，對於一些可能有違法疑慮之議案，董事可能可以藉由不出席會議，而逃避相關責任。

　又在前述董事應負責之情況下，執行董事與贊同決議之董事，其是否應負連帶責任？茲因民法第272條第2項規定，連帶債務之成立，除當事人之明示外，以法律有規定者為限，而本法第193條第2項並無「連帶」之明文，因此，董事間除依民法第185條之規定，構成共同侵權行為而應負連帶責任外，否則應僅負「不真正連帶」責任。如再對照公司法第226條之規定：「監察人對公司或第三人負損害賠償責任，而董事亦負其責任時，該監察人及董事為連帶債務人。」茲考量董事決議之共同性，為期其慎重且妥適行使職權，在董事共同為違法決議之情況下，似有加重其民事責任，使其負連帶責任，以保護公司之必要[113]。

---

[112] 雖有若干證券法規規定，董事對於特定事務有出席董事會之義務，但應屬例外事項，例如公開發行公司併購特別委員會設置及相關事項辦法第7條第2項規定：「特別委員會成員應親自出席特別委員會，不得代理出席，其出席之委員意見應明確表示同意或反對，不得棄權。」另公開收購辦法第14條之1第5項之規定，當被收購有價證券之公開發行公司於接獲公開收購人之公開收購通知後，應即設置審議委員會，「委員出席方式準用公開發行公司併購特別委員會設置及相關事項辦法第七條第二項規定」。

[113] 參見柯芳枝，公司法論（下），第34頁。

（二）對第三人之責任

依公司法第23條第2項之規定：「公司負責人對於公司業務之執行，如有違反法令致他人受有損害時，對他人應與公司負連帶賠償之責。」董事既爲股份有限公司之負責人（公§8Ⅰ），自有本條之適用。依學者之通說，此爲公司侵權行爲能力之規定，董事是公司之機關，其侵權行爲原應由公司以侵權行爲人之身分對受害人負賠償責任，本不應再由董事個人加以負責，但因公司業務之執行，實際上是由個人董事擔任，爲防止個人董事濫用其權限而侵害公司之利益，並使受害人有較多賠償之機會，乃令董事個人與公司負連帶賠償之責[114]。另依公司法第226條之規定：「監察人對公司或第三人負損害賠償責任，而董事亦負其責任時，該監察人及董事爲連帶債務人。」

十一、董事與公司間之交易

依公司法第223條之規定：「董事爲自己或他人與公司爲買賣、借貸或其他法律行爲時，由監察人爲公司之代表。」本條之立法意旨是「防患董事礙於同事之情誼，致有犧牲公司利益之虞。[115]」另90年修訂時，爲配合第59條，而將「交涉」二字修正爲「買賣、借貸或其他法律行爲」，以資明確[116]。

在無限公司之情形，依公司法第59條之規定：「代表公司之股東，如爲自己或他人與公司爲買賣、借貸或其他法律行爲時，不得同時爲公司之代表。但向公司清償債務時，不在此限。」（依公司法第108條第4項及第115條之規定，於有限公司及兩合公司準用之），乃係爲防範代表公司之股東爲自己或他人之利益，致損害公司利益而設[117]。如比較公司法第59條及第223條之規定可知，前者爲「不得同時爲公司之代表」，而後者則進一步規定應「由監察人爲公司之代表」，因此，公司法第223條之目的，除「避免利害衝突」外，主管機關多數函釋乃認爲「在防患董事礙於同事之情誼，致有犧牲公司利益之虞。」

依本條之規定觀之，其應受規範之對象，應是指任何董事而言，並不限於「董事長」或「代表公司之董事」，因此無論董事有無代表公司之權限，均有適用。本條之情形，包括：1.董事爲「自己」與公司爲法律行爲：應由董事（代表自己）與監察人（代表

---

[114] 參見柯芳枝，公司法論（下），第42頁。另民法第28條亦有類似規定：「法人對於其董事或其他有代表權之人因執行職務所加於他人之損害，與該行爲人連帶負賠償之責任。」但其規定方式與公司法第23條第2項之規定，略有不同。

[115] 參見經濟部73年12月4日商字第47315號函、經濟部91年7月4日商字第09102132160號函及經濟部101年9月3日經商字第10102112620號函。而經濟部80年8月28日商字第220732號函則認爲：「意旨在於避免利害衝突，損及公司利益。」

[116] 參見90年11月12日公司法第223條之修正理由。

[117] 即所謂「代表公司股東雙方代表之禁止」，參見柯芳枝，公司法論（上），第90至91頁。

公司）為之；2.董事為「他人」與公司為法律行為：董事代表他人（包括自然人或法人）與監察人（代表公司）為之，其情形應包括董事為法人股東之代表人，如由該董事為其所代表之法人股東而與公司為買賣等法律行為之情形，依本條之規定，應由監察人為公司之代表。

依本條之規定，其應受規範之行為，是指董事為自己或他人與公司為法律行為之情形，而以買賣、借貸作為例示。如屬借貸時，應注意公司法第15條之規定，亦即公司之資金，除公司間或與行號間有業務往來，或有短期融通資金之必要外，不得貸與股東或任何他人。

茲有疑問的是，條文僅規定「由監察人為公司之代表」，在議約或交易條件之決定上，是否亦由監察人為之？主管機關認為，本條「旨在防患董事礙於同事之情誼，致有犧牲公司利益之虞，故監察人為公司之代表時，應本諸該立法意旨實質審查該法律行為」[118]，似認為應由監察人代表公司議約及實質審查該法律行為之相關條件[119]。

（非公發公司）於監察人代表公司為該法律行為前（如屬公發公司因證券交易法有特別規定，詳如後述），是否應先經董事會之決議[120]？

甲說（否定說）：不須先經董事會決議。蓋參酌公司法第223條立法規範意旨，在於董事為自己或他人與本公司為買賣、借貸或其他法律行為時，不得同時作為公司之代表，以避免利害衝突，並防範董事長礙於同事情誼，而損及公司利益，故監察人代表公司與董事為法律行為時，無須經公司董事會之決議核准。

乙說（肯定說）：須先經董事會決議。1.依公司法第202條規定之文義，凡屬公司業務之執行事項，均須經股東會或董事會決議，並無例外；董事會屬「業務執行機關」，監察人屬「業務執行監督機關」，二者各有權限，本不得跨越。又依公司法第208條第3項前段規定之「董事長……對外代表公司」乃係原則，依同法第223條規定之「由監察人為公司之代表」則屬例外。然依現行公司法相關條文之文義解釋，就公司業務之執行事項，於董事長依公司法第208條第3項規定代表公司時，應經董事會之決議，於監察人依公司法第223條規定為公司之代表時，似無為相異解釋之空間，而得謂不須經董事會決議；2.況與公司為法律行為之董事如有利害衝突，公司法已有董事利益迴避機制可予防免（公§206Ⅱ準用§178）。又倘其他董事參與之董事會基於同事情誼所為之決議確有損害公司利益情事，除參與之董事均應負賠償責任外，代表公司之監察人不僅得行使其固有之監察權，於列席董事會時陳述不同意見，並於董事會決議通過後通知董事會或董事停止其行

---

[118] 參見經濟部91年7月4日商字第09102132160號函及經濟部101年9月3日經商字第10102112620號函。

[119] 參見經濟部91年12月16日經商字第09102287950號函認為：「本條立法意旨在於避免利害衝突而損害公司利益，故凡與該法律行為有關，而可能造成利害衝突、損及公司利益者，不限於締約，議約亦應由監察人代表公司為宜。」惟該函釋依經濟部99年5月5日經商字第09902408910號函，已不再援用。

[120] 參見最高法院100年6月21日100年度第三次民事庭會議之討論問題。

爲（公§218-2），更得拒絕對外代表公司，即可達到保障公司利益之目的；3.如認監察人得就未經董事會決議之關於公司業務執行事項，有權逕行代表公司對外爲之，不須先經董事會決議，將使公司經營之全部權限集中於監察人一身，不符以內部控制爲目標之公司治理原則，亦有違權力分立與制衡原則。且與其僅由監察人就公司業務之執行事項獨自決定，並就其違反法令、章程或怠忽職務之所爲對公司負賠償責任（公§224），毋寧事前增加董事會之決議及監察人之實質審查，事後由參與決議且未表示異議之董事就其法令章程及股東會決議之所爲對公司負賠償責任（公§193），甚或與監察人成爲連帶債務人（公§226），對公司及股東利益之保障更加充分；4.參酌證券交易法於95年1月11日修正時，於增設獨立董事或審計委員會之同時，就涉及董事自身利害關係之事項，均明文規定應提董事會決議通過（證§14-2～§14-5），更見董事會之業務執行權限，不因監督機關之代表或介入而受影響，此實爲立法之趨勢。

丙說：董事欲爲自己或他人與公司爲買賣、借貸或其他法律行爲，應經股東會同意；如未召集股東會爲同意與否表示時，須監察人認無損公司利益時，始代表公司與董事爲交易行爲。1.按股份有限公司董事受公司委任組成董事會，執行公司業務（公§193 I）。通常公司業務之執行，除公司法或章程規定應由股東會決議之事項外，固均由董事提案，經董事會討論後決議行之（公§202），如有對外與第三人爲法律行爲之必要時，則由有代表權之董事（如董事長）對外代表公司或授權他人與該第三人爲法律行爲，於此情形，監察人如認董事會或董事執行業務有違反法令、章程或股東會決議之行爲者，應行使其監察權，即通知董事會或董事停止其行爲（公§218-2）；2.至董事欲爲自己或他人與公司爲買賣、借貸或其他法律行爲，事涉內部人交易，非公司通常業務之執行，依民法第106條規定，應經股東會同意，股東會同意者，即得由董事長或有代表權之董事代表公司與該董事爲交易行爲。如未召集股東會，因股東會選任監察人，係委任並授權監察人監督董事或董事會執行業務，並於董事欲爲內部人交易時代表公司，故監察人依公司法第223條規定代表公司與董事爲交易行爲，係源自股東會授與之監督權及代表權，自無須經董事會決議；3.董事欲爲內部人交易，基於利益迴避原則，董事會向股東會報告，由股東會決議是否同意。如未召集股東會，應由欲爲交易行爲之董事依公司法第218條之1向監察人報告，監察人爲盡其善良管理人注意義務，應依同法第218條第1項規定，請求（通知）董事會就該交易行爲之利弊得失提出報告，經審查後如認該交易行爲無損公司利益，監察人始依公司法第223條規定代表公司與該董事爲交易行爲；4.監察人之監察權、代表權既源自股東會之授權，授權人即股東會自得以決議限制監察人代表權之行使（如限制於一定金額範圍之內之交易始得由監察人本諸監察權代表公司）。又股東會之召集，除由董事會召集外，監察人亦得以該交易行爲影響公司利益重大，依公司法第220條規定召集股東會。

對於上開爭議，最高法院於100年6月21日作成100年度第三次民事庭會議，採甲說（不須先經董事會決議），惟該見解應僅適用於非公發公司。如屬公開發行公司，依證券

交易法第14條之3第3款之規定，已依法選任獨立董事之公司，就「涉及董事或監察人自身利害關係之事項」，應提董事會決議通過，再由監察人代表公司簽約，對公司始生效力。另依證券交易法第14條之5第1項第4款之規定，已依法設置審計委員會者，就「涉及董事自身利害關係之事項」，應經審計委員會全體成員二分之一以上同意，並提董事會決議。因此，公發公司如設有審計委員會時，有關董事與公司間為買賣、借貸或其他法律行為時，應先經上開程序後，再由審計委員會之獨立董事成員代表公司簽約，對公司始生效力（證§14-4Ⅳ）。

　　董事為自己或他人與公司為法律行為時，由監察人為公司之代表，對公司始生效力。有關監察人代表公司時，究應單獨為之或共同為之？可能有不同之見解，主管機關認為公司法第221條規定：「監察人各得單獨行使監察權。」準此，自無應由數監察人共同代表公司及組監察人會之可言，是以，董事為自己或他人與公司為買賣、借貸或其他法律行為時，由監察人一人單獨為公司之代表即可[121]。惟最高法院有判決[122]認為：「本條係規定監察人之代表權，而非監察權之行使，公司之監察人若有數人時，應由全體監察人共同代表公司與董事為買賣、借貸或其他法律行為。[123]」

　　董事為自己或他人與公司為法律行為時，如非由監察人為公司之代表，其行為之效力為何？公司法未設明文規定。司法實務[124]認為：「公司法第二百二十三條規定，董事為自己或他人與公司為買賣、借貸或其他法律行為時，由監察人為公司之代表，旨在禁止雙方代表，以保護公司（本人）之利益，非為維護公益而設，自非強行規定，故董事與公司為借貸等法律行為違反該規定，並非當然無效，倘公司（本人）事前許諾或事後承認，對於公司（本人）亦發生效力，此觀民法第一百零六條及第一百七十條第一項之規定自明。」申言之，即非經公司承認，對於公司不生效力（民§170Ⅰ）。為法律行為之他方當事人（如董事或董事所代表或代理之本人），得定相當期限，催告公司確答是否承認，如公司如期承認者，該行為對公司發生效力；如公司逾期未為確答者，視為拒絕承認，亦確定對公司不生效力。又公司之承認，如屬非公發公司者，依上開說明，應由監察人為之，不須先經董事會決議；如為公發公司，則應視其情形，依證券交易法第14條之3第3款之規定，經董事會決議通過，再由監察人代表公司為承認，而對公司始生效力，或依證券交易法第14條之5第1項第4款之規定，應經審計委員會全體成員二分之一以上同意，並提董事會決議後，再由審計委員會之獨立董事成員代表公司為承認後，而對公司始生效力。

---

[121]　參見經濟部91年7月4日商字第09102132160號函及經濟部101年9月3日經商字第10102112620號函。

[122]　參見最高法院100年度台上字第1026號民事判決。

[123]　另參見民法第168條之規定：「代理人有數人者，其代理行為應共同為之。但法律另有規定或本人另有意思表示者，不在此限。」

[124]　參見最高法院87年度台上字第1524號民事判決、98年度台上字第2050號民事判決等。

十二、董事缺額之補選

　　依公司法第201條之規定：「董事缺額達三分之一時，董事會應於三十日內召開股東臨時會補選之。但公開發行股票之公司，董事會應於六十日內召開股東臨時會補選之。」緣董事有時因辭職、死亡或其他原因而發生缺額，若未達一定比例時，或可勉強維持，不需進行繁複之補選程序，而當董事缺額達三分之一時，因可能影響董事會之正常運作，公司法乃要求公司應於一定期間內召開股東臨時會補選之[125]。而90年公司法修訂時，將原條文所稱「應即召集」，修正為「於三十日內」，以避免爭議。另鑑於公開發行股票之公司，其股務作業時間較長，爰增訂但書規定召集股東臨時會之期間為「六十日內」。又原條文所稱「召集」，實為「召集開會」，爰修正為「召開」[126]。

　　當公司董事缺額達三分之一，除應公司法第201條之規定補選外，主管機關認為：1.「若以修改章程方式降低董事人數，使不發生上述缺額補選之情形，依法尚無不合[127]」；2.「究應依公司法第201條規定補選或依第199條之1規定全面改選，允屬公司自治事項，由公司自行決定。[128]」亦即得補選缺額之部分，亦得提前全面改選；3.「股東會補選董事之人數是否應與缺額董事人數相同，公司法尚乏規定，允屬公司自治事項[129]」，因此，假設缺額三席，但先補選二席似無不可；4.如董事長解任而缺額後，「應先召集董事會補選董事長或召集股東會補選董事，本法並無限制規定，乃企業自治事項，由公司自行決定[130]」；5.如公司董事有缺額，而「公司修正章程增加董事人數，而股東會就增加董事人數進行補選，於法尚無不合，至補選董事之任期應與原任期相同[131]」，亦即公司得修訂章程增加董事人數，再就原先缺額部分及新增加董事人數部分進行補選，但渠等之任期應與原先董事之任期相同；6.此外，90年間公司法修訂時，原第201條第2項規定「董事缺額未及補選而有必要時，得以原選次多數之被選人代行職務」既經刪除，自不

---

[125] 有認為由於董事會之重要議案，須有三分之二以上董事之出席，始得為決議，如缺額達三分之一時，因董事會無法進行重要議案之決議，故有立即召開股東臨時會補選之必要。參見柯芳枝，公司法論（下），第47頁。惟主管機關認為「公司董事名額總數之計算，應以依法選任並以實際在任而能應召出席者以為認定。董事會應出席之人數，如有法定當然解任而發生缺額情形，應予扣除。」（參見經濟部61年7月22日商字第20114號函），亦即在計算出席門檻時，是以實際在任（即扣掉缺額之情形）為基準，並非以章程所定董事席次為準，因此，假設公司章程規定設九席董事，但有三席缺額（即缺額三分之一），則剩餘六席董事，如有三分之二以上出席，出席董事過半數以上同意，對於重大議案似仍可作成合法決議，因此，本條之立法理由應「非缺額達三分之一時，董事會無法進行重要議案之決議」，而是董事會不宜長久處於重大缺額之情況，因此當缺額達三分之一時，公司法乃要求公司應於一定期間召開股東臨時會補選，以維護董事會之正常運作。

[126] 參見90年11月12日公司法第201條之修正理由。

[127] 參見經濟部84年12月7日商字第84226829號函。

[128] 參見經濟部93年11月12日經商字第09302191430號函。

[129] 參見經濟部90年5月16日商字第09002096490號函。

[130] 參見經濟部90年5月16日商字第09002096490號函。

[131] 參見經濟部92年5月5日商字第09202091070號函。

可依公司章程規定並經股東會決議通過由原選次多數之被選人代行董事職務[132]。

　　另董事如缺額僅剩二人，因二人以上方能達會議之基本形式要件，可依實際在任而能應召出席董事，以爲認定董事會應出席之人數，由該出席董事以董事會名義召開臨時股東會改（補）選董（監）事，以維持公司運作[133]。惟當董事缺額僅剩下一名董事時，董事會即屬事實上無法召開之情況，則似應依公司法第208條之1選任臨時管理人，或股東依公司法第173條第4項之規定報經主管機關許可自行召集股東會，或由監察人依公司法第220條召集股東會，或依第173條之1由繼續三個月以上持有過半數股份之股東自行召集股東臨時會等，來補（改）選董事以資補救。

十三、董事與公司間之訴訟

　　依公司法第213條之規定：「公司與董事間訴訟，除法律另有規定外，由監察人代表公司，股東會亦得另選代表公司爲訴訟之人。」其立法意旨乃因股份有限公司之董事，係以合議方式決定公司業務之執行，如董事與公司間之訴訟，仍以董事長爲公司之代表起訴或應訴，則難免因利害衝突，而有徇私之舉，故改由監察人或股東會另行選定之人代表公司爲訴訟行爲[134]。所謂公司與董事間訴訟，無論由何人提起，均有其適用，且亦不限於其訴之原因事實係基於董事資格而發生，即其事由基於個人資格所生之場合，亦包括在內[135]。

　　需注意的是，依司法實務之見解，本條所謂公司與董事間之訴訟，當指同法第212條所定經股東會決議對於董事提起訴訟而言，蓋股東會爲公司最高權力機關，惟其有權決定公司是否對董事（或監察人）提起訴訟。至監察人行使監察權，如認董事有違法失職，僅得依同法第220條召集股東會，由股東會決議是否對董事提起訴訟。同法第213條所稱除法律另有規定外，則指如同法第214條所定不經股東會決議之例外情形而言（即由繼續六個月以上，持有已發行股份總數1%以上之股東，得以書面請求監察人爲公司對董事提起訴訟）。從而如監察人未經股東會決議，或非公司法第214條法律特別規定得代表之情形，即代表公司對董事提起訴訟，其代理權應有欠缺，法院應依民事訴訟法第249條第1項之規定，應命其補正後，始得爲實體審究[136]。

　　同理，股份有限公司之監察人，執行監察人職務，發現董事有違法行爲時，如未經股東會決議或繼續一年以上持有已發行股份總數10%以上之股東之書面請求者（註：公司法

---

[132] 參見經濟部91年1月10日商字第09002286520號。

[133] 參見經濟部93年12月2日經商字第09302202470號函。

[134] 參見柯芳枝，公司法論（下），第48頁。

[135] 參見最高法院69年度台上字第846號民事判決。

[136] 參見最高法院69年度台上字第1995號民事判決。另司法院79年10月29日廳民一字第914號函、經濟部94年6月29日經商字第09402089460號函等，均同此一見解。

第214條已修改爲「繼續六個月以上，持有已發行股份總數百分之一以上之股東」），監察人仍不得逕自代表公司對董事提起自訴或告訴[137]。因此，監察人如發現董事有違法失職之行爲時，並無法逕依職權代表公司對董事起訴，僅得依公司法第220條之規定，召集股東會，由股東會決議是否對董事提起訴訟[138]。

另監察人代表公司與董事進行訴訟時，如監察人有二人以上時，是否應由全體監察人爲共同代表？1.否定說：其認爲公司最高意思機關即股東會既已決議對公司董事提起訴訟，監察人基於股東會決議對於董事提起訴訟，公司法並無必須共同爲之之明文，且通常與監察權之行使有所關涉，參酌院解字第2936號意旨[139]及公司法第221條、民事訴訟法第71條規定，由監察人單獨代表公司起訴並無不合；2.肯定說：認爲公司法第213條乃規定監察人在公司與董事間之訴訟對外代表公司之權，並非監察人對公司關於監察權之行使，應無同法第221條規定之適用。監察人依公司法第213條規定對外代表公司對董事提起訴訟，性質上係立於公司代表人地位而爲，而非訴訟代理人身分，亦應無民事訴訟法第71條規定之適用。另參照民法第168條規定：「代理人有數人者，其代理行爲應共同爲之。但法律另有規定或本人另有意思表示者，不在此限。」故除股東會有特別決議得由監察人一人代表公司外，公司與董事間之訴訟，自應由全體監察人共同代表始符規定。臺灣高等法院既所屬法院座談會對上開問題之意見，採否定說，即可由監察人單獨代表公司與董事進行訴訟[140]。

另公司法第213條所謂「股東會亦得另選代表公司爲訴訟之人」，上開由股東會另選代表公司爲訴訟之人是否必須具有股東身分，公司法尚無明文規定[141]。

綜合上開實務見解，1.公司對董事起訴之情形：依司法實務之見解，應由股東會決議是否對董事提起訴訟：(1)如經股東會決議對董事提起訴訟，則應由監察人（單獨）代表公司起訴；(2)如無法取得股東會之決議，除適用公司法第214條由繼續六個月以上，持有

---

[137] 參見臺灣高等法院暨所屬法院71年11月22日71年度法律座談會刑事類第12號會議決議。

[138] 鑑於公司對董事提起訴訟，必須經股東會決議，但股東會之召開及討論，有一定程序，需要相當時間，因此如監察人未經股東會決議及先行代表公司對董事提起訴訟，法院應給予其補正之機會，不宜進行駁回該訴訟。

[139] 司法院院解字第2936號：「法人之代表人。在民法上固非所謂法定代理人。在民事訴訟法上。則視作法定代理人。適用關於法定代理之規定。故法人之代表人有數人時。在訴訟上。是否均得單獨代表法人。按諸民事訴法第四十七條。應依民法及其他法令定之。民法第二十七條第二項所定代表法人之董事有數人時。均得單獨代表法人。公司法第三十條所定代表無限公司之股東有數人時。亦均得單獨代表公司。若依實體法之規定。法人之代表人數人必須共同代表者。在訴訟上不得準用民事訴訟法第七十一條之規定。使之單獨代表。至非法人之團體。其代表人或管理人有數人時。在訴訟上是否均得單獨代表團體。按諸民事訴訟法第五十二條、第四十七條。亦應依民法及其他法令定之。法令未就此設有規定者。應解爲均得單獨代表團體。」

[140] 參見臺灣高等法院暨所屬法院98年11月11日98年度法律座談會民事類提案第18號會議決議。否定說並認爲：「若以監察人代表公司對董事提起訴訟須以數監察人共同代表爲之，將可能因董事與其中一名監察人私交甚密，拒絕配合提起訴訟，而使以監察人代表公司提起訴訟之立法目的無由達成，有害公司訴訟權之行使。」

[141] 參見經濟部93年4月5日經商字第09302040510號函。

已發行股份總數1%以上之股東，得以書面請求監察人為公司對董事提起訴訟之情形外，否則，法院應認其代理權有欠缺，依民事訴訟法第249條第1項之規定（應先給予補正之機會），裁定駁回其訴訟；2.董事對公司起訴之情形：依公司法第213條之規定，應由監察人（單獨）代表公司進行訴訟。

第二節　董事會

一、董事會之概念

　　依公司法第192條第1項及第202條之規定：「公司董事會，設置董事不得少於三人，由股東會就有行為能力之人選任之。」「公司業務之執行，除本法或章程規定應由股東會決議之事項外，均應由董事會決議行之。」可知董事會是由全體董事所組成，以會議方式決議公司業務執行之機關，故應屬股份有限公司之法定、常設、集體、有權決定公司業務執行之機關[142]。

　　民國107年8月1日公司法修訂時，增訂第192條第2項之規定：「公司得依章程規定不設董事會，置董事一人或二人。置董事一人者，以其為董事長，董事會之職權並由該董事行使，不適用本法有關董事會之規定；置董事二人者，準用本法有關董事會之規定。」其立法理由稱：「為回歸企業自治，開放非公開發行股票之公司得不設董事會，而僅置董事一人或二人，惟應於章程中明定。至於公開發行股票之公司，則應依證券交易法第二十六條之三第一項『已依本法發行股票之公司董事會，設置董事不得少於五人。』之規定辦理。另因適用本條規定者，為非公開發行股票之公司，而其股東結構有一人者，亦有二人以上者，為保障股東權益，爰本條未開放股東有二人以上之公司得以章程排除置監察人之義務。至股東僅有一人之公司，則依修正條文第一百二十八條之一辦理，自屬當然，併予敘明。」可知非公開發行股票之公司得依章程規定不設董事會，而僅設置董事一人（以該人為董事長，並由其行使董事會之職權）或二人（如設置董事二人者，仍準用本法有關董事會之規定）；如章程未特別明定者，則仍應設置董事會，且董事人數不得少於三人。至於公開發行股票之公司，則應設置公司董事會，且董事不得少於五人。

　　公司法之所以規定董事會原則上應以會議方式行使職權，其立法意旨乃是希望透過會議之召開，藉助各董事之知識與經驗，對於待決議事項充分討論及交換意見，並透過多數決之方式凝聚共識，達成協議，以減少錯誤之發生[143]。惟107年公司法修訂時，已增訂公司法第205條第5項及第6項之規定：「公司章程得訂明經全體董事同意，董事就當次董事

---

[142] 參見柯芳枝，公司法論（下），第48頁。
[143] 參見柯芳枝，公司法論（下），第49頁。

會議案以書面方式行使其表決權,而不實際集會。」「前項情形,視爲已召開董事會;以書面方式行使表決權之董事,視爲親自出席董事會。」以利非公開發行股票之公司運作之彈性及企業經營之自主。

董事會對於公司業務之執行,雖有決定權,但董事會爲公司內部之意思決定機關,並非代表機關,故其決議不能直接對外發生效力,而須透過代表機關之董事長(公§208Ⅲ)或董事會所授權之董事或經理人,依據董事會決議代表公司對外爲之[144]。

二、董事會之權限

(一)業務執行之概括決定權

公司法第202條規定:「公司業務之執行,除本法或章程規定應由股東會決議之事項外,均應由董事會決議行之。」旨在明確劃分股東會與董事會之職權,不使兩者權責混淆,並充分賦予董事執行業務之權[145]。

依照本條之規定,有關股東會與董事會職權之劃分,應依下列原則決定:1.公司法是否明定專屬股東會或董事會之職權。如公司法已明定專屬股東會決議之事項,自不得由董事會決議代替或變更之(例如依公司法第241條規定,公司發行新股得依股東會之特別決議,將公積之全部或一部撥充資本,按股東原有股份之比例發給新股。此既爲公司法所明定應由股東會決議之事項,自不得由董事會決議代替或變更之[146]);反之,如公司法已明定專屬董事會決議事項,亦不得由股東會決議代替之(例如解任經理人係專屬董事會決議事項[147],自不得以股東會決議代替之);2.如該等事項公司法未明定專屬股東會或董事會職權之事項,而公司章程已規定應由股東會決議時,方得由股東會決議,否則應由董事會決議爲之〔例如公司所在地變更(限同一縣市遷址)、分公司名稱變更、分公司所在地變更事項,公司法既無明定係專屬股東會或董事會之職權,因此,倘公司於章程規定該等事項應由股東會決議者,並無不可[148]〕;3.除公司法或公司章程另有規定由股東會決議者外,其餘均屬董事會專屬職權(例如公司停業中,董事會功能不彰或不能推行時,公司股東會尚無代董事會議決出租理財行爲之可言[149])。

---

[144] 參見柯芳枝,公司法論(下),第49頁。

[145] 參見經濟部100年2月23日經商字第10002403260號函。

[146] 參見經濟部90年4月18日商字第09002074250號函。

[147] 參見經濟部93年8月10日經商字第09302133310號函。

[148] 參見經濟部109年9月14日經商字第10902040070號函。

[149] 參見經濟部91年9月18日經商字第09102206950號函。

（二）公司法列舉之權限

公司法第202條除規定業務執行決定之概括權限外，公司法亦有許多法條列舉董事會之個別權限。諸如：經理人之任免及報酬之決定（公§29）、解除經理人競業禁止之限制（公§32但）、股東以貨幣債權、現物或技術出資時，其抵充數額之決定（公§156V）、向證券主管機關申請辦理公開發行程序（公§156-2V）、辦理股份交換（公§156-3）、決定買回公司股份，充作員工庫藏股（公§167-1）、發行員工認股權憑證（公§167-2）、召集股東會（公§171）、決議向股東會提出公司營業或財產重大變更議案（公§172V、公§185）、公告受理股東之提案及審議該提案（公§172-1）、提出董監事候選人名單（公§192-1、§227）、董事長、副董事長及常務董事之互選（公§208I、II）、每季或每半會計年度決議盈餘分派或虧損撥補（公§228-1）、分派員工酬勞（公§235-1）、公開發行股票之公司，依章程授權決議以現金分派股息及紅利（公§240V）、募集公司債及催繳債款（公§246、§254）、發行新股（公§266II）、向法院聲請重整（公§282II）、決議進行簡易合併（公§316-2I）等。

（三）內部監察權

董事會就公司業務執行有決定權，亦有權決定將其所決議之事項，交由董事長、副董事長、（常務）董事或經理人執行，並指定其執行之方法，因此，董事會對於該等人員之具體執行業務，自有監督之權限，此乃董事會之內部監察權（internal audit），董事會對於董事長、副董事長、常務董事及經理人並有任免權限（公§208I、II、公§229I），以落實該內部監察權[150]。

三、董事會之義務

（一）備置章程及各項簿冊於公司供股東及債權人查閱或抄錄之義務

公司法第210條第1項規定：「除證券主管機關另有規定外，董事會應將章程及歷屆股東會議事錄、財務報表備置於本公司，並將股東名簿及公司債存根簿備置於本公司或股務代理機構。」而代表公司之董事，不備置章程、簿冊者，處新臺幣1萬元以上5萬元以下罰鍰。但公開發行股票之公司，由證券主管機關處代表公司之董事新臺幣24萬元以上240萬元以下罰鍰（公§210III）。

公司法第210條第2項規定：「前項章程及簿冊，股東及公司之債權人得檢具利害關係證明文件，指定範圍，隨時請求查閱、抄錄或複製；其備置於股務代理機構者，公司應令股務代理機構提供。」而代表公司之董事，違反此一規定無正當理由而拒絕查閱、抄

---

[150] 參見柯芳枝，公司法論（下），第50至51頁。

錄、複製或未令股務代理機構提供者,處新臺幣1萬元以上5萬元以下罰鍰。但公開發行股票之公司,由證券主管機關處代表公司之董事新臺幣24萬元以上240萬元以下罰鍰(公§210IV)。

依上開規定,董事會應備置之文件,包括章程(及簿冊)、歷屆股東會議事錄、財務報表、股東名簿及公司債存根簿等。依主管機關函釋之見解:1.董事會應將資產負債表、損益表等備置於本公司,並非指營業帳簿而言[151];2.所謂「財務報表」應回歸商業會計法第28條及第29條之規定;另依商業會計法第69條第1項規定:「代表商業之負責人應將各項決算報表備置於本機構。」所稱「各項決算報表」係指商業會計法第66條規定之營業報告書及財務報表。是以,本法第210條規定之財務報表係指每會計年度終了董事會依本法第228條規定編造者[152](註:即包括營業報告書、資產負債表、綜合損益表、現金流量表及權益變動表);3.「簿冊」係指歷屆股東會議事錄、資產負債表、股東名簿及公司債存根簿,尚不包括財務業務契約在內[153];4.股東依公司法第210條第2項規定,得查閱或抄錄之範圍不包括董事會議事錄[154]。

依公司法第210條第2項之規定,股東及公司之債權人得檢具「利害關係證明文件」,「指定範圍」,「隨時」請求查閱、抄錄或複製。依主管機關函釋之見解:1.所稱「利害關係證明文件」,乃指能表明自己身分與公司有利害關係之證明文件而言[155];2.所稱「指定範圍」,乃指股東及公司之債權人指定與其有利害關係之範圍而言[156];3.所謂「隨時」,並無時間或次數之限制;4.股東請求查閱或抄錄股東名簿,係指有法律上之利害關係,如發生債權債務關係者。股東尚不得因徵求委託書,而請求抄錄股東名簿[157];5.少數股東或監察人召開股東會時,股務代理機構應提供召開股東會所需股東名簿等資料[158]。

又公司法第210條是針對「股東及公司之債權人」請求查閱或抄錄章程及簿冊所為之規定。而監察人則是應適用公司法第218條之規定:「(第1項)監察人應監督公司業務之執行,並得隨時調查公司業務及財務狀況,查核、抄錄或複製簿冊文件,並得請求董事會或經理人提出報告。……」至於「董事」得否請求查閱或抄錄章程及各項簿冊?主管機關函釋認為:1.董事乃董事會之成員,且董事會就其權限而言,對公司有內部監察權,為

---

[151] 參見經濟部62年4月9日商字第09379號函。

[152] 參見經濟部92年4月23日商字第09202076190號函。

[153] 參見經濟部81年12月8日商字第232851號函。

[154] 參見經濟部99年12月17日經商字第09900176780號函。

[155] 參見經濟部76年4月18日商字第17612號函、經濟部92年6月16日商字第09202119150號。

[156] 參見經濟部92年6月16日商字第09202119150號函。

[157] 參見經濟部93年12月29日商字第09302406700號函。

[158] 參見經濟部104年1月26日經商字第10402004500號函。另107年8月1日公司法修正時,已增訂第210條之1之規定:「(第1項)董事會或其他召集權人召集股東會者,得請求公司或股務代理機構提供股東名簿。……」

使內部監察權奏效，身為董事會成員之董事，如為執行業務上需要，依其權責自有查閱、抄錄公司法第210條第1項章程、簿冊之權[159]；2.董事有查閱或抄錄有關章程、簿冊之權，公司尚不得拒絕之。至於查閱或抄錄應負保密義務，自是董事忠實執行業務及盡善良管理人義務範疇[160]；3.董事依其權責查閱、抄錄章程、簿冊時，得個別為之，毋庸經董事會決議[161]；4.董事查閱、抄錄章程、簿冊時，並不因公司將該章程及簿冊（註：尤其是股東名簿）備置於公司或股務代理機構而有不同[162]；5.董事所得查閱、抄錄或複製簿冊文件的範圍，當大於股東及債權人所得查閱、抄錄或複製之範圍，原則上不宜有過多的限制[163]；6.至於公司得否以電子傳送方式提供董事章程、簿冊等資料，公司法要無明文，允屬公司自治事項[164]。

民國107年間公司法修訂時，原擬增訂第193條之1之規定：「（第1項）董事為執行業務，得隨時查閱、抄錄或複製公司業務、財務狀況及簿冊文件，公司不得規避、妨礙或拒絕。（第2項）公司違反前項規定，規避、妨礙或拒絕者，處代表公司之董事新臺幣一萬元以上五萬元以下罰鍰。但公開發行股票之公司，由證券主管機關處代表公司之董事新臺幣二十四萬元以上二百四十萬元以下罰鍰。」其修訂理由是依公司法第8條及第23條之規定，董事為股份有限公司之負責人，應忠實執行業務並盡善良管理人之注意義務；董事如為執行業務上之需要，依其權責如有查閱、抄錄公司、簿冊之權，公司不得拒絕之，故乃欲將主管機關上開函釋予以明文化，而參酌公司法第218條有關監察人調查權之範圍，將董事查閱、抄錄或複製簿冊文件之範圍予以擴大。惟在立法過程中，因擔心有心之人刻意取得（一席）董事席次，而以執行業務之名，隨時查閱、抄錄或複製公司業務、財務狀況及簿冊文件，導致台灣企業機密門戶洞開，故乃刪除該草案之規定[165]。

另107年8月1日公司法修訂時，增訂第210條之1之規定：「（第1項）董事會或其他召集權人召集股東會者，得請求公司或股務代理機構提供股東名簿。……」蓋因實務上，公司發生經營權之爭時，常發生監察人或少數股東權之股東，雖依法取得召集權，卻因代表公司之董事或股務代理機構拒絕提供股東名簿而無法召開股東會，致本法賦予其股東會召集權之用意落空，爰增訂此一規定，明定董事會或其他召集權人召集股東會者，得請求公司或股務代理機構提供股東名簿[166]。代表公司之董事或股務代理機構如拒絕提供股東

---

[159] 參見經濟部76年4月18日商字第17612號函。

[160] 參見經濟部94年7月5日經商字第09409012260號函。

[161] 參見經濟部102年6月13日經商字第10200063220號函。

[162] 參見經濟部105年5月27日經商字第10502415500號函。

[163] 參見經濟部108年1月29日經商字第10800002120號函。

[164] 參見經濟部95年3月27日經商字第09502037800號函。

[165] 參見新新聞，全面解析公司法修法背後錢權角力，2018年7月12日。惟刪除後，究是立法者有意予以排除，或仍可適用原主管機關函釋之見解，恐不無疑義。

[166] 參見107年8月1日公司法第210條之1之修正理由。

名簿者，應處罰鍰。主管機關或證券主管機關並應令其限期改正；屆期未改正者，繼續令其限期改正，並按次處罰至改正為止（公§210-1 II～IV）。

（二）召集股東會之義務

股東會之召集乃董事會之權限（公§171）。董事會應於每會計年度終了後六個月內召開股東常會，但有正當事由經報請主管機關核准者，不在此限。代表公司之董事違反前項召開期限之規定者，處新臺幣1萬元以上5萬元以下罰鍰（公§170 II、III）。此外，董事會於必要時，亦得召集股東臨時會（公§170 I）。

（三）會計上之義務

每會計年度終了，董事會應編造營業報告書、財務報表及盈餘分派或虧損撥補之議案，於股東常會開會三十日前交監察人查核（公§228 I）。董事會所造具之各項表冊與監察人之報告書，應於股東常會開會十日前，備置於本公司，供股東隨時查閱（公§229）。經股東常會承認後，董事會應將財務報表及盈餘分派或虧損撥補之決議，分發各股東（公§230 I）。

（四）向股東會報告之義務

依公司法之規定，董事會應向股東會報告之事項主要如下：1.營業報告（公§228 I）；2.分派員工酬勞之報告（公§235-1 III）；3.股東提案未列入之理由報告（公§172-1 VI）；4.虧損達實收資本額二分之一以上之報告（公§211 I）；5.合併後之報告（公§318；企併§26）；6.募集公司債之原因及有關事項報告（公§246 I）等。如公開發行公司之章程授權董事會以特別決議，並以現金分派股息及紅利者，應報告股東會（公§240 V），另依證券交易法之規定，尚包括私募之資金運用情形、計畫執行進度及計畫效益顯現情形等報告（私募注意事項§5）、庫藏股之董事會決議及執行情形報告（證§28-2 VII）等。

茲特別說明「虧損達實收資本額二分之一以上之報告義務」，公司法第211條第1項規定：「公司虧損達實收資本額二分之一時，董事會應於最近一次股東會報告。」依主管機關函釋之見解：1.所稱之「虧損」，為完成決算程序經股東會承認後之累積虧損，與公司年度進行中所發生之本期淨損之合計[167]；2.所謂「實收資本額」，係指實際收足股本之數額[168]；3.所謂「股東會報告」，應為專案報告或為報告事項中列案報告，本法尚無規定，

---

[167] 參見經濟部89年9月16日經商字第89218426號函、經濟部91年12月11日商字第09102280620號函。

[168] 參見經濟部95年10月24日經商字第09502153990號函。該函另稱：「『法定盈餘公積』係公司依法自盈餘之指撥者，其與『實收資本額』尚非一事。是以，實收資本額並不計入法定盈餘公積之數額。」

允屬公司自治事項[169]；4.惟此種情形下公司是否須辦理增資，公司法並無強制規定[170]。

（五）聲請宣告公司破產之義務

公司法第211條第2項規定：「公司資產顯有不足抵償其所負債務時，除得依第二百八十二條辦理者外，董事會應即聲請宣告破產。」旨在避免公司債務繼續擴大，損及公眾及債權人權益[171]。

依主管機關函釋之見解：1.所謂「公司資產」，係指其淨變現價值而言，亦即公司於合理期間內從容處分其資產所可得之淨變現價值，與依「繼續經營」慣例之公司帳載資產價值有別[172]；2.所稱「公司資產顯有不足抵償其所負債務時」，係指公司實際資產總額少於負債總額，顯然不足抵償債務之情形而言[173]；3.公司帳簿上所載資產總額，若與其現實資產總額不符，即帳列淨值雖為負，但依現實資產總額計算，尚足抵償其債務時，似難謂公司資產已顯然不足清償其債務，而有公司法第211條第2項規定之適用[174]。

代表公司之董事，違反前開規定者，處新臺幣2萬元以上10萬元以下罰鍰（公§211Ⅲ）。此外，董事會如不依前開規定聲請宣告破產，致債權人受損害時，依民法第35條第2項之規定：「……有過失之董事，應負賠償責任，其有二人以上時，應連帶負責。」[175]惟債權人應就董事如即時為此聲請，其債權較有受償可能之事實，負舉證證明之責[176]。

惟當公司向法院聲請宣告破產，如經法院裁定駁回（此屬法院職權），主管機關認為公司仍可經股東會為解散之決議，再依清算程序了結現務[177]。

（六）通知公告公司解散之義務

依公司法第316條第4項之規定：「公司解散時，除破產外，董事會應即將解散之要旨，通知各股東。」

---

[169] 參見經濟部94年7月15日經商字第09402096860號函。

[170] 參見經濟部64年1月21日經臺商登發字第0238號函。

[171] 參見柯芳枝，公司法論（下），第53頁。

[172] 參見經濟部78年9月26日商字第211080號函。

[173] 參見經濟部64年1月21日經臺商登發字第0238號函。

[174] 參見司法院78年7月12日秘臺廳（一）字第01678號函。

[175] 參見最高法院23年上字第204號民事判例。

[176] 參見最高法院62年台上字第524號民事判例。

[177] 參見經濟部93年12月7日經商字第09300629720號函。

四、董事會會議

　　董事會是以會議方式決議公司業務之執行，應由有召集權人經一定程序召集而開會，欠缺此一程序之會議即不適法，而其所爲之決議亦難謂爲董事會決議。此外，因公開發行股票之公司應強制設置公司董事會，依證券交易法第26條之3第8項之規定：「公司應訂定董事會議事規範；其主要議事內容、作業程序、議事錄應載明事項、公告及其他應遵行事項之辦法，由主管機關定之。」證券主管機關並依此訂定「公開發行公司董事會議事辦法」（下稱「董事會辦法」或「董議」）。

（一）召集權人

　　依公司法第203條之1第1項規定：「董事會由董事長召集之。」蓋董事長即爲股東會、董事會及常務董事會主席，董事長並得隨時召集常務董事會，故明定董事會由董事長召集之[178]。

　　惟當股東會選任新董事時，原董事長已退任，爲使新董事能銜接視事，公司法第203條第1項乃規定：「每屆第一次董事會，由所得選票代表選舉權最多之董事於改選後十五日內召開之。但董事係於上屆董事任滿前改選，並決議自任期屆滿時解任者，應於上屆董事任滿後十五日內召開之。」亦即每屆第一次董事會，由所得選票代表選舉權最多之董事召集開會。而召開之時間，則配合公司法第199條之1之規定（即「股東會於董事任期未屆滿前，改選全體董事者，如未決議董事於任期屆滿始爲解任，視爲提前解任」），則應於「改選」後十五日內召開之；惟如股東會是決議董事自任期屆滿時解任者，則應於「上屆董事任滿」後十五日內召開之。又，如得選票代表選舉權最多之董事，未在同條第1項或前項期限內召開董事會時，得由過半數當選之董事，自行召集之（公§203IV）。

　　又董事係於任期屆滿前改選，並決議自任期屆滿時解任者，依公司法第203條第1項但書之規定，須於上屆董事任滿後十五日內始得召開第一次董事會，惟股東會既已提前改選董事，爲使公司能於上屆董事任期屆滿前提前選任下屆之董事長、副董事長、常務董事，銜接視事，俾利新、舊任交接，因此，公司法第203條第2項規定：「董事係於上屆董事任期屆滿前改選，並經決議自任期屆滿時解任者，其董事長、副董事長、常務董事之改選得於任期屆滿前爲之，不受前項之限制。」

　　依主管機關函釋之見解，每屆第一次董事會，應以該所得選票代表選舉權最多之董事召集並擔任董事會主席，且公司尚不得以章程訂定由董事互推一人擔任該次董事會主席[179]。惟如所得選票代表選舉權最多之董事未親自出席，亦未委託其他董事代理出席者，因不可能擔任會議主席，爲避免攸關公司持續經營的每屆選舉後之第一次董事會，無端延

---

[178] 參見69年5月9日公司法第203條之修正理由。

[179] 參見經濟部98年7月22日經商字第09802096480號函。

宕，則例外地承認可由出席董事於會議開始時互選一人擔任主席，以利召開董事會[180]。

依公司法第203條第3項之規定：「第一次董事會之召開，出席之董事未達選舉常務董事或董事長之最低出席人數時，原召集人應於十五日內繼續召開，並得適用第二百零六條之決議方法選舉之。」其立法旨係鑑於每屆第一次董事會大都涉及選任公司董事長事宜，事關緊要，如出席之董事未能達到選舉董事長之最低出席人數時（註：即應由三分之二以上之董事出席及出席董事過半數之同意行之），原召集人應於十五日內繼續召集，並得適用公司法第206條以普通決議方法選舉之（註：即由過半數董事之出席，出席董事過半數之同意行之），以使公司能儘早選出董事長，將公司營運步入正軌[181]。

於每屆第一次董事會順利選出新董事長後，有關第二次以後之董事會應由董事長召集之（公§203-1Ⅰ）。公司法原賦予董事長專屬召集董事會之權限，惟實務上曾發生董事長不作為之情事，不僅導致公司之運作僵局，更嚴重損及公司治理。為解決董事長不召開董事會，而影響公司之正常經營，並考量避免放寬董事會召集權人後之濫行召集或減少董事會議發生雙胞或多胞之情況，於107年8月1日公司法修訂時，乃增訂公司法第203條之1第2項及第3項之規定：「過半數之董事得以書面記明提議事項及理由，請求董事長召集董事會。」「前項請求提出後十五日內，董事長不為召開時，過半數之董事得自行召集。」亦即明定允許過半數之董事，得請求董事長召集董事會，倘董事長於法定期限內不為召開時，過半數之董事，毋庸經主管機關許可，得自行召集董事會[182]。於此情形下，應比照公司法第182條之1規定由過半數董事互推產生主席，不適用第208條第3項規定[183]。

（二）召集程序

公司法第204條原規定：「董事會之召集，應載明事由，於七日前通知各董事及監察人。但有緊急情事時，得隨時召集之。」惟107年8月1日時將本條第1項修正為：「董事會之召集，應於三日前通知各董事及監察人。但章程有較高之規定者，從其規定。」其修正理由稱：「鑑於董事會之召集，於三日前通知各董事及監察人，應已足夠，爰將原『七日』修正為『三日』。此『三日』為最低基準，尚不得於章程另定低於三日之規定，例如一日前或二日前通知之情形。又倘公司認為三日，不夠充裕，得於章程延長應於三日前通知各董事及監察人之規定，例如於章程定為四日前、五日前、六日前、七日前等，公司得自行斟酌情形訂定，爰為但書規定。」

至於公開發行股票之公司董事會之召集，其通知各董事及監察人之期間，由證券主管機關定之（公§204Ⅱ）。依董事會辦法第3條第2項本文之規定：「董事會之召集，應載

---

[180] 參見經濟部103年9月17日經商字第10302423460號函。

[181] 參見經濟部103年11月18日經商字第10302136340號函。

[182] 參見107年8月1日公司法第203條之1之立法理由。

[183] 參見經濟部108年1月19日經商字第10802400580號函。

明召集事由，於七日前通知各董事及監察人。」

　　依現行公司法第204條第3項至第5項之規定：「有緊急情事時，董事會之召集，得隨時為之。」「前三項召集之通知，經相對人同意者，得以電子方式為之。」「董事會之召集，應載明事由。」依主管機關函釋之見解：1.董事會之召集，應載明事由，故應以「書面」之方式為之，鑑於「電話或口頭通知」皆無法載明事由，故無法以此等方式為之[184]；2.所謂「七日前」（註：已改為三日前，下同），應適用民法第119條、第120條第2項不算入始日之規定，自通知之翌日起算至開會前一日，算足公司法所定期間。例如公司訂於3月18日召開董事會，依公司法第204條規定應於七日前通知各董事及監察人，則至遲應於3月10日即應通知，而該通知係採發信主義[185]；3.召集之通知，經相對人同意者，得以電子方式為之。如於章程中明定為董事會召集通知之方式，得以「傳真或電子郵件（E-mail）方式為之」，解釋上應認為董事已默示同意，毋庸另依公司法第204條第2項規定取得其同意[186]；4.傳真分為兩種，一為一般之紙本傳真；另一為電腦傳真系統之傳真（文件之製作與傳輸可直接於電腦設備上完成傳真程序）。倘屬一般之紙本傳真方式，不屬電子文件，不生經相對人同意之問題。倘屬電腦傳真系統之傳真，係電子文件之一種，如於章程中明定為董事會召集通知之方式，解釋上應認為董事已默示同意，毋庸另依公司法第204條第2項規定取得其同意，否則仍應取得董事同意始可[187]；5.倘將召集通知紙本用印掃描後，透過網際網路以電子郵件傳輸給相對人，或上傳雲端硬碟或其他網路平台後，由相對人自行下載者，倘經相對人同意，自無不可[188]；6.所謂「緊急情事」，係指事出突然，又急待董事會商決之事項而言；所謂「隨時召集之」，乃指有緊急情事時，得不受原定通常通知期間之限制[189]。而該召集之通知，如經相對人同意者，得以電子方式為之（公§204Ⅲ）；7.原訂董事會如已依公司法第204條規定完成召集通知之程序，後因故需延期召開，其延期召集通知，仍應依同一方式辦理[190]（註：更改開會時間時，仍應遵守通常通知期間，如有緊急情事時，得隨時為之）。

　　另依董事會辦法第4條之規定：「董事會召開之地點與時間，應於公司所在地及辦公時間或便於董事出席且適合董事會召開之地點及時間為之。」惟並不以國內為限[191]。另該辦法第5條第2項規定：「……擬訂董事會議事內容，並提供充分之會議資料，於召集通知時一併寄送。」

---

[184] 參見經濟部98年7月17日經商字第09802090850號函。

[185] 參見經濟部99年4月9日經商字第09902036620號函。

[186] 參見經濟部100年8月9日經商字第10002422930號函。

[187] 同前註。

[188] 參見經濟部102年9月2日經商字第10202097590號函。

[189] 參見經濟部74年10月24日商字第46656號函。

[190] 參見經濟部98年9月11日經商字第09802122460號函。

[191] 參見經濟部97年10月21日經商字第09702424710號函。

（三）出席方式

董事會開會時，董事應親自出席（公§205 I）。董事會開會時，如以視訊會議為之，其董事以視訊參與會議者，視為親自出席（公§205 II。下稱「視訊出席」）。此外，公司章程訂定得由其他董事代理者，則可委託出席，但應於每次出具委託書，並列舉召集事由之授權範圍，且代理人，以受一人之委託為限（公§205 I但、III、IV。下稱「委託代理出席」）。

所謂「視訊出席」，係鑑於電傳科技發達，人與人溝通不侷限同一地點，從事面對面交談，如以視訊會議方式從事會談，亦可達到相互討論之會議效果，與親自出席無異。亦即以電傳視訊從事「面對面」會談情形始得為之。其餘方式（註：如只以電話會議，有聲音而無視訊影像者），尚不得視為親自出席[192]。

有關「委託代理出席」，依主管機關函釋之見解：1.如章程未訂有董事出席董事會之代理者，則董事委託其他董事代理出席董事會對公司不生效力[193]；2.受委託者應以其他董事為限，董事不可委託「非董事」之自然人出席董事會，公司章程如規定：「政府或法人為股東時，須指定自然人代表行使職務，（含股東會、董事會及其他活動等）（註：指公司法第27條第1項之情形），但自然人代表因事無法行使職務，得委託其他自然人代表出席……」一節，核與公司法規定未符[194]。

此外，法人董事（註：指公司法第27條第1項，由法人股東本身當選為董事，但須指定自然人行使職務之情形）出席董事會時，依主管機關函釋之見解；1.法人董事已指派自然人充其代表者委託「非董事」代表出席董事會於法不合。惟法人指定代表行使職務之自然人不能出席時，得依同法第27條第3項規定，依其職務關係隨時改派補足原任期[195]；2.甲、乙公司為該公司之法人董事，乙法人董事指派自然人A君出席董事會，甲法人董事如不克出席董事會，得委託乙法人董事，而由A君同時行使甲、乙法人董事之職權[196]；3.股份有限公司二位法人董事尚不得分別指派同一位自然人出席董事會[197]（註：似指不得依公司法第27條第1項但書指派同一位自然人行使職務）；4.法人董事於其代表人不克出席董事會時，得依其職務關係隨時改派其他人（註：公司法第27條第3項）或委託他人代理出席（註：公司法第205條第1項但書）[198]。

此外，應特別說明的是，主管機關認為：「按股份有限公司董事會係採合議制，且依

---

[192] 參見經濟部92年9月15日商字第09202189710號函。

[193] 參見經濟部92年8月19日商字第09202171850號函。

[194] 參見經濟部98年10月7日經商字第09802135490號函。

[195] 參見經濟部56年11月3日商字第30003號函。

[196] 參見經濟部98年2月18日經商字第09802016080號函。

[197] 參見經濟部98年2月19日經商字第09800522520號函。

[198] 參見經濟部99年10月21日經商字第09902424890號函。

最高法院65年度台上字第1374號判決之意旨，會議決議應有二人以上當事人基於平行與協商之意思表示相互合致成立之法律行為之基本形式要件。是以董事會如僅由董事一人親自出席，即使有其他董事委託代理出席，因實質上無從進行討論，未具會議之基本形式要件，與上開判例之要旨有違，係屬無效。具體個案請參考上開說明辦理，如有爭議，請逕循司法途徑解決。[199]」

　　有關董事出席董事會之方式，除前述親自出席、視訊出席及委託代理出席外，107年8月1日公司法修訂時，爰仿外國（香港、日本）立法例，容許多元方式召開董事會，於第205條增訂現行第5項至第7項之規定：「（第5項）公司章程得訂明經全體董事同意，董事就當次董事會議案以書面方式行使其表決權，而不實際集會。（第6項）前項情形，視為已召開董事會；以書面方式行使表決權之董事，視為親自出席董事會。（第7項）前二項規定，於公開發行股票之公司，不適用之。」明定非公開發行股票之公司得於章程訂明經全體董事同意，董事就當次董事會議案以書面方式行使其表決權（註：即採書面決議），可不實際集會，以利公司運作之彈性及企業經營之自主[200]。應特別注意的是，主管機關認為該條項「同意之意思表示，以口頭或書面為之，法無限制規定，公司法亦無規定應於章程訂明同意之方式。惟倘部分董事同意以『書面』方式行使表決權，部分董事不同意以『書面』方式行使，因公司法第205條以書面方式表決議案，須先經全體董事同意，始得為之。是以，倘部分董事同意部分董事反對，即無達到全體董事同意，則應實際集會，不得以書面方式行使表決權。[201]」

（四）議案內容

　　依董事會辦法第6條之規定：「定期性董事會之議事內容，至少包括下列事項：一、報告事項：（一）上次會議紀錄及執行情形。（二）重要財務業務報告。（三）內部稽核業務報告。（四）其他重要報告事項。二、討論事項：（一）上次會議保留之討論事項。（二）本次會議討論事項。三、臨時動議。」

　　對於公開發行股票之公司，依董事會辦法第3條第4項之規定：「第七條第一項各款之事項，除有突發緊急情事或正當理由外，應在召集事由中列舉，不得以臨時動議提出。」其情形包括：1.公司之營運計畫；2.年度財務報告及半年度財務報告。但半年度財務報告依法令規定無須經會計師查核簽證者，不在此限；3.依本法（註：指證券交易法，下同）第14條之1規定訂定或修正內部控制制度，及內部控制制度有效性之考核；4.依本法第36條之1規定訂定或修正取得或處分資產、從事衍生性商品交易、資金貸與他人、為他人背書或提供保證之重大財務業務行為之處理程序；5.募集、發行或私募具有股權性質

---

[199] 參見經濟部93年5月7日商字第09302073130號函。

[200] 參見107年8月1日公司法第205條之修正理由。

[201] 參見經濟部108年1月19日經商字第10802400590號函。

之有價證券；6.財務、會計或內部稽核主管之任免；7.對關係人之捐贈或對非關係人之重大捐贈。但因重大天然災害所爲急難救助之公益性質捐贈，得提下次董事會追認；8.依本法第14條之3、其他依法令或章程規定應由股東會決議或董事會決議事項或主管機關規定之重大事項。

董事會之召集於七日前通知各董事及監察人後至開會前之期間，可否臨時加入議案併入該次董事會？證券主管機關認爲：「衡酌公司法第204條及公開發行公司董事會議事辦法第3條第2項之立法意旨，公司如於董事會之召集通知寄發後至開會前之期間，發生緊急情事，急待董事會討論，可臨時加入議案併入該次董事會討論。另公司於前揭期間內如有新增之報告案，考量報告案尚無涉及表決，影響性較小，亦得臨時加入議案，併入該次董事會報告。[202]」

（五）會議進行及討論

召開董事會時，應設簽名簿供出席董事簽到，並供查考（董議§9Ⅰ）。公司召開董事會，得視議案內容通知相關部門或子公司之人員列席。必要時，亦得邀請會計師、律師或其他專業人士列席會議及說明。但討論及表決時應離席（董議§11）。董事會應依會議通知所排定之議事程序進行。但經出席董事過半數同意者，得變更之（董議§13Ⅰ）。主席對於董事會議案之討論，認爲已達可付表決之程度時，得宣布停止討論，提付表決。董事會議案表決時，經主席徵詢出席董事全體無異議者，視爲通過（董議§14Ⅰ、Ⅱ）。

（六）決議

1. 決議之種類

董事會決議之方法有兩種：(1)普通決議：即有過半數董事之出席，出席董事過半數之同意行之（公§206Ⅰ）。除公司法另有規定應以特別決議者外，否則均以普通決議爲之，如經理人之委任、解任及報酬之決定（公§29Ⅰ③）、解除經理人競業禁止之限制（公§32但）等；(2)特別決議：即以董事三分之二以上之出席及出席董事過半數同意之決議。如股份交換（公§156-3）、買回股份充作員工庫藏股（公§167-1）、發給員工認股權憑證（公§167-2）、向股東會提出公司營業重大變更之議案（公§185Ⅳ）、互選董事長、副董事長及常務董事（公§208Ⅰ、Ⅱ）、分派員工酬勞（公§235-1Ⅲ）、募集公司債（公§246）、發行新股（公§266Ⅱ）、向法院聲請重整（公§282Ⅱ）、進行簡易合併（公§316-2Ⅰ）等。

2. 表決權之限制──利益迴避

依公司法第206條第2項之規定：「董事對於會議之事項，有自身利害關係時，應於

---

[202] 參見「公司治理問答集──董事會議事辦法篇」第2題。

當次董事會說明其自身利害關係之重要內容。」此爲101年1月4日公司法修正時所增訂，乃爲健全公司治理，促使董事之行爲更透明化，以保護投資人權益，董事對於會議之事項，有自身利害關係時，應於當次董事會說明其自身利害關係之重要內容[203]。此外，107年8月1日公司法修正時，增訂本條第3項之規定：「董事之配偶、二親等內血親，或與董事具有控制從屬關係之公司，就前項會議之事項有利害關係者，視爲董事就該事項有自身利害關係。」

另公司法第206條第4項之規定：「第一百七十八條、第一百八十條第二項之規定，於第一項之決議準用之。」亦即董事對於會議之事項，有自身利害關係時，除應向董事會說明其自身利害關係之重要內容外，如有自身利害關係「致有害於公司利益之虞」時，不得加入表決，並不得代理其他董事行使其表決權（下稱「利益迴避」）。對於應利益迴避之董事，於計算決議門檻時（詳如下述）則不算入已出席董事之表決權數。

依主管機關之見解，「有自身利害關係致有害於公司利益之虞」之認定，應依據事實個案認定之。認定上，應有「具體、直接」利害關係致有害於公司利益之虞，始構成本條之規定[204]。而司法實務則認爲所謂董事「對於會議之事項，有自身利害關係」，乃指因該決議之表決結果，將立即、直接致特定董事取得權利或負擔義務，或喪失權利，或新負義務而言[205]。然該等見解仍過於抽象，遇到具體案例時，是否應利益迴避，有時不易判斷，影響所及，也使該決議之效力，面臨法律上的重大不確定風險。舉例而言，如公司擬通過委任經理人退休辦法，而系爭辦法「所謂委任經理人，係指服務於被上訴人實際從事勞動獲致工資之雇主及依公司法委任之『總經理』」，則「兼任經理人（總經理）」之董事於董事會決議通過系爭退休辦法時是否應予迴避，不得加入表決[206]？

附帶說明的是，依企業併購法之規定，公司在進行併購交易時（包括所有併購類型），有自身利害關係之董事，僅需向董事會說明其自身利害關係之重要內容及贊成或反對併購決議之理由而已，並無須迴避，仍得參與表決（企併§5Ⅲ、§18Ⅵ、§27Ⅶ、§29Ⅶ、§30Ⅳ、§35ⅩⅢ）。

---

[203] 參見101年1月4日公司法第206條之修正理由。

[204] 參見經濟部99年10月22日經商字第09902145220號函。

[205] 參見最高法院107年度台上字第649號民事判決、最高法院107年度台上字第1666號民事判決。

[206] 參見最高法院107年度台上字第649號民事判決之案例事實。在該訴訟中，原審（臺灣高等法院104年度重勞上字第36號）認爲系爭退休辦法之適用對象，並非一體適用於公司全部之委任經理人（註：僅限於總經理），且兼經理人之董事於系爭董事會爲系爭退休辦法決議時，已符合請領退休金資格，且如允許身兼經理人之董事，於董事會議決其爲董事而「兼任經理人」之報酬，顯難避免其利用董事爲公司經營者之地位與權利，而恣意索取「兼任經理人」之高額報酬之流弊，因而認定其有自身利害關係致有害於公司利益之虞，而應予迴避（註：在該案例中，該身兼經理人之董事並未親自出席，而是委由其他董事代爲行使表決權）。惟最高法院認爲系爭退休辦法似非僅適用於當時參與開會兼任董事之經理人而已，尚適用於將來不特定兼任經理人之董事，而認爲該身兼經理人之董事「於系爭董事會爲系爭決議時是否必須迴避？即非無進一步研求之餘地」，進而廢棄原判決，將案件發回臺灣高等法院。

3. 表決權之計算

　　依公司法第206條第1項之規定，董事會之決議，……應有過半數董事之出席，出席董事過半數之同意行之。可知董事會之決議，應同時符合「法定開會（出席）門檻」（即「應有過半數董事之出席」；如屬特別決議則爲「董事三分之二以上之出席」）與「法定決議門檻」（即「出席董事過半數之同意」）之要件。

　　有關「法定開會門檻」部分，依主管機關函釋之見解：(1)董事會之決議以現有在任之實際人數爲計算基準，遇有缺額者，應予扣除。如公司原有七席董事，其中一人出缺尚未補選，則該公司董事會之決議，應以現有實際人數六人爲計算基準[207]（註：指董事會之法定開會門檻）；(2)法人股東依公司法第27條第2項規定，由其代表人當選爲董事，該代表人如辭任，在法人股東尚未依同條第3項改派其他代表人時，於計算董事會開會之法定門檻時，以實際在任者爲準，故該席董事應予扣除[208]；(3)董事會之決議，對依第178條規定不得行使表決權之董事，〔仍得出席董事會，且〕仍應算入已出席之董事人數內[209]；(4)公司董事會議所爲決議，係屬法律行爲中之共同行爲，即指多數意思表示平行而一致成立之法律行爲，如股份有限公司設董事三人，開董事會時僅二人出席，係其中一人代理另一人出席，僅有一董事在場，無從成立多數意思表示平行的一致，似難有效成立決議[210]。另司法實務認爲（普通決議）出席董事之定額（註：指法定開會門檻）爲過半數，因此出席董事會之董事如已超過半數（註：如有過半數簽到），即得進行〔討論及〕表決，不因表決時董事離席而受影響，至於表決是否通過，仍應視是否已超過出席董事之半數（註：指超過法定決議門檻），而非超過在場董事之半數爲斷[211]。

　　有關「法定決議門檻」（或表決權行使）部分，依主管機關函釋之見解：(1)公司法第206條第1項規定：「董事會之決議，除本法另有規定外，應有過半數董事之出席，出席董事過半數之同意行之。」所謂「過半數」不包括半數之本數在內。故公司之董事如有八人，而八人全部出席，其董事會決議，僅有四人同意時，則與上開規定不合[212]；(2)每一董事僅有一表決權。董事長享有之表決權應與董事一致，僅有一表決權。故董事會就公司發行新股議案表決，在正反意見同數時，董事長不得行使可決權[213]；(3)公司法第206條第1項前段規定「應有過半數董事之出席」（法定開會門檻），係針對董事會能否開會之法定門檻所爲規定。於達到法定開會門檻後，針對議案「表決時」，依公司法第206條第2項準用第180條第2項規定，對依第178條規定應利益迴避之董事，則不算入公司法第206

[207] 參見經濟部62年8月30日商字第27284號函。

[208] 參見經濟部98年5月21日經商字第09802065860號函。

[209] 參見經濟部91年5月16日商字第09102088350號函。

[210] 參見法務部70年7月14日律字第8791號函、經濟部70年7月24日經商字第29930號函。

[211] 參見最高法院77年度台上字第400號民事判決。

[212] 參見經濟部74年7月5日商字第28292號函。

[213] 參見經濟部81年2月1日商字第200876號函。

條第1項後段規定「出席董事過半數之同意行之」（法定決議門檻）之中（註：即應利益迴避之董事，應計入「法定開會門檻」，但表決時應予迴避，不計入「法定決議門檻」之中）。如甲公司有十二席董事，七席董事出席董事會（計算法定開會門檻七席時，包括應迴避及毋庸迴避之董事），其中五席對A議案應利益迴避，則董事會對A議案之決議，應為二席過半數同意通過（因五席對A議案應利益迴避，故不算入七席中而為二席）[214]；(4)倘公司有八位董事，召開董事會時，八位董事全部出席（符合法定開會門檻），如其中七席於決議事項有利害關係致有害於公司利益之虞〔而利益迴避〕，僅餘一人可就決議事項進行表決，該一人就決議事項如同意者，則以1比0之同意數通過（符合決議門檻）[215]。

（七）臨時決議

　　所謂臨時動議是開會時臨時提出之議案。公司法第204條第5項雖規定，董事會之召集，應載明事由。但並未如股東會一般，明文規定應於召集通知中列舉，且不得以臨時動議提出之事項（公§172V）。因此，主管機關認為「股份有限公司補選常務董事於董事會中以臨時動議方式為之，尚無違法。[216]」「董事會以臨時動議解任及選任董事長，公司法尚無限制規定。[217]」對於公開發行股票之公司，依董事會辦法第3條第4項之規定：「第七條第一項各款之事項（註：詳如前述），除有突發緊急情事或正當理由外，應在召集事由中列舉，不得以臨時動議提出。」

（八）散會

　　董事會應依會議通知所排定之議事程序進行，應待所有議程（含臨時動議）均進行完畢後，主席始得宣布散會。如主席違法宣布散會時，究應如何處理？茲因公司法對於董事會之部分，並未如公司法第182條之1第2項後段規定：「股東會開會時，主席違反議事規則，宣布散會者，得以出席股東表決權過半數之同意推選一人擔任主席，繼續開會。」因之，董事會會議如經董事長宣布散會，應認為會議已經結束；嗣後雖仍有過半數之董事繼續集會，其所作之決議，亦不能認係董事會之決議[218]。

（九）議事錄

　　董事會之議事，應作成議事錄，並準用公司法第183條之規定（公§207）。依董事會辦法第17條第1項之規定：「董事會之議事，應作成議事錄，議事錄應詳實記載下列事項：一、會議屆次（或年次）及時間地點。二、主席之姓名。三、董事出席狀況，包括出

---

214 參見經濟部95年3月16日經商字第09500526860號函。

215 參見經濟部99年4月26日經商字第09902408450號函。

216 參見經濟部74年2月28日經商字第07805號函。

217 參見經濟部97年7月15日經商字第09702082340號函。

218 參見法務部82年8月2日法律決字第16021號函。

席、請假及缺席者之姓名與人數。四、列席者之姓名及職稱。五、紀錄之姓名。六、報告事項。七、討論事項：各議案之決議方法與結果、董事、監察人、專家及其他人員發言摘要、依前條第一項規定涉及利害關係之董事姓名、利害關係重要內容之說明、其應迴避或不迴避理由、迴避情形、反對或保留意見且有紀錄或書面聲明及獨立董事依第七條第五項規定出具之書面意見。八、臨時動議：提案人姓名、議案之決議方法與結果、董事、監察人、專家及其他人員發言摘要、依前條第一項規定涉及利害關係之董事姓名、利害關係重要內容之說明、其應迴避或不迴避理由、迴避情形及反對或保留意見且有紀錄或書面聲明。九、其他應記載事項。」其中，如董事對議案無異議者，其記載可為「全體出席董事同意通過」（或「經主席徵詢全體出席董事無異議照案通過」）；如董事對議案有異議者，採票決方式並應載明通過人數，其記載可為「出席董事○人同意通過」[219]。

　　議事錄須由會議主席及記錄人員簽名或蓋章，於會後二十日內分送各董事及監察人，在公司存續期間，應永久保存。代表公司之董事，違反該等規定者，處新臺幣1萬元以上5萬元以下罰鍰（公§207準用公§183）。

五、董事會決議之瑕疵

　　董事會之召集程序或決議方法有瑕疵或決議之內容違反法令或章程時，理應會影響決議之效力。解釋上，董事會決議之瑕疵，可能包括但不限於：1.無召集權人所為之召集；2.違反通知義務（如董事會之召集權人，逕不通知有利害關係之董事出席，或董事會未通知監察人列席陳述意見）；3.未以書面載明召集事由，僅以電話或口頭通知；4.無緊急情事，卻未遵守法定通知期間（三天／七天）；5.董事會未以「面對面」會談之視訊會議方式進行（只以電話會議，有聲音而無視訊影像）；6.董事會實際上僅有董事一人親自出席，其他董事則委託該名代理出席；7.對於應以董事會特別決議之事項，未有三分之二以上之董事出席即為決議；8.有自身利害關係時，未於當次董事會說明其自身利害關係之重要內容（公§206Ⅱ、Ⅲ）；9.有自身利害關係致有害於公司利益之虞之董事未迴避而參與表決等。董事會決議之瑕疵，如屬召集程序之瑕疵，該瑕疵是全面性的，將影響該次開會之所有議案（如上述1.至6.之情形）；如屬決議方法或決議內容之瑕疵，則只影響該特定議案而已（如上述7.至9.之情形）。

　　然公司法對於上開董事會決議之瑕疵，並未如股東會之瑕疵設有明文規定（公§189、§191），因此，董事會決議之瑕疵，其效力如何，不無疑問。再者，董事會決議之瑕疵其情節輕重不一，如違反之事實非屬重大且於決議無影響者（公§189-1），是否應為不同之認定？又董事會決議之事項，有屬公司內部事務（如訂定委任經理人退休辦法、訂定內部控制制度等），不涉及公司以外之第三人；有屬對外執行事項，由董事會決

---

[219]　參見經濟部90年5月24日經商字第09002108030號公告。

議後，交由董事長等代表公司對外為法律行為（如取得或處分重大資產、向金融機構貸款等），對於涉及第三人利益保護及交易安全者，其效力如何，又應如何處理？甚且，股東會原則上是由董事會召集，對於提到股東會決議之議案，通常先經董事會決議後再提到股東會討論及決議，而召集股東會時，董事會亦須作成召集股東會之決議（應決議召集日期、地點及議案內容等），而董事會決議之瑕疵，是否會連帶影響股東會召集或決議之效力（如董事會決議之瑕疵，是否將使其所召集股東會變成無召集權人所為之召集等）？

依101年1月4日公司法第206條（第2項）之修正理由：「董事會召集程序、決議內容違反法律者，應認為當然無效（最高法院九十七年台上字第九二五號判決參照）。是以，董事違反修正條文第二項所定之說明義務時，董事會決議因程序瑕疵而當然無效。又董事違反說明義務參與表決者，依修正條文第三項準用第一百七十八條規定，董事會決議因決議方法違法而無效。」

司法實務認為股份有限公司設立董事會之趣旨，在使全體董事經參與董事會會議，互換意見，詳加討論後，決定公司業務執行之方針。因此，公司法第203條、第204條、第205條第3項、第4項、第206條規定董事會之召集程序及決議方式，俾利全體董事出席董事會，及議決公司業務執行之計策。董事會召集程序及決議方式，違反法令或章程時，其所為決議，應屬無效[220]。而董事會之決議無效，不必以訴訟方式主張之[221]。其具體情形包括董事會未通知監察人列席陳述意見即逕為決議[222]、自身利害關係致有害於公司利益之虞之董事未予迴避而加入表決或代理他人行使表決權[223]。

然也有若干實務見解認為：1.董事會之召集程序雖有瑕疵，惟全體董監事倘皆已應召集而出席或列席董事會，對召集程序之瑕疵並無異議而參與決議，尚難謂董事會之召集違反法令而認其決議為無效[224]；2.董事會雖未以面對面會談之視訊會議方式進行，惟未到場之董事倘已經由其他科技設備得與在場其他董事即時交換意見，參與討論，對該決議方法之瑕疵並無異議而參與決議，自不得再以相同事由主張該董事會決議為無效[225]。

董事會之召集程序或決議方法如有瑕疵，其所決議之事項如僅是涉及公司內部事務，尚不涉及公司以外之第三人者，司法實務認為董事會決議之瑕疵，應屬無效，故其所決議之事項亦不生效力。例如依公司法第29條第1項之規定，股份有限公司經理人之報酬應由董事會以董事過半數之出席，及出席董事過半數之決議行之。身兼經理人之董事對於董事會決議其「兼任經理人」之報酬（如退休金或發給過去年度之酬勞獎金）時，屬有

---

[220] 參見最高法院99年度台上字第1650號民事判決。同此見解者包括最高法院104年度台上字第823號、106年度台上字第57號、106年度台上字第133號、106年度台上字第2629號民事判決。

[221] 參見最高法院88年度台上字第2863號、95年度台上字第1848號民事判決。

[222] 參見最高法院106年度台上字第2629號、106年度台上字第57號民事判決。

[223] 參見最高法院88年度台上字第2863號、95年度台上字第1848號民事判決。

[224] 參見最高法院104年度台上字第823號民事判決、臺北地方法院108年度訴字第1282號民事判決。

[225] 參見臺灣高等法院105年度上字第1314號民事判決。

自身利害關係致有害於公司利益之虞，如未予迴避而仍加入表決者（註：通常是「照案通過」），該決議應屬無效，則依該決議所發給之酬勞獎金，當屬無法律上之原因，而構成不當得利[226]，或「上訴人依無效之被上訴人公司委任經理人退休辦法，請求被上訴人給付退休金，自難准許」[227]。

在有關商標權或專利權移轉登記之事件（註：此類案件通常涉及交易相對人，且此等事項通常無須經股東會決議）中，司法實務認為董事會之召集程序或決議方法有瑕疵，其所為之決議，固應屬無效，然公司內部如何授權董事長執行公司之業務、董事長對外所為之特定交易行為有無經董事會決議及其決議有無瑕疵等，均非交易相對人從外觀即可得知，為保障交易安全，自應參酌公司法第57條、第58條之規定，認董事長代表公司所為交易行為，於交易相對人為善意時，公司不得僅因未經董事會決議或其決議有瑕疵，即逕否認其效力[228]。反之，如其情形為交易相對人所明知，則該法律行為對於公司尚不發生效力[229]。

此外，董事會召集程序之瑕疵，是否將連帶影響股東會決議之效力？司法實務認為，如董事會未通知監察人列席陳述意見即逕為決議召集股東會，其決議應屬無效。又董事會決議召集股東會，雖董事會之召集程序違法而無效，然既有董事會決議之外觀，並據以召集股東會，則該股東會自與由無召集權人召集之情形有別，尚不得逕認股東會決議不成立或無效，而應認僅屬召集程序之瑕疵。從而監察人暨股東已有機會於股東會中針對股東會召集程序之瑕疵提出異議，復因該股東會決議而受領盈餘分配，且改選之董事及監察人亦已就任執行職務，而董事會召集程序之瑕疵，實質上不會影響股東會決議結果及公司之利益，則股東會召集程序之瑕疵，仍應認非屬重大[230]。

又董事會決議方法之瑕疵，是否亦將連帶影響股東會決議之效力？例如對於應經股東會決議之事項，董事對於特定議案有自身利害關係，卻未於當次董事會說明其自身利害關係之重要內容，或董事對於該特定議案有自身利害關係致有害於公司利益之虞，卻未予迴避而仍參與表決，而於董事會決議通過該議案，並將其提出於股東會討論及決議。此時，雖可能構成股東會召集程序之瑕疵，惟如經股東會合法決議者，因該事項係屬須經股東會決議之事項，故應認為董事會決議方法之瑕疵，對於股東會之決議非屬重大（公§189-1），惟具體情形，仍應視個案而定。

---

[226] 參見最高法院91年度台上字第1560號民事判決。

[227] 參見最高法院100年度台上字第2235號民事裁定（原審為臺灣高等法院99年度重勞上字第24號民事判決）。

[228] 參見最高法院102年度台上字第2511號、103年度台上字第1568號民事判決。

[229] 參見最高法院106年度台上字第133號民事判決、智慧財產法院109年度民商上字第6號民事判決。

[230] 參見最高法院106年度台上字第57號民事判決。

第三節　董事長、副董事長、常務董事及臨時管理人

一、董事長

（一）董事長之意義、地位及資格

　　依公司法第208條第1項至第3項之規定，公司應由常務董事會或董事會互選一人為董事長；董事長對內為股東會、董事會及常務董事會主席，對外代表公司。可知董事長為股份有限公司之法定、必備、常設之執行業務及代表機關[231]。

　　董事長之人數為一人（公§208 I），其任期公司法未特別規定，故應與董事之任期相同，不得逾三年，且得連選連任（公§195 I），如公司於章程限制董事（長）不得連任或只能連選連任一次，則顯於法不符[232]。董事長為董事之成員，故其應具備之資格與董事相同（公§192 I、VI等）。此外，董事長並不受國籍及住所之限制。本法並未明文規定董事長應由自然人擔任，但應以自然人為宜，惟實務上仍有少數是以公司法第27條第1項由法人股東本身當選董事及董事長，再指定自然人代表行使職務者。

　　另公司法並無「榮譽董事長」之規定，因此，公司章程如規定設「榮譽董事長一人」者，乃於法不合[233]。

（二）董事長之任免

　　股東會選出新董事後，依公司法第203條第1項及第3項之規定，每屆第一次董事會，係由所得選票代表選舉權最多之董事召集，且原則上應選任董事長[234]。有關董事長之選任，應視董事會是否設有常務董事而定。依公司法第208條第1項及第2項之規定：「董事會未設常務董事者，應由三分之二以上董事之出席，及出席董事過半數之同意，互選一人為董事長……」「董事會設有常務董事者，……董事長或副董事長由常務董事依前項選舉方式互選之。」由此可知：1.董事會如設有常務董事者，則董事長應具備常務董事之身分，並由常務董事會以三分之二以上常務董事之出席，及出席常務董事過半數之同意，互選一人為董事長；2.董事會如未設常務董事者，則應由三分之二以上董事之出席，及出席董事過半數之同意，互選一人為董事長。

　　所稱三分之二以上董事之計算，係包含本數三分之二在內，所定「過半數」則不包

---

[231] 參見柯芳枝，公司法論（下），第75頁。

[232] 參見經濟部108年5月20日經商字第10802411360號函。

[233] 參見經濟部69年2月6日商字第04260號函。

[234] 參見經濟部62年9月17日商字第29340號函。

含半數之本數在內[235]。又董事會之決議，每一董事平等有一表決權。是以，董事如依公司法規定選出，自有依法出席董事會選舉董事長之職權，公司尚不得以其他內規限制之[236]。董事會以臨時動議解任及選任董事長，公司法尚無限制規定[237]，應無不可。

此外，在法人股東之代表人當選為董事或監察人時，公司法第27條第3項規定得依其職務關係隨時改派補足原任期者，僅係指補足其董事或監察人職務之原任期。至若法人股東前派之代表人復經當選為董事長者，則其改派之代表人不能繼續擔任原代表人之職務，仍須依上開第208條之規定由董事會或常務董事會另行推選之，殊不能由法人股東直接改派其代表人遞補原董事長職務[238]。

董事長之選任，固屬董事會或常務董事會之權限，惟其解任方式，公司法並無明文，故除非章程另有規定外，自仍以由原選任之董事會或常務董事會決議為之。至於常務董事會或董事會決議解任之出席人數及決議方法，可準照公司法第208條第1項規定之常務董事會或董事會選任董事長之出席人數及決議方法行之[239]；另，董事長仍得因股東會決議解除其董事職務而當然去職[240]。

（三）董事長之權限

依公司法第208條第3項前段之規定：「董事長對內為股東會、董事會及常務董事會主席，對外代表公司。」乃係採董事長單獨代表制。另同條第5項之規定，並準用同法第57條及第58條之規定，即「代表公司之股東，關於公司營業上一切事務，有辦理之權。」「公司對於股東代表權所加之限制，不得對抗善意第三人。」因此，董事長對內不僅是股東會、董事會及常務董事會主席（董事會及常務董事會原則上應由董事長召集之），且關於公司營業上一切事務，並有辦理之權；對外則代表公司，公司對董事長代表權所加之限制，不得對抗善意第三人。因此，代表股份有限公司之董事僅關於公司營業上之業務有辦理之權，若其所代表者，非公司營業上之事務而為讓與公司全部財產或營業，本不在代表權範圍之內，自無所謂代表權之限制，此項無權限之行為，不問第三人是否善意，非經公司承認，不能對於公司發生效力[241]。

主管機關並認為：1.公司之總經理，依公司法第8條規定，在執行其職務之範圍內，雖亦為公司之負責人，但其職務依同法第31條規定，應以章程規定或依契約訂定之。至於董事長對外代表公司之權限，乃是公司法第208條第3項之法律明文規定，故公司對外

---

[235] 參見經濟部83年8月22日商字第215566號函。

[236] 參見經濟部94年8月19日經商字第09402121470號函。

[237] 參見經濟部97年7月15日經商字第09702082340號函。

[238] 參見經濟部68年8月20日商字第26434號函。

[239] 參見經濟部94年8月2日經商字第09402105990號函、經濟部97年7月15日經商字第09702082340號函。

[240] 參見經濟部75年7月8日商字第29823號函。

[241] 參見最高法院64年度台上字第2727號民事判決。

之一切事務，董事長不得授權總經理爲之[242]；2.依公司法第208條第3項之規定，公司副董事長僅得於董事長請假或因故不能行使職務時，暫時代理執行董事長職務，因此，公司如於公司章程內或董事會規程中「將董事長之職權明定一部分爲副董事長之職權」，或「副董事長權限比照董事長」，則與上開規定未合[243]。

（四）董事長職務之代理

在現行公司法下，因董事長之地位非常重要，且不能一日或缺，故當其請假或因故不能行使職權時，其職務須有人代理，公司之業務始能順利推動，因此，公司法第208條第3項後段規定：「董事長請假或因故不能行使職權時，由副董事長代理之；無副董事長或副董事長亦請假或因故不能行使職權時，由董事長指定常務董事一人代理之；其未設常務董事者，指定董事一人代理之；董事長未指定代理人者，由常務董事或董事互推一人代理之。」

所謂董事長「因故不能行使職權」者，實務認爲包括董事長「因案被押或逃亡[244]」或「涉訟兩造公司之董事長同屬一人」等一時不能行使其職權之情形，其職務代理依次爲：1.公司設有副董事長者，由副董事長代理之；2.無副董事長或亦因故不能行使職權時，由董事長指定常務董事一人代理之；其未設常務董事者，指定董事一人代理之[245]；3.如董事長未指定代理人者，則由常務董事或董事互推一人代理之。

需注意的是，公司法第208條第3項之職務代理，應是指董事長之權限，因請假或其他原因而「一時不能行使職權」之情形，如董事長「死亡」或「辭職」，因其職權消滅，殊無「適用」本條第3項後段規定，互推代理人之餘地，應即依本條第1項、第2項規定另行補選董事長。惟於董事長未及補選以前，應得「類推適用」本條第3項之規定，由副董事長（無副董事長者，則由常務董事或董事互推一人）暫時執行董事長職務（非董事長之職務代理人），以利改選董事長會議之召開及公司業務之執行[246]。此外，董事長如經假處分之執行，被禁止執行董事長職務，則在假處分之命令撤銷前，自不得行使董事長依公司法第208條第3項所定，由董事長指定代理人行使其職權之指定權[247]。

又如非董事長請假或因故不能行使職權時，而是董事長消極不作爲之情事，此時，應非公司法第208條第3項董事長職務代理之問題，似應適用公司法第203條之1第2項及第3

---

[242] 參見經濟部67年8月7日商字第26873號函。

[243] 參見經濟部84年10月11日商字第84221449號函、經濟部88年3月17日商字第88204911號函。

[244] 參見經濟部64年3月26日商字第06566號函、經濟部69年1月15日商字第01365號函。

[245] 參見經濟部99年5月13日經商字第09900578770號函：「公司董事長因故不能行使職權時，未指定常務董事一人代理其職權，而指定董事一人代理其職權，核與公司法第二百零八條第三項有關董事長職務代理之規定未符。」

[246] 參見經濟部71年2月13日商字第04192號函、經濟部79年9月7日商字第216053號函、經濟部75年7月8日商字第29823號函。

[247] 參見經濟部90年1月30日商字第09002008700號函。

項之規定，由過半數之董事以書面記明提議事項及理由，請求董事長召集董事會；如於請求提出後十五日內，董事長不為召開時，過半數之董事得自行召集，以資救濟。

二、副董事長

依公司法第208條第1項後段之規定，公司得依章程規定，設副董事長「一人」[248]，以輔佐董事長，故副董事長為股份有限公司之章定、任意輔助董事長之執行業務機關。有關副董事長之資格及任免等，同董事長之說明，茲不贅述。

副董事長平常並無代表公司之權限，公司章程或董事會規程中，亦不得規定「將董事長之職權明定一部分為副董事長之職權」或「副董事長權限比照董事長[249]」，副董事長之主要功用在於董事長請假或因故不能行使職權時，由副董事長代理之（公§208Ⅲ）。亦即副董事長為董事長之當然職務代理人，副董事長並無對外代表公司之權限，只有在董事長請假或因故不能行使職權時，才能以董事長職務代理人之身分對外代表公司；在對內關係上，副董事長則是襄助董事長執行公司業務，其內部權限應依董事長之授權或內部分工而定。

三、常務董事及常務董事會

（一）常務董事之意義、地位及資格

緣董事會為會議體之機關，不經常開會，亦不適於具體業務之執行，常務董事之設置旨在董事眾多，集會不易，故由常務董事會推行股東會及董事會決議事項。因此，常務董事為股份有限公司之章定、任意、常設之執行業務機關[250]。69年公司法修訂時，因若干公司董事與常務董事人數相同或相差一人，失其設置常務董事之意義，故於第2項後段增列「常務董事至少三人，至多不得超過董事人數三分之一」，以杜流弊。由此可知，公司董事人數在八人或八人以下者，章程即不得規定置常務董事[251]。

（二）常務董事之任免

依公司法第208條第2項之規定：「董事會設有常務董事者，其常務董事依前項選舉

---

[248] 參見經濟部92年3月11日商字第09202048480號函：「章程明定置副董事長二人，則違反本法第二百零八條第一項之規定。」

[249] 參見經濟部84年10月11日商字第84221449號函、經濟部88年3月17日商字第88204911號函。

[250] 公司法本身並未明文規定如欲設置常務董事，應於章程中規定，但因常務董事並非法定必備之機關，因此如欲設置者，亦應於章程中明定。經濟部69年5月23日商字第16541號函及101年4月19日經商字第10102048020號函似同此旨。

[251] 參見經濟部69年5月23日商字第16541號函。

方式互選之。」可知常務董事是由董事會選出，且選任採特別決議，亦即應由三分之二以上董事之出席，及出席董事過半數之同意互選之。至於選舉方法為何，公司法尚無明文規定[252]。如是依公司法第27條第2項規定由法人股東之代表人當選為董事，復經當選為常務董事者，法人股東如依同條第3項規定改派者，其改派之代表人不能繼續擔任原代表人之職務，仍須依上開第208條之規定由董事會另行推選之，殊不能由法人股東直接改派其代表人遞補原常務董事職務[253]。

依公司法第208條規定，有關常務董事之選任，係屬董事會之權限，然其解任方式，公司法並無明文，除非章程另有規定外，自仍以由原選任之董事會決議為之。至於董事會決議解任之出席人數及決議方法，可準照公司法第208條第1項規定之董事會選任常務董事之出席人數及決議方法行之[254]。公司補選常務董事於董事會中以臨時動議方式為之，尚無違法[255]。

（三）常務董事之權限

依公司法第208條第3項之規定：「……董事長請假或因故不能行使職權時，由副董事長代理之；無副董事長或副董事長亦請假或因故不能行使職權時，由董事長指定常務董事一人代理之；……董事長未指定代理人者，由常務董事或董事互推一人代理之。」可知個別常務董事之權限，僅為董事長請假或因故不能行使職權時，而公司並無副董事長或副董事長亦請假或因故不能行使職權時，受董事長之指定或互推，由常務董事一人代理董事長之職務而已。

（四）常務董事會

依公司法第208條第4項之規定：「常務董事於董事會休會時，依法令、章程、股東會決議及董事會決議，以集會方式經常執行董事會職權，由董事長隨時召集，以半數以上常務董事之出席，及出席過半數之決議行之。」常務董事（會）係在董事會休會期間執行董事會職權，既係在執行董事會職權，其在董事會休會期間地位與董事會相當，其職權係基於法律規定而來，尚非純係授權而來（法定職權）。如法令章程另有規定或股東會、董事會另有決議之情形下，自須依該規定處理公司事務，惟如在章程、法令未規定或股東會、董事會未決議之事項，常務董事基於與董事會相當之地位，仍得行使董事會職權[256]。惟如公司法明定專屬「董事會」決議之事項，不論係普通決議（例如同法第171條召集股東會之決議）或特別決議（例如第266條發行新股之決議），均不得由常務董事會

---

[252] 參見經濟部94年6月22日經商字第09402083350號函。

[253] 參見經濟部68年8月20日商字第26434號函。

[254] 參見經濟部94年8月2日經商字第09402105990號函、經濟部97年7月15日經商字第09702082340號函。

[255] 參見經濟部74年2月28日商字第07805號函、經濟部97年7月15日經商字第09702082340號函。

[256] 參見經濟部77年2月12日商字第04379號函。

決議[257]。

　　又，常務董事會係於董事會休會時，依據法令章程、股東會決議及董事會決議經常執行公司業務，故可由董事長「隨時」召集；董事長如認為需要時，自可通知有關董事列席常務董事會。依公司法第218條之2第1項及第208條第4項之規定，常務董事會開會時，宜通知監察人，監察人亦得列席常務董事會陳述意見[258]。關於常務董事會議事錄，公司法第208條亦無準用同法第183條之規定[259]，惟為使議事經過及內容明確化，避免事後發生糾紛，仍以製作議事錄為宜。有關常務董事會之決議方式，原則上採普通決議，即以半數以上常務董事之出席，及出席過半數之決議行之。需特別注意的是，公司如設有常務董事者，有關董事長之選任，則是採特別決議，應由常務董事會以三分之二以上常務董事之出席，及出席常務董事過半數之同意，互選一人為董事長（公§208Ⅱ），且並非由全體董事參與之董事會直接選任董事長，其解任董事長者亦同。

四、臨時管理人

　　依公司法第208條之1第1項之規定：「董事會不為或不能行使職權，致公司有受損害之虞時，法院因利害關係人或檢察官之聲請，得選任一人以上之臨時管理人，代行董事長及董事會之職權。但不得為不利於公司之行為。」按公司因董事死亡、辭職或當然解任，致董事會無法召開行使職權；或董事全體或大部分均遭法院假處分不能行使職權，甚或未遭假處分執行之剩餘董事消極地不行使職權，致公司業務停頓，影響股東權益及國內經濟秩序，故90年公司法修訂時，乃增訂本條，俾符實際。

　　依本條第1項之規定，選任臨時管理人之要件為「董事會不為或不能行使職權，致公司有受損害之虞」，例如：1.董事長消極不召集董事會；2.董事長因故不能行使職權，且亦無法依公司法第208條第3項之規定，指定或互推一人代理者；3.董事會成員因死亡、辭職或當然解任而只餘一人，致董事會無法召開行使職權；4.董事全體或大部分均遭法院假處分不能行使職權等。於具備要件後，由利害關係人（如公司債權人或股東等）或檢察官（代表公益）向法院聲請。聲請時，應以書面表明董事會不為或不能行使職權，致公司有受損害之虞之事由，並釋明之。法院為裁定前，得徵詢主管機關、檢察官或其他利害關係人之意見（非訟§183Ⅲ）。有關臨時管理人之資格，並不以股東為限，法院得自行選任律師或會計師充之，如聲請人聲請選任原已解任之董事為臨時管理人時，是否適當乙節，仍由法院審酌具體個案而自行決定[260]。臨時管理人之選任與解任，允屬法院職權，臨時

---

[257]　參見經濟部86年12月26日商字第86224536號函。

[258]　參見經濟部91年4月22日商字第09102068230號函。

[259]　參見經濟部59年12月9日商字第56381號函。

[260]　參見經濟部92年4月4日商字第09202070730號函。

管理人之辭任亦自應向法院為之[261]。有關臨時管理人之報酬，公司法尚無明文，亦由法院決定之[262]。

由於臨時管理人係代行董事長及董事會職權，公司經廢止登記後，應行清算，而清算中之公司，應選任清算人執行清算事務，無選任臨時管理人之情事[263]。公司經裁定重整者，公司業務之經營及財產之管理處分權移屬於重整人，公司股東會、董事及監察人之職權，應予停止，因此應無選任臨時管理人之情事；公司一經法院破產宣告後，其代表機關、意思機關、業務執行機關及監督機關即已不存在，無選任臨時管理人之情事[264]。

臨時管理人旨在因應公司董事會不為或不能行使職權時，藉臨時管理人之代行董事長及董事會職務，以維持公司運作。由於該臨時管理人係代行董事長及董事會職權。是以，在執行職務範圍內，臨時管理人亦為公司負責人（公§8Ⅱ），應忠實執行業務並盡善良管理人之注意義務（公§23Ⅰ），不得有不利於公司之行為。法院如選任一人以上之臨時管理人者，應採合議方式處理公司事務，至於採連署書（註：應是指書面而言）或會議等形式為之均無不可[265]。

依本條第2項及第3項之規定：「前項臨時管理人，法院應囑託主管機關為之登記。」「臨時管理人解任時，法院應囑託主管機關註銷登記。」

依企業併購法第14條之規定：「（第1項）公司於併購時，董事會有不能行使職權之虞，得經代表已發行股份總數三分之二以上股東出席股東會，以出席股東表決權過半數之同意選任臨時管理人，並訂定行使職權之範圍及期限，由臨時管理人於董事會不能行使職權時，代行董事長、董事會依公司法規定之職權。（第2項）公開發行股票之公司，出席股東之股份總數不足前項定額者，得以有代表已發行股份總數過半數股東之出席，出席股東表決權三分之二以上之同意行之。（第3項）臨時管理人之委任，應於就任後十五日內向公司登記主管機關辦理登記；其解任，應併同改選董事、監察人後十五日內為之。」

其立法意旨是為避免公司於進行併購時，公司董事會有不能行使職權之情事（例如全體董事因併購於其任期中轉讓持股超過選任時股份之二分之一以上者，依公司法第197條第1項規定當然解任者），參酌公司法第208條之1之規定，於第1項規定公司得事先經股東會決議選任臨時管理人，並訂定行使職權之範圍及期限，於董事會不能行使職權時，代行董事長及董事會依公司法規定之職權。又鑑於公開發行股票之公司召開股東會不易，爰於第2項就公開發行股票之公司之出席股東股份總數及表決權數為特別規定。為利新任董事、監察人對外行使職權，並方便第三人查閱，乃明定臨時管理人解任後，應併同改選之

---

[261] 參見經濟部95年12月11日經商字第09502168730號函。

[262] 參見經濟部95年12月4日經商字第09502171250號函。

[263] 參見經濟部93年11月19日經商字第09302403100號函。

[264] 參見經濟部105年5月5日經商字第10502228780號函。

[265] 參見柯芳枝，公司法論（下），第85頁。

董事、監察人於改選後十五日內向公司登記主管機關辦理變更登記[266]。

應注意的是，依公司法第208條之1之規定，臨時管理人是由法院選任；而企業併購法第14條之臨時管理人則是由股東會以特別決議選任。

第四節　監察人

一、股份有限公司之監督機關

在企業自治之原則下，股份有限公司業務之執行與監督，原則上是委諸公司內部自行辦理。依公司法第193條第1項及第202條之規定：「董事會執行業務，應依照法令章程及股東會之決議。」「公司業務之執行，除本法或章程規定應由股東會決議之事項外，均應由董事會決議行之。」由此可知，有關公司業務之執行，除公司法或章程規定應由股東會決議之事項外，否則均應由董事會決議行之。另股東會是由全體股東所組成，代表全體股東之利益，當亦有權監督公司業務之執行，諸如董事任免、會計表冊查核及承認、董事責任之追究與解除等，然股東會並非經常活動之機關，無法隨時監督董事會之執行業務，因此公司法乃另設「監察人」此一監督機關，由監察人隨時監督公司之業務及財務狀況，以補股東會監督之不足。

依公司法第218條第1項之規定：「監察人應監督公司業務之執行，並得隨時調查公司業務及財務狀況，查核、抄錄或複製簿冊文件，並得請求董事會或經理人提出報告。」第219條第1項規定：「監察人對於董事會編造提出股東會之各種表冊，應予查核，並報告意見於股東會。」可知監察人為股份有限公司法定、必備、常設之監督機關，主要負責監督公司業務之執行及查核公司會計表冊等[267]。

此外，公司法設立監察人制度，即係期待監察人能立於獨立超然地位，發揮公司治理功能，一方面藉由董事會列席權（公§204Ⅰ、§218-2Ⅰ）、制止請求權（公§218-2Ⅱ）、公司代表權（公§223）等，發揮事前監督之作用，另一方面藉由調查權、報告請求權、查核權（公§218、§219、§274Ⅱ）、股東會召集權（公§220）、訴訟代表權（公§213、§214Ⅰ）等，達到事後監督之功能。而監察人為公司常設之內部監督機關，與會計師、檢查人之外部監督不同，應各自發揮其功能[268]。

另依證券交易法第14條之4之規定：「（第1項）已依本法發行股票之公司，應擇一設置審計委員會或監察人。但主管機關得視公司規模、業務性質及其他必要情況，命令設

---

[266] 參見93年5月5日企業併購法第14條之立法理由。

[267] 參見柯芳枝，公司法論（下），第87頁。

[268] 參見臺灣高等法院106年度金上更（一）字第4號民事判決。

置審計委員會替代監察人；其辦法，由主管機關定之。（第2項）審計委員會應由全體獨立董事組成，其人數不得少於三人，其中一人爲召集人，且至少一人應具備會計或財務專長。（第3項）公司設置審計委員會者，本法、公司法及其他法律對於監察人之規定，於審計委員會準用之。」可知證券交易法原是採審計委員會與監察人雙軌制，惟金管會業已擴大強制設置審計委員會之適用範圍，明令上市（櫃）公司應自109年1月1日起設置審計委員會替代監察人，其董事、監察人任期於109年未屆滿者，得自其任期屆滿時，始適用之[269]。亦即上市（櫃）公司已全面採由全體獨立董事組成之審計委員會，取代公司法監察人之設置。

二、監察人之人數及任期

依公司法第216條第1項及第2項前段之規定：「公司監察人，由股東會選任之，監察人中至少須有一人在國內有住所。」「公開發行股票之公司依前項選任之監察人須有二人以上。」另依公司法第128條之1第3項之規定，政府或法人股東一人所組織之股份有限公司，得依章程規定不置監察人；未置監察人者，不適用本法有關監察人之規定。可知：1.非公開發行股票之公司，原則上須設監察人至少一人以上，但如屬政府或法人股東一人所組織之公司，則得依章程規定不置監察人；2.上市（櫃）公司，依前所述，應由至少三人以上之全體獨立董事所組成之審計委員會，取代公司法監察人之設置，故無監察人；3.上市（櫃）公司以外之公開發行公司，依公司法第216條第2項前段之規定，則須設監察人二人以上。有關監察人之實際人數，由章程定之；而監察人人數亦爲章程之絕對必要記載事項（公§129⑤）。

依公司法第217條之規定：「（第1項）監察人任期不得逾三年。但得連選連任。（第2項）監察人任期屆滿而不及改選時，延長其執行職務至改選監察人就任時爲止。但主管機關得依職權，限期令公司改選；屆期仍不改選者，自限期屆滿時，當然解任。」此一規定與公司法第195條關於董事之規定相當。有關監察人之任期，亦爲章程應記載事項（公§129⑤）。公司法第217條第1項爲強制規定，公司尚不得決議其任期超過三年[270]。如公司章程明設監察人任期三年，則其當選屆數之計算，自應以每滿三年股東會改選時爲一屆[271]。有關監察人之任期，除股東會決議定有起訖日期或自上屆董事任期屆滿計算者外，否則應自當選之日起計算[272]。

有關公司法第217條第2項但書之規定，係因公司與監察人間之關係，依民法關於委任之規定，但實務上因公司經營權之爭致遲遲未爲改選之事例時有所見，爲保障股東之權

---

[269] 參見金管會107年12月19日金管證發字第10703452331號令。

[270] 參見經濟部80年11月15日商字第228118號函。

[271] 參見經濟部63年10月14日商字第26503號函。

[272] 參見經濟部68年8月14日經商字第25472號函。

益，促進公司業務正常經營，以貫徹本條之立法目的[273]。

三、監察人之資格

（一）積極資格

公司法第216條第1項前段原規定：「公司監察人，由股東會就股東中選任之。」惟90年11月12日修正時，爲發揮監察人監督之功能，加強監察人之專業性及獨立性，已修訂監察人不以具有股東身分爲必要。依同條第4項之規定：「……第一百九十二條第一項、第四項關於行爲能力之規定，對監察人準用之。」亦即監察人如爲自然人者，需具有行爲能力；限制行爲能力人依民法第85條之規定雖得經法定代理人之允許而獨立營業，關於其營業有行爲能力，但仍不得充任監察人。此外，依公司法第216條第1項後段之規定，公司監察人中至少須有一人在國內有住所，並不以具有中華民國國籍爲資格要件。所稱住所，應係專指民法第20條之永久住所而言，並不包括同法第23條以居所視爲住所之情形在內[274]。由上可知，監察人爲自然人時，雖不以具有股東身分爲必要，但須有行爲能力，且至少須有一人在國內有住所，但不以具有中華民國國籍爲限。

另依公司法第27條之規定，政府或法人爲股東時，得當選爲監察人；或由其代表人當選爲監察人，其情形如董事一般，請參照董事之相關說明，茲不贅述。

（二）消極資格

依公司法第216條第4項之規定：「第三十條之規定……對監察人準用之。」可知監察人亦準用經理人消極資格之限制。如有違反公司法第30條該7款情事之一者，不得充監察人，其已充任者，當然解任。

另依公司法第222條之規定：「監察人不得兼任公司董事、經理人或其他職員。」反面解釋，公司董事、經理人或其他職員不得兼任監察人。其立法意旨是期望監察人能以超然立場行使職權，並杜流弊，因此，監察人之職務自不得由董事代理[275]；同理，法人股東如依本法第27條第1項規定分別當選董事者，不得指派已擔任監察人職務之自然人代表行使職務[276]；此外，公司清算時，依公司法第324條之規定，清算人於執行清算事務之範圍內，其權利義務與董事同，因此，監察人亦不得兼任清算人[277]。

主管機關認爲此之所謂「公司」，是指不得兼任同一公司之董事、經理人及職員而

---

[273] 參見90年11月12日公司法第217條之修正理由。

[274] 參見經濟部79年9月17日商字第216889號函。

[275] 參見經濟部83年6月23日商字第211471號函。

[276] 參見經濟部101年3月3日經商字第10102014940號函。

[277] 參見經濟部92年12月24日商字第09202263550號函。

言，而基於監察人對內行使監察權之實際需要，所加之限制，如其兼任其他公司之董事、經理人或職員者，則不受限制[278]。本條所稱之其他職員，係指除公司董事、經理人外，其他為公司服勞務之人，而該項勞務須為監察權行使所及者始屬之[279]。公司如委任具有會計師身分之該公司監察人辦理查核簽證及充任登記案件代理人，就該事項即無法期待監察人能以超然立場行使職權，是以，上開情形有違公司法第222條意旨[280]，如此情形下，將使監察人之內部監督與會計師之外部監督不同，混而為一，似亦有違反會計師法及相關法令規定。

四、監察人之選任或指派

公司設立，如採發起設立者，依公司法第131條第1項後段之規定，有關首屆監察人由發起人選任（公§131Ⅰ後段）；如採募集設立者，首屆監察人則由創立會選任（公§146Ⅰ後段）。惟如是由政府或法人股東一人所組織之股份有限公司，首屆監察人則由政府或法人股東指派（公§128-1Ⅳ）。

公司設立之後，公司監察人，則由股東會選任之（公§216Ⅰ前段）。監察人之選任既專屬於股東會之權限，自不得以章程訂定將監察人之選任權委諸公司之其他機關或第三人行使；亦不得訂定股東會選任監察人決議之效力須取決於第三人之同意[281]。又如是由政府或法人股東一人所組織之股份有限公司，監察人則由政府或法人股東指派（公§128-1Ⅳ）。

依公司法第216條之1第1項之規定：「公司監察人選舉，依章程規定採候選人提名制度者，準用第一百九十二條之一第一項至第六項規定。」茲因107年8月1日公司法修正時，已放寬非公開發行股票之公司董事選舉亦得採候選人提名制度，為求一致，有關監察人選舉如採章程規定採候選人提名制度者，亦準用第192條之1之規定。

有關監察人之選任方式，係準用董事之規定（公§227、§198）。質言之，股東會選任監察人時，每一股份有與應選出監察人人數相同之選舉權，得集中選舉一人，或分配選舉數人，由所得選票代表選舉權較多者，當選為監察人。第178條關於利益迴避之規定，對於監察人選舉權，不適用之。請參照董事之相關說明，茲不贅述。

公司選任（包括改選或補選）監察人後，應辦理變更登記。

278　參見經濟部59年3月2日商字第07888號函、經濟部93年8月26日經商字第09302139530號函。

279　參見經濟部93年7月20日商字第09302111940號函。

280　參見經濟部108年4月2日經商字第10800551050號函。

281　參見柯芳枝，公司法論（下），第92頁。

五、監察人與公司間之法律關係

　　依公司法第216條第3項之規定：「公司與監察人間之關係，從民法關於委任之規定。」基此，監察人對公司應適用民法委任之規定（如民§545、§546等）。依民法第549條第1項規定，當事人之任何一方得隨時終止委任契約，是以監察人辭職並不以股東會或董事會之決議為生效要件；監察人之辭職，向公司之代表人（董事長或其代理人）為辭任意思表示即生效力。

　　至於基於公司與監察人間之特殊性質，公司法另有規定者，包括監察人之報酬（公§227準用§196）、監察人之解任（公§227準用§199、§199-1、§200）等，則不適用民法有關委任之規定。

六、監察人之退任與解任

　　監察人因任期屆滿（公§217Ⅱ）或自行辭任（民§550）而退任。此外，相關法令亦有許多關於監察人當然解任之規定（公§216Ⅳ準用§30、公§227準用§197、證§26-3Ⅴ、Ⅵ）。另依公司法第227條準用第199條及第200條之規定，監察人得由股東會特別決議雖予以解任，或由少數股東訴請法院裁判解任。此部分約略同董事之情形，請參照董事之相關說明，茲不贅述。

七、監察人之義務

（一）忠實義務及善良管理人之注意義務

　　股份有限公司之監察人，在執行職務範圍內，亦為公司之負責人，依公司法第23條第1項之規定：「……應忠實執行業務並盡善良管理人之注意義務。」

（二）基於委任關係而生之相關義務

　　公司與監察人間之關係，從民法關於委任之規定（公§216Ⅲ），故監察人執行業務，應依照法令、章程之規定（民§535前段、公§224）；監察人應自己處理委任事務（民§537前段）；監察人應將查核各種表冊之結果，報告意見於股東會（民§540、公§219Ⅰ）等；此外，監察人（受任人）因處理委任事務，所收取之金錢、物品及孳息，應交付於公司（委任人）；監察人（受任人）以自己之名義，為公司（委任人）取得之權利，應移轉於公司（委任人）（民§541）。

（三）申報持股、設質或解質之義務

依公司法第227條準用第197條第1項前段、第2項及第197條之1第1項之規定，監察人經選任後，應向主管機關申報，其選任當時所持有之公司股份數額；監察人在任期中其股份有增減時，應向主管機關申報並公告之。

如屬公開發行公司，依證券交易法第25條之規定，監察人所持有之本公司股票種類及股數（包括其配偶、未成年子女及利用他人名義持有者），應向主管機關申報並公告之；持有股數如有變動者，應於每月五日以前，向公司申報，公司應於每月十五日以前，彙總向主管機關申報。此外，監察人所持有之股票，經設定質權者，出質人應即通知公司；公司應於其質權設定後五日內，將其出質情形，向主管機關申報並公告之。

（四）不為競業之義務

依公司法第209條第1項之規定，董事為自己或他人為屬於公司營業範圍內之行為，應對股東會說明其行為之重要內容，並取得其許可（即董事競業禁止之限制）。惟對監察人而言，公司法第227條並未準用第209條之規定，因此監察人是否亦應受競業禁止之限制，即不無疑問，主管機關之函釋認為公司法第222條所謂監察人不得兼任公司董事、經理人或其他職員者，是指不得兼任同一公司者而言，如兼任其他公司之董事、經理人者，則不受限制[282]，雖未直接言明監察人得不受競業禁止之限制，但似隱含該意思。

惟：1.監察人亦為公司之負責人，依公司法第23條第1項之規定，對於公司負有忠實義務並應避免利益衝突；2.依公司法第218條第1項之規定，監察人得隨時調查公司業務及財務狀況，查核、抄錄或複製簿冊文件，並得請求董事會或經理人提出報告；另依公司法第204條第1項及第218條之2第1項之規定，監察人得列席董事會，因此監察人如為自己或他人從事競業行為，恐亦有流用公司機密之高度危險；3.公開發行股票之公司，應擇一設置審計委員會或監察人；如設置由全體獨立董事組成之審計委員會時，有關監察人之規定，於審計委員會準用之（證§14-4），就同樣行使公司監察權限之角度而言，如謂獨立董事應受競業禁止之限制，而監察人卻不受限制，實無充分之理由。因此，應認為監察人亦受競業禁止之限制，才較為合理。

八、監察人之權限

（一）監督公司業務之執行

依公司法第202條之規定，公司業務之執行，屬董事會之職權。依公司法第218條第1項前段之規定：「監察人應監督公司業務之執行。」此為對監察人監察權之概括規定，至

---

[282] 參見經濟部59年3月2日商字第07888號函、經濟部93年8月26日經商字第09302139530號函。

於監察人所得行使之職權，以公司法或公司章程有明文規定者爲限[283]。

（二）調查公司業務及財務狀況

依公司法第218條第1項後段及第2項之規定：「監察人……得隨時調查公司業務及財務狀況，查核、抄錄或複製簿冊文件，並得請求董事會或經理人提出報告。」「監察人辦理前項事務，得代表公司委託律師、會計師審核之。」監察人係股份有限公司之法定、必備、常設監督機關，職司公司業務執行之監督與公司會計之審核，故公司法賦予其得隨時調查公司業務及財務狀況，及查核相關簿冊文件之權利，並得請求董事會或經理人提出報告。

此所謂「簿冊」，包括歷屆股東會議事錄、資產負債表、股東名簿及公司債存根簿等[284]，如監察人爲查閱公司收入明細、請款單據、付款憑證及支出明細等文件，核屬監察人職權範圍所及，監察人自得依權責辦理[285]。所謂「查核、抄錄或複製」，包括影印、攝影、列印電腦帳冊、以光碟或儲存媒體方式等爲之[286]。監察人得查核之簿冊文件，並不因備置於公司或股務代理機構而有不同，倘備置於股務代理機構者（如股東名簿），參考公司法第210條第2項規定，公司應令股務代理機構提供[287]。

又監察人在執行職務範圍內，亦爲公司負責人，應忠實執行業務並盡善良管理人之注意義務，如有違反致公司受損害者，負損害賠償責任（公§8、§23、§224參照）。故監察人行使職權時，仍應遵守相關法令之規定，對於行使職權所知悉之資料，自仍應負保密義務[288]。

依公司法第218條第2項之規定：「監察人辦理前項事務，得代表公司委託律師、會計師審核之。」其委託行爲係代表公司所爲，故其委託應認係公司之委託行爲，所需費用自應由公司負擔；相對於公司法第229條之規定，股東得偕同其所委託之律師或會計師查閱董事會於股東常會前所備置之各項表冊，因其委託係股東之個人行爲，故其費用應由股東個人負擔[289]。

如監察人委託律師或會計師以外之人員充任時，公司自得加以拒絕[290]。又主管機關

---

[283] 參見經濟部66年7月2日商字第17554號函。

[284] 參見經濟部100年5月30日經商字第10002068170號函、經濟部102年5月23日經商字第10202057450號函。

[285] 參見經濟部102年11月29日經商字第10200127950號函。

[286] 參見經濟部92年7月9日商字第09202140200號函、經濟部97年5月26日經商字第09702064760號函、經濟部102年7月22日經商字第10200624630號函。

[287] 參見經濟部107年12月17日經商字第10702413980號函。

[288] 參見經濟部102年5月20日經商字第10202054200號函、經濟部102年7月22日經商字第10200624630號函。

[289] 參見經濟部71年3月16日商字第08736號函。

[290] 參見經濟部63年10月22日商字第27259號函。

認為，律師、會計師依公司法第218條規定審核簿冊文件時，參照該條文義，應在公司為之，至可否將簿冊文件攜出審核，法無明文規定，可由公司自行決定[291]。

依公司法第218條第3項及第4項之規定：「違反第一項規定，規避、妨礙或拒絕監察人檢查行為者，代表公司之董事處新臺幣二萬元以上十萬元以下罰鍰。但公開發行股票之公司，由證券主管機關處代表公司之董事新臺幣二十四萬元以上二百四十萬元以下罰鍰。」「前項情形，主管機關或證券主管機關並應令其限期改正；屆期未改正者，繼續令其限期改正，並按次處罰至改正為止。」

另對於公開發行公司，為健全公司治理，落實獨立董事對公司事務為獨立判斷與提供客觀意見之職責與功能，並有效監督公司的運作和保護股東權益，107年4月25日增訂證券交易法第14條之2第3項規定：「公司不得妨礙、拒絕或規避獨立董事執行業務。獨立董事執行業務認有必要時，得要求董事會指派相關人員或自行聘請專家協助辦理，相關必要費用，由公司負擔之。」藉此，強化獨立董事之專業監督能力，並避免獨立董事執行職務受到不當干擾。

（三）聽取董事報告公司有重大虧損之虞

依公司法第218條之1之規定：「董事發現公司有受重大損害之虞時，應立即向監察人報告。」考其原因乃因監察人監察董事職務之執行，並得隨時調查公司業務及財務狀況，故要求董事如發現公司有受重大損害之虞時，應向監察人報告義務，並強化監察人監察權之行使[292]。而監察人知悉後，可依公司法第218條之規定，調查其原因，並得委託律師、會計師協助處理；或依第218條之2第2項之規定，認為董事會或董事執行業務有違反法令、章程或股東會決議之行為者，監察人應即通知董事會或董事停止其行為；如有必要時，並得再依公司法第220條之規定，召開股東臨時會。

（四）查核公司會計表冊

依公司法第219條第1項之規定：「監察人對於董事會編造提出股東會之各種表冊，應予查核，並報告意見於股東會。」此為監察人之主要監察權之一。蓋每會計年度終了，董事會應編造營業報告書、財務報表，及盈餘分派或虧損撥補之議案，於股東常會開會三十日前交監察人查核；且應於股東常會開會十日前，將董事會所造具之各項表冊與監察人之報告書，備置於本公司，供股東隨時查閱（公§229 I）。監察人對於董事會編造提出股東會之各種表冊，應予查核，並報告意見於股東會（公§219 I）；各項表冊經股東會決議承認後，視為公司已解除董事及監察人之責任（公§231）。

又財務報表等之查核，涉及會計專業知識，同條第2項規定：「監察人辦理前項事

---

[291] 參見經濟部71年3月16日商字第08736號函。
[292] 參見柯芳枝，公司法論（下），第98頁。

務，得委託會計師審核之。」而依同法第3項之規定：「監察人違反第一項規定而爲虛僞之報告者，各科新臺幣六萬元以下罰金。」

與此相關者，尚包括：1.公司發行新股而以實物抵繳時，董事會應送請監察人查核加具意見，報請主管機關核定之（公§274）；2.公司清算時，審查清算人就任時所造具之會計表冊（公§326），及清算完結時審查清算人所造具之會計表冊（公§331）。

（五）列席董事會陳述意見

依公司法第218條之2第1項之規定：「監察人得列席董事會陳述意見。」其立法理由係基於監察人爲公司業務之監督機關，而妥善行使監督職權之前提，須先明瞭公司之業務經營狀況，若使監察人得列席董事會，則往往較能及早發覺董事等之瀆職行爲，故賦予監察人亦有參加董事會之權利。監察人應親自列席董事會，不得委託第三人代理或攜同第三人列席董事會[293]。此外，公司如設有常務董事者，於常務董事會開會時，自宜通知監察人，監察人亦得列席常務董事會陳述意見[294]。

（六）通知董事會或董事停止其違法行爲

依公司法第218條之2第2項之規定：「董事會或董事執行業務有違反法令、章程或股東會決議之行爲者，監察人應即通知董事會或董事停止其行爲。」本條是爲加強監察人職責，而參照第194條之規定（股東制止請求權），而增設監察人之停止請求權之規定。如董事會或董事不停止其違法行爲者，則監察人應依公司法第220條、第212條及第213條等規定，得代表公司對董事提起（民事）訴訟，或逕向檢調提起刑事告訴或告發。

（七）召集股東臨時會

依公司法第220條之規定：「監察人除董事會不爲召集或不能召集股東會外，得爲公司利益，於必要時，召集股東會。」得由監察人主動召集股東會，以積極發揮監察人之功能。

此外，依公司法第245條第1項及第2項之規定，繼續六個月以上，持有已發行股份總數1%以上之股東，得檢附理由、事證及說明其必要性，聲請法院選派檢查人，於必要範圍內，檢查公司業務帳目、財產情形、特定事項、特定交易文件及紀錄。法院對於檢查人之報告認爲必要時，得命監察人召集股東會。如監察人不遵法院命令召集股東會者，依同條第3項之規定，則處新臺幣2萬元以上10萬元以下罰鍰。

---

[293] 參見經濟部98年12月9日經商字第09802166680號函。
[294] 參見經濟部91年4月22日商字第09102068230號函。

（八）代表公司權限

股份有限公司原則上應由董事長對外代表公司（公§208Ⅲ）。但有下列特定情形時，則由監察人代表公司：1.代表公司與董事為法律行為（公§223）；2.為調查公司業務及財務狀況（公§218Ⅱ）或查核公司會計表冊（公§219Ⅱ）時，代表公司委託律師、會計師；3.代表公司與董事訴訟（公§213）；4.應少數股東之請求為公司對董事提起訴訟（公§214）。

九、監察人之責任

依公司法第224條之規定：「監察人執行職務違反法令、章程或怠忽職務，致公司受有損害者，對公司負賠償責任。」此為監察人怠忽職守，對公司所負之損害賠償責任。如董事發現公司有重大損害之虞而向監察人報告，監察人不予置理，如因而造成公司受有損害時，對公司應負擔損害賠償之責[295]。

此一規定為監察人對於「公司」之賠償責任，而本條之規定可能會和其他請求權處於競合之情形，1.監察人，在執行職務範圍內，亦為公司負責人，依公司法第23條第1項之規定，公司負責人應忠實執行業務並盡善良管理人之注意義務，如有違反致公司受有損害者，負損害賠償責任；2.公司與監察人間之關係，從民法關於委任之規定。依民法第544條之規定，受任人（監察人）因處理委任事務有過失，或因逾越權限之行為所生之損害，對於委任人（公司）應負賠償之責；另依民法第227條第1項之規定，因可歸責於債務人之事由，致為不完全給付者，債權人得依關於給付遲延或給付不能之規定行使其權利；3.依民法第184條第1項之規定，因故意或過失，不法侵害他人之權利者，負損害賠償責任。故意以背於善良風俗之方法，加損害於他人者亦同。在訴訟時，除構成要件略有出入外，有關時效、是否構成連帶責任及舉證責任等，亦有所差異，應視其情形而為適當的主張。

有關監察人對於「第三人」之賠償責任，則應透過公司法第23條第2項或民法第184條等而請求。

另公司法第226條規定：「監察人對公司或第三人負損害賠償責任，而董事亦負其責任時，該監察人及董事為連帶債務人。」蓋依民法第272條第2項之規定，連帶債務之成立，應以當事人有明示或法律有規定者為限，此條則為「連帶」責任之規定。否則需藉由民法第185條共同侵權行為之規定，才可以請求連帶賠償。

---

[295] 參見經濟部77年8月12日經商字第23969號函。

第五章　股份有限公司之會計

第一節　會計表冊

一、概說

　　公司為營利社團法人，以經營一定事業為目的，並以將經營事業所得之盈餘分派予股東作為主要目的。就公司董事而言，其受委任經營公司，自應將公司過去一段期間之經營成果，經監察人查核後，定期向股東報告，提請股東會承認，並在股東承認財報後，決定盈餘分派或虧損撥補，及免除董事自身之責任；就股東而言，除希望確保公司在財務面能穩定經營外，明確的公司會計規範，也可使股東瞭解公司之營運表現，並合理預期公司之盈餘分派；就債權人而言，在股東有限責任原則下，公司財產為其債務之唯一擔保，明確的公司會計規範，可使債權人瞭解公司之財務狀況，並可避免公司經營階層違法將盈餘分派予股東，而損及債權人之利益。因此公司法於股份有限公司章中特設公司會計乙節，詳細規範公司會計表冊之種類、製作、承認，與公積之提存、盈餘分派及虧損撥補等事項[1]。

　　公司會計事務之處理，除公司法之規定外，應適用商業會計法及財務會計準則等相關規定。如屬公開發行公司，更應適用證券發行人財務報告編製準則等相關規定。

二、會計表冊之種類

　　依公司法第228條第1項之規定：「每會計年度終了，董事會應編造左列表冊，於股東常會開會三十日前交監察人查核：一、營業報告書。二、財務報表。三、盈餘分派或虧損撥補之議案。」可知編造會計表冊之主體為「董事會」（非董事長、總經理或會計主管），應編造時間則為每會計年度終了後，應編造之表冊為營業報告書及財務報表，並應同時提出盈餘分派或虧損撥補之議案，而其程序則是董事會編造後應先提交監察人查核，再提請股東常會承認。

　　所謂「營業報告書」，依商業會計法第66條第2項之規定，其內容包括經營方針、實施概況、營業計畫實施成果、營業收支預算執行情形、獲利能力分析、研究發展狀況等。所謂「財務報表」，依商業會計法第28條之規定，包括資產負債表、綜合損益表、現金

---

[1]　參見柯芳枝，公司法論（下），第111頁。

流量表及權益變動表，且各該報表應予必要之附註，並視為財務報表之一部分。

應特別說明的是，「財務報告」與「財務報表」之異同。依證券交易法第14條第1項之規定：「本法所稱財務報告，指發行人及證券商、證券交易所依法令規定，應定期編送主管機關之財務報告。」而依同條第2項之規定：「前項財務報告之內容、適用範圍、作業程序、編製及其他應遵行事項之財務報告編製準則，由主管機關定之……。」基此，主管機關訂有「證券發行人財務報告編製準則」（以下稱「財報編製準則」）。依財報編製準則第4條第1項之規定：「財務報告指財務報表、重要會計項目明細表及其他有助於使用人決策之揭露事項及說明。」所謂「財務報表」，如前所述，包括資產負債表、綜合損益表、現金流量表、權益變動表及其附註。所謂「重要會計項目明細表」，依財報編製準則第23條之規定：「發行人編製個體財務報告時，應編製重要會計項目明細表。重要會計項目明細表之名稱及格式如下：一、資產、負債及權益項目明細表：（一）現金及約當現金明細表。（二）透過損益按公允價值衡量之金融資產─流動明細表。……」全部共有57種明細表，財報編製準則並附錄格式範本，但「公司得依重大性原則決定是否須單獨列示」。至於何謂「其他有助於使用人決策之揭露事項及說明」，有認為依其章節體例，諸如該準則第三章、第四章、第五章之期中財務報告、個體財務報告、關係企業合併財務報表等；惟如依其文義，則似包括財務報表分析（financial statement analysis）等，例如財務結構（如負債占資產比率）、償債能力（如流動比率）、經營能力（如應收款項週轉率）、獲利能力（如資產報酬率）等「有助於使用人決策之揭露事項及說明」。

三、會計表冊之編造

（一）實際上之編製主體

依商業會計法第5條第1項及第2項之規定，商業會計事務之處理，應置會計人員辦理之；股份有限公司主辦會計人員之任免，應由董事會以董事過半數之出席，及出席董事過半數之同意。

依商業會計法第14條至第18條及第23條之規定，會計事項之發生，均應取得、給予或自行編製足以證明之會計憑證（包括原始憑證及記帳憑證）；商業應根據原始憑證（包括外來憑證、對外憑證及內部憑證），編製記帳憑證（包括收入傳票、支出傳票及轉帳傳票），根據記帳憑證，登入會計帳簿。商業必須設置之會計帳簿，為普通序時帳簿及總分類帳簿。並依據會計帳簿編製資產負債表、綜合損益表、現金流量表及權益變動表等財務報表。記帳憑證及會計帳簿，應由代表商業之負責人、經理人、主辦及經辦會計人員簽名或蓋章負責。

依商業會計法第66條之規定，商業每屆決算應編製營業報告書及財務報表（包括資產負債表、綜合損益表、現金流量表、權益變動表及各該報表應予必要之附註）。決算報

表應由代表商業之負責人、經理人及主辦會計人員簽名或蓋章負責。

由上可知，財務報表在實際上是由會計人員在主辦會計人員（會計主管）及經理人（總經理）之指揮下編製，並由負責人、經理人及主辦會計人員簽名或蓋章以示負責。而在會計師查核報告或核閱報告，則均稱：某某公司某年度之「合併資產負債表……合併綜合損益表、合併權益變動表及合併現金流量表，業經本會計師查核竣事。上開合併財務報告之編製係『管理階層』之責任，本會計師之責任則為根據查核結果對上開合併財務報告表示意見。」至於何謂「管理階層」並不明確，亦非法律用語，似指負責整個公司資源運用及經營成效的高級人員，如董事長、總經理等。

（二）法律上之編製主體

依公司法第228條至第231條之規定，每會計年度終了（六個月內），董事會應依規定「編造」營業報告書、財務報表及盈餘分派或虧損撥補之議案（由董事會作成決議），於股東常會開會三十日前交監察人查核，監察人應檢具查核報告書，再提出於股東常會請求承認，經股東常會承認後，董事會應將財務報表及盈餘分派或虧損撥補之決議，分發各股東（公開發行股票之公司，得以公告方式為之），且各項表冊經股東會決議承認後，視為公司已解除董事及監察人之責任。由上可知，依公司法之規定，年度財務報表係由董事會「編造」，送交監察人查核，再提送股東會承認。

在公開發行公司之部分，有關年度財務報告，依證券交易法第36條第1項之規定，公開發行公司應於每會計年度終了後三個月內，公告並申報由董事長、經理人及會計主管簽名或蓋章，並經會計師查核簽證、董事會通過及監察人承認之年度財務報告。

另依證券交易法第14條之5第1項第10款及第3項之規定，公開發行公司如有設置審計委員會者，有關「由董事長、經理人及會計主管簽名或蓋章之年度財務報告及須經會計師查核簽證之第二季財務報告」，應經審計委員會全體成員二分之一以上同意，並提董事會決議，之後再送交股東會承認[2]。有關各季財務報告之部分，依證券交易法第36條第1項第2款之規定，已依本法發行有價證券之公司，應「於每會計年度第一季、第二季及第三季終了後四十五日內，公告並申報由董事長、經理人及會計主管簽名或蓋章，並經會計師核閱及『提報』董事會之財務報告」[3]。可知各季財務報告，雖應由董事長、經理人及會計

---

[2]　依108年6月21日證券交易法第14條之5之修正理由：「鑑於上市（櫃）公司已逐步廢除監察人，改由獨立董事組成之審計委員會加強對各種財務表冊內容之查核，而原條文並未規範提審計委員會同意之財務報告，其應簽名或蓋章之人員。為落實公司治理，加強公司對財務報告之內部管理程序，爰依據第十四條第三項之規定，修正第一項第十款，明定應經審計委員會同意之財務報告須由董事長、經理人及會計主管簽名或蓋章。」

[3]　依108年6月21日證券交易法第36條之修正理由：「一、考量原條文並未規範應經會計師查核簽證、董事會通過及監察人承認之年度財務報告，其應簽名或蓋章之人員。為落實公司治理，加強公司對財務報告之內部管理程序，爰依據第十四條第三項之規定，修正第一項第一款，明定公司公告並申報之年度財務報告須由董事長、經理人及會計主管簽名或蓋章。二、至第一項第二款應經會計師核閱及提報董事會之第一季、第二季及第三季財務報告，則比照第一款年度財務報告作修正。」

主管簽名或蓋章，但似僅需提交董事會「報告」即可（無須由董事會通過或作成決議），證券交易法亦未特別規定其「編造」主體為董事會。

年度財務報告（表）之所以規定由董事會編造（作成董事會決議），其理由約略如下：1.依公司法第192條第5項之規定：「公司與董事間之關係，除本法另有規定外，依民法關於委任之規定。」而依民法第540條之規定：「受任人應將委任事務進行之狀況，報告委任人。」故董事（會）（受任人）於每會計年度終了後，自應將該會計期間之營運成果及財務績效，報告於全體股東（實質委任人）；2.再者，法律上規定應以董事會決議通過「編造」年度財務報表等，亦在使董事對於財務報表之編造負法律責任，亦即依公司法第193條第2項及第23條等規定，董事會編造之財務報表如有不實，參與決議之董事，應對公司或第三人負賠償之責。然對於各季季報，甚至「每月十日以前，公告並申報上月份營運情形」，如有虛偽或隱匿之情事，因法律並未明確規範其編造主體為何，以致應如何追究相關人員之責任，適用上常發生諸多爭議[4]。

四、會計表冊之查核及查閱

董事會所編造之會計表冊，應於股東常會開會三十日前交監察人查核；監察人並得請求董事會提前交付查核（公§228Ⅰ、Ⅲ）。監察人對於董事會編造提出股東會之各種表冊，應予查核，並報告意見於股東會；監察人辦理前項事務，得委託會計師審核之（公§219Ⅰ、Ⅱ）。董事會所造具之各項表冊與監察人之報告書，應於股東常會開會十日前，備置於公司，股東得隨時查閱，並得偕同其所委託之律師或會計師查閱（公§229）。

本條所稱「應於股東常會開會三十日前交監察人查核」，只是關於董事會與監察人間內部權責分工，並賦予監察人相當之時間以利完成查核工作，如董事會未遵守此一期間之規定，僅生監察人得否異議或拒絕查核之問題而已，與股東會日後對於有關表冊所為決議之效力無涉[5]。再者，公司盈餘分派議案經股東常會決議後，如尚未完成分派，董事會可在該股東常會召開當年度營業終結前修正盈餘分派案之內容，並召開股東臨時會承認該項盈餘分派修正案，惟董事會仍須造具該項盈餘分派修正案，並先送交監察人查核[6]。至於公司之年度財務報表，如尚未經監察人查核，卻逕自編製盈餘分配議案，並提請股東常會決議，其效力如何，主管機關並未明確表示意見，僅認為此係屬私權行為，如有爭議，應循司法途徑處理[7]。此外，董事會所造具之各項表冊與監察人之報告書，應於股東常會開會十日前，備置於本公司，股東得隨時查閱，此之股東乃指所有股東而言，條文並未排除

4　參見拙著，財報不實民事責任之歸責原則，全國律師雜誌，2016年9月。

5　參見經濟部79年3月21日商字第20325號函。

6　參見經濟部98年10月26日經商字第09800150230號函。

7　參見經濟部99年1月12日經商字第09802174040號函。

與公司有法律訴訟之相關股東，然該條並無處罰規定[8]。

　　對於公開發行公司而言，因已逐步廢除監察人，改由獨立董事組成之審計委員會加強對各種財務表冊內容的查核，依前述證券交易法第14條之5第1項第10款及第5項與第36條之規定，年度財務報告（應由董事長、經理人及會計主管簽名或蓋章）應經審計委員會全體成員二分之一以上同意，並提董事會決議，且不適用證券交易法第36條第1項財務報告應經監察人承認之規定。

　　值得說明的是，依證券交易法第36條第1項之規定，年度財務報告需經會計師查核簽證，而公司法第228條規定，財務報表係由董事會編造，則會計師出具查核報告之時點為何，即非無疑。依會計研究發展基金會100年12月28日基秘字第389號函之見解，會計師係查核董事會所編製之財務報表，必須財務報表業經董事會決議後，會計師再查核財務報表之可信度，故會計師出具查核報告之日期不得早於董事會決議通過財務報表之日期。因此，實務上常見之變通做法，是在董事會通過財務報表之議案中，說明該等財務報表業已編製完成，並委請會計師查核，同時檢附會計師擬出具之查核報告書稿，再由審計委員會、董事會通過該等財務報表，之後再由會計師正式出具查核簽證之報告。

五、會計表冊之承認

　　如前所述，因董事與公司間屬委任關係，故董事（會）自應將其受任經營公司業務之成果，以文字（營業報告書）及數字（財務報表）報告於股東會，而請求其承認（公§228Ⅰ、§230）。各項表冊經股東會決議承認後，視為公司已解除董事及監察人之責任（公§231）。

　　依公司法第228條之規定，有關表冊之編造，係屬董事會專屬職權[9]。董事會應將其所造具之各項表冊，提出於股東常會請求承認，如於會計年度終了所召開之股東常會，未承認董事會所造具之各項表冊，則仍應繼續再行召集股東會承認之[10]。又公司於停業期間內雖無營業行為，然董事會仍有就公司之財務狀況、現金流量、資產存在狀態及保管、股東權益變動、經營方針等提出報告之義務，俾股東得適度監督公司並確切瞭解自身之投資狀況，是以公司法第170條、第228條及第230條之規定，於公司停業期間仍有適用[11]。

---

[8]　參見經濟部93年1月28日經商字第09302000950號函。

[9]　參見經濟部91年5月20日經商字第09102091660號函。

[10]　參見經濟部93年1月9日商字第09302002300號函。

[11]　參見經濟部86年11月27日商字第86222989號函。

六、盈餘分派或虧損撥補議案

　　除營業報告書及財務報表外，董事會亦應提出盈餘分派或虧損撥補之議案，提請股東常會承認。所謂盈餘分派之議案，是指公司有盈餘時，如何將盈餘分派於股東之議案。如每股股息若干？有無紅利？發放現金或以發行新股之方式充之等。反之，所謂彌補虧損之議案，則是指公司有虧損時，應如何彌補之議案，如以公積彌補等[12]。

　　公司之盈餘分派或虧損撥補議案，係屬股東會之法定職權，尚不得授權董事會決議行之[13]。惟公司盈餘分派現金股利，依公司法第240條第5項規定，公開發行股票之公司，如章程明定授權董事會以特別決議分派現金股利者，則僅需再報告股東會；又如公司有盈餘而董事會決議不為分派時（即現金股利分派金額為零），仍為第240條第5項規定之授權範圍，只需經董事會特別決議，並報告股東會即可。至虧損撥補之議案，核與現金股利之分派無涉，並非第240條第5項規定之授權範圍[14]。因此，股東會授權董事會議決以資本公積彌補累積虧損，乃於法未合[15]。

　　股東常會盈餘分配議案應以董事會編造時已生效之章程為依據[16]。如公司於召開股東常會時，未先為盈餘分派議案之承認，即先行變更章程，並依變更後之章程，決議分派上年度盈餘時，主管機關認為與公司法第228條、第229條、第230條等規定不合[17]。此外，董事會亦不得依據既有章程及擬修訂之章程，而編造兩套盈餘分派案，併送股東常會討論承認，因其將影響眾多投資人之判斷，且頗滋紛擾，故主管機關認為乃於法未合[18]。

　　有關盈餘分派議案之變更或修訂，主管機關認為公司盈餘分派議案經股東常會決議後，如尚未完成分派，可於該股東常會召開當年度營業終結前召開股東臨時會，變更該股東常會之盈餘分派決議，惟如該盈餘分派案業已分派完成，則不發生再召開股東臨時會變更股東常會盈餘分派決議之情事[19]。公司如擬變更盈餘分派議案者，變更之盈餘分派議案應以編造盈餘分派議案時之有效章程為準[20]。而公司召開股東臨時會承認該項盈餘分派修正案，董事會仍須造具該項盈餘分派修正案，送交監察人查核[21]。

---

[12]　參見柯芳枝，公司法論（下），第113頁。
[13]　參見經濟部86年7月18日商字第86210433號函、經濟部93年8月17日經商字第09302128770號函。
[14]　參見經濟部109年3月18日經商字第10902407350號函。
[15]　參見經濟部86年7月18日商字第86210433號函。
[16]　參見經濟部89年4月20日經商字第89207491號函。
[17]　參見經濟部79年8月28日商字第214784號函。
[18]　參見經濟部84年6月22日商字第211381號函。
[19]　參見經濟部98年10月26日經商字第09800150230號函。
[20]　參見經濟部89年4月20日經商字第89207491號函。
[21]　參見經濟部98年10月26日經商字第09800150230號函。

七、董監事責任之解除

依公司法第231條之規定：「各項表冊經股東會決議承認後，視爲公司已解除董事及監察人之責任。但董事或監察人有不法行爲者，不在此限。」其立法目的乃是對於與不法行爲無關而發生與否不確定之一般責任，特令其迅速消滅，以鼓勵董事勇於任事，而董事之責任既經解除，監督其執行業務之監察人，其監察責任亦應一併解除，方屬公平[22]。但如依本條但書之規定，董事若有不法行爲，如假造單據或編製不實財報等，則不因股東會之承認決議而視爲解除，董事仍須就該不法行爲負責。

八、會計表冊之分發、公告與抄錄

各項會計表冊，經股東常會承認後，董事會應將財務報表及盈餘分派或虧損撥補之決議，分發各股東（公§230 I）。如屬公開發行股票之公司，有關前開財務報表及盈餘分派或虧損撥補決議之分發，得以公告方式爲之（公§230 II）。而爲保護公司債權人之利益，該會計表冊及決議，公司債權人得要求給予、抄錄或複製（公§230 III）。代表公司之董事，違反規定不爲分發者，處新臺幣1萬元以上5萬元以下罰鍰（公§230 IV）。

第二節　公　積

一、公積之意義

在瞭解何謂「公積」之前，應先從資產負債表中股東權益（或稱爲「業主權益」）之會計科目說起。依商業會計處理準則（下稱「商會準則」）第14條之規定，資產負債表中股東權益之主要會計科目，依次可分爲股本（細項可再分爲「普通股股本」等）、資本公積（細項可再分爲「股票發行溢價」、「合併溢額」、「受贈財產」等）、保留盈餘（細項可再區分爲「法定盈餘公積」、「特別盈餘公積」、「未分配盈餘」等）及其他權益（如累積換算調整數、未認列爲退休金成本之淨損失等）等科目。

所謂「資本」（或股本）是指業主對商業投入之資本額，乃一計算上不變之數額（即「發行股數」乘以股票「面額」所得之數額）。所謂「資本公積」，依商會準則第28條之規定，是「指公司因股本交易所產生之權益」。所謂「保留盈餘（或累積虧損）」，依商會準則第29條之規定，是「指由營業結果所產生之權益，包括下列會計項目：一、法定盈餘公積：指依公司法或其他相關法律規定，自盈餘中指撥之公積。二、特

---

[22]　參見柯芳枝，公司法論（下），第116頁。

別盈餘公積：指依法令或盈餘分派之議案，自盈餘中指撥之公積，以限制股息及紅利之分派者。三、未分配盈餘（或待彌補虧損）：指未經指撥之盈餘（或未經彌補之虧損）。」「保留盈餘」項下之「法定盈餘公積」及「特別盈餘公積」科目，性質上屬盈餘已指撥或凍結之部位，除錯誤更正或提列目的已成就等少數特殊情況得於年度進行中有所調整外，宜經決算程序及股東會決議始得增減；另「保留盈餘」項下之「未分配盈餘」科目，其性質屬盈餘中未指撥或未凍結之部位，於年度進行中常因會計事務之處理而有增減變動情形，且在帳務處理過程或盈餘分配表編造時即具有自動調整之功能[23]。

由上可知，公積包括資本公積及盈餘公積。資本公積乃是指因股本交易所產生之權益（如股票發行之溢價部分），而積存於公司之金額。盈餘公積則是依法令、章程或股東會決議，自盈餘中指撥或凍結而積存於公司之金額。提存公積之目的，在於充實公司之資本，鞏固公司之財產基礎，增加公司之信用，以保護公司債權人[24]。

二、公積之種類[25]

（一）法定公積與任意公積

公積之積存係出於法律所強制規定者為法定公積，如資本公積及法定盈餘公積；如果是依章程之訂定或股東會之決議而積存者，稱為任意公積，如特別盈餘公積。

（二）資本公積及盈餘公積

公積依積存之財源不同，可分為資本公積及盈餘公積。資本公積，依商會準則第28條之規定，是指公司因股本交易所產生之權益，例如發行新股時，就發行價格之面額部分，應記入股本，而超過面額之溢價部分，則記入「資本公積—發行溢價」，其乃法律所要求應積存於公司之金額，原則上不得作為分派於股東之盈餘。所謂盈餘公積是指自每一決算期之盈餘中指撥之公積，包括法定盈餘公積（依法應強制提撥者）及特別盈餘公積（依法令、章程或股東會決議，任意提撥，以限制股息及紅利之分派者）。

三、資本公積

如前所述，資本公積是指公司因股本交易所產生之權益，與公司資本相同，屬法律所要求應積存於公司之金額，故無定期提列之問題，只有盈餘公積才須定期提列。

資本公積，除填補公司虧損外，不得使用之；公司非於盈餘公積填補資本虧損，仍

---

[23] 參見經濟部90年10月29日商字第09002239440號函。
[24] 參見柯芳枝，公司法論（下），第117至118頁。
[25] 參見柯芳枝，公司法論（下），第118頁。

有不足時，不得以資本公積補充之（公§239Ⅰ、Ⅱ）。可知資本公積原則上只能用於填補公司虧損；而在填補虧損時，原則上應先以（法定）盈餘公積填補之，如有不足，再以資本公積為之。此外，當公司無虧損，且符合一定情況之前提下，公司得經股東會決議，將法定盈餘公積及特定之資本公積之全部或一部，按股東原有股份之比例發給新股或現金（公§239Ⅰ但）。

四、法定盈餘公積

依公司法第237條第1項、第232條第1項及第239條第1項之規定：「公司於完納一切稅捐後，分派盈餘時，應先提出百分之十為法定盈餘公積。但法定盈餘公積，已達實收資本額時，不在此限。」「公司非彌補虧損及依本法規定提出法定盈餘公積後，不得分派股息及紅利。」「法定盈餘公積及資本公積，除填補公司虧損外，不得使用之。」可知公司應提列法定盈餘公積之目的，旨在限制盈餘分派數額，充實公司資本（用以彌補虧損），保障債權人之權益，而其性質屬將已實現之盈餘累積為公積[26]。就其順序而言，公司於完納一切稅捐後，應為先彌補虧損，而後提列法定盈餘公積（及特別盈餘公積），始得分派盈餘。當公司無虧損，且符合一定情況之前提下，公司得經股東會決議，將法定盈餘公積及特定之資本公積之全部或一部，按股東原有股份之比例發給新股或現金（公§239Ⅰ但）。

為因應國內會計準則變革，公司依公司法第237條規定提列法定盈餘公積時，原先如是以「本期稅後淨利」為提列基礎者，自公司辦理108年度財務報表之盈餘分配起，應以「本期稅後淨利加計本期稅後淨利以外項目計入當年度未分配盈餘之數額」作為法定盈餘公積之提列基礎，但公司可延至109年度財務報表之盈餘分配開始適用。至公司過去年度提列之法定盈餘公積，無須追溯調整[27]。

公司依法應提列10%為法定盈餘公積，係指盈餘分派時，須先提列法定盈餘公積，惟如股東會決議不分配盈餘，則是否先提列法定盈餘公積，於法尚無限制[28]。法定盈餘公積已達實收資本額時，可不再提列；如仍繼續提列，本法並無禁止規定[29]；如公司章程對於已達實收資本額時法定盈餘公積之提列有特別規定者，仍應依章程規定辦理[30]。又，公司今年度之法定盈餘公積已達實收資本額，下一年度是否仍須提列法定盈餘公積，則應視分派盈餘時，法定盈餘公積是否已達實收資本額而定[31]。

[26]　參見經濟部99年3月24日經商字第09900035470號函。

[27]　參見經濟部109年1月9日經商字第10802432410號函。

[28]　參見經濟部98年6月25日經商字第09802083150號函。

[29]　參見經濟部107年5月22日經商字第10700038580號函。

[30]　參見經濟部107年5月22日經商字第10700038580號函。

[31]　參見經濟部91年11月4日商字第09102247860號函。

　　股份有限公司於「發生虧損年度」以法定盈餘公積彌補虧損，嗣後於「發生盈餘年度」尚不得經股東會決議將以前年度已用以彌補虧損之法定盈餘公積予以迴轉[32]；公司如轉回保留盈餘者（如公司決定將先前年度以前累積之「處分資產之溢價收入」，轉列為保留盈餘者），仍應依公司法第237條規定，提列10%法定盈餘公積後，方可分配股息紅利[33]。

五、特別盈餘公積

　　依公司法第237條第2項之規定：「除前項法定盈餘公積外，公司得以章程訂定或股東會議決，另提特別盈餘公積。」另依證券交易法第41條第1項之規定：「主管機關認為有必要時，對於已依本法發行有價證券之公司，得以命令規定其於分派盈餘時，除依法提出法定盈餘公積外，並應另提一定比率之特別盈餘公積。」

　　特別盈餘公積之提列，係依公司章程訂定或股東會決議所提存，故公司自可依變更章程方法或股東會再為新決議而變更其提存之目的[34]。而特別盈餘公積如指明用途者，倘提列之目的未完成或提列原因未消失，且未轉回保留盈餘前，均不得用於分派股息及紅利[35]。特別盈餘公積提列如超過原預定之金額時，如公司經股東會議決提列「擴充生產設備特別盈餘公積」，於其擴充計畫完成，超過擴充設備之剩餘金額，如擬用作派充股息及紅利時，應先轉回為保留盈餘後，依公司法第232條規定，彌補虧損及提出法定盈餘公積後，方得作為派充股息及紅利之用[36]。公司所提列之特別盈餘公積，如已提列過法定盈餘公積，嗣後迴轉分派盈餘時，自無須重複提列法定盈餘公積；惟若尚未提列過法定盈餘公積，自須於迴轉分派盈餘時，補提列法定盈餘公積[37]。

　　至於特別盈餘公積之提列目的，公司法並未特別加以規定。例如：專營投資之非公發公司（下稱乙公司，為甲上市櫃公司之管理階層所設立）於章程中訂定提列特別盈餘公積，並指定該特別盈餘公積之用途為持續增加對甲上市櫃公司之持股達一定比率，是否適法？主管機關認為倘章程明定作為營運或特定目的使用，則此類特別盈餘公積之使用規劃，仍可依公司章程規定作特定目的使用，並無不可[38]。惟如公司於章程訂立提列特別盈餘公積，以備將來增資發行新股予技術人員（有特殊貢獻員工）之用，因公司法第267條

32　參見經濟部77年3月31日商字第08605號函。

33　參見經濟部91年3月27日商字第09102052680號函。

34　參見經濟部71年2月11日商字第03889號函。

35　參見經濟部80年3月5日商字第201535號函。

36　參見經濟部71年2月11日商字第03889號函。

37　參見經濟部109年3月3日經商字第10902005780號函。

38　參見經濟部109年6月8日經商字第10902414780號函。

等規定對於發行新股之程序已有明文規定，於法自有未合[39]。

六、公積轉增資

　　依公司法第241條第1項之規定：「公司無虧損者，得依前條第一項至第三項所定股東會決議之方法，將法定盈餘公積及下列資本公積之全部或一部，按股東原有股份之比例發給新股或現金：一、超過票面金額發行股票所得之溢額。二、受領贈與之所得。」其立法目的是鑑於部分公司於過去年度已累積大量法定盈餘公積及資本公積，如能讓公司彈性運用，為現金股利之發放，當有助於公司維持穩定之股利發放政策，並吸引投資。是以，只要公司無虧損，可允許公司將法定盈餘公積及資本公積之全部或一部，按股東原有股份之比例發給新股或現金[40]。如係發給新股者（即公積轉增資），依公司法第172條第5項之規定，應在召集事由中列舉並說明其主要內容，不得以臨時動議提出。

　　本條所稱「虧損」係指「累積虧損」而言，據此，「累積虧損」會計科目之餘額為零者，即屬無虧損之情形[41]。其決議方法係指股東會之特別決議，至應由股東常會或股東臨時會為公積轉作資本之決議，公司法尚無限制規定[42]。本條所謂「公積」轉增資者，係指「法定盈餘公積及資本公積」而言。是以，自不發生特別盈餘公積，依公司法第241條規定轉增資問題[43]。又所謂發給新股者，應係指普通股而言，特別股股東所應享之股利，不得以發行新特別股之方式發放[44]。

　　所謂「超過票面金額發行股票所得之溢額」其範圍包括：1.以超過面額發行普通股或特別股溢價；2.公司因企業合併而發行股票取得他公司股權或資產淨值所產生之股本溢價；3.庫藏股票交易溢價；4.轉換公司債相關之應付利息補償金，於約定賣回期間屆滿日可換得普通股市價高於約定賣回價格時轉列之金額；5.因認股權證行使所得股本發行價格超過面額部分；6.特別股或公司債轉換為普通股，原發行價格或帳面價值大於所轉換普通股面額之差額；7.附認股權公司債行使普通股認股權證分攤之價值；8.特別股收回價格低於發行價格之差額；9.認股權證逾期未行使而將其帳面餘額轉列者[45]；10.因股東逾期未繳足股款而沒收之已繳股款。

　　所謂「受領贈與之所得」者，係指與股本交易有關之受領贈與，其範圍包括：1.受領股東贈與本公司已發行之股票；2.股東依股權比例放棄債權或依股權比例捐贈資產而

---

[39]　參見經濟部91年6月11日經商字第09102100390號函。

[40]　參見101年1月4日公司法第241條之修正理由。

[41]　參見經濟部101年2月13日經商字第10102004270號函。

[42]　參見經濟部91年3月11日商字第09102037480號函。

[43]　參見經濟部91年6月11日經商字第09102100390號函。

[44]　參見經濟部92年1月6日商字第09102305640號函。

[45]　參見經濟部91年3月14日商字第09102050200號令。

言[46]。至於逾期未領之董監事酬勞（限請求權因時效而消滅者），非屬公司法第241條所規範之「受領贈與之所得」，就會計而言，應屬企業之「其他收入」[47]。此外，股東逾時效未領取之股利認列爲資本公積者，並非屬公司法第241條第1項所指「受領贈與之所得」，亦非「超過票面金額發行股票所得之溢額」[48]。

依公司法第241條第2項之規定，如屬公開發行股票之公司者，得以章程授權董事會以三分之二以上董事之出席，及出席董事過半數之決議，將應分派股息及紅利之全部或一部，以發放現金之方式爲之，並報告於股東會。而以公積發給股東新股，除公開發行股票之公司，應依證券主管機關之規定辦理者外，於決議之股東會終結時，即生效力，亦即所發行之新股一旦生效，即屬獨立之權利，得與股東原持有之股份分離而單獨讓與[49]。此外，董事會亦應即分別通知各股東，或記載於股東名簿之質權人。

有關法定盈餘公積轉增資之動用限制，依公司法第241條第3項之規定：「以法定盈餘公積發給新股或現金者，以該項公積超過實收資本額百分之二十五之部分爲限。」蓋法定盈餘公積之性質在健全公司財務狀況，作爲塡補公司虧損（公§239Ⅰ），以維護公司債權人之權益，故公司以法定盈餘公積發給新股或現金者，以該項公積超過實收資本額25%之部分爲限，亦即公司應隨時保留法定盈餘公積達實收資本額之25%始可。

第三節　分派盈餘

一、盈餘分派之要件

股份有限公司係營利社團法人，以將經營所得之利益分派給股東爲目的。依公司法第232條第1項及第2項與第237條第1項及第2項之規定：「公司非彌補虧損及依本法規定提出法定盈餘公積後，不得分派股息及紅利。」「公司無盈餘時，不得分派股息及紅利。」「公司於完納一切稅捐後，分派盈餘時，應先提出百分之十爲法定盈餘公積。」「除前項法定盈餘公積外，公司得以章程訂定或股東會議決，另提特別盈餘公積。」可知公司於完納一切稅捐後如有盈餘時，應先彌補歷年虧損，並依法提出法定盈餘公積及特別盈餘公積（如有）後，如向有剩餘時，始得對股東分派盈餘。盈餘分派可分爲股息及紅利，所謂「股息」，係依定額或定率所分派之盈餘，亦即資本計算上之利息；所謂「紅利」，則爲

---

[46] 同前註。

[47] 參見經濟部91年5月13日商字第09102082140號函。

[48] 參見經濟部107年8月13日經商字第10702041990號函。

[49] 參見柯芳枝，公司法論（下），第123頁。

股息以外，增加分派之盈餘。紅利又可分爲股東紅利、員工酬勞及董監事酬勞[50]。在分派時，則應先分配股息，如有剩餘，再分配紅利。此外，依公司法第235條之1之規定，亦須先扣除應分配於員工酬勞（及董監事酬勞）。

於公司法增訂第235條之1後，主管機關建議之章程參考範例如下：「第X條：公司年度如有獲利，應提撥○○％（或○○元）爲員工酬勞。但公司尚有累積虧損時，應預先保留彌補數額。第X+1條：公司年度總決算如有盈餘，應先提繳稅款、彌補累積虧損，次提10％爲法定盈餘公積，其餘除派付股息外，如尚有盈餘，再由股東會決議（有限公司爲由股東同意）分派股東紅利。[51]」可作爲參考。

二、盈餘分派之時期

依公司法第228條第1項及第230條第1項之規定，每會計年度終了，董事會應編造盈餘分派或虧損撥補之議案，送交監察人查核，再提出股東常會請求承認，經股東常會決議後，再分發各股東。可知盈餘分派原則上以每一會計年度終了，經股東常會決議後，始得爲之。惟107年8月1日公司法修訂時，已增訂第228條之1之規定，允許公司章程得訂明盈餘分派或虧損撥補於每季或每半會計年度終了後爲之。

三、盈餘分派之標準

依公司法第235條之規定：「股息及紅利之分派，除本法另有規定外，以各股東持有股份之比例爲準。」另參照同法第165條第2項之規定：「前項股東名簿記載之變更，於……或公司決定分派股息及紅利或其他利益之基準日前五日內，不得爲之。」因此，盈餘分配之對象，應以除權或除息基準日股東名簿上記載之股東爲準。有關分派股息及紅利之基準日，尚非股東會專屬職權，故可由董事會決議訂定[52]。又股息及紅利實際上應於何時發放，亦由公司自行決定[53]。

四、盈餘分配之方法

（一）現金分派

每會計年度終了，董事會應編造盈餘分派或虧損撥補之議案，送交監察人查核，再

50　參見柯芳枝，公司法論（下），第125頁。

51　參見經濟部104年6月11日經商字第10402413890號函。

52　參見經濟部92年11月10日商字第09202234310號函。

53　參見經濟部66年5月20日商字第13031號函。

提出股東常會請求承認，經股東常會決議後，再分發各股東（公§228 I 、§230 I 、§184 I ）。

公司分派盈餘時，如全數採現金方式分派者，應經股東會有代表已發行股份總數過半數股東之出席，以出席股東表決權過半數同意之決議行之[54]（即普通決議）。盈餘分配議案如有修正者，應於股東常會召開當年度營業終結前再召開股東臨時會，以變更原股東常會之決議[55]，尚不得由董事會變更股東會之決議[56]。

記載「股票股利」分配數額之盈餘分派表雖獲股東會承認，惟同一次股東會討論之盈餘轉增資議案如未獲通過者，尚難逕將系爭盈餘分派表改以「現金分派」[57]。公司法第240條第1項所謂「股息及紅利之全部或一部」，係指董事會依本法第228條規定，編造盈餘分配議案表冊並經股東常會承認之盈餘分配表，所分派股息、紅利數額之全部或一部，並非指股東受配股息、紅利之比率[58]，因此，如因可轉換公司債或員工認股權憑證之執行，以致已發行股份總數發生變動，影響配息率或配股率時，自得由董事會授權常務董事會或董事長調整之[59]。

又依公司法第240條第5項之規定：「公開發行股票之公司，得以章程授權董事會以三分之二以上董事之出席，及出席董事過半數之決議，將應分派股息及紅利之全部或一部，以發放現金之方式為之，並報告股東會。」依107年8月1日之修正理由，原規定公開發行股票之公司，其股息及紅利之分派，倘經章程訂明定額或比率並授權董事會決議辦理者，得以董事會特別決議將應分派股息及紅利之全部或一部，以發行新股或發放現金之方式為之，毋庸經股東會特別決議。鑑於其中發行新股影響股東權益較大，程序上僅須報告股東會，似有不妥，爰刪除「發行新股或」之文字，僅餘「發放現金」；另亦簡化公開發行股票公司以現金發放股息及紅利之程序，毋庸於章程訂明定額或比率，以應企業需求。

公司法第240條第5項規定係公開發行股票之公司始有適用。公司發行公司董事會未決議現金股息紅利分派者，究應認屬該年度無現金股息紅利分派，抑或認為董事會未為決議，仍得由股東會決議現金股息紅利分派，不無疑義。主管機關認為公開發行股票公司章程既已依公司法第240條第5項規定明定授權董事會以特別決議方式分派現金股利，董事會即取得現金股息紅利分派之專屬權，董事會如未決議現金股息紅利分派，則該年度即無現金股息紅利分派，不得再由股東會決議現金股息紅利分派[60]。因此，董事會如有盈餘不

54 參見經濟部100年3月29日經商字第10002027420號函。
55 參見經濟部93年12月8日經商字第09302191680號函。
56 參見經濟部94年5月16日經商字第09402046560號函。
57 參見經濟部100年3月29日經商字第10002027420號函。
58 參見經濟部94年5月16日經商字第09402046560號函。
59 參見經濟部99年1月11日經商字第09800189600號函。
60 參見經濟部108年3月12日經商字第10800540160號函。

爲分派之議案，即現金股利分派金額爲零，股東會不得再爲決議[61]。而由於董事會係依章程之授權爲股息及紅利之現金分派，事後於股東會報告時，無須再經股東會決議同意[62]。

（二）股份分派（盈餘轉增資）

依公司法第240條第1項之規定：「公司得由有代表已發行股份總數三分之二以上股東出席之股東會，以出席股東表決權過半數之決議，將應分派股息及紅利之全部或一部，以發行新股方式爲之；不滿一股之金額，以現金分派之。」此謂之爲分派股票股利或「盈餘轉增資」（公§172Ｖ），亦即公司以發行新股代替現金之給付，而以盈餘轉作資本，增發新股，股東並無須繳納股款，故屬特殊發行新股之一種。其性質上類似強制股東認股，對股東利益有重大影響，故除應在股東會召集事由中列舉並說明其主要內容，不得以臨時動議提出外（公§172Ｖ），並需經股東會特別決議，以昭慎重。此外，公開發行股票之公司，出席股東之股份總數不足前項定額者，得以有代表已發行股份總數過半數股東之出席，出席股東表決權三分之二以上之同意行之。前二項出席股東股份總數及表決權數，章程有較高規定者，從其規定（公§240Ⅱ、Ⅲ）。

有關公開發行股票之公司，公司法第240條第5項原規定，如經章程「訂明定額或比率」並授權董事會決議辦理者，得以董事會特別決議將應分派股息及紅利之全部或一部，以「發行新股」或發放現金之方式爲之，毋庸經股東會特別決議。惟107年8月1日公司法修正時，簡化公開發行股票公司以現金發放股息及紅利之程序，已毋庸於章程訂明定額或比率，以應企業需求；另鑑於其中發行新股影響股東權益較大，程序上僅須報告股東會，似有不妥，爰刪除「發行新股或」之文字，僅餘「發放現金」，故修法後，公開發行股票之公司如以發行新股發放股息及紅利之全部或一部者，仍需經股東會之特別決議。

該項所定「發行新股方式爲之」，係指公司就股息及紅利依公司法第240條規定以特別決議方式行之，其是否在盈餘分配議案中或議案後決議之，尚無不可[63]。依公司法第240條第1項後段之規定，如以發行新股方式爲之者，「不滿一股之金額，以現金分派之」。因此，股東會決議將應分派股息及紅利之全部或一部發行新股時，即應按其持有之股份比例分配之，其金額不滿1股時，始得分派現金，而股東會不得任意決議股份在多少股以上者配發新股，不滿多少股者，分派現金[64]。

五、分派股票股利之生效

依公司法第240條第4項之規定：「依本條發行新股，除公開發行股票之公司，應依

[61]　參見經濟部109年3月18日經商字第10902407350號函。

[62]　參見經濟部108年1月22日經商字第10802400700號函。

[63]　參見經濟部98年3月27日經商字第09800035710號函。

[64]　參見經濟部67年4月7日商字第09914號函。

證券主管機關之規定辦理者外，於決議之股東會終結時，即生效力，董事會應即分別通知各股東，或記載於股東名簿之質權人。」

股東依股東會決議，受取以應分派之股息、紅利或以公積轉作資本所配發之新股，係基於股東地位而生之權利，此項權利在為該項決議之股東會終結前，不得與股東地位分離而獨立轉讓，股份轉讓時，其權利當然隨之移轉於受讓人。惟此項權利一經股東會決議生效，即可為獨立之權利，得與股份分離而單獨轉讓，股份轉讓時，該項權利並非當然移轉於受讓人。準此而言，本件增資配股之權利，在股東會終結前，股票有轉讓時，自應隨同原股票一併轉讓，而在股東會通過增資配股之決議生效後，則得與原股票分離獨立轉讓，故由公司依公司法第165條第2項規定，另定分派增資配股權利之基準日，並規定在該基準日以後，證券市場之交易為除權交易，於法似無不合[65]。

六、違法分派盈餘之效果

依公司法第232條第3項之規定，公司負責人違法分派股息及紅利時，各處一年以下有期徒刑、拘役或科或併科新臺幣6萬元以下罰金。另依公司法第233條之規定，公司違法分派股息及紅利時，公司之債權人，得請求退還，得請求賠償因此所受之損害。

七、建業股息

（一）概念及立法意旨

依公司法第234條第1項之規定：「公司依其業務之性質，自設立登記後，如需二年以上之準備，始能開始營業者，經主管機關之許可，得依章程之規定，於開始營業前分派股息。」此種股息稱為「建業股息」，性質上屬預付股息。蓋依公司法規定，公司開始營業後，應先彌補虧損及提列法定盈餘公積，始得分派股息紅利。惟如鋼鐵、造船等事業之經營，需較長之創業期間，始能開始營業，且需鉅額資金，而依公司法第232條規定，在創業期間尚未營業，並無盈餘分派給股東，如固守上開規定，將使投資大眾裹足不前，為引起投資人興趣，俾公司易於募集資金，公司法第234條例外規定建業股息[66]。建業股息之分派，係指公司在「開始營業前」（而無盈餘時）依公司章程規定分派股息予股東，則公司一旦開始營業，即須嚴守資本維持原則，回歸公司法第232條盈餘分配之規定，不得發放建業股息[67]。

---

[65]　參見經濟部58年1月20日經台商字第0223號函。

[66]　參見臺灣高等法院99年度金上字第3號民事判決。

[67]　參見臺灣高等法院103年度重上字第301號民事判決。

（二）分派建業股息之要件

依本條之規定，公司欲分配建業股息時，需符合下列要件：1.公司依其業務之性質，自設立登記後，如需二年以上之準備，始能開始營業者；2.公司章程規定，於開始營業前得分派股息；3.須經主管機關之許可；4.須於開始營業前為之。

在實務上，有關投資人向台灣高速鐵路股份有限公司請求給付特別股股息之相關判決中，兩造間之主要爭議在於何謂「營業」及「開始營業」？如板橋站至左營站間已開始通車，但全線通車營運之計畫（如含苗栗、彰化及雲林等站）尚未完成，是否屬開始營業？有法院見解認為開始營業，應係為一事實狀態，於公司實際對外招攬客戶，出售公司之商品或勞務，而有營業收入時應即屬之，尚不以全面開始營業為必要。如公司營業項目屬特種及特許業務，則公司是否開始營業，自應先經該業務之目的事業主管機關加以認定，始得判斷[68]。依最高法院之見解，所謂「營業」，係指公司經營其事業獲取利益之事實狀態，故「開始營業」應以該狀態之啓始為認定時點，以判定其因營業而獲取利益後有無盈餘，當不以其全部營業據點均開始營業為必要[69]。

（三）建業股息之會計處理

依公司法第234條第2項之規定：「前項分派股息之金額，應以預付股息列入資產負債表之股東權益項下，公司開始營業後，每屆分派股息及紅利超過實收資本額百分之六時，應以其超過之金額扣抵沖銷之。」蓋建業股息屬預付股息之性質，應屬股東權益之減項。於公司開始營業後，每屆分派盈餘時，應予扣抵沖銷之，以維護資本維持原則。另為使股東能適度獲得盈餘之分配，乃規定於每屆分派股息及紅利超過實收資本額6%時，應以其超過之金額扣抵沖銷之[70]。

第四節　彌補虧損

填補虧損（或稱彌補虧損）乃與分派盈餘相對之名詞。公司在同一會計年度內所發生之全部收益，減除同期之全部成本、費用及損失後之差額，如為負數，即為該期稅前純損；再減除營利事業所得稅後，則為本期稅後純損（商會§58）。凡未經彌補之虧損（包括歷年虧損及上一會計年度虧損在內），稱為累積虧損[71]。公司非彌補虧損及依本法規定提出法定盈餘公積後，不得分派股息及紅利（公§232Ⅰ）。如有虧損時，應以未分

---

[68]　參見臺灣高等法院103年度重上字第1011號民事判決。

[69]　參見最高法院104年度台上字第2120號民事判決。

[70]　參見柯芳枝，公司法論（下），第127頁。

[71]　參見柯芳枝，公司法論（下），第130頁。

配盈餘爲之，或以法定盈餘公積及資本公積補充之（公§239），或以減資爲之，或同時以減資及增資之方式爲之（公§168-1）。而依公司法第228條之1之規定，公司章程亦得訂明盈餘分派或虧損撥補於每季或每半會計年度終了後爲之。公司如發生虧損時，原則上應於每會計年度終了後，予以塡補（公§228 I ③），稱爲塡補期終虧損；如依公司法第168條之1或第228條之1辦理者，稱爲彌補期中虧損。請參見以下相關章節之說明。

應說明的是，以法定盈餘公積及資本公積彌補虧損、減資彌補虧損及庫藏股註銷會計處理之差異：

一、彌補期終虧損

即以法定盈餘公積及資本公積彌補虧損。依主管機關函釋之見解，如以法定盈餘公積及資本公積彌補虧損，應以每營業年度終了，在同一會計年度內所發生之本期收益，減除本期成本費用及損失後不足之差額，列於虧損彌補議案內，經股東常會承認，累積於帳上未經彌補之數額爲限，尙不得彌補營業年度中間所發生之「本期虧損」[72]。另，公司以現金增資溢價之資本公積彌補累積虧損，如該現金增資超過票面金額所得溢價部分，業已實現並累積於帳上者，並已辦妥現金增資登記者，公司嗣後始可決議以資本公積彌補虧損[73]。質言之，公司對於已實現並累積於帳上之資本公積（如現金增資超過票面金額所得溢價部分）及已提列之法定盈餘公積，須經股東會決議後，始得用以彌補虧損。

二、以減資彌補期中虧損

依公司法第168條之1規定，公司爲彌補虧損，於會計年度終了前，有減少資本及增加資本之必要者，董事會應將財務報表及虧損撥補之議案，於股東會開會三十日前交監察人查核後，提請股東會決議。依主管機關函釋之見解，其所彌補之虧損係指公司於年度進行中所發生之本期純損併計前經股東常會承認後累積虧損之合計數[74]。相對而言，如以法定盈餘公積及資本公積彌補虧損，應以每營業年度終了，針對前一會計年度之虧損加以彌補，尙不得彌補營業年度中間所發生之「本期虧損」。

---

[72] 參見經濟部94年10月6日經商字第09402149240號函。

[73] 參見經濟部98年12月2日經商字第09802163130號函。

[74] 參見經濟部93年3月2日商字第09302026790號函。

三、庫藏股註銷

依主管機關函釋之見解，其帳面價值（成本）高於股票面額及相關資本公積（包括股票溢價發行資本公積及同種類庫藏股交易資本公積）合計數部分，應借記「保留盈餘」項下之「未分配盈餘」，尚不得沖銷「保留盈餘」項下之「法定盈餘公積」或「特別盈餘公積」，自與公司法第239條規定有別[75]。此外，因庫藏股註銷所為之減資，因無彌補虧損之情事，故亦與公司法第168條之1規定，公司為彌補虧損及改善財務結構，而同時減資及增資之情形有別[76]。

第五節　年度中分派盈餘或虧損撥補

依公司法第228條之規定，股份有限公司關於盈餘分派或彌補虧損之議案，應於營業年度終了後由董事會提案經股東會決議。主管機關認為其寓有僅准予就上年度盈餘為一次分派之意，故尚不允許就上年度未分派盈餘為二次以上決議分派股息或紅利[77]。惟104年7月1日制定「閉鎖性股份有限公司」章時，於第356條之10[78]規定閉鎖性股份有限公司可於一年內為兩次盈餘分派或虧損撥補。又107年8月1日公司法修訂時，參諸國際立法例，包括英國、美國、新加坡均未限制盈餘分派或虧損撥補之次數，國際實務上多以每季分派盈餘或虧損撥補，甚或每月分派盈餘或虧損撥補者，亦有之。彈性化之盈餘分派或虧損撥補有助於提升股東投資意願，使公司治理更具彈性。爰增訂第228條之1，鬆綁盈餘分派次數限制得於每半年或每季為期限為之，並使公司得以章程訂定盈餘分派或虧損撥補之次數[79]。

依公司法第228條之1之規定：「（第1項）公司章程得訂明盈餘分派或虧損撥補於每季或每半會計年度終了後為之。（第2項）公司前三季或前半會計年度盈餘分派或虧損撥補之議案，應連同營業報告書及財務報表交監察人查核後，提董事會決議之。（第3項）公司依前項規定分派盈餘時，應先預估並保留應納稅捐、依法彌補虧損及提列法定盈餘公積。但法定盈餘公積，已達實收資本額時，不在此限。（第4項）公司依第二項規定分派盈餘而以發行新股方式為之時，應依第二百四十條規定辦理；發放現金者，應經董事會決議。（第5項）公開發行股票之公司，依前四項規定分派盈餘或撥補虧損時，應依經會計師查核或核閱之財務報表為之。」

[75] 參見經濟部90年10月29日商字第09002239440號函。
[76] 參見經濟部94年10月6日經商字第09402149240號函。
[77] 參見經濟部80年10月14日商字第225912號函。
[78] 於107年8月1日修正時已刪除，並併入公司法第228條之1。
[79] 參見107年8月1日公司法第228條之1之修正理由。

由上可知，爲強化股東投資效益，公司得於每季或每半會計年度終了後爲盈餘分派或虧損撥補，惟應於章程訂明[80]。公司如以章程規定採每半年或每季爲盈餘分派者，應將該議案連同營業報告書及財務報表送董事會決議之，不適用股東會相關規定（例如第184條、第230條、第240條等規定），惟每會計年度終了，公司應仍依第230條之規定，將盈餘分派議案提請股東常會承認[81]。公司依第1項規定分派盈餘時，應先預估並保留應納稅捐、依法彌補虧損及提列法定盈餘公積，但法定盈餘公積，已達實收資本額時，不在此限。有關分派盈餘之方式，如採發放現金者，毋庸經股東會決議而僅須經董事會決議即可；如以發行新股方式爲之時，因涉及股權變動而影響股東權益較大，因此，該議案除應依第2項提董事會決議外，並應依第240條規定辦理，即須經股東會特別決議[82]。此外，如屬公開發行股票之公司，期中分派盈餘或撥補虧損時，應依經會計師查核或核閱之財務報表爲之。

有關如何採「每季或每半年」分派盈餘或虧損撥補，依主管機關函釋之見解：1.公司如擬採每半年或每季爲盈餘分派或或虧損撥補者，應於章程訂明「擇一」採「每季」或「每半會計年度」爲之，且章程修正後，即可分派前一季或前半會計年度之盈餘，毋庸等到下個會計年度適用[83]；2.如採每半年分派盈餘或虧損撥補者，而公司之會計年度是採曆年度者，因前半會計年度是於6月30日終了，故自7月1日起，董事會可擬具盈餘分派或虧損撥補之議案、營業報告書及財務報表交監察人查核，惟董事會應於12月31日前爲盈餘分派或虧損撥補之決議。盈餘分配之對象，應以盈餘分派基準日前五日內停止股票過戶日時之股東名簿上記載股東爲準，至於何時發放，允屬公司內部自治事項[84]；3.採年度中間盈餘分派或虧損撥補者，係指前三季或前半會計年度盈餘分派或虧損撥補，至於第四季或後半會計年度結束後，會計年度已終了，應依第228條規定辦理，自無本條之適用[85]；4.公司如決定不分派盈餘或不撥補虧損，仍須經董事會爲不分派或不撥補之決議[86]。

有關「決議程序」方面，依主管機關函釋之見解：1.只有當公司決議於年度中爲盈餘分派或虧損撥補時，始應依本條第2項之規定辦理，公司如決定不分派盈餘或不撥補虧損者，尚無須踐行編造盈餘分派或虧損撥補議案、營業報告書及財務報表，以及交監察人查核後再提董事會決議之程序[87]；2.公司爲每季或每半會計年度盈餘分派，係以上次分配後之期末未分配餘額，加計本季或前半會計年度之淨利，預估並保留應納稅捐依法彌補虧損

---

80 參見107年8月1日公司法第228條之1之修正條文對照表。

81 參見107年8月1日公司法第228條之1之修訂理由及條文對照表說明。

82 參見107年8月1日公司法第240條之修訂理由及條文對照表說明。

83 參見經濟部108年1月22日經商字第10802400630號函。

84 參見經濟部107年11月26日經商字第10702062900號函。

85 參見經濟部108年1月22日經商字第10802400630號函。

86 同前註。

87 參見經濟部108年1月22日經商字第10802400630號函。

及提列法定盈餘公積後，於可分派盈餘數額內分派之[88]。另本法第235條之1規定員工酬勞係以當年度獲利狀況依章程所訂定額或比例計算，並於每會計年度終了時發放，尚不得每季（或每半會計年度）發放。因此，公司於每季（或每半會計年度）為分派盈餘時，亦應預估保留員工酬勞[89]；3.於年度終了之盈餘分派，亦以上次分配後之期末未分配餘額，加計第四季或後半會計年度之淨利或虧損為可分派盈餘數額，累積數額如為負數，因無盈餘即不得分派，應累積為下年度之期初數額。公司於每季或每半會計年度於可分派盈餘為正數之數額內分派，縱然年度終了之可分派盈餘數額為負數，亦無所謂超額分派或透支盈餘之情事[90]；4.針對於前三季或前半年採「分派股票」部分，董事會應編造盈餘分派或虧損撥補之議案，連同營業報告書及財務報表交監察人查核，如無修正意見，可毋庸再次經董事會決議，即可提請股東會依公司法第240條規定決議以股票分派[91]。

　　有關分派或彌補之依據方面，公司法第228條之1第5項僅規定公開發行股票之公司，依前四項規定分派盈餘或撥補虧損時，應依經會計師查核或核閱之財務報表為之。惟非公開發行股票公司之每季或每半會計年度之財務報表是否經會計師查核或核閱，公司法並無限制規定，可由公司自行決定[92]。

　　茲有疑問的是，依本條第4項之規定，年度中分派盈餘而發放現金者，應經董事會決議，究係應以董事會普通決議為之（公§206Ⅰ），或應參照公司法第240條第5項之規定，以董事會特別決議之方式為之？抑或，將因其為公發公司或非公發公司而有不同（即非公發公司應採董事會普通決議，非公發公司應採董事會特別決議）？就公發公司而言，如比較公司法第228條之1（年度中盈餘分派）及第240條第5項之規定（年度終了後之盈餘分派），均是章程授權董事會決議分派盈餘，且分派方式均是發給現金，所不同者僅為年度中（前三季或前半會計年度）或年度終了而已，因此，為慎重起見，本條第4項之董事會決議，似應以董事會特別決議之方式為之，較為妥適。

　　至於非公發公司而言，如就文義解釋，似應依公司法第206條第1項之規定，以普通決議為之即可，惟如細繹本條第4項之規定，是依分派盈餘之方式不同，而由不同機關決議，亦即如是以發行新股方式分派盈餘者，應由股東會決議；如是以發給現金方式分派盈餘者，則由董事會決議。再者，如股東會決議時，須以「特別決議」之方式為之；則由董事會決議時，似應以「特別決議」之方式為之，較為合理（較難想像立法者之真意，在此一情形下，堅持之要求以董事會「普通決議」為之之理由）。甚且，如認為公發公司應採董事會特別決議，而非公發公司卻僅需以董事會普通決議方式為之，實屬割裂法律之適用，此一差別適用之方式並無堅強之理由。因此，管見以為無論公發公司或非公發公司

[88]　參見經濟部108年1月25日經商字第10800006700號函。

[89]　參見經濟部108年1月22日經商字第10802400630號函。

[90]　參見經濟部108年1月25日經商字第10800006700號函。

[91]　參見經濟部108年4月9日經商字第10802407620號函。

[92]　參見經濟部108年1月25日經商字第10800006700號函。

年度中分派盈餘而發放現金者，均應經董事會特別決議，似較適宜。準此，條文似應解為「公司依第二項規定分派盈餘而以發行新股方式為之時，應依第二百四十條規定辦理；發放現金者，（依第二百四十條規定）應經董事會（特別）決議。」此一立法缺失，應以修法之方式加以釐清及解決，以避免爭議[93]。

---

[93] 此一問題如繼續延伸，將涉及當董事會違法分派盈餘時（即應以特別決議為之，卻僅普通決議為之），其法律效果為何？公司之債權人，得否請求退還，及請求賠償因此所受之損害等問題。

第六章　發行新股與公司債

一、發行新股之意義

　　所謂發行新股，是指公司成立後，於章程所定股份總數之範圍內，發行新股份，以增加資本而言。公司法第278條原規定：「（第1項）公司非將已規定之股份總數，全數發行後，不得增加資本。（第2項）增加資本後之股份總數，得分次發行。」惟在授權資本制之下，公司得於章程所定股份總數（即授權股份數）之範圍內，按照實際需要，經董事會決議，分次發行股份。倘公司欲發行新股之股數加計已發行股份數，逾章程所定股份總數時，應允許公司可逕變更章程將章程所定股份總數提高，不待公司將已規定之股份總數，全數發行後，始得變更章程提高章程所定股份總數（增加資本），故該條第1項規定限制公司應將章程所定股份總數全數發行後，始得增加資本，並無必要，因此，在107年8月1日公司法修正時，乃刪除第278條之規定，以利公司於適當時機增加資本，便利企業運作[1]。

　　依公司法第266條第1項之規定，公司依第156條第4項分次發行新股，依本節之規定。因此，公司得於章程所定股份總數之範圍內，發行新股以增加實收資本，並無須先經股東會特別決議而變更章程，只需經董事會特別決議即為已足（公§266Ⅱ），俾利公司得隨時依其需要，經董事會特別決議發行新股，以籌措營運資金。

二、發行新股之類別

　　公司成立後，有多種發行新股之情形，大體而言，可分為公司為直接籌集資金之目的而發行新股，及因其他事由而發行新股二大類。前者稱為通常之發行新股，亦即本法第八章第五節「發行新股」所指之情形；反之，於特殊情形下，如為股份交換（公§156-3）、參與政府專案核定之紓困專案而發行新股予政府（公§156-4）、因員工認股權憑證而發行新股（公§167-2）、盈餘轉增資（公§240Ⅰ）、因員工酬勞而發行新股（公§235-1）、公積轉增資（公§241Ⅰ）、可轉換公司債轉換為股份或附認股權公司債行使認股權（公§262）、認股權憑證或附認股權特別股行使認股權（公§268-1）、因合併、

---

[1] 參見107年8月1日公司法第278條之修正理由。

分割而增發新股（公§317-1 I ③、公§317-2 I ③）等情形，則稱為特殊之發行新股[2]。

上開二類發行新股之共同特點，均是在章程所載之股份總數內發行新股；所不同的是，通常之發行新股是以籌集資金為目的，會有招募認股人及認股人繳足股款等程序，其結果是公司將因發行新股而增加現實財產[3]；而在特殊之發行新股，其發行對象在各種情形均屬確定（如發給他公司、政府、員工、股東、可轉換公司債之債權人、附認股權特別股之股東等），且取得新股之人並不一定需繳納股款，而公司也不一定因發行新股而增加現實財產。

三、通常發行新股之方式

通常之發行新股有兩種方式：1.不公開發行：即依公司法第267條第1項至第3項之規定，在發行新股時，不對外公開招募，而是依次保留發行新股總數10%至15%由員工承購，之後再由原有股東按照原有股份比例儘先分認，如原有股東未認足時，則再洽由特定人認購之情形；2.公開發行：指公司發行新股時，除由員工及原有股東認購外，提撥一定比率之發行新股總額，向非特定人公開招募之情形。依公司法第267條第3項之規定，對於非公開發行之公司，於先保留發行新股總數10%至15%由員工承購，再由原有股東按照原有股份比例儘先分認後，對於未認足之部分，得予以公開發行。依證券交易法第22條第2項之規定，公開發行股票之公司，於依公司法之規定發行新股時，除以私募方式辦理者外，應向主管機關申報生效後，始得為之。而同法第28條之1第1項及第2項之規定，對於未上市、未上櫃之公開發行公司，當其股權分散未達主管機關所定之標準時，於現金發行新股時，除先保留發行新股總數10%至15%由員工承購外，原則上應提撥至少10%之比率對外公開發行；對於上市、上櫃公司，於現金發行新股時，亦應先提撥至少10%之比率對外公開發行。

公司法為保護公眾免於因公司經營不善或發生虧損等情形卻仍認股而遭受損害，特於公司法第269條規定，如公司最近三年或開業不及三年之開業年度課稅後之平均淨利，不足支付已發行及擬發行之特別股股息者，或對於已發行之特別股約定股息，未能按期支付者，不得公開發行具有優先權利之特別股。公司法第270條更進一步規定，如公司最近連續二年有虧損者（但依其事業性質，須有較長準備期間或具有健全之營業計畫，確能改善營利能力者，不在此限），或資產不足抵償債務者，不得公開發行新股[4]。

---

[2] 參見柯芳枝，公司法論（下），第178至179頁。

[3] 例外情形是依公司法第156條第5項之規定，以對公司所有之貨幣債權（以債作股）或公司事業所需之技術而抵充股款之情形。此時，公司之現實財產雖未增加，但其負債卻可減少，或公司可取得其所需之技術（無形資產）。

[4] 發行人募集與發行有價證券處理準則第4條另規定：「發行人有下列情形之一，不得募集與發行有價證券：……四、有公司法第二百六十九條所列情形之一者，不得公開發行具有優先權利之特別股。五、有公司法第二百七十條所列情形之一者，不得公開發行新股。」

四、通常發行新股之程序

（一）經董事會特別決議

　　依公司法第266條第2項之規定：「公司發行新股時，應由董事會以董事三分之二以上之出席，及出席董事過半數同意之決議行之。」立法原意在於使董事會（得以特別決議）隨時斟酌公司資金需求情形及證券、金融市場之狀況，以有利之條件迅速籌措公司所需之營運資金。

　　如屬公開發行公司而有選任獨立董事者，於「募集、發行或私募具有股權性質之有價證券」時，應提董事會（特別）決議通過；獨立董事如有反對意見或保留意見，應於董事會議事錄載明（證§14-3⑥）；如屬公開發行公司而設置審計委員會者，於「募集、發行或私募具有股權性質之有價證券」時，應經審計委員會全體成員二分之一以上同意，並提董事會決議（以特別決議通過）（證§14-5Ⅰ⑦）。

　　除公司發行新股（註：包括發行股數、種類、金額等）需經董事會特別決議外，有關公司法第267條規定應保留公司員工承購之百分比及股款限繳日期等，亦應由董事會議決行之[5]。

（二）董事會應備置認股書

　　依公司法第273條第1項之規定：「公司公開發行新股時，董事會應備置認股書，載明下列事項，由認股人填寫所認股數、種類、金額及其住所或居所，簽名或蓋章：一、第一百二十九條及第一百三十條第一項之事項（註：即章程絕對必要記載事項及一般相對必要記載事項）。二、原定股份總數，或增加資本後股份總數中已發行之數額及其金額。三、第二百六十八條第一項第三款至第十一款之事項。四、股款繳納日期。」另依公司法第274條第1項之規定：「公司發行新股，而依第二百七十二條但書不公開發行時，仍應依前條第一項之規定，備置認股書……。」可知公司發行新股時，無論是公開發行，或不公開發行而由員工、原有股東認購或由特定人協議認購，董事會均應備置認股書，供認股人認股。

　　另依公司法第273條第2項之規定，公司公開發行新股時，於申請證券管理機關核准（指申報生效）發行後，應在認股書加記證券主管機關核准文號及年、月、日外，並應將前項各款事項，於證券主管機關核准通知到達後三十日內，加記核准文號及年、月、日，公告並發行之。

（三）董事會為附失權預告之認股通知及公告

　　公司發行新股時，除保留由員工承購者外，應公告及通知原有股東，按照原有股份

---

[5]　參見經濟部70年11月19日商字第48242號函。

比例儘先分認，並聲明逾期不認購者，喪失其權利（公§267Ⅲ前段）。故公司董事會應對原有股東為附失權預告之認股通知及公告。此一規定，似宜明文規定亦可對員工為之，俾早日確定員工認股之股數[6]。所謂「逾期」，係指逾越依上開條文公告及通知所定期限（認股期限）。至期限之訂定，由公司自行決定。惟公開發行公司，如證券管理機關另有規定者，從其規定[7]。

（四）員工、原股東或第三人之認股

1. 不對外公開發行

非公開發行公司於發行新股時，依公司法第267條第1項及第3項之規定，應依次保留10%至15%之股份由公司員工承購，再由原有股東按照原有股份比例儘先分認，如未認足者，再洽由特定人認購，並無須對外公開發行。

(1) 由員工承購（員工新股認購權）

公司發行新股時應保留一定比例之股份由員工承購（或稱為「員工新股認購權」），其立法目的在融合勞資為一體，以加強員工之向心力，俾利企業之經營[8]。公司法第267條第1項及第3項關於公司發行新股時，應保留一定比例由員工認購，餘由原有股東按照原有股份比例儘先認購之規定，係屬強制規定，故公司發行新股時，尚不得未踐行前開規定，即逕行將全部發行新股總額，洽特定人認購[9]。再者，此一權利，是基於員工之身分而取得，已離職之員工自不得承購員工保留股[10]；且此項權利，不能獨立轉讓（同條第4項），縱受讓人為公司之其他員工，亦同[11]；而除其他法令另有規定外，員工並無國籍之限制[12]；惟如公司並無員工，則尚無該項保留員工承購規定之適用[13]。此外，公司章程亦得訂明承購股份之員工，包括符合一定條件之控制或從屬公司員工（公§267Ⅶ）。然此為員工之權利而非義務，員工如放棄其認股權利，尚不生違反公司法之情事[14]。

有關保留公司員工承購之百分比應由董事會議決行之[15]。公司發行新股時，應依該項規定於法定保留成數之範圍內（即發行新股總額10%至15%之股份）由員工承購，其保留

6　參見柯芳枝，公司法論（下），第194頁。

7　參見經濟部96年7月10日經商字第09602083410號函。

8　參見經濟部82年11月19日商字第226843號函。

9　參見經濟部83年11月9日商字第221194號函。

10　參見經濟部69年5月26日商字第16796號函。

11　參見經濟部82年11月19日商字第226843號函。

12　參見經濟部70年10月20日商字第44186號函。

13　參見經濟部107年4月3日經商字第10702016350號函。

14　參見經濟部84年9月25日商字第84224819號函。

15　參見經濟部70年11月19日商字第48242號函。

成數如有逾越或不足者，於法即有未合，因此，公司不得以實收資本額之一定比例辦理現金增資發行新股「專供」員工承購（即該次所發行新股之100%股份均由員工承購）[16]。此一員工新股認購權，並不以公司發行普通股爲限，公司發行特別股者，亦有其適用，故發行新股中同時有普通股與特別股時，仍應各按其所占發行新股股份之比例，依前揭規定由員工承購之，公司不得以決議限制員工承購之股份種類[17]。

(2) 由原有股東認購

如前所述，公司法第267條第1項及第3項關於公司發行新股時，應保留一定比例由員工認購，餘由原有股東按照原有股份比例儘先認購之規定，係屬強制規定，此項股東依法享有之新股優先認購權，自不得以章程或股東會之決議剝奪或限制之[18]。凡具有「股東」身分者，即可按照原有股份比例分認[19]，但依公司法第267條第4項之規定，此一股東之新股認購權，得與原有股份分離而獨立轉讓。又，經法院假扣押之股份之股東，僅對其經假扣押之股份不得自由處分而已，其股東權利並未當然喪失，如公司決議增資，自仍得依公司法第267條按照原有股份比例儘先分認新股[20]。再者，此處之股東，並不限於普通股股東，亦包括特別股股東在內，因此，如於公司章程或特別股之發行條件載明「特別股股東於公司發行新股時，不享有股東優先認購權」者，即與上開規定未合[21]。又依公司法第272條之規定，公司發行新股時，如不公開發行，而原有股東認購者，得以公司事業所需之財產爲出資。

(3) 洽特定人認購

如前所述，公司於發行新股時，應保留一定比例由員工認購，餘由原有股東按照原有股份比例儘先認購，因此，如經員工及原有股東認購後，仍有餘額，而不公開發行時，始可洽特定人認購，公司不得未經員工及原有股東認購之程序，而逕將全部發行新股總額，洽特定人認購。洽特定人認購之目的，在於避免公開發行新股之繁瑣程序，俾發行新股得以迅速完成，使公司得以早日籌措其所需之營運資金[22]。

至於特定人並無身分限制，亦未限定其人數，自然人或法人均可，亦不限於原有股東及員工，如（若干）原有股東以特定人身分認購時，亦無不可，且公司得基於事實需要經董事會以特別決議授權董事長洽特定人認購[23]。又公司法第267條第4項所稱之情形，係指股東之新股認購權，得與原有股份分離而獨立轉讓，尚不包括原股東未認購而經公司洽由

---

[16] 參見經濟部80年8月27日商字第221116號函。

[17] 參見經濟部78年12月26日商字第213900號函。

[18] 參見經濟部80年4月1日商字第206033號函。

[19] 參見經濟部69年5月26日商字第16796號函。

[20] 參見經濟部75年10月13日商字第44926號函。

[21] 參見經濟部97年11月7日經商字第09702151240號函。

[22] 參見柯芳枝，公司法論（下），第194頁。

[23] 參見經濟部90年3月16日商字第09002047910號函。

特定人認購之部分在內（註：僅股東之新股認購權始得與原有股份分離而獨立轉讓），故該特定人不得再將其認購權轉讓，如特定人放棄認購，公司宜另洽其他特定人認購之[24]。公司發行新股時，如不公開發行，而由特定人協議認購者，亦得以公司事業所需之財產為出資（公§272但）。

2. 對外公開發行（向非特定人招募）

非公開發行股票之公司，於發行新股時，除由員工及原有股東認購外，依公司法第267條第3項之規定，對於員工及原有股東未認足之部分，不洽特定人認購，得予以公開發行，而向非特定人招募；或公開發行股票之公司，於發行新股時，除以私募方式辦理者外，亦應以公開發行之方式辦理。茲就其程序簡略概述如下：

(1) 向證券主管機關提出申報

依證券交易法第22條第1項之規定：「有價證券之募集及發行，……非向主管機關申報生效後，不得為之。」而公司法第268條第1項規定：「公司發行新股時，除由原有股東及員工全部認足或由特定人協議認購而不公開發行者外，應將下列事項，申請證券主管機關核准，公開發行：一、公司名稱。二、原定股份總數、已發行數額及金額。三、發行新股總數、每股金額及其他發行條件。四、證券主管機關規定之財務報表。五、增資計畫。六、發行特別股者，其種類、股數、每股金額及第一百五十七條第一項第一款至第三款、第六款及第八款事項。七、發行認股權憑證或附認股權特別股者，其可認購股份數額及其認股辦法。八、代收股款之銀行或郵局名稱及地址。九、有承銷或代銷機構者，其名稱及約定事項。十、發行新股決議之議事錄。十一、證券主管機關規定之其他事項。」而實際上則應優先適用「發行人募集與發行有價證券處理準則」（下稱「募發準則」）等相關規定辦理。

(2) 董事會應公告招股

公開發行公司募集與發行有價證券，經申報生效後，應於申報生效通知到達之日起三十日內，依公司法第273條規定辦理（募發準則§91①）。依公司法第273條之規定：「（第1項）公司公開發行新股時，董事會應備置認股書，載明下列事項，由認股人填寫所認股數、種類、金額及其住所或居所，簽名或蓋章：一、第一百二十九條及第一百三十條第一項之事項。二、原定股份總數，或增加資本後股份總數中已發行之數額及其金額。三、第二百六十八條第一項第三款至第十一款之事項。四、股款繳納日期。（第2項）公司公開發行新股時，除在前項認股書加記證券主管機關核准文號及年、月、日外，並應將前項各款事項，於證券主管機關核准通知到達後三十日內，加記核准文號及年、月、日，公告並發行之。但營業報告、財產目錄、議事錄、承銷或代銷機構約定事項，得免予公告。」

---

[24] 參見經濟部84年4月29日商字第207018號函。

(3) 認股人認股

公司公開發行新股時，不特定之公衆均得認購。如有人認購時，公司委託之證券商應先向認股人交付公開說明書（證§31）。認股人應於董事會所備置之認股書，填寫所認股數、種類、金額及其住所或居所，並簽名或蓋章（公§273Ⅰ）。

（五）催繳股款

公司發行新股，如由員工及原有股東全部認足，或洽由特定人認足，或公開發行而募足時，即應向各認股人催繳股款。認股人應於認股書所載之股款繳納日期繳納股款，股款須一次繳足，如以超過票面金額發行股票時，其溢額應與股款同時繳納（公§266Ⅲ、§141）。繳款地點爲認股書所指定之代收股款之銀行或郵局（公§273Ⅰ③）。關於股款原則上應以現金繳納，但由原有股東認購或由特定人協議認購，而不公開發行者，得以公司事業所需之財產爲出資（公§272但）。如以現金以外之財產抵繳股款者，並於認股書加載其姓名或名稱及其財產之種類、數量、價格或估價之標準及公司核給之股數（公§274Ⅰ）。而原有股東或特定人應於股款繳納日期，履行其現物出資義務；財產出資實行後，董事會應送請監察人查核加具意見，報請主管機關核定之（公§274Ⅱ）。

認股人延欠前條應繳之股款時，公司應定一個月以上之期限催告該認股人照繳，並聲明逾期不繳失其權利。公司已爲前項之催告，認股人不照繳者，即失其權利，所認股份另行募集。前項情形，如有損害，仍得向認股人請求賠償（公§266Ⅲ、§142）。

應特別說明的是，依主管機關函釋之見解[25]，公司法第266條第3項規定：「第一百四十一條、第一百四十二條之規定，於發行新股準用之。」同法第141條規定：「第一次發行股份總數募足時，發起人應即向各認股人催繳股款，以超過票面金額發行股票時，其溢額應與股款同時繳納。」第142條第1項規定：「認股人延欠前條應繳之股款時，發起人應定一個月以上之期限催告該認股人照繳，並聲明逾期不繳失其權利。」依上揭規定公司發行新股時，應先由原股東認購，倘原股東逾期不認購者，喪失其權利；倘原股東認購者，則應於股款繳納期限內繳款，未繳款者，則公司應訂一個月以上期限催繳股款。是以，公司發行新股時，應分別訂定「認股期限」、「股款繳納期限」及「股款催告期限」。目前實務運作上，若干公司係將「認股期限」及「股款繳納期限」併同辦理，依此，原股東係以繳納股款作爲同意認股，亦即須於「認股期限」（與股款繳納期限爲同一期限）內繳納股款，未繳納者則爲未認股，喪失認購權。原股東既未認購，即非認股人，則公司即無須催告繳款。如此，將使得原股東無法適用公司法第142條規定，得於發起人所定一個月以上催繳期限內繳款，逾期不繳，始喪失其權利。針對上揭將「認股期限」及「股款繳納期限」併同辦理之情形，考量原股東如有認股之意思表示，其依公司法第142條催告期間規定，本有較充裕之股款繳納準備期間，此一期間利益，不宜因公司將認股書

---

[25]　參見經濟部100年7月8日經商字第10002083810號函。

及繳款通知書併同辦理而受影響。公司得將「認股期限」、「股款繳納期限」及「股款催告期限」分別辦理，亦得將「認股期限」及「股款繳納期限」併同辦理。另依主管機關函釋之見解[26]，倘公司將認股書及繳款通知書併同辦理，並載明逾期不認購者喪失其權利者，尚非公司法所禁，如無認購股份者，則無繳款及屆期未繳納股款之催告問題；惟如股東或員工認股者，因認購人業已確定，則應由公司（定一個月以上）通知認股人繳納股款。至於公司發行新股所訂繳款期限如有違反上開函釋是否有效？允屬司法機關認事用法範疇，如有爭議，應循司法途徑處理，惟公司登記機關受理公司登記之申請，如認為有違反公司法有關規定，依公司法第388條規定，應令其改正，非俟改正合法後，不予登記[27]。

如屬公開發行公司，依證券交易法第33條第3項之規定：「已依本法發行有價證券之公司發行新股時，如依公司法第二百七十三條公告之股款繳納期限在一個月以上者，認股人逾期不繳納股款，即喪失其權利，不適用公司法第二百六十六條第三項準用同法第一百四十二條之規定。」其立法理由是公開發行公司募集新股，少數股東每藉公司法延欠股款之規定，阻撓公司如期完成增資，影響多數認股人權益，為兼顧雙方權益，增訂第3項，在特定條件下排除公司法所定催繳延欠股款規定之適用[28]。依本條之規定及前揭主管機關函釋之見解，目前實務運作上，多係將「認股期限」及「股款繳納期限」併同辦理，並將股款繳納期限訂在一個月以上，如原股東同意認股者，應在期限內繳納股款，如逾期不繳納股款者，即喪失其權利，以排除依公司法第142條應再定一個月以上之期限催繳股款之規定，俾縮短現金增資發行新股之時程。

依公司法第276條之規定：「（第1項）發行新股超過股款繳納期限，而仍有未經認購或已認購而撤回或未繳股款者，其已認購而繳款之股東，得定一個月以上之期限，催告公司使認購足額並繳足股款；逾期不能完成時，得撤回認股，由公司返回其股款，並加給法定利息。（第2項）有行為之董事，對於因前項情事所致公司之損害，應負連帶賠償責任。」公司發行新股，於認股人繳足股款時，即告確定，認股人因而成為公司之股東，其所繳納之股款即成為公司之財產，認股人理應不得再撤回認股，但如發行新股程序遲遲未能完結，為保護認股人本法特規定已認購而繳款之股東，得定一個月以上之期限，催告公司使認購足額並繳足股款；逾期不能完成時，得撤回認股，由公司返回其股款，並加給法定利息[29]。另依主管機關函釋之見解[30]，公司法第266條規定，公司辦理發行新股係屬董事會之職權，應明確訂明發行新股金額、股數等。倘公司發行新股認繳不足致無法於增資基準日完成者，亦得召開董事會決議修正發行新股數額及增資基準日，以實際已認購繳款之

26　同前註，及參見經濟部99年10月21日經商字第09902138080號函。

27　參見經濟部103年5月21日經商字第10300580150號函。

28　參見77年1月29日證交法第33條之修正理由。

29　參見柯芳枝，公司法論（下），第203頁。

30　參見經濟部105年1月28日經商字第10502005270號函。

金額辦理。

（六）申請變更登記

依公司登記辦法第4條之規定：「公司及外國公司登記事項如有變更者，應於變更後十五日內，向主管機關申請為變更之登記。」

五、證券交易法之私募發行新股

所謂私募是相對於公開發行而言，也就是洽請特定人購買證券，而不對社會大眾公開招募（證§7Ⅱ）。公司籌集資金究竟採私募或公開發行之方式辦理，理應由公司自行決定，惟如前所述，公司法第267條第1項及第3項（員工及股東優先認股權）係屬強制規定，不得以章程或股東會之決議剝奪或限制之[31]，亦不得未踐行前開規定，即逕行將全部發行新股總額，洽特定人認購[32]。而當認股人延欠應繳之股款時，公司亦應定一個月以上之期限催告該認股人照繳（公§266Ⅲ準用§142）。此外，如屬公開發行公司，其在發行新股時，應依公開發行的程序辦理（證§22Ⅱ）；辦理現金增資發行新股時，應提撥新股總額10%對外公開發行（證§28-1）；如屬上市公司，其股票於向股東交付之日起上市買賣（證§139Ⅱ）。依上開規定可知，員工及股東是否認購（及繳款）是處於不確定狀態，且須經冗長且繁瑣之認股及催繳股款程序，另公司亦無法逕洽請特定人籌集資金，因此，可能造成公司募資之困難。

有鑑於此，90年11月修正公司法時，增訂第248條第2項及第3項之規定，使公司得以私募方式，招募公司債；91年2月修正證券交易法時，參酌「美國、日本私募」制度，增訂第43條之6至第43條之8之規定，使公開發行公司得以私募之方式募集有價證券，以「增加企業籌資管道及便利企業利用併購方式進行快速轉型」[33]。公開發行公司依證券交易法之規定辦理私募時，僅得洽商特定人認購，排除證券交易法第28條之1、第139條及公司法268條第1項至第3項之適用。為此，主管機關並制定「公開發行公司辦理私募有價證券應注意事項」（下稱「私募注意事項」）以資規範。

依證券交易法第43條之6第1項及第2項之規定：「公開發行股票之公司，得以有代表已發行股份總數過半數股東之出席，出席股東表決權三分之二以上之同意，對左列之人進行有價證券之私募，不受第二十八條之一、第一百三十九條第二項及公司法第二百六十七條第一項至第三項規定之限制：一、銀行業、票券業、信託業、保險業、證券業或其他經主管機關核准之法人或機構。二、符合主管機關所定條件之自然人、法人或基金。三、該

---

[31] 參見經濟部80年4月1日商字第206033號函。

[32] 參見經濟部83年11月9日商字第221194號函。

[33] 參見賴英照，證券交易法解析（簡明版），第38頁。

公司或其關係企業之董事、監察人及經理人。」「前項第二款及第三款之應募人總數，不得超過三十五人。」可知得辦理私募之公司為公開發行公司（不包括非公開發行公司），私募之對象為該條文各款所列之特定人，且第2款及第3款之應募人總數，不得超過三十五人。

另依私募注意事項第3條之規定：「公開發行公司最近年度為稅後純益且無累積虧損，除有下列情形之一得辦理私募外，應採公開募集方式發行有價證券：（一）該公司為政府或法人股東一人所組織之公開發行公司。（二）私募資金用途係全部引進策略性投資人。……」藉以防止有獲利公司以辦理私募之方式，規避員工及原股東優先認股權之規定。

公開發行股票之公司在辦理私募時，須經股東會之特別決議，惟其特別決議之方式為「以有代表已發行股份總數過半數股東之出席，出席股東表決權三分之二以上之同意」，與公司法之規定不盡相同。此外，公司「應在股東會召集事由中列舉並說明左列事項，不得以臨時動議提出：一、價格訂定之依據及合理性。二、特定人選擇之方式。其已洽定應募人者，並說明應募人與公司之關係。三、辦理私募之必要理由。」（證§43-6Ⅵ）。另考量股東會召開不易且股東成員每年變動大，乃規定「依第一項規定進行有價證券私募，並依前項各款規定於該次股東會議案中列舉及說明分次私募相關事項者，得於該股東會決議之日起一年內，分次辦理。」（證§43-6Ⅶ）。

有關私募價格部分，主管機關訂有參考價格及理論價格供發行公司依循，而私募價格原則上不得低於參考價格或理論價格之八成。如所訂私募普通股每股價格低於參考價格之八成，或特別股、轉換公司債、附認股權特別股、附認股權公司債、員工認股權憑證之發行價格低於理論價格之八成者，應併將獨立專家就訂價之依據及合理性意見載明於開會通知，以作為股東是否同意之參考，且股東會不得將私募訂價成數授權董事會或董事長訂定（私募注意事項§4）。此外，私募之價格亦不受公司法第140條第1項有關發行價格不得低於票面金額之限制。

私募有價證券，採事後報備制，因此無須事先向主管機關申報。發行公司應於股款或公司債等有價證券之價款繳納完成日起十五日內，檢附相關書件，報請主管機關備查（證§43-6Ⅴ）。發行公司應將私募有價證券之相關資訊輸入公開資訊觀測站（私募注意事項§6）。公司應於董事會決議定價日之日（或主管機關核准之日）起十五日內完成股款或價款收足。

私募之有價證券，原則上不得再行賣出（證§43-8Ⅰ）。上市或上櫃公司辦理私募有價證券及嗣後所配發、轉換或認購之有價證券，應自該私募有價證券交付日起滿三年後，先取具證交所或櫃檯買賣中心核發符合上市或上櫃標準之同意函，始得向本會（金管會）申報補辦公開發行（私募注意事項§7）。於補辦公開發行後使得在集中交易市場或櫃買市場上進行買賣（證§42）。

由上可知，公開發行公司以私募發行新股，可排除公司法第267條第1項至第3項（員

工及股東優先認股權）之適用，而逕洽特定人認購；公司應於董事會決議定價日之日（或主管機關核准之日）起十五日內完成股款或價款收足，亦可避免向認股人催繳股款之冗長及繁瑣程序；而私募之價格亦較有彈性，且無不得低於票面金額之限制，可方便企業籌資及引進策略性投資人，已普遍為許多公開發行公司所採用。

六、特殊之發行新股

（一）員工認股權憑證

依公司法第167條之2第1項之規定：「公司除法律或章程另有規定者外，得經董事會以董事三分之二以上之出席及出席董事過半數同意之決議，與員工簽訂認股權契約，約定於一定期間內，員工得依約定價格認購特定數量之公司股份，訂約後由公司發給員工認股權憑證。」本條是參考國外公司針對員工發行員工認股權相關規定，使公司能將股票配發給優秀員工，俾吸引及留住優秀人才。公開發行公司及非公開發行公司均得發行員工認股權憑證[34]（Employee Stock Option）。

依本條之規定，非公開發行公司如欲發行員工認股權憑證者，需先經董事會之特別決議，與員工簽訂認股權契約，約定於一定期間內，員工得依約定價格認購特定數量之公司股份，並訂約後由公司發給員工認股權憑證。所謂約定價格，應符合本法第140條規定（即不得低於票面金額）外，「一定期間」及「特定數量之公司股份」依契約自由原則，自得由公司與員工共同約定。非公開發行公司與員工簽訂認股權契約後，公司應發給員工認股權憑證，此一憑證在性質上應屬證明文件，與本法第268條第1項第7款之「認股權憑證」迥異[35]。

非公開發行股票之公司發行認股權憑證時，有關認股權憑證可認購股數之數額，尚非屬公司章程之必要記載事項或相對記載事項，故毋庸於章程明定數額，且本條尚無規定發給員工認股權憑證應為事前申請或事後申報之程序；員工持有認股權憑證於行使認購新股時，則公司應發行新股以供其認購之[36]。

由於員工認股權憑證是基於該員工對公司之貢獻[37]，故員工取得認股權憑證，不得轉讓。但因繼承者，不在此限（公§167-2Ⅱ）。

又實務上，企業基於經營管理之需，常設立研發、生產或行銷等各種功能之從屬公司，且大型集團企業對集團內各該公司員工所採取之內部規範與獎勵，多一視同仁，因此，為利企業留才，賦予企業運用員工獎酬制度之彈性，故參酌外國實務做法，於107年

---

[34] 參見經濟部91年11月28日商字第09102270100號函。

[35] 參見柯芳枝，公司法論（下），第183頁。

[36] 參見經濟部91年2月4日商字第09102014280號函。

[37] 參見90年11月12日公司法第167條之2之增訂理由。

8月1日公司法修正時，增訂第3項之規定：「章程得訂明第一項員工認股權憑證發給對象包括符合一定條件之控制或從屬公司員工。」讓公司得於章程訂明員工認股權憑證發給對象，包含符合一定條件之控制公司或從屬公司員工，以保障流通性及符合實務需要[38]。所謂「一定條件之控制或從屬公司」包括國內外控制或從屬公司，認定上，依公司法第369條之2、第369條之3、第369條之9第2項、第369條之11之標準為之[39]。

至於公開發行公司發行員工認股權憑證時，應適用募發準則之規定，而該準則有許多規定是異於公司法第167條之2之規定。舉例而言，上市或上櫃公司申報發行員工認股權憑證，其認股價格原則上不得低於發行日標的股票之收盤價（募發準則§53 I）；員工認股權憑證之存續期間不得超過十年（募發準則§54 II）；公司應於發行及認股辦法中訂定若干事項：發行期間、認股權人資格條件、員工認股權憑證之發行單位總數、每單位認股權憑證得認購之股數、認股條件（含認股價格、權利期間、認購股份之種類及員工離職或發生繼承時之處理方式等）之決定方式、履約方式、認股價格之調整等事項（募發準則§56 I）等。

（二）認股權憑證或附認股權特別股

所謂認股權憑證（Warrants）是指對公眾發行，表彰得認購發行公司所發行之自己股份之有價證券。此與（員工）認股選擇權憑證（Stock Option），在概念上並不完全相同。員工認股權憑證是由公司所賦予員工之認股權利，目的在於獎勵員工及吸引與留住優秀人才，屬員工獎勵措施之一種，員工於取得此種權利時，並未交付公司任何對價（註：於行使認股權時，才須支付對價），而是基於員工身分所取得，故員工認股權憑證不得轉讓（公§167-2 II）。至於認股權憑證則屬發行公司之籌資工具，其發行對象為一般大眾而非員工，通常附隨於公司債或特別股發行，投資人於取得此一權利時，必須交付一定對價予發行公司，發行公司則出具足以表彰認股權之書面文件予投資人，而其性質上亦非不得轉讓。所謂附認股權特別股，是指特別股而附有依發行公司所定之認股辦法，認購發行公司股份之權利。

公司法為使公司得於授權資本範圍內視資本市場之狀況，在辦理發行新股時，能彈性選擇辦理附認股權公司債、附認股權特別股、可轉換公司債、可轉換特別股或認股權憑證之發行，利於企業經營，乃於90年11月12日公司法修正，於第268條第1項規定：「公司發行新股時，……申請證券主管機關核准，公開發行」增訂第7款之規定：「發行認股權憑證或附認股權特別股者，其可認購股份數額及其認股辦法。」以作為公司發行認股權憑證之法源依據。

依公司法第268條第1項第7款之規定，發行認股權憑證或附認股權特別股者，其可認

---

[38]　參見107年8月1日公司法第167條之2第3項之修正理由。

[39]　參見經濟部107年11月30日經商字第10702427750號函。

購股份數額及其認股辦法，應申請證券管理機關核准，因此，只有「公開發行股票之公司」始可發行認股權憑證或附認股權特別股。而同法第268條之1係認股權行使轉換股份之規定，其所稱公司，自指公開發行股票之公司[40]。

依公司法第268條之1第2項之規定：「第二百六十六條第二項、第二百七十一條第一項、第二項、第二百七十二條及第二百七十三條第二項、第三項之規定，於公司發行認股權憑證時，準用之。」換言之，公開發行公司發行認股權憑證之決議方式或限制等，準用通常發行新股之相關規定[41]。

依公司法第268條之1第1項之規定：「公司發行認股權憑證或附認股權特別股者，有依其認股辦法核給股份之義務，不受第二百六十九條及第二百七十條規定之限制。但認股權憑證持有人有選擇權。」蓋附認股權方式發行新股，尚非屬現金發行新股，自不受第269條（公開發行新股之限制）、第270條（公開發行新股之禁止）之限制。

（三）限制員工權利新股

現行公司法第267條第9項、第10項及第12項分別規定：「公司發行限制員工權利新股者，不適用第一項至第六項之規定，應有代表已發行股份總數三分之二以上股東出席之股東會，以出席股東表決權過半數之同意行之。」「公開發行股票之公司出席股東之股份總數不足前項定額者，得以有代表已發行股份總數過半數股東之出席，出席股東表決權三分之二以上之同意行之。」「公開發行股票之公司依前三項規定發行新股者，其發行數量、發行價格、發行條件及其他應遵行事項，由證券主管機關定之。」有關發行限制員工權利新股（或俗稱「限制型股票」）之規定，是100年6月29日公司法修正時，參酌國際趨勢，明定公開發行股票之公司發行限制員工權利新股者，應經股東會特別決議通過。又鑑於公開發行股票之公司所發行限制員工權利股票，係為激勵員工績效達成之特殊性，爰明定排除第1項至第6項所定員工承購權相關規定之適用[42]。再者，公司法原規定僅公開發行股票之公司得發行限制員工權利新股，當時基於引進新制度之初，故從公開發行股票之公司先行，俟運作一定期間後，再考慮擴大適用範圍。迄今已過數年，企業亦有要求放寬至非公開發行股票公司之呼聲，故107年8月1日公司法修訂時，爰刪除本條「公開發行股票之」之文字[43]。可知依現行公司法之規定，公開發行公司及非公開發行公司均得發行限制員工權利新股。

如屬公開發行公司於發行限制員工權利新股，應依募發準則第四章之規定辦理。依募發準則第60條之1第1項之規定：「本準則所稱限制員工權利新股，謂發行人依公司法第二百六十七條第八項（註：現為第9項）發給員工之新股附有服務條件或績效條件等既

[40] 參見經濟部91年1月24日商字第09102004470號函。
[41] 參見90年11月12日公司法第268條之1之修正理由。
[42] 參見100年6月29日公司法第267條之修正理由。
[43] 參見107年8月1日公司法第267條之修正理由。

得條件，於既得條件達成前，其股份權利受有限制。」所謂「服務條件」，係指要求員工完成特定期間服務之要件；所謂「績效要件」，則要求員工達成特定績效目的之要件，例如公司盈餘特定幅度之成長。再者，就限制型股票得加以「限制」之範圍，募發準則並未明文規定，故得由公司自行彈性運用，惟公司須於限制型股票之發行辦法中明定受限制權利之範圍（募發準則§60-4）。另，限制型股票之發行價格，得不受公司法第140條之限制，並得無償配發（即發行價格可以為零）（募發準則§60-5）。此外，公司亦得於限制型股票之發行辦法中約定，如員工未達成既得條件時，公司得收回或收買已發行之限制員工權利新股，不受公司法第167條第1項之限制（募發準則§60-1Ⅱ）；該收回或收買已發行之限制員工權利新股，視為公司未發行股份，並應辦理變更登記（募發準則§60-1Ⅲ）。

　　公開發行股票之公司如經股東會特別決議同意發行限制員工權利新股者，仍須依同法第266條之規定，經董事會特別決議通過有關發行新股之相關事宜（如發行股數、發行價格、增資基準日等），且應向金管會申報生效後，始得為之。又自申報生效通知到達之日起一年內採一次或分次發行。另發行人經申報生效後，自得依發行辦法之約定發行限制員工權利新股，無須再經金管會核准。發行後並應依公司登記辦法之規定，辦理發行新股登記[44]。

　　至於非公開發行股票之公司於發行限制員工權利新股，或可參考募發準則第四章之規定辦理，惟依主管機關函釋之見解（註：異於前述公開發行公司之情形），非公開發行股票之公司如採「票面金額股」者，其股票之發行價格不得低於票面金額（公司法第140條第1項參照），即其股份之發行價格，自不得為零，員工之認購價格應與股份之發行價格相同，亦不得為零[45]；非公開發行股票之公司如採「無票面金額股」者，其股票之發行價格雖不受限制（公司法第140條第2項參照），惟為確保公司資本之充實，無票面金額股股份之發行價格，亦不得為零。是以，員工之認購價格應與股份之發行價格相同，不得為零[46]。

（四）參與政府專案核定之紓困專案而發行新股予政府

　　民國97年金融海嘯席捲全球，台灣亦不能倖免。各國政府為因應全球性之金融風暴危機，由政府提供企業各項財務紓困計畫，然政府所動用之各類紓困資金，最終均屬廣義上之全民共同負擔。為兼顧金融市場秩序之健全，確保全民權益，乃參考美國政府對紓困方案之兩大監管理念，即對於參與紓困計畫之企業提出兩大措施：經營階層之主要薪資（包括酬勞金、離職金）應予合理限制及政府可持有參與紓困企業之股權，使全國納稅者在日後可分享企業重生之獲利，實現參與紓困企業、公司債權人與全國人民之三贏局

---

[44] 參見經濟部101年8月6日經商字第10102426120號函。

[45] 參見經濟部108年10月1日經商字第10802421980號函。

[46] 參見經濟部109年4月8日經商字第10902014360號函。

面[47]，故於98年1月21日修訂公司法第29條第2項、第156條第7項（現移爲第156條之4）、第196條第2項之規定。

依現行公司法第156條之4之規定：「（第1項）公司設立後，爲改善財務結構或回復正常營運，而參與政府專案核定之紓困方案時，得發行新股轉讓於政府，作爲接受政府財務上協助之對價；其發行程序不受本法有關發行新股規定之限制，其相關辦法由中央主管機關定之。（第2項）前項紓困方案達新臺幣十億元以上者，應由專案核定之主管機關會同受紓困之公司，向立法院報告其自救計畫。」俾使公司參與政府專案核定之紓困方案時，允許政府得受讓參與紓困公司所發行之新股股權，以使全國納稅人在日後可分享企業紓困成功後之獲利，並使其發行程序與轉讓行爲不受本法有關發行新股規定之限制，故授權由中央主管機關就新股發行程序及轉讓股份行爲訂立相關辦法[48]。

另一方面，經營階層之主要薪資（包括酬勞金、離職金）應予合理限制，包括增訂公司法第29條第2項：「公司有第一百五十六條之四之情形者，專案核定之主管機關應要求參與政府專案紓困方案之公司提具自救計畫，並得限制其發給經理人報酬或爲其他必要之處置或限制；其辦法，由中央主管機關定之。」及第196條第2項：「第二十九條第二項之規定，對董事準用之。」以免造成公司在營運不佳之情形，其董事、經理人仍得恣意索取高額報酬之不公情形[49]。

依前述法律之授權，主管機關訂定「參與政府專案紓困方案公司發行新股與董事監察人經理人限制報酬及相關事項辦法」[50]（下稱「紓困辦法」）。該辦法規定，申請專案核定紓困方案之公司，以依照我國公司法設立之公司爲限，並應於自救計畫中載明於紓困期間，不得有赴海外投資情事（紓困辦法§2）。專案核定之主管機關得對專案核定紓困方案之公司，於紓困期間，得對董事、監察人或經理人之報酬及更換爲必要之處置或限制（紓困辦法§3）。接受專案核定紓困方案之公司，應依法先減資後增資發行新股予政府（紓困辦法§4Ⅰ）。紓困方案達新臺幣10億元以上者，應由專案核定之主管機關，於核定後會同受紓困之公司，向立法院報告其自救計畫；受紓困金額達新臺幣1億元以上未滿10億元者，專案核定之主管機關應報立法院備查（紓困辦法§5）。

七、附論—員工股票獎勵制度之比較[51]

所謂員工獎勵制度係指除固定薪資、其他津貼、加班費、補助金或年度獎金以外，

---

[47]　參見立法院議案關係文書（院總第618號委員提案第8569號）之說明。

[48]　參見98年1月21日公司法第156條之修正理由。

[49]　參見98年1月21日公司法第29條之修正理由。

[50]　98年3月19日經濟部經商字第09802404750號令訂定發布全文6條。107年11月8日修正發布第1條、第6條條文。

[51]　以下主要内容引自筆者與劉子碩合著，論員工股票獎勵制度之實踐與檢討—以限制型股票爲核心，

企業給予員工其他具有財產價值之實質所得報酬而言，常見之方式是給予具有股權性質之獎勵（下稱「股票獎勵制度」）。近年來，台灣經濟發展陷入停滯，物價緩步且穩定地上漲，但薪水卻處於「凍漲」之困境。面對其他國家之強烈競爭，台灣薪資水準無法與外國比擬，高階人才外流時有所聞，如何在有限經濟資源下，透過員工獎勵制度留住公司所需人才，達到激勵員工之效果，創造營收成長之新局，已成為各企業殫思竭慮、刻不容緩之議題。其中，股票獎勵制度將公司業績與員工報酬及留任相連結，尤其受到企業（特別是高科技業）的青睞。

　　公司法關於員工股票獎勵制度之規範主要有員工酬勞、員工新股認購權、員工庫藏股轉讓、員工認股權憑證及限制員工權利新股等制度，均係為使公司依實際需要，激勵員工，促進勞資和諧，增進員工對公司向心力，間接促成勞資關係合一等目的而訂定。以下僅說明及比較各制度在實務上之運用情形。

（一）員工酬勞

　　在104年5月20日以前，依公司法第235條第2項（現已刪除）之規定，公司章程中應訂明員工分配紅利之成數；依同法第240條第4項（現已刪除）之規定，依章程員工應分配之紅利，得以現金支付之或發給新股；前者一般稱為「員工分紅」，後者則稱為「員工分紅入股」。依此等規定，公司所發放之員工分紅（入股），其性質為分配「盈餘」，依當時商業會計法第64條之規定（現已修訂），商業盈餘之分配，如股息、紅利等不得作為費用，然此一會計處理方式有虛增公司盈餘之嫌，且與世界其他各國及國際會計原則有違。因此，於95年間乃將商業會計法第64條修訂為：「商業對業主分配之盈餘，不得作為費用或損失。」亦即只有商業（公司）對業主（股東）分配之盈餘，始不得作為「費用」，至於公司將盈餘分配予員工作為紅利之部分，無論是現金或股票，依財團法人中華民國會計研究發展基金會財務會計準則公報第39號「股份基礎給付之會計處理準則」（下稱「第39號公報」），自97年1月1日起依法必須認列為「費用」。亦即於第39號公報實施後，只要企業給予員工公司股票（或認股權憑證）以作為其提供勞務之對價者，相關成本皆應予以認列衡量於損益表上，以使公司財務報表更能充分反映此等安排對於公司之影響。在第39號公報實施前，由於給予員工分紅入股之成本，不用認列於損益中，導致公司偏向採行此一制度，然在第39號公報實施後，此類成本應認列於損益表中，也使得公司在決定發放股票股利時更加謹慎。

　　此外，公司應分配予員工之股數，應以決議分紅之金額除以股票之公平價值（對於上市櫃公司，是以股東會決議日前一天之股票收盤價認定）計算之，因此，股票市價越高，得發放之股數將越低，與過去費用化之前以股票面額計算員工分紅之股數相比，雖公司期末提列費用之金額不變，但獎勵員工所得發放之股數卻已大幅減少，也使公司以員工分

　　收錄於「財經科技法律實務面面觀」（協合財經法律叢書），2015年1月初版。惟部分內容，配合法令之修訂，故予以修改及重新撰寫。

紅入股作爲獎酬工具之意願又再降低。再加上101年1月1日之前，因原促進產業升級條例（已廢止，下稱「促產條例」）第19條之1規定：「爲鼓勵員工參與公司經營，並分享營運成果，公司員工以其紅利轉作服務產業之增資者，其因而取得之新發行記名股票，採面額課徵所得稅。」對於因分紅入股而取得之股票，員工僅須依「面額」乘以取得之股數併入綜合所得課稅即可。亦即不管公司股票市價有多高，皆以面額10元課徵綜合所得稅，公司亦以面額10元認列薪資費用。然自101年1月1日起，員工取得之分紅入股必須依市價課稅，對於員工之獎酬效果顯不如以往。

　　茲爲降低公司無法採行員工分紅方式獎勵員工之衝擊，公司法於104年5月20日增訂第235條之1之規定，明定公司應於章程訂明以當年度獲利狀況之定額或比率，分派「員工酬勞」（該條第1項），以合理分配公司利益，激勵員工士氣。而員工酬勞得以股票或現金爲之，應由董事會以董事三分之二以上之出席及出席董事過半數同意之決議行之，並報告股東會（該條第3項）。又107年8月1日公司法修訂時，於該條又增訂第4項：「公司經前項董事會決議以股票之方式發給員工酬勞者，得同次決議以發行新股或收買自己之股份爲之。」並增修訂第5項之規定：「章程得訂明依第一項至第三項發給股票或現金之對象包括符合一定條件之控制或從屬公司員工。」

　　本條所稱「員工」，除董事、監察人非屬員工外，其餘人員是否屬員工，允屬公司內部自治事項，由公司自行認定[52]。依該條之立法目的，是爲合理分配公司利益，故應屬無償給予員工（如發給股票者，當屬「股份基礎給付」）。而適用時是以年度結束後，以前一年度獲利狀況之定額或比率作爲基礎，故其獎勵之大小應視公司當年度之獲利狀況而定，如公司無獲利即無分配「員工酬勞」之適用，如公司獲利金額很小，則對於員工激勵亦將非常有限。再者，員工酬勞是針對「過去績效」之獎勵，對於員工將來達成績效目標或一定條件（如任職滿一定期間）之誘因較小[53]，對於員工而言，可能是「看的到，卻吃不到」。

（二）員工新股認購權

　　實務上將公司法第267條第1項有關公司於增資發行新股時，應保留10%至15%之股份由員工承購，稱爲「員工新股認購權」，屬員工股票獎勵之措施之一，俾使員工在往後公司經營有盈餘時，也能拿到股息及／或紅利，而分享公司經營之成果。公司則可限制其轉讓期間（同條第6項）。因此，在公司增資發行新股時，如員工看好公司未來之發展，可參與認購公司發行之股份。然而，公司並非頻繁增資，且員工必須支付與其他股東相同之對價，因此，員工不一定會參與認購，故對員工獎勵或促進勞資融合之效果較爲有限。再者，此一制度通常不會因員工表現優劣而有不同的待遇，如以之作爲激勵員工績效之誘

---

[52] 參見經濟部93年11月18日經商字第09302194190號函。

[53] 依經濟部104年6月11日經商字第10402413890號函之見解：「員工酬勞係一年分派一次，至於發放給員工時，一次全額發放或分次發放，均屬可行，由公司自行決定。」

因，其助益似乎不大。又，員工一旦參與認購公司發行之新股，公司得限制員工兩年內不得轉讓，制度上雖有認為有利於企業留才，以利公司長遠發展，惟限制員工轉讓股票與員工留任與否似無直接相關，故此一制度似難達到「留才」之效果。

（三）員工庫藏股

依公司法第167條之1第1項及第2項之規定，公司得經董事會特別決議收買其股份，惟應於三年內轉讓於員工。另證券交易法第28條之2第1項第1款亦規定，上市（櫃）公司得基於轉讓股份予員工之目的，經董事會特別決議，於有價證券集中交易市場或證券商營業處所，或依公開收購的方式買回其股份。就法律適用上，如屬上市（櫃）公司者，應優先適用證券交易法第28條之2之規定；如屬未上市（櫃）之公開發行公司或非公開發行公司者，則應適用前述公司法之規定。另，依公司法第167條之3之規定，在公司以庫藏股獎勵員工者，得限制員工在一定期間內不得轉讓，但期間最長不得超過二年，其目的在防止員工於取得股份後立即轉讓，至於立法理由中所謂「留住員工」之功能，則如同前述之員工新股認購權一般，除非雇主與員工另行簽訂信託或保管契約，否則似無法僅透過該條之規定而達成。而此一獎勵方式無需發行新股，可避免原股東股權遭稀釋之問題，且僅需經董事會特別決議即可，程序上較為簡便。此外，依「上市上櫃公司買回本公司股份辦法」第10條之1規定：「公司以低於實際買回股份之平均價格轉讓予員工，應經最近一次股東會有代表已發行股份總數過半數股東之出席，出席股東表決權三分之二以上之同意，並應於該次股東會召集事由中列舉並說明下列事項，不得以臨時動議提出……」可知亦得以低於買回價格之方式轉讓予員工。就公司買進與賣出自己股票之差額，在會計上屬於公司換取員工勞務之薪資費用，就公司資產的減損而言，此與公司直接拿出現金獎勵員工並無不同。

（四）員工認股權憑證

另外一種常見之員工獎勵制度為員工認股權憑證，依公司法第167條之2之規定，係指表彰「於一定期間內，得依約定價格認購特定數量之公司股份」的權利。此制度是在90年公司法修正時所增訂之獎酬工具，係透過與員工簽訂認股權契約，於員工達成績效目標或一定條件（如任職滿一定期間）時，得以約定之較優惠價格向公司認購一定數量股票，以吸引優秀員工並激勵員工持續為公司創造績效，提升公司之經營效率。相對於前述其他股票獎勵方式，員工可能在取得股票後直接處分或離開公司之情況，員工認股權憑證更能吸引優秀員工於一定期間內留在公司，為公司打拼，以利公司長久的經營發展。但在2001年底，由於美國先後爆發了安隆（Enron）、世界通訊（WorldCom）等財報不實之重大弊案，推翻了先前一般認為員工認股權有助於調和經營階層與股東權益，進而促進公司治理的看法。質言之，經理人在掌握經營後，因其握有大量認股權，造成經理人為追求個人獎酬的極大化，而無所不用其極地使公司股價提高，甚至在出脫手上持股時仍引誘員

工及其他投資人持續加碼，完全不顧股東之利益，泡沫化後造成股東極大的損失，並阻礙公司的長期發展。

（五）限制員工權利新股（俗稱「限制型股票」）

　　限制型股票制度與前述其他獎勵制度最大的不同，在於限制型股票可以針對個別員工之績效或一定條件（如在職期間等），甚至其未來之表現進行連結，且在制度設計上並非採「齊頭式的平等」，俾使公司能針對不同員工給予不同之獎勵，期能更加激勵員工。亦即公司得與員工約定發給員工之新股附有服務條件（如要求員工完成特定期間服務之要件）或績效條件（如公司盈餘特定幅度之成長）等既得條件，於既得條件達成前，其股份權利受有限制。此外，就限制型股票得加以「限制」之範圍，募發準則並未明文規定，故得由公司自行彈性運用，惟公司須於限制型股票之發行辦法中明定受限制權利之範圍。另，公開發行限制型股票之發行價格，得不受公司法第140條之限制，並得無償配發。此外，公司亦得於限制型股票之發行辦法中約定，如員工未達成既得條件時，公司得收回或收買已發行之限制員工權利新股，不受公司法第167條第1項之限制；該收回或收買已發行之限制員工權利新股，視為公司未發行股份，並應辦理變更登記。

　　一般認為限制型股票有下列優點：1.員工可先取得股票，避免限制期間內無法實質享受股票權益而選擇轉任之問題；2.員工雖享有股票之權益，但其必須達成公司要求才能終局取得股票，可避免員工取得股票後隨即轉讓；3.因其可針對特定員工發放，故能吸引優秀人才；4.可以折價發行或無償給予，具有員工分紅之優點又兼具員工認股權的功能；5.股票不須一次給予，可待員工達到公司要求再發給，因此成本可以分攤到各個年度，降低公司財務報表年度列報之費用；6.公司發給限制型股票之股權稀釋程度較小。

　　有關上述四種員工股票獎勵制度之比較，茲整理如表6-1所示。

表6-1　員工股票獎勵制度之比較

	以股票分配員工酬勞	員工庫藏股	員工認股權憑證	員工新股認購權	限制型股票（限制員工權利新股）
法源依據	公司法第235條之1	公司法第167條之1；證交法28條之2；上市上櫃公司買回本公司股份辦法	公司法第167條之2；證交法第28條之3；募發準則第50～60條	公司法第267條第1、2項	公司法第267條第9～12項、募發準則第60-1～60-9條
適用對象	1.本公司員工 2.章程得訂定包括符合一定條件之控制或從屬公司員工	同左	同左	同左	同左

表6-1　員工股票獎勵制度之比較（續）

	以股票分配員工酬勞	員工庫藏股	員工認股權憑證	員工新股認購權	限制型股票（限制員工權利新股）
股票來源	發行新股或庫藏股	公司買回本公司股份直接轉讓予員工	發行新股或庫藏股	一般發行新股	發行限制員工權利新股
決議方式	1.應於章程訂明以當年度獲利狀況之定額或比率 2.董事會特別決議，並報告股東會	董事會特別決議	1.董事會特別決議 2.公開發行公司另須申報公告 3.若以發行新股支應仍須經股東會特別決議	董事會特別決議	股東會特別決議
認股價格	無償配股	1.上市、上櫃公司：經股東會特別決議始得低於平均買回價格 2.未上市、上櫃公司：未限制	1.上市、上櫃公司：經股東會特別決議始得低於發行日收盤價 2.未上市、上櫃公開發行公司：經股東會特別決議始得低於每股淨值 3.非公開發行股票公司：不得低於票面金額	與原股東認購價及對外公開承銷之價格相同	（公開發行公司）不受票面金額限制，可無償配股
上限	依章程而定（章程訂明以當年度獲利狀況之定額或比率）	1.公司買回股份之數量比例，不得超過該公司已發行股份總數10%；收買股份之總金額，不得逾保留盈餘加發行股份溢價及已實現之資本公積之金額 2.以低於平均買回價格轉讓予員工之股數，累計不得超過公司已發行股份總數之5%，	1.發行人申報發行員工認股權憑證，其每次發行得認購股份數額，不得超過已發行股份總數之10% 2.發行人發行員工認股權憑證累計給予單一認股權人得認購股數不得超過已發行股份總數之1%	發行新股之10%～15%	發行人依募發準則第56條之1第1項申報發行之員工認股權憑證得認購股份數額及前各次依同條規定發行且流通在外員工認股權憑證得認購股份總數，加計依第60條之2申報發行之限制員工權利新股及前各次已發行而尚未達既得條件之限制員工權利新股合計數，不得超過已發行股份總數之5%，且加計發行

表6-1　員工股票獎勵制度之比較（續）

	以股票分配員工酬勞	員工庫藏股	員工認股權憑證	員工新股認購權	限制型股票（限制員工權利新股）
		且單一認股員工其認購股數累計不得超過公司已發行股份總數之5‰			人依募發準則第56條第1項申報發行之員工認股權憑證得認購股份數額及前各次員工認股權憑證流通在外餘額，不得超過已發行股份總數之15%
轉讓限制	不得限制員工轉讓	得限制員工在一定期間內不得轉讓，但其期限最長不得超過二年	1. 不得轉讓，但因繼承者不在此限 2. 自發行日起屆滿二年後，得依發行人所定之認股辦法請求履約 3. 存續期間不得超過十年 4. 若以庫藏股支應，得限制員工在一定期間內不得轉讓股票，但其期限最長不得超過二年	得限制員工在一定期間內不得轉讓，但其期限最長不得超過二年	得限制員工在一定期間內不得轉讓

第二節　公司債

一、概說

（一）公司債之意義

公司債是指股份有限公司[54]以籌集長期資金為目的，將其所需資金總額分割成許多

---

[54] 除股份有限公司得募集公司債外，其他三種公司得否募集公司債？學者多認為「公司債」是規定於「股份有限公司」章中，其他三種公司並無準用股份有限公司有關公司債之規定。此外，有限公司

相同金額之細小單位，而以發行債券之方式，所負擔之金錢債務[55]。表彰此種債務之證券（公司債券），為有價證券之一種（證§6 I）。

蓋股份有限公司是一種匯集股東之出資而為資本，以聚沙成塔之方式匯集資金，適合經營大規模企業之公司種類。而大規模企業之經營，通常需要鉅額之資金，其資金來源可以是向私人或向金融機構借貸（如金額巨大者，則可透過向金融機構聯貸之方式為之），也可以發行新股之方式向股東或第三人募集資金，或以募集公司債等方式為之。1.如向金融金機構貸款者，金融機構通常會要求公司提供擔保品或尋覓（連帶）保證人，利率較高，且有時在借款合約或聯貸合約中會有限制條款（如負債比、動支比例等），限制或規範公司之財務或業務行為；2.如以發行新股之方式募集資金者，對公司而言雖然不必支付利息，但卻可能造成公司股本膨脹，每股盈餘下降，及股權被稀釋等結果；3.如以發行公司債之方式募集資金，雖然會增加公司之債務，且須支付約定利率之利息，但可以配合公司之營運需要，以從容方式準備還債資金，也不會有公司股本膨脹或股權稀釋等問題。

（二）公司債與股份之差異

公司債與股份之差異如下[56]：1.如為公司債者，當公司無盈餘時，公司債之債權人仍可請求約定之利息，惟當公司有盈餘時，公司債之債權人也僅能請求固定利率之利息而已。就股份而言，當公司無盈餘時，公司不得分派股息或紅利予股東（公§232、§237），而當公司有盈餘而為分派時，股東所受分派之數額並非固定數，而應視盈餘之多寡而定；2.公司債債權人於公司債之償還期限屆至時，即可受原本之償還。反之，股東在公司營運及存續期間，原則上不得請求返還股款，只能於公司解散、清算後，在清償公司之債務後，如有賸餘財產者，才可受賸餘財產之分配；3.公司債債權人是公司之局外人，不能出席股東會行使表決權，且對於董事會之業務執行亦無監督權。而股東則是公司之構成員，可選任董事負責公司業務之執行，也可以透過表決權、提案權等參與及決定公司之重大事務。

惟實務上公司在籌措資金時所發行之證券，並非如上述公司債及股份一般，涇渭分明，而有所謂「公司債股權化」或「股份債權化」之現象。前者如可轉換公司債、附認股權公司債（詳如後述）；後者如發行優先分派盈餘之特別股[57]。

具有閉鎖性，且其股東僅負有限責任，如發行公司債將與其本質相悖，因此多採否定之見解。參見柯芳枝，公司法論（下），第137頁。實則，依經濟部93年11月1日經商字第09300189290號函之見解：「公司發行公司債時，應載明一定事項，向證券管理機關辦理之。是以，公開發行股票之公司始可公開募集公司債。」因此，除了非公開發行公司辦理公司債之私募外（公§248 II後段），否則所稱之股份有限公司，實際上多是指公開發行股票之公司而言（尤其是上市、上櫃公司）。

55 參見柯芳枝，公司法論（下），第137頁。

56 參見柯芳枝，公司法論（下），第138至139頁。劉連煜，現代公司法，第652頁。

57 依財務會計準則公報第36號之規定，企業發行特別股（金融商品）應以經濟實質而非僅依法律形式決定特別股（金融商品）於資產負債表中之分類。如發行人必須於固定或可決定之未來日期按固定

二、公司債之種類

(一) 有擔保公司債與無擔保公司債

1. 區別標準

此一分類是以發行公司債時，有無設定「擔保物權」為擔保（不論有無保證人），作為區分標準。

如有設定擔保者，稱為有擔保公司債。一般而言，是以公司之重要財產為之，如以土地、廠房設定抵押權，或以機器、設備等設定動產抵押等。惟如以持有其他公司股票作為擔保者，該股票則應符合一定條件（募發準則§25）。依證券交易法第29條之規定：「公司債之發行如由金融機構擔任保證人者，得視為有擔保之發行。」[58]

如發行公司債時未設定擔保者，稱為無擔保公司債，至於是否另有保證人，則非所問。無擔保公司債又分為兩種，包括：(1)狹義之無擔保公司債：既無擔保物權，也無保證人，純粹是以公司信用確保公司債之償還者是也。有時公司會經董事會決議，出具「反面承諾書」，言明在公司債償還之前，不再以特定財產提供其他債權人設定質權或抵押權（銀§30Ⅰ）；(2)保證公司債：雖無擔保物權，但有金融機構以外之第三人擔任保證人，以確保公司債之償還者。

2. 區別實益

此一區分之區別實益有二：(1)發行總額之限制不同：依公司法第247條之規定：「（第1項）公開發行股票公司之公司債總額，不得逾公司現有全部資產減去全部負債後之餘額。（第2項）無擔保公司債之總額，不得逾前項餘額二分之一。」(2)發行之條件不同：依公司法第249條及第250條之規定：「公司有下列情形之一者，不得發行無擔保公司債：一、對於前已發行之公司債或其他債務，曾有違約或遲延支付本息之事實已了結，自了結之日起三年內。二、最近三年或開業不及三年之開業年度課稅後之平均淨利，未達原定發行之公司債，應負擔年息總額之百分之一百五十。」「公司有左列情形之一者，不得發行公司債：一、對於前已發行之公司債或其他債務有違約或遲延支付本息之事實，尚在繼續中者。二、最近三年或開業不及三年之開業年度課稅後之平均淨利，未達原定發行之公司債應負擔年息總額之百分之一百者。但經銀行保證發行之公司債不受限制[59]。」由上可知，發行無擔保公司債時，其發行總額之限制及發行條件，較為嚴格。

或可決定之金額強制贖回，或持有人有權要求發行人於特定日期當日或之後按固定或可決定金額贖回之特別股，宜列為金融負債。又如持有人有權要求發行人以現金或其他金融資產贖回金融商品（可賣回之金融商品）也宜歸類為金融負債。

[58] 以上參見柯芳枝，公司法論（下），第142至143頁。

[59] 依證券交易法第29條之規定：「公司債之發行如由金融機構擔任保證人者，得視為有擔保之發行。」因此經銀行保證而發行之公司債，應屬有擔保公司債。

（二）轉換公司債

　　所謂轉換公司債，是指享有轉換為公司股份權利（即有轉換權）之公司債（Convertible Bond, CB）。亦即公司於發行轉換公司債時，於轉換辦法中約定，轉換公司債債權人（持有人）在一定條件下（如轉換價格、轉換期間等）可以行使轉換權，如債權人行使轉換權者，轉換後即喪失債權人身分而成為公司之股東（即由「債」轉「股」）[60]。依公司法第262條第1項之規定：「公司債約定得轉換股份者，公司有依其轉換辦法核給股份之義務[61]。但公司債債權人有選擇權。」因此，轉換公司債實質上等於是（普通）「公司債」，再加上一個標的股票之轉換「選擇權」（選擇權在債權人而非公司）[62]。

　　當發行公司股價低迷時，轉換公司債持有人可以選擇繼續保有債券價值，而享受債券保本之好處，並可以領取債息；當發行公司股價（相對於轉換價格）上漲時，轉換公司債持有人可選擇將公司債轉換為公司股票，以賺取股價價差之資本利得，故屬進可攻退可守之投資標的，而廣受投資人喜愛。就發行公司而言，近年來因為受到低利率環境的影響，發行公司常發行票面利率為0%之轉換公司債，對公司之好處是，在投資人轉換前無需支付利息，可節省每年利息支出之費用，而如持有人行使轉換後，公司債之負債將變成資本，可免除公司到期還本之資金壓力，但轉換為股份後，則會造成公司股本膨脹及股權稀釋等結果[63]。

　　轉換公司債雖有上述優點，但近年來發現有部分上市、上櫃公司利用轉換公司債之上述特性，進行舞弊或異常之情事，例如：1.轉換公司債之轉換溢價率偏低，導致轉換價格（為基準價格乘以轉換溢價率）與債券發行時之普通股市價接近，而公司內部人於發行後立即拉抬股價，以利轉換公司債持有人（有許多為內部人或大股東之人頭或親友）嗣後轉換為普通股，而獲取鉅額之利益；2.轉換公司債閉鎖期過短（原多為一個月），衍生轉換公司債持有人於取得債券後，在短期內即可轉換為普通股，且有套現獲利之疑慮；3.轉換公司債之承銷配售管道為詢價圈購方式（註：現已改為競價拍賣），曾發生承銷商等配合

---

[60] 依證券交易法施行細則第11條第1項之規定：「本法第一百五十七條第六項及第一百五十七條之一第一項所稱具有股權性質之其他有價證券，指可轉換公司債、附認股權公司債……。」

[61] 依募發準則第29條之規定：「發行轉換公司債時，應於發行及轉換辦法中訂定下列有關事項：一、發行日期。二、利率及付息方式。三、付息日期。四、公司債券種類、每張金額及發行總額。五、擔保或保證情形。六、受託人名稱及重要約定事項。七、償還方法（如到期還本、到期前還本、收回或贖回條款之約定等）。八、上市或上櫃公司轉換公司債之上市或在證券商營業處所買賣。九、請求轉換之程序。十、轉換條件（含轉換價格、轉換期間及轉換股份之種類等）之決定方式。十一、轉換價格之調整。十二、轉換年度有關利息、股利之歸屬。十三、轉換時不足一股股份金額之處理。十四、轉換後之權利義務。十五、債券換股權利證書換發新股之次數、時點。十六、為履行轉換義務，應以發行新股或交付已發行股份，擇一為之。但興櫃股票公司、未上市或未在證券商營業處所買賣之公司，限以發行新股方式履約。十七、取得所發行轉換公司債之處理程序。十八、其他重要約定事項。」

[62] 參見劉連煜，現代公司法，第655頁。

[63] 參見李岳霖，轉換公司債健全管理措施，證券暨期貨月刊第35卷第12期，2017年12月16日。

公司內部人或大股東，以人頭戶配售取得轉換公司債之情事；4.另金融機構提供轉換公司債資產交換業務（Convertible Bond Asset Swap），將轉換公司債拆解為一個普通公司債及選擇權，而將選擇權部分賣給發行公司內部人之相關人員，並配合上述方式，炒作標的公司股價，利用轉換公司債選擇權之槓桿效果，獲取高額利益[64]。

（三）附認股權公司債

所謂附認股權公司債，是指附享有認購發行公司股份權利（即認股權）之公司債。亦即公司於發行附認股權公司債時，於認購辦法中約定，公司債持有人有權於特定期間、依特定價格及條件，認購一定數量股份等。如附認股權公司債持有人行使認股權時，債權人須繳納股款作為認股之對價，而公司則有依其認購辦法核給股份之義務（公§262Ⅱ）。因此，附認股權公司債實質上等於是（普通）「公司債」，附加一個「認股權」（但認股權憑證持有人有選擇權）。其又可區分為公司債券與認股權可分離之分離型附認股權公司債，及二者不可分離之非分離型附認股權公司債（募發準則§38）。

附認股權公司債與轉換公司債最大之不同，在於附認股權公司債之持有人行使認股權時，須繳納股款作為認股之對價，而轉換公司債轉換時則無須繳納股款。至於其對投資人及發行公司之優點及影響，則約略如上述轉換公司債之說明。

（四）次順位公司債

所謂次順位公司債，是指公司債發行人與債權人約定，其受償順序次於公司其他債權之公司債。依公司法第246條之1之規定：「公司於發行公司債時，得約定其受償順序次於公司其他債權。」此一規定是90年11月12日公司法修正時所新增，其立法理由稱：「按以契約方式約定次順位債務，本屬私權行為，基於契約自由原則，該約定方式應屬可行。又查破產法第一百十二條之規定，按反面推之，對破產財團之財產有次順位之債權，其債權理應次於他債權而受清償。故以契約約定方式發行次順位債券尚無約定無效之虞。就涉及私權爭執，可依民事訴訟處理，並使公司之籌資管道更多樣化，亦可避免糾紛。」如公司發行次順位公司債，而當公司發生清償困難或破產時，一般而言，其受償順序依次為優先債權／擔保債權、普通債權、次順位債權、分派賸餘財產優先之特別股、普通股等。

次順位公司債是一種介於股票與公司債之籌資工具，其法律性質仍為融資者（次順位公司債持有人）與發行公司間之消費借貸法律關係（公司應支付利息，且原則上於債券到期時應償還借款），但如由其受償順序劣後於其他公司債權人觀之，則又接近於股權融資之特性（尤其是永續或無到期日者）。因此，金融機構所發行之次順位債（次順位金融債券），在資本適足比率規範下，如符合一定條件者，具有金融機構資本之性質，得納入資

64　參見李岳霖，前揭註，第38頁。

本適足比率之資本項目[65]。

對於投資人而言，次順位債既然要求債權人之債權受償順序次於（劣後）公司其他債權，因此發行公司通常須支付較高之利息。再者，如屬金融機構所發行之次順位金融債券，因金融機構營運體質通常較為穩健（且需進行信用評等），比較不會發生債券違約之問題，而其波動性也比股票低，因此，對於保守穩健之投資人具有吸引力。對於發行公司而言，發行次順位債不會導致公司股本增加，從而公司每股盈餘不會受到嚴重稀釋。另對金融機構而言，在資本適足比率規範下，其所發行之次順位金融債券如符合一定條件者，亦得納入資本適足比率之資本項目。因此，目前實務上以金融機構所發行之次順位債，較為普遍。

在金融監理法規上[66]，依銀行資本適足性及資本等級管理辦法第2條第10款及第11款之定義：「次順位債券：指債券持有人之受償順位次於銀行所有存款人及其他一般債權人。」「資本工具：指銀行或其子公司發行之普通股、特別股及次順位金融債券等得計入自有資本之有價證券。」同法第10條第1項及第2項規定：「非普通股權益之其他第一類資本之範圍為下列各項目之合計數額減依計算方法說明所規定之應扣除項目之金額：……二、無到期日非累積次順位債券。三、銀行之子公司發行非由銀行直接或間接持有之……溢價、無到期日非累積次順位債券。」「前項之非普通股權益之其他第一類資本工具，應符合下列條件，其中涉及投資人權益之條件，應載明於發行契約：一、當次發行額度，應全數收足。二、銀行或其關係企業未提供保證、擔保品或其他安排，以增進持有人之受償順位。三、受償順位次於第二類資本工具之持有人、存款人及其他一般債權人。四、無到期日、無利率加碼條件或其他提前贖回之誘因。五、發行五年後，除同時符合下列情形外，不得由發行銀行提前贖回或由市場買回，亦不得使投資人預期銀行將行使提前贖回權或由市場買回……七、銀行發生經主管機關派員接管、勒令停業清理、清算時，非普通股權益之其他第一類資本工具持有人之清償順位與普通股股東相同。」

除上述分類外，實務上亦有所謂「交換公司債」及記名／無記名公司債等分類。所謂「交換公司債」，依募發準則第26條之規定，公開發行公司得發行以其持有期限二年以上之其他上市或上櫃股票為償還標的之交換公司債。公司發行交換公司債時，應於發行及交換辦法中約定，交換公司債持有人在一定條件下，可以行使交換權，於其行使後，發行公司應發給交換標的股票以代替償還。

所謂「記名／無記名公司債」則是以公司債券是否記載公司債債權人之姓名，作為區分標準。其區別實益主要在於公司債轉讓之方法（公§260）及出席公司債債權人會議之方式（公§263Ⅲ）不同。無記名公司債，債權人得隨時請求改為記名公司債（公§261）。

---

[65] 參見劉連煜，現代公司法，第656至657頁。

[66] 主要為金融控股公司合併資本適足性管理辦法、金融控股公司發行公司債辦法、銀行資本適足性及資本等級管理辦法、銀行發行金融債券辦法等。

三、公司債之募集

（一）公司債募集之意義

公司債之募集，參照證券交易法第7條第1項之規定，是指發行公司於發行前，對非特定人公開招募公司債之行為。另依主管機關之見解：「公司發行公司債時，應載明一定事項，向證券管理機關辦理之。是以，公開發行股票之公司始可公開募集公司債。[67]」因此，公司債募集是指公開發行股票之公司於發行前，對非特定人公開招募公司債之行為。

再者，公司債募集（或稱為「公募」）是相對於公司債之「私募」而言，公司債私募參照證券交易法第7條第2項之規定，是指對特定人招募公司債之行為。依公司法第248條第2項後段之規定：「私募之發行公司不以上市、上櫃、公開發行股票之公司為限。」由上可知，公開發行股票之公司可以辦理公司債之公開募集（公募）或私募，而非公開發行公司則不能公開募集公司債，只能辦理私募。以下所述是指公開發行股票之公司對非特定人公開招募公司債之情形。

（二）公司債募集之限制

1. 公司債發行之禁止

公司法第250條規定：「公司有左列情形之一者，不得發行公司債：一、對於前已發行之公司債或其他債務有違約或遲延支付本息之事實，尚在繼續中者。二、最近三年或開業不及三年之開業年度課稅後之平均淨利，未達原定發行之公司債應負擔年息總額之百分之一百者。但經銀行保證發行之公司債不受限制。」蓋因公司已喪失債信或營利能力至為薄弱，故不許其發行公司債，以保護債權人之利益[68]。

依主管機關之見解：(1)第1款中「其他債務」乙語，對債務種類尚無限制[69]；(2)公司違法欠繳稅款、罰金、罰鍰及追徵金者，即比照公司法第250條第1款之規定辦理[70]；(3)關於公司法第250條第1款所稱「違約或遲延支付本息之事實，尚在繼續中者」之認定，考量公司前已發行之公司債或其他債務業有違約或遲延支付本息之事實，尚在繼續中，雖經債權人同意展延債務，惟其公司債或其他債務違約或遲延支付本息之事實仍屬繼續存在，仍有公司法第250條第1款之情事，且該公司此時如再發行公司債，其還本付息能力是否足夠及財務結構是否健全，確有疑慮，為保障投資人權益，公司不得再發行公司債[71]；(4)第2款有關「平均淨利」之計算標準，如擬發行之公司債用以償還公司原債務者，其已列

---

[67]　參見經濟部93年11月1日經商字第09300189290號函。

[68]　參見柯芳枝，公司法論（下），第150頁。

[69]　參見經濟部72年3月25日商字第11607號函。

[70]　參見經濟部57年2月17日商字第05127號函。

[71]　參見經濟部92年3月18日商字第09200042900號函。

作費用之原債務利息,得視為淨利之增加數額[72](註:似指將已列作費用之原債務利息,視為淨利之增加數額,再重新計算平均淨利);(5)公司債「年息總額」,除應計算當次發行公司債之部分外,尚應將已發行且流通在外之公司債併同計算,並應以實質利率為計算依據[73]。

　　本條第2款但書規定:「但經銀行保證發行之公司債不受限制。」此乃69年5月9日公司法修正時所增訂,其修正理由為:「資本密集之重工業或新創之大企業,建廠期間長達數年,所需資金龐大,投資報酬率亦較低,所需資金,如以向國外發行公司債方式代替國外貸款,因公司債還款期限較貸款長,利息亦較貸款為低,可減少向國外支付鉅額利息,減輕公司財務結構,降低產品成本,並撙節國家外匯支出,但因限於本條第二款之限制,常可能無法向國外發行公司債以籌措所需資金,爰於第二項增列但書規定,以資適應,蓋因發行之公司債經銀行擔保,對債權人權益,已可獲得保障無慮。」

2. 發行總額之限制

　　公司法第247條原規定:「(第1項)公司債之總額,不得逾公司現有全部資產減去全部負債『及無形資產』後之餘額。(第2項)無擔保公司債之總額,不得逾前項餘額二分之一。」惟證券交易法第28條之4已規定:「已依本法發行股票之公司,募集與發行公司債,其發行總額,除經主管機關徵詢目的事業中央主管機關同意者外,依下列規定辦理,不受公司法第二百四十七條規定之限制:一、有擔保公司債、轉換公司債或附認股權公司債,其發行總額,不得逾全部資產減去全部負債餘額之百分之二百。二、前款以外之無擔保公司債,其發行總額,不得逾全部資產減去全部負債餘額之二分之一。」

　　茲因證券交易法之「上開規定尚無『全部資產減去全部負債及無形資產』之規定。又我國改採國際財務報導準則(International Financial Reporting Standards, IFRSs)後,公司之無形資產大幅增加,另基於特殊產業之行業特性,例如電信業、文創業等,其無形資產之比重甚大,如計算基礎須扣除無形資產,將使公司發行公司債之額度受到限制,爰修正第一項,刪除『及無形資產』之文字。……[74]」因此,107年8月1日公司法修正,乃將公司法第247條第1項修訂為:「『公開發行股票公司』之公司債總額,不得逾公司現有全部資產減去全部負債後之餘額。」

　　由上可知,公開發行股票之公司如發行有擔保公司債、轉換公司債或附認股權公司債之總額,不得逾全部資產減去全部負債餘額之200%(證§28-4①)。如發行無擔保公司債之總額,則不得逾全部資產減去全部負債餘額之二分之一(證§28-4②、公§247Ⅱ)。

3. 發行條件之限制

　　依公司法第249條之規定:「公司有下列情形之一者,不得發行無擔保公司債:一、

---

[72]　參見經濟部57年8月3日商字第27123號函。

[73]　參見財政部證券暨期貨委員會93年6月1日台財證一字第0930114552號函。

[74]　參見107年8月1日公司法第247條之修正理由。

對於前已發行之公司債或其他債務，曾有違約或遲延支付本息之事實已了結，自了結之日起三年內。二、最近三年或開業不及三年之開業年度課稅後之平均淨利，未達原定發行之公司債，應負擔年息總額之百分之一百五十。」因此，如有上述情形之一者，僅能發行有擔保公司債。

本條第1款原規定：「對於前已發行之公司債或其他債務，曾有違約或遲延支付本息之事實已了結者。」101年1月4日修正時，考量「公司一旦發生違約或遲延支付本息之事實，不論金額大小、清償與否，均永久不得發行無擔保公司債，對於該事實已了結，且努力改善經營體質，而成為穩定健全營運之公司，有所不公。另公司發行無擔保公司債，需向證券主管機關申請，藉由證券主管機關之審查機制，已可排除體質不良公司發行無擔保公司債，爰修正第一款，明定自違約或遲延支付本息之事實『了結之日起三年內』，不得發行無擔保公司債。[75]」

有關本條之說明（平均淨利、年息總額等），請參見前述關於公司法第250條之說明。另依主管機關之見解：(1)公司債年息總額，除應計算當次發行公司債之部分外，尚應將已發行且流通在外之公司債併同計算，並應以實質利率為計算依據，故若該公司擬發行實質利率為零之無擔保轉換公司債，其向主管機關申報（請）發行無擔保轉換公司債時，前已發行之公司債餘額業已全數贖回註銷，尚無公司法第249條第2款規定之情事[76]；(2)發行公司同時辦理無擔保公司債及具有優先權利之特別股之發行，其應負擔年息總額及應支付之特別股股息，依公司法第249條及第269條規定個別檢視即可[77]。

（三）公司債募集（公募）之程序

1. 經董事會特別決議

依公司法第246條之規定：「（第1項）公司經董事會決議後，得募集公司債。但須將募集公司債之原因及有關事項報告股東會。（第2項）前項決議，應由三分之二以上董事之出席，及出席董事過半數之同意行之。」可知公開發行公司於募集公司債時，應先經董事會特別決議。如公開發行公司設有審計委員會，且屬募集具有股權性質之有價證券者（如可轉換公司債、附認股權公司債等），則應經審計委員會全體成員二分之一以上同意，並提董事會決議（特別決議）（證§14-5Ⅰ⑦）。

2. 締結信託契約

為保護公司債債權人，對於公司債之募集（公募）是採受託人制，依公司法第248條第1項第12款之規定：「公司發行公司債時，應載明下列事項，向證券主管機關辦理之：……十二、公司債權人之受託人名稱及其約定事項。」該受託人，以金融或信託事業

---

[75] 參見107年8月1日公司法第249條之修正理由。
[76] 參見財政部證券暨期貨委員會93年6月1日台財證一字第0930114552號函。
[77] 參見經濟部90年8月14日商字第09002178710號函。

為限，由公司於申請發行時約定之，並負擔其報酬（公§248Ⅵ）。因此，董事會決議募集公司債後，須先選定金融或信託事業為受託人，並與其簽訂信託契約。受託人為應募人之利益，有查核及監督公司履行公司債發行事項之權（公§255Ⅱ）。

3. 向證券主管機關提出申報

　　（公開發行）公司發行公司債時，原則上應先適用募發準則之相關規定。而依公司法第248條第1項之規定：「公司發行公司債時，應載明下列事項，向證券主管機關辦理之：一、公司名稱。二、公司債總額及債券每張之金額。三、公司債之利率。四、公司債償還方法及期限。五、償還公司債款之籌集計畫及保管方法。六、公司債募得價款之用途及運用計畫。七、前已募集公司債者，其未償還之數額。八、公司債發行價格或最低價格。九、公司股份總數與已發行股份總數及其金額。十、公司現有全部資產，減去全部負債後之餘額。十一、證券主管機關規定之財務報表。十二、公司債權人之受託人名稱及其約定事項。公司債之私募不在此限。十三、代收款項之銀行或郵局名稱及地址。十四、有承銷或代銷機構者，其名稱及約定事項。十五、有發行擔保者，其種類、名稱及證明文件。十六、有發行保證人者，其名稱及證明文件。十七、對於前已發行之公司債或其他債務，曾有違約或遲延支付本息之事實或現況。十八、可轉換股份者，其轉換辦法。十九、附認股權者，其認購辦法。二十、董事會之議事錄。二十一、公司債其他發行事項，或證券主管機關規定之其他事項。」其中，前述第7款、第9款至第11款、第17款，應由會計師查核簽證；第12款至第16款，應由律師查核簽證（公§248Ⅴ）。第12款之受託人，以金融或信託事業為限（公§248Ⅵ）。另募集發行公司債時，於申請審核時，亦應另行加具公開說明書（證§30Ⅰ）。

　　依公司法第248條第7項之規定：「第一項第十八款之可轉換股份數額或第十九款之可認購股份數額加計已發行股份總數、已發行轉換公司債可轉換股份總數、已發行附認股權公司債可認購股份總數、已發行附認股權特別股可認購股份總數及已發行認股權憑證可認購股份總數，如超過公司章程所定股份總數時，應先完成變更章程增加資本額後，始得為之。」其立法目的乃為使公司得在授權資本範圍內（註：即發行時，應有足夠之授權資本額空間，以支應轉換公司債轉換或附認股權公司債行使認股權後，公司應核給之股份總數）可視資本市場市況，彈性選擇辦理現金增資發行新股或發行轉換公司債等，以掌握時效，並利於企業經營[78]。

　　證券主管機關審核公司債之募集與發行係採申報生效制（募發準則§3Ⅰ）。亦即發行公司依規定檢齊相關書件向證券主管機關提出申報，如無申報書件不完備、應記載事項不充分或募發準則第5條規定（指發生證券交易法第36條第3項第2款股東常會承認之年度財務報告與公告，與向證券主管機關申報者有不一致，或發生對股東權益或證券價格有重大影響之事項）之情事，亦未經證券主管機關退回者（募發準則§7、§8），其案件自

---

[78]　參見90年11月12日公司法第248條之修正理由。

證券主管機關及其指定之機構收到申報書件即日起屆滿一定營業日即可生效（募發準則§3II）。

　　(1)如發行「普通公司債」者（包括擔保公司債及無擔保公司債在內）：「公開發行公司」（包括上市、上櫃、興櫃公司等）依規定提出申報，於證券主管機關及其指定之機構收到發行公司債申報書即日起屆滿三個營業日生效。但金融控股、票券金融及信用卡等事業，申報生效期間為十二個營業日（募發準則§21II）；(2)如發行「轉換公司債」或「附認股權公司債」者：上市或上櫃公司有募發準則第13條第1項第2款情事之一者（諸如：發行人涉及非常規交易應提列特別盈餘公積，尚未解除等情事），於收到發行轉換公司債申報書即日起屆滿二十個營業日生效，否則，自收到轉換公司債申報書即日起屆滿十二個營業日生效。興櫃股票公司、未上市或未上櫃公司，則於收到發行轉換公司債申報書即日起屆滿七個營業日生效。但金融控股、銀行、票券金融及信用卡等事業，申報生效期間為十二個營業日（募發準則§27II～IV）。附認股權公司債之申報生效期間則同上開規定（募發準則§39II～IV）。

　　有關公司債之撤銷或廢止申報生效，依募發準則第11條第1項之規定：「發行人募集與發行有價證券，經發現有下列情形之一，本會得撤銷或廢止其申報生效或核准：一、發行人申報發行普通公司債案件之募集期間，逾櫃買中心審查準則及櫃買中心國際債券管理規則所定期限者。二、前款以外之案件，自申報生效通知到達之日起，逾三個月或逾本會核准延長募集期間尚未募足並收足現金款項者。三、有公司法第二百五十一條第一項（註：指公司債經核准後，有違反法令或虛偽情形者）……規定情事者。四、違反本法第二十條第一項規定情事（註：指募集或發行時，有虛偽、詐欺或其他足致他人誤信之行為）者。五、違反第五條規定情事者（註：指發生證券交易法第36條第3項第2款股東常會承認之年度財務報告與公告，與向證券主管機關申報者有不一致，或發生對股東權益或證券價格有重大影響之事項）。六、違反或不履行辦理募集與發行有價證券時所出具之承諾，情節重大者。七、其他為保護公益、違反本準則規定或本會於通知申報生效或申請核准時之限制或禁止規定者。」如經撤銷或廢止申報生效時，已收取有價證券價款者，發行人或持有人應於接獲證券主管機關撤銷或廢止通知之日起十日內，依法加算利息返還該價款，並負損害賠償責任（募發準則§11IV）。

4.對外公開募集

　　發行公司募集與發行公司債者，經申報生效後，應於申報生效通知到達之日起三十日內，依公司法第252條之規定辦理（募發準則§9I）。而依公司法第252條之規定：「（第1項）公司發行公司債之申請經核准後，董事會應於核准通知到達之日起三十日內，備就公司債應募書，附載第二百四十八條第一項各款事項，加記核准之證券管理機關與年、月、日、文號，並同時將其公告，開始募集。……（第2項）超過前項期限未開始募集而仍須募集者，應重行申請。」

　　公司委託之證券承銷商於公司開始募集公司債後，如有應募人應募者，應先向應募

人交付公開說明書（證§31Ⅰ）。應募人應在應募書上填寫所認金額及其住所或居所，簽名或蓋章，並照所填應募書負繳款之義務（公§253Ⅰ）。如全體應募人所應募之公司債總額，超過發行之總額時，公司應以預先公告之方法（如抽籤等），決定何人之應募對公司發生效力。公司董事會在向各應募人請求繳足其所認金額前，應將全體記名債券應募人之姓名、住所或居所暨其所認金額，及已發行之無記名債券張數、號碼暨金額，開列清冊，連同第248條第1項各款所定之文件，送交公司債債權人之受託人（公§255Ⅰ）。公司債經應募人認定後，董事會應向未交款之各應募人請求繳足其所認金額（公§254）。

四、公司債之私募

（一）公司債私募之意義

所謂私募是相對於公募（公開募集）而言，也就是對特定人招募有價證券之行為，而不對社會大眾公開招募者（證§7Ⅱ）。「有價證券之私募由於應募者只限於少數之特定人，不若公開承銷涉及層面之廣大，應在規範上予以鬆綁，又配合第一百五十六條修正，將公司股票是否公開發行歸屬於企業自治事項，故私募之發行不必受限於上市、上櫃或公開發行公司。發行前之平均淨利不能保證公司未來之獲利，應依各應募人主觀之認定由其自行承擔投資風險，不需硬性規定平均淨利百分比，亦不必於發行前向主管機關申請或交由其事前審查，只需於發行後備查。使公司在資金募集的管道上更多元化。[79]」因此，90年11月12日公司法修訂時，乃增訂第248條第2項之規定：「『公司債』之私募不受第二百四十九條第二款及第二百五十條第二款之限制，並於發行後十五日內檢附發行相關資料，向證券管理機關報備；私募之發行公司不以上市、上櫃、公開發行股票之公司為限。」（非現行條文）。

另107年8月1日公司法修正時，有鑑於「第三百五十六條之十一規定，於閉鎖性股份有限公司已放寬私募之標的，除私募普通公司債外，亦得私募轉換公司債及附認股權公司債。因此，本次修法擴大適用範圍，讓非公開發行股票之公司除私募普通公司債外，『亦得私募轉換公司債及附認股權公司債』，爰修正第二項，以利企業運用。[80]」故現行公司法第248條第2項規定：「普通公司債、『轉換公司債或附認股權公司債』之私募不受第二百四十九條第二款及第二百五十條第二款之限制，並於發行後十五日內檢附發行相關資料，向證券主管機關報備；私募之發行公司不以上市、上櫃、公開發行股票之公司為限。」

公司發行股票之公司得辦理公司債之私募，其於辦理私募公司債（包括普通公司債、轉換公司債或附認股權公司債等）時，應依證券交易法第43條之6以下之規定及「私

募注意事項」辦理。至於非公司發行股票之公司，公司法第248條第2項後段雖規定：「私募之發行公司不以上市、上櫃、公開發行股票之公司爲限。」但對其所應遵循之程序及規範，公司法本身卻未加以明定，因此，非公開發行股票之公司於辦理公司債之私募時，除適用公司法本身之明文規定外，似應類推適用證券交易法之相關規定[81]。

（二）公司債私募之限制

1. 發行條件之限制

依公司法第248條第2項之規定：「普通公司債、轉換公司債或附認股權公司債之私募不受第二百四十九條第二款及第二百五十條第二款之限制……。」私募公司債依證券交易法第43條之6之規定，私募之對象限定爲具保障自己投資權益之財力及能力之特定人，可自行判斷該公司是否足以信賴，進而決定是否應募，因此，「發行前之平均淨利不能保證公司未來之獲利，應依各應募人主觀之認定由其自行承擔投資風險，不需硬性規定平均淨利百分比。[82]」再者，依本條之反面解釋，公司債之私募，仍應受第249條第1款及第250條第1款之限制，亦即「對於前已發行之公司債或其他債務有違約或遲延支付本息之事實，尚在繼續中者」，不得私募公司債（公§250①）；「對於前已發行之公司債或其他債務，曾有違約或遲延支付本息之事實已了結，自了結之日起三年內。」不得私募無擔保公司債（公§249①）。

2. 發行總額之限制

公司法第247條規定：「（第1項）公開發行股票公司之公司債總額，不得逾公司現有全部資產減去全部負債後之餘額。（第2項）無擔保公司債之總額，不得逾前項餘額二分之一。」另證券交易法第43條之6第3項規定：「普通公司債之私募，其發行總額，除經主管機關徵詢目的事業中央主管機關同意者外，不得逾全部資產減去全部負債餘額之百分之四百，不受公司法第二百四十七條規定之限制。並得於董事會決議之日起一年內分次辦理。」又依107年8月1日公司法第247條之修正理由：「……公開發行股票之公司……依證券交易法第四十三條之六第三項規定，私募轉換公司債及附認股權公司債，其私募數額仍須受本法第二百四十七條規定限制，爰修正第一項，以公開發行股票公司爲適用對象。換言之，公開發行股票公司私募上開種類公司債仍有舉債額度限制，以免影響公司財務健全。至非公開發行股票之公司，爲便利其籌資，私募公司債之總額，則無限制。……」由上可知，公開發行股票之公司於私募「普通公司債」時，其發行總額，不得逾全部資產減去全部負債餘額之400%（證§43-6Ⅱ）；於私募轉換公司債及附認股權公

---

[81] 101年8月8日公司法第248條之修正理由稱：「……『私募』，是以私人洽購的方式，向法定特定對象募集，並非以一般不特定大眾爲對象。私募公司債依證券交易法第四十三條之六規定，係對特定具有一定專業知識或經濟能力者，故應得仰賴其自行判斷該公司是否足以信賴，進而決定是否應募。四、由於私募之對象限定爲具保障自己投資權益之財力及能力之法定特定人，故應募者毋須仰賴政府介入保障。……」

[82] 參見90年11月12日公司法第248條之修正理由。

司債時，不得逾公司現有全部資產減去全部負債後之餘額（公§247Ⅰ）。至於非公開發行股票之公司其私募公司債之總額，則無限制（公§247修正理由）。

3. 應募人數之限制

依公司法第248條第3項之規定：「前項私募人數不得超過三十五人。但金融機構應募者，不在此限。」另證券交易法第43條之6第2項規定：「前項第二款及第三款之應募人總數，不得超過三十五人。」可知公司債私募之應募人數原則上不得超過三十五人。

（三）公司債私募之程序

1. 經董事會特別決議

依公司法第248條之1之規定：「公司依前條第二項私募轉換公司債或附認股權公司債時，應經第二百四十六條董事會之決議，並經股東會決議。但公開發行股票之公司，證券主管機關另有規定者，從其規定。」本條係107年8月1日公司法修正時所新增，其立法理由稱：「公司依第二百四十八條第二項私募轉換公司債或附認股權公司債時，因可能涉及股權變動而影響股東權益較深，爰明定公司除應經第二百四十六條之董事會特別決議外，並應經股東會決議。惟公開發行股票之公司，證券主管機關另有規定者，則從其規定。另公司依第二百四十八條第二項私募普通公司債時，應依第二百四十六條規定經董事會特別決議，併予敘明。」

另91年2月6日證券交易法第43條之6之修正理由稱：「……由於公司債之募集依公司法第二百四十六條規定，僅需經由董事會決議通過，為求簡便，增訂公司債（註：指普通公司債）之私募，得免經股東會決議。」又私募注意事項第4條稱：「公開發行公司依本法第四十三條之六私募有價證券，『除普通公司債得依同條第三項經董事會決議外』，應依同條第六項規定於股東會召集事由中列舉下列相關事宜，並於股東會充分說明……。」由上可知，無論是公開發行公司或非公開發行公司於私募「普通公司債」時，僅需依公司法第246條之規定，經董事會特別決議即可，無須再經股東會決議。惟如屬私募轉換公司債或附認股權公司債時，則須經股東會決議。

2. 經股東會決議（轉換公司債或附認股權公司債）

(1) 股東會決議之方式

依公司法第248條之1但書之規定，公開發行股票之公司於私募「轉換公司債或附認股權公司債」時，如證券主管機關另有規定者，從其規定。依證券交易法第43條之6第1項之規定，公開發行股票之公司，進行有價證券之私募時，應由代表已發行股份總數過半數股東之出席，出席股東表決權三分之二以上之同意之。相對於非公開發行股票之公司而言，公司法第248條之1本文僅稱：「公司依前條第二項私募轉換公司債或附認股權公司債時，應經第二百四十六條董事會之決議，並經股東會決議。」對於股東會決議之方式並未特別加以規定，如依公司法第174條之規定：「股東會之決議，除本法另有規定外，應有代表已發行股份總數過半數股東之出席，以出席股東表決權過半數之同意行之。」似僅

需經股東會普通決議即可。爲何公開發行股票之公司於私募轉換公司債或附認股權公司債時，須經股東會特別決議（證§43-6Ⅰ），而非公開發行股票之公司卻僅需經股東會普通決議？其理由何在？實不得而知。惟誠如公司法第248條之1之增訂理由：「私募轉換公司債或附認股權公司債時，因可能涉及股權變動而影響股東權益較深。」故二者之股東會決議方式似應予以齊一，較爲妥適。

(2) 股東會召集通知之記載

公開發行股票之公司依證券交易法第43條之6第6項之規定，辦理有價證券[83]私募時，「應在股東會召集事由中列舉並說明左列事項，不得以臨時動議提出：一、價格訂定之依據及合理性。二、特定人選擇之方式。其已洽定應募人者，並說明應募人與公司之關係。三、辦理私募之必要理由。」（證§43-6Ⅵ）。另考量股東會召開不易且股東成員每年變動大，乃規定「依第一項規定進行有價證券私募，並依前項各款規定於該次股東會議案中列舉及說明分次私募相關事項者，得於該股東會決議之日起一年內，分次辦理。」（證§43-6Ⅶ）。

至於非公開發行股票之公司，在辦理轉換公司債或附認股權公司債之私募時，公司法並未加以特別規定，而公司法第172條亦未明定「應在召集事由中列舉並說明其主要內容，不得以臨時動議提出。」茲因轉換公司債或附認股權公司債，性質上是屬具有股權性質之有價證券（參見證施§11Ⅰ），且「因可能涉及股權變動而影響股東權益較深」，故似應參考證券交易法第43條之6第4項之規定，以明文方式規定，非公開發行股票之公司於私募轉換公司債或附認股權公司債時，亦應在股東會召集事由中列舉並說明其主要內容，不得以臨時動議提出，較爲妥適[84]。

(3) 私募公司債之價格

公開發行股票之公司辦理轉換公司債或附認股權公司債之私募時，主管機關訂有理論價格供發行公司依循，而私募價格原則上不得低於理論價格之八成。如私募轉換公司債、附認股權公司債之發行價格低於理論價格之八成者，應併將獨立專家就訂價之依據及合理性意見載明於開會通知，以作爲股東是否同意之參考，且股東會不得將私募訂價成數授權董事會或董事長訂定（私募注意事項§4）。

至於非公開發行股票之公司，辦理轉換公司債或附認股權公司債之私募時，公司法對其發行價格則未予明文規定。

---

[83] 此應是指轉換公司債或附認股權公司債而言，蓋依私募注意事項第4條之規定：「公開發行公司依本法第四十三條之六私募有價證券，除普通公司債得依同條第三項經董事會決議外，應依同條第六項規定於股東會召集事由中列舉下列相關事宜，並於股東會充分說明：（一）私募價格訂定之依據及合理性：……2.私募特別股、轉換公司債、附認股權公司債等具股權性質之有價證券者……。」可知私募「普通公司債」僅須經董事會（特別）決議，不需召集股東會而爲決議。再者，轉換公司債或附認股權公司債在證券交易法上是屬「具股權性質之有價證券」，故應依該規定於股東會召集事由中列舉，並於股東會充分說明。

[84] 此涉及股東會之召集程序或其決議方法有無違反法令，以及股東得否提起撤銷股東會決議之問題（公§189），故應予以明文規定，才較爲妥適。

3. 私募公司債不設受託人

私募公司債不設受託人（公§248Ⅰ⑫但）。蓋「公司債之私募，由於應募者只限於少數之特定人，不若公開募集涉及層面之廣大。又私募公司債之特點即在於公司得以較簡便迅速的方式、較低的成本來獲取資金。對急需資金之公司，可使資金即時挹注。是以，為符合創設私募制度使企業以較簡便程序及較低成本便利迅速籌資之初衷，對於不涉及公開募集，以特定人為對象之私募公司債，當無須受託人制度之介入。[85]」

4. 對特定人招募

公司對特定人招募（私募）時，應備就公司債應募書（公§252）。應募人應在應募書上填寫所認金額及其住所或居所，簽名或蓋章，並照所填應募書負繳款之義務（公§253Ⅰ）。公司債經應募人認定後，董事會應向未交款之各應募人請求繳足其所認金額（公§254）。約略與公募程序相同，茲不贅述。

5. 事後報備

私募公司債，採事後報備制，因此無須事先向主管機關申報。發行公司應於公司債之價款繳納完成日起十五日內，檢附相關書件，報請主管機關備查（公§248Ⅱ前、證§43-6Ⅴ）。公開發行股票之公司並應將私募有價證券之相關資訊輸入公開資訊觀測站（私募注意事項§6）。

五、公司債券

（一）公司債券之意義

如前所述，公司債是指股份有限公司以籌集長期資金為目的，將其所需資金總額分割成許多相同金額之細小單位，而以發行債券之方式，所負擔之金錢債務。表彰此種債務之證券，稱為公司債券，為有價證券之一種（證§6Ⅰ）。

（二）公司債券之發行

1. 實體發行

有關有價證券（含公司債券在內）之發行可分為實體發行及無實體發行二種方式。有價證券無實體化可有效降低實體有價證券遺失、被竊及被偽造、變造等風險，已為國際主要證券市場發展趨勢，目前各主要證券市場之國家亦陸續朝有價證券無實體化之方向推動。我國亦遵循國際證券市場之發展趨勢，自100年7月29日起，所有上市、上櫃及興櫃之有價證券全面轉換為無實體發行[86]。因此，底下所述者，是指除上市、上櫃或興櫃以外

---

[85] 參見101年8月8日公司法第248條之修正理由。

[86] 參見107年8月1日公司法第161條之2之修正理由。另募發準則第10條第4項規定：「上市、上櫃及興櫃股票公司發行股票或公司債應採帳簿劃撥交付，不印製實體方式為之。」

之公開發行股票公司及非公開發行公司所發行之公司債者而言。

公司債如採實體發行者，依公司法第257條之規定：「（第1項）公司債之債券應編號載明發行之年、月、日及第二百四十八條第一項第一款至第四款、第十八款及第十九款之事項，有擔保、轉換或可認購股份者，載明擔保、轉換或可認購字樣，由代表公司之董事簽名或蓋章，並經依法得擔任債券發行簽證人之銀行簽證後發行之。（第2項）有擔保之公司債除前項應記載事項外，應於公司債正面列示保證人名稱，並由其簽名或蓋章。」

依公司法第258條之規定：「（第1項）公司債存根簿，應將所有債券依次編號，並載明左列事項：一、公司債債權人之姓名或名稱及住所或居所。二、第二百四十八條第一項第二款至第四款之事項，第十二款受託人之名稱，第十五款、第十六款之發行擔保及保證、第十八款之轉換及第十九款之可認購事項。三、公司債發行之年、月、日。四、各債券持有人取得債券之年、月、日。（第2項）無記名債券，應以載明無記名字樣，替代前項第一款之記載。」

如採實體發行而屬記名式之公司債券，得由持有人以背書轉讓之。但非將受讓人之姓名或名稱，記載於債券，並將受讓人之姓名或名稱及住所或居所記載於公司債存根簿，不得以其轉讓對抗公司（公§260）。如採實體發行而屬無記名式之公司債券，則以交付方式轉讓之。無記名式之債權人得隨時請求改為記名式（公§261）。

2. 無實體發行

公司債如採無實體發行者，依公司法第257條之2之規定：「（第1項）公司發行之公司債，得免印製債票，並應洽證券集中保管事業機構登錄及依該機構之規定辦理。（第2項）經證券集中保管事業機構登錄之公司債，其轉讓及設質應向公司辦理或以帳簿劃撥方式為之，不適用第二百六十條及民法第九百零八條之規定。（第3項）前項情形，於公司已印製之債券未繳回者，不適用之。」其立法理由稱：「一、……公司發行公司債，未印製債券而洽證券集中保管事業機構登錄者，明定應依證券集中保管事業機構有關無實體登錄之相關規定辦理。二、發行公司債之公司，未印製債票而洽證券集中保管事業機構登錄者，因已無實體債券，持有人辦理公司債轉讓或設質，無法再以背書、交付之方式為之，爰參酌證券交易法第四十三條第三項規定，增訂第二項，排除第二百六十條有關記名公司債背書轉讓之規定及民法第九百零八條有關證券質權設定規定之適用，並明定其轉讓及設質應向公司辦理或以帳簿劃撥方式為之。三、鑑於現行實務上，部分公司於全部債券洽證券集中保管事業機構登錄前，仍存在已發行之實體債券並未繳回公司之情形，該實體債券仍為有效之有價證券，具有流通性，其轉讓及設質仍回歸實體債券之方式辦理，爰增訂第三項。[87]」

---

[87] 參見107年8月1日公司法第257條之2之修正理由。

六、公司債債權人之保護

（一）公司債債權人保護之必要性

公司債之募集（公募），是指股份有限公司為籌集長期資金，將其所需資金總額分割成許多相同金額之細小單位，而以發行債券之方式，對非特定人公開招募公司債之行為。1.因其募集對象為一般不特定之公眾（投資人）；2.投資人雖為公司債之債權人，但公司債相關之權利義務，均是依發行公司所擬定之發行辦法而定，投資人並無法單獨、個別與發行公司協商契約之內容，只能決定是否參與公司債之應募而已；3.再者，公司債是發行公司為籌集長期資金所發行之債券，具有繼續性，自公司募集公司債時起，至公司債之償還期限屆至，公司償還債務時止，公司內部營運及資產狀況可能發生變動，且外在社會經濟情況也可能產生變化。因此，為保障公司債債權人之利益，對於公司債發行期間之共通事項，或為查核及監督公司履行公司債發行之相關事項，實有推由特定人予以執行之必要。抑且，當公司怠於履行其負息或還本之義務時，如公司希望與債權人協商，請其為某種程度之犧牲（如允許發行公司緩期清償、降低利率、解除一部分擔保或暫時停止行使權利等），因公司債債權人之人數眾多，如須逐一徵求各公司債債權人之同意，實殆無可能，因此，如能透過債權人會議，將債權人做集團化處理，以會議決定債權人共同之意思，並對全體債權人發生效力，當可簡化債權協商程序，使公司免於倒閉，並可確保公司債債權人之利益[88]。

保護公司債債權人之方法，除強化擔保物權制度外（發行有擔保公司債）、法律上對於公司債募集之限制外（包括公司債發行之禁止、發行總額之限制及發行條件之限制等，參見公§250、§247、§249），以及證券主管機關對於發行公司債時之審核外（採申報生效制。如有特定情事者，證券主管機關得予以退回申請，或撤銷或廢止其申報生效或核准），公司法對於公司債債權人之保護，在公司債發行期間是採受託人之制度；而當發行公司無法履行公司債之負息還本義務時，則是採公司債債權人會議之制度[89]。

（二）公司債債權人之受託人

1. 受託人之意義

公司債債權人之受託人（以下簡稱「受託人」），是指基於契約，受公司債發行公司之委託，為應募人之利益，查核及監督發行公司履行公司債發行事項之金融或信託事業而言[90]。依公司法第248條第1項第12款之規定：「公司發行公司債時，應載明下列事項，向證券主管機關辦理之：……十二、公司債權人之受託人名稱及其約定事項。公司債之私

募不在此限。」該受託人，以金融或信託事業爲限，由公司於申請發行時約定之，並負擔其報酬（公§248Ⅵ）。因此，董事會決議募集公司債（公募）後，須先選定金融或信託事業爲受託人，並與其簽訂信託契約。至於私募之公司債時，雖無須強制設置受託人（公§248Ⅰ⑫但），但公司法並未排除受託人規定之適用，因此公司及應募人等得商討是否設置受託人[91]。

2.受託人之權限

(1) 查核及監督公司履行公司債之發行事項

依公司法第255條第2項之規定：「前項受託人，爲應募人之利益，有查核及監督公司履行公司債發行事項之權。」例如依主管機關之見解，公開發行公司以動產或不動產作爲擔保品而發行公司債者，該擔保品除須設定抵押權或質權予債權人之受託人外，該擔保品表彰之擔保價值須足以償付公司債未來應負擔之本息，公司債之受託人於公司債存續期間應持續對該擔保品進行評價，因擔保品之市價波動而發生跌價情事時，受託人應即通知發行公司限期補足差額[92]。

(2) 於發行有擔保公司債時，受託設定擔保物權，及其實行暨保管

依公司法第256條之規定：「（第1項）公司爲發行公司債所設定之抵押權或質權，得由受託人爲債權人取得，並得於公司債發行前先行設定。（第2項）受託人對於前項之抵押權或質權或其擔保品，應負責實行或保管之。」可知公司發行有擔保公司債時，應於發行前先將該擔保品設定抵押權或質權予受託人；在公司債到期前，受託人應予保管；到期後，如發行公司不爲公司債之償還者，受託人應負責實行擔保物權。

(3) 召集公司債債權人會議及執行其決議

依公司法第263條第1項之規定：「……公司債債權人之受託人……得爲公司債債權人之共同利害關係事項，召集同次公司債債權人會議。」公司債債權人會議決議後，如債權人會議未另外指定執行人時，則由受託人執行之（公§264）。

（三）公司債債權人會議

1.公司債債權人會議之意義

在公司債發行期間，如公司依約履行公司債者，當無召集債權人會議之必要，惟如公司怠於履行其負息或還本之義務時，因爲公司債債權人之人數眾多，無法與其個別協商或逐一徵求其同意，因此，公司法乃透過債權人會議之制度，將債權人做集團化處理，以債

---

[91] 參見柯芳枝，公司法論（下），第176頁。另依101年8月8日公司法第248條之修正理由：原條文第12款「公司債債權人之受託人」及同法第6項明文該受託人「以金融或信託事業爲限」。就法條文字言，公開招募與私募之公司債皆須交由金融或信託事業信託。然「私募」，是以私人洽購的方式，其對象限定爲具保障自己投資權益之財力及能力之法定特定人，並非以一般不特定大眾爲對象，故應募者無需仰賴政府介入保障。爲符合創設私募制度使企業以較簡便程序及較低成本便利迅速籌資之初衷，對於不涉及公開募集，以特定人爲對象之私募公司債，當無需受託人制度之介入。

[92] 參見經濟部88年3月1日商字第88203546號函。

權人會議決定債權人共同之意思，並對全體債權人發生效力，以簡化債權協商程序，避免公司倒閉，並確保公司債債權人之利益。

公司債債權人會議雖為公司法所明定，但並非應定期召集，僅於必要時臨時召集，故屬法定、臨時之合議團體。公司債債權人會議並非公司之機關，而是於公司之外，處於與公司相對立之地位，主要是就公司債債權人之共同利害關係事項，以會議之方式加以決定，以謀求公司債債權人之利益[93]。

2. 公司債債權人會議之組成

依公司法第263條第1項之規定，公司債債權人會議之構成員，僅限於具有共同利害關係之「同次」公司債債權人而已，蓋如非同次發行，則公司債債權人間之利害關係即非共同，一起開會，除徒增無謂之費用外，其所為之決議，亦於事無補[94]。所謂「共同利害關係事項」，主要是指當公司怠於履行其付息或還本時涉及公司債付息還本之事項（如應否允許發行公司緩期清償、應否降低利率、應否解除一部分擔保或暫時停止行使權利等）。

3. 公司債債權人會議之召集

依公司法第263條第1項之規定：「發行公司債之公司，公司債債權人之受託人，或有同次公司債總數百分之五以上之公司債債權人，得為公司債債權人之共同利害關係事項，召集同次公司債債權人會議。」可知發行公司債之公司、公司債債權人之受託人，或有同次公司債總數5%以上之公司債債權人，於必要時均得召集債權人會議。

至於公司債債權人會議之召集程序為何，公司法並未明文規定。公司法第263條第3項原規定：「無記名公司債債權人，出席第一項會議者，準用股份有限公司無記名股票之股東出席股東會之規定。」惟「鑒於無記名股票制度之廢除，本次修法已刪除原第一百七十六條，是以，第三項有關準用之規定，無從準用，爰將準用之法律效果自為規定。」因此，於107年8月1日修法時將其修改為：「無記名公司債債權人，出席第一項會議者，非於開會五日前，將其債券交存公司，不得出席。」故學者認為公司債債權人會議之召集程序，解釋上應類推適用有關公開發行股票之公司臨時股東會召集程序之規定，應於十五日前通知各公司債債權人（公§172Ⅲ）[95]。

---

[93] 參見柯芳枝，公司法論（下），第170頁。

[94] 參見柯芳枝，公司法論（下），第169頁。惟公司（債務人）如有多次發行公司債者，當公司無法履行負息還本之義務時（違約），將涉及不同次公司債債權人彼此間及其他債權人（有擔保、無擔保等）可能發生利益相衝突之情形，而公司法並未規定應如何處理。於公司重整時，公司法是以整體處理之方式，按優先重整債權人、有擔保重整債權人、無擔保重整債權人及股東，分組關係人會議及行使其表決權（公§302Ⅰ），可決重整計畫及執行。於公司特別清算時，債權人會議是由已經為債權申報及特別清算人所明知之普通債權人所組成，不包括依法得行使優先受償權或別除權之債權在內（公§341Ⅱ、Ⅳ）。

[95] 參見劉連煜，現代公司法，第661頁。柯芳枝，公司法論（下），第171頁。應注意的是，公司法第172條第3項原規定：「公開發行股票之公司股東臨時會之召集，應於十五日前通知各股東，對於持有無記名股票者，應於三十日前公告之。」惟107年8月1日公司法修訂時，配合無記名股票制度之

有關公司債債權人之主席、委託代理出席等，似應類推適用關於股東會之相關規定（公§182-1、公§177）。而無記名公司債債權人，出席公司債債權人會議者，應於開會五日前，先將其債券交存公司，否則不得出席（公§263Ⅲ）。

4. 債權人會議之決議

有關公司債債權人之決議，按每一公司債券最低票面金額有一表決權（公§263Ⅱ後）。該會議之決議，則應有代表公司債債權總額四分之三以上債權人之出席，以出席債權人表決權三分之二以上之同意行之（公§263Ⅱ前）。

公司債債權人會議之決議，應製成議事錄，由主席簽名，經申報公司所在地之法院認可並公告（公§264）。

5. 法院之認可與執行

依公司法第265條之規定：「公司債債權人會議之決議，有左列情事之一者，法院不予認可：一、召集公司債債權人會議之手續或其決議方法，違反法令或應募書之記載者[96]。二、決議不依正當方法達成者。三、決議顯失公正者。四、決議違反債權人一般利益者。」債權人會議之決議，如經申報公司所在地之法院認可者，對全體公司債債權人發生效力；債權人會議之決議，原則上由公司債債權人之受託人執行之；但債權人會議另有指定者，從其指定（公§264）。

廢除，已刪除該條中有關無記名股票之規定。然公司法並未廢除無記名公司債之制度，對於持有無記名公司債債權人，究應於幾日前公告，涉及法院對於公司債債權人會議之決議，應否予以認可之問題（公§265①），故似應予以明文規定為妥。

[96] 學者認為該條第1款稱：召集公司債債權人會議之手續或其決議方法，違反法令或應募書之記載者，法院應不予認可。惟「應募書」應非關於債權人會議「召集手續或其決議方法」等程序事項之記載，而縱有記載，亦不得違反強制規定（如公司法第263條第2項之決議方法），因此，所謂違反「應募書之記載者」，當指其決議事項（實質內容）而言。參見柯芳枝，公司法論（下），第175頁。

第七章　公司重整

一、重整之意義

　　公司重整，乃公開發行股票或公司債之公司因財務困難，暫停營業或有停業之虞，而有重建更生之可能者，在法院監督下，以調整其債權人、股東及其他利害關係人利益之方式，達成企業維持與更生，用以確保債權人及投資大眾之利益，維護社會經濟秩序為目的[1]。重整之目的有二，一為清理債務，一為維持企業[2]。蓋公司資產顯有不足抵償其所負債務時，如不問其原因為何、有無繼續經營維持之可能等，董事會均應立即聲請宣告破產（公§211Ⅱ），將造成公司債權人之債權落空，並對員工家庭生計及社會經濟造成重大影響。反之，公司因一時財務困難，但如能暫時限制債權之行使，並予以適當之資金挹注，使公司得以繼續經營，且如能進一步重整成功，將對於公司債權人債權之確保、公司應負之社會責任、員工家庭生計及社會經濟均有極大之助益[3]，因此本法於55年修正時，特仿照美、日立法例而增設「公司重整」乙節。

二、重整之對象—公開發行公司

　　依公司法第282條第1項之規定，公司重整應以「公開發行股票或公司債之公司」為對象。所謂公司發行股票之公司，依本法第156條之2第1項之規定，係指公司依董事會之決議，向證券主管機關申請辦理公開發行程序而言，一旦成為公開發行股票之公司，無論是否發行公司債，以及發行公司債時無論採公開招募或私募，只要符合第282條第1項之要件者，均得聲請重整[4]。所謂公開發行公司債之公司，依公司法第248條第1項規定，公司發行公司債時，應載明一定事項，向證券管理機關辦理之，是以，公開發行股票之公司始可公開募集公司債[5]。因此，所謂「公開發行股票或公司債之公司」者，應是指「公開

---

[1]　參見最高法院92年度台抗字第283號民事裁定。

[2]　參見柯芳枝，公司法論（下），第214頁。

[3]　參見107年8月1日公司法第282條之修正理由。

[4]　參見柯芳枝，公司法論（下），第215頁。

[5]　參見經濟部93年11月1日經商字第09300189290號函。

發行股票之公司」而言[6]。

三、重整之要件－重建更生之可能

民國59年9月4日公司法修正時，第282條第1項原規定：「公開發行股票或公司債之公司，因財務困難，暫停營業或有停業之虞者，法院得依左列關係人之一之聲請，裁定准予重整。」然所謂「因財務困難，暫停營業或有停業之虞」即可聲請重整，極易被誤解公司重整為一救濟措施，又「法院得依左列關係人之一之聲請，裁定准予重整」之規定，易被誤解為一經提出聲請，法院即可裁定准予重整，因此，90年11月12日公司法修正時，乃加入應以「有重建更生之可能」為要件[7]。

依司法實務之見解，公司有無重建更生之可能，應依公司業務及財務狀況判斷，須其在重整後能達到收支平衡，且有盈餘可攤還債務，始得謂其有經營之價值，而許其重整[8]。另公司有無重整之可能，應綜合該公司之未來發展加以判斷，除應參考公司當時之財務狀況外，其重點應在公司未來營運前景之評估。……抗告人公司整體財務結構不健全，獲利能力不足，亦無充足資金從事營運活動，即使有資金奧援，然其償債能力出現嚴重問題，並非僅短期資金調度困難，且參諸檢查人之檢查結果及經濟部工業局之意見，足認抗告人營收方面無法支持合理之財務負擔，資金缺口過大，欠缺強而有力之資金挹注，所提重整方案亦未就發生財務危機之主要弊端提出具體改善計畫，難見其可行性，故難認有繼續經營之價值[9]。由此可知，在認定是否有重建更生之可能時，法院考量之因素，應包括：公司之未來營運前景、公司之財務及業務狀況、公司是否僅一時資金調度出現困難、重整後收支能否平衡、有無盈餘可攤還債務、並應參考檢查人之報告（公司營收、債權金額、員工薪資及供應商信心等）加以綜合判斷。

四、利害關係人之利益衝突與調和

在正常營運下，公司之利害關係人可能包括董事、股東、員工、銀行、供應商、稅捐機關、顧客等。當公司因財務困難，暫停營業或有停業之虞，各利害關係人為確保其自身利益，可能爭相向公司主張權利，將使公司之財務及營運狀況，雪上加霜。在重整制度下，各利害關係人可能發生利益相衝突之項目，包括是否聲請重整、重整債權之有無、重整計畫之內容、公司財產之處分方式、清償債務之方式、新資金之引進等方面，而重整

---

[6]　參見柯芳枝，公司法論（下），第216頁。

[7]　參見90年11月12日公司法第282條之修正理由。

[8]　參見最高法院93年度台抗字第178號民事裁定。

[9]　參見臺灣高等法院91年度抗字第104號民事裁定。

之目的，是針對公開發行股票之公司因財務困難，暫停營業或有停業之虞，而有重建更生之可能者，能在法院監督下，針對上開各利害關係人可能發生利益衝突之事項，加以調和，以達成企業維持與更生，用以確保債權人及投資大眾之利益，維護社會經濟秩序之目的。

　　法院對於公司重整之監督，包括重整聲請之審查及准駁（公§283-1、§285-1）、檢查人之選任及報酬之決定（公§285、§313Ⅰ）、重整人之選任、解任及報酬之決定（公§290、§313Ⅰ）、重整監督人之選任、改選及報酬之決定（公§289、§313Ⅰ）、命令造報債權人及股東名冊（公§286）、重整前保全處分或限制處分之裁定（公§287）、重整債權之審查（公§299）、重整計畫之認可及調整（公§305、§309）、重整計畫之變更指示權（公§306Ⅰ）、終止重整之裁定（公§304Ⅱ、§306Ⅱ）、完成重整之裁定或宣告破產（公§310、§307）等。

五、重整之法源及與相關制度之比較

　　有關公司重整所涉及之法源，除公司法外，尚包括破產法（參見公§296Ⅱ）、非訟事件處理法、民事訴訟法（參見公§314）、民法、企業併購法（企併§9、§51、§52）等。

　　當公開發行公司發生財務困難，暫停營業或有停業之虞，究應走向破產或重整，涉及公司退場機制之問題。如聲請破產，破產屬清算型之債務清理程序，當公司資產顯然不足以抵償債務時，由法院宣告破產，將破產宣告時屬於破產人之一切財產及將來行使之財產請求權，與破產宣告後，破產終結前，破產人所取得之財產組成破產財團（破§82），依破產法之規定予以分配或變價，以清理其債務。重整則屬重建型之債務清理程序，相較於破產，重整是使有重建更生可能之公司，經由調和股東及債權人等利害關係人之利益衝突，進行公司債務清理程序之同時，調整其資本結構及經營體質，以使公司獲得重生。有關重整與相關制度之比較如表7-1。

表7-1　重整、破產等制度之比較

	重整	破產	債務清理	清理
法規依據	公司法	破產法	消費者債務清理條例	銀行法、保險法等
適用對象	公開發行股票或公司債之公司	包括自然人或法人	五年內未從事營業活動或從事小規模營業活動之自然人	銀行、保險等金融機構

表7-1 重整、破產等制度之比較（續）

	重整	破產	債務清理	清理
聲請人	公司、大股東、主要債權人、工會、受僱員工	破產法之和解程序僅債務人能提出聲請；而破產程序則債務人或債權人均得提出聲請	只能由債務人提出聲請	主管機關所爲之處分
要件	因財務困難，暫停營業或有停業之虞，而有重建更生之可能者	1.資產顯不足以清償負債 2.須有兩位以上之債權人 3.須有破產實益	債權人縱爲一人或債務人之財產不敷清償清算程序之費用，仍得利用本條例所定之債務清理程序（債清條例§80、§85）	銀行／保險公司因業務或財務狀況顯著惡化，不能支付其債務或有損及存款人／被保險人權益之虞時

六、重整之現狀與困難之處

　　相較於破產，重整是使有重建更生可能之公司，經由調和股東及債權人等利害關人之利益衝突，進行公司債務清理程序之同時，調整其資本結構及經營體質，使公司獲得重生，對於公司債權人債權之確保、公司應負之社會責任、員工家庭生計及社會經濟均有極大之助益，可謂立意甚佳。然有論者根據司法院地方法院辦理公司重整事件統計，在87年至96年地方法院辦理重整事件合計受理276件，終結262件，其中准許重整32件、駁回聲請135件、撤回聲請117件，平均每年准許重整3件、駁回聲請13件、撤回聲請12件，公司或利害關係人聲請獲准重整之比例不高，僅有12%（32件／276件）而已[10]，而實際上順利完成公司重建更生者，更是寥寥可數[11]。

　　公司重整之所困難重重，不易成功。其可能之問題在於當公司發生財務困難，由公司經營階層向法院聲請重整時，其目的究係如公司法原先所設定的，給予公司喘息之機會，並在法院監督下，調和債權人、股東及其他利害關係人利益之方式，調整其資本結構及經營體質，希冀公司能獲得重生？抑或僅是緩兵之計，利用法院爲公司重整裁定前之保全或限制處分（公§287），限制債權人對公司行使債權，以時間換取空間，爭取與債權人談判之更有利條件而已？就債權人之立場而言，於審視其債權之狀況後（包括性質、有無擔

---

[10] 參見簡仲田，公司重整法制—債務清理法草案對現行公司法公司重整之修正，司法官48期學員法學研究報告，第1540頁，網路資料（http://ja.lawbank.com.tw/pdf2/1539-1558.pdf）。該作者是以「司法統計提要記載：地方法院辦理非訟事件收結情形按—事件別分」予以彙整計算。

[11] 就筆者所知，較爲知名者包括遠東航空、東隆五金、台中精機、中強電子、久津（波蜜）、桂裕鋼鐵（中龍鋼鐵）、維力食品、新竹玻璃等公司。

保等），究應各憑本事，各行其是，以自力救濟之方式即刻主張行使其債權，甚至對該公司以聲請破產之方式，加以反制？抑或應隱忍債權暫不行使，偕同其他債權人、股東之共同行動，並依冗長之重整程序行使債權，期盼公司能重建更生，以便在將來獲取更大的利益，並為社會經濟秩序之維護而努力？而其他債權人、股東之立場又如何？法院及其他主管機關是否會支持公司重整？原經營階層是否會脫離公司經營？有無合適之重整人於重整期間接手公司經營等。

法院考量應否重整之因素又為何？諸如公司是否僅因短期資金調度困難而無法償還債務，在重整後收支能否平衡？公司所處產業之特性為何？公司的營收狀況如何？本業是否具有競爭力？有無盈餘可攤還債務或償債？債權金額多寡、擔保品之情形？員工的向心力及供應商的信心等。在重整計畫中，重整人是否能發揮折衝樽俎、調和鼎鼐之本事，調和各債權人及股東之利益，擬定出大家雖不滿意但能接受之償債計畫，以及如何引進新投資人為公司營運注入活水，讓公司起死回生等。

由上可知，公司重整涉及眾多債權人（及股東）之利益，很容易因為大家立場不同、利害關係各異而破局，且彼此常各懷鬼胎，互信關係不易建立，再加上人多嘴雜，意見眾多，「順了姑意，逆了嫂意」，因此，欲讓因財務困難，暫停營業或有停業之虞之公司重建更生，實屬不易。然誠如重整制度之立法本意，公司雖因一時財務困難，但如能暫時限制債權之行使，並予以適當之資金挹注，使公司得以繼續經營，且如能進一步重整成功，將對於公司債權人債權之確保、公司應負之社會責任、員工家庭生計及社會經濟均有極大之助益。由於公司重整具有重大社會公益色彩，對於公司有重建更生希望者，仍應給予機會努力一試。也期許法院、企業各界及社會賢達能累積經驗，讓經營不善的公司有更多退場或起死回生之機會。

第二節　公司重整程序與流程

有關重整程序之流程，請參見圖7-1。

一、重整之聲請權人

依公司法第282條第1項之規定，重整「得由公司或下列利害關係人之一向法院聲請重整：一、繼續六個月以上持有已發行股份總數百分之十以上股份之股東。二、相當於公司已發行股份總數金額百分之十以上之公司債權人。三、工會。四、公司三分之二以上之受僱員工。」

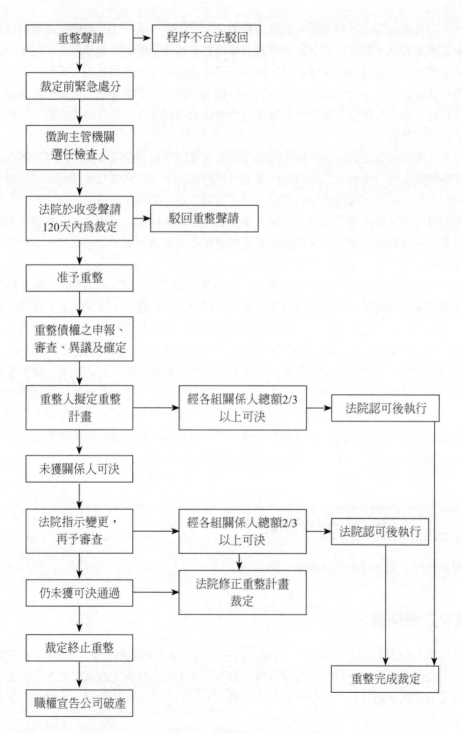

圖7-1　重整程序之流程圖

如果是由公司聲請者，應經董事會以董事三分之二以上之出席及出席董事過半數同意之決議行之（公§282Ⅱ）。如是由股東聲請者，須繼續六個月以上持有已發行股份總數10%以上之股份，以預防不肖股東濫行聲請，搗亂公司之經營[12]。如是由債權人聲請者，則債權金額應相當於公司已發行股份總數金額10%以上，一人或數人者均可，有無優先權及擔保者，亦在所不問。

所稱之工會，「指下列工會：一、企業工會。二、會員受僱於公司人數，逾其所僱用勞工人數二分之一之產業工會。三、會員受僱於公司之人數，逾其所僱用具同類職業技能勞工人數二分之一之職業工會。」（公§282Ⅲ）；如果是由受僱員工者，應由三分之二以上之員工提出聲請，並以聲請時公司勞工保險投保名冊人數為準（公§282Ⅳ）。增加工會及受僱員工作為聲請權人，乃107年8月1日公司法修正時所新增，蓋公司停業後受害最深者為員工，若公司能重整成功，對於公司債權人債權之確保、公司應負之社會責任、員工家庭生計及社會經濟均有極大之助益，實應賦予工會或一定比例以上之公司員工有公司重整聲請權，俾符合「公司法」希望公司透過重整繼續經營維持，並兼顧公司債權人之債權確保及股東之權益保障及維持員工家庭生計之立法意旨[13]。

二、聲請重整對公司之影響

公司重整是以公開發行股票之公司（上市、上櫃及興櫃公司等）為對象，一旦公司聲請重整（或經他人向法院提出重整之聲請），因屬公司之重大事件，依證券法令之規定，上市公司，或其母公司，或其子公司進行公司重整之程序，及其進行程序中所發生之一切事件，包括任何聲請、受法院所為之任何通知或裁定，或經法院依相關法令所為之禁止股票轉讓之裁定，或保全處分在內，或前開事項有重大變更者，應辦理重大訊息公告；且如是由公司提出聲請者，原則上應於公開或召開前一營業日，先向交易所申請暫停交易；並於公告後辦理重大訊息說明記者會[14]。

此外，依公司法第282條規定向法院聲請重整者，交易所對其上市之有價證券得列為變更交易方法有價證券；如列為變更交易方法有價證券後，經撤回重整之聲請或經法院駁回重整之聲請確定者，交易所得恢復其有價證券之交易方法。但經撤回重整之聲請者，其變更原有交易方法之執行期間仍不得短於三個月[15]。

[12] 參見柯芳枝，公司法論（下），第218頁。

[13] 參見107年8月1日公司法第282條之修正理由。

[14] 參見臺灣證券交易所股份有限公司對有價證券上市公司重大訊息之查證暨公開處理程序第4條第1項第5款、第13條之1第1項第3款、第11條第1項第4款等。

[15] 參見臺灣證券交易所股份有限公司營業細則第49條第1項第6款及第2項第6款。

三、公司重整之聲請

公司重整之聲請，應由聲請人以書狀連同副本五份，向法院為之。除一般書狀應記載之事項外，並應載明聲請之原因及事實、公司所營事業及業務狀況、公司最近一年度之財務表冊、對於公司重整之具體意見；公司為聲請時，並應提出重整之具體方案。如是由股東、債權人、工會或受僱員工為聲請時，應檢同釋明其資格之文件（公§283）。依公司法第314條準用民事訴訟法之規定，應由公司所在地之法院管轄（非訟§171）。

四、法院之形式審查

法院於受理公司重整之聲請後，應先審查是否符合形式要件，諸如擬重整之公司是否為公開發行股票或公司債之股份有限公司、法院對於該重整事件有無管轄權、聲請人有無聲請權、由法定代理人或代理人聲請時，其代理權有無欠缺、聲請狀是否已載明法定事項、聲請重整之公司是否經宣告破產確定或是否已解散、聲請人是否已繳納聲請費用等。

「重整之聲請，有左列情形之一者，法院應裁定駁回：一、聲請程序不合者。但可以補正者，應限期命其補正。二、公司未依本法公開發行股票或公司債者。三、公司經宣告破產已確定者。四、公司依破產法所為之和解決議已確定者。五、公司已解散者。六、公司被勒令停業限期清理者。」（公§283-1）。

五、法院之實質審查

法院為形式審查後，如未依公司法第283條之1之規定，駁回重整之聲請者，應進而為實質審查，以確認公司是否有重整之原因及重建更生之可能。審查時，法院應依次為下列措施：

（一）徵詢主管機關及各方之意見

法院對於重整之聲請，除依前條之規定裁定駁回者外，應即將聲請書狀副本，檢送主管機關、目的事業中央主管機關、中央金融主管機關及證券管理機關，並徵詢其關於應否重整之具體意見。法院對於重整之聲請，並得徵詢本公司所在地之稅捐稽徵機關及其他有關機關、團體之意見。被徵詢意見之機關，應於三十日內提出意見。聲請人為股東或債權人時，法院應檢同聲請書狀副本，通知該公司（公§284）。

（二）選任檢查人

法院除徵詢主管機關及各方之意見外，並得就對公司業務具有專門學識、經營經驗而非利害關係人者，選任為檢查人（公§285Ⅰ）。蓋法院於受理公司重整之聲請後，應對

公司有無重建更生之可能加以判斷。在判斷前，對於公司之財務、業務狀況需有通盤之瞭解，並對公司之實際情況詳加調查。然法院因職務、時間及學識等原因，往往無法親自為之，故特設檢查人制度，俾法院在檢查人之協助下，能瞭解公司之狀況，以作為判斷准駁重整聲請之參考[16]。

1. 檢查人之資格

檢查人應對公司業務具有專門學識、經營經驗而非利害關係人（公§285Ⅰ）。主管機關認為充任檢查人之資格須為對公司業務具有專門學識經營經驗之人，此唯自然人方足當之，且檢查人須負責調查公司之業務財務及有關之一切事項，並須對公司之董事、監察人、經理人或其他職員等進行詢問或檢查，性質上亦以自然人充任為適宜；另比較同法第289條第1項之規定：「法院為重整裁定時，應對公司業務，具有專門學識及經營經驗者或『金融機構』，選任為重整監督人。」反觀第285條之檢查人既僅規定對公司業務具有專門學識經營經驗之人充任，不包括「金融機構」等法人在內，故應專指自然人而言。至檢查人所須調查詢問之事項固屬繁多（詳見第285條第1項、第2項），但法條並無限制檢查人之人數，則選任數個檢查人分別辦理似無不可[17]。

2. 檢查人之職務

法院裁定准駁重整，檢查人之調查報告，至關重要，故檢查人對公司各種事項應詳加調查並提出具體建議[18]，包括「一、公司業務、財務狀況及資產估價。二、依公司業務、財務、資產及生產設備之分析，是否尚有重建更生之可能。三、公司以往業務經營之得失及公司負責人執行業務有無怠忽或不當情形。四、聲請書狀所記載事項有無虛偽不實情形。五、聲請人為公司者，其所提重整方案之可行性。六、其他有關重整之方案。」（公§285Ⅰ）。檢查人對於公司業務或財務有關之一切簿冊、文件及財產，得加以檢查（公§285Ⅱ）。

3. 相關人員配合檢查及答覆義務

檢查人於檢查公司業務或財務有關之一切簿冊、文件及財產時，公司之董事、監察人、經理人或其他職員，對於檢查人關於業務財務之詢問，有答覆之義務（公§285Ⅱ）。公司之董事、監察人、經理人或其他職員，拒絕前項檢查，或對前項詢問無正當理由不為答覆，或為虛偽陳述者，處新臺幣2萬元以上10萬元以下罰鍰（公§285Ⅲ）。

4. 檢查報告

檢查人就公司法第285條第1項所列事項之檢查人報告，應以書面為之；法院就檢查事項認為必要時，並得訊問檢查人（非訟§173）。

---

[16] 參見柯芳枝，公司法論（下），第222頁。

[17] 參見經濟部56年7月8日商字第23373號函。

[18] 參見90年11月12日公司法第285條之修正理由。

5. 檢查人之注意義務及責任

檢查人應以善良管理人之注意，執行其職務。檢查人執行職務違反法令，致公司受有損害時，對於公司應負賠償責任。檢查人對於職務上之行為，有虛偽陳述時，各處一年以下有期徒刑、拘役或科或併科新臺幣6萬元以下罰金（公§313）。

檢查人之報酬由法院依其職務之繁簡定之（公§313 I 後），並由公司負擔；其金額由法院徵詢董事及監察人意見後酌定之（非訟§174）。

（三）命公司負責人造報債權人及股東名冊

法院於裁定重整前，得命公司負責人，於七日內就公司債權人及股東，依其權利之性質（註：指是否有優先權或有無擔保、普通股或特別股），分別造報名冊，並註明住所或居所及債權或股份總金額（公§286）。

（四）裁定重整前之保全或限制處分（或稱「緊急處分」）

1. 緊急處分之必要性

公司法第287條第1項規定：「法院為公司重整之裁定前，得因公司或利害關係人之聲請或依職權，以裁定為左列各款處分……」一般稱之為緊急處分。本條之規範目的，在於法院就重整之聲請應否准許，依同法第284條、第285條之規定，應先為必要之詢問及相當之調查，以明瞭有無重建更生之可能性，始能為准駁之裁定，法院倘不及時為各項必要之處分，而聽任利害關係人對公司個別或集體行使債權，致公司總財產減少，則聲請時尚有重整可能之公司，迄重整裁定時，可能因財產之變異而失其重整價值。未來如有重整可行性，重整計畫須就公司之全部財產加以統籌規劃，是裁定重整准駁前，自有先為各類保全處分之必要[19]。申言之，緊急處分之目的，乃為維持聲請重整公司現狀，避免聽任利害關係人各謀自保而履行債務、行使債權，使公司在裁定前喪失其重整價值，且將來重整計畫，亦須統籌公司全部財產予以擬定，故法院對重整聲請為准、駁前，有必要先為緊急處分[20]。

2. 緊急處分之內容

公司法第287條第1項規定：「法院為公司重整之裁定前，得因公司或利害關係人之聲請或依職權，以裁定為左列各款處分：一、公司財產之保全處分。二、公司業務之限制。三、公司履行債務及對公司行使債權之限制。四、公司破產、和解或強制執行等程序之停止。五、公司記名式股票轉讓之禁止。六、公司負責人，對於公司損害賠償責任之查定及其財產之保全處分。」例如禁止處分公司財產或設定負擔，以保全公司財產，或限制公司為現實給付等履行債務之行為。

---

[19]　參見臺北地方法院97年度整聲字第1號民事裁定。

[20]　參見最高法院94年度台抗字第1158號民事裁定。

　　法院為第1項之裁定時，應將裁定通知證券管理機關及相關之目的事業中央主管機關（公§287Ⅳ），以使渠等能立即獲悉法院所為之處分情形，俾便停止該公司股票交易及為各種處理措施[21]。

3. 得繼續進行之程序

　　緊急處分之目的在維持公司現況，解釋上應認為僅係限制公司為現實給付，而下列程序僅在確定私權，並非實現私權，不會使公司財產之權利發生變動，故仍得繼續為之：(1)取得執行名義：如聲請拍賣抵押物，屬非訟事件，法院對此聲請所為之裁定，並無確定實體上權利義務關係之效力，並非債權之行使，故法院雖已為緊急處分，抵押債權人嗣聲請對該公司為拍賣抵押物之裁定，法院仍應予准許[22]；(2)已起訴之案件得繼續進行訴訟：因民事訴訟之目的僅在確定私權，並非實現私權，故已經起訴之案件，應得繼續進行訴訟，未起訴之案件，仍得起訴[23]；(3)假扣押之查封：此僅為保全程序，並不會使公司財產之權利義務發生變動；(4)執行取回原不屬於債務人財產之物。

4. 緊急處分之期限

　　前項處分，除法院准予重整外，其期間不得超過九十日；必要時，法院得由公司或利害關係人之聲請或依職權以裁定延長之；其延長期間不得超過九十日（公§287Ⅱ）。前項期間屆滿前，重整之聲請駁回確定者，第1項之裁定失其效力（公§287Ⅲ）。此是為維護利害關係人之權益，避免企業利用處分期間從事不當行為，對處分期間之延長，除須經法院裁定外，亦限制其延長期限；且為避免公司利用重整作為延期償付債務之手段，及貫徹本法立法意旨，法院裁定確定駁回重整，各種緊急處分，自應失其效力[24]。

（五）法院准駁裁定及時限

1. 審查時限

　　法院依檢查人之報告，並參考目的事業中央主管機關、證券管理機關、中央金融主管機關及其他有關機關、團體之意見，應於收受重整聲請後一百二十日內，為准許或駁回重整之裁定，並通知各有關機關。前項一百二十日之期間，法院得以裁定延長之，每次延長不得超過三十日。但以二次為限（公§285-1Ⅰ、Ⅱ）。

2. 應駁回重整聲請之情形

　　公司法第285條之1第3項規定：「有左列情形之一者，法院應裁定駁回重整之聲請：一、聲請書狀所記載事項有虛偽不實者。二、依公司業務及財務狀況無重建更生之可能者。」如法院於駁回重整裁定前，曾依公司法第287條第1項為緊急處分者，在緊急處分期間屆滿前，重整之聲請駁回確定者，該緊急處分之裁定亦失其效力（公§287Ⅲ）。

---

[21]　參見90年11月12日公司法第287條第4項之修訂理由。

[22]　參見司法院秘書長73年5月11日廳民一字第0366號函復台高院。

[23]　參見司法院秘書長72年6月20日廳民一字第0394號函復台高院。

[24]　參見90年11月12日公司法第287條之修正理由。

另法院如係以「依公司業務及財務狀況無有重建更生之可能」為理由，裁定駁回重整之聲請，但其合於破產規定者，法院得依職權宣告破產（公§285-1Ⅳ）。

（六）准許重整之裁定

法院依檢查人之報告，並參考目的事業中央主管機關、證券管理機關、中央金融主管機關及其他有關機關、團體之意見，認為依公司業務及財務狀況有重建更生之可能者，應為准許重整之裁定，並通知各有關機關（公§285-1Ⅰ）。

1. 法院應同時決定之事項

依公司法第289條第1項及第290條第1項之規定：「法院為重整裁定時，應就對公司業務，具有專門學識及經營經驗者或金融機構，選任為重整監督人，並決定下列事項：一、債權及股東權之申報期日及場所，其期間應在裁定之日起十日以上，三十日以下。二、所申報之債權及股東權之審查期日及場所，其期間應在前款申報期間屆滿後十日以內。三、第一次關係人會議期日及場所，其期日應在第一款申報期間屆滿後三十日以內。」「公司重整人由法院就債權人、股東、董事、目的事業中央主管機關或證券管理機關推薦之專家中選派之。」亦即法院為重整裁定時，應選派重整人、重整監督人，並應決定債權及股東權之申報期日及場所、所申報之債權及股東權之審查期日及場所、第一次關係人會議期日及場所等。

2. 公告及送達重整裁定

依公司法第291條第1項及第2項之規定：「法院為重整裁定後，應即公告下列事項：一、重整裁定之主文及其年、月、日。二、重整監督人、重整人之姓名或名稱、住址或處所。三、第二百八十九條第一項所定期間、期日及場所。四、公司債權人怠於申報權利時，其法律效果。」「法院對於重整監督人、重整人、公司、已知之公司債權人及股東，仍應將前項裁定及所列各事項，以書面送達之。」亦即法院應公告重整裁定，且對裁定重整前命公司負責人所造報之債權人及股東名冊（公§286），仍應以書面送達重整裁定。

3. 公司帳簿之處置

依公司法第291條第3項之規定：「法院於前項裁定送達公司時，應派書記官於公司帳簿，記明截止意旨，簽名或蓋章，並作成節略，載明帳簿狀況。」所謂載明截止意旨，應表明重整裁定何時送達、截至何處為重整前之帳目，以劃分重整前後之情形，並作為審查重整債權之依據，及防止公司造假帳。所謂作成節略，載明帳簿狀況者，是指應將帳簿種類、件數及其內容是否連續、有無殘缺等，及截止時帳簿上之數字，均予以記明，以供查考[25]。

4. 通知公司主管機關為重整開始之登記

依公司法第292條之規定：「法院為重整裁定後，應檢同裁定書，通知主管機關，為

---

[25]　參見柯芳枝，公司法論（下），第230頁。

重整開始之登記，並由公司將裁定書影本黏貼於該公司所在地公告處。」俾使主管機關知悉公司已經開始重整，且使利害關係人亦得由公司登記情形，知悉公司已經開始重整，以彌補公告之不足[26]。

（七）重整裁定之效力

法院為重整裁定後，對於公司、股東、債權人等均發生一定法律上效力，其權利義務應受重整程序之拘束。依公司法之規定，重整裁定之效力如下：

1. 股東會、董事、監察人職權之停止

重整裁定送達公司後，公司業務之經營及財產之管理處分權移屬於重整人，由重整監督人監督交接，並聲報法院，公司股東會、董事及監察人之職權，應予停止（公§293 I）。在重整期間，以股東及債權人共同組成之關係人會議為公司之最高意思決定機關，公司業務之經營及財產之管理處分權移屬於重整人，並由重整監督人監督重整人執行職務，因此單純由股東組成之股東會、董事（暨董事會）及監察人之職權均應予停止。

2. 公司業務及財產之移交

公司董事及經理人，應將有關公司業務及財務之一切帳冊、文件與公司之一切財產，移交重整人，且公司之董事、監察人、經理人或其他職員，對於重整監督人或重整人所為關於業務或財務狀況之詢問，有答覆之義務（公§293 II、III），俾使重整人對公司之業務及財務狀況能通盤瞭解，以供擬定重整計畫之參考。另為確保公司董事、經理人及職員等，能確實移交、據實說明及確保移交帳冊、文件等之完整性，公司法第293條第4項規定：「公司之董事、監察人、經理人或其他職員，有左列行為之一者，各處一年以下有期徒刑、拘役或科或併科新臺幣六萬元以下罰金：一、拒絕移交。二、隱匿或毀損有關公司業務或財務狀況之帳冊文件。三、隱匿或毀棄公司財產或為其他不利於債權人之處分。四、無故對前項詢問不為答覆。五、捏造債務或承認不真實之債務。」

3. 各項程序之停止

裁定重整後，公司之破產、和解、強制執行及因財產關係所生之訴訟等程序，當然停止（公§294）。蓋對公司之債權，在重整裁定前成立者，為重整債權，非依重整程序，均不得行使權利（公§296 I）；且重整計畫應就公司全部財產統籌擬定，故相關程序應暫時停止，以待重整程序之進行。所謂因財產關係所生之訴訟等程序，係指與重整債權有關之程序而言（諸如與重整債權有關之支付命令、本票裁定[27]等），並包括與重整債權有關之假扣押、假處分等保全程序在內[28]。所謂強制執行程序，包括對公司財產之強制執行，於拍定後價金分配前，因法院裁定重整者，此時，執行法院自應停止執行程序，不得

---

[26]　參見95年2月3日公司法第292條之修正理由。

[27]　參見最高法院94年度台抗字第284號民事裁定。

[28]　參見最高法院91年度台抗字第280號民事裁定。

將拍賣價金分配予債權人[29]。

惟司法實務認為若重整公司之債權人對於第三人所提供之擔保物行使權利，則不受「應依重整程序行使」之限制，亦無相關訴訟程序當然停止之必要[30]。另，行政機關對符合特定條件的人民課予繳納金錢所為之核課處分，是在確定該金錢繳納義務的範圍，及取得執行名義，並非已確定權利之行使，自不受公司重整裁定之影響[31]。

4. 法院得為各項保全處分

依公司法第295條之規定：「法院依第二百八十七條第一項第一、第二、第五及第六各款所為之處分，不因裁定重整失其效力，其未為各該款處分者，於裁定重整後，仍得依利害關係人或重整監督人之聲請，或依職權裁定之。」包括公司財產之保全處分、公司業務之限制、公司股票轉讓之禁止，及對原公司負責人，對於公司損害賠償責任之查定及其財產之保全處分等。

5. 債權行使之限制

對公司之債權，在重整裁定前成立者，為重整債權。無論有無優先受償權、有無擔保，各該債權，非依重整程序，均不得行使權利（公§296）。

6. 股東權行使之限制

原有之股東權，雖非完全停止，但應受重整程序之拘束（如公§299、§300、§302Ⅱ等）。

（八）撤銷重整裁定

公司經法院裁定准許開始重整後，公司重整人於重整完成前，經重整監督人及全體重整債權人之同意，且認公司已無重整之必要，乃具狀向法院撤銷重整之裁定，法院應如何處理[32]？

有認為法院裁定准許開始重整後，公司重整人於重整完成前，既經重整監督人及全體重整債權人之同意聲請撤銷原重整之裁定，而回復公司原來之運作，且經評估公司亦無重整之必要，是則與其繼續進行重整程序，反不如撤銷重整之裁定，而回復公司原來之營運，顯較有利於重整債權人權益之維護，亦能兼顧投資大眾利益之保障，是以准許撤銷重整之裁定為宜。

惟司法實務座談會之研討結果認為重整事件既因法院之介入，對於公司經營權、財

29　參見司法院秘書長72年12月29日廳民一字第0924號函復台高院。

30　參見最高法院99年度台抗字第289號民事裁定。惟臺灣高等法院89年度抗字第3055號民事裁定則認為：「公司法第二百九十六條第一項規定之有擔保重整債權，亦包括由第三人提供擔保物之重整債權在內，是該有擔保重整債權之債權人自亦不得拍賣該第三人所提供之抵押物。惟按公司經裁定重整後，公司之破產、和解、強制執行及因財產關係所生之訴訟等程序當然停止，公司法第二百九十四條定有明文。」

31　參見最高行政法院101年度判字第405號判決。

32　參見臺灣高等法院暨所屬法院89年11月份民事法律問題座談（民事類提案第14號）。

產管理處分權等產生變動，訴訟程序亦生停止效力（參見公司法第293條第1項及第294條），公司法復未明定公司重整人經公司重整監督人及重整債權人之同意，且認無重整之必要時，得聲請撤銷重整之裁定。是為維護投資大眾權益，自應仍依重整程序賡續進行，公司重整人或原聲請人自無聲請撤銷原裁定之可言。

第三節　重整債權、重整債務及股東權

一、重整債權之意義

　　重整債權，是指對公司之債權，在重整裁定前成立者而言，重整債權非依重整程序，均不得行使權利（公§296Ⅰ）。與重整債權相對的是「重整債務」（又稱為共益債權），乃公司在重整程序中所發生之債務或費用，依法得不依重整程序而優先於重整債權而為清償（公§312）[33]。再者，如屬重整債權則需經申報、審查、異議與確定等程序（公§297、§299等），否則，不得依重整程序受清償（公§297Ⅰ）；如屬重整債務者，則無須踐行該等程序，且其優先受償權之效力，不因裁定終止重整而受影響（公§312Ⅱ）。

　　重整債權，可分為實質意義及形式意義二種。就實質意義而言，是指債權發生之原因在重整裁定前存在，具有金錢價值或得以金錢評價，可對公司行使之財產上請求權而言。其應符合下列要件：1.以在重整裁定前成立者為限：債權發生之原因如存在於重整裁定之前者，為重整債權，包括附條件、附期限之債權等，只要在重整裁定前成立者，即屬之。於重整裁定後始成立之債權，諸如在重整程序中所發生之債務或費用，屬重整債務（共益債權），應優先於重整債權而受清償；2.重整債權應以財產上請求權為限：所謂對公司之財產上請求權，應指具有金錢價值或得以金錢評價，可對公司財產執行之請求權而言。蓋於權利申報期間屆滿後，重整監督人應製作重整債權人清冊，載明權利之性質、「金額」及表決權數額，而重整債權人之表決權，以其債權之「金額」比例定之（公§298Ⅰ、Ⅱ），故重整債權自應以具有金錢價值或得以金錢評價者為限。因此，債務人應為一定之行為，而其行為非他人所能代履行者（強執§128）或以不作為為給付之債權，應不得作為重整債權，惟該不能替代行為或以不作為為內容之請求權，如因債務不履行而發生損害賠償請求權，如發生在重整裁定前，則得為重整債權[34]。

---

[33]　由上可知，債權發生之原因究是在重整裁定前或後，對於該債權應否受重整程序拘束及其受償順序等，至關重要，故公司法第291條第3項規定，法院於准予重整裁定送達公司時，應派書記官於公司帳簿，記明截止意旨，簽名或蓋章，並作成節略，載明帳簿狀況，其目的即是希望對於重整前後能有明確之劃分。

[34]　參見柯芳枝，公司法論（下），第234頁。

對於前述實質意義之重整債權，債權人應於一定期間內向重整監督人申報債權，未經申報者，不得依重整程序受清償（公§297 I）。經申報、審查及確定後，即爲形式意義之重整債權，始得依重整程序行使權利。

二、重整債權之種類

依公司法第296條第1項及第2項之規定：「對公司之債權，在重整裁定前成立者，爲重整債權，其依法享有優先受償權者，爲優先重整債權；其有抵押權、質權或留置權爲擔保者，爲有擔保重整債權；無此項擔保者，爲無擔保重整債權……」「破產法破產債權節之規定，於前項債權準用之。但其中有關別除權及優先權之規定，不在此限。」可知重整債權可分爲優先重整債權、有擔保重整債權及無擔保重整債權。

（一）優先重整債權

此是指依法律規定，對於公司之一般財產有優先受償之重整債權，如船舶優先權（海商§24）、職工福利金（職福§9）及租稅優先權（稅稽§6）等。

（二）有擔保重整債權

此是指重整債權中有抵押權、質權或留置權等爲擔保之債權。依破產法第108條之規定，在破產宣告前，對於債務人之財產有質權、抵押權或留置權者，就其財產有別除權，有別除權之債權人，不依破產程序而行使其權利。但因本法第296條第2項但書之規定，已排除破產法中有關別除權之規定，故擔保債權人仍須依重整程序行使權利。

（三）無擔保重整債權

此指重整債權中，無法定優先權，亦無抵押權、質權或留置權等作爲擔保之普通債權而言。

三、重整債權之範圍

依公司法第296條第2項之規定：「破產法破產債權節之規定，於前項債權準用之。但其中有關別除權及優先權之規定不在此限。」準此，除別除權及優先權外，重整債權應準用破產債權之規定。

（一）附期限之重整債權

依公司法第296條第2項準用破產法第100條之規定，附期限（始期）之重整債權未到期者，於重整裁定時，視爲已到期。附期限之重整債權如附有利息者，於重整裁定後該債

權始到期者，理論上雖應開始起算利息，但因屬重整裁定後始發生之利息，為除斥債權，不得為重整債權（公§296Ⅱ準用破§103）；附期限之重整債權無利息者，於重整裁定後該債權始到期者，其債權額應扣除自重整裁定時起至到期時止之法定利息（公§296Ⅱ準用破§101），以免債權人不當得利。

（二）附條件之重整債權

附停止條件之債權，其債權發生之原因，如係在重整裁定前成立者，亦屬重整債權；附解除條件之債權，於重整裁定時，如條件尚未成就（即尚未失其效力），其債權仍屬存續，依公司法第296條第2項準用破產法第102條之規定，附條件之債權，得以其全額為重整債權。然在依重整計畫受分配受償時，其條件成就與否仍不確定，倘先予分配受償，萬一債權確定不生效力時（即停止條件確定不成就，或解除條件確定成就），該債權人將因此而獲有不當得利，顯非公平。因此，似應準用（或類推適用）破產法第140條及第141條之規定，亦即附解除條件債權受分配時，應提供相當之擔保，無擔保者，應提存其分配額；附停止條件債權之分配額，應提存之[35]。

（三）除斥債權

依公司法第296條第2項準用破產法第103條之規定，下列各款債權，不得為重整債權：1.重整裁定後之利息；2.參加重整程序所支出之費用；3.因重整裁定後之不履行所生之損害賠償及違約金；4.罰金、罰鍰及追徵金。

（四）取回權

此是指權利人不依重整程序，由重整公司取回不屬於該公司財產之權利。如重整公司基於租賃、委任及寄託等關係而占有他人之財產，所有權人於該契約關係消滅後得行使取回權。債權人行使取回權時，應向重整人為之（公§296Ⅲ）。重整人處理他人行使取回權之事件時，應得重整監督人事前之許可（公§290Ⅵ⑦）。至於出賣人之取回權，依公司法第296條第2項則準用破產法第111條之規定。

（五）抵銷權

重整債權人於法院為重整裁定時，對於公司負有債務，不問給付種類是否相同，亦不論重整債權之債權是否附有期限或解除條件，均得不依重整程序而為抵銷之權利（公§296Ⅱ準用破§113）。債權人行使抵銷權時，應向重整人為之（公§296Ⅲ）。重整人處理他人行使抵銷權之事件時，應得重整監督人事前之許可（公§290Ⅵ⑦）。而不得為抵銷之情形，則包括：1.重整債權人在重整裁定後，對於重整公司負債務者；2.重整公司

[35]　參見柯芳枝，公司法論（下），第236至237頁。

之債務人，在重整裁定後，對於重整公司取得債權或取得他人之重整債權者；3.重整公司之債務人，已知其停止支付或聲請重整後而取得債權者（公§296Ⅱ準用破§114）。

四、重整債權之申報、審查、異議與確定

（一）重整債權之申報

重整債權人，應提出足資證明其權利存在之文件，向重整監督人申報（公§297Ⅰ）。債權人申報時，並應敘明姓名、住居所、債權之性質及金額（公§298Ⅰ）。重整債權之申報，則應於法院公告所定之債權申報期日及場所為之（公§291Ⅰ③）。如經申報者，其時效中斷；未經申報者，不得依重整程序受清償（公§297Ⅰ）。如應為申報之人，因不可歸責於自己之事由，致未依限申報者，得於事由終止後十五日內補報之。但重整計畫已經關係人會議可決時，不得補報（公§297Ⅱ）。

債權人如欲於重整程序行使其權利者，均應為債權之申報。縱法院對已知之公司債權人而將重整裁定或相關事項以書面送達者（公§291Ⅱ）亦同。蓋該送達只是促使其注意而已，但法律並無法強迫債權人行使其權利[36]。

（二）重整債權之審查

重整債權應先由重整監督人進行初步審查。亦即重整監督人，於權利申報期間屆滿後，應依其初步審查之結果，分別製作優先重整債權人、有擔保重整債權人、無擔保重整債權人及股東清冊，載明權利之性質、金額及表決權數額，於第289條第1項第2款期日（即重整裁定所列申報之債權之審查期日）之三日前，聲報法院及備置於適當處所，並公告其開始備置日期及處所，以供重整債權人、股東及其他利害關係人查閱（公§298）。

其次則由法院進行審查。即法院審查重整債權及股東權之期日，重整監督人、重整人及公司負責人應到場備詢，重整債權人、股東及其他利害關係人，得到場陳述意見（公§299Ⅰ）。惟法院審查重整債權時僅是就重整監督人初步審查之結果，加以審查而已，對於債權存否，除因有人對債權提出異議得依法予以裁定（公§299Ⅱ）外，否則不得依職權予以審究取捨[37]。

法院就有異議債權所為之裁定，並無確定實體法上私權之效力，因此，就債權或股東權有實體上之爭執者，應由有爭執之利害關係人，於法院裁定送達後二十日內提起確認之訴，並應向法院為起訴之證明；經起訴後在判決確定前，仍依前項裁定之內容及數額行使其權利。但依重整計畫受清償時，應予提存（公§299Ⅲ）。

---

[36]　參見柯芳枝，公司法論（下），第246頁。

[37]　同前註。

（三）重整債權之確定

重整債權或股東權，在法院宣告審查終結前，未經異議者，視為確定；對公司及全體股東、債權人有確定判決同一之效力（公§299IV）。

五、重整債務

重整債務應是參考破產法上有關財團債務（破§96）之用語，但其實質應屬公司在重整程序中所生之債務與費用，此為重整債權人、股東之共同利益所生之債權（又稱共益債權），且為進行重整程序所不可或缺，是為使重整程序順利進行，重整債務依法得優先於一切重整債權而受清償，而不受重整程序之拘束[38]。蓋公司經法院裁定重整後，勢必須與他人繼續發生法律關係，為使重整得以順利進行，此類債務應受相當之確保，若令此類債務之債權人須待重整完成後或終止重整後始得行使權利，將使第三人不欲與重整公司交易，重整進行中所需之費用亦將無所取給，故依公司法第312條第1項規定：「左列各款，為公司之重整債務……：一、維持公司業務繼續營運所發生之債務。二、進行重整程序所發生之費用。」重整債務得優先於重整債權而為清償[39]。

又，重整債務係相對於重整債權之概念。重整債權係於重整裁定「前」所成立對公司之債權，「非依重整程序不得行使權利」；而重整債務，則係指公司在重整程序中（即重整裁定「後」）所生之債務與費用，是為使重整程序順利進行，重整債務依法得優先於一切重整債權而受清償，而不受重整程序之拘束，得隨時清償之。因此，重整債務之效力如下：1.重整債務應隨時清償之；2.不受重整計畫拘束；3.重整計畫對於重整債務應予確保；4.不因裁定終止重整而受影響（公§312II）。

惟應注意的是，1.重整債務雖優先於重整債權而為清償（公§312），但並非謂重整債務恆無條件得優先於擔保物權而就擔保物受償，公司法第312條僅規定重整債務與重整債權間於重整程序之「清償順序」而已，而非謂重整債務於強制執行程序中「具有絕對優先受償之效力」；2.重整債務係相對於重整債權之概念，應以重整聲請經法院裁定准許，而有重整債權存在為前提。如法院已裁定駁回重整之聲請，重整程序自始並未開啟，即無重整裁定前對公司之重整債權存在，重整債務亦無從「優先於重整債權而為清償」，重整債務將無從附麗而生；3.公司法第296條第2項就重整債權準用破產法破產債權節之規定，公司法關於重整費用與重整債務則未明文準用破產法之規定，然破產法破產財團節中關於破產費用與破產債務之規定，仍非不得作為判斷是否該當重整費用與重整債務之參考。故重整費用，應係指公司重整開始後至重整程序終結之重整程序中，為重整之進行而發生之費用，就公司重整程序之進行應具有共益費用之性質，則該條所稱之重整費用，自應以

---

[38]　參見柯芳枝，公司法論（下），第247頁。
[39]　參見臺灣新竹地方法院100年度訴字第228號民事判決。

「進行重整程序」所發生者爲限，始屬對公司重整程序進行有所助益之共益費用[40]。

實務上所常遇到的問題是，公司經法院裁定准予重整者，公司前積欠員工之薪資（及資遣費、退休金等），得否認定爲公司法第312條第1項第1款所謂「維持公司業務繼續營運所發生之債務」，優先於重整債權而爲清償？司法實務座談會之研討結果認爲公司法第312條第1項第1款所謂「維持公司業務繼續營運所發生之債務」，係指重整中所發生之債務，因爲公司之財務狀況已經不正常，才會進入重整程序，此時債權人如無優先權，可能沒有人願意出售原料予公司，或僱用不到員工而不能達到繼續營運業務之目的，因此重整前所積欠員工之薪資，不得優先於重整債權而爲清償[41]。

主管機關認爲：「公司經司法機關裁定重整，其積欠勞工之工資（包括勞工留職停薪前之積欠工資），尚不適用勞動基準法第28條第1項之規定，故其性質應屬無擔保之一般重整債權。[42]」勞動主管機關則認爲：「勞工於重整裁定前取得之工資債權係屬重整債權，該債權非依重整程序，不得行使其權利（公司法第296條）。至於重整期間所積欠之工資係爲維持公司業務繼續營運所生之債務，屬於重整債務，優先於重整債權而受清償（公司法第312條）。[43]」

亦有實務見解認爲[44]：維持企業繼續營運既爲重整主要目的之一，勢必須有員工繼續爲重整公司從事生產及服勞務，始得達該目的，則如員工之薪資不列爲重整債務而得予優先受償，衡諸常情，實難認員工有續爲重整公司從事生產或服勞務之意願，殊難期待該公司能繼續營運，其重整亦勢將無達成之可能，是關於員工之薪資，核其性質，自應屬維持公司業務繼續營運所發生之債務。

惟104年2月4日修正之勞動基準法第28條第1項已規定：「雇主有歇業、清算或宣告破產之情事時，勞工之下列債權受償順序與第一順位抵押權、質權或留置權所擔保之債權相同，按其債權比例受清償；未獲清償部分，有最優先受清償之權：一、本於勞動契約所積欠之工資未滿六個月部分。……」其立法理由稱：「……我國憲法除揭櫫人民之生存權及工作權應予保障。茲以工資、退休金及資遣費爲勞工生活之所繫，現行本於勞動契約所生之工資債權未滿六個月部分，雖定有最優先受清償之權，惟實際受償時卻因雇主資產除抵押物外，幾無所剩，勞工債權雖優先一切債權，惟劣後於擔保物權所擔保之債權，亦難獲得清償，爰修正原條文第一項提高特定勞工債權之受償順序，例如：以某事業單位就其土地設定抵押權貸款六百萬元，因經營不善歇業，積欠勞工工資、退休金及資遣費二百

---

[40]　同前註。

[41]　參見臺灣高等法院暨所屬法院89年11月份民事法律問題座談（民事類提案第15號）。

[42]　參見經濟部74年7月9日經商字第29080號函。

[43]　參見行政院勞工委員會83年3月22日台勞動三字第18703號函。

[44]　參見臺灣高等法院93年度勞上字第29號民事判決。惟請注意，該判決主要是探討公司經裁定重整後，員工於重整期間申請退休，該退休金應屬重整債務之問題，並未特別指明是重整裁定前所積欠員工之薪資，或重整裁定後所積欠員工之薪資。

萬元，土地拍賣後所得價金五百萬元扣繳土地增值稅四十萬元後，剩餘四百六十萬元。按第一項各款所定債權與第一順位擔保之債權有同一受償順序，經按比例分配後，勞工獲償一百一十五萬元（四百六十萬乘以四分之一），其餘未受清償之八十五萬元，仍有優先於其他普通債權受清償之權。」

六、重整程序中之股東權

公司裁定重整後，公司股東會不再是公司之最高意思決定機關，故股東會之職權，應予停止（公§293 I），取而代之是由各組關係人（各組重整債權人及股東）組成之關係人會議，以聽取關於公司業務與財務狀況之報告及對於公司重整之意見、審議及表決重整計畫，及決議其他有關重整之事項（公§301）。在重整程序中，股東權雖非當然停止，但僅能按重整程序行使權利。股東之權利，依股東名簿之記載（公§297Ⅲ），無須申報。

公司重整旨在調整公司利害關係人之利益，股東及重整債權人均為公司重整之關係人，得出席關係人會議（公§300 I）。關係人會議，應按優先重整債權人、有擔保重整債權人、無擔保重整債權人及股東，分組行使其表決權（公§302 I）；而公司無資本淨值時，股東僅能出席關係人會議，但股東組不得行使表決權（公§302Ⅱ）。公司如有資本淨值時，股東對於公司清償債務後之賸餘財產仍有受益之權利，因此，有關股東權利之變更，應訂明於重整計畫（公§304 I），以保障原有股東之利益。法院裁定終止重整，除依職權宣告公司破產者，依破產法之規定外，因裁定重整而停止之股東會，應即恢復（公§308 I）。如公司重整完成後，股東股權經重整而變更或減除之部分，其權利消滅（公§311 I ②）。

第四節　重整人、重整監督人及關係人會議

在重整程序中，公司原有機關—股東會、董事及監察人之職權，應予停止（公§293 I）。由重整人執行公司業務，代表公司，並執行重整工作；由重整監督人監督重整人之執行職務，並由重整債權人及股東共同組成關係人會議，作為重整期間之最高意思決定機關。

一、重整人

（一）重整人之選派與人數

重整人為重整程序中由法院所選派，負責執行公司業務，代表公司，擬定並執行重整計畫之法定必備機關。公司重整人由法院就債權人、股東、董事、目的事業中央主管機關或證券管理機關推薦之專家中選派之（公§290Ⅰ）。重整人為公司之負責人，故準用公司法第30條有關董事、經理人消極資格之規定（公§290Ⅱ）。公司法對於重整人之人數並未明文規定，由法院斟酌實際情形決定之。重整人有數人時，關於重整事務之執行，以其過半數之同意行之（公§290Ⅳ）。

重整人雖係由法院選派，但如關係人會議，依第302條分組行使表決權之結果，有二組以上主張另行選定重整人時，得提出候選人名單，聲請法院選派之（公§290Ⅲ）。或重整人執行職務有違法或不當情事者，重整監督人得聲請法院解除其職務，另行選派之（公§290Ⅴ）。

（二）重整人之權限及職務

重整裁定送達公司後，公司業務之經營及財產之管理處分權移屬於重整人（公§293Ⅰ）。重整人執行職務應受重整監督人之監督（公§290Ⅴ）。重整人為下列行為時，應於事前徵得重整監督人之許可：1.營業行為以外之公司財產之處分；2.公司業務或經營方法之變更；3.借款；4.重要或長期性契約之訂立或解除，其範圍由重整監督人定之；5.訴訟或仲裁之進行；6.公司權利之拋棄或讓與；7.他人行使取回權、解除權或抵銷權事件之處理；8.公司重要人事之任免；9.其他經法院限制之行為（公§290Ⅵ）。

另重整人之職務如下：1.法院審查重整債權及股東權之期日，重整人應到場備詢（公§299Ⅰ前段）；2.關係人會議開會時，重整人應列席備詢（公§300Ⅳ）；3.重整人應擬定重整計畫，連同公司業務及財務報表，提請第一次關係人會議審查（公§303Ⅰ）；4.聲請法院裁定認可重整計畫（公§305Ⅰ）；5.對於重整計畫與事實有扞格時，聲請法院裁定另作適當之處理（公§309）；6.重整計畫，因情事變遷或有正當理由致不能或無須執行時，聲請法院以裁定命關係人會議重行審查或終止重整（§306Ⅲ）；7.於重整計畫所定期限內完成重整工作（公§310Ⅰ前段）；8.聲請法院為重整完成之裁定（公§310Ⅰ中段）；9.召集重整後之股東會選任董事、監察人（公§310Ⅰ後段）；10.會同重整後就任之董事、監察人，向主管機關申請登記或變更登記（公§310Ⅱ）。

（三）重整人之責任與報酬

重整人，應以善良管理人之注意，執行其職務。重整人執行職務違反法令，致公司受有損害時，對於公司應負賠償責任。重整人對於職務上之行為，有虛偽陳述時，處一年以下有期徒刑、拘役或科或併科新臺幣6萬元以下罰金（公§313）。

重整人之報酬，由法院依其職務之繁簡定之（公§313Ⅰ後）。重整人之報酬，應屬進行重整程序所發生之費用，應優先於重整債權而為清償，且其優先受償權之效力，不因裁定終止重整而受影響（公§312）。

二、重整監督人

（一）重整監督人之選派與人數

重整監督人為重整程序中由法院所選派，負責監督公司業務之執行，並主持關係人會議之法定必備機關。法院為重整裁定時，應就對公司業務，具有專門學識及經營經驗者或金融機構，選任重整監督人（公§289Ⅰ）。公司法對於重整監督人之人數並未明文規定，由法院斟酌實際情形決定之。重整監督人有數人時，關於重整事務之監督執行，以其過半數之同意行之（公§289Ⅲ）。重整監督人，應受法院監督，並得由法院隨時改選（公§289Ⅱ）。

（二）重整監督人之權限及職務

重整監督人之權限及職務如下：1.重整人執行職務應受重整監督人之監督（公§290Ⅴ）；2.對於重整人為重大行為時，應於事前徵得重整監督人之許可（公§290Ⅵ）；3.重整裁定送達公司後，由重整監督人監督交接，將公司業務之經營及財產之管理處分權移屬於重整人，並聲報法院（公§293Ⅰ）；4.裁定重整後，聲請法院繼續為保全或限制處分（公§295）；5.受理重整債權人申報債權（公§297Ⅰ）；6.於權利申報期間屆滿後，重整監督人就其初步審查之結果，製作各組重整債權人及股東清冊，並聲報法院（公§298Ⅰ）；7.法院審查重整債權及股東權之期日，重整監督人應到場備詢（公§299Ⅰ）；8.關係人會議由重整監督人為主席，並召集除第一次以外之關係人會議（公§300Ⅱ）；9.重整計畫之執行，有正當理由，不能於一年內完成時，得經重整監督人許可，聲請法院裁定延展期限（公§304Ⅱ）；10.重整計畫未得關係人會議有表決權各組之可決時，重整監督人應即報告法院（公§306Ⅰ）。

（三）重整監督人之責任與報酬

有關重整監督人之責任及報酬等（公§313），同重整人之說明，茲不贅述。

三、關係人會議

（一）關係人會議之意義與分組

關係人會議是由重整債權人及股東所組成，在重整程序中審議及表決重整計畫之法定

必備意思機關。公司重整,乃公開發行股票之公司因財務困難,暫停營業或有停業之虞,而有重建更生之可能者,在法院監督下,以調整其債權人、股東及其他利害關係人利益之方式,達成企業維持與更生,用以確保債權人及投資大眾之利益,維護社會經濟秩序為目的。而重整關係人人數眾多,意見分歧,殊無法令其個別表示意見,因此公司法乃依各利害關係人之性質,設置關係人會議,由各組關係人以多數決之方式,決定其意思,俾使重整工作得以順利進行。

關係人會議,應按優先重整債權人、有擔保重整債權人、無擔保重整債權人及股東,分組行使其表決權(公§302 I)。但公司無資本淨值時,股東僅能出席關係人會議,股東組不得行使表決權(公§302 II)。

(二)關係人會議之召集

重整債權人及股東,為公司重整之關係人,出席關係人會議,因故不能出席時,得委託他人代理出席(公§300 I)。第一次關係人會議期日及場所,由法院於重整裁定中決定(公§289 I ③)。關係人會議由重整監督人為主席,並召集除第一次以外之關係人會議(公§300 II);重整監督人,召集關係人會議時,於五日前訂明會議事由,以通知及公告為之。一次集會未能結束,經重整監督人當場宣告連續或展期舉行者,得免為通知及公告(公§300 III)。關係人會議開會時,重整人及公司負責人應列席備詢(公§300 IV)。

(三)關係人會議之任務

關係人會議之任務如下:1.聽取關於公司業務與財務狀況之報告及對於公司重整之意見;2.審議及表決重整計畫;3.決議其他有關重整之事項,諸如依公司法第290條第3項之規定,得提出重整人候選人名單,聲請法院選派之等(公§301)。

(四)關係人會議之表決

關係人會議,應按優先重整債權人、有擔保重整債權人、無擔保重整債權人及股東,分組行使其表決權(公§302 I);公司無資本淨值時,股東組不得行使表決權(公§302 II)。重整債權人之表決權,以其債權之金額比例定之;股東表決權,依公司章程之規定(公§298 II)。

第五節　重整計畫

一、重整計畫之擬定與提出

　　重整計畫是由重整人所擬定，藉以調和債權人與股東之利益，並經債權人及股東等關係人會議可決及法院認可後執行，以使財務困難之重整公司，能夠重建更新之計畫。

　　公司法第303條第1項之規定：「重整人應擬訂重整計畫，連同公司業務及財務報表，提請第一次關係人會議審查。」依第289條第1項之規定：「法院為重整裁定時，應……決定下列事項：一、債權及股東權之申報期日及場所，其期間應在裁定之日起十日以上，三十日以下。二、所申報之債權及股東權之審查期日及場所，其期間應在前款申報期間屆滿後十日以內。三、第一次關係人會議期日及場所，其期日應在第一款申報期間屆滿後三十日以內。」可知重整人應於債權及股東權之申報期日（重整裁定之日起十日以上，三十日以下）屆滿後三十日以內，即應提出重整計畫，提請第一次關係人會議審查。

二、重整計畫之內容

　　公司法第304條之規定：「公司重整如有左列事項，應訂明於重整計畫：一、全部或一部重整債權人或股東權利之變更。二、全部或一部營業之變更。三、財產之處分。四、債務清償方法及其資金來源。五、公司資產之估價標準及方法。六、章程之變更。七、員工之調整或裁減。八、新股或公司債之發行。九、其他必要事項。」

　　另依企業併購法第9條之規定：「公司依公司法第三百零四條規定訂定之重整計畫，得訂明以債權人對公司之債權作價繳足債權人承購公司發行新股所需股款，並經公司法第三百零五條關係人會議可決及經法院裁定認可後執行之，不受公司法第二百七十條、第二百七十二條及第二百九十六條規定之限制。」其目的是為協助財務陷入困境之公司及保障債權人之權益，且債權人以債作股涉及公司清算財產分配地位之順位及相關權利義務之變更，特於本條明定公司於依公司法第304條規定訂定之重整計畫，得訂明以債權人對公司之債權作價繳足債權人承購公司發行新股所需股款，並經公司法第305條關係人會議可決及經法院裁定認可後執行之，不受公司法第270條（公司虧損時不得公開發行新股）、第272條（公開發行新股應以現金為股款）及第296條（限定重整債權之順序）規定限制，以鼓勵聲請重整公司與債權人進行協商，藉由以債作股方式降低公司負債比率，並引入新股東及經營團隊，以協助公司進行重整[45]。

　　又企業併購法第51條規定：「（第1項）公司進行重整時，得將併購之規劃，訂明於

45　參見91年2月6日企業併購法第9條之立法理由。

重整計畫中。（第2項）公司以併購之方式進行重整時應提供相關書面文件，為重整計畫之一部分，其程序不適用第十八條、第十九條、第二十七條至第三十條、第三十五條至第三十七條有關股東會或董事會決議之規定。」俾使公司得於重整時，將併購等計畫納入，增加重整成功的機會。而合併、收購、分割係原重整計畫中之一部分，故在重整計畫之審查表決時，一併予以決議，不必單獨另為表決，上揭有關股東會或董事會決議之規定應有排除適用之必要[46]。

　　一般而言，重整計畫中最主要會包括幾個大部分：1.公司之償債計畫：諸如對租稅優先債權應如何處理，對於其他優先重整債權之清償順序及清償比例；對有擔保重整債權，依其擔保權利之性質及債權金額等，訂定對各債權人之償還比例（如部分償還60%，部分償還40%，少數則償還100%）；無擔保重整債權之償還比例及償還時間等；2.公司未來之增資計畫：此可能涉及前述償債計畫之還款來源、擬增資之金額、新投資人之選定方式、增資前是否先減資及減資比例等；3.其他事項：諸如就有異議之債權或股東權，有爭執之利害關係人提起確認之訴之處理方式（公§299Ⅱ）、裁定重整後，公司之強制執行及因財產關係所生之訴訟等程序之揭露與處理[47]等。

三、重整計畫之審查、可決及認可

　　重整人應擬定重整計畫，連同公司業務及財務報表，提請第一次關係人會議審查（公§303Ⅰ）。關係人會議開會時，重整人及公司負責人應列席備詢（公§300Ⅳ）。關係人會議之任務之一為審議及表決重整計畫（公§301②）。關係人會議，應按優先重整債權人、有擔保重整債權人、無擔保重整債權人及股東，分組行使其表決權（公§302Ⅰ）；公司無資本淨值時，股東組不得行使表決權（公§302Ⅱ）。重整債權人之表決權，以其債權之金額比例定之；股東表決權，依公司章程之規定（公§298Ⅱ）。

　　關係人會議，應於重整裁定送達公司後一年內可決重整計畫，否則，法院得依聲請或依職權裁定終止重整（公§306Ⅴ）。俾促使關係人早日作出具體可行的重整計畫，避免公司重整狀態久懸不決，法律關係長久處於不確定狀態，損害當事人的權益[48]。

　　重整計畫經關係人會議可決者，重整人應聲請法院裁定認可後執行之，並報主管機關備查（公§305Ⅰ）。法院為認可裁定前，應審查關係人會議之召集程序與決議方法是否合法、重整計畫之內容是否適法、公平及有無執行之可能，並應徵詢主管機關、目的事業

---

[46] 參見91年2月6日企業併購法第51條之立法理由及104年7月8日該條之修正理由。

[47] 依公司法第311條之規定，公司重整完成後，重整裁定前，公司之破產、和解、強制執行及因財產關係所生之訴訟等程序，即行失其效力，然擬定重整計畫時，因重整計畫是否會經關係人會議認可、可否依重整計畫順利完成工作等，以致能否完成重整尚處於不確定之狀態。再者，公司法第308條之規定，萬一將來法院裁定終止重整，公司之強制執行及因財產關係所生之訴訟等程序，亦將繼續，故亦有必要於重整計畫中說明該等訴訟案件及執行程序將如何處理。

[48] 參見95年2月3日公司法第306條第5項之立法理由。

中央主管機關及證券管理機關之意見（公§307 I）。重整計畫經法院裁定認可者，並應報主管機關備查（公§305 I後）。經法院認可之重整計畫，對於公司及關係人均有拘束力，其所載之給付義務，適於為強制執行之標的者，並得逕予強制執行（公§305 II）。

依公司法第306條之規定：「（第1項）重整計畫未得關係人會議有表決權各組之可決時，重整監督人應即報告法院，法院得依公正合理之原則，指示變更方針，命關係人會議在一個月內再予審查。（第2項）前項重整計畫，經指示變更再予審查，仍未獲關係人會議可決時，應裁定終止重整。但公司確有重整之價值者，法院就其不同意之組，得以下列方法之一，修正重整計畫裁定認可之：一、有擔保重整債權人之擔保財產，隨同債權移轉於重整後之公司，其權利仍存續不變。二、有擔保重整債權人，對於擔保之財產；無擔保重整債權人，對於可充清償其債權之財產；股東對於可充分派之賸餘財產；均得分別依公正交易價額，各按應得之份，處分清償或分派承受或提存之。三、其他有利於公司業務維持及債權人權利保障之公正合理方法。」法院為前揭處理時，應徵詢主管機關、目的事業中央主管機關及證券管理機關之意見（公§307 I）。

重整計畫如無法獲關係人會議可決時，或雖經關係人會議可決但法院審查後為不認可之裁定確定者，應裁定終止重整（公§306 II）。

四、重整計畫之執行與重新審查

重整計畫經關係人會議可決者，重整人應聲請法院裁定認可後執行之（公§305 I）。重整計畫之執行，除債務清償期限外，自法院裁定認可確定之日起算不得超過一年；其有正當理由，不能於一年內完成時，得經重整監督人許可，聲請法院裁定延展期限；期限屆滿仍未完成者，法院得依職權或依關係人之聲請裁定終止重整（公§304 II），以避免重整人拖延時日，影響債權人及股東之權益。

另依公司法第309條之規定：「公司重整中，下列各款規定，如與事實確有扞格時，經重整人聲請法院，得裁定另作適當之處理：一、第二百七十七條變更章程之規定。二、第二百七十九條及第二百八十一條減資之通知公告期間及限制之規定。三、第二百六十八條至第二百七十條及第二百七十六條發行新股之規定。四、第二百四十八條至第二百五十條，發行公司債之規定。五、第一百二十八條、第一百三十三條、第一百四十八條至第一百五十條及第一百五十五條設立公司之規定。六、第二百七十二條出資種類之規定。」蓋重整公司之所以財務上發生困難，主要原因為鉅額負債與沉重之利息負擔，挽救之道，自須增資，而其吸收資金確有困難，如經公司債權人及關係人同意發行新股時，出資種類不以現金為限，或可以債權抵繳股款，確能紓減財務負擔，增加重整可行性[49]。惟如前所述，依企業併購法第9條及第51條之規定，重整計畫得訂明以債權人對公司之債權作價繳

---

[49]　參見90年11月12日公司法第309條之修正理由。

足債權人承購公司發行新股所需股款；並得將併購之規劃，訂明於重整計畫中，茲因企業併購法為公司法之特別法，故重整人當可事先考量其併購之規劃及增資計畫，而擬定於重整計畫中。

重整計畫經法院認可或經法院變更修正認可後（公§305 I、公§306 I、II但書），因情事變遷或有正當理由致不能或無須執行時，法院得因重整監督人、重整人或關係人之聲請，以裁定命關係人會議重行審查（公§306 III前）。重行審查之重整計畫，其審查即可決之程序，應與原來之重整計畫相同。經重行審查可決之重整計畫，仍應聲請法院裁定認可（公§306 IV）。法院如以裁定命關係人會議重行審查者，關係人會議仍應於裁定送達後一年內可決重整計畫，否則法院得依聲請或依職權裁定終止重整（公§306 V）。

第六節　重整之完成

依公司法第310條第1項之規定：「公司重整人，應於重整計畫所定期限內完成重整工作；重整完成時，應聲請法院為重整完成之裁定，並於裁定確定後，召集重整後之股東會選任董事、監察人。」按重整完成，應由重整人聲請法院為重整完成之裁定，公司重整之程序，於法院為公司完成重整之裁定確定後，即告結束，公司又回復常態，因此，在重整完成之裁定確定後，重整人應召集重整後之股東會選任董事、監察人。董事、監察人於就任後，應會同重整人向主管機關申請登記或變更登記（公§310 II）。

依公司法第311條第1項之規定：「公司重整完成後，有下列效力：一、已申報之債權未受清償部分，除依重整計畫處理，移轉重整後之公司承受者外，其請求權消滅；未申報之債權亦同。二、股東股權經重整而變更或減除之部分，其權利消滅。三、重整裁定前，公司之破產、和解、強制執行及因財產關係所生之訴訟等程序，即行失其效力。」

依本條第1款之規定，對公司之債權，在重整裁定前成立者，為重整債權（公§296 I前），未經申報者，不得依重整程序受清償（公§297 I後），於重整完成後該債權消滅；對於已申報之債權未受清償部分，除依重整計畫處理，移轉重整後之公司承受者外，其請求權亦消滅。

就本條第3款之情形而言，依公司法第294條之規定，裁定重整後，公司之破產、和解、強制執行及因財產關係所生之訴訟等程序，當然停止；而依民事訴訟法第188條第1項之規定，訴訟程序當然停止期間，法院及當事人不得為關於本案之訴訟行為，故公司經法院裁定重整後，於重整程序終結前，不得續行其因財產關係所生之訴訟程序；又依本條第3款之規定，公司重整完成後，重整裁定前，公司之破產、和解、強制執行及因財產關係所生之訴訟等程序，即行失其效力，亦即原當然停止訴訟程序之案件，訴訟上失其效力，就法院言，該案件即視為終結。

依公司法第311條第2項之規定：「公司債權人對公司債務之保證人及其他共同債務人之權利，不因公司重整而受影響。」蓋公司重整乃公開發行股票或公司債之股份有限公司因財務困難，有暫停營業或有暫停營業之虞，依公司法所定公司重整程序清理債務，以維持公司之營業爲目的，參加公司重整程序之債權應受重整計畫之限制，故具有強制和解之性質，債權人對於債務人債務之減免，非必出於任意爲之，本條項所以規定公司債權人對於公司債務之保證人之權利，不因公司重整而受影響，其立法意旨在使重整計畫於關係人會議中易獲可決。保證人原以擔保債務人債務之履行爲目的，債務人陷於無資力致不能清償債務時，保證人之擔保功能更具作用，在公司重整之情形，公司財務已陷於困難，此項危險，與其由債權人負擔，毋寧由保證人負責。故債權人就因重整計畫而減免之部分，請求保證人代負履行責任，不因公司重整而受影響[50]。

所謂對保證人之權利不因公司重整而受影響，係指債權人對保證人原可主張之權利，不因公司重整完成而生不利益之謂。換言之，公司重整完成後所生之效力，不影響於公司重整前債權人對保證人原得行使之求償權利。是以債權人因公司重整完成而消滅之權利，仍得對保證人求償。此爲民法第741條保證債務負擔從屬性原則之例外規定，自應優先適用[51]。又，該條文雖僅言及保證人，而未包括「物上保證人」，惟司法實務見解認爲，依據該條之立法資料，應係立法時顯在之法律漏洞，就其他重整公司以外之人爲重整公司債權人所提供物之擔保，應類推適用該條規定，與保證人責任爲相同處理[52]。

又本條項規定其他共同債務人之權利，不因公司重整而受影響。因此，如重整公司爲連帶債務人之一，而重整計畫減免重整公司之一部分債務時，其他連帶債務人亦不得主張依民法第276條第1項之規定，就重整公司應分擔之部分免其責任[53]。

第七節　重整程序之終止

一、重整程序終止之原因

（一）重整計畫未能於期限內完成（公§304Ⅱ）

公司法第304條第1項重整計畫之執行，除債務清償期限外，自法院裁定認可確定之日起算不得超過一年；其有正當理由，不能於一年內完成時，得經重整監督人許可，聲請法院裁定延展期限；期限屆滿仍未完成者，法院得依職權或依關係人之聲請裁定終止重整。

---

[50] 參見最高法院79年台上字第1301號民事判例。

[51] 參見最高法院84年度台上字第2429號民事判決。

[52] 參見最高法院101年度台再字第12號民事判決。

[53] 參見柯芳枝，公司法論（下），第267頁。

（二）重整計畫未獲關係人會議可決（公§306 I 、II）

重整計畫未得關係人會議有表決權各組之可決時，重整監督人應即報告法院，法院得依公正合理之原則，指示變更方針，命關係人會議在一個月內再予審查。前項重整計畫，經指示變更再予審查，仍未獲關係人會議可決時，應裁定終止重整。

（三）顯無重整之可能或必要（公§306 III）

前條第1項或前項重整計畫，因情事變遷或有正當理由致不能或無須執行時，法院得因重整監督人、重整人或關係人之聲請，以裁定命關係人會議重行審查，其顯無重整之可能或必要者，得裁定終止重整。

（四）重整計畫之可決經法院為不認可之裁定確定者。

二、重整程序終止之效力

依公司法第308條之規定：「法院裁定終止重整，除依職權宣告公司破產者，依破產法之規定外，有左列效力：一、依第二百八十七條、第二百九十四條、第二百九十五條或第二百九十六條所為之處分或所生之效力，均失效力。二、因怠於申報權利，而不能行使權利者，恢復其權利。三、因裁定重整而停止之股東會、董事及監察人之職權，應即恢復。」依本條第1款之規定，法院裁定終止重整後，依前揭條文所謂之保全處分或限制處分，均當然失其效力；因重整裁定所停止之強制執行及訴訟程序，其停止原因亦當然消滅；非依重整程序不得行使之債權，也當然解除其限制。依本條第2款之規定，原先未經申報者，而不得依重整程序受清償之債權（公§297 I），亦因法院裁定終止重整，而恢復其權利。依本條第3款之規定，因裁定重整而停止之股東會、董事及監察人之職權（公§293 I），亦因法院裁定終止重整，應即恢復。

公司雖經終止重整，但重整人在重整終止之前代表公司在職務範圍內，與第三人所為之法律行為，並非無效。依公司法第312條之規定，如屬維持公司業務繼續營運所發生之債務或進行重整程序所發生之費用，應為公司之重整債務，優先於重整債權而為清償，且其優先受償權之效力，不因裁定終止重整而受影響。

如法院裁定終止重整後，表示公司已無重建更生之可能，如合於破產之要件者，法院得依職權宣告公司破產，否則，依公司法第308條之規定，原先所為之保全處分或限制處分，均失其效力，原先所停止之強制執行及訴訟程序，亦將繼續進行；原先不得行使之債權，亦解除其限制。此時，因公司即將「沉沒」，故各債權人及利害關係人等將自力救濟，各憑本事，各行其是，以保護其自身權益。而當公司有價值之財產被變賣後，往往也是一連串被拍賣財產將如何分配之爭議而已（即涉及重整債務、優先債權、有擔保債權、無擔保債權等之清償優先順序等）。

第八章　股份有限公司之清算

第一節　清算之概念

　　所謂公司之清算，係指已解散之公司為了結其法律關係，並分配其賸餘財產所進行之程序而言，解散之公司須至清算完結時，其公司法人格始歸消滅。蓋公司為法人，並無自然人死亡時之繼承制度，因此，解散之公司除因合併、分割或破產而解散外，應行清算（公§24）。解散之公司，於清算範圍內，視為尚未解散（公§25）[1]。

　　解散之公司在清算時期中，得為了結現務及便利清算之目的，暫時經營業務（公§26），但因其已喪失營業活動能力，只能從事了結公司解散前所發生之權利義務關係而已，因此，舉凡以營業存在為前提之規定，諸如解除董事競業禁止、盈餘分配、設立分公司、發行新股、發行公司債或認股權憑證、增資或減資、公司法第172條之1之少數股東提案權等[2]，對清算中之公司應不適用。

　　就股份有限公司而言，正常營運公司之業務執行決定權，除公司法或章程保留由股東會決議之事項外，原則上是由董事所組成之董事會以決議之方式為之（公§202），惟當公司解散後，公司即喪失營業活動能力，而應進行清算程序，清算中之公司，原董事職務及董事會已不復存在，由清算人取代，清算人為公司清算期間之法定必備機關，對內執行清算事務，對外代表公司[3]。然在清算程序中股東會依然得行使職權（參照公司法第322、323、325、326及331條等規定），而監察人亦有繼續監督清算事務進行之必要（參照公司法第323、326及331條等規定），惟該等權限之行使，僅限於清算之範圍內[4]。

　　股份有限公司之清算，依其是否為通常所進行之清算，可分為普通清算與特別清算兩種。普通清算是指股份有限公司解散後，所通常進行之清算程序，其大致是由公司自行清算（由清算人執行清算事務），對於公司債權人及股東權益同等保護，法院對於清算人之選派及其所進行清算程序雖有監督之權，但原則上不干涉清算事務之進行。所謂特別清算，則是指股份有限公司解散後，普通清算之實行發生顯著障礙或公司負債超過資產有

---

[1]　參見柯芳枝，公司法論（下），第319頁。

[2]　參見柯芳枝，公司法論（上），第59頁。

[3]　參見經濟部103年1月2日經商字第10200737880號函。

[4]　當公司因解散而進行清算者（經撤銷或廢止登記者，亦同），在「商工登記公示資料查詢服務」網站之公司「董監事資料」欄中，只會顯示監察人之資訊，並記載「公司已解散，董事會已不存在，依公司法第83條規定，清算人之就任、解任等均應向法院聲報；依民法第42條第1項規定，清算中之公司，係屬法院監督範疇。」

不實之嫌疑者，依法院之命令公司所開始之特別清算程序，以加強不正常清算之處理，因此，特別清算程序偏向於法院公權力之行使，以特別保護公司債權人之權益，法院及公司債權人均享有積極監督公司進行清算事務之權限，故特別清算程序較普通清算更爲嚴格[5]。

應特別說明的是，公司之解散，除破產外，依公司法第397條及公司登記辦法之規定，應於十五日內向主管機關申請爲解散登記。但主管機關認爲公司是社團法人，依民法第42條第1項規定：「法人之清算，屬於法院監督。法院得隨時爲監督上必要之檢查及處分。」因此，公司有無進行清算，及關於公司清算之相關事宜如有疑義，應向公司所在地之管轄法院查詢，並以該管轄法院之意見爲準[6]。此外，主管機關認爲股份有限公司之清算，係依公司法規定辦理，如公司法未爲規定者，始適用民法之規定。依公司法第334條準用第83條規定，清算人應於就任後十五日內……「向法院聲報」。準此，清算人尚無需向公司登記主管機關辦理登記[7]（註：即清算人並非應辦理公司登記之事項）。而主管機關「商工登記公示資料查詢服務」網站上，對公司解散時，該網頁會特別註記：「……依公司法第83條規定，清算人之就任、解任等均應向法院聲報；依民法第42條第1項規定，清算中之公司，係屬法院監督範疇。」

第二節　普通清算

一、清算人之意義及產生

當股份有限公司解散之後，公司即喪失營業活動能力，原負責公司業務執行之董事職務及董事會已不復存在，而由清算人取代，清算人爲公司清算期間之法定必備機關，對內執行清算事務，對外代表公司[8]。

依公司法第322條之規定：「（第1項）公司之清算，以董事爲清算人。但本法或章程另有規定或股東會另選清算人時，不在此限。（第2項）不能依前項之規定定清算人時，法院得因利害關係人之聲請，選派清算人。」可知清算人之產生順序，應先視章程是否有所規定或股東會是否另外選定清算人而定；如否，則以董事爲法定清算人；如仍無法決定清算人者，則由法院依利害關係人之聲請，選派清算人。

---

[5] 以上參見柯芳枝，公司法論（下），第321至322頁。

[6] 參見經濟部92年6月10日商字第09202118980號函、經濟部95年10月26日經商字第09502154370號函、經濟部98年11月2日經商字第09802144800號函、經濟部103年11月3日經商字第10302128450號函。

[7] 參見經濟部87年3月7日商字第87204050號函。

[8] 參見經濟部103年1月2日經商字第10200737880號函。

（一）法定清算人

依公司法第322條之規定，公司之清算，原則上以董事爲當然清算人（又稱法定清算人）。1.所謂以「董事」爲清算人者，係指「全體董事」而言[9]；2.學者認爲公開發行股票之公司如設有審計委員會者，其獨立董事成員不包括在內，蓋其須行使原屬監察人之權限（證§14-4Ⅲ）[10]；3.法定清算人（以董事爲清算人者），係當然就任，無需清算人爲就任之承諾[11]；4.如欲變更（法定）清算人，可由股東會另選清算人，股東會亦可以變更章程方式另定清算人；亦可依公司法第323條規定解任清算人，由股東會另選清算人。股東會選任之清算人如拒不就任，則依公司法322條第2項規定辦理，應由法院依利害關係人之聲請，選派清算人[12]。

（二）章定清算人

公司章程規定清算人人選，應從其規定，不再以董事爲清算人[13]。惟章程規定之清算人如未達明確或未可得確定者，則究應依公司法第322條第1項以董事爲清算人；抑或應由股東會另選任清算人，或由法院選派清算人，則不無疑問。

（三）選任清算人

公司章程如未規定清算人，而股東會又不欲讓董事充任清算人時，自得以決議另選清算人[14]。依主管機關及實務之見解：1.公司股東會選任清算人時，因本法未規定股東會之決議方法，自應依公司法第174條之規定，以普通決議爲之[15]；2.清算人之選任，不得依公司法第175條以假決議爲之；公司規劃清算人數人時，如股東對清算人人選無共識，致不能順利以普通決議選任時，應參酌公司法第322條第2項規定辦理（即由法院選派清算人）[16]；3.公司於不能依公司法第322條第1項規定定清算人時，利害關係人始得聲請法院選派清算人，因此，公司如無不能由股東會選任清算人之情形，似難謂相對人得聲請法院選任[17]；4.法人股東一人所組織之股份有限公司，經董事會決議解散者，除章程另有規定外，以全體董事爲法定清算人，尙無由董事會代行股東會職權而選任清算人之問題。又有

---

[9]　參見經濟部93年9月16日經商字第09300161820號函。

[10]　參見柯芳枝，公司法論（下），第323頁。

[11]　參見經濟部81年8月27日商字223740號函。

[12]　參見經濟部99年10月12日經商字第09902424720號函。

[13]　參見柯芳枝，公司法論（下），第323頁。

[14]　同前註。

[15]　參見經濟部96年10月2日經商字第09602131510號函。

[16]　參見經濟部103年8月4日經商字第10302084940號函。

[17]　參見最高法院71年度台抗字第420號民事裁定。

關清算人之產生，清算期間如有變動，可由唯一法人股東指派，並向法院聲報[18]；5.一人股份有限公司，經董事會決議解散後，全體董事倘無意願擔任清算人，而公司章程又無規定清算人人選，爲便利公司之清算，使公司儘早了結現務，藉以保障股東及債權人之權益，應可由該一人股份有限公司之法人股東指派適當人選擔任清算人，向公司登記主管機關辦理解散登記，並向管轄法院聲報清算人就任[19]。

（四）選派清算人

依主管機關之見解：1.公司無法依第322條第1項規定自行選任清算人時，法院得依同條第2項之規定，因利害關係人之聲請，選派清算人[20]；2.股東會選任之清算人如拒不就任，則依公司法第322條第2項規定辦理，得由法院依利害關係人之聲請，選派清算人[21]；3.股份有限公司之清算，係依公司法規定辦理，如公司法未爲規定者，始適用民法之規定。清算人之選派，公司法第322條已爲規定，自應優先適用該條辦理，而排除民法第38條之適用（註：即法人不能依民法第37條之規定，定其清算人時，「法院得因主管機關、檢察官或利害關係人之聲請，或依職權，選任清算人」）[22]；4.監察人如依公司法第323條第2項規定聲請法院解任清算人，自得依同法第322條第2項規定，由監察人以利害關係人之身分，向法院聲請選派清算人[23]。

二、清算人之人數與資格

清算人之人數，公司法未設明文規定。如是以董事爲清算人者，係指「全體董事」而言。至於章定、選任或選派之清算人人數，則依章程之規定或由其選任及選派機關決定，解釋上並不限於一人[24]。

依公司法第334條準用第85條及第86項之規定：「（第1項）清算人有數人時，得推定一人或數人代表公司，如未推定時，各有對於第三人代表公司之權。關於清算事務之執行，取決於過半數之同意。（第2項）推定代表公司之清算人，應準用第八十三條第一項之規定向法院聲報。」「對於清算人代表權所加之限制，不得對抗善意第三人。」

法定清算人是由董事充任，故其資格與董事同（應受公司法第30條消極資格之限制）。法院選派之清算人，依非訟事件法第176條之規定：「有下列情形之一者，不得選

---

18 參見經濟部98年11月2日經商字第09802144800號函。

19 參見經濟部103年11月3日經商字第10302128450號函。

20 參見經濟部91年9月20日商字第09102214400號函。

21 參見經濟部99年10月12日經商字第09902424720號函。

22 參見經濟部87年3月7日商字第87204050號函。

23 參見經濟部94年12月28日經商字第09402202440號函。

24 參見柯芳枝，公司法論（下），第324頁。

派爲清算人：一、未成年人。二、受監護或輔助宣告之人。三、褫奪公權尚未復權。四、受破產宣告尚未復權。五、曾任清算人而被法院解任。」至於章定或選任清算人之資格爲何，公司法並未明文規定，似應同受公司法第30條及非訟事件法第176條之限制，以保護股東及公司債權人之權益[25]。

三、清算人之地位及報酬

依公司法第324條之規定：「清算人於執行清算事務之範圍內，除本節有規定外，其權利義務與董事同。」董事與公司間之關係，原則上依民法關於委任之規定（公§192Ｖ），故清算人與公司間之關係，原則上亦依民法關於委任之規定。

清算人在執行職務範圍內，亦爲公司負責人（公§8Ⅱ）。於清算期間，對內執行清算事務，對外代表公司，且訴訟上亦以清算人爲公司之法定代理人[26]。

依公司法第325條之規定：「（第1項）清算人之報酬，非由法院選派者，由股東會議定，其由法院選派者，由法院決定之。（第2項）清算費用及清算人之報酬，由公司現存財產中儘先給付。」可知如屬法定、章定或選任清算人者，其報酬，由股東會議定。如屬選派清算人者，則由法院決定之，清算人之報酬，由公司負擔；其金額由法院徵詢董事及監察人意見後酌定之（非訟§177準用§174）。

四、清算人之就任與退任

（一）清算人之就任

清算人就任之日爲清算起算日[27]。如以董事爲清算人（法定清算人）者，係當然就任，且因無需爲就任之承諾，應以公司解散之日爲清算人就任之日[28]。如屬章定清算人者，主管機關認爲如章程規定清算人已明確或可得確定，則應比照法定清算人之情形，應認定爲「公司解散之日」爲清算人就任之日[29]；如章程規定之清算人如未達明確或未可得確定之情形，或由股東會選任清算人或由法院選派清算人者，因需清算人就任之承諾，故

---

[25] 參見柯芳枝，公司法論（下），第324頁。惟其認爲章定與選任清算人應具備何種資格，本法無明文，解釋上，宜類推適用「選派清算人」消極資格之限制（即非訟事件法之規定）。而筆者認爲公司法第30條之規定（經理人之消極資格），爲公司法關於公司負責人消極資格之主要規定，並對董事、監察人及重整人準用之（公§192Ⅵ、§216Ⅵ、§290Ⅱ），清算中之公司，原董事職務及董事會已不復存在，而由清算人取代，清算人爲公司清算期間之法定必備機關，對內執行清算事務，對外代表公司，故似應如同董事、監察人、重整人等，同受公司法第30條之限制。

[26] 參見司法院75年7月10日（75）廳民一字第1405號函。

[27] 參見經濟部91年5月17日商字第09100116720號函。

[28] 參見經濟部81年8月27日商字第223740號函、經濟部100年10月28日經商字第10002432050號函。

[29] 參見經濟部100年10月28日經商字第10002432050號函。

應以清算人就任之日為認定[30]，且清算人為就任之承諾後，始與公司發生委任關係[31]。

依公司法第334條準用第83條第1項及第3項之規定：「清算人應於就任後十五日內，將其姓名、住所或居所及就任日期，向法院聲報。」「清算人由法院選派時，應公告之。」依非訟事件法第178條之規定：「（第1項）公司法所定清算人就任之聲報，應以書面為之。（第2項）前項書面，應記載清算人之姓名、住居所及就任日期，並附具下列文件：一、公司解散、撤銷或廢止登記之證明。二、清算人資格之證明。」清算人有數人時，得推定一人或數人代表公司，應由推定代表公司之清算人向法院聲報（公§85Ⅱ）。如違反聲報期限之規定者，各處新臺幣3,000元以上1萬5,000元以下罰鍰（公§83Ⅳ）。

主管機關認為，依公司法第396條、第421條規定（現已刪除），公司之解散向主管機關申請解散登記；惟公司法並無辦理清算人登記之規定[32]。股份有限公司經解散登記後，以清算人為負責人執行清算相關事務；至於清算人之就任、解任係向法院聲報，自無需向公司登記主管機關辦理清算人（負責人）變更登記[33]。

（二）清算人之當然退任及辭任

有關清算人之退任，清算人與公司間之關係，原則上依民法關於委任之規定。因此，如清算人死亡、破產或喪失行為能力，二者間之委任關係消滅（民§550）。另主管機關認為法定清算人（以董事為清算人者），係當然就任，無需清算人為就任之承諾，不發生清算人為辭任之意思表示是否須經公司同意之問題；而章程規定、股東會選任或法院選派之清算人，因需清算人為就任之承諾，其與公司之關係，既係因選任行為及承諾表示而成立之委任關係，股份有限公司股東臨時會選任之清算人，一經提出辭職，無須公司之同意，即當然失其清算人之身分[34]。

（三）清算人之解任

依公司法第323條第1項規定：「清算人除由法院選派者外，得由股東會決議解任。」有關決議之方式，因本法未特別規定，故學者認為只須普通決議即為已足[35]。另依同條第2項之規定：「法院因監察人或繼續一年以上持有已發行股份總數百分之三以上股份股東之聲請，得將清算人解任。」至於法院選派之清算人，學者認為依民法第39條之規定：「清算人，法院認為有必要時，得解除其任務。」故法院選派之清算人，法院認為

---

30 同前註。

31 參見經濟部81年8月27日商字第223740號函。

32 參見經濟部74年5月29日商字第21920號函。

33 參見經濟部93年7月23日商字第09300116760號函。

34 參見經濟部81年8月27日商字第223740號函。

35 參見柯芳枝，公司法論（下），第326頁。

有必要時，得予以解任，蓋清算中公司，係由法院監督，且如此解釋，始能發揮法院之監督功能[36]。

依公司法第334條準用第83條第2項之規定：「清算人之解任，應由股東於十五日內，向法院聲報。」清算人如由股東會決議解任者，學者認為無限公司清算人之解任，應由股東於十五日內，向法院聲報，股份有限公司準用之結果，似應由股東會向法院聲報，然因股東會人數眾多，且股東會並無代表公司之權限，故此際之清算人解任之聲報，應由監察人為之，且宜明文規定，以符合實際之需[37]。如清算人係由法院解任時（如公司法第323條第2項之情形），應公告之（公§334準用公§83Ⅲ）。如違反聲報期限之規定者，各處新臺幣3,000元以上1萬5,000元以下罰鍰（公§334準用公§83Ⅳ）。

五、執行清算之時限

清算人就任後，「清算人應於六個月內完結清算；不能於六個月內完結清算時，清算人得申敘理由，向法院聲請展期。」（公§334準用公§87Ⅲ），清算人不於前項規定期限內清算完結者，各處新臺幣1萬元以上5萬元以下罰鍰（公§334準用公§87Ⅳ）。所謂「清算人應於六個月完結清算」，乃指清算人應完結清算之期限，並非規定該期限屆滿，清算即當然完結。故自清算開始雖已逾六個月，無論清算人是否曾否向聲請法院展期，清算並非當然完結，須俟清算事務執行完畢後，清算始為完結[38]。

六、清算事務及清算程序

（一）清算人之職權

依公司法第334條準用第84條之規定，清算人之職務應包括了結現務、收取債權、清償債務、分派賸餘財產。至於「分配盈餘或虧損」者，應不再準用之列[39]。蓋股份有限公司具有資合性質，公司財產為公司債權之擔保，攸關債權人與股東權益，故股份有限公司必須踐行嚴格之清算程序，與無限公司得為任意清算者不同；股份有限公司解散後經了結現務、收取債權及清償債務後，若公司之財產不足以清償其債務時，清算人應即聲請宣告破產（公§334準用§89Ⅰ），自不發生分派虧損問題。反之，公司之財產清償其債務後仍有餘額，則屬賸餘財產分派事宜（公§330前段參照），亦不發生分派盈餘之問題。是以，公司法第84條第1項第3款有關分派盈餘或虧損之規定，僅適用於無限公司，於股份

---

[36] 參見柯芳枝，公司法論（下），第326至327頁。

[37] 參見柯芳枝，公司法論（下），第327頁。

[38] 參見柯芳枝，公司法論（下），第331頁。

[39] 參見柯芳枝，公司法論（下），第327頁。

有限公司無準用之餘地[40]。

（二）清算程序

股份有限公司清算人之職務及清算程序如下：

1. 清算人檢查公司財產及造具財務報表及財產目錄

依公司法第326條之規定：「（第1項）清算人就任後，應即檢查公司財產情形，造具財務報表及財產目錄，送經監察人審查，提請股東會承認後，並即報法院。（第2項）前項表冊送交監察人審查，應於股東會集會十日前為之。（第3項）對於第一項之檢查有妨礙、拒絕或規避之行為者，各處新臺幣二萬元以上十萬元以下罰鍰。」其立法意旨乃希望清算人就任後，對於公司之財產情形，有所瞭解，並造具財務報表及財產目錄，送經監察人審查，提請股東會承認，以作為清算之基礎[41]。

2. 了結現務

公司清算時，在清算時期中，得為了結現務及便利清算之目的，暫時經營業務（公§26），但因其已喪失營業活動能力，故只能從事了結公司解散前所發生之權利義務關係而已。清算人在執行職務，有代表公司為訴訟上或訴訟外一切行為之權（公§334準用§84Ⅱ）。

清算人為清償債務、分配膲餘財產，有將公司財產予以換價處分之必要；其方法除將公司個別財產出售外，亦不妨將公司營業包括資產負債轉讓他人[42]。股份有限公司之清算人將公司營業包括資產負債轉讓於他人時，依同法第334條準用第84條之規定，以經同法第185條第1項特別決議即得行之，上開條項但書「應得全體股東同意」之規定，要與股份有限公司之性質不合，自不宜準用之[43]。

3. 收取債權

清算人應「收取債權」，以了結現務，並增加股東「分派膲餘財產」，早日完結對內、對外法律關係。清算人在執行職務，有代表公司為訴訟上或訴訟外一切行為之權。

4. 催告申報債權及清償債務

清算人應清償公司債務。依公司法第327條之規定：「清算人於就任後，應即以三次以上之公告，催告債權人於三個月內申報其債權，並應聲明逾期不申報者，不列入清算之內。但為清算人所明知者，不在此限。其債權人為清算人所明知者，並應分別通知之。」原清算人已踐行前開程序，改選後新任之清算人，毋庸再重新辦理[44]。

公司法第328條規定：「（第1項）清算人不得於前條所定之申報期限內，對債權人

---

40 參見經濟部102年12月4日經商字第10202136530號函。

41 參見柯芳枝，公司法論（下），第328頁。

42 參見最高法院81年度台上字第2116號民事判決。

43 參見最高法院91年度台上字第2137號民事判決。

44 參見經濟部92年8月11日商字第09202166470號函。

爲清償。但對於有擔保之債權，經法院許可者，不在此限。（第2項）公司對前項未爲清償之債權，仍應負遲延給付之損害賠償責任。（第3項）公司之資產顯足抵償其負債者，對於足致前項損害賠償責任之債權，得經法院許可後先行清償。」

　　清算人於債權申報期間屆滿後，對於明知或已申報之債權人，即得清償之。債權人未於公司法第327條所定之三個月期限內申報其債權，且其債權爲清算人所不知而未列入清算者，只能對於公司未分配之賸餘財產有受清償之請求權（公§329）。所謂公司未分派之賸餘財產，係指清算人以公司之資產（包括對他人之債權），實行清償債務後尚有賸餘，未分派於各股東及領取者而言[45]。

　　清算人於處理清算事務時，如發現公司財產不足清償其債務時，清算人應即聲請宣告破產。清算人違反此一規定，不即聲請宣告破產者，各處新臺幣2萬元以上10萬元以下罰鍰（公§334準用§89）。

　　此外，清理人如發現清算之實行發生顯著障礙或公司負債超過資產有不實之嫌疑者，得向法院聲請進行特別清算程序（公§335）。

5. 分配賸餘財產

　　依公司法第330條之規定：「清償債務後，賸餘之財產應按各股東股份比例分派。但公司發行特別股，而章程中另有訂定者，從其訂定。」清算人非清償公司債務後，不得將公司財產分派於各股東。清算人違反前項規定，分派公司財產時，各處一年以下有期徒刑、拘役或科或併科新臺幣6萬元以下罰金（公§334準用公§90）。

　　清算人於清償債務後，依同法第330條分派賸餘財產時，應將盈餘歸併在內；該盈餘應指公司歷年盈餘之全部而言，法定盈餘公積既係在盈餘中提列，自亦在分派之列[46]。如公司即將清算完結，因部分股東失聯，無法將其應分派款項發放股東時，似可將該股東應得之分配款提存於法院[47]。

　　清算人非清償公司債務後，不得將公司財產分派於各股東。清償債務後，賸餘之財產應按各股東股份比例分派。清算完結時，清算人應造具清算期內收支表、損益表，連同各項簿冊，送經監察人審查，並提請股東會承認。簿冊經股東會承認後，視爲公司已解除清算人之責任。清算期內之收支表及損益表，應於股東會承認後十五日內，向法院聲報。是以，程序上，分派賸餘財產係在清算人向法院聲報清算完結之前[48]。

6. 召集股東會，提請承認

　　依公司法第331條第1項至第3項之規定：「清算完結時，清算人應於十五日內，造具清算期內收支表、損益表、連同各項簿冊，送經監察人審查，並提請股東會承認。」「股東會得另選檢查人，檢查前項簿冊是否確當。」「簿冊經股東會承認後，視爲公司已解除

45　參見最高法院66年度台上字第888號民事判決。
46　參見經濟部71年9月16日商字第34094號函。
47　參見經濟部95年10月26日經商字第09502154370號函。
48　參見經濟部95年8月10日經商字第09502107280號函。

清算人之責任。但清算人有不法行為者，不在此限。」因此，清算完結時，應造具清算期內收支表、損益表，連同各項簿冊，送經監察人審查，並提請股東會承認；簿冊經股東會承認後，視為公司已解除清算人之責任。

依主管機關函釋之見解：(1)清算中公司為遂行清算事務召集之股東會（公§326、§331參照），其性質均為股東臨時會[49]；(2)清算人於執行清算事務範圍內，如有必要，亦得召集股東會，又董事於清算期間，已無執行業務之權限，自無由董事會召集股東會之問題[50]；(3)所謂有必要者，諸如於監察人審查表冊期間（公§331），發生監察人死亡，清算人應召集股東會補選監察人[51]，或監察人辭任，亦應由清算人召集股東會重新選任[52]；(4)依公司法第331條規定，清算人所造具之會計表冊，「送經監察人審查」並「提請股東會承認」，是否均應於清算完結後十五日完成一節。考量清算公司召開股東會仍應踐行公司法第165條停止過戶期及第172條召集程序之規定，以時效而言，於清算完結十五日內，誠無法召集股東會提請承認會計表冊。因此，解釋上清算人依公司法第331條第1項規定所造具之表冊，應於清算完結十五日內送經監察人審查，至於監察人是否審竣及提請股東會承認則不受上開十五日限制[53]。

7. 向法院聲報清算完結

清算完結時之各項表冊經股東會承認後，清算人應於股東會承認後十五日內，向法院聲報（公§331Ⅳ）。依非訟事件法第180條之規定：「公司法所定清算完結之聲報，應以書面為之，並附具下列文件：一、結算表冊經股東承認之證明或清算期內之收支表、損益表經股東會承認之證明。二、經依規定以公告催告申報債權及已通知債權人之證明。」

應特別說明的是，解散之公司於清算完結時，其公司法人格始歸消滅。何謂清算完結，應視其依法應完成之清算事務均已完成而定，是否「合法清算完結，法人人格是否消滅之認定，應以實質審查為準。[54]」「清算人向法院聲報清算完結，不過為備案性質，不因法院准予備案遽認其法人格當然消滅。[55]」「向法院聲報清算完結，係屬非訟事件，法院所為准予備查之意思表示，無實體確定公司清算事務是否完結之效力，已向法院聲報清算完結獲准備查之公司，如尚有未辦完之事務，該公司就了結該項未辦完事務之範圍內，自仍應視為未解散而有權利能力。[56]」「是否發生清算完結之效果，應視是否完成合法清算而定，若尚未完成合法清算，縱經法院為准予清算完結之備查，仍不生清算完結之效

---

[49] 參見經濟部100年2月22日經商字第10002403200號函。

[50] 參見經濟部95年3月16日經商字第09502031380號函。

[51] 參見經濟部89年11月29日商字第89224343號函。

[52] 參見經濟部99年7月26日經商字第09902088090號函。

[53] 參見經濟部100年2月22日經商字第10002403200號函。

[54] 參見臺北高等行政法院101年度訴字第934號判決。

[55] 參見最高法院97年度台抗字第375號民事裁定。

[56] 參見臺灣高等法院89年度抗字第3991號民事裁定。

果，其法人人格自未消滅。[57]」

因此，(1)法人於清算前並未繳清應納稅款，縱形式上已辦理清算完結手續並將表冊送經股東或股東會承認，仍不生清算完結之效果[58]；(2)清算人就任後，明知而不通知相對人報明債權者，縱已辦申報完結手續，亦不生清算完結之效果，公司人格仍然存續[59]；(3)公司已經法院准予清算完結備查，如尚有應清算之事項漏未辦理者，清算人自應先行聲請法院撤銷原清算完結備查後，始得主張公司之法人人格仍為存續，並依此申請辦理公司印鑑變更登記[60]。

8.公司簿冊文件之保存

依公司法第332條之規定：「公司應自清算完結聲報法院之日起，將各項簿冊及文件，保存十年。其保存人，由清算人及其利害關係人聲請法院指定之。」所謂「簿冊及文件」，係指歷屆股東會議事錄、資產負債表、損益表、股東名簿、公司債存根簿、會計帳簿及關於營業與清算事務之文件[61]。

9.清算完結後重新分派賸餘財產

依公司法第333條之規定：「清算完結後，如有可以分派之財產，法院因利害關係人之聲請，得選派清算人重行分派。」此時未依公司法第327條所定之三個月期限內申報之債權，且其債權為清算人所不知而未列入清算者，得對於公司此未分派之賸餘財產有受清償之請求權（公§329）。

第三節　特別清算

一、特別清算之意義

依公司法第335條第1項之規定：「清算之實行發生顯著障礙時，法院依債權人或清算人或股東之聲請或依職權，得命令公司開始特別清算；公司負債超過資產有不實之嫌疑者亦同。但其聲請，以清算人為限。」可知特別清算是指清算之實行發生顯著障礙或公司負債超過資產有不實之嫌疑者，依法院之命令所進行之清算程序。此乃55年修法時所增訂，其立法原意在加強不正常清算之處理，並在法院公權力之監督下，特別保護公司債權

---

[57]　參見最高行政法院103年度判字第625號判決。

[58]　參見臺中高等行政法院99年度訴字第181號判決。

[59]　參見最高法院70年度台抗字第433號民事判決。

[60]　參見經濟部101年8月13日經商字第10102105780號函。

[61]　參見經濟部90年9月19日商字第09002189350號函。

人之權益[62]。

　　特別清算之原因之一是公司負債有超過資產之嫌疑（即有無破產原因發生疑義），此與破產之原因極為相近，故特別清算實質上是處於破產狀態下的公司所進行之清算程序。所不同的是，特別清算是一種介於普通清算與破產之中間制度，其程序不像破產程序那樣嚴格及繁複，而留有關係人自治之餘地，例如允許債權人會議決定債權人共同之意思，並與公司交涉或監督特別清算程序之進行，惟必要時，仍由法院干預及監督[63]。

　　另特別清算與公司重整均是為處理資產狀況欠佳的公司所生之錯綜複雜權利義務關係。惟公司重整之對象僅限於公開發行股票或公司債之公司，且其目的是讓財務困難、暫停營業或有停業之虞之公司，能有喘息之機會，在法院監督下，調整其債權人、股東及其他利害關係人之利益，讓公司能夠重建更生，繼續經營；而特別清算並不限於公開發行股票或公司債之公司，乃解散後公司所進行之程序，其目的在於處理公司解散時未了結之事務，以消滅公司之人格[64]。

二、特別清算之開始

（一）特別清算之開始原因

　　依公司法第335條之規定，特別清算開始之原因有二：1.清算之實行發生顯著障礙時：例如公司之利害關係人人數眾多，或公司債權債務關係極為複雜，致普通清算之實行發生顯著困難，或將耗費相當時日，如改採特別清算程序，則可利用債權人會議將債權人做集團化處理，經一定數額之債權人可決後，依協定為清算，當可使清算程序更加順利進行；2.公司負債超過資產有不實之嫌疑者：此是指公司負債在形式上雖已超過資產，但實質上有無超過，仍尚有疑問（即是否構成破產原因仍有疑義），例如公司債務之數額不正確（如公司負責人勾串他人申報假債權），或公司資產之帳面價值低於市價等[65]。

　　如屬前述第1.種之情形，可由債權人或清算人或股東向法院聲請或由法院依職權為之；如屬前述第2.種之情形，則僅得由清算人向法院聲請，蓋因清算人為普通清算事務之執行機關，對於公司之財務狀況較為瞭解。惟無論是第1.種或第2.種之情形，均應依法院之命令而開始特別清算。

　　法院依聲請人之聲請，或依職權於命令開始特別清算前，得提前為公司財產之保全處分、記名股份轉讓之禁止，或對於發起人、董事、監察人、經理人或清算人之財產為保全處分（公§336），藉以保全法院命令特別清算前之公司財產狀況，或避免公司負責人預

---

[62]　參見柯芳枝，公司法論（下），第321至322頁。

[63]　參見柯芳枝，公司法論（下），第336頁。

[64]　同前註。

[65]　參見柯芳枝，公司法論（下），第337頁。

先隱匿財產狀況，以避免負賠償責任（如公司負責人勾串他人申報假債權，以致公司負債超過資產有不實之嫌疑者）之情形。

（二）開始特別清算之效果

1. 公司之破產及強制執行程序當然停止

依公司法第335條第2項之規定：「第二百九十四條關於破產、和解及強制執行程序當然停止之規定，於特別清算準用之。」蓋特別清算程序之開始，係因普通清算程序，發生顯著之障礙。此際恆有強制執行或破產等程序存在，為使特別清算程序得順利進行，故69年修法時，乃於本條第2項增訂準用第294條停止各項有關程序條文[66]。

2. 法院為各項保全處分

法院認為對清算監督上有必要時，亦得為第354條第1項第1款、第2款或第6款之處分（公§339），即為公司財產之保全處分、記名股份轉讓之禁止，或對於發起人、董事、監察人、經理人或清算人之財產為保全處分。

三、特別清算程序中之機關

（一）特別清算人

特別清算開始後，原則上仍以普通清算時之清算人作為特別清算程序之執行事務及代表公司機關，可稱之為特別清算人。但為強化法院之監督，如有重要事由時，法院得解任原清算人之職務（公§337Ⅰ）；如有缺額或有增加人數之必要時，亦由法院選派之（公§337Ⅱ）。

依公司法第356條之規定：「特別清算事項，本目未規定者，準用普通清算之規定。」故特別清算人在特別清算程序中，仍應執行了結現務、收取債權及分配賸餘財產等事務。除此之外，特別清算人之職務與權限如下：1.依法院之命令為清算事務及財產狀況之報告（公§338）；2.召集債權人會議（公§341Ⅰ）；3.造具公司業務及財產狀況之調查書、資產負債表及財產目錄，提交債權人會議（公§344）；4.對於債權人會議提出協定之建議（公§347）；5.認為作成協定有必要時，得請求優先受償權或有別除權之債權人參加債權人會議（公§349）。

（二）監理人

監理人者，乃債權人會議所選任，代表債權人監督特別清算人執行清算事務之人，屬法定，但非必備之任意機關。緣在特別清算程序中，原應由債權人會議監督清算人執行職務及保護債權人之共同利益，但因債權人會議並非經常開會（於清算人認為必要時召集，

---

[66] 參見69年5月9日公司法第335條之修正理由。

或債權總額10%以上之債權人，以書面載明事由，請求清算人召集），故可由債權人會議選任監理人（公§345Ⅰ），代表債權人行使監督權。惟債權人會議選任或解任監理人時，應得法院之認可（公§345Ⅱ）[67]。

債權人會議如有選任監理人者，其職務及權限如下：1.依公司法第346條第1項之規定：「清算人為左列各款行為之一者，應得監理人之同意，不同意時，應召集債權人會議決議之。但其標的在資產總值千分之一以下者，不在此限：一、公司財產之處分。二、借款。三、訴之提起。四、成立和解或仲裁契約。五、權利之拋棄。」2.清算人得徵詢監理人之意見，對於債權人會議提出協定之建議（公§347）；3.依公司財產之狀況有必要時，得聲請法院命令檢查公司之業務及財產（公§352Ⅰ）。

（三）檢查人

檢查人者，乃特別清算程序中，由法院選派，為檢查公司業務及財產狀況之人，屬法定，但非必備之任意機關。依公司法第352條第1項之規定，依公司財產之狀況有必要時（如公司財產有散逸之虞或認為有追究公司負責人責任之必要時[68]），法院得據清算人或監理人，或繼續六個月以上持有已發行股份總數3%以上之股東，或曾為特別清算聲請之債權人，或占有公司明知之債權總額10%以上債權人之聲請，或依職權命令檢查公司之業務及財產。

法院如有選任檢查人者，其職務及權限如下：1.依公司法第352條第2項準用第285條之規定，檢查人就公司業務、財務狀況及資產估價，依公司業務、財務、資產及生產設備之分析，以及公司以往業務經營之得失及公司負責人執行業務有無怠忽或不當情形等，於選任後三十日內調查完畢報告；2.依公司法第353條之規定：「檢查人應將左列檢查結果之事項，報告於法院：一、發起人、董事、監察人、經理人或清算人依第三十四條、第一百四十八條、第一百五十五條、第一百九十三條及第二百二十四條應負責任與否之事實。二、有無為公司財產保全處分之必要。三、為行使公司之損害賠償請求權，對於發起人、董事、監察人、經理人或清算人之財產，有無為保全處分之必要。」俾供法院作為有無依第354條為各項處分之參考。

四、債權人會議

（一）債權人會議之意義

在特別清算程序中，或因公司之利害關係人人數眾多、債權債務關係極為複雜，以致普通清算之實行發生顯著困難，如透過債權人會議，將債權人做集團化處理，並以會議決

---

[67] 以上參見柯芳枝，公司法論（下），第349頁。

[68] 參見柯芳枝，公司法論（下），第351頁。

定債權人共同之意思，當可簡化及加速清算程序之進行；另一方面，如因公司負債超過資產有不實之嫌疑者，實質上公司已處於破產之狀態下，由債權人會議決定債權人共同之意思，並與公司交涉及監督特別清算程序之進行，可保障債權人之權益，並避免公司進入破產之嚴格及繁複程序。

應特別說明的是，債權人會議是公司債權人團體之意思決定機關，並非公司之意思決定機關，乃是處於與公司對立之地位，只不過在特別清算程序中，更著重於債權人利益之保護（蓋因公司負債有超過資產之嫌疑），甚於股東利益之保護（蓋股東之賸餘分配請求權處於或有或無之狀態）而已。

（二）債權人會議之組成

依公司法第341條第2項及第4項之規定，債權人會議是由已經為債權申報及特別清算人所明知之普通債權人所組成，並不包括依法得行使優先受償權或別除權之債權在內。蓋此等債權人既享有優先受償之權利，當無須令其組成債權人會議，形成債權人共同之意思，以監督特別清算程序進行之必要，但債權人會議之召集人，得通知其列席債權人會議徵詢意見，然無表決權（公§342）。至於未依限申報債權，而又為清算人所不知之普通債權人，其債權既不列入清算之中（公§356、公§327），故亦非債權人會議之債權人。至於附期限之債權、附期限之債權、連帶債權或不可債權等，參照公司重整及破產法之規定，應可為債權人會議之成員[69]。

（三）債權人會議之召集

依公司法第341條第1項之規定：「清算人於清算中，認有必要時，得召集債權人會議。」可知在特別清算程序中，特別清算人認為「有必要時」，得召集債權人會議，並非特別清算程序中應進行之程序。

除此之外，占有公司明知之債權總額（不包括依法得行使優先受償權或別除權之債權）10%以上之債權人，亦得以書面載明事由，請求清算人召集債權人會議（公§341Ⅱ）。該請求提出後十五日內，如特別清算人不為召集之通知時，該債權人得報經法院許可，自行召集（公§341Ⅲ準用公§173Ⅱ）。

債權人會議之召集，應於十日前通知各債權人。通知應載明召集事由；其通知經相對人同意者，得以電子方式為之。召集權人違反該規定者，處新臺幣1萬元以上5萬元以下罰鍰（公§343準用公§172Ⅱ、Ⅳ）。

債權人會議如由特別清算人召集者，應由特別清算人擔任主席。如有債權人報經法院許可自行召集者，主席由該召集權人擔任之，召集權人有二人以上時，應互推一人擔任之（參見公§182-1Ⅰ）。

---

[69]　以上參見柯芳枝，公司法論（下），第345頁。

（四）債權人會議之權限

債權人會議之權限如下：1.查閱特別清算人所造具之書表，聽取特別清算人就清算實行之方針與預定事項，並陳述其意見（公§344）；2.選任及解任監理人（公§345）；3.對特別清算人所為應得監理人同意之事項，於監理人不同意時為決議（公§346Ⅰ）；4.協定之可決（公§350）；5.協定變更條件時之可決（公§351）。

（五）債權人會議之決議

依公司法第343條準用第298條第2項及破產法第123條之規定，債權人之表決權，以其債權之金額比例定之（依法得行使優先受償權或別除權之債權，只能列席債權人會議，無表決權）；債權人會議之決議，原則上應有出席債權人過半數，而其所代表之債權額超過總債權額之半數者之同意。但如屬協定之可決，則應有得行使表決權之債權人過半數之出席，及得行使表決權之債權總額四分之三以上之同意行之（公§350Ⅰ）。

債權人會議之決議，原則上於決議成立之時，即發生效力。但如屬監理人之任免及協定之可決者，則須經法院之認可，始生效力（公§345Ⅱ、§350Ⅱ）。

債權人會議應準用股東會議事錄之規定，作成議事錄，由主席簽名或蓋章，並於會後二十日內，將議事錄分發各債權人（公§343準用§183）。

五、法院之特別監督

特別清算程序之立法原意，是在加強不正常清算之處理，並在法院公權力之監督下，特別保護債權人之權益。法院對於特別清算程序之監督如下：1.如有重要事由時，法院得解任原清算人之職務；清算人缺額或有增加人數之必要時，由法院選派之（公§337）；2.為特別清算開始前之保全處分（公§336）；3.隨時命令清算人，為清算事務及財產狀況之報告，並得為其他清算監督上必要之調查（公§338）；4.於特別清算期間為各種保全處分（公§339）；5.對債權人會議選任或解任監理人之認可（公§345）；6.對清算人所為應得監理人同意之事項，於監理人不同意時，又因迫不及待，無法及時經債權人會議決議者，得許可清算人為之（公§346Ⅱ）；7.對債權人會議協定之可決予以許可（公§350Ⅱ）；8.發檢查命令，選任檢查人檢查公司之業務及財產（公§352Ⅰ）；9.根據檢查人之報告，為各項保全處分（公§354）；10.於命令特別清算開始後，而協定不可能時或協定實行上不可能者，依職權依破產法而為破產之宣告（公§355）。

六、特別清算程序中之協定

（一）協定之概念

　　特別清算程序中之協定者，乃特別清算中公司與其債權人團體間，爲完成清算，就債務處理方法所成立之和解契約。其是由清算人所提出，經債權人會議可決而成立，並經法院認可而生效，具有拘束所有債權人之效力，故性質上應屬強制和解契約，而類似破產前之和解及破產程序中之調協。蓋特別清算程序係對財產狀況欠佳之公司所進行之清算程序，通常之情形，公司實質上是處於破產之狀態，如能獲得債權人之相當讓步達成「協定」，則可依該協定處理公司清算之事務；如不能達成協定，則依法應進行破產之宣告（公§355），而依嚴格且繁複之破產程序，了結公司權利義務關係，如此反而將對債權人更爲不利[70]。

（二）協定之提出

　　依公司法第347條之規定：「清算人得徵詢監理人之意見，對於債權人會議提出協定之建議。」可知協定之建議，是由特別清算人提出。依公司法第348條之規定：「協定之條件，在各債權人間應屬平等。但第三百四十條但書所定之債權，不在此限。」可知協定之條件，應以各債權人間之平等爲重點，但依法得行使優先受償權或別除權之債權人，則不受限制。所謂平等，參照破產法第130條之規定，當指清償之成數、清償之期限及有可供之擔保者，其擔保等各方面之平等。

　　此外，特別清算人如認爲此等債權人參加債權人會議，對於作成協定有必要時，亦得請求此等債權人參加（公§349）。例如特別清算人發現有優先受償權或別除權之債權人與公司之大股東或多數股東有特殊密切關係，如請此等債權人參加，可使對於其優先受償權或別除權之債權爲部分之讓步，將更能使協定之建議，獲得債權人會議之可決時，亦可邀請此等債權人參加債權人會議，如此等債權人自願讓步，當可將其讓步之部分列入協定之中[71]。

（三）協定之可決及認可

　　依公司法第350條第1項及第2項之規定：「協定之可決，應有得行使表決權之債權人過半數之出席，及得行使表決權之債權總額四分之三以上之同意行之。」「前項決議，應得法院之認可。」法院於認可時，應審查債權人會議之召集程序及決議方法有無違法、協定之條件在各債權人間是否平等，以及協定在實行上是否可能等。

　　協定如經法院認可後，依公司法第350條第3項準用破產法第136條之規定，對於一切

---

[70]　以上參見柯芳枝，公司法論（下），第356頁。

[71]　參見柯芳枝，公司法論（下），第357頁。

債權人均有效力。特別清算人即應依協定之條件履行債務（即協定之實行）。

　　依公司法第351條之規定：「協定在實行上遇有必要時，得變更其條件，其變更準用前四條之規定。」例如協定原預期處分公司財產後可得若干現款，而以比例清償債務，但實際處分之結果，因市價低落，致無法按原定清償成數清償；或協定原擬定由特別清算人收取債權，以清償債務，但因對債務人強制執行並無結果或遠低於預期，以致難以依原協定清償債務[72]。此時須變更協定之條件，而其變更程序則應依前揭協定之提出、條件、可決及認可等方式處理。

七、特別清算程序之終結

（一）完成特別清算程序

　　如清算人已依協定實行完畢，並已了結所有現務，則應向法院聲報清算完結（公§356、§331Ⅳ），公司之人格歸於消滅。

（二）轉入破產程序

　　依公司法第355條之規定：「法院於命令特別清算開始後，而協定不可能時，應依職權依破產法為破產之宣告，協定實行上不可能時亦同。」

---

[72]　參見柯芳枝，公司法論（下），第359頁。

第九章　閉鎖性股份有限公司

第一節　概　說

一、立法經過及規範架構

　　民國104年公司法修正時，主管機關體認科技新創事業是引領台灣未來的關鍵所在，而科技新創事業能否蓬勃發展，其法制面上的關鍵在於創業家與投資人間能否有更精緻、周延的契約安排，組織規劃上是否具有彈性以因應科技新創事業的需求等[1]。然而，在現行公司法中，不論是有限公司或是股份有限公司的規範，都存在著許多管制性的強行規定，而股份有限公司制度主要是為大型公司量身定做，諸如股權設計、股東投票制度、董事會及股東會運作等均有嚴謹設計，對於新創企業及中小企業而言，因其股東人數較少且具有封閉性，在適用上難免格格不入[2]，「為鼓勵新創及中小型企業之發展，營造更有利之商業環境，另因應科技新創事業之需求，賦予企業有較大自治空間，爰引進英、美等國之閉鎖性公司制度，於第五章『股份有限公司』增訂『閉鎖性股份有限公司』專節，讓新創及中小型企業使用此種公司型態時，在股權安排及運作上更具彈性。[3]」

　　「閉鎖性股份有限公司」專節（下稱「閉鎖專節」）是在104年6月15日立法院三讀通過，同年7月1日總統公布，並於同年9月4日施行。另107年8月1日配合公司法的通盤修正，再對閉鎖專節的若干條文加以修正。閉鎖專節原共有14個條文（第356條之1至第356條之14），107年8月1日公司法修正時刪除2個條文，故現有12個條文，謹先就各條文的內容及規範架構略作說明（見表9-1）。

表9-1　閉鎖專節之規範架構及內容

條號	規範內容	說明
356-1	閉鎖性公司之定義	
356-2	閉鎖性公司之資訊揭露	

---

[1] 參見經濟部，閉鎖性股份有限公司解析，第8頁，104年9月，經濟部商業司全國商工行政服務入口網〉首頁〉閉鎖性公司專區〉相關宣導〉閉鎖公司法修正與實務解析（網址：https://gcis.nat.gov.tw/mainNew/subclassNAction.do?method=getFile&pk=608）。

[2] 同前註，第9頁。

[3] 參見104年公司法部分條文修正草案條文對照表「第十三節　閉鎖性股份有限公司」之說明。

表9-1　閉鎖專節之規範架構及內容（續）

條號	規範內容	說明
356-3	發起人出資（信用、勞務等）、發起人選任董監事	107年8月1日修正時刪除「信用」出資之規定，並明定章程得規定股東會選任董事及監察人之方式
356-4	不得公開發行或募集	
356-5	股份轉讓限制	
356-6	無面額股或面額股	107年8月1日修正時刪除該條規定，而直接適用修正後第129條及第156條之規定
356-7	特別股之發行	
356-8	股東會開會方式	
356-9	表決權拘束契約及表決權信託	
356-10	盈餘分派	107年8月1日修正時刪除該條規定，而直接適用修正後第228條之1之規定
356-11	私募公司債	
356-12	發行新股（決策機關、出資方式、新股認購權之排除）	
356-13	閉鎖性公司轉換為非閉鎖性公司	
356-14	非閉鎖性公司轉換為閉鎖性公司	

　　閉鎖專節是為因應科技新創事業之需求及中小型企業之發展，賦予企業較大的自治空間，並突破原先公司法之各種創業障礙，具有積極及正面的意義[4]：

（一）提供更具彈性之創業環境

　　包括公司設立時之出資方式，除原先承認之現金及公司事業所需之財產、技術外，增列得以公司事業所需之「勞務、信用」出資（公§356-3）（惟嗣後已刪除有關「信用」出資之規定）[5]。另突破原先僅承認面額股之規定，引進所謂「無面額股」之制度（公§356-6）[6]。突破公司原先僅能每年度分派一次盈餘之規定，「公司章程得訂明盈餘分

---

[4]　以下主要參考方嘉麟，新修正閉鎖性股份有限公司專節總評（一），第3頁以下，收錄於「閉鎖性股份有限公司逐條釋義」，元照出版公司，2016年10月初版。

[5]　107年8月1日公司法修正時，刪除公司法第356條之3第2項有關「信用」出資之規定。其修正理由稱：「基於信用界定不易，且現行勞務或其他權利出資，已足敷股東使用，爰刪除原第二項有關信用出資之規定。本項規定修正施行後，不再允許信用出資，至於施行前已以信用出資者，不受影響，併予敘明。」

[6]　107年8月1日公司法修正時，刪除公司法第356條之6之規定，其修正理由稱：「依修正條文第一百二十九條及第一百五十六條規定，所有股份有限公司均得採行無票面金額股制度，閉鎖性股份

派或虧損撥補於每半會計年度終了後爲之」（公§356-10Ⅰ）[7]。公司發行新股時，不適用公司法第267條之規定，使公司無須先保留發行新股總數10%至15%之股份由公司員工承購，亦無須再由原有股東按照原有股份比例儘先分認，即可逕洽特定人全數認購（公§356-12Ⅲ）。

（二）籌資工具之多元化與靈活運用

包括對於特別股之部分，「除第一百五十七條固有特別股類型外，於（註：指公司法第356條之7）第三款及第五款放寬公司可發行複數表決權之特別股、對於特定事項有否決權之特別股、可轉換成複數普通股之特別股等；第四款允許特別股股東被選舉爲董事、監察人之權利之事項」[8]。閉鎖性公司發行新股時，不適用公司法第267條之規定，可逕洽特定人全數認購（公§356-12Ⅲ）。就閉鎖性公司私募普通公司債時，除須經董事會特別決議外，得以「章程規定無須經股東會決議」，並排除相關規定之適用（公§356-11）。

（三）提供穩定經營權之設計工具

包括明文承認「股東得以書面契約約定共同行使股東表決權之方式，亦得成立股東表決權信託，由受託人依書面信託契約之約定行使其股東表決權。」（公§356-9），使股東得以「表決權拘束契約」或「表決權信託」之方式，對表決權爲一致行使，以維護經營權之穩定。另規定發起人選任董事及監察人之方式，得以章程規定排除公司法第198條有關累積投票制之強制規定（公§356-5）[9]。

（四）提升公司運作效率

閉鎖性公司因股東人數較少且具有封閉性，股東關係緊密，故放寬股東會開會之方式，包括「公司章程得訂明股東會開會時，以視訊會議……方式爲之。」（公§356-8Ⅰ）、「公司章程得訂明經全體股東同意，股東就當次股東會議案以書面方式行使其表決權，而不實際集會。」（公§356-8Ⅲ），以提升公司意思形成之效率，並降低股東會之召集成本。另公司法第356條之13規定閉鎖性公司得轉換爲非閉鎖性公司；第356條之14

有限公司亦屬股份有限公司，是以，閉鎖性股份有限公司應以第一百二十九條及第一百五十六條爲適用之依據，爰予刪除。」

[7]　107年8月1日公司法修正時，刪除公司法第356條之10之規定，其修正理由稱：「依修正條文第二百二十八條之一規定，所有股份有限公司均得於每季或每半會計年度終了後爲盈餘分派或虧損撥補，閉鎖性股份有限公司亦屬股份有限公司，是以，閉鎖性股份有限公司應以第二百二十八條之一爲適用之依據，爰予刪除。」

[8]　參見104年7月1日公司法第356條之7之立法理由。

[9]　除發起人選任董事及監察人之方式，得以章程規定排除公司法第198條有關累積投票制之強制規定外，107年8月1日公司法修正時，另明定股東會選任董事及監察人之方式，亦得以章程規定排除有關累積投票制之規定（公§356-3Ⅶ）。

規定非閉鎖性公司得轉換爲閉鎖性公司，提供已設立之公司得自由選擇其組織型態之彈性。

二、「閉鎖專節」立法方式所衍生之問題

（一）割裂既有公司法之體系

在104年立法當時，爲求立法經濟與迅速，並未在既有公司種類之外，全新建構一套完整「閉鎖性公司」體制，而係以「特例法」及「排除法」之方式，在既有公司法「股份有限公司」章中增訂第十三節「閉鎖性股份有限公司」專節，在此立法模式下，「閉鎖性公司」本質上仍是「股份有限公司」[10]，因此，「閉鎖性股份有限公司應先適用本節之規定；本節未規定者，適用本法非閉鎖性之非公開發行股票公司之規定[11]」。

然在公司法之體系中，如依公司之信用所在作爲分類標準，可區分爲人合公司、資合公司及兼具人合與資合色彩之中間公司。人合公司是以無限公司爲代表，著重於股東之個人條件（如財力、信用者），其特徵爲合夥性濃、股東地位移轉困難，且企業所有與企業經營合一；資合公司則以股份有限公司爲代表，乃匯集股東之出資而爲資本（以達「聚沙成塔」之功能），公司之信用基礎取決於公司財產之數額，而不注重股東之個人條件，其特徵爲法人性濃、股東地位移轉容易（即所謂「股份自由轉讓原則」），且企業所有與企業經營分離等。

在閉鎖專節中，公司法第356條之1開宗明義即將閉鎖性公司定義爲「股東人數不超過五十人，並於章程定有股份轉讓限制之非公開發行股票公司」。依此規定，閉鎖性公司股東人數之限制，將較難發揮資合公司所謂「聚沙成塔」之功能。再者，閉鎖性公司爲維護其「閉鎖性」，注重股東之條件與資格，章程並應明定股份轉讓之限制，而閉鎖專節亦允許股東以（信用及）勞務出資，凡此均具有濃厚的人合公司色彩，亦明顯與股份有限公司採所謂「股份自由轉讓原則」之概念有所扞格。而在權力分配上，閉鎖性公司之所有與經營高度重疊，閉鎖專節並允許發行複數表決權之特別股、訂定表決權拘束契約或表決權信託[12]，將經營權集中在特定之少數股東身上；相對地，非閉鎖性公司之業務主要是由董事會決定，股東會權力受到嚴重之限制（參見公§202），企業所有與企業經營分離之情形，較爲明顯。

（二）立法匆促，有欠周延

如前所述，在104年立法當時，爲求立法經濟與迅速，是以訂定閉鎖專節之立法模式

---

[10] 參見方嘉麟，新修正閉鎖性股份有限公司專節總評（一），第6頁以下。

[11] 參見104年公司法部分條文修正草案條文對照表「第十三節　閉鎖性股份有限公司」之說明。

[12] 107年8月1日公司法修正時，對於公開發行股票之公司以外之其他股份有限公司，亦允許發行複數表決權之特別股（公§157 I ④、Ⅲ）、成立表決權拘束契約或表決權信託（公§175-1）。

為之，除閉鎖專節所訂之特例或排除規定外，仍應適用「股份有限公司」章之相關規定，然因立法過於匆促，有許多特例或排除規定呈現不夠周延之現象，在實務執行上容易產生爭議。例如公司法第356條之3第5項規定：「發起人選任董事及監察人之方式，除章程另有規定者外，準用第一百九十八條規定。」似僅明文允許「發起人」於選任「首屆」董事及監察人時，得以章程排除累積投票制之強制規定，然就公司設立後，由股東會選任董事及監察人時，卻未予特別規定，倘依閉鎖專節之立法說明，如閉鎖專節未規定者，仍應適用「股份有限公司」章之其他規定，其適用結果是公司設立後，股東會選任（第二屆以後）董事及監察人時，仍應回歸公司法第198條之規定，採強制累積投票制，如此，將使前述公司法第356條之3第5項之規定，淪為「用後即棄之一次性規定」，而為何刻意區分公司設立時與設立後而異其規範，則無法充分解釋，故應純屬立法之疏漏[13]。所幸107年8月1日公司法修正時，已於該條增訂第7項：「股東會選任董事及監察人之方式，除章程另有規定者外，依第一百九十八條規定。」讓閉鎖性公司於設立時及設立後，均得以章程排除累積投票制之適用。

又如在104年立法當時，依公司法第356條之3第2項之規定，有關「發起人出資種類，包括現金、公司事業所需之財產、技術、勞務或信用。但以勞務、信用抵充之股數，不得超過公司發行股份總數之一定比例」，且「鑑於非以現金出資者，其得抵充之金額及公司核給之股數等，涉及其他股東權益，爰於第四項明定應經全體股東同意，章程並應載明其種類、抵充之金額及公司核給之股數。……另於會計師查核簽證公司之登記資本額時，就非現金出資抵充部分，公司無須檢附鑑價報告，併予敘明。[14]」惟107年8月1日公司法修正時，卻又認為「基於信用界定不易，且現行勞務或其他權利出資，已足敷股東使用，爰刪除原第二項有關信用出資之規定。[15]」

再者，公司法第356條之7第1項第4款原規定：「公司發行特別股時，應就下列各款於章程中定之：……四、特別股股東被選舉為董事、監察人權利之事項。」立法原意究竟為何？就字面意義及立法過程而言，有可能是指對特別股股東被選舉為董事、監察人權利之「剝奪或限制」[16]。另一方面，為配合閉鎖專節之立法目的，也可能是指保障特別股股東當選一定席次以強化控制權，讓新創團隊之核心人物得藉此保障而掌控公司之經營權[17]；或保障特別股股東當選一定席次之董事、監察人之權利，以方便引進新資金。然依107年8月1日之修正理由：「依原第四款規定，解釋上係指特別股股東可被選舉為董事、

---

[13] 參見方嘉麟，新修正閉鎖性股份有限公司專節總評（一），第7頁以下。

[14] 參見104年7月1日公司法第356條之3之立法理由。

[15] 參見107年8月1日公司法第356條之3之修訂理由。

[16] 此為原行政院委託邵慶平教授所提出之版本及行政院第一版，其目的似在排除經濟部82年4月29日商字第210683號函有關「不得以決議或章程予以剝奪或限制普通股股東或特別股股東，可被選為董事、監察人」之適用。參見閉鎖性股份有限公司逐條釋義，第90、92頁（此部分由方嘉麟教授、蘇怡慈教授執筆）。

[17] 同前註，第105頁。

監察人或剝奪、限制特別股股東被選舉爲董事、監察人之情形，尚無保障特別股股東當選一定名額董事、監察人之意。爲應需要及更爲明確，修正第四款爲『特別股股東被選舉爲董事、監察人之禁止或限制，或當選一定名額之權利』。[18]」

　　由上可知，在104年立法當時，爲求立法經濟與迅速，是以特例、排除規定之方式，在股份有限公司章中增訂「閉鎖專節」，此一立法模式，不僅割裂既有之公司法體系，又因立法匆促，新設之特例、排除規定有許多欠缺周延之處。所幸107年8月1日公司法通盤修正時，多已針對該等缺失加以修正。

第二節　閉鎖性公司之定義

　　公司法第356條之1第1項規定：「閉鎖性股份有限公司，指股東人數不超過五十人，並於章程定有股份轉讓限制之非公開發行股票公司。」可知閉鎖性公司需符合三個要件：1.非公開發行股票公司；2.股東人數不得超過五十人；3.章程定有股份轉讓之限制。

一、非公開發行股票公司

　　閉鎖性公司之本質爲非公開發行股票公司，股票公開發行即違反閉鎖性公司之特質。因此，公司法第356條之4第1項亦規定：「公司不得公開發行或募集有價證券。」

二、股東人數不得超過五十人

　　依公司法第356條之1之立法理由，所謂股東人數不超過五十人，是參考新加坡、香港法制之規定。而依同條第2項之規定：「前項股東人數，中央主管機關得視社會經濟情況及實際需要增加之；其計算方式及認定範圍，由中央主管機關定之。」

　　至於股東資格並無限制，自然人或法人或外國人均可爲股東，且無比例限制[19]。閉鎖性公司應嚴格維持其股東人數不得超過五十人，因此，閉鎖性公司縱使經由證券主管機關許可之證券商經營股權群眾募資平台募資，或公司私募轉換公司債或附認股權公司債，但公司債債權人行使轉換權或認購權後，仍受第356條之1之股東人數之限制（公§356-4Ⅱ、公§356-11Ⅲ）。

　　有關股東人數之部分，當公司向登記主管機關辦理登記時，主管機關會要求公司填

18　參見107年8月1日公司法第356條之7第1項之修正理由。

19　參見經濟部商業司全國商工行政服務入口網〉首頁〉閉鎖性公司專區〉常用問答（下簡稱「閉鎖專區常用問答」）Q8.1題。（網址：https://gcis.nat.gov.tw/mainNew/subclassNAction.do?method=getFile&pk=607）。

具股東人數[20]，若股東人數超過五十人，依公司法第356條之13第3項、第4項規定，公司不符合第356條之1規定時，應變更為非閉鎖性公司，並辦理變更登記：公司未依規定辦理變更登記者，主管機關得依第387條第5項規定責令限期改正並按次處罰；其情節重大者，主管機關得依職權命令解散之[21]。

　　然而，有關股東人數之部分，在實務上仍可能發生許多問題，諸如股票共有時，股東人數應如何計算？如是信託持有時，究應以形式上所有權人（受託人）為準，抑或實質所有權人（受益人）為準？又，「若公司原股東人數為四十九人，其中一人死亡，因繼承轉讓時，導致股東超過五十人怎麼辦？[22]」如公司原股東人數為四十九人，但因股份被強制執行，導致股東超過五十人（拍定人有二人以上），又應如何處理？

　　主管機關認為：「因繼承致股東人數增加超過五十人之情形，繼承之限制可在章程上訂定。[23]」但「依民法第1147條規定：『繼承，因被繼承人死亡而開始。』及第1148條第1項規定：『繼承人自繼承開始時，除本法另有規定外，承受被繼承人財產上之一切權利、義務。但權利、義務專屬於被繼承人本身者，不在此限。』倘閉鎖性股份有限公司章程就股東死亡所遺股份為處理之規定，如有違反公序良俗或民法繼承之規定或涉及權利濫用之情形，事涉私權，允屬司法機關認事用法範疇，應循司法途徑解決。[24]」

　　此外，如原股東人數為四十九人，而股東轉讓股份將造成人數超過五十人而喪失閉鎖性時，公司能否拒絕股東名簿之變更？股東違反章程所載有關股份轉讓之限制時，其效力如何？如股東人數超過五十人時，究竟是何時喪失閉鎖性公司資格？（是在股份轉讓時？股東名簿變更時？向主管機關為變更登記時？）又如公司未主動向主管機關為變更登記，以致主管機關無法得知，則公司依閉鎖專節所為之行為（如以書面決議而未實際召開股東會、保障特別股股東當選一定名額監察人之權利等），其效力如何？恐將成為問題。

　　由上可知，閉鎖性公司應於章程中妥善設計股份轉讓限制之條件（如繼承之股東人數限制），以避免股東人數超過五十人而喪失閉鎖性，造成公司不符合第356條之1規定，而被迫依公司法第356條之13第3項、第4項規定，應變更為非閉鎖性公司，並辦理變更登記之情事發生。

---

[20]　依會計師查核簽證公司登記資本額辦法第7條第3項之規定：「會計師依前項規定受託查核閉鎖性股份有限公司資本額時，應查核股東人數……」另公司登記辦法附表五「閉鎖性股份有限公司登記應附送書表」，閉鎖性公司在辦理各項登記時，均應檢附「全體股東同意書影本」。

[21]　參見閉鎖專區常用問答Q8.2題。

[22]　參見閉鎖專區常用問答Q8.4題之問題。

[23]　同前註。

[24]　參見經濟部109年12月25日經商字第10902433700號函。

三、章程定有股份轉讓之限制

　　閉鎖性公司之股東人格特性以及股東間具有高度緊密關係，基於該項特性，藉由章程限制股東轉讓股份，以維持成員之穩定性，乃為閉鎖性公司之核心特性[25]，亦為閉鎖性公司之最大特點。因此，倘閉鎖性公司章程未載明股份轉讓限制，即屬違反公司法第356條之1規定，尚不得辦理登記[26]。再者，股份轉讓限制應明定於章程上，章程上尚不得以「詳公司股份轉讓守則」之方式為之，如轉讓限制有修改，應以修章之方式為之[27]。

　　有關「股份轉讓之限制」，依主管機關之見解：1.閉鎖性公司股份轉讓限制方式，由公司自行訂定，並定於章程中，例如：限制股份轉讓須經其他全體股東或一定比例股東之同意[28]、[29]；所稱轉讓限制，如可約定股東轉讓股份需要公司同意或其他股東全體同意等[30]；2.倘閉鎖性公司章程規定股東持有股份達所定限制轉讓期間後即可自由轉讓者，與公司法第356條之1規定，尚有未合[31]；3.如公司章程規定，股份僅得轉讓予特定身分之人時，因實質上已使股份轉讓予特定身分以外之人受有限制，已符合閉鎖性公司需有股份轉讓限制之要求。是以，閉鎖性公司於章程訂定一定期間內股東僅得將股份轉讓予股東或其二親等內親屬；且股東於一定期間過後，經全體股東同意，方得轉讓股份予特定身分以外之人一節，應無不可[32]；4.股份轉讓之限制應適用於全體股東，並不區分普通股或特別股，且均應於章程中約定。倘閉鎖性公司章程載明部分股東股份轉讓不受限制或僅部分股東受有限制者，自與公司法第356條之1規定意旨尚屬有違[33]；5.107年8月1日修正公司法第163條已刪除發起人之股份，非於公司設立登記一年後，不得轉讓之規定，然閉鎖性公司於章程中限制發起人之股份轉讓者，似無不可[34]。

---

[25] 參見經濟部商業司107年5月29日經商一字第10702023420號函。

[26] 參見經濟部107年5月3日經商字第10700566800號函。

[27] 參見閉鎖專區常用問答Q3.2題。

[28] 參見閉鎖專區常用問答Q3.1題。

[29] 目前常見章程之記載方式，可能包括：經其他股東事前同意；全體股東三分之二同意；經其他股東事前過半數同意；如為董事或監察人，應得其他股東全體同意；如為一般股東，則應經其他股東事前過半數同意；經特別股股東事前過半數同意；經全體股東過半數表決權同意；經普通股已發行股份三分之二以上出席，出席股東表決權過半數同意；事前取得公司同意等。

[30] 參見閉鎖專區常用問答Q3.3題。

[31] 參見經濟部104年12月29日經商字第10402137390號函。

[32] 參見經濟部108年6月3日經商字第10800588640號函。

[33] 參見經濟部商業司107年5月29日經商一字第10702023420號函。另經濟部107年8月13日經商字第10700057880號函亦稱：「公司法第356條之1明定『章程定有股份轉讓之限制』乃因閉鎖性公司之特性之一，是股東間關係緊密，彼此有信賴關係，因此就股份轉讓是否限制而言，不論普通股或特別股，應無差別對待。……倘許特別股股東得自由轉讓其特別股，對公司將造成重大影響，因此，特別股股東亦應有限制股權轉讓之約定。來函所附公司章程第10條：『……6.已發行的特別股得自由轉讓……。』核與上開公司法之立法意旨未合。」

[34] 參見閉鎖專區常用問答Q3.4題。

　　至於違反股份轉讓限制之法律效果為何？主管機關認為：「倘違反章程限制（例如全體股東同意），自屬無效，具體個案如有爭議，應由當事人循司法途徑解決。[35]」

　　公司股份轉讓之限制，應於章程載明（公§356-5Ⅰ）。而閉鎖性公司股份轉讓受有限制，股份受讓人如無適當管道知悉該項限制，對受讓人保障明顯不足[36]，因此，「股份轉讓之限制，公司印製股票者，應於股票以明顯文字註記；不發行股票者，讓與人應於交付受讓人之相關書面文件中載明。」（公§356-5Ⅱ），此外，股份轉讓之受讓人亦得請求公司給與章程影本（公§356-5Ⅲ），以資保障。再者，鑑於閉鎖性公司之公司治理較為寬鬆，企業自治之空間較大，為利一般民眾辨別，並達公示效果，以保障交易安全[37]，公司法第356條之2規定：「公司應於章程載明閉鎖性之屬性，並由中央主管機關公開於其資訊網站。」而目前在「經濟部商業司全國商工行政服務入口網」之閉鎖性公司專區中，可查得「閉鎖性公司名錄」。然閉鎖性公司之章程，雖屬依法應登記之文件，但並非主管機關應予公開之資訊，須經公司同意者，始得查閱（公§393）。

第三節　出資、無面額股及特別股

一、出資之方式

　　公司法第356條之3第1項及第6項規定：「發起人得以全體之同意，設立閉鎖性股份有限公司，並應全數認足第一次應發行之股份。」「公司之設立，不適用第一百三十二條至第一百四十九條及第一百五十一條至第一百五十三條規定。」其立法理由[38]稱：「閉鎖性股份有限公司雖享有較大企業自治空間，惟亦受有不得公開發行及募集之限制，且股東進出較為困難，是以，發起人選擇此種公司型態時，須經全體發起人同意。又基於閉鎖性之特質，不應涉及公開發行或募集，僅允許以發起設立之方式為之，不得以募集設立之方式成立，且發起人應全數認足第一次應發行之股份，以充實公司資本。」「閉鎖性股份有限公司禁止以募集設立之方式成立，爰於第六項明定排除本法有關募集設立之規定。」可知在新設閉鎖性公司時，僅得以發起設立之方式為之（並排除募集設立相關規定之適用），且發起人全體應全數認足第一次發行之股份。

　　依公司法第356條之3第2項至第3項之規定：「發起人之出資除現金外，得以公司事業所需之財產、技術或勞務抵充之。但以勞務抵充之股數，不得超過公司發行股份總數之

---

[35]　參見閉鎖專區常用問答Q3.1題。

[36]　參見104年7月1日公司法第356條之4之修正理由。

[37]　參見104年7月1日公司法第356條之2之修正理由。

[38]　參見104年7月1日公司法第356條之3之修正理由。

一定比例。」「前項之一定比例，由中央主管機關定之。」在104年立法當時，參酌其他國家之做法及因應實務需要，明定發起人出資種類，包括現金、公司事業所需之財產、技術、勞務或「信用」[39]。惟107年8月1日公司法通盤修正時，「基於信用界定不易，且現行勞務或其他權利出資，已足敷股東使用，爰刪除原第二項有關信用出資之規定。[40]」因此，現行設立閉鎖性公司時，發起人之出資種類，除現金外，僅得以公司事業所需之財產、技術或勞務等方式爲之（不得以信用爲出資）[41]。

有關以現金、現物（即事業所需之財產）出資方式，原則上同一般股份有限公司之說明，茲不贅述。茲就勞務及技術出資之部分再做說明如下：

如以勞務出資者，其抵充之股數，不得超過公司發行股份總數之一定比例。「此項規定係強制規定，公司應確實依照規定辦理，自無所稱勞務出資如超過法定一定比例之問題。[42]」依主管機關之見解：「公司法第356條之3第2項所稱公司發行股份總數以勞務抵充出資股數之一定比例，於實收資本額未達新臺幣3,000萬元部分，指勞務抵充出資之股數不得超過公司發行該部分股份總數二分之一；於實收資本額新臺幣3,000萬元以上部分，指勞務抵充出資之股數不得超過公司發行該部分股份總數四分之一。[43]」主管機關並認爲：「爲避免實務認定上之複雜，對閉鎖性公司在勞務出資之『一定比例』的認定採取從寬之累進認定，亦即資本額達3,000萬以上之公司，其勞務抵充出資之股數以資本額未達3,000萬部分之二分之一，加計資本額3,000萬以上部分之四分之一來計算。舉例：某閉鎖性公司資本額爲新臺幣4,000萬元，並發行400萬股，每股新臺幣10元。套用前述計算方式，其勞務得抵充出資之總股數爲175萬股。計算說明：（3,000 * 1/2 + 1,000 * 1/4）/10 = 175。[44]」

再者，依公司法第356條之3第4項前段之規定：「以技術或勞務出資者，應經全體股東[45]同意，並於章程載明其種類、抵充之金額及公司核給之股數。」1.蓋以勞務或技術出

---

[39]　同前註。

[40]　參見107年8月1日公司法第356條之3之修正理由。

[41]　閉鎖專區常用問答Q4.1題稱：「在出資方面，考慮新創團隊成員通常缺乏資金，因此對於閉鎖性股份有限公司設立時，允許股東以不同方式出資，除現行現金、技術外，在一定比例下，允許股東得以勞務方式出資。」

[42]　參見閉鎖專區常用問答Q9.2題。

[43]　參見經濟部108年6月4日經商字第10802409490號公告。

[44]　參見閉鎖專區常用問答Q8.5題。

[45]　本條第1項及第2項是針對「發起人」而規定，而第4項則稱「應經全體股東同意，並於章程載明……」，第5項及第6項又是針對「發起人」及「公司之設立」，在規範體系稍嫌突兀。一般認爲在發起設立時，（全體）發起人有認足第一次應發行之股份及按股繳足股款之義務，且每一發起人至少需認購一股以上，因此本條第4項所謂「應經全體股東同意」，在公司設立時，應是指全體發起人而言。然依本法第356條之12第2項之規定，公司發行新股時，新股認購人之出資方式，亦準用第356條之3第2項至第4項規定，即公司設立後，公司發行新股時，如認股人以技術、勞務抵充時，「應經全體股東同意」，然是否基於此一考量而將第4項之用語調整爲「全體股東同意」，已不得而知。

資者，「其得抵充之金額及公司核給之股數等，涉及其他股東權益，爰於第四項明定應經全體股東同意，章程並應載明其種類、抵充之金額及公司核給之股數[46]」；2.所謂勞務出資者，並不以自然人之勞務爲限，「若法人能提供之勞務，確爲閉鎖性股份有限公司業務經營業務所需，應可爲公司法所許[47]」；3.又，「勞務之出資，因難以客觀方式確定其市場價值，復須全體股東同意，爰免除其鑑價要求[48]」；4.依公司登記辦法附表五所示，閉鎖性公司於發起設立時，除應檢附公司章程影本外，應另檢附「全體股東同意書影本」，依主管機關之見解，尚無規定股東同意書應記載勞務之種類及「期間」[49]。

另依主管機關之說明：「閉鎖性股份有限公司以勞務出資之會計處理如下，謹供業界參考：閉鎖性股份有限公司以勞務出資，舉例如下：股東以其專業技能提供一定期間之勞務。相關會計處理原則爲：若股東履約期間爲一年以上，通常具有一年以上經濟效益，公司宜認列爲預付費用，再依其經濟效益隨時間經過或使用消耗情況，攤提費用，例如：自對公司產生經濟效益年度開始，以股東擔任職務之年數，分年於逐年年底，依其性質轉列薪資費用或其他相關費用等。[50]」

關於股東以勞務抵充出資取得公司股權之課稅方式，依據財政部104年11月5日台財稅字第10400659120號令，核釋個人以勞務出資取得閉鎖性股份有限公司股權之課稅規定[51]。亦即：「一、股東以勞務或信用抵充出資取得之股權，核屬所得稅法第14條第1項第十類規定之其他所得；該股權依公司章程規定於一定期間內不得轉讓者，應以該一定期間屆滿翌日之可處分日每股時價計算股東之所得，依法課徵所得稅。但公司章程未限制一定期間不得轉讓者，應以取得股權日爲可處分日，以公司章程所載抵充之金額，計算股東之所得，依法課徵所得稅。二、所稱『時價』，爲可處分日之前一年內最近一期經會計師查核簽證之財務報告每股淨值，該日之前一年內無經會計師查核簽證之財務報告者，爲依該日公司資產淨值核算之每股淨值。三、公司於股東以勞務或信用抵充出資取得股權時免予扣繳，但應於可處分日次年一月底前依所得稅法第89條第3項規定列單申報主管稽徵機關。[52]」

當公司設立後發行新股時，新股認購人之出資方式，仍準用第356條之3第2項至第4

---

[46]　參見104年7月1日公司法第356條之3之修正理由。

[47]　參見閉鎖專區常用問答Q4.5題。

[48]　同前註。

[49]　參見經濟部105年2月25日經商字第10502404150號函。該函釋另認爲：「有關閉鎖性股份有限公司章程應否於全體股東同意書訂定或發起人會議中行之一節，因閉鎖性股份有限公司仍屬股份有限公司，閉鎖性股份有限公司專節未規定事項，仍應依股份有限公司規定辦理。爰閉鎖性股份有限公司專節中，並無規定得以全體股東同意書訂定章程之規定，是以，閉鎖性股份有限公司章程仍有公司法第129條規定之適用（註：發起人應以全體之同意訂立章程，載明下列各款事項……）。」

[50]　參見閉鎖專區常用問答Q7.1題。

[51]　參見閉鎖專區常用問答Q10.1題。

[52]　參見財政部104年11月5日台財稅字第10400659120號令。

項之規定，並得以對公司所有之貨幣債權抵充之（公§356-12Ⅱ）。1.既已明定需經全體股東同意並於章程載明，自毋庸再踐行公司法第156條第5項「抵充之數額需經董事會決議」之程序[53]；2.所稱「全體股東」包含增（出）資前之現有股東及該次增（出）資股東[54]；3.如此較公司設立時及設立後之出資方式，公司法第356條之3第2項有關公司設立時之出資種類，並不包括「貨幣債權」在內，此乃因在公司設立時，公司尚未存在，理應不會有以公司名義所負擔之債權，再者，為確保公司設立時之資本充足，亦不應允許以對公司之貨幣債權抵充之；於公司設立後，則得以對公司所有之貨幣債權抵充之，將原本屬於公司負債科目之債務，轉化為股東權益科目之公司資本（股本），不僅可以解除公司之債務壓力，亦可改善公司之財務結構，故容許認購人得以公司所有之貨幣債權，抵充其出資[55]。

二、無面額股或面額股

　　民國104年間增訂閉鎖專節時，為提供新創事業之發起人及股東在股權部分有更自由之規劃空間，（首度）引進國外無票面金額股制度，於公司法第356條之6第1項規定，閉鎖性公司發行股份，應擇一採行票面金額股或無票面金額股（惟不允許公司發行之股票有票面金額股與無票面金額股併存之情形）。107年8月1日公司法修正時，「依修正條文第一百二十九條及第一百五十六條規定，所有股份有限公司均得採行無票面金額股制度，閉鎖性股份有限公司亦屬股份有限公司，是以，閉鎖性股份有限公司應以第一百二十九條及第一百五十六條為適用之依據，爰予刪除。」故此部分請參考一般股份有限公司「無面額股或面額股」部分之相關說明。

三、特別股之發行

　　民國104年增訂閉鎖專節時，「本於閉鎖性之特質，股東之權利義務如何規劃始為妥適，宜允許閉鎖性股份有限公司有充足之企業自治空間。此外，就科技新創事業而言，為了因應其高風險、高報酬、知識密集之特性，創業家與投資人間，或不同階段出資之認股人間，需要有更周密、更符合企業特質之權利義務安排，爰特別股之存在及設計，經常成為閉鎖性股份有限公司（特別是科技新創事業）設立及運作過程中不可或缺之工具。美國商業實務上，新創事業接受天使投資人或創投事業之投資時，亦多以特別股為之。是以，除第一百五十七條固有特別股類型外，於第三款及第五款放寬公司可發行複數表決權之特

53　參見閉鎖專區常用問答Q4.6題。

54　參見經濟部105年5月30日經商字第10502415080號函。

55　參見閉鎖性股份有限公司逐條釋義，第168至169頁（此部分由黃銘傑教授執筆）。

別股、對於特定事項有否決權之特別股、可轉換成複數普通股之特別股等；第四款允許特別股股東被選舉爲董事、監察人之權利之事項；另如擁有複數表決權之特別股、對於特定事項有否決權之特別股、可轉換成複數普通股之特別股，得隨意轉讓股份，對公司經營將造成重大影響，是以，第六款允許公司透過章程針對特別股之轉讓加以限制。[56]」

由上可知，該次修訂主要是在原先公司法第157條之固有特別股類型外，允許閉鎖性公司可發行「複數表決權」之特別股、「對於特定事項有否決權」之特別股、「可轉換成複數普通股」之特別股、「允許特別股股東被選舉爲董事、監察人之權利之事項」及允許公司透過章程針對特別股之轉讓加以限制等，在當時可謂閉鎖性公司獨有之規定。

民國107年8月1日公司法修正時，有鑑於公司法第356條之7已放寬「允許閉鎖性股份有限公司爲追求符合其企業特質之權利義務規劃及安排，已可於章程中設計相關類型之特別股，爲提供非公開發行股票公司之特別股更多樣化及允許企業充足之自治空間[57]」，故乃參酌公司法第356條之7之規定，而大幅修正第157條之規定。此外，在107年間修法同時，有關公司法第356條之7之部分，原第4款規定「特別股股東被選舉爲董事、監察人權利之事項。」解釋上係指特別股股東可被選舉爲董事、監察人或剝奪、限制特別股股東被選舉爲董事、監察人之情形，尚無保障特別股股東當選一定名額董事、監察人之意。惟爲應需要及更爲明確，乃修正第4款爲「特別股股東被選舉爲董事、監察人之禁止或限制，或當選一定名額之權利。」因此，在107年8月1日公司法修正後，閉鎖性公司之特別股（公§356-7）與非公開發行股票公司之特別股（公§157）規定已大致相同，故請參考第157條特別股之說明，茲不贅述。修法後，二者之差異如下：

（一）保障特別股股東當選一定名額「監察人」之權利

閉鎖性公司之規定爲：「特別股股東被選舉爲董事、監察人之禁止或限制，或當選一定名額之權利。」（公§356-7Ⅰ④）；非公發公司之規定則爲：「特別股股東被選舉爲董事、監察人之禁止或限制，或當選一定名額『董事』之權利。」（公§157Ⅰ⑤）。公司法第356條之7之修訂理由爲：「本款所稱『當選一定名額』，係指當選一定名額之董事或監察人，而與修正條文第一百五十七條第一項第五款之『當選一定名額董事』，有所不同。」公司法第157條之修訂理由則稱：「基於監察人爲公司之監督機關，爲落實監察權之行使及公司治理之需求，爰本款未允許公司以章程保障特別股股東當選一定名額之監察人。[58]」由上可知，閉鎖性公司得以章程規定保障特別股股東被選舉一定名額「監察人」之權利，非公發公司則否。

---

[56] 參見104年7月1日公司法第356條之7之立法理由。

[57] 參見107年8月1日公司法第157條之修正理由。

[58] 參見107年8月1日公司法第157條及第356條之7之修正理由。

（二）複數表決權特別股股東在選任監察人時之表決權數

　　公司法第356條之7第2項之規定：「第一百五十七條第二項規定，於前項第三款複數表決權特別股股東不適用之。」其立法理由稱：「爲貫徹閉鎖性股份有限公司擁有較大自治空間之精神，爰增訂第二項，排除第一百五十七條第二項規定之適用。換言之，閉鎖性股份有限公司具複數表決權特別股之股東，於選舉監察人時，仍享有複數表決權。」公司法第157條第2項則規定：「前項第四款複數表決權特別股股東，於監察人選舉，與普通股股東之表決權同。」其立法理由稱：「爲避免具複數表決權特別股股東掌控董事及監察人席次，有違公司治理之精神。爰對於具有複數表決權特別股之股東，限制其於選舉監察人時，表決權應與普通股股東之表決權同（原則上回復爲一股一權），始屬妥適。[59]」由上可知，閉鎖性公司具複數表決權特別股之股東，於選舉監察人時，仍享有複數表決權；而非公發公司具複數表決權特別股之股東，於選舉監察人時，其表決權應與普通股股東之表決權同（一股一權）。

第四節　閉鎖性公司之機關

一、董監事之選舉方式

　　如上所述，104年間增訂閉鎖專節時，依同法第356條之3第5項規定，閉鎖性公司發起人選任董事及監察人部分，得以章程另行規定而排除公司法第198條有關累積投票制之適用。當公司設立後，由股東會選任董事及監察人時，因當時閉鎖專節並未特別規定，故應適用「股份有限公司」章之規定，即依公司法第198條之規定，應採強制累積投票制。107年8月1日修正時，已於該條增訂第7項：「股東會選任董事及監察人之方式，除章程另有規定者外，依第一百九十八條規定。」讓閉鎖性公司於設立前及設立後，選任董事及監察人之方式，更具彈性，均不強制公司採累積投票制，允許公司得以章程另定選舉方式。

　　依107年8月1日公司法第356條之3之修正理由：「所謂章程另有規定，僅限章程就選舉方式爲不同於累積投票制之訂定。章程另訂之選舉方式，例如對於累積投票制可採不累積之方式，如每股僅有一個選舉權；或採全額連記法；或參照內政部頒之會議規範訂定選舉方式，均無不可。[60]」

　　又依主管機關函釋之見解，如閉鎖公司章程訂定，發起人或股東會選任董事及監察人

---

[59]　同前註。

[60]　參見107年8月1日公司法第356條之3之修正理由。

需經「全體」發起人或股東之同意，與公司法第356條之3規定之修正理由核有未符[61]。

二、董事會及股東會開會方式

有關閉鎖性公司董事會之開會方式，因閉鎖專節並未特別規定，故應適用股份有限公司章之規定，依公司法第205條之規定，（閉鎖性公司）董事會開會時，得以實體集會（公司章程並得訂定可由其他董事代理出席）或視訊方式召開，此外，公司亦得於章程訂明經全體董事同意，董事就當次董事會可不實際集會，對議案以書面方式行使其表決權（即書面決議）。

有關閉鎖性公司股東會之開會方式，依公司法第356條之8第1項及第2項之規定：「公司章程得訂明股東會開會時，以視訊會議或其他經中央主管機關公告之方式爲之。」「股東會開會時，如以視訊會議爲之，其股東以視訊參與會議者，視爲親自出席。」此乃因「閉鎖性股份有限公司股東人數較少，股東間關係緊密，且通常股東實際參與公司運作，爲放寬股東會得以較簡便方式行之，爰於第一項明定公司股東會開會得以視訊會議或其他經中央主管機關公告之方式爲之，並於第二項明定股東以視訊參與會議者，視爲親自出席股東會。[62]」另107年8月1日公司法修正時，茲因公司法第356條之8第1項及第2項規定，已允許閉鎖性公司股東會得以視訊會議或其他經中央主管機關公告之方式爲之。鑑於科技發達，以視訊會議或其他經中央主管機關公告之方式開會，亦可達到相互討論之會議效果，與親自出席無異，故增訂公司法第172條之2之規定，放寬閉鎖性公司以外之非公開發行股票之公司，其股東會亦得以視訊會議或其他經中央主管機關公告之方式召開[63]。於此情形下，閉鎖性公司與其他非公開發行股票公司之規定，並無不同。

有關閉鎖性公司股東會之開會方式，相較閉鎖性公司以外之非公開發行股票之公司，較爲特別者爲第356條之8第3項及第4項之規定：「公司章程得訂明經全體股東同意，股東就當次股東會議案以書面方式行使其表決權，而不實際集會。」「前項情形，視爲已召開股東會；以書面方式行使表決權之股東，視爲親自出席股東會。」因此，閉鎖性公司股東會之開會方式，除得以實體集會或視訊方式召開外，亦得以書面決議之方式爲之。

三、表決權拘束契約及信託

爲使閉鎖性公司之股東得以協議或信託之方式，匯聚具有相同理念之少數股東，以共

---

[61] 參見經濟部108年6月3日經商字第10800588640號函。

[62] 參見104年7月1日公司法第356條之8之立法理由。

[63] 參見107年8月1日公司法第172條之2之立法理由。

同行使表決權方式，達到所需要之表決權數，鞏固經營團隊在公司之主導權，104年間增訂閉鎖專節時，乃參照企業併購法第10條第1項及第2項規定，於公司法第356條之9第1項明定閉鎖性公司股東得訂立表決權拘束契約及表決權信託契約[64]。

另107年8月1日公司法修正時，爲使非公開發行股票公司之股東，得以協議或信託之方式，匯聚具有相同理念之少數股東，以共同行使表決權方式，達到所需要之表決權數，爰參酌修正條文第356條之9第1項有關閉鎖性公司之規定，於公司法第175條之1第1項明定公司股東得訂立表決權拘束契約及表決權信託契約[65]。

如比較公司法第356條之9（第1項及第3項）與第175條之1（第1項及第2項）之條文，二者規定幾乎相同。所不同的是，成立股東表決權信託時，依公司法第356條之9第2項之規定：「前項受託人，除章程另有規定者外，以股東爲限。」此乃因「表決權信託，性質上爲信託行爲，因此，股東成立表決權信託時，必須將其股份移轉與受託人，並由受託人依書面信託契約之約定行使其股東表決權。受託人係以自己名義行使表決權，非代理委託股東行使表決權[66]」，故有關股東人數之計算似應以形式所有權人（受託人）爲準，茲爲維持閉鎖性公司之特性，避免股東人數超過法定上限，故規定受託人原則上應以股東爲限[67]。其餘部分，則請參考第175條之1一般股份有限公司「表決權拘束契約及信託」之說明，茲不贅述。

第五節　盈虧、公司債及發行新股

一、盈餘分派或虧損撥補

民國104年間增訂閉鎖專節時，放寬閉鎖性公司盈餘分派或虧損撥補，得以每半會計年度爲期辦理之（即可於一年內爲兩次盈餘分派或虧損撥補，公§356-10）。107年8月1日公司法修正時，則再參考英國、美國、新加坡等國際立法例，認爲彈性化之盈餘分派或虧損撥補有助於提升股東投資意願，使公司治理更具彈性，爰增訂第228條之1，鬆綁盈餘分派次數限制得於每半年或每季爲期限爲之，並使公司得以章程訂定盈餘分派或虧損撥補之次數[68]，同時刪除公司法第356條之10之規定，因此，有關閉鎖性公司之盈餘分派或虧損撥補應直接適用第228條之1之規定，茲不贅述。

---

[64] 參見104年7月1日公司法第356條之9之立法理由。

[65] 參見107年8月1日公司法第175條之1之立法理由。

[66] 參見經濟部104年12月29日經商字第10402137390號函。

[67] 參見閉鎖性股份有限公司逐條釋義，第130頁（此部分由陳彥良教授執筆）。

[68] 參見107年8月1日公司法第228條之1之立法理由。

二、公司債之發行

公司債為企業重要籌資工具，公司法原限定只有公開發行股票之公司始可公開募集公司債[69]。90年11月12日公司法修正時，為使公司在資金募集的管道上更多元化，於公司法第248條第2項增訂：「私募之發行公司不以上市、上櫃、公開發行股票之公司為限。」讓非公開發行股票公司亦得以私募之方式發行公司債。而104年間增訂閉鎖專節時，為使閉鎖性公司籌資管道多元化，再次將私募公司債機制放寬至閉鎖性公司[70]。

依公司法第246條之規定：「（第1項）公司經董事會決議後，得募集公司債。但須將募集公司債之原因及有關事項報告股東會。（第2項）前項決議，應由三分之二以上董事之出席，及出席董事過半數之同意行之。」而公司法第356條之11第1項之規定：「公司私募普通公司債，應由董事會以董事三分之二以上之出席，及出席董事過半數同意之決議行之。」可知閉鎖性公司私募普通公司債之內部決議程序，與一般股份有限公司相同，均須經董事會特別決議。而在閉鎖性公司之情形，則無須依公司法第246條第1項但書之規定，將募集公司債之原因及有關事項報告股東會。

依公司法第248條之1之規定，公司私募轉換公司債或附認股權公司債時，應經第248條董事會之決議，並經股東會決議。而公司法第356條之11第2項則規定：「公司私募轉換公司債或附認股權公司債，應經前項董事會之決議，並經股東會決議。但章程規定無須經股東會決議者，從其規定。」可知在閉鎖性公司私募轉換公司債或附認股權公司債時，「鑒於公司債轉換為股權或行使認購權後，涉及股東人數之增加，爰明定除章程另有規定者外，應經股東會決議。[71]」所不同的是，在閉鎖性公司之情形，得以「章程規定無須經股東會決議」而已，允許閉鎖性公司之股東如對私募轉換公司債或附認股權公司債已有共識時，得於章程規定，僅需董事會以特別決議之方式決定，而無須再經股東會決議，以簡化程序。

依公司法第356條之11第3項之規定：「公司債債權人行使轉換權或認購權後，仍受第三百五十六條之一之股東人數及公司章程所定股份轉讓之限制。」當閉鎖性公司私募轉換公司債或附認股權公司債，在公司債債權人行使轉換權或認購權後，公司負有依照發行契約交付股份之義務，如加計公司既有股東人數，超過第356條之1之股東人數上限時，將導致其喪失閉鎖性，而被迫轉換為一般股份有限公司；如未依照發行契約交付股份時（使行使轉換權或認股權之債權人成為公司股東），則應屬債務不履行，公司債債權人得請求損害賠償，因此，閉鎖性公司於私募轉換公司債或附認股權公司債時，應審慎為之，以避免其可能發生之法律風險[72]。

---

[69] 參見經濟部93年11月1日經商字第09300189290號函。

[70] 參見閉鎖性股份有限公司逐條釋義，第155頁（此部分由黃銘傑教授執筆）。

[71] 參見104年7月1日公司法第356條之11之立法理由。

[72] 參見閉鎖性股份有限公司逐條釋義，第157至158頁（此部分由黃銘傑教授執筆）。

公司法第356條之11第4項規定：「第一項及第二項公司債之發行，不適用第二百四十六條、第二百四十七條、第二百四十八條第一項、第四項至第七項、第二百四十八條之一、第二百五十一條至第二百五十五條、第二百五十七條之二、第二百五十九條及第二百五十七條第一項有關簽證之規定。」乃是針對閉鎖性公司之閉鎖本質及私募特性，排除公司債有關公開發行之相關規定，然因新創公司初期可能處於虧損之狀態，但閉鎖專節並未排除第249條（不得發行無擔保公司債）、第250條（不得發行公司債）之適用，故新創公司以公司債作爲籌資工具可能受到限制。

三、新股之發行

依公司法第356條之12條第1項及第3項之規定：「公司發行新股，除章程另有規定者外，應由董事會以董事三分之二以上之出席，及出席董事過半數同意之決議行之。」「第一項新股之發行，不適用第二百六十七條規定。」其立法理由僅稱：「第一項明定閉鎖性股份有限公司發行新股之程序。」「爲使閉鎖性股份有限公司在股權安排上更具彈性，爰於第三項明定新股之發行，不適用第二百六十七條規定。」而已，然適用上恐不無疑義。

有關一般股份有限公司發行新股之內部決議程序，在授權資本制之下，是賦予董事會決定權，公司法第266條第2項規定：「公司發行新股時，應由董事會以董事三分之二以上之出席，及出席董事過半數同意之決議行之。」蓋在授權資本制之下，公司得於章程所定股份總數（即授權股份數）之範圍內，由董事會隨時斟酌公司資金需求情形及證券、金融市場之狀況，以有利之條件迅速籌措公司所需之營運資金。公司法第356條之12條第1項有關閉鎖性公司發行新股之內部決議程序，基本上同公司法第266條第2項之規定，即原則上應經董事會特別決議。然公司法第356條之12條第1項卻規定，閉鎖性公司得於章程另爲規定。

本條所謂「除章程另有規定者外」究是何義？有學者認爲閉鎖性公司之特色，在其閉鎖性及人合性，股東關係緊密，且公司法對其股東人數設有上限並限制股份自由轉讓，以避免第三人得任意成爲股東，茲爲避免以發行新股之方式，任意引進新股東，造成股東間之爭議，故本項規定遂以較彈性之處理方式，而規定公司發行新股時，以董事會特別決議爲原則，惟例外允許公司章程另外規定發行新股須經股東會決議時，則應事先經股東會決議後（章程可規定應先經股東會一般決議或特別決議等），方能發行新股，以滿足各方需求[73]。惟主管機關卻認爲觀諸104年7月1日增訂公司法第356條之12之立法說明，並無說明閉鎖性公司發行新股之職權得以章程另訂，爰在授權資本制原則下，發行新股仍屬董事會職權，公司法第356條之12第1項規定之「除章程另有規定者外」，僅係明定董事會決議

---

[73] 參見閉鎖性股份有限公司逐條釋義，第166至167頁（此部分由黃銘傑教授執筆）。

之門檻，得以章程另訂較高之規定[74]。

　　再者，公司法第356條之12第3項規定：「第一項新股之發行，不適用第二百六十七條規定。」所謂不適用第267條規定，究係指排除公司法第267條第1項至第3項有關公司發行新股時，應先保留10%至15%由員工承購，之後再由原有股東按股份比例認購之規定？抑或排除整個第267條規定之適用？（該條共有13項，第9項至第12項為關於發行限制員工權利新股之規定）主管機關認為：「為使閉鎖性股份有限公司在股權安排上更具彈性，該項所稱不適用第267條規定，係指不受第267條須保留公司員工或原有股東認購之限制，尚非不得依新修正之第267條第9項規定發行限制員工權利新股（限制型股票），惟仍須依同項規定，經股東會特別決議為之，俾保障原股東權益。[75]」基此，閉鎖性公司於發行新股時，不受第267條第1項至第3項須保留公司員工或原有股東認購之限制而已，為使閉鎖性公司在股權安排上更具彈性，應可逕洽特定人認購。

　　另依公司法第356條之12第2項規定，新股認購人之出資方式準用第356條之3第2項至第4項規定，因此，閉鎖性公司（第二次）發行股份時，於第356條之3第2項公告之比例限制內，仍得以勞務出資認股[76]；然依第356條之3第4項規定，以技術或勞務出資者，應經全體股東同意，所稱「全體股東」包含增（出）資前之現有股東及該次增（出）資股東[77]。

　　其餘部分請參考前述閉鎖性公司出資之方式之說明。

第六節　公司型態之轉換

一、閉鎖性公司轉換為非閉鎖性公司

（一）自願轉換

　　依公司法第356條之13第1項及第2項規定：「公司得經有代表已發行股份總數三分之二以上股東出席之股東會，以出席股東表決權過半數之同意，變更為非閉鎖性股份有限公司。」「前項出席股東股份總數及表決權數，章程有較高之規定者，從其規定。」其立法理由稱：「……二、閉鎖性股份有限公司可能因企業規模、股東人數之擴張，而有變更之需求，爰於第一項明定公司得變更為非閉鎖性股份有限公司，其程序應以股東會特別決議為之。三、基於尊重企業自治空間，第二項賦予公司章程得對變更之決議，訂定較高之標

[74] 參見經濟部109年6月8日經商字第10902414770號函。
[75] 參見閉鎖專區常用問答Q2.5題。
[76] 參見經濟部109年4月9日經商字第10902014350號函。
[77] 參見經濟部105年5月30日經商字第10502415080號函。

準。」藉以滿足公司不同發展階段之需求,並提供公司得自由選擇其組織型態之彈性。

　　茲有疑問的是,自願轉換何時生效,公司法並未明確規定。如依公司法第356條之2之立法理由,為利一般民眾辨別,並達公示效果,以保障交易安全,故明定中央主管機關應將其閉鎖性之屬性公開於網站上,以使相對人能夠輕易辨識其為閉鎖性公司,因此,當其公司屬性變更時,似亦應完成公司變更登記始生轉換之效力,才比較合理。然如依公司法第12條之規定,如有應登記之事項而不登記,或已登記之事項有變更而不為變更之登記者,僅不得以其事項對抗第三人而已[78]。

(二)非自願轉換

　　依公司法第356條之13第3項及第4項規定:「公司不符合第三百五十六條之一規定時,應變更為非閉鎖性股份有限公司,並辦理變更登記。」「公司未依前項規定辦理變更登記者,主管機關得依第三百八十七條第五項規定責令限期改正並按次處罰;其情節重大者,主管機關得依職權命令解散之。」所謂公司不符合第356條之1規定,係指股東人數已超過五十人、或已變更章程未對股份轉讓設有限制、或公司依董事會之決議向證券主管機關申請辦理公開發行程序而變更為非公開發行股票公司(公§156-2 I)。如屬後二種之情形,其發生機會較低,且通常屬公司主動發起或在其規劃之中,因此問題不大。較可能產生問題的是,公司在不知情的情況下,股東人數因股份轉讓而超過五十人之情形。此時,依公司法第356條之13第3項及第4項之規定,公司將被迫變更為非閉鎖性公司,並辦理變更登記;如公司未依規定辦理變更登記者,主管機關得責令限期改正並按次處罰;其情節重大者,主管機關得依職權命令解散之。

　　上開規定會產生下列問題,當股東人數將因股份轉讓而超過五十人時,公司得否拒絕股東名簿之變更,以維持其閉鎖性?如股東人數超過五十人時,公司究竟是何時喪失閉鎖性公司資格?又如公司未主動向主管機關為變更登記,主管機關將如何勾稽?如公司未主動向主管機關為變更登記,其依閉鎖專節所為之行為等(如以書面決議而未實際召開股東會、保障特別股股東當選一定名額監察人之權利、不適用公司法第267條之規定而發行新股等),其效力如何?

　　倘依公司法第12條之規定,如有應登記之事項而不登記,或已登記之事項有變更而不為變更之登記者,僅不得以其事項對抗第三人而已。再依主管機關之見解,該條所指應登記事項不為登記或不為變更登記,其登記與否僅為對抗要件,尚非生效要件;至於所謂不得對抗第三人,並無善意、惡意之別,均不得對抗之[79]。然如依此解釋及推演,恐將使問題變得治絲益棼,越理越亂。

　　茲以公司法第356條之12第3項之情形為例,閉鎖性公司於發行新股時,得不適用公

---

[78] 於此情形下,因是公司經股東會特別決議,自願將公司屬性由閉鎖性公司轉換為非閉鎖性公司,故公司通常會向主管機關辦理變更登記,問題似乎不大。

[79] 參見經濟部93年6月21日商字第09302090350號函。

司法第267條第1項至第3項之強制規定，而逕洽第三人認購，如閉鎖性公司因爲股東人數超過五十人，雖實質上已喪失閉鎖性，但並未依法變更爲非閉鎖性公司，而發行新股時亦未依公司法第267條之規定，先保留發行新股總數10%至15%之股份由公司員工承購，及由原有股東按照原有股份比例儘先分認，即逕洽特定人全數認購，則該次發行新股之效力如何？就認購人之立場而言，似可依公司法第12條之規定，主張「不得以其事項對抗第三人」（即公司雖已喪失閉鎖性，但並未辦理變更登記，其依公司法第356條之12第3項所發行新股，仍屬有效，且不論該認購人是善意或惡意）；如就原股東之立場而言，當公司已喪失閉鎖性時，即不應適用公司法第356條之12第3項之規定，且依主管機關之見解，公司法第267條第1項及第3項關於公司發行新股時，應保留一定比例由員工認購，餘由原有股東按照原有股份比例儘先認購之規定，係屬強制規定[80]，如違反強制規定者，應屬無效（民§71）。於此情形下，究竟誰是誰非，恐不易評斷。

二、非閉鎖性公司轉換爲閉鎖性公司

依公司法第356條之14之規定：「（第1項）非公開發行股票之股份有限公司得經全體股東同意，變更爲閉鎖性股份有限公司。（第2項）全體股東爲前項同意後，公司應即向各債權人分別通知及公告。」其立法理由稱：「……二、爲使非公開發行股票之股份有限公司有變更爲閉鎖性股份有限公司之機會，於第一項明定經全體股東之同意者，得變更之。另依第一百零六條第四項規定，有限公司得經全體股東同意變更其組織爲股份有限公司，所定『股份有限公司』包括『閉鎖性股份有限公司』在內。三、爲保障債權人權益，於第二項明定公司應即向各債權人分別通知及公告。[81]」

依本條之規定及立法理由，非公開發行股票之股份有限公司及有限公司得經全體股東同意，變更爲閉鎖性股份有限公司。之所以須經全體股東同意，或係考量公司轉換爲閉鎖性公司後，股份轉讓將受限制，故訂定較高之轉換門檻。

依本條第2項之規定，如經全體股東同意變更爲閉鎖性公司後，公司應即向各債權人分別通知及公告。如公司未向債權人通知及公告時，其效力如何，閉鎖專節並未明文規定，或可類推適用公司法第73條及第74條之規定，亦即公司經全體股東同意變更爲閉鎖性公司後，公司如未依規定向債權人通知及公告者，不得以其公司類型變更對抗債權人。

附帶說明的是，閉鎖性公司引進之目的是「爲鼓勵新創及中小型企業之發展，營造更有利之商業環境，另因應科技新創事業之需求，賦予企業有較大自治空間，爰引進英、美等國之閉鎖性公司制度，於第五章『股份有限公司』增訂『閉鎖性股份有限公司』專節，

[80]　參見經濟部90年9月4日商字第09002189970號函。
[81]　參見104年7月1日公司法第356條之14之立法理由。

讓新創及中小型企業使用此種公司型態時，在股權安排及運作上更具彈性[82]。」然因閉鎖性公司之股份轉讓及股東人數之限制，使得閉鎖性公司具有高度人合色彩（即注重股東為何人），除符合科技新創事業之需求外，因股東間彼此關係緊密，不能公開發行及股份轉讓有限制等特點，可能「無心插柳柳成陰」，使閉鎖性公司成為家族企業用以規劃家族傳承及確保經營權之工具[83]。

---

[82] 參見104年公司法部分條文修正草案條文對照表「第十三節 閉鎖性股份有限公司」之說明。

[83] 參見拙著，以閉鎖性公司作為家族傳承法律設計之初探，登載於「全國律師雜誌」，2018年2月。

第十章　企業併購

第一節　企業併購概說

一、概說

　　企業經營會面臨各式各樣的困難與挑戰，企業固然可以靠著本身爭取訂單、擴張產能、降低成本、提高品質等方式，而持續成長茁壯，但囿於自身有限的人力、資源及自我成長所需的時間，往往趕不上外在環境的變化與競爭的速度。而企業如何迅速獲取關鍵技術、拓展新市場、擴大規模經濟，或進行組織再造等，將是企業能否成功轉型及再創高峰的重要關鍵。企業要脫胎換骨、成長茁壯、蛻變重生並不容易，自我成長是一種方式，企業併購則是另一個選項。

　　所謂併購（Mergers & Acquisitions, M&A），顧名思義是指「合併」與「收購」而言。在公司法的規範下，併購屬「公司重組」概念之一環，而公司法所規定的公司重組態樣，包括合併、分割、營業讓與（公§185）等，但一般所謂併購的概念，並不以此為限。有關公司之併購，應優先適用企業併購法（下稱「企併法」）之規定（企併§2Ⅰ）。因此，以下是以企併法作為介紹，並以公司法作為補充。

二、合併之意義及分類

　　依企併法之定義，所謂「併購」，指公司之合併、收購及分割（企併§4②）。所謂「合併」，是指依相關法律規定參與之公司全部消滅，由新成立之公司概括承受消滅公司之全部權利義務（新設合併）；或參與之其中一公司存續，由存續公司概括承受消滅公司之全部權利義務（吸收合併）之情形（企併§4③）。其最大之特徵是因合併而消滅之公司，其權利義務應由合併後存續或新設之公司概括承受，且消滅公司訴訟、非訟、仲裁及其他程序等當事人地位，由存續公司或新設公司承受（企併§24）。存續公司或新設公司取得消滅公司之財產，其權利義務事項之移轉，自合併基準日起生效。但依其他法律規定其權利之取得、設定、喪失或變更應經登記者，非經登記，不得處分（企併§25Ⅰ）。

　　公司間之合併，如屬產品或服務類似公司間之合併者（水平整合），通常是為了減少競爭、擴大市占率及提升獲利等目的；如屬上下游供應鏈之串連及整合者（垂直整合），

則通常是為產品或服務的互補、掌握關鍵零組件之供應、擴展產品線、市場或通路等目的。合併是屬於公司「全面性之整合」，由存續公司概括承受消滅公司所有之資產、營業及負債，並無法隔絕可能之併購風險（如或有負債、潛在責任等），也常涉及公平交易法「結合」申報及「反托拉斯」等問題。此外，合併程序相當繁瑣且曠日廢時，通常須同時取得所有參與公司股東會之同意，且易遭受到其他競爭者之挑戰。

有關合併之分類，除前述新設合併、吸收合併之區分外，依其合併之對價不同，亦可分為「現金合併」、「換股合併」、「現物合併」（以其他財產作為對價）。依其所需進行程序之繁簡，則可區分為「一般合併」、「簡易合併」、「非對稱式合併」（whale-minnow merger）等。此外，亦有以其100%持股子公司（特殊目的公司，簡稱SPV），與標的公司進行合併，合併後以該特殊目的公司作為存續公司（正三角合併）或以標的公司作為存續公司（反三角合併）等特殊合併類型。

三、收購之意義及分類

所謂「收購」，是指公司依法取得他公司之股份、營業或財產，並以股份、現金或其他財產作為對價之行為（企併§4④）。又可區分為「資產收購」及「股權收購」兩大類。

如採資產收購者，收購公司可以選擇性地取得其所需之資產（如特定之廠房、特定專利技術等），而將不需要的資產予以排除在外，且收購公司不需要承受標的公司的負債，彼此之權利義務相對地清楚及單純，但資產收購的程序，可能相當冗長、瑣碎，且可能會增加不必要的租稅負擔或其他交易成本。

如採股份收購者，透過取得標的公司股份之方式，可快速達成併購之目的，是最簡捷、最直接，也是最常被運用的方法之一，但透過股份收購的方式，併購公司必須（間接）承受標的公司之所有權利義務（包括或有負債及潛在責任等）。

有關資產收購之方式，依企併法之規定，包括概括承受或概括讓與，或依公司法第185條第1項第2款或第3款讓與或受讓營業或財產等情形（企併§27Ⅰ）。有關股份收購之方式，因其策略目的之不同，可以是全面收購、取得多數股權或少數股權等。企併法則僅規定「股份轉換」而已，即公司讓與全部已發行股份予他公司，而由他公司以股份、現金或其他財產支付公司股東作為對價，於股份轉換完成後，公司將成為他公司100%持股之子公司（企併§4⑤、§29）。至於其他股份收購之方式，則包括依證券交易法所進行之「公開收購[1]」、「私募」，依公司法第156條之3所為之「股份交換」等。

如依收購之意圖，則可區分為「合意收購」及「非合意收購」。合意收購泛指所有經事前協議、同意或至少有所共識之情形下，所進行之收購交易（一般為股權交易）；非合

---

[1] 依公開收購公開發行公司有價證券管理辦法第11條第1項之規定：「任何人單獨或與他人共同預定於五十日內取得公開發行公司已發行股份總額百分之二十以上股份者，應採公開收購方式為之。」

意收購則指未經協議或同意，而由單方面直接於公開市場上進行之收購行為（通常是透過證券交易市場購買股份，或以公開收購之方式為之）。進行非合意併購時，因無法進行盡職調查（due diligence），故所涉及之風險相對較高，且可能遭遇到標的公司經營階層或大股東之抵抗或防禦[2]。

四、分割之意義及分類

所謂「分割」，是指公司依相關法律將其得獨立營運之一部或全部之營業讓與既存或新設之他公司，而由既存公司或新設公司以股份、現金或其他財產支付予該公司或其股東作為對價之行為（企併§4⑥）。亦即公司將其獨立營運之事業切割出去，讓其獨立營運或轉讓與他人。分割之目的通常是公司為調整其業務經營或組織規模。

分割的方式可分為「垂直分割」（母子分割）與「水平分割」（兄弟分割或姊妹分割）二種。前者是指分割公司之股權由被分割公司直接取得，分割公司變成被分割公司100%持有之子公司；後者則是指分割公司之股權不是直接發給被分割公司，而是發給被分割公司之股東依其持股比例取得，其結果是這些股東變成同時持有被分割公司及分割公司的股份。對股東而言，被分割公司與分割公司猶如平行之兄弟（或姊妹）一般，例如早期台灣電子業多以代工為主，然如公司發展自有品牌後，可能造成品牌與代工衝突之問題，因此，可藉由水平分割解決此一問題[3]。

第二節　合　併

一、合併之定義

公司法對於合併並未明文加以定義。依企併法第4條第3款之規定：「合併：指依本法或其他法律規定參與之公司全部消滅，由新成立之公司概括承受消滅公司之全部權利義務；或參與之其中一公司存續，由存續公司概括承受消滅公司之全部權利義務，並以存續或新設公司之股份、或其他公司之股份、現金或其他財產作為對價之行為。」其最大之特徵是因合併而消滅之公司，其權利義務由合併後存續或新設之公司概括承受。所謂「參與之公司全部消滅，由新成立之公司概括承受消滅公司之全部權利義務」是指新設合併而言；所謂「參與之其中一公司存續，由存續公司概括承受消滅公司之全部權利義務」則是指吸收合併而言。合併對價則包括存續或新設公司（新發行）之股份、存續公司所持有其

[2]　參見企業併購的十堂必修課，台灣併購與私募股權協會出版，2016年5月初版，第21至22頁。
[3]　參見前揭註，第22至23頁。

他公司之股份（如長期投資、上市之母公司股份等）、現金或其他財產[4]。

　　股份有限公司相互間合併，或股份有限公司與有限公司合併者，存續或新設公司以股份有限公司為限（企併§20、公§316-1 I），故參與合併之公司應以股份有限公司或有限公司為限。如本國公司與外國公司進行合併時，依企併法第21條第1項之規定：「公司與外國公司合併應符合下列規定：一、該外國公司依其成立之準據法規定，係屬股份有限公司或有限公司之型態，且得與公司合併者。二、合併契約業已依該外國公司成立之準據法規定，經該公司股東會、董事會或依其他方式合法決議。三、公司與外國公司合併者，存續或新設公司以股份有限公司為限。」另為利於辦理公司登記或進行訴訟等程序之進行，該外國公司應於合併基準日前，指定在中華民國境內之送達代收人（企併§21 II）。

二、合併之類型

　　合併依其所需進行程序之繁簡，可區分為「一般合併」（或稱「通常合併」）、「簡易合併」、「非對稱式合併」等。

　　所謂「一般合併」，乃一般通常情形下公司間所進行之合併，通常須經各該公司之股東會特別決議。凡不屬於下述「簡易合併」或「非對稱式合併」者即屬之。

　　所謂「簡易合併」，是指「公司合併其持有百分之九十以上已發行股份之子公司或公司分別持有百分之九十以上已發行股份之子公司間合併」（企併§19 I）。其立法意旨是為便利公司成立後之整體集團組織及業務調整，並考量公司合併其持有絕對多數股份之子公司時，對於子公司股東權益較不生影響。為簡化合併程序，爰規定不以召開股東會討論合併事項為必要[5]。此外，公司分別持有90%以上已發行股份之子公司間合併（即所謂兄弟公司之簡易合併），其利益狀態與母子公司間之簡易合併相同，為加速企業整併以提升競爭力，兄弟公司得以董事會之決議合併[6]。

　　所謂「非對稱式合併」，是指「存續公司為合併發行之新股，未超過存續公司已發行有表決權股份總數之百分之二十，且交付消滅公司股東之現金或財產價值總額未超過存續公司淨值之百分之二者⋯⋯但與存續公司合併後消滅之公司，其資產有不足抵償負債之虞或存續公司有變更章程之必要者，仍應適用第一項至第四項有關股東會決議之規定。」（企併§18 VII）。其立法意旨是為簡化公司合併程序，參考外國立法例，若存續公司因

---

[4] 依91年2月6日企併法第22條之立法理由：「公司法就存續公司或新設公司換發消滅公司股東所持股份之對價僅限於存續公司或新設公司發行新股之股份而已（註：參見公司法第317條之1第1項第3款及第4款之規定），範圍過於狹隘，往往影響消滅公司股東同意合併之意願。鑑於合併時應保障消滅公司股東者，係確保其於合併後仍得取得與其所持消滅公司股份相等價值之對價，故其他公司股份、現金或其他財產，均應允許作為支付消滅公司股東之對價。」

[5] 參見91年2月6日企併法第19條之立法理由。

[6] 參見104年7月8日企併法第19條之修正理由。

合併發行之新股，未超過存續公司已發行有表決權股份總數之20%者，因發行新股數量十分小，對於存續公司股東權益影響甚小，故無經存續公司股東會決議之必要。但消滅公司因合併後將解散而不復存在，故仍有經消滅公司股東會決議之必要。此外，爲避免存續公司以前述「非對稱式合併」進行購併時，影響其公司股東之權益，因此，但書規定若被合併後消滅之公司，其資產有不足抵償債務之虞者，仍應經（存續公司）股東會決議行之[7]。

三、合併時所應踐行之程序

以下僅先說明一般合併時所應踐行之程序。之後，再說明非對稱式合併及簡易合併之相關程序。

（一）董事會應作成合併契約

依公司法第317條第1項之規定：「公司……與他公司合併時，董事會應就……合併有關事項，作成……合併契約，提出於股東會。」董事會在作成合併契約前，當係由參與合併之公司推派代表先行協商契約內容，而作成草約。然依一般併購之作業流程，其先前程序可能包括進行初步協商、簽訂保密合約或獨家協商合約、盡職調查、協商及討論併購架構、議約等程序，待各方對於契約達成共識後，再提到董事會決議。

依企併法第22條第1項之規定：「公司合併契約應以書面爲之，並應記載下列事項：一、參與合併之公司名稱、資本額及合併後存續公司或新設公司之名稱及資本額。二、存續公司或新設公司因合併發行該公司股份或換發其他公司股份之總數、種類及數量或換發現金或其他財產之數量。三、存續公司或新設公司因合併對於消滅公司股東配發該公司或其他公司股份之總數、種類及數量或換發現金或其他財產與配發之方法、比例及其他相關事項。四、依法買回存續公司股份作爲配發消滅公司股東股份之相關事項。五、存續公司之章程變更事項或新設公司依公司法第一百二十九條規定應訂立之章程。六、上市（櫃）公司換股比例計算之依據及得變更之條件。」

鑑於合併契約爲公司合併之重要法律文件之一，企併法第22條乃規定合併契約應記載事項：1.第1款之規定，係因我國公司法採實收資本制，爲確定合併後存續公司或新設公司之資本額，故規定應記載參與合併之公司名稱、資本額及合併後存續公司或新設公司之名稱及其資本額；2.第2款是關於合併對價之規定，蓋依企併法第4條第3款之規定，合併對價包括存續公司或新設公司因合併發行該公司股份、換發「其他公司股份」之總數、種類及數量（實務上通常爲上市之母公司股份；實務上又稱三角合併）、現金或其他財產等，故合併契約中應明確記載存續公司或新設公司因合併發行該公司股份或換發其

---

[7]　參見91年2月6日企併法第18條之立法理由。

他公司股份之總數、種類及數量或換發現金或其他財產之數量[8];3.第3款之規定,則與第2款相對應,但是由「消滅公司股東」之角度出發,即消滅公司股東因合併可取得之對價方式、總數、種類及數量等。而所謂「配發之方法、比例及其他相關事項」,依其立法理由,「存續公司或新設公司得採取不同種類或不同比例之合併對價。例如對不同股東配發之對價種類不同或組成不同時,並應說明其價值相等之計算依據。此外,如允許股東於一定期間內選擇不同種類或不同組成之對價時,亦應說明前開一定期間及對價選擇之相關事項。[9]」4.第4款之規定,是因依證券交易法第28條之2規定,上市上櫃公司於一定條件下得買回公司股份。因此,若存續公司依法已買回之股份,得用於配發消滅公司股東股份,而無需由存續公司再行發行新股,程序較為簡便,以鼓勵公司將庫藏股轉讓予消滅公司股東[10];5.第5款之規定,存續公司之章程變更事項或新設公司應訂立之章程,均屬合併契約重要約定事項,故應記載於合併契約中;6.第6款之規定,係因上市(櫃)公司進行合併時,其換股比例計算之依據及變更之條件,亦屬合併契約重要約定事項,故應於合併契約記載。又,如本國公司與外國公司合併者,則準用上開規定(企併§22Ⅱ),以保護我國公司股東之利益。

另依企併法第6條之規定:「(第1項)公開發行股票之公司於召開董事會決議併購事項前,應設置特別委員會,就本次併購計畫與交易之公平性、合理性進行審議,並將審議結果提報董事會及股東會。但本法規定無須召開股東會決議併購事項者,得不提報股東會。(第2項)前項規定,於公司依證券交易法設有審計委員會者,由審計委員會行之;其辦理本條之審議事項,依證券交易法有關審計委員會決議事項之規定辦理。(第3項)特別委員會或審計委員會進行審議時,應委請獨立專家協助就換股比例或配發股東之現金或其他財產之合理性提供意見。(第4項)特別委員會之組成、資格、審議方法與獨立專家之資格條件、獨立性之認定、選任方式及其他相關事項之辦法,由證券主管機關定之。」蓋公司併購行為涉及公司之法人格消滅、經營權變動、組織重大改變及重要資產交易,影響股東權益甚鉅,而公開發行公司股東由於人數眾多,影響層面更廣,為使股東在進行併購決議時獲得充足之資訊與相關評估建議,爰參考外國立法例、公開收購公開發行公司有價證券管理辦法(下稱「公開收購辦法」)第14條之1規定,要求公開發行股票之公司於召開董事會決議併購事項前,應組成特別委員會,以經營者之經驗與角度,為股東就本次併購交易之整體公平性、合理性進行審議,並提報於董事會及股東會[11]。而公司如已設有審計委員會者,則由審計委員會行之。此外,為保障股東權益,並藉助獨立專家之專業意見及判斷,特別委員會或審計委員會進行審議時,應先委請獨立專家協助就換股比例或配發股東之現金或其他財產之合理性提供意見。

---

8   參見91年2月6日企併法第22條之立法理由。

9   參見104年7月8日企併法第22條之修正理由。

10   參見91年2月6日企併法第22條之立法理由。

11   參見104年7月8日企併法第6條之修正理由。

　　公司法及企併法對於「一般合併」董事會之決議方式，並未明文規定，對於「簡易合併」及「非對稱式合併」則明文規定應經董事會特別決議（企併§19Ⅰ、§18Ⅶ），有鑑於公司併購行為涉及公司之法人格消滅、經營權變動、組織重大改變及重要資產交易，影響層面更廣，似宜明文規定以董事會特別決議之方式為之[12]。

　　依企併法第5條第3項之規定：「公司進行併購時，公司董事就併購交易有自身利害關係時，應向董事會及股東會說明其自身利害關係之重要內容及贊成或反對併購決議之理由。」其立法意旨是公司董事在具有自身利害關係下所為之併購決議，雖未必有害於股東權益，但難免有公平性與合理性上之質疑。為健全公司治理，促使董事之行為更透明化以保護投資人之權益，爰參考外國立法例，要求具有自身利害關係之董事，應向董事會及股東會說明利害關係之重要內容；為避免董事可能透過併購案圖謀自己利益，或僅考量到併購公司之利益而危害目標公司之利益，藉由說明義務說明其同意與反對併購決議之理由，預先告知股東與其他利害關係人，供投資人謹慎評估投資之時機，俾保障股東權益[13]。

　　另依企併法第18條第6項之規定：「公司持有其他參加合併公司之股份，或該公司或其指派代表人當選為其他參加合併公司之董事者，就其他參與合併公司之合併事項為決議時，得行使表決權。」其立法意旨為鑑於合併通常係為提升公司經營體質，強化公司競爭力，故不致發生有害於公司利益之情形，且公司常先持有其他參與合併公司之一定數量以上股份，以利通過該參與合併公司之決議，亦為國內外合併收購實務上常見之做法（即先購後併），故明定公司若持有其他參加合併公司之股份，或該公司或其指派代表人當選為其他參加合併公司之董事者，就其他參與合併公司之合併事項為決議時，不適用第206條第4項準用公司法第178條之規定[14]。

　　綜上所述，公司合併時，參與合併公司應作成合併契約，而合併契約應包含企併法第22條之應記載事項，提報董事會討論。如屬公開發行股票之公司於召開董事會決議併購事項前，應設置特別委員會（如已設有審計委員會者，則由審計委員會行之），並先委請獨立專家協助就換股比例或配發股東之現金或其他財產之合理性提供意見。之後，再由特別委員會或審計委員會就本次併購計畫與交易之公平性、合理性進行審議，並將審議結果提報董事會。董事會決議時，董事就併購交易有自身利害關係時，應向董事會說明其自身利害關係之重要內容及贊成或反對併購決議之理由。惟表決時，董事雖有自身利害關係，但為決議時，仍無須迴避，得加入表決。董事會對於合併契約及相關事項應作成決議，並決議召集股東會。

---

[12]　另依公司法第185條第4項之規定：「第一項之議案，應由有三分之二以上董事出席之董事會，以出席董事過半數之決議提出之。」依舉「輕」（公司法第185條第1項之情形）以明「重」（合併）之法理，亦應以董事會特別決議之方式為之。否則，依公司法第206條第1項之規定：「董事會之決議，除本法另有規定外，應有過半數董事之出席，出席董事過半數之同意行之。」則易肇生爭議。

[13]　參見104年7月8日企併法第5條之修正理由。

[14]　參見91年2月6日企併法第18條之立法理由。

（二）董事會召集股東會

董事會對合併契約及相關事項應作成決議後，應為股東會召集之通知及公告。公司合併事項，應在股東會召集事由中列舉並說明其主要內容，不得以臨時動議提出（公§172V）。另依企併法第22條第3項之規定，有關該條第1項合併契約之應記載事項，應於發送合併決議股東會之召集通知時，一併發送於股東；公開發行股票公司並應同時將特別委員會或審計委員會審議結果及獨立專家意見發送於股東。

依企併法第7條第1項之規定，公開發行股票之公司對於第22條第3項應附於股東會召集通知之合併契約、轉換契約或分割計畫之應記載事項、特別委員會或審計委員會審議結果及獨立專家意見等併購文件，經公司於證券主管機關指定之網站公告同一內容，且備置於公司及股東會會場供股東索閱者，對於股東視為已發送。

（三）股東會為合併之決議

依企併法第18條第1項、第2項及第4項之規定：「股東會對於公司合併或解散之決議，應有代表已發行股份總數三分之二以上股東之出席，以出席股東表決權過半數之同意行之。」「公開發行股票之公司，出席股東之股份總數不足前項定額者，得以有代表已發行股份總數過半數股東之出席，出席股東表決權三分之二以上之同意行之。」「前三項出席股東股份總數及表決權數，章程有較高之規定者，從其規定。」蓋公司進行合併，主要目的在於調整企業經營模式，強化經營體質，提升公司競爭力，而合併行為涉及公司之法人格消滅、經營權變動、組織重大改變及重要資產交易，影響股東權益甚鉅，故應以股東會特別決議為之，以昭慎重。

此外，依企併法第18條第3項之規定：「前二項股東會決議，屬上市（櫃）公司參與合併後消滅，且存續或新設公司為非上市（櫃）公司者，應經該上市（櫃）公司已發行股份總數三分之二以上股東之同意行之。」其立法意旨是因上市（櫃）公司進行私有化併購交易，其股東會決議僅須符合第1項或第2項之規定，其上市（櫃）地位即隨公司主體消滅而無從附麗，亦無從適用證交所及櫃買中心之自願申請下市（櫃）規範。考量上市（櫃）公司因決議合併而致下市（櫃）對股東權益影響甚大，故提高上市（櫃）公司與存續之非上市（櫃）公司合併案之股東同意門檻。惟如合併後存續或新設公司仍為上市（櫃）公司，一般而言，消滅公司股東仍得轉持有存續之上市（櫃）公司股票，對股東權益較無重大影響，爰排除此種情形，以兼顧股東權益保障及減少上市（櫃）公司之併購成本[15]。

依企併法第18條第5項之規定：「公司已發行特別股者，就公司合併事項，除本法規定無須經股東會決議或公司章程明定無須經特別股股東會決議者外，應另經該公司特別股股東會決議行之。有關特別股股東之決議，準用前四項之規定。」乃鑑於因公司合併對

---

[15]　參見104年7月8日企併法第18條之修正理由。

於特別股股東權利影響頗鉅，故除依企併法另有規定無須經股東會決議者外（如簡易合併、非對稱式合併），應另經特別股股東會決議行之。而特別股股東會之決議合併門檻，則規定準用普通股股東會有關合併決議之相關規定。

依企併法第18條第6項之規定，公司持有其他參加合併公司之股份，就其他參與合併公司之合併事項為決議時，得行使表決權。蓋因合併通常係為提升公司經營體質，強化公司競爭力，且國內外併購實務上亦常見「先購後併」之做法，即公司已先持有其他參與合併公司之一定數量以上股份，以利通過該參與合併公司之決議，因此，股東會為合併決議時，如其他參與合併之公司為公司之股東時，其所持有之股份，得行使表決權，毋庸依公司法第178條之規定予以迴避。

（四）編造資產負債表及財產目錄

依公司法第319條準用第73條第1項之規定，公司決議合併時，應即編造資產負債表及財產目錄。

（五）踐行保護公司債權人之程序

依企併法第23條第1項及第2項之規定：「公司為合併之決議後，應即向各債權人分別通知及公告，並指定三十日以上期限，聲明債權人得於期限內提出異議。」「公司不為前項之通知及公告，或對於在其指定期間內對提出異議之債權人不為清償、不提供相當之擔保、不成立專以清償債務為目的之信託或未經公司證明無礙於債權人之權利者，不得以其合併對抗債權人。」藉以保護債權人之權益。

（六）申請合併登記

依公司登記辦法第4條及第5條之規定，公司應於合併完成後十五日內，檢附股東會議事錄、董事會議事錄、會計師資本額查核報告、設立（變更）登記表、公司章程等文件，向主管機關申請辦理登記。

上述為一般合併時所應踐行之程序，企併法對於「簡易合併」及「非對稱式合併」則有簡化程序之規定，茲說明如下：

所謂「簡易合併」，是指「公司合併其持有百分之九十以上已發行股份之子公司或公司分別持有百分之九十以上已發行股份之子公司間合併」（企併§19Ⅰ）。茲為便利公司成立後之整體集團組織及業務調整，加速企業整併以提升競爭力，乃簡化合併程序，即母子公司之簡易合併或兄弟公司之簡易合併時，各該公司均只須經董事會特別決議即可，無須再以股東會特別決議為之。因此，簡易合併，除省略股東會之特別決議外，其餘程序約略與一般合併相同。為說明方便，以下僅以母子公司之簡易合併，且子公司為股份有限公司之情形，加以說明：1.母子公司董事會作成合併契約，經其各自之董事會特別決議（企併§19Ⅰ）；如（母公司）屬公開發行股票之公司亦應設置特別委員會（或由審計

委員會行之）[16]，並委請獨立專家提供合理性意見，經特別委員會或審計委員會審議後，再由董事會作成特別決議（企併§19Ⅱ後）；2.子公司董事會為決議後，應於十日內公告決議內容、合併契約應記載事項，並通知子公司股東，得於限定期間內以書面提出異議，請求公司按當時公平價格，收買其持有之股份（企併§19Ⅱ前）。公開發行股票之公司並應同時將特別委員會或審計委員會審議結果及獨立專家意見發送於股東（企併§19Ⅱ後）；3.子公司為合併之決議後，應即向（子公司／消滅公司）各債權人分別通知及公告，並以子公司董事會決議日為起算日指定三十日以上期限，聲明債權人得於期限內提出異議（企併§23Ⅰ、Ⅳ）。

　　所謂「非對稱式合併」，是指存續公司為合併發行之新股，未超過存續公司已發行有表決權股份總數之20%，且交付消滅公司股東之現金或財產價值總額未超過存續公司淨值之2%者，而與存續公司合併後消滅之公司，其資產無不足抵償負債之虞，所進行之吸收合併（企併§18Ⅶ）。對存續公司而言，因發行新股數量十分小，對於存續公司股東權益影響甚小，故簡化存續公司之合併程序，只須經其董事會之特別決議即可，無須再經存續公司股東會決議之必要。至於消滅公司，因合併後將解散而不復存在，故仍應採通常合併之相關程序。有關非對稱式合併應踐行之程序包括：1.存續公司應作成合併契約，並經董事會特別決議（企併§18Ⅶ）。存續公司如屬公開發行股票之公司，其應設置特別委員會（或由審計委員會行之），並委請獨立專家提供合理性意見等（企併§6），如一般合併所述；2.踐行保護公司債權人之程序，即「消滅公司」應向各債權人分別通知及公告，並以消滅公司董事會決議日為起算日指定三十日以上期限，聲明債權人得於期限內提出異議（企併§23Ⅰ、Ⅲ）。

四、合併之效力

　　依企併法第24條之規定：「因合併而消滅之公司，其權利義務應由合併後存續或新設之公司概括承受；消滅公司繼續中之訴訟、非訟、仲裁及其他程序，由存續公司或新設公司承受消滅公司之當事人地位。」以明確規定合併之效力，並由存續公司或新設公司承受消滅公司之訴訟等程序之當事人地位，以免前述進行中之程序因合併而中斷。

　　依企併法第25條第1項之規定：「存續公司或新設公司取得消滅公司之財產，其權利義務事項之移轉，自合併基準日起生效。但依其他法律規定其權利之取得、設定、喪失或變更應經登記者，非經登記，不得處分。」而本條是接續前條而來，惟明定以參與合併之公司彼此協議之「合併基準日」，作為權利義務生效之時點。而後段則是參酌民法第759條之規定，存續公司因合併所取得消滅公司之財產如應經登記者，非經登記，不得處分。

　　依企併法第25條第2項之規定，存續公司或新設公司為辦理前項財產權利之變更或合

---

[16] 依金管會104年11月17日金管證發字第1040046153號函之見解，公開發行股票之公司簡易合併其100%投資之子公司，得排除設置特別委員會。

併登記，得檢附公司合併登記之證明、消滅公司原登記之財產清冊及存續公司或新設公司辦理變更登記之財產清冊，及相關登記機關規定之文件，逕向相關登記機關辦理「批次登記」，以避免不動產物權或其他財產權利，於合併後若要一一辦理變更登記之困擾。惟爲落實不動產登記及其他財產權登記之公示性，避免存續公司因遲未登記，而影響其他利害關係人之權利，故於第3項中明定除其他法規另有更長期間之規定外，存續公司應於「六個月內」辦理權利變更登記（企併§25Ⅲ）。

第三節　資產收購

一、資產收購之類型

有關資產收購之方式，依企併法第27條第1項之規定，包括概括承受或概括讓與，或依公司法第185條第1項第2款或第3款讓與或受讓營業或財產等情形。

（一）概括承受或概括讓與

企併法第27條規定之概括承受或概括讓與，係援用民法之概念，其定義與範圍，應回歸民法之觀念[17]。依民法第305條第1項之規定：「就他人之財產或營業，概括承受其資產及負債者，因對於債權人爲承受之通知或公告，而生承擔債務之效力。」概念上包括財產或營業之概括承受。財產之概括承受是指承擔就他人之財產概括承受其資產及負債；營業之概括承受係指就他人之營業上之財產，包括資產（如存貨、債權、營業生財、商號信譽等）以及營業上之債務，概括承受之意。包括讓與人經濟上地位之全盤移轉[18]，亦即讓與公司將其財產、負債及營業以概括之方式全盤移轉由受讓公司承受之情形。

概括承受或概括讓與後，讓與公司之財產、負債及營業雖全盤概括由受讓公司承受，惟讓與公司之法人格並未消滅，此乃與合併之最大差異。一般而言，概括讓與或概括承受最常適用於經營不善金融機構之處理上（金併§14），蓋該金融機構之淨值通常已爲負數，故不適合以合併之方式加以處理，而又希望其營業不中斷，故乃以此一方式加以處理。

（二）依公司法第185條第1項第2款或第3款讓與或受讓營業或財產

公司法第185條第1項規定：「公司爲下列行爲，應有代表已發行股份總數三分之二

17　參見經濟部92年1月30日經商字第09202012570號函。
18　參見孫森焱，新版民法債編總論下冊，2000年8月修訂版，第993頁。另參見最高法院98年度台上字第1286號民事判決。

以上股東出席之股東會，以出席股東表決權過半數之同意行之：一、締結、變更或終止關於出租全部營業，委託經營或與他人經常共同經營之契約。二、讓與全部或主要部分之營業或財產。三、受讓他人全部營業或財產，對公司營運有重大影響。」

第1款中所謂「出租全部營業」，係指公司將全部營業（包括營業用財產等）由承租人利用，以承租人之名義，並為其計算而經營，出租公司只收取租金而已。所謂「委託經營」，係將公司全部營業委由受託人利用，惟受託公司係以委託公司之名義，並為其計算而經營，因此，營業上之損益一概歸由委託公司享有，此時，委託公司握有指揮權，得監督其經營，而委託公司則應對受託公司支付一定之報酬。所謂「與他人經常共同經營之契約」，係指數公司間所為損益全部共同之契約，關係公司均需服從統一之指揮，並求經濟之一體化[19]。

第2款中「讓與全部或主要部分之營業或財產」時，須經股東會以特別決議同意行之。蓋股份有限公司乃運用股東之出資，形成公司之資本並化為公司之資產，以經營一定之事業，俾求獲取利潤，再將盈餘分派於股東。因此，營業及資產係公司存續中最重要之項目，如公司讓與其全部或主要部分營業或財產，因涉及公司重要營業政策及資產之變更，基於保護企業所有人（股東）之立場，須先經董事會以特別決議向股東會提出議案（公§185Ⅳ），並於股東會召集通知及公告中載明其事由，再由股東會以特別決議同意行之[20]。

然何謂「讓與主要部分之營業或財產」[21]？企併法第44條第1項及第2項規定：「公司讓與全部或主要之營業或財產予他公司，取得有表決權之股份達全部交易對價百分之八十以上，並將取得之股份全數轉予股東者，其因讓與營業或財產而產生之所得，免徵營利事業所得稅；其因而產生之損失，亦不得自所得額中減除。」「前項所稱主要之營業，指讓與營業之最近三年收入達各該年度全部營業收入之百分之五十以上者；所稱主要之財產，指讓與財產達移轉時全部財產之百分之五十以上者。」然此規定列於「租稅措施」章節中，乃關於得否適用租稅優惠之判斷標準，與本條是為保護股東利益之立法目的並不相同，可否逕作為適用公司法第185條規定之判斷標準，仍有疑義[22]。

有實務見解認為依（舊）公司法第20條規定，如公司之主要財產目錄經股東會承認，該財產之讓與處分應依公司法第185條之規定辦理[23]。惟主要財產目錄僅屬公司會計

---

[19] 參見柯芳枝，公司法論（上），第240頁。另參見經濟部93年10月6日經商字第09302331990號函。

[20] 參見最高法院104年度台上字第1306號民事判決。

[21] 經濟部82年8月5日商字第220424號函認為：「『主要部分』之認定，應視各該公司之營業及其經營性質而有不同，尚難概括釋示……因涉及事實認定及私權問題，如有爭議，應循司法途徑解決。」而經濟部69年2月23日商字第05705號函釋認為：「……如某公司主要業務係砂糖之產銷，其主要財產為製糖設備……」經濟部96年3月15日經商字第09602026200號函認為：「若公司主要業務係半導體製造，則其主要財產應可包括晶圓廠之廠房及其設備。」

[22] 參見劉連煜，現代公司法，第440頁。

[23] 參見最高法院87年度台上字第1998號民事判決。

上之內部文件，而90年11月12日修正後公司法第20條第1項規定，每屆會計年度終了，公司無需將「主要財產之財產目錄」提請股東同意或股東常會承認，故如何適用此認定標準，將成為問題[24]。

另有實務見解認為所謂讓與主要部分之營業或財產，係指該部分營業或財產之轉讓，足以影響公司所營事業之不能成就者而言[25]。如採此一見解，其適用門檻過於嚴格，恐將導致該條款幾無適用之可能[26]。

亦有實務見解[27]認為應從質與量兩方面判斷，不僅單以交易標的價值作為衡量依據（註：如占營業收入、總財產等之比例），且應兼顧系爭交易對公司「質」方面之影響（如使公司營業是否無法繼續，或營業將大幅減縮等），依公司之營業及其經營性質加以判斷。例如台灣崇廣股份有限公司（下稱「崇廣公司」）之總經理兼董事，在未經崇廣公司之董事會及股東會決議同意下，擅自以崇廣公司名義將該公司所持有6,912萬股之崇光百貨公司股份（註：約占30%之股權）出售予他人之案例中，法院認為原告90年及89年12月31日對崇光百貨公司之長期股權投資各占資產總額之71%、78%，90年度及89年度因系爭投資所認列之投資損益，分別占稅前淨損之72%及稅前淨利之156%。另原告之經營項目為商場開發、百貨貿易、百貨物流諮詢業務、零售批發，而出售崇光百貨公司股票，將影響原告公司於崇光百貨之設櫃，且原告自91年9月起即無營業，分別於同年9月22日、11月30日遣散全部員工，可知百貨公司櫃位為其重要行銷通路，系爭股權買賣行為明顯影響原告之營業狀況。因認兩造於91年8月5日就原告所持有之崇光百貨公司6,912萬股之股份買賣，應屬公司法第185條第1項第2款所稱主要部分財產之讓與行為[28]。

如屬「讓與主要部分之營業或財產」，應依公司法第185條之規定辦理（須經股東會特別決議行之）；如非主要部分之營業或財產者，則只須依公司法第202條之規定辦理即可[29]〔董事會（普通）決議行之〕。如公司董事長未經股東會特別決議，而代表公司為關於出售全部或主要部分之營業或財產之行為，其效力如何，公司法並無明文，實務見解認為可參酌民法第170條第1項所定，應認董事長代表公司所為上開行為，非經公司股東會之特別決議，對於公司不生效力。既係不生效力之行為，自得因事後承認而溯及於行為時

---

[24] 參見劉連煜，現代公司法，第440頁。另經濟部110年3月2日經商字第11002405310號函認為：「公司章程訂明特定標的財產屬公司法第185條之主要部分財產，於該特定財產轉讓時，據以適用該條規定之決議一節，查公司讓與之特定財產是否該條『主要部分財產』之認定，仍應視各該公司之營業及其經營性質而定，尚非僅以章程有無將『主要部分財產』列明為據。」

[25] 參見最高法院81年度台上字第2696號民事判決、最高法院96年度台上字第1707號民事判決、最高法院100年度台上字第717號民事判決等。柯芳枝，公司法論（上），第240至241頁。

[26] 參見劉連煜，現代公司法，第441頁。

[27] 參見臺北地方法院91年度重訴字第2465號民事判決。

[28] 相關評釋，請參見劉連煜，讓與主要部分營業或財產之判斷基準，收錄於「公司法理論與判決研究（三）」，2002年5月，第197頁以下。

[29] 參見經濟部60年12月13日商字第52391號函、經濟部62年10月21日商字第34066號函、經濟部82年8月5日商字第220424號函。

發生效力[30]。惟如相對人於受讓時係屬善意，公司尚不得以之對抗該善意之相對人，以策交易安全[31]。

公司法第185條第1項第3款公司受讓他人全部營業或財產者，並非即一律應受公司法第185條第1項第3款之規範，尚須此項行為「對公司營運有重大影響」，始有依該條規定召開股東會以特別決議同意之必要。至於「是否對公司營運有重大影響」，須視各公司之營業性質而定，如有爭議，應由法院裁判[32]。

上開公司法第185條第1項之規定中，只有第2款或第3款讓與或受讓營業或財產，方屬企併法所規範之資產收購。

（三）簡易資產收購

依企併法第4條第4款之規定，收購得以公司股份、現金或其他財產作為對價。除前述之一般資產收購外，企併法第28條另規定「簡易資產收購」之情形。

依企併法第28條第1項之規定：「公司之子公司收購公司全部或主要部分之營業或財產，符合下列規定者，得經公司董事會決議行之，不適用公司法第一百八十五條第一項至第四項應經讓與公司與受讓公司股東會決議之規定及公司法第一百八十六條至第一百八十八條之規定：一、該子公司為公司百分之百持有。二、子公司以受讓之營業或財產作價發行新股予該公司。三、該公司與子公司已依一般公認會計原則編製合併財務報表。」此乃考量公司讓與全部或主要部分之營業或財產予其100%持股並編製合併財務報表之子公司，係屬集團組織內之調整，因母子公司已編製合併財務報表，對於母公司之股東並無不利，且子公司股東僅有母公司一法人股東，並無經母公司或子公司股東會特別決議之必要，藉以簡化母子公司進行內部組織調整，例如公司100%持股之子公司收購（母）公司之部分土地，並由子公司以受讓之土地作價發行新股予該公司[33]。

二、資產收購時所應踐行之程序[34]

（一）議案之提出

依公司法第185條第4項之規定：「第一項之議案，應由有三分之二以上董事出席之

---

[30] 參見最高法院98年度台上字第1981號民事判決。

[31] 參見最高法院97年度台上字第2216號民事判決。

[32] 參見經濟部81年6月20日商字第215681號函。

[33] 參見91年2月6日企併法第28條之立法理由。

[34] 如上所述，依企併法第27條第1項之規定，資產收購之類型，包括概括承受或概括讓與，或依公司法第185條第1項第2款或第3款讓與或受讓營業或財產等情形。而企併法第28條第1項另規定簡易資產收購之類型。然因法律本身之規定，底下所述之程序，並非一體適用於前開之各種資產收購類型。例如：1.公司法或企併法並未明文規定「概括承受或概括讓與」時，應先經董事會決議及其決

董事會，以出席董事過半數之決議提出之。」可知依公司法第185條第1項第2款或第3款讓與或受讓營業或財產者，其議案之提出須經董事會之特別決議。蓋此議案既與公司之營運有關，故宜由業務執行機關之董事會提出，且事關緊要，故要求須經董事會之特別決議[35]。此外，公開發行股票之公司應設置特別委員會（或由審計委員會行之），並委請獨立專家提供合理性意見，經特別委員會或審計委員會審議後，再由董事會作成特別決議（企併§6）。董事會決議時，董事就該交易有自身利害關係時，應向董事會說明其自身利害關係之重要內容及贊成或反對併購決議之理由（企併§5Ⅲ）。惟表決時，董事雖有自身利害關係，但為決議時，仍無須迴避，得加入表決（企併§27Ⅶ準用§18Ⅵ）。

（二）股東會之召集通知

董事會對資產收購及相關事項應作成決議後，應為股東會召集之通知及公告。如屬公司法第185條第1項各款之事項，應在召集事由中列舉並說明其主要內容，不得以臨時動議提出（公§172Ⅴ）。

（三）經股東會之特別決議

公司為概括承受或概括讓與，或依公司法第185條第1項第2款或第3款讓與或受讓營業或財產者，應有代表已發行股份總數三分之二以上股東出席之股東會，以出席股東表決權過半數之同意行之。公開發行股票之公司，出席股東之股份總數不足前開定額者，得以有代表已發行股份總數過半數股東之出席，出席股東表決權三分之二以上之同意行之。如章程對於出席股東股份總數及表決權數，有較高之規定者，從其規定（企併§27Ⅰ、Ⅱ、Ⅳ；公§185Ⅰ～Ⅲ）。

此外，依企併法第27條第3項之規定：「前二項股東會決議，屬上市（櫃）公司概括讓與，或讓與營業或財產而致終止上市（櫃），且受讓公司非上市（櫃）公司者，應經該上市（櫃）公司已發行股份總數三分之二以上股東之同意行之。」其立法意旨是因上市（櫃）公司規劃概括讓與或讓與營業或財產時，即可確知於完成收購後是否終止上市（櫃），因其對股東權益影響甚大，故提高股東會決議之門檻。

（四）債權讓與及債務承擔程序之簡化

依民法第297條及第301條之規定：「（第1項）債權之讓與，非經讓與人或受讓人通知債務人，對於債務人不生效力。但法律另有規定者，不在此限。（第2項）受讓人將讓

議方式；2.公司法第172條第5項僅規定，公司法第185條第1項各款之事項，應在召集事由中列舉並說明其主要內容，不得以臨時動議提出。對於「概括讓與或概括承受」則未予以明文規定；3.公司法第185條第1項第2款或第3款讓與或受讓營業或財產時，似無須為債權讓與之通知或公告，亦無須經債權人承認，惟企併法第27條第1項卻將其與「概括承受或概括讓與」規範在一起。

35　參見最高法院87年度台上字第1998號民事判決。

與人所立之讓與字據提示於債務人者，與通知有同一之效力。」「第三人與債務人訂立契約承擔其債務者，非經債權人承認，對於債權人不生效力。」而企併法第27條第1項規定：「……概括承受或概括讓與，或依公司法第一百八十五條第一項第二款或第三款讓與或受讓營業或財產者，其債權讓與之通知，得以公告方式代之，承擔債務時，免經債權人之承認，不適用民法第二百九十七條及第三百零一條規定。」以簡化公司進行概括承受或概括讓與之程序[36]。

（五）踐行保護公司債權人之程序

依企併法第27條第8項及第9項之規定：「公司為第一項之決議後，應即向各債權人分別通知及公告決議內容，並指定三十日以上之期限，聲明債權人得於期限內提出異議。」「公司不為前項之通知及公告，或對於在其指定期間內對提出異議之債權人不為清償、不提供相當之擔保、不成立專以清償債務為目的之信託或未經公司證明無礙於債權人之權利者，不得以其收購對抗債權人。」蓋企併法為簡化程序，以利企業併購之進行，已於本條第1項排除民法第301條債務承擔須經債權人承認之規定，該收購程序對於債權人之影響，與公司分割相類似，乃比照合併或分割節關於債權人保護規定，賦予公司債權人取得資訊及提出異議之權利[37]。

（六）資產移轉及變更登記程序之簡化

依企併法第27條第5項之規定：「受讓公司取得讓與公司之財產，其權利義務事項之移轉及變更登記，準用第二十五條規定。」因此受讓公司取得讓與公司之財產，其權利義務事項之移轉，自收購基準日起生效。但依其他法律規定其權利之取得、設定、喪失或變更應經登記者，非經登記，不得處分（企併§25Ⅰ）。受讓公司為辦理取得讓與公司之財產登記時，得檢附資產收購之證明、讓與公司原登記之財產清冊及受讓公司辦理變更登記之財產清冊，及相關登記機關規定之文件，逕向相關登記機關辦理「批次登記」（企併§25Ⅱ），以避免資產收購後應一一辦理變更登記之困擾。惟受讓公司應於六個月內辦理權利變更登記（企併§25Ⅲ）。

第四節　股份收購

股份收購是指透過取得標的公司股份之方式，以快速達成併購之目的，因其策略目的不同，可以是全面收購、取得多數股權或少數股權等。企併法則僅規定「股份轉換」而已

---

[36] 參見91年2月6日企併法第27條之修正理由。

[37] 參見104年7月8日企併法第27條之修正理由。

（企併§4⑤、§29），至於其他股份收購之方式，則包括依證券交易法所進行之「公開收購」、「私募」，依公司法第156條之3所爲之「股份交換」等。

一、股份轉換之類型

（一）一般股份轉換

依企併法第4條第5款之規定，股份轉換（share swap）是指公司讓與全部已發行股份予他公司，而由他公司以股份、現金或其他財產支付公司股東作爲對價之行爲。亦即公司雖不是股份所有人，但得透過股東會特別決議之方式，將未提出異議股東之股份（註：異議股東則可透過股份收買請求權請求公司收買），全部強制轉換，概括轉讓予預定成爲母公司之另一既存公司或新設公司，並以該轉讓股份作爲現物出資，以繳足原公司股東承購預定成爲母公司之他既存公司發行新股或發起設立所需股款之行爲[38]。

就被收購公司而言，在股份轉換後，將產生企業組織結構性之變動〔公司將成爲收購公司（即受讓公司）之100%持股之子公司〕，且屬全部強制轉換，將嚴重影響股東處分股份之權益（如股東可能改持收購公司之股份），因此，法律除要求須經股東會特別決議外，也賦予異議股東股份收買請求權，以爲平衡[39]。

就收購公司而言，在股份轉換後，被收購公司將變成其100%持股之子公司，收購公司可以對其完全控股（註：相較於以其他股份收購之方式，如公開收購、私募、股份交換等，則難以達到100%完全控股之情況），且可創設一人公司之形式（被收購公司將變成由收購公司所100%持有之子公司）。再者，與合併不同的是，股份轉換後，被收購公司之法人格並未消滅，只是變成收購公司100%持股之子公司而已（惟經濟實質而言，收購公司仍將「間接」承受被收購公司之所有權利義務），而收購公司可以選擇繼續維持控股公司之架構（讓被收購公司形式上維持獨立運作），或經過一段期間之運作與磨合後，再伺機與被收購公司合併（註：屬「簡易合併」）。又，在股份轉換時，如收購公司是以其股份作爲對價（被收購公司之股東改持有收購公司之股份），則收購公司不需投入大額資金以支應企業併購之財務需求，但收購公司之股本將膨脹，原股東之股權將被稀釋，股權結構可能會發生變化[40]。

有關股份交換之對價，企併法第4條第5款原規定：「股份轉換：指公司經股東會決議，讓與全部已發行股份予他公司作爲對價，以繳足公司股東承購他公司『所發行之新股』或發起設立所需之股款之行爲。」亦即原僅允許由收購公司以發行新股之方式作爲對價，惟在104年7月8日修正時，考量公司進行併購行爲，只要能合理評估其對價，無論何

---

[38]　參見90年7月9日金融機構合併法第26條之立法理由。

[39]　參見劉連煜，現代公司法，第186頁。

[40]　參見劉連煜，現代公司法，第186至188頁。

種財產，均得為併購之對價。為使公司進行股份轉換時之對價方案更具多元性，爰參考外國立法例，增列「而由他公司以股份、現金或其他財產支付公司股東」，使公司進行股份轉換時，得安排更具彈性之對價方案。另配合母子公司間之簡易股份轉換併購議案（企併§30Ⅰ），得由董事會決議，爰刪除「經股東會決議」之規定[41]。

（二）簡易股份轉換

所謂「簡易股份轉換」，依企併法第30條第1項之規定，是指「公司以股份轉換收購其持有百分之九十以上已發行股份之子公司時，得作成轉換契約，經各該公司董事會以三分之二以上董事出席及出席董事過半數之決議行之。」此乃考量公司以股份轉換方式收購其已持有90%股份之子公司，由於母公司對子公司之控制關係，若仍要求子公司另就收購案為股東會之召開，並無實益，徒增併購成本；另由母公司之角度觀之，持股由90%上成為100%，造成股東權稀釋作用甚小，對於母公司股東權益之影響有限。為促進企業組織再造，提升企業併購效率[42]，故只須經各該公司董事會之特別決議即可。

（三）非對稱式股份轉換

所謂「非對稱式股份轉換」，依企併法第29條第6項之規定，是指「受讓股份之既存公司支付對價發行之新股總數，未超過該公司已發行有表決權股份總數百分之二十，且支付之現金或其他財產價值總額未超過該公司淨值百分之二者，得作成轉換契約，經受讓股份之既存公司董事會以三分之二以上董事出席及出席董事過半數之決議行之。但轉換股份之公司有資產不足抵償負債之虞或受讓股份之既存公司有變更章程之必要者，仍應適用第一項第一款及第二項有關受讓股份之既存公司股東會決議之規定。」此乃參酌同法第18條第7項「非對稱式合併」之規定，明定公司進行股份轉換時，若受讓股份之既存公司因支付對價發行之新股總數，未超過該公司已發行有表決權股份總數20%，且支付之現金或其他財產價值總額未超過該公司淨值2%者，得免經受讓股份之既存公司股東會決議，俾以促進企業組織再造及併購之效率。又轉換公司有資產不足抵償負債之虞者，於受讓股份之既存公司之股東權益影響較大，宜使受讓股份之既存公司股東參與併購決議；又受讓股份之既存公司因股份轉換有變更章程之必要者，依法須經受讓公司股東會決議，無從以董事會決議代之，故仍應依企併法第29條第1項第1款及第2項之規定由股東會決議[43]。

---

[41] 參見104年7月8日企併法第4條之修正理由。

[42] 參見104年7月8日企併法第30條之立法理由。

[43] 參見104年7月8日企併法第29條之立法理由。

二、股份轉換時所應踐行之程序

以下所述為一般股份轉換時，所應踐行之程序：

（一）董事會應作成股份轉換契約

依企併法第31條第1項之規定：「公司與他公司依前二條規定辦理股份轉換時，預定受讓全部已發行股份之公司為既存公司者，該公司與既存公司之董事會應作成轉換契約……。」依同條第2項之規定：「前項轉換契約或轉換決議應記載下列事項：一、既存公司章程需變更事項或新設公司章程。二、既存公司或新設公司支付股份、現金或其他財產之總數、種類、數量及其他有關事項。三、公司股東轉讓予既存公司或新設公司之股份總數、種類、數量及其他有關事項。四、對公司股東配發之股份不滿一股應支付現金者，其有關規定。五、轉換契約應記載公司原任董事及監察人於股份轉換時任期未屆滿者是否繼續其任期至屆滿有關事項；轉換決議應記載新設公司之董事及監察人名冊。六、與他公司共同為股份轉換新設公司者，轉換決議應記載其共同轉換股份有關事項。」

依立法理由之說明，有關第2款股份轉換之對價部分，茲為活絡企業併購之進行，已放寬股份轉換之對價多元性，在各股東取得對價之價值相等之前提下，即便公司給予各股東之對價種類或組合並不相同，亦無不可。如對不同股東支付之對價種類不同或組成不同者，自應說明其價值相等之計算依據。如允許股東於一定期間內選擇不同種類或不同組成之對價時，應說明前開一定期間及對價選擇之相關事項[44]。

如屬公開發行股票之公司，應設置特別委員會（或由審計委員會行之），並委請獨立專家提供合理性意見，經特別委員會或審計委員會審議後，再由董事會作成特別決議（企併§6）。董事會決議時，董事就該交易有自身利害關係時，應向董事會說明其自身利害關係之重要內容及贊成或反對併購決議之理由（企併§5Ⅲ）。惟表決時，董事雖有自身利害關係，但為決議時，仍無須迴避，得加入表決（企併§27Ⅶ準用§18Ⅵ）。

（二）董事會召集股東會

依企併法第31條第7項之規定，轉換契約或轉換決議之應記載事項，應於發送股份轉換決議股東會之召集通知時，一併發送各股東；公開發行股票之公司並應同時將特別委員會或審計委員會審議結果及獨立專家意見發送於股東。另依企併法第7條第1項之規定，公開發行股票之公司對於第31條第7項轉換契約之應記載事項、特別委員會或審計委員會審議結果及獨立專家意見等併購文件，經公司於證券主管機關指定之網站公告同一內容，且備置於公司及股東會會場供股東索閱者，對於股東視為已發送。

---

[44]　參見104年7月8日企併法第31條之修正。

（三）股東會為股份轉換之決議

依企併法第29條第1項、第2項及第4項之規定：「公司經股東會決議，得以股份轉換之方式，被他既存或新設公司收購為其百分之百持股之子公司，並依下列各款規定辦理：一、公司股東會之決議，應有代表已發行股份總數三分之二以上股東之出席，以出席股東表決權過半數之同意行之。預定之受讓股份之公司為既存公司者，亦同。……」「公開發行股票之公司，出席股東之股份總數不足前項第一款定額者，得以有代表已發行股份總數過半數股東之出席，出席股東表決權三分之二以上之同意行之。」「前三項出席股東股份總數及表決權數，公司章程有較高之規定者，從其規定。」蓋股份轉換就強制其股東與他公司交換股份部分之性質與公司合併類似，並涉及二公司股東權利甚鉅，故均應以股東會之特別決議行之。

此外，依企併法第29條第3項之規定：「前二項股東會決議，屬上市（櫃）公司被他既存或新設之非上市（櫃）公司收購為其百分之百持股之子公司而致終止上市（櫃）者，應經該上市（櫃）公司已發行股份總數三分之二以上股東之同意行之。」

附帶說明的是，股份轉換後，只是創造出控股公司之架構而已，被收購公司之法人格並未消滅，因此，無須踐行保護公司債權人之程序。

三、股份交換

依企併法第4條第4款之規定：「收購：指公司依本法、『公司法、證券交易法、金融機構合併法或金融控股公司法』規定取得他公司之『股份』、『營業或財產』，並以股份、現金或其他財產作為對價之行為。」係採廣義之定義，然企併法各章節中，卻僅是就「資產收購」（包括概括承受或概括讓與，或依公司法第185條第1項第2款或第3款讓與或受讓營業或財產）及「股份轉換」加以明文規定而已（企併§27～§34）。對於「股份收購」並未再加以詳細明文規定。而主管機關亦認為企併法所稱「收購」之適用範圍，係指符合本法第二章第二節規定之類型（即採「狹義」之定義，僅限於前述「資產收購」及「股份轉換」而已），將「股份收購」予以排除在外[45]。

如依企併法第4條第4款之定義，公司依公司法或證券交易法等規定，取得他公司之股份，並以股份、現金或其他財產作為對價者，亦應屬收購之類型。因此，依公司法所為之「股份交換」，或依證券交易法所為之「公開收購」及「私募」等，亦應屬（廣義）（股份）收購之類型。

依公司法第156條之3之規定：「公司設立後得發行新股作為受讓他公司股份之對價，需經董事會三分之二以上董事出席，以出席董事過半數決議行之，不受第二百六十七條第一項至第三項之限制。」其立法理由是股份交換時，受讓公司發行新股時將造成原股

---

[45] 參見經濟部94年7月26日經商字第09402095620號函。

東股權稀釋，股東權益減少之情形，故須經董事會特別決議，以保障原股東之權益，又因股份交換取得新股東之有利資源，對公司整體之營運將有助益[46]，可藉由公司間部分持股，形成企業間策略聯盟之效果[47]。

依企併法第4條第5款之規定：「股份轉換：指公司讓與全部已發行股份予他公司，而由他公司以股份……作爲對價之行爲。」此與依公司法第156條之3之規定：「公司……發行新股作爲受讓他公司股份之對價」之概念相當，所不同的是，如公司讓與「全部」已發行股份（即讓與已發行股份達100%之情形），屬企併法之規範範疇（註：屬「股份轉換」之範疇）。至公司法第156條之3規定：「公司設立後得發行新股作爲受讓他公司股份之對價……」其股份交換自不包括受讓他公司已發行股份達100%之情形[48]。

關於股份交換，依主管機關函釋之見解：1.所稱他公司，包括依我國公司法組織登記之公司及依外國法律組織登記之公司[49]。又他公司股份是否應與公司業務有關，公司法亦無限制規定[50]；2.所謂（受讓）「他公司股份」，包括他公司已發行股份、他公司新發行股份，及他公司持有之長期投資等三種。其中「他公司已發行股份」，究爲他公司本身持有或其股東持有，尚非所問[51]；3.（公司發行新股作爲受讓他公司股份之對價時）發行新股股數是否須占發行公司已發行股份一定百分比，公司法尚無限制規定[52]；4.倘C公司與B公司依股份交換規定，由C公司發行新股予B公司股東（即A公司）作爲對價，以取得B公司部分股票；而C公司另以現金向A公司購得其餘之B公司股份，而達到持有B公司100%股份，尚無不可。惟此非依企併法第29條規定程序辦理，即無該法其他規定（如第三章租稅優惠措施）之適用[53]。

有關股份轉換與（一般）股份交換之比較如表10-1所示[54]。

表10-1　股份轉換與股份交換之比較

項目	股份轉換	股份交換
法源依據	企併法（及金融控股公司法）	公司法
目的	取得他公司全部已發行之股份，形成100%持股之母子公司架構	藉由公司間部分持股，形成企業間策略聯盟之效果

---

[46] 參見90年11月12日公司法第156條之修正理由。另107年8月1日公司法修訂時，將其移列爲公司法第156條之3。

[47] 參見經濟部100年6月27日經商字第10002416950號函。

[48] 參見經濟部91年5月1日商字第09102077120號函、經濟部107年12月19日經商字第10702426510號函。

[49] 參見經濟部91年4月16日商字第09102073880號函。

[50] 參見經濟部94年2月3日經商字第09402014500號函。

[51] 參見經濟部94年3月23日經商字第09402405770號令。

[52] 參見經濟部94年2月3日經商字第09402014500號函。

[53] 參見經濟部107年12月19日經商字第10702426510號函。

[54] 參見劉連煜，現代公司法，第190頁，並略加修改而成。

表10-1　股份轉換與股份交換之比較（續）

項目	股份轉換	股份交換
受讓股份之公司是否限於既存公司	受讓股份之公司（收購公司）可以是既存公司或新設公司	限於既存公司
讓與股份之比例	讓與股份應為已發行股份100%	讓與股份未達已發行股份100%。
公司換得之股份	他公司全部已發行之股份	他公司已發行股份、他公司新發行股份，及他公司持有之長期投資
是否應經股東會特別決議	被收購公司及收購公司均應經股東會特別決議	只規定受讓股份之既存公司須經「董事會特別決議」，至於讓與股份之公司則未規定
交易對價	以股份、現金或其他財產為對價	僅得以股份作為對價
異議股東收買請求權	有	無

四、公開收購

依證券交易法第43條之1及公開收購辦法之規定，所謂「公開收購」，係指不經由有價證券集中交易市場或證券商營業處所，對非特定人以公告、廣告、廣播、電傳資訊、信函、電話、發表會、說明會或其他方式為公開要約而購買有價證券之行為（公開收購辦法§2Ⅰ）。任何人單獨或與他人共同預定於五十日內取得公開發行公司已發行股份總額20%以上股份者，應採公開收購方式為之（公開收購辦法§11Ⅰ）。公開收購之對價除現金外，應以下列範圍為限：1.已在證券交易所上市或於證券商營業處所買賣之國內有價證券；外國有價證券之範圍由本會另定之；2.公開收購人為公開發行公司者，其募集發行之股票或公司債；公開收購人為外國公司者，其募集發行之股票或公司債之範圍由本會另定之；3.前款公開收購人之其他財產（公開收購辦法§8）。公開收購是取得被收購公司流通在外之股份（即「老股」），公開收購他公司之股份比例並無限制[55]。

五、私募

依證交法第7條第2項及第43條之6第1項及第2項之規定：「本法所稱私募，謂已依本法發行股票之公司依第四十三條之六第一項及第二項規定，對特定人招募有價證券之

---

[55] 依證券交易法第43條之1第2項第1款之規定，如「公開收購人預定公開收購數量，加計公開收購人與其關係人已取得公開發行公司有價證券總數，未超過該公開發行公司已發行有表決權股份總數百分之五。」無須向主管機關申報並公告特定事項，因此，如收購比例太低，似可逕由有價證券集中交易市場或證券商營業處所購買即可，似無須大費周章以公開收購之方式為之。又公開收購人預定公開收購數量可以是該公開發行公司已發行有表決權股份總數100%，但實際收購所取得之數量很難會是100%。

行為。」「（第1項）公開發行股票之公司，得以有代表已發行股份總數過半數股東之出席，出席股東表決權三分之二以上之同意，對左列之人進行有價證券之私募，不受第二十八條之一、第一百三十九條第二項及公司法第二百六十七條第一項至第三項規定之限制：一、銀行業、票券業、信託業、保險業、證券業或其他經主管機關核准之法人或機構。二、符合主管機關所定條件之自然人、法人或基金。三、該公司或其關係企業之董事、監察人及經理人。（第2項）前項第二款及第三款之應募人總數，不得超過三十五人。」可知所謂私募是指公司依證券交易法之規定，以發行新股之方式，對特定人招募有價證券之行為。此一概念亦符合依企併法第4條第4款之定義，即公司依證券交易法規定，以股份、現金或其他財產作為對價，而取得他公司之股份（即私募新發行之股份）屬（廣義）（股份）收購之類型。藉由參與公司之私募，可取得部分持股，而形成企業間策略聯盟之效果。

第五節　分　割

一、分割之定義

公司法對於分割並未明文加以定義。依企併法第4條第6款之規定：「分割：指公司依本法或其他法律規定將其得獨立營運之一部或全部之營業讓與既存或新設之他公司，而由既存公司或新設公司以股份、現金或其他財產支付予該公司或其股東作為對價之行為。」可知分割標的係指得「獨立營運」之營業，而公司之營業是否為「獨立營運」之營業，應以該營業是否屬「經濟上成為一整體之獨立營運部門之營業」為斷，而不問其於分割前是否有對外營業行為[56]。申言之，所謂分割，係指公司將其經濟上成為一整體之獨立營運部門之營業（含資產及負債），以對既存公司（即吸收分割）或新設公司（即新設分割）為現物出資方式，而由該公司或該公司股東或由該二者取得他既存公司發行新股或新設公司發行之股份、現金或其他財產，並由他公司概括承受該獨立營運部門之營業情事[57]。公司分割得以適度縮小公司規模，並利用特定部門之分離獨立，以求企業經營之專業化及效率化，對於公司之組織調整有所助益[58]。

依企併法第38條第3項之規定：「公司與外國公司進行公司分割時，準用前三條、本條第一項至第二項及第二十一條規定。」因此，1.本國公司可將其得獨立營運之一部營業，分割給外國公司之台灣分公司，由外國公司發行新股予本國公司或本國公司之股

---

[56] 參見經濟部92年1月22日經商字第09202012500號函。

[57] 參見經濟部91年8月22日經商字第09102168750號函。另參見柯芳枝，公司法論（下），第287頁。

[58] 參見90年11月12日公司法第317條之修正理由。

東[59]；2.外國公司可將其台灣分公司，分割設立為外國公司之台灣子公司，台灣子公司發行股份給外國公司或其股東時，外國公司之台灣子公司須辦理新設分割登記，原有外國在台分公司之營運資金亦可直接轉為外國公司之台灣子公司的股本[60]；3.外國公司得以其台灣分公司之全部資產及營業，分割讓與本國公司，並由本國公司以現金為受讓對價，讓與後，該（外國公司）分公司已不存在，則應辦理撤回認許[61]。

二、分割之態樣與類型

（一）吸收分割與新設分割

此是以被分割公司所分割之營業，是對既存公司或新設公司為現物出資作為分類標準。如公司將其經濟上成為一整體之獨立營運部門之營業（含資產及負債），以對既存公司為現物出資者，稱為「吸收分割」；如係對新設公司為現物出資者，稱為「新設分割」。如屬新設分割者，被分割公司之股東會視為他公司（新設公司）之發起人會議，得同時訂立章程，並選舉新設公司之董事及監察人（企併§35Ⅷ）。

（二）垂直分割與水平分割

此是以公司分割後，既存公司或新設公司所發行之股份是由被分割公司或由其股東取得作為分類標準。如是由被分割公司直接取得者，則分割後之（新設）公司會變成被分割公司100%持有之子公司，稱為「垂直分割」（或稱為「母子分割」）；如是發給被分割公司之股東依其持股比例取得，其結果是這些股東變成同時持有被分割公司及分割公司的股份，稱為「水平分割」，而對股東而言，被分割公司與分割公司猶如平行之兄弟一般，故又稱為「兄弟分割」。如被分割公司只有一家，且採新設分割，新設公司發行新股由被分割公司取得者，於分割後，新設公司成為被分割公司100%持股之子公司（類似「股份轉換」之效果，可創造100%之母子公司控股架構）；採水平分割者，分割後，被分割公司與分割公司彼此間沒有持股關係，如早期台灣電子業多以代工為主，然如公司發展自有品牌後，可能造成品牌與代工衝突之問題，因此，可藉由水平分割解決此一問題。

（三）單獨分割與共同分割

此是以被分割公司為單獨一家或數家作為分類標準。如屬前者，稱為單獨分割；如屬後者，稱為共同分割。依主管機關之見解，公司之分割，並不限於單一公司之分割，由數

---

[59] 參見經濟部91年4月22日商字第09102085661號函。

[60] 參見經濟部91年4月22日商字第09102085661號函、經濟部91年8月16日經商字第09102152370號函。

[61] 參見經濟部107年4月25日經商字第10702017450號函。

家公司分割其獨立營運之一部或全部，成立一新立公司，尚無不可[62]。另依企併法第38條第1項第9款之規定，如屬與他公司共同爲公司分割者，應記載其共同爲公司分割有關事項。

（四）存續分割或消滅分割

此是以被分割公司是否因分割而消滅作爲分類標準。被分割公司如僅分割其得獨立營運之部分營業，對既存公司或新設公司爲現物出資，而被分割公司之法人格依然存續者，稱爲存續分割；反之，如被分割公司將其得獨立營運之全部營業均予分割，分割後其法人格消滅者，稱爲消滅分割。依公司法第24條之規定，公司如因合併、分割或破產者，無須進行清算。其所稱之分割，是指消滅分割而言[63]。茲爲配合公司進行消滅分割，企併法第35條第9項規定：「公司法第二十四條規定，於公司因分割而消滅時準用之。」亦即被分割公司將其全部之營業或財產移轉給承受公司承受，於完成分割程序後，無須經清算程序而解散消滅。

（五）一般分割、簡易分割與非對稱式分割

依其所需進行程序之繁簡，可區分爲「一般分割」（或稱「通常分割」）、「簡易分割」、「非對稱式分割」等。

所謂「簡易分割」，是指「公司與其持有百分之九十以上已發行股份之子公司進行分割，以母公司爲受讓營業之既存公司，以子公司爲被分割公司並取得全部對價者，其分割計畫得經各該公司之董事會以三分之二以上董事之出席及出席董事過半數之決議行之」（企併§37 I）。亦即母公司持有子公司90%以上已發行之股份，且分割計畫以子公司爲被分割公司，以母公司爲受讓營業之既存公司，而全部對價均由被分割公司取得者，其分割計畫得經母公司及子公司之董事會特別決議行之，俾符合經濟效率[64]。在經濟實質上，是子公司將其獨立營運之營業併入母公司，屬集團資源之重新配置；子公司則將持有母公司之股份，或取得現金或其他財產。

依主管機關之見解[65]：1.簡易分割非屬公司法第167條第3項收回或收買方式，自得排除其適用（註：即排除從屬公司不得將控制公司之股份收買或收爲質物之規定）；2.企併法尙無排除公司法第179條第2項第2款之適用（註：即從屬公司所持有控制公司之股份無表決權）。

所謂「非對稱式分割」，包括：1.被分割公司所讓與之營業價值，未超過其淨值之2%；2.受讓營業之既存公司，爲分割所發行之新股，未超過已發行有表決權股份總數之

---

[62]　參見經濟部94年7月27日經商字第09402099170號函。

[63]　參見90年11月12日公司法第24條之修正理由。

[64]　參見104年7月8日企併法第37條之立法理由。

[65]　參見經濟部104年11月18日經商字第10402432830號函。

20%等二種情形。

第1.種情形是指「被分割公司讓與既存或新設公司之營業價值，未超過被分割公司淨值之百分之二，且由被分割公司取得全部對價者，得作成分割計畫，經被分割公司董事會以三分之二以上董事出席及出席董事過半數之決議行之。但被分割公司有變更章程之必要者，仍應適用前條第一項至第五項有關被分割公司股東會決議之規定」（企併§36 I）。亦即被分割公司所讓與之營業價值，未超過被分割公司淨值之2%，且承受營業之既存公司發行新股或新設公司給付股份、現金或其他財產，全部由被分割公司者，只須經被分割公司董事會特別決議即可，不適用須經關股東會決議之規定。但被分割公司因分割有變更章程之必要者，則依法仍須經被分割公司股東會決議，無從以董事會決議代之。

如非對稱式分割係由被分割公司之董事會決議，且被分割公司為新設公司之唯一股東者，則依企併法第35條第8項之精神，自應以被分割公司之董事會為他公司之發起人會議，得同時訂立章程，並選舉新設公司之董事及監察人，以節省併購成本[66]。

第2.種情形是指「分割而受讓營業之既存公司，為分割發行之新股，未超過已發行有表決權股份總數之百分之二十，且支付被分割公司之現金或其他財產價值總額未超過既存公司淨值之百分之二者，得作成分割計畫，經既存公司董事會以三分之二以上董事出席及出席董事過半數之決議行之。但既存公司所受讓被分割公司之營業，其資產有不足抵償負債之虞或既存公司有變更章程之必要者，仍應適用前條第一項至第五項有關既存公司股東會決議之規定」（企併§36 II）。亦即因分割而受讓營業之既存公司，其為分割發行之新股未超過已發行有表決權股份總數之20%，且支付被分割公司之現金或其他財產價值總額未超過既存公司淨值之2%者，只須經既存公司董事會特別決議即可。但既存公司所受讓被分割公司之營業，其資產有不足抵償負債之虞，或既存公司因分割有變更章程之必要，仍須經既存公司股東會決議，無從以董事會決議代之。

三、分割時所應踐行之程序

（一）董事會應作成分割計畫

依企併法第35條第1項之規定：「公司進行分割時，董事會應就分割有關事項，作成分割計畫，提出於股東會。」依企併法第38條第1項之規定：「……分割計畫，應以書面為之，並記載下列事項：一、承受營業之既存公司章程需變更事項或新設公司章程。二、被分割公司讓與既存公司或新設公司之營業價值、資產、負債、換股比例及計算依據。三、承受營業之既存公司發行新股或新設公司給付股份、現金或其他財產之總數、種類、數量及其計算依據。四、被分割公司或其股東或二者所取得股份、現金或其他財產之配發

---

[66] 參見104年7月8日企併法第36條之立法理由。

比例及其他相關事項。五、對被分割公司或其股東配發之股份不滿一股應支付現金者，其有關規定。六、既存公司或新設公司承受被分割公司權利義務及其相關事項。七、被分割公司之資本減少時，其資本減少有關事項。八、被分割公司之股份銷除所應辦理事項。九、與他公司共同為公司分割者，分割決議應記載其共同為公司分割有關事項。」

有關上開第1款之部分，如採吸收分割者，被分割公司之獨立營運部門由既存公司承受後，既存公司可能需變更章程（如變更營業項目，或發行新股後如超過原先章程所定之股份總數時，須辦理股份總數之變更等），故分割計畫應記載「承受營業之既存公司章程需變更事項」。如採新設分割者，因新設公司須訂立章程，故分割計畫中應記載新設公司章程。

有關第2款之部分，因分割標的為被分割公司得「獨立營運」之營業，故分割計畫中，應記載分割營業之範圍、價值、資產及負債，及該營業折算既存公司或新設公司所發行股份之換股比例、價值及計算依據等。

有關第3款分割對價之部分，企併法原僅得以「既存公司發行新股或新設公司發行股份」作為對價，104年7月8日修正時，則明定得以受營業之既存公司發行新股或新設公司「給付股份、現金或其他財產」作為公司分割承受營業之對價。

有關第4款之部分，公司分割後，既存或新設公司所發行之新股或股份，得由被分割公司或其股東取得，或由二者取得（即部分由被分割公司取得，部分由其股東取得）。另為全面放寬分割之對價多元性，活絡企業併購之進行，在各股東取得對價之價值相等之前提下，即便公司給予各股東之對價種類或組合並不相同，亦無不可，為利股東獲得充分之資訊，以利股東作成符合利益之決定，如對不同股東支付之對價種類不同或組成不同者，自應說明其價值相等之計算依據。如允許股東於一定期間內選擇不同種類或不同組成之對價時，應說明前開一定期間及對價選擇之相關事項[67]。

有關第7款之部分，公司分割如採存續分割，而既存公司發行新股或新設公司給付股份由被分割公司「股東」取得（水平分割），或部分由被分割公司取得，部分由其股東取得時，被分割公司之資產將因分割而實質減少（由股東取得之部分，實質上應屬減資），如欲減少資本時，應將資本減少有關事項記載於分割計畫中。

被分割之公司或承受營業之既存公司如屬公開發行股票之公司，則應設置特別委員會（或由審計委員會行之），並委請獨立專家提供合理性意見，經特別委員會或審計委員會審議後，再由董事會作成特別決議（企併§6）[68]。董事會決議時，董事就該交易有自身利害關係時，應向董事會說明其自身利害關係之重要內容及贊成或反對併購決議之理由（企併§5Ⅲ）。惟表決時，董事雖有自身利害關係，但為決議時，仍無須迴避，得加入表決（企併§35ⅩⅢ準用§18Ⅵ）。

---

[67] 參見104年7月8日企併法第38條之修正理由。

[68] 依金管會104年11月17日金管證發字第1040046153號函之見解，母公司將其獨立營運部門分割予其100%持有之子公司，得排除設置特別委員會。

（二）董事會應召集股東會為分割之決議

董事會就分割有關事項作成分割計畫後，應為股東會召集之通知及公告。公司分割事項，應在股東會召集事由中列舉並說明其主要內容，不得以臨時動議提出（公§172 V）。另依企併法第38條第2項之規定，分割計畫之應記載事項，應於發送分割承認決議股東會之召集通知時，一併發送於股東；公開發行股票公司並應同時將特別委員會或審計委員會審議結果及獨立專家意見發送於股東。

依企併法第7條第1項之規定，公開發行股票之公司對於第38條第2項應附於股東會召集通知之分割計畫之應記載事項、特別委員會或審計委員會審議結果及獨立專家意見等併購文件，經公司於證券主管機關指定之網站公告同一內容，且備置於公司及股東會會場供股東索閱者，對於股東視為已發送。

（三）股東會為分割之決議

依企併法第35條第2項、第3項及第5項之規定：「股東會對於公司分割之決議，應有代表已發行股份總數三分之二以上股東之出席，以出席股東表決權過半數之同意行之。」「公開發行股票之公司，出席股東之股份總數不足前項定額者，得以有代表已發行股份總數過半數股東之出席，出席股東表決權三分之二以上之同意行之。」「前三項出席股東股份總數及表決權數，章程有較高之規定者，從其規定。」蓋因公司分割對於股東權益影響重大，故股東會對於分割之表決權數，與公司法第185條規定讓與全部營業或財產情形相當，故表決權數宜採特別決議行之[69]。

依企併法第35條第8項之規定：「他公司為新設公司者，被分割公司之股東會視為他公司之發起人會議，得同時訂立章程，並選舉新設公司之董事及監察人，不適用公司法第一百二十八條、第一百二十九條至第一百三十九條、第一百四十一條至第一百五十五條及第一百六十三條第二項規定。」蓋為便利控股公司成立新公司以承購被分割公司之資產負債，當他公司為新設公司時，被分割公司之股東會會議視為他公司之發起人會議，故有關發起人會議應為之行為，如訂定章程、認股、選任董事、監察人等行為，亦由該被分割公司之股東會會議為之[70]，由於本項之設立屬發起設立，故於但書明定不適用有關募集設立之相關規定。

有關新設分割，依主管機關之見解：1.如新設公司發行新股予被分割公司，並由被分割公司100%持有股份，即屬於一人股東情形，則新設公司之董事、監察人依第128條之1由被分割公司逕行指派，尚不發生股東會選舉董事、監察人情事；2.公司依企業併購法進行分割而新設之公司，於分割基準日前已完成董事及監察人之選舉或指派者，得於分割基

---

[69] 參見91年2月6日企併法第32條（現為第35條）之立法理由。

[70] 同前註。

準日前召開董事會選舉董事長，並於分割基準日就任[71]；3.新修正之企併法對於分割已增訂公司支付對價之選擇方式，即公司得不發行任何股份，僅以「現金或其他財產」作為分割之對價。惟於新設分割時，若新設公司全部以現金或其他財產作為分割之對價，而不發行任何股份予被分割公司或其股東，則新設公司之股東究為何人，容有疑義，故於新設分割時，無法僅以現金或其他財產支付[72]；4.公司分割後，被分割公司或其股東如均取得既存或新設公司所發行之新股或股份，則於被分割公司之股東會（亦即新設公司之發起人會議）訂立新設公司之章程及選舉新設公司之董事及監察人時，被分割公司或其股東應均得行使表決權。股東會議事錄之記載，有關討論分割計畫之出席股數及表決權數，係以被分割公司之出席股數及表決權數為準，至於討論新設公司之章程及選舉新設公司董監事案，係依被分割公司及其股東持有新設公司之股數及表決權數為準，進行表決及選任事宜，應在同份股東會議事錄分別清楚記載出席股數及表決權數[73]。

（四）編造資產負債表及財產目錄

依公司法第319條準用第73條第1項之規定，公司決議分割時，應即編造資產負債表及財產目錄。

（五）踐行保護公司債權人之程序

依企併法第35條第6項之規定：「公司為分割之決議後，應即向各債權人分別通知及公告，並指定三十日以上之期限，聲明債權人得於期限內提出異議。公司不為通知及公告，或對於在指定期間內提出異議之債權人不為清償、提供相當之擔保、未成立專以清償債務為目的之信託或未經公司證明無礙於債權人之權利者，不得以其分割對抗債權人。」

（六）申請分割登記

依公司登記辦法第4條及第5條之規定，公司應於分割完成後十五日內，依其情形為「分割新設」、「吸收分割發行新股」、「分割減資」、「分割消滅」等，檢附相關文件，向主管機關申請辦理登記。

四、分割之效力

（一）權利義務之概括承受

依企併法第35條第7項之規定：「分割後受讓營業之既存或新設公司，除被分割業務

[71] 參見經濟部92年6月25日經商字第09202128020號函。
[72] 參見經濟部105年1月4日經商字第10402439110號函。
[73] 參見經濟部99年1月12日經商字第09902400410號函。

所生之債務與分割前公司之債務爲可分者外，應就分割前公司所負債務，於其受讓營業之出資範圍，與分割前之公司負連帶清償責任。但債權人之債權請求權，自分割基準日起二年內不行使而消滅。」旨在明定分割後受讓營業之既存公司或新設公司，就分割前公司所負債務於其受讓營業之出資範圍負連帶清償責任，以免過度擴大受讓營業之既存公司或新設公司之債務責任。但爲免請求權長期不行使，造成公司經營不安定，爰參酌民法第305條有關概括承受及公司法第319條之1等規定，於第7項明定債權人之連帶清償責任請求權，自分割基準日起二年內，因不行使而消滅[74]。惟是否屬「被分割業務所生之債務」，係屬事實認定問題，應視具體個案而定，如有爭執，可循司法途徑解決。另本項所稱「出資範圍」，應指分割所受讓營業之對價而言[75]。

另依企併法第35條第12項之規定：「分割後受讓營業之既存或新設公司取得被分割公司之財產，其權利義務事項之移轉及變更登記，準用第二十五條規定。」亦即分割後受讓營業之既存公司或新設公司取得被分割公司之財產，其權利義務事項之移轉，自分割基準日起生效。但依法律規定其權利之取得、設定、喪失或變更應經登記者，非經登記，不得處分。分割後受讓營業之既存公司或新設公司爲辦理財產權利之變更或分割登記，得檢附相關文件向相關登記機關辦理批次登記，但應於分割基準日起六個月內爲之。

（二）可能有新公司產生

在採新設分割時，將有新設公司產生（企併§35Ⅷ）。

（三）被分割公司可能消滅

被分割公司如採消滅分割時，被分割公司將其全部之營業或財產移轉給既存公司或新設公司承受，於完成分割程序後，無須經清算程序，其法人格即行消滅（企併§35Ⅸ、公§24）。

（四）上市（櫃）公司分割後繼續上市

依企併法第35條第10項之規定：「上市（櫃）公司進行分割後，該分割後受讓營業或財產之既存或新設公司，符合公司分割及上市（櫃）相關規定者，於其完成公司分割及上市（櫃）之相關程序後，得繼續上市（櫃）或開始上市（櫃）；原已上市（櫃）之公司被分割後，得繼續上市（櫃）。」旨在爲避免上市（櫃）公司進行分割後當然造成下市（櫃）之結果，爰規定上市（櫃）公司進行分割後，被分割公司及受讓營業之既存公司或新設公司，符合公司分割及上市（櫃）相關規定者，於其完成公司分割及上市（櫃）之相

---

[74] 參見91年2月6日企併法第32條（現爲第35條）之立法理由。

[75] 參見經濟部92年8月13日經商字第09202166670號函。

關程序後，得繼續或開始上市（櫃）[76]。

第六節　股份收買請求權

一、股份收買請求權之意義

公司成立後本應永續經營，不得任意放棄其預定之營業或就公司之組織爲重大變更，惟有時因現實考量，公司須進行營業讓與、與他公司合併、分割等事宜，而對於此等行爲如要求須經全體股東同意，殆不可行。爲此，公司法對於公司爲合併、分割或營業讓與等非常之行爲時，得經由一定多數股東之同意爲之（公§185Ⅰ、§316），而爲同時保護反對股東之權利，乃賦予反對股東股份收買請求權（Appraisal Right），俾使其有退出公司、收回投資之機會。

依公司法第186條之規定：「股東於股東會爲前條決議（註：指委託經營、讓與或受讓營業、財產等情形）前，已以書面通知公司反對該項行爲之意思表示，並於股東會已爲反對者，得請求公司以當時公平價格，收買其所有之股份。」第317條第1項規定：「公司分割或與他公司合併時，董事會應就分割、合併有關事項，作成分割計畫、合併契約，提出於股東會；股東在集會前或集會中，以書面表示異議，或以口頭表示異議經紀錄者，得放棄表決權，而請求公司按當時公平價格，收買其持有之股份。」

另企併法第12條則對所有併購類型（包括合併、概括承受或概括讓與、公司法第185條第1項第2款或第3款讓與或受讓營業或財產、股份轉換、分割等），作統一規定。以一般合併爲例，公司進行合併時，「存續公司或消滅公司之股東於決議合併之股東會集會前或集會中，以書面表示異議，或以口頭表示異議經記錄，放棄表決權者」，得請求公司按當時公平價格，收買其持有之股份。又金融控股公司法（下稱「金控法」）第24條第2項第1款之規定，金融機構經主管機關許可者，以營業讓與之方式轉換爲金融控股公司時，有關少數股東收買股份請求權、收買股份之價格及股份收買請求權之失效，準用公司法第185條至第188條之規定；金控法第33條第3項規定，金融控股公司之子公司分割屬讓與主要部分之營業或財產者，準用公司法第185條至第188條之規定；金控法第26條第2項第2款規定，金融機構經主管機關許可者，以股份轉換之方式轉換爲金融控股公司之子公司時，金融機構異議股東之股份收買請求權，準用公司法第317條第1項後段及第2項之規定。

在法律適用上，依企併法第2條第1項之規定，一般非金融機構公司之併購，應優先適用企併法之規定；企併法未規定者，才依公司法及其他法律之規定。因此，一般非金融

---

[76]　參見91年2月6日企併法第32條（現爲第35條）之立法理由。

機構公司併購之異議股東股份收買請求權，應先適用企併法第12條之規定（不再適用公司法第186條或第317條等規定）。至於金融機構之併購，依企併法第2條第2項之規定，應先適用金融機構合併法（下稱「金併法」）及金控法之規定，因此，金融機構以營業讓與之方式轉換爲金融控股公司、金融控股公司之子公司分割屬讓與主要部分之營業或財產，或以股份轉換之方式轉換爲金融控股公司之子公司時，有關異議股東之股份收買請求權，金控法既已明文規定準用公司法第186條或第317條等規定，則應優先準用公司法之規定（而非適用企併法第12條之規定）。

二、股份收買請求權行使之要件

前述相關法律對於股份收買請求權規定之用語並不一致，大致有下列四種情形：1.依公司法第186條之規定，股東須於「決議前，已以書面通知公司反對該項行爲之意思表示，並於股東會已爲反對者[77]」；2.公司法第317條第1項則規定：「……股東在集會前或集會中，以書面表示異議，或以口頭表示異議經紀錄者，『得』放棄表決權」；3.另企併法第12條第1項各款則規定：股東於決議合併之股東會集會前或集會中，以書面表示異議，或以口頭表示異議經記錄，放棄表決權者；4.而在金控法中，如爲第24條之「營業讓與」或第33條「分割讓與主要部分之營業或財產」之情形，應準用公司法第186條之規定；如爲第26條之「股份轉換」之情形，則應準用公司法第317條第1項後段之規定。

依企併法第2條所規定法律適用之順序，非金融機構公司併購之異議股東股份收買請求權，應優先適用企併法第12條之規定，故異議股東應「放棄表決權」，始能主張股份收買請求權[78]。茲較有爭議者爲在適用或準用公司法第317條時（註：該條法律用語爲「得」放棄表決權），如該反對股東未放棄表決權，而參與表決表示反對者，可否行使股份收買請求權？有實務見解認爲：「公司法第三百十七條第一項規定得放棄表決權，而放棄表決權股權，公司法並無規定應自發行股份總數扣除，亦即反對合併之股份數仍係算入應發行股份之總數，依此股東爲表示反對合併之意思表示，除依書面表示反對或口頭反對表示並記錄爲異議外，尚可經由參與表決堅強其表示反對之立場，此放棄表決權之立法意旨應在於股東既係反對公司合併，表決時自是投反對票，故法用語爲『得』而非

---

[77] 所謂「並於股東會已爲反對者」究係指「以口頭表示異議（反對）經記錄，放棄表決權」或應積極行使表決權表示反對，並不明確。柯芳枝教授認爲：「若僅於表決時棄權，尚不得謂爲已爲反對。從而，爲杜爭議計，對該議案之決議宜採記名表決」，似認爲應積極行使表決權表示反對。參見柯芳枝，公司法論（上），第244頁。

[78] 惟學者認爲該規定並不合理，蓋不同意股東爲何不能行使表決權表示反對意見？若其能在股東會上表示反對以試圖挽回，或可在股東會上引起激辯，並喚起其他股東同意己見（一同反對併購），此一方式比消極不去投票更佳。更何況，爲何只要股東進場反對並且投反對票，即否認其有股份收買請求權？參見劉連煜，現代公司法，第170頁。

『應』、『須』。是股東縱參與表決反對合併，仍得依該法條請求收買。[79]」

由上可知，在一般非金融機構公司併購時，應優先適用企併法第12條之規定，而排除公司法第186條與第317條規定之適用，亦即異議股東於股東會決議時「應」放棄行使表決權，方得主張此一權利；惟在金融控股公司「股份轉換」之情形，依企併法第2條之規定，仍應優先適用金控法第26條，並準用公司法第317條之規定，此時股東如未放棄表決權，而參與表決表示反對者，依上開之實務見解，似仍得請求公司收買其股份。

三、股份收買請求權之行使程序

一般企業併購時，其異議股東股份收買請求權應優先適用企併法第12條之規定，故以下謹就企併法所規定之行使程序，加以說明：

（一）股東請求收買及交存股票

依企併法第12條第2項、第3項及第4項之規定：「股東為前項之請求，應於股東會決議日起二十日內以書面提出，並列明請求收買價格及交存股票之憑證。依本法規定以董事會為併購決議者，應於第十九條第二項、第三十條第二項或第三十七條第三項所定期限內以書面提出，並列明請求收買價格及交存股票之憑證。」「公司受理股東交存股票時，應委任依法得受託辦理股務業務之機構辦理。」「股東交存股票時，應向公司委任股務業務之機構辦理。受委任機構接受股票交存時，應開具該股票種類、數量之憑證予股東；股東以帳簿劃撥方式交存股票者，應依證券集中保管事業相關規定辦理。」可知股東請求收買股份時，應於股東會決議日起二十日內（以董事會為併購決議者，則應於董事會所定期間內）以書面提出，並列明請求收買價格及交存股票之憑證。公司則應委任股務代理機構受理股東交存股票，並應開具該股票種類、數量之憑證予股東（採帳簿劃撥者應依集保公司之相關規定辦理）。

為保留股東行使股份收買請求權之彈性，股東如先以書面提出收買請求後，並於法定不變期間內（股東會決議日起二十日內或董事會所定期間內）補正列明請求收買價格及交存股票之憑證者，公司不得拒絕股東收買股份之請求。如股東未於法定期間內，以書面提出請求、列明請求收買價格及交存股票之憑證者，係未完成請求之程式，其效果與未請求相同[80]，即不得再請求公司收買其股份。

要求交存股票之目的，係在防止股東兩面取巧，亦即如併購決議後公司股價下跌，該股東可選擇繼續行使收買請求權；反之，如併購後公司股價上漲，則行使收買請求權對其

---

[79] 參見最高法院89年度台抗字第348號民事裁定。

[80] 參見104年7月8日企併法第12條之修正理由。

較爲不利，則可取消不再請求公司收買其股份[81]。依主管機關之見解，異議股東經向公司委任股務業務之機構辦理交存股票，即生股份之移轉效力[82]；除公司取銷併購交易外，否則，異議股東交存股票後，即不可取銷其交存行爲[83]。

（二）股東與公司協議價格

依企併法第12條第6項及第7項之規定：「股東與公司間就收買價格達成協議者，公司應自股東會決議日起九十日內支付價款。未達成協議者，公司應自決議日起九十日內，依其所認爲之公平價格支付價款予未達成協議之股東；公司未支付者，視爲同意股東依第二項請求收買之價格。」「股東與公司間就收買價格自股東會決議日起六十日內未達成協議者，公司應於此期間經過後三十日內，以全體未達成協議之股東爲相對人，聲請法院爲價格之裁定。未達成協議之股東未列爲相對人者，視爲公司同意該股東第二項請求收買價格。公司撤回聲請，或受駁回之裁定，亦同。但經相對人陳述意見或裁定送達相對人後，公司爲聲請之撤回者，應得相對人之同意。」

依上開規定可知，股東與公司間應就收買價格進行協議，如雙方（自股東會決議日起六十日內）就收買價格達成協議者，公司應自股東會決議日起九十日內支付價款；如雙方自股東會決議日起六十日內未達成協議者，公司應在此期間經過後三十日內，1.依其所認爲之公平價格支付價款予未達成協議之股東（即公司對價格無爭議之部分，應先爲支付；未支付者，視爲同意股東請求收買之價格）；2.以全體未達成協議之股東爲相對人，聲請法院爲價格之裁定。如公司在聲請法院爲價格裁定時，未將未達成協議之股東列爲相對人、聲請後又撤回或被法院逕行駁回者，視爲公司同意異議股東所請求收買價格，並應於三十日內支付價款。

（三）無法達成協議時，公司應向法院聲請爲價格之裁定

如前所述，如股東與公司間自股東會決議日起六十日內未達成協議者，公司在該期間經過後三十日內，以全體未達成協議之股東爲相對人，聲請法院爲價格之裁定。蓋在104年7月8日企併法第12條修正以前，如股東與公司間未能協商達成公平價格時，依公司法之規定，異議股東應個別以公司爲被告，聲請法院爲價格之裁定。如此，對於個別股東及公司均造成一定負擔與浪費司法資源，爰參酌外國立法例，明定公司應於此期間經過後三十日內，以全體未達成協議之股東爲相對人（註：改以公司爲聲請人，而以全體未達成協議之股東爲相對人），聲請法院爲價格之裁定，俾以改善現行股份收買請求權行使之過

---

[81] 參見劉連煜，現代公司法，第182頁。惟如股東先以書面提出收買請求，之後才於股東會決議日起二十日內（或董事會所定期間內）補正列明請求收買價格及交存股票之憑證者，仍難以防止股東兩面取巧之情事發生。

[82] 參見經濟部105年7月22日經商字第10502421440號函。

[83] 參見經濟部105年3月21日經商字第10502016270號函。

程冗長、股東成本過高、法院裁定價格歧異等缺失，並節省訴訟資源[84]。

依企併法第12條第8項之規定：「公司聲請法院為價格之裁定時，應檢附會計師查核簽證公司財務報表及公平價格評估說明書，並按相對人之人數，提出繕本或影本，由法院送達之。」此是為利股東評估公司所定公平價格之合理性，並使股東得悉公司評估價格之依據[85]。

四、法院之審查與裁定

（一）管轄及選任檢查人

公司向法院聲請為價格裁定時，應向本公司所在地之法院（非訟§171），如屬公開發行股票之公司裁定收買股份價格事件，依商業事件審理法（下稱「商審法」）第2條之規定，由本公司所在地商業法院之商業法庭處理之[86]。

法院為價格之裁定前，應使聲請人與相對人有陳述意見之機會（企併§12Ⅷ、商審法§67Ⅰ）。惟由公司與多數股東進行程序，可能產生程序延遲與審理龐雜，而減損效率，為使多數股東得由其中選定一人或數人為代表而進行程序，並使此等代表最終取得裁定之效力及於全體未達成協議股東，故準用民事訴訟法第41條至第44條及第401條第2項規定，以簡化程序，節省法院與股東之勞時費用[87]。

法院認為必要時，得選任檢查人就公司財務實況，命為鑑定（企併§12Ⅻ、非訟§182Ⅰ後、商審法§67Ⅰ中），俾據以為核定公司收買股份價額之證據方法之一。

（二）核定之時點及公平價格之決定

在行使股份收買請求權時，依企併法第12條第1項之規定：「公司於進行併購而有下列情形之一，股東得請求公司按『當時』公平價格，收買其持有之股份……」而依非訟事件法第182條（原為第89條）第1項及第2項則規定：「公司法所定股東聲請法院為收買股份價格之裁定事件，法院為裁定前，應訊問公司負責人及為聲請之股東；必要時，得選任檢查人就公司財務實況，命為鑑定。」「前項股份，如為上櫃或上市股票，法院得斟酌『聲請時』當地證券交易實際成交價格核定之。」

[84] 參見104年7月8日企併法第12條之修正理由。惟第一審法院裁定後，可能有部分股東提起抗告，部分則否（未於法定期間內抗告者即為確定）；而第二審法院也可能分由不同股別審理，且法律亦未規定須「合一確定」，因此，仍有可能產生裁定價格歧異等問題。

[85] 參見104年7月8日企併法第12條之修正理由。

[86] 依109年1月15日商審法第2條之立法理由：「公開發行股票公司之裁定收買股份價格事件，涉及少數股東權益及公司經營權紛爭，並影響市場交易秩序甚鉅，應由商業法院管轄，爰於第三項第一款明定為商業非訟事件。又本款所稱裁定收買股份價格事件，例如依公司法第一百八十七條、企業併購法第十二條聲請法院裁定價格等事件，均屬之。」

[87] 參見104年7月8日企併法第12條之修正理由。

　　茲有疑義的是，法院在核定時，究應以何一時點作為依據？質言之，所謂「『當時』公平價格」究指何意？雖有實務見解認為依非訟事件法第182條第2項之規定，既明定「法院得斟酌『聲請時』當地證券交易所實際成交價格核定之」，因認所謂「當時」公平價格，係指股東向法院「聲請」裁定之時[88]。惟亦有實務見解認為企業併購法第12條所指「當時公平價格」，以該條文文義並參酌公司所提出以轉換股票辦理併購等議案，仍繫於股東會決議通過與否，而異議股東方進一步有對公司發生收買股票請求權之問題，此公平價格之認定，自應以股東會決議之時，作為該股份市場價格之衡量時點[89]。

　　實則，依非訟事件法第182條第1項及第2項規定：「『公司法所定』股東『聲請』法院為收買股份價格之裁定事件……前項股份，如為上櫃或上市股票，法院得斟酌『聲請時』當地證券交易實際成交價格核定之。」又所謂公司法所定股東「聲請」，依公司法第317條第1項規定：「……提出於『股東會』；……股東在集會前或集會中……表示異議……，得放棄表決權，而請求公司『按當時公平價格，收買其持有之股份』」；第3項規定：「第一百八十七條及第一百八十八條之規定，於前項準用之。」同法第187條第2項規定：「……未達成協議者，……聲請法院為價格之核定。」顯見上開非訟事件法規定之「聲請」，係依公司法規定聲請法院為價格之核定而來，而依公司法規定之「請求」，則因股東於股東會表示異議，並放棄表決權，而請求公司按「當時」之公平價格收買股份，於雙方未達成協議始得「聲請」法院核定，是此之「當時」公平價格當係指股東會議之時而言[90]。再者，如採前揭股東或公司向「法院聲請時」或股東向「公司提出聲請時」之見解，則股東得控制有利之時點請求公司收買股份或公司得控制向法院聲請之時點，殊非公平，是以目前實務上之多數見解，咸認為所謂「當時公平價格」，是指「股東會決議之日，該股份之市場價格」而言[91]。

　　惟亦有學者參考日本立法例及學說之見解，認為如以「股東會決議日」作為認定時點，乃承認股東將取得一賣出選擇權（put option），即股東因反對併購交易，而得以決議時點之公平價格出售股份予公司的權利。如決議日後公司之股價下跌，股東即行使該選擇權要求公司買回其股份。相反地，當股價上漲時，股東即不行使該選擇權而透過市場出脫其股份，造成股東從事投機行為（即股東並非真正反對併購交易，只為取得該賣出選擇權而表示異議）。倘若以反對股東行使股份收買請求權之日（股東向公司提出書面，並列明請求收買價格及交存股票之憑證時點）作為基準時點，此時，反對股東與公司間在同一時點成立類似股份收買契約之法律關係，有其合理性，但可能因各個股東行使之時點不同，而有不同之基準時點，在便宜上以反對股東得行使該請求權之期間屆滿日，即股東會

88　參見臺灣高等法院91年度抗字第2560號民事裁定。
89　參見臺灣臺北地方法院96年度司字第283號民事裁定。
90　參見臺灣高等法院91年度抗字第5137號民事裁定。
91　參見最高法院71年度台抗字第212號民事裁定、最高法院105年度台上字第1183號民事判決、臺灣高等法院108年度非抗字第92號民事裁定、臺灣高等法院108年度非抗字第45號民事裁定。

決議後二十日或董事會所定期間之屆滿日當天作爲基準時點，或爲可行[92]。

（三）核定股票價格之方法

依非訟事件法第182條第2項之規定：「……如爲上櫃或上市股票，法院得斟酌聲請時當地證券交易實際成交價格核定之。」因此，如屬上市或上櫃股票，司法實務通常是以股東會決議日之證券交易市場價格作爲收買股份之價格。主要理由是因上市（櫃）有價證券應於集中交易市場內買賣，由集中交易市場將各投資人之買賣委託聚合於一處，並將各種影響價格因素之資訊集中化、標準化與公開化，使投資人能判斷買賣風險，並以集中競價之方式，將價格及數量相當之委託撮合成交，藉由市場之供需關係，形成公正價格。是以如無影響交易價格之非經濟因素存在，則證券集中交易市場聚合買賣雙方，藉由上市公司公開財務報表等資訊，相互撮合而定之交易價格自爲公平價格[93]。

惟（股東會當日）證券市場之交易價格並非單一，究應以「開盤價」、「收盤價」、「平均價」等何一價格作爲依據？有些法院是以當日之「收盤價」作爲公平價格[94]、[95]；有些則是以當日之「最高價加上最低價格之平均價」作爲公平價格[96]。

未上市、上櫃之公司當其決定併購時，通常對於該公司股票價格之影響甚爲劇烈，因不同意之股東無法在公開交易市場上以公平價格出售其所持有之該公司股份，往往使其權益遭受重大損害，故賦予其得向公司行使股份收買請求權，藉以保護反對股東之權益，確有必要。惟司法實務對於未上市、未上櫃股票之公平價格如何認定，並無一致之標準，實務上也曾引用一般常見之股票評價理論，如本益比法（price-earnings ratio method）、帳面價值法（book value method）、盈餘資本化法（earnings capitalization method）、同業比較法、現金流量折現法（discounted cash flow method）等，作爲核定公平價格之參考。

依企併法第12條第11項之規定：「價格之裁定確定時，公司應自裁定確定之日起三十日內，支付裁定價格扣除已支付價款之差額及自決議日起九十日翌日起算之法定利息。」以保障股東迅速取得股款，爰明定公司應自裁定確定之日起三十日內支付之，與應支付額度及其計算方式。另同條第13項規定：「聲請程序費用及檢查人之報酬，由公司負擔。」

---

[92]　參見蔡英欣，股份收買請求權制度之檢討，全國律師雜誌，2014年2月，第57至58頁。

[93]　參見臺灣高等法院92年度抗字第1939號民事裁定、臺灣高等法院92年度抗字第1980號民事裁定。

[94]　參見臺灣高等法院91年度抗字第3795號民事裁定、臺灣高等法院91年度台抗字第5137號民事裁定等。

[95]　依遺產及贈與稅法施行細則第28條第1項之規定：「凡已在證券交易所上市（以下簡稱上市）或證券商營業處所買賣（以下簡稱上櫃或興櫃）之有價證券，依繼承開始日或贈與日該項上市或上櫃有價證券之收盤價……估定之。」會計師查核簽證公司登記資本額辦法第7條之規定：「上市及上櫃之公司股票得以衡量日收盤價估定之。」相關法令大多是以上市（櫃）公司之「收盤價」作爲價值認定或估定之基準。

[96]　參見臺灣高等法院92年度抗字第1939號民事裁定、臺灣高等法院92年度抗字第1980號民事裁定、臺灣臺北地方法院96年度司字第283號民事裁定等。

五、控制權溢價

　　公司「控制權」者，謂公司股東基於控股地位而對公司人事、業務及決策享有支配和控制之權利，享有控制權股東可以憑藉此種權利，使公司按照符合自己利益方式經營，降低其投資風險，享有以自己意思支配和利用公司財產的權利。由於「控制權」的存在，一般企業併購時，享有公司控制權之股東所出讓者，並非單純的財產利益，尚包括得依自身利益處理公司事務的權利。故享有控制權股東通常要求在正常股價的基礎上，對由其掌握的股份進行加價，而收購者為取得經營控制權所付給被收購公司超過市場價值之溢價，即稱為「控制股溢價」[97]。

　　關於這個議題，實務上曾經發生一個有趣的案例。凱雷私募股權基金為併購東森多媒體公司（下稱「東森公司」），先在國內成立盛澤公司。95年3月20日東森公司撤銷公開發行。同年6月至8月間盛澤公司向東森公司大股東等人，以每股32.5元購入90.37%之股權。同年8月2日東森公司董事會決議與盛澤公司進行簡易合併，以盛澤公司為存續公司，並以每股26元現金為對價分配予剩餘股東。盛澤公司隨即又於同年8月11日與東禾公司合併，以東禾公司為存續公司，並再次更名為東森多媒體公司[98]。

　　在該案例中，有許多小股東（分別）向法院聲請核定公平價格，並主張前東森公司原為公開發行股票公司，依證券交易法第43條之1第3項之規定，如在五十日內被收購20%以上股權，收購人需採強制公開收購方式，以確保全體股東均有公平出售股票之權利，並分享控制股份之溢價利益，該公司於95年3月20日撤銷公開發行，係以脫法行為逃避前述法律之強行規範。再者，盛澤公司收購前東森公司主要股東之價格為每股32.5元，相差不到一個月時間，該公司董事會卻決議以每股26元利用簡易合併程序逐出剩餘股東，甚不公平。更何況，有線電視產業前景看好，而本案大股東與小股東均為普通股，依法所享有之權利並無不同，大股東卻利用其控制公司之機會，以高價賣出本身持股，卻以低價買回一般小股東之持股，侵害小股東權益莫此為甚，因而主張東森公司應以32.5元收買小股東之股份[99]。

　　東森公司則抗辯，在與盛澤公司之合併案中，公司截至95年6月每股淨值約9.95元，且參酌會計師所出具之合理性意見，分析該公司每股價值區間約為24.4元至26.8元，遂決議以每股26元作為本合併案之對價。再者，原主要股東以每股32.5元出售與盛澤公司，惟此係包含原主要股東出售該公司「控制權之溢價」，以及原主要股東提供相關交易之聲明與保證，及承擔潛在之賠償責任，其交易條件與本件因公司合併而產生之股份收買顯有不同，實難相提並論。

---

[97]　參見臺北地方法院96年度抗字第167號民事裁定。

[98]　參見臺北地方法院95年度司字第782號民事裁定，及劉連煜，現代公司法，第172頁。

[99]　引自同一併購交易，另案95年度司字第1073號民事裁定中聲請人之主張。

　　第一審法院[100]認爲前東森公司原係爲公開發行股票公司，受證券交易法之規範，惟其於95年3月間聲請撤銷公開發行，盛澤公司於95年7月間大量購買該公司股票，以兩者時間緊接之點觀之，部分聲請人主張該公司撤銷股票之公開發行，是在規避證券交易法43條之1第3項之規定（其目的在於確保全體股東均有公平出售股票的權利，並能分享控制股份之溢價利益，同時讓股東在公司經營權發生變動時，得選擇退出公司），本諸誠實信用原則，自應責令其以同樣之價格向異議股東購買渠等之股份，始符合公平原則，俾以保護弱勢小股東。再者，此種現金逐出合併之方式，小股東並無選擇之權，雖非不法，但基於公平原則，小股東既已犧牲其選擇權，如再令其僅能接受26元之合併價格，坐令其與大部分股東有6.5元之價差，無乃犧牲太過，亦非事理之平，相對人等一連串之併購交易，其主要目的爲何，固不可得而知，然附隨之目的，在於消滅前東森公司之小股東，以純化公司之股份持有者，則甚爲明確，基此，本諸衡平原則，亦應認爲每股32.5元，爲合併時之公平合理價格。

　　該案件嗣提起抗告，第二審法院[101]首先論述何謂「控制權溢價」（註：如前述），並認爲從公司實際經營層面觀之，有控制權股東與一般不具控制權股東所持有之股份，對公司的影響顯有不同，除法律明文規定外，因大股東所持有的股份規模對公司經營的影響力甚鉅，要求公司的大股東和小股東以相同的價格出售其股份並不合理。是公司進行併購時，收購者從被收購對象之大股東處購買之股份，絕非單純股票本身之價值，尚包括取得對被收購公司之控制力，進而使被收購公司得按符合自己利益方式經營，降低其投資風險，以減少投資成本，從而被收購公司大股東持有之股份因其持股規模享有高於零散股份的「控制溢價」，尚難謂有何不當。此外，就控制權溢價之誰屬，我國證券交易法第43條之1第2項、第43條之2固就公開發行公司規定應採取強制公開收購制度，使控制權溢價由全體股東共享，惟收購時如非屬公開發行公司股票，即難謂有上開證券交易法規定之適用。最後，法院參考鑑定人之意見，認爲系爭股票之公平價格爲每股30元[102]。

　　之後，在前述案例之相關訴訟中，法院進一步闡釋，就控制權溢價之誰屬，我國證券交易法第43條之1第2項、第43條之2固就公開發行公司規定應採取強制公開收購制度，使控制權溢價由全體股東共享，但亦僅限於公司公開收購時方有適用。至非公開收購之併購交易中，所謂「溢價」是否應如前揭公開收購規定仍由全體股東共享，或得允許控制股東

---

[100] 參見臺北地方法院95年度司字第782號民事裁定。

[101] 參見臺北地方法院96年度抗字第167號民事裁定。

[102] 在該裁定中，法院另認爲舊東森公司於95年3月間申請撤銷公開發行，似有規避證券交易法公開收購需向主管機關申報取得股份之目的、資金來源等相關規範之嫌，惟上開程序既係依循法定程序，且經主管機關核准，自屬合法，法院即難責令收購公司仍應依上開證券交易法規定，以相同價格向異議股東購買持股。另民法第148條第1項之規定，倘收購者以溢價購買股權，其目的在剝削少數股東出售股權機會，即應當讓少數股東分享溢價以阻止其交易；倘收購者以溢價購買股權，僅係單純反應控制股與少數股在價值上不同，並非故意剝削少數股東權益，則少數股東即無主張溢價分享以阻止該交易之理由。

獨享，法無明文規範，核諸併購交易之態樣多元、溢價來源互殊，並不可一概而論，倘收購者在正常合理之公司價值之外再額外支付之溢價，係基於控制股東有決策支配之權及監督管理之責而能降低收購者之投資風險或收購成本，或係基於對控制股東股權流動之限制及要求另負保證或負擔其他履約責任之代價補償，其溢價固非不得由控制股東獨享；但若溢價係源自於不法取得原應歸屬於公司之利益，或來自於不法侵害少數股東原應享有之股權價值，又或非法轉嫁使公司或少數股東承擔不利益，則不應容任控制股東得藉由違法行為取得溢價[103]。

---

[103] 參見臺灣高等法院104年度金上更（一）字第4號民事判決。

第十一章　關係企業

第一節　概　說

一、關係企業之概念

　　關係企業，又稱爲集團企業或企業集團（corporate groups），一般泛稱企業間存有特定「關係」。此種關係可能是企業爲追求多角化經營、控制新事業的投資風險或跨國經營之所需等原因而造成，也可能是各企業負責人同一或具有親屬關係，或具有相同或重疊之董事兼充，或有相同或重疊之主要股東等情形，而外界將之通稱爲關係企業。

　　公司法自18年公布後，向來是以單一公司作爲規範對象，但此種以「每一公司都是獨立主體」規範方式，並無法真實反映企業經營之實際情況。一家公司在法律上雖然是獨立的個體，但就經濟實質而言，可能只是企業集團的一份子而已，其經營並非完全獨立自主，而須聽命於其他公司或其他經營者。就集團經營之角度而言，企業集團可依其營運發展需要，統一指揮集團下各個公司，分配各公司經營項目、訂單、採購、人事等，以爲資源有效之配置、因應外在環境之變化及增加競爭力，同時透過股東有限責任原則之運用，可分散經營風險，降低單一產業所帶來的風險及波動程度，但另一方面，藉由訂單、利潤等之分配與安排，也可能因此而損害集團成員公司、其股東，或其債權人之利益。

　　86年6月公司法修訂時，乃正視前述控制關係的存在與集團化的現象，新增訂「第六章之一」之「關係企業」專章，共計12條（即第369條之1至第369條之12），以維護大眾交易安全，保障從屬公司少數股東及債權人之權益，促進關係企業健全之營運，並達成商業現代化之目標[1]。

二、關係企業之定義及其範圍界定

（一）總說

　　依公司法第369條之1之規定：「本法所稱關係企業，指獨立存在而相互間具有下列關係之企業：一、有控制與從屬關係之公司。二、相互投資之公司。」一般而言，所謂企業原包括獨資、合夥及公司在內，而86年間公司法修訂時，經濟部所研擬之草案第369

---
[1]　參見劉連煜，現代公司法，第741至742頁。

條之16原規定：「非公司組織之營利事業或私法人，對他公司具有本章規定之控制關係者，準用本章有關控制公司之規定。」惟立法院朝野協商時，將其刪除，因此，此處之企業乃專指公司而言[2]。又所謂公司理應包括無限公司、有限公司、兩合公司及股份有限公司等四種，惟公司法第13條第1項規定，公司（不分種類）不得爲他公司無限責任股東。因此，無限公司不得成爲從屬公司之對象，亦不得爲相互投資公司之對象，公司如轉投資於兩合公司也只能成爲其有限責任股東而已[3]。

再者，一般所謂之關係企業並不以上述之兩種型態爲限，如公司受同一機構之指揮監督或各企業之董事長或總經理相同或具特定親屬關係者，有時亦通稱爲關係企業，惟立法者考量「關係企業之形成，往往藉控制公司對從屬公司之控制或公司間相互投資而達成，爲免關係企業立法初創階段規定過於複雜，爰於本條明定關係企業之範圍包括有控制與從屬關係之公司及相互投資之公司。[4]」

（二）控制與從屬關係之形式認定

依公司法第369條之2第1項之規定：「公司持有他公司有表決權之股份或出資額，超過他公司已發行有表決權之股份總數或資本總額半數者爲控制公司，該他公司爲從屬公司。」此是以持股或出資比例之外觀形式，作爲控制與從屬關係之認定基準。蓋公司持有他公司有表決權之股份或出資額超過半數者，實質上已能控制他公司，故將此種型態規定爲控制公司，他公司爲從屬公司。又控制關係之形成通常係藉由表決權之行使而達成，故特將此處之股份限於有表決權之股份[5]。至於此處所指之「出資額」，係適用於有限公司及兩合公司之情形[6]。至於企業併購法第4條第7款則定義：「……直接或間接持有他公司已發行有表決權之股份總數或資本總額超過半數之公司，爲母公司；被持有者，爲子公司。」

又，爲防止公司以迂迴間接之方法持有股份，及爲正確掌握關係企業之形成，公司法第369條之11規定：「計算本章公司所持有他公司之股份或出資額，應連同左列各款之股份或出資額一併計入：一、公司之從屬公司所持有他公司之股份或出資額。二、第三人爲該公司而持有之股份或出資額。三、第三人爲該公司之從屬公司而持有之股份或出資

---

[2]　參見柯芳枝，公司法論（下），第399頁。

[3]　參見柯芳枝，公司法論（下），第401至402頁。

[4]　參見86年6月25日公司法第369條之1之立法理由。

[5]　參見86年6月25日公司法第369條之2之立法理由。

[6]　有學者（林國全教授）建議，在立法論上似應不區分公司之種類，應一律以是否持有他公司「超過半數之表決權」作爲控制與從屬公司之形式認定標準。蓋依公司法第102條之規定，每一有限公司之股東，不問出資多寡，均有一表決權，除非該有限公司章程訂定按出資多寡比例分配表決權，否則縱使對該有限公司出資額過半，但仍無法實質控制該有限公司；至於兩合公司之情形，則參見公司法第122條。同此見解者，參見劉連煜，現代公司法，第743頁；柯芳枝，公司法論（下），第402頁。

額。」惟是否有上述情形者，常涉及具體個案之事實認定問題，且有時認定上並不容易。

（三）控制與從屬關係之實質認定

依公司法第369條之2第2項之規定：「除前項外，公司直接或間接控制他公司之人事、財務或業務經營者亦為控制公司，該他公司為從屬公司。」此是以實質上有無直接或間接之控制力，作為控制與從屬關係之認定基準。蓋控制公司與從屬公司之形成，基本上在於原各自獨立存在之公司間存有某種控制關係，而一公司對他公司所行使之控制主要表現於任免董事及經理人等之人事權或支配公司財務或業務經營，故規定公司直接或間接控制他公司之人事、財務或業務經營者為控制公司，而他公司為從屬公司[7]。

至於應如何認定是否有公司法第369條之2第2項之實質控制關係，主管機關認為可參照行政院金融監督管理委員會訂頒之「關係企業合併營業報告書關係企業合併財務報表及關係報告書編製準則」第6條規定認定之[8]。亦即有下列情形之一者，即可認為有實質控制關係，包括：「一、取得他公司過半數之董事席位者。二、指派人員獲聘為他公司總經理者。三、對他公司依合資經營契約規定，擁有經營權者。四、對他公司資金融通金額達他公司總資產之三分之一以上者。五、對他公司背書保證金額達他公司總資產之三分之一以上者。」但有相關事證證明無控制與從屬關係者，不在此限。

（四）控制與從屬關係之推定

有關實質控制關係之有無，有時不容易認定。因此，公司法第369條之3進一步規定：「有左列情形之一者，推定為有控制與從屬關係：一、公司與他公司之執行業務股東或董事有半數以上相同者。二、公司與他公司之已發行有表決權之股份總數或資本總額有半數以上為相同之股東持有或出資者。」其立法理由認為：「一公司與他公司之執行業務股東或董事有半數以上相同者，容易產生控制與從屬關係，為求周延，爰於第一款規定此種型態推定為有控制與從屬關係。另國內個人持股或出資之情形普偏，且一公司與他公司之已發行有表決權之股份總數或資本總額有半數以上為相同之股東持有或出資者，容易產生控制與從屬關係，爰於第二款規定此種型態，推定為有控制與從屬關係。[9]」

依主管機關之見解，所謂執行業務股東或董事「有半數以上相同者」，應以較高席次之半數為計算基準。又倘董事係以法人代表身分當選者，所謂「相同董事」，係以代表人之個人身分為認定標準[10]。舉例而言，如一家公司有七席董事，另一家公司有五席董事，則應以較高席次之七席的半數（即四席）作為計算基準[11]。

---

[7] 參見86年6月25日公司法第369條之2之立法理由。

[8] 參見經濟部98年11月25日經商字第09800702140號函。

[9] 參見86年6月25日公司法第369條之3之立法理由。

[10] 參見經濟部88年9月8日商字第88219627號函。

[11] 有認為依該主管機關之見解，如一家公司有九席董事，另一家公司有三席董事，如以較高席次之九

依主管機關之見解,所謂「有半數以上爲相同之股東持有或出資者」,亦以較高股份總數或資本總額之半數爲計算標準。例如甲公司股份總數爲10,000股,乙公司股份總數爲6,000股,計算甲、乙公司是否有半數以上股份爲相同之股東持有時,係以較高之10,000股之半數5,000爲計算標準。準此,如股東持有甲公司股份總數5,000股以上,持有乙公司股份總數爲5,000股以上,則推定甲公司與乙公司有控制從屬關係[12]。

公司法第369條之3各款情形之一者,法條雖規定「推定爲有控制與從屬關係」,並無法確認何者爲控制公司,何者爲從屬關係,甚且,如有該等之情形者,有時並非控制公司與從屬公司,反而是所謂的「兄弟公司」。

(五)相互投資公司

依公司法第369條之9第1項之規定:「公司與他公司相互投資各達對方有表決權之股份總數或資本總額三分之一以上者,爲相互投資公司。」本條之目的在界定相互投資公司應予規範之範圍。蓋相互投資公司常有虛增資本及董監事永久保其職位等弊端,爲規範此等弊病及保障公司小股東及債權人之權益,故對相互投資之額度加以界定[13]。

另同條第2項規定:「相互投資公司各持有對方已發行有表決權之股份總數或資本總額超過半數者,或互可直接或間接控制對方之人事、財務或業務經營者,互爲控制公司與從屬公司。」蓋公司相互投資各超過對方已發行有表決權股份總數或資本總額半數者,或可直接、間接互相控制對方之人事、財務或業務經營者,尚非單方之控制與從屬關係,彼此可互爲控制公司與從屬公司[14]。惟此一規定,可能與公司法第167條第3項及第4項之規定:「被持有已發行有表決權之股份總數或資本總額超過半數之從屬公司,不得將控制公司之股份收買或收爲質物。」「前項控制公司及其從屬公司直接或間接持有他公司已發行有表決權之股份總數或資本總額合計超過半數者,他公司亦不得將控制公司及其從屬公司之股份收買或收爲質物。」相牴觸,故就立法論而言,似應刪除本項前段之規定[15]。

席的半數(即五席)作爲計算基準,則此二家公司無論如何均不可能成爲本款所推定「有控制與從屬關係」存在,因另一家公司之董事席次僅三席,不可能有半數以上(即五席)相同者。參見劉連煜,現代公司法,第746頁。

[12] 參見經濟部99年5月11日經商字第09900060500號函。

[13] 參見柯芳枝,公司法論(下),第404頁。另劉連煜教授則認爲可能是配合80年公平交易法第6條第1項第2款(現爲第10條)有關「本法所稱結合,指事業有下列情形之一者:……二、持有或取得他事業之股份或出資額,達到他事業有表決權股份總數或資本總額三分之一以上。」之定義;另如持股超過三分之一時,對於有特別決議之股東會,亦得以缺席之方式,使其流會,故以三分之一作爲門檻。參見劉連煜,現代公司法,第746至747頁。

[14] 參見86年6月25日公司法第369條之9之立法理由。

[15] 參見柯芳枝,公司法論(下),第405頁;劉連煜,現代公司法,第747頁。

第二節　從屬公司利益之保護

一、從屬公司對控制公司及其負責人之損害賠償請求權

控制公司可直接或間接控制從屬公司之人事、財務或業務經營，往往也可操縱雙方之交易條件，使從屬公司從事不利益之經營，而使（控制公司）自己獲利，或藉由調整所屬關係企業之損益，達到減少稅捐或其他特定目的，連帶地可能因此導致從屬公司、其少數股東及債權人遭受損害。因此，公司法第369條之4第1項規定：「控制公司直接或間接使從屬公司為不合營業常規或其他不利益之經營，而未於會計年度終了時為適當補償，致從屬公司受有損害者，應負賠償責任。」即採取補償規範之方法，當控制公司直接或間接使從屬公司為不合營業常規或其他不利益之經營者，如於營業年度終了前已為補償，則不生損害問題。反之，如未補償，則從屬公司為直接被害人，其對控制公司應有損害賠償請求權[16]。

與此相似之規定，是證券交易法第171條第1項第2款及所得稅法第43條之1之規定。依證券交易法第171條第1項第2款之規定：「有下列情事之一者，處三年以上十年以下有期徒刑，得併科新臺幣一千萬元以上二億元以下罰金：……二、已依本法發行有價證券公司之董事、監察人、經理人或受僱人，以直接或間接方式，使公司為不利益之交易，且不合營業常規，致公司遭受重大損害。」另所得稅法第43條之1規定：「營利事業與國內外其他營利事業具有從屬關係，或直接間接為另一事業所有或控制，其相互間有關收益、成本、費用與損益之攤計，如有以不合營業常規之安排，規避或減少納稅義務者，稽徵機關為正確計算該事業之所得額，得報經財政部核准按營業常規予以調整。」惟實務見解[17]認為證券交易法第171條第1項第2款之非常規交易罪，該規範之目的既在保障已依法（指證券交易法）發行有價證券公司股東、債權人及社會金融秩序，則除有法令依據外，舉凡公司交易之目的、價格、條件，或交易之發生，交易之實質或形式，交易之處理程序等一切與交易有關之事項，從客觀上觀察，倘與一般正常交易顯不相當、顯欠合理、顯不符商業判斷者，即係不合營業常規，如因而致公司發生損害或致生不利益，自與本罪之構成要件該當。此與所得稅法第43條之1規定之「不合營業常規」，目的在防堵關係企業逃漏應納稅捐，破壞租稅公平等流弊，稅捐機關得將交易價格調整，據以課稅；公司法第369條之4、第369條之7規定之「不合營業常規」，重在防止控制公司不當運用其控制力，損害從屬公司之利益，控制公司應補償從屬公司者，迥不相同，自毋庸為一致之解釋。

何謂「不合營業常規」？何謂「不利益之經營」？除前述實務之見解外，或可參考臺灣證券交易所股份有限公司有價證券上市審查準則補充規定第10條之規定，亦即所謂

---

[16] 參見86年6月25日公司法第369條之4之立法理由。

[17] 參見最高法院98年度台上字第6782號刑事判決。

「重大非常規交易」，指公司有下列各款情事之一者：1.進銷貨交易之目的、價格及條件，或其交易之發生，或其交易之實質與形式，或其交易之處理程序，與一般正常交易顯不相當或顯欠合理者；2.依主管機關訂頒「公開發行公司取得或處分資產處理準則」，應行公告及申報之取得或處分資產交易行為，未能合理證明其內部決定過程之合法性，或其交易之必要性，或其有關報表揭露之充分性，暨價格與款項收付情形之合理性者；3.向關係人購買不動產或出售不動產予關係人，未符合「公開發行公司取得或處分資產處理準則」之相關規定，其價格、收付款條件明顯異於一般交易，而未有適當理由，或公司所買賣土地與關係人於相近時期買賣鄰近土地，價格有明顯差異而未有適當理由等情形；4.非因公司間業務交易行為有融通資金之必要，將大量資金貸與他人者。

再者，本條所謂應「為適當補償」及「應負賠償責任」之範圍又應如何界定？如參考所得稅法第43條之1之規定，應是就相互間有關收益、成本、費用與損益之攤計，依所謂之營業常規予以計算。而實務見解[18]認為基於整體營運的需要，控制公司與從屬公司間，或從屬公司相互間，其交易常有異於非關係企業者；所謂「受有損害，應以年度中的各筆交易為整體考量，而非僅以個別的買賣作為認定基礎」。而有學者認為，應採「差異比較觀察法」，即比較受控制行為與不具從屬性而進行營業之行為，其間所產生之差異即是應補償之不利益，但不能將非當時所得預見之虧損或經營成本的增加，均視為不利益[19]。

此外，公司法第369條之4第1項之規定，與同法第154條第2項：「股東濫用公司之法人地位，致公司負擔特定債務且清償顯有困難，其情節重大而有必要者，該股東應負清償之責。」（即所謂「揭穿公司面紗原則」），在適用上，亦可能產生重疊或競合之情形。蓋前者是控制公司直接或間接使從屬公司為不合營業常規或其他不利益之經營，後者則是控制股東（公司）濫用（從屬）公司之法人地位（可包括不合營業常規或其他不利益之經營），且都是命控制公司（或控制股東）為從屬公司負責之情形，雖其他構成要件不盡相同，但就規範目的及責任類型而言，則有相似與重疊之處，而可能產生競合之情形。

又，依公司法第369條之4第2項之規定：「控制公司負責人使從屬公司為前項之經營者，應與控制公司就前項損害負連帶賠償責任。」亦即控制公司負責人如使從屬公司為第1項經營，應與控制公司就前項損害負連帶賠償責任，以加重其責任，並保護從屬公司[20]。而依公司法第8條第3項之規定：「公司之非董事，而實質上執行董事業務或實質控制公司之人事、財務或業務經營而實質指揮董事執行業務者，與本法董事同負民事、刑事及行政罰之責任。」因此適用之結果，可能包括企業集團中，未擔任任何一家公司之董事長或董事，但卻能對控制公司甚至整個集團發號司令之實際集團負責人（如「總裁」或類似之稱謂）。

---

[18] 參見臺北地方法院96年度矚重訴字第3號刑事裁定。

[19] 採此說者為洪秀芬教授之見解，轉引自劉連煜，現代公司法，第748頁。而劉連煜教授亦贊同此見解。

[20] 參見86年6月25日公司法第369條之4之立法理由。

二、從屬公司對其他從屬公司之損害賠償請求權

公司法第369條之5規定：「控制公司使從屬公司為前條第一項之經營，致他從屬公司受有利益，受有利益之該他從屬公司於其所受利益限度內，就控制公司依前條規定應負之賠償，負連帶責任。」其立法理由稱：「控制公司使從屬公司為不合營業常規或其他不利益之經營，致他從屬公司受有利益者，除課控制公司賠償責任外，為避免控制公司本身無資產可供清償而使受損害之從屬公司之股東及債權人蒙受損害，故規定受有利益之該他從屬公司應就控制公司依前條規定所應負之賠償，負連帶責任。惟為顧及受有利益之從屬公司股東及債權人之利益，該從屬公司賠償範圍僅限於所受利益。[21]」

三、從屬公司債權人或股東之代位權

公司法第369條之4第3項規定：「控制公司未為第一項之賠償，從屬公司之債權人或繼續一年以上持有從屬公司已發行有表決權股份總數或資本總額百分之一以上之股東，得以自己名義行使前二項從屬公司之權利，請求對從屬公司為給付。」蓋從屬公司既為控制公司所控制，實難期待從屬公司依第369條之4第1項之規定，向控制公司請求損害賠償，為保障從屬公司股東及債權人之利益，乃賦予從屬公司之債權人或股東得以自己名義代位請求賠償，其賠償所得歸屬公司[22]。

依此規定，如屬從屬公司之債權人，無論債權額多寡及清償期長短，每一債權人均得代位請求，並無任何限制。惟如屬少數股東，立法理由認為為避免濫訴及參照本法第200條規定，明定股東為上述請求時，須為繼續一年以上持有已發行「有表決權」股份總數或資本總額1%以上之股東始得為之[23]。惟有學者認為控制公司從屬公司為不合營業常規或不利益之經營，卻未為適當補償者，所有股東同受其害，故不應將無表決權股東予以除外，以符合立法意旨[24]。

另公司法為民法之特別法，故從屬公司之債權人及股東依本條規定行使代位權時，亦不受民法第242條及第243條之限制。又本條並未準用第214條之規定，故股東於行使代位權時，並無須先請求董事會決議，由董事長或監察人代表公司提起訴訟，俟公司怠於起訴時，方得行使。此外，為貫徹立法意旨，有學者認為如有公司法第369條之5之情形者，似亦應賦予從屬公司之債權人或股東對受有利益之他從屬公司代位請求[25]。

---

[21] 參見86年6月25日公司法第369條之5之立法理由。

[22] 參見86年6月25日公司法第369條之4之立法理由。

[23] 此與公司法第172條之1、第173條第1項及第4項、第192條之1、第200條、第214條均僅規定「持有以發行股份總數」之一定百分比（1%或3%）有所不同。

[24] 參見柯芳枝，公司法論（下），第408頁。

[25] 參見柯芳枝，公司法論（下），第407至408頁。

　　另爲保障從屬公司股東或債權人之權利，避免控制公司利用控制力，促使從屬公司拋棄第369條之4第1項之請求權，或達成所謂之「和解」，本條第4項特規定，從屬公司之債權人或股東代位請求賠償時，「不因從屬公司就該請求賠償權利所爲之和解或拋棄而受影響」。

　　又，爲避免控制公司及其負責人暨受有利益之他從屬公司之責任久懸未決，公司法明定前二條（第369條之4及之5）損害賠償請求權之短期時效，而於第369條之6規定：「前二條所規定之損害賠償請求權，自請求權人知控制公司有賠償責任及知有賠償義務人時起，二年間不行使而消滅。自控制公司賠償責任發生時起，逾五年者亦同。」

四、控制公司對從屬公司債權之限制

　　公司法第369條之7第1項規定：「控制公司直接或間接使從屬公司爲不合營業常規或其他不利益之經營者，如控制公司對從屬公司有債權，在控制公司對從屬公司應負擔之損害賠償限度內，不得主張抵銷。」本條之規定與第369條之4之規定相似，第369條之4之規定是當控制公司直接或間接使從屬公司爲不合營業常規或其他不利益之經營，卻未予以補償時，賦予從屬公司損害賠償請求權，並賦予從屬公司之少數股東及債權人得代位行使。而本條第1項則是爲避免「控制公司運用其控制力製造債權（假債權）主張抵銷，使從屬公司對控制公司之損害賠償請求落空」[26]，故進一步限制控制公司抵銷權之行使。

　　本條第2項規定：「前項債權無論有無別除權或優先權，於從屬公司依破產法之規定爲破產或和解，或依本法之規定爲重整或特別清算時，應次於從屬公司之其他債權受清償。」其立法理由稱：「從屬公司之財產爲全體債權人之總擔保，爲避免控制公司利用其債權參與從屬公司破產財團之分配或於設立從屬公司時濫用股東有限責任之原則，儘量壓低從屬公司資本，增加負債而規避責任，損及其他債權人之利益，特參考美國判例，於第二項規定控制公司之債權無論有無別除權或優先權，均應次於從屬公司之其他債權受清償。本條係脫胎於美國判例法上之『深石原則』。深石原則之控制公司爲本案之被告，深石公司爲其從屬公司，法院認爲深石公司爲其從屬公司，法院認爲深石公司在成立之初，即資本不足，且其業務經營完全受被告公司所控制，經營方法主要爲被告公司之利益，因此判決被告公司對深石公司之債權應次於深石公司之其他債權受清償。」

　　美國判例法上所稱之「深石原則」（Deep Rock Doctrine），即一般學理所謂之「衡平居次」（equitable subordination）理論[27]。深石原則並非使從屬公司債權人之債權獲得滿足，僅是當從屬公司面臨破產時，賦予從屬公司之其他債權人清償位次較爲優先而已

---

[26]　參見86年6月25日公司法第369條之7之立法理由。

[27]　參見劉連煜，現代公司法，第754頁。

（即控制公司之債權居次）。依司法實務見解[28]，「深石原則」之建立實爲「揭穿公司面紗原則」（Piercing the Corporate Veil）之延伸，本此原則如認定控制公司有詐欺、不忠誠、不公平之行爲或不當經營從屬公司時，或從屬公司資本顯著不足之情事時，應予否認或居次控制公司對從屬公司之債權，以防止控制公司製造假債權參與從屬公司破產財團之分配，或濫用股東有限責任原則，以從屬公司爲傀儡而增加債務規避責任之機會。尋繹公司法第369條之7之立法理由及上開「深石原則」所揭櫫之精神，關係企業之交易，如控制公司未實際交付貨物給從屬公司，卻大量向從屬公司收取貨款及營業稅款或以詐欺溢收貨款，即可認控制公司係直接或間接使從屬公司爲不合營業常規或不利益之經營，故控制公司於從屬公司破產時，控制公司之債權應次於從屬公司之其他債權受清償。

第三節　資訊公開與表決權限制

一、投資情形之公開

公司法第369條之8第1項規定：「公司持有他公司有表決權之股份或出資額，超過該他公司已發行有表決權之股份總數或資本總額三分之一者，應於事實發生之日起一個月內以書面通知該他公司。」蓋一公司持有他公司有表決權之股份或出資額超過該他公司已發行有表決權之股份總數或資本總額三分之一者，固未構成第369條之2第2項之控制與從屬公司規定，但對他公司亦有潛在之控制力量，故課以該公司有通知義務[29]。所謂「通知義務人」係指持有他公司有表決權之股份或出資額發生一定變動（如超過三分之一或有下述情形之一者）之公司，尚不生股份或出資額之出讓人之通知問題[30]。

本條第2項規定：「公司爲前項通知後，有左列變動之一者，應於事實發生之日起五日內以書面再爲通知：一、有表決權之股份或出資額低於他公司已發行有表決權之股份總數或資本總額三分之一時。二、有表決權之股份或出資額低於他公司已發行有表決權之股份總數或資本總額二分之一時。三、前款之有表決權之股份或出資額再低於他公司已發行有表決權之股份總數或資本總額二分之一時。」就第1款之情形，因其表決權或出資額低三分之一，已不受本章之規範；就第2款之情形，如超過二分之一時，該公司間即有控制與從屬之關係；就第3款之情形，如超過二分之一後再低於二分之一時，其間之控制與從屬之關係已不復存在，因此，如有上述變動情形之一者，因效果影響頗大，應有再爲通知

---

[28] 參見最高法院101年度台上字第1454號民事判決。

[29] 參見86年6月25日公司法第369條之8之立法理由。

[30] 參見經濟部87年2月2日商字第87200740號函。

之必要[31]。

而依本條第3項及第4項之規定：「受通知之公司，應於收到前二項通知五日內公告之，公告中應載明通知公司名稱及其持有股份或出資額之額度。」「公司負責人違反前三項通知或公告之規定者，各處新臺幣六千元以上三萬元以下罰鍰。主管機關並應責令限期辦理；期滿仍未辦理者，得責令限期辦理，並按次連續各處新臺幣九千元以上六萬元以下罰鍰至辦理為止。」其目的是為貫徹公開原則以保護公司小股東及債權人，明定受通知之公司應於收到通知後五日內公告；並明定對公司負責人可處以罰鍰，以貫徹公司通知或公告之義務，並為避免主管機關責令公司限期辦理後，公司仍拖延未辦，主管機關得連續處罰[32]。

本條所稱「事實發生之日」究係指「實際受讓或轉讓之日」，抑或「辦理過戶之日」？主管機關認為：「公司法第369條之8第3項所規定之公告義務，係以公司收到同條第1項、第2項之通知為義務發生之要件。復按同條第1項、第2項所規定之通知，係以公司持有他公司『有表決權』之股份或出資額發生一定之變動為通知義務發生之要件，違者方有同條第4項之處罰問題。是以受通知之公司於為確認該通知公司符合同條第1項、第2項規定要件之目的範圍內，要求通知公司提出股票或先依相關規定辦理股東名簿變更登記（記名股票），再行受理其通知，乃為當然之做法，與法自無不合。[33]」似傾向以「辦理過戶之日」而持有他公司「有表決權」之股份或出資額作為基準。

二、關係報告書及合併財務報表之編製

依公司法第369條之12之規定：「（第1項）從屬公司為公開發行股票之公司者，應於每會計年度終了，造具其與控制公司間之關係報告書，載明相互間之法律行為、資金往來及損益情形。（第2項）控制公司為公開發行股票之公司者，應於每會計年度終了，編製關係企業合併營業報告書及合併財務報表。（第3項）前二項書表之編製準則，由證券主管機關定之。」關係報告書及合併財務報表之編製，目的在於明瞭控制公司與從屬公司間之法律行為，及其他關係，以確定控制公司對從屬公司之責任，且為便於主管機關管理及保護少數股東與債權人[34]。依本條之規定，有編製義務者，僅限於控制公司或從屬公司係公開發行股票公司者，始有其適用。另根據本條第3項之授權，證券主管機關訂頒「關係企業合併營業報告書關係企業合併財務報表及關係報告書編製準則」，以資遵循。

---

[31] 參見86年6月25日公司法第369條之8之立法理由。

[32] 同前註。

[33] 參見經濟部87年2月2日商字第87200740號函。

[34] 參見86年6月25日公司法第369條之12之立法理由。

三、關係企業間表決權之限制

如屬控制公司與從屬公司,依公司法第179條第2項之規定:「有下列情形之一者,其股份無表決權:……二、被持有已發行有表決權之股份總數或資本總額超過半數之從屬公司,所持有控制公司之股份。三、控制公司及其從屬公司直接或間接持有他公司已發行有表決權之股份總數或資本總額合計超過半數之他公司,所持有控制公司及其從屬公司之股份。」蓋從屬公司就其對控制公司之持股,在控制公司之股東會中行使表決權時,實際上與控制公司本身就自己之股份行使表決權無異,此與公司治理之原則有所違背;而控制公司及其從屬公司再轉投資之其他公司持有控制公司及其從屬公司之股份亦同,故乃限制其行使表決權之行使[35]。

如屬相互投資公司,依公司法第369條之10第1項之規定:「相互投資公司知有相互投資之事實者,其得行使之表決權,不得超過被投資公司已發行有表決權股份總數或資本總額之三分之一。但以盈餘或公積增資配股所得之股份,仍得行使表決權。」其立法理由是為避免相互投資公司可能發生之弊端(註:如虛增資本、董監事永保其職位等)及相互投資現象之擴大,明定其表決權行使之限制,惟公司以盈餘或公積轉為資本所得之股份,並非股東所能決定,故此項限制不適用於從盈餘或公積轉為新增資本而獲得之新增股份,以免矯枉過正妨礙公司正常營運[36]。

依本條第2項之規定:「公司依第三百六十九條之八規定通知他公司後,於未獲他公司相同之通知,亦未知有相互投資之事實者,其股權之行使不受前項限制。」申言之,公司將自己持有他公司有表決權之股份或出資額,超過該他公司已發行有表決權之股份總數或資本總額三分之一之事實通知他公司後,在未得他公司之類似通知或公司知其相互投資之事實前(註:尚未構成「相互投資」公司),不宜限制其表決權之行使,否則公司行使表決權後,始接獲他公司通知或才知有相互投資之事實時,如仍就上述已行使之表決權為第1項之限制,將徒增困擾[37]。另依主管機關之見解[38],相互投資公司表決權行使之限制,係以「知」有相互投資之事實,為限制發生之要件,而非以已獲他公司依第369條之8所為之通知為限制發生之唯一要件(註:即並非受依該條之通知後,通知方超過三分之一部分之表決權即應受限制),公司法第369條之8所規定之通知或公告義務,與表決權之計算係屬二事。因此,公司不得於股票停止過戶期間(公§165Ⅱ)內拒絕受理其他公司依同法第369條之8所為之通知。

---

[35] 參見94年6月22日公司法第174條之修正理由。

[36] 參見86年6月25日公司法第369條之10之立法理由。

[37] 同前註。

[38] 參見經濟部87年2月2日商字第87200740號函。

第四節　未來展望[39]

　　綜上所述，86年公司法修訂時，雖增訂「關係企業」專章，但偏重於關係企業之定義及從屬公司少數股東及債權人之保護，如控制公司濫用控制力使從屬公司為不合營業常規之行為、從屬公司少數股東及債權人之保護、相互投資公司間表決權行使之限制、關係企業形成之告知義務、關係企業之資訊公開等，似仍停留在個別單一公司法人之思考層次，未能充分反映控制公司負責人具有統一指揮整體集團業務經營及分配利益之特質。其後，公司法對於相關條文雖為因應實際需要而有局部修訂（如第8條第3項、第154條第2項），但卻顯得零散與破碎。嗣108年7月1日公司法修訂時，為利於企業留才，賦予企業彈性運用員工獎酬制度之彈性，修訂公司法第167條之1、第167條之2、第235條之1及第267條等規定，明定各項員工獎酬機制之發給對象，章程得明定「包括符合一定條件之控制或從屬公司」，在立法上又進一步朝集團企業法前進。

　　由於集團企業規模龐大，占整體經濟比重頗高，利害關係人數量甚多，一旦發生弊端，其影響不亞於一場小型的金融風暴，先前力霸集團瓦解的殷鑑不遠。展望未來，在集團治理及法律規範上，至少仍有下列幾個面向值得思考：

一、總管理處之定位及規範

　　在我國集團企業中，有許多會設置總管理處，以中央集權的方式統一決策、管理或協調集團企業中各公司的經營。由於總管理處並非法人組織，亦非公司法所規定公司的法定機關，因此不論是經濟部的公司登記資訊或公開資訊觀測站均無需揭露相關訊息，故集團企業設立或裁撤總管理處時，也無須辦理變更登記、發布重大訊息，或依公司法所定的法律程序為之。就法律層面而言，總管理處並非公司法所規範之法定機關組織，亦不具有經營決策或管理等法律上權限，然在實際運作上，集團企業多以總管理處統籌決策集團企業中各公司之事項，在形式上由各公司之董事會（亦是由集團企業中法人指派代表人擔任董事）或由股東會通過決議，完全架空公司法所設計之內部治理架構，並混淆公司法原先的當責設計。此外，因資訊不透明，且缺乏內部（如董事會或股東會）及外部（對主管機關及第三人的資訊揭露）的監督機制，進而影響股東及債權人的權益，而造成公司治理或集團治理之死角。

　　101年1月4日公司法修訂時，雖於第8條第3項增訂「實質董事」的規範；108年7月1日修訂時，更進一步規範不限於「公開發行股票之公司」，而包括非公開發行公司在內，已跳脫公司法傳統上形式主義之窠臼，以實質方式認定公司之負責人，並使其負起公司負

---

[39] 以下主要引自筆者與吳孟融合著，企業集團之治理、問題與實踐，收錄於現代企業經營法律實務（協合國際法律事務所叢書），2018年1月初版一刷，第101頁以下。

責人之責任，冀能解決名實不符之問題，並避免實際掌控公司者以不擔任董事或經理人之方式，規避法律責任。有論者以爲其影響所及，對於總管理處此種非公司組織，如基於控制權而對集團內從屬公司爲不合營業常規之行爲時，亦能透過實質董事之認定，使其負起相關責任。然而，因總管理處並非法定組織，亦無需揭露相關資訊，如何認定某人是否確有「實質上執行董事業務」、「實質控制公司之經營而實質指揮董事執行業務」，舉證上恐不容易。另外，公司法第8條第3項並未提供明確的操作標準，實務運作上能發揮多少功能尚待觀察，因此，總管理處之相關問題，是否因公司法第8條第3項之增訂而迎刃而解，仍屬可疑。

二、始作俑者─法人董事代表制度

　　董事會之治理與監督是公司治理的核心與關鍵，然依公司法第27條之規定：「（第1項）政府或法人爲股東時，得當選爲董事或監察人。但須指定自然人代表行使職務。（第2項）政府或法人爲股東時，亦得由其代表人當選爲董事或監察人。代表人有數人時，得分別當選，但不得同時當選或擔任董事及監察人。（第3項）第一項及第二項之代表人，得依其職務關係，隨時改派補足原任期。」此等規定賦予集團控制者掌控集團內各公司人事的法律權利，質言之，在運作上，集團控制者只需要掌握頂層少數幾家控股公司的經營權，並由該控股公司指派數代表人分別當選從屬公司董事，即可透過控制董事會進而控制從屬公司業務之經營，此外，公司法第27條第3項並賦予控制公司（法人股東）可以隨時改派其他代表人補足原任期之權利，更加鞏固及確保對人事方面的控制力。

　　前述公司法第27條之規定，是我國特有之規範，原先爲因應公營事業民營化後，政府能以便宜之方式繼續掌握民營化後之公司經營所爲之設計，但之後卻有如「魔戒」一般，欲罷不能。101年1月4日公司法修訂時，雖於該條第2項增訂但書「不得同時當選或擔任董事及監察人」之規定，但形式意義大於實質，質言之，就集團企業而言，只需由兩家不同公司的代表人分別當選董事及監察人，即可輕易迴避法律之規定，影響所及，實嚴重破壞公司法所設計有關監察人之監督與制衡機制。

　　就公司法第27條之規範而言，法人之性質是否適合擔任董監事，在本質上即有疑問。再者，當選董監事之法人得以自己之意思改派代表人，改變股東透過累積投票制所選任之人選，亦違反股東民主原則。學者雖多建議直接刪除本條之規定，然公司法歷經多次修訂，本條之規定卻依然不動如山。從公司治理的角度出發，集團中各個公司的董事及監察人仍應對該公司的股東負責，而非完全聽從集團控制者的命令，法人代表制度不但混淆了董監事應負責任的對象，又因爲法人得隨時改派代表人，更使得當選之董監事無法獨立地行使職權。

三、集團企業間之交易、補償及代位求償

有關集團內各企業之規範,現行公司法並無明確之規範,而是散落於各該規定之中,諸如董事或股東對於會議之事項,有自身利害關係致有害於公司利益之虞時,不得加入表決,且不得代理他股東行使其表決權(公§178、§206Ⅳ)[40];董事為自己或他人與公司為買賣、借貸或其他法律行為時,由監察人為公司之代表(公§223)。而公司法第369條之4第1項規定,更明文承認控制公司得為整體集團之利益,使從屬公司為不合營業常規或不利益之經營,只是基於從屬公司債權人及股東之保護,應於會計年度終了時為適當補償而已。

如屬公開發行股票之公司,有關集團內各企業間之交易,因屬關係人交易,應於財報中揭露。另依公開發行公司取得或處分資產處理準則(以下簡稱「取處辦法」)第7條第2項之規定,有關公開發行公司之關係人交易,原則上應依取處辦法所訂定處理程序為之,並應先洽請會計師就交易價格之合理性表示意見,並提請審計委員會及董事會決議通過。如屬公開發行股票之公司,有關公司間之資金融通及擔保,則應依公開發行公司資金貸與及背書保證處理準則,並提請審計委員會及董事會決議通過。

另為防範掏空公司及利益輸送,證券交易法是採刑事處罰加以遏止。如以證券交易法第171條第1項第2款之規定,對照公司法第369條之4第1項之規定,在法律的適用上將產生困擾。詳言之,公司法第369條之4第1項對於非常規交易是採容許之態度,亦即明文承認關係企業間得為整體集團之利益,使從屬公司為不合營業常規或不利益之經營,只需於會計年度終了時為適當補償而已,然依證券交易法第171條第1項第2款卻是採明文禁止之態度。再者,對於關係企業間之非常規交易,如造成(公開發行)公司遭受重大損害,是否將因控制公司於會計年度終了時已為適當補償而豁免相關刑事責任?亦不無疑義。

此外,公司法雖已考量從屬公司既為控制公司所控制,實難期待從屬公司依第369條之4第1項之規定,向控制公司請求損害賠償,為保障從屬公司股東及債權人之利益,乃於同條第3項賦予從屬公司之債權人或股東得以自己名義代位請求賠償,但因其「賠償所得歸屬公司」,此等代位權設計是否能有效運性,亦令人存疑。

四、揭穿公司面紗原則

公司法規定公司具有獨立之法人格,加上「股東有限責任原則」之運作,即股東僅就其所認股份(或出資額)對公司負繳納股款之義務(公§99、§154Ⅰ),可知法律本即允許股東藉由設立公司將責任移轉,此亦是股東有限責任與分散商業風險之實踐,以預設有限責任之設計來鼓勵商業活動之進行,然而如股東濫用公司之法人地位,從事詐欺

---

[40] 108年7月1日公司法修訂時增訂第206條第3項之規定:「董事之配偶、二親等內血親,或與董事具有控制從屬關係之公司,就前項會議之事項有利害關係者,視為董事就該事項有自身利害關係。」

或不法行為，而負擔特定債務，如固守股東有限責任原則，將使該違反股東得脫免責任導致債權人之權利落空，求償無門。102年1月30日乃增訂公司法第154條第2項之規定，正式引進英美法所謂之「揭穿公司面紗原則」。然由於揭穿公司面紗原則係屬公司法基本原則「股東有限責任原則」之例外，基於例外解釋從嚴之原則，對於該條之適用亦不宜太過寬鬆，而應堅守「最後手段」或「輔助性」之概念，更何況法律條文本身已特別強調必須「情節重大而有必要者」始得為之。

　　在適用上，立法理由亦揭示：「法院適用揭穿公司面紗之原則時，其審酌之因素，例如審酌該公司之股東人數與股權集中程度；系爭債務是否係源於該股東之詐欺行為；公司資本是否顯著不足承擔其所營事業可能生成之債務等情形。」而在司法實務上，最高法院見解則認為：「此就母子公司言，應以有不法目的為前提，僅在極端例外之情況下，始得揭穿子公司之面紗，否定其獨立自主之法人人格，而將子公司及母公司視為同一法律主體，俾使母公司直接對子公司之債務負責」、「此項決定性因素非指母公司百分之百持有子公司即可揭穿，尚應考量母公司對子公司有密切且直接之控制層面」、是否「利用被上訴人為工具藉以詐騙財產逃避責任」。

　　在集團企業之運作上，為了分散風險，常會透過成立無實質營運之紙上公司，形成多層次之控股架構，並利用有限責任作為後盾，將交易風險轉嫁給債權人。而揭穿公司面紗原則賦予法院在特定情形下，基於債權人保護之必要，得突破公司之法律形式，例外地揭穿公司面紗，而令母公司直接對子公司之債務負責。然而，如審視公司法第154條第2項之構成要件，有許多不確定及高度抽象之要件，諸如「濫用公司之法人地位」、「致公司負擔特定債務」、「清償顯有困難」、「情節重大」、「有必要」者，因此如何在「股東有限責任」之前提下，衡平保護債權人之權益，同時兼顧法律安定性及可預測性，亦有待司法實務更進一步之闡釋。

　　綜上所述，隨著集團企業發展至今，已在我國政治及經濟上扮演著重要之角色，落實其治理機制不僅是為了股東及債權人之權益，更是安定國家社會及經濟不可或缺之一環。除了從更宏觀的角度出發，全面的設計整套制度外，更有賴於集團控制者之實踐以及監理機關的把關，始能克盡其功，達到穩定社會及促進經濟發展之目標。

參考文獻

一、主要參考書籍

1. 柯芳枝，公司法論（上），2013年修訂九版。
2. 劉連煜，現代公司法，2019年9月增訂十四版。
3. 王文宇，公司法論，2003年10月初版。
4. 曾宛如，公司法制基礎理論之再建構，2011年10月初版。
5. 邵慶平，公司法一組織與契約之間，2008年12月初版。
6. 方嘉麟主編，閉鎖性股份有限公司逐條釋義，2016年10月初版。
7. 施茂林等著，商業判斷原則與企業經營責任，2011年12月初版。
8. 賴英照，證券交易法解析簡明版，2017年9月三版。
9. 黃日燦主編，企業併購的十堂必修課，2016年5月初版。
10. 王澤鑑，民法總則，2014年2月增訂新版。
11. 王澤鑑，侵權行為法，2015年6月增訂新版。
12. 孫森焱，新版民法債編總論下冊，2000年8月修訂版。

二、主要參考論文

1. 方嘉麟，論經營判斷法則於我國法下適用之可能，政大法學評論第128期，2012年8月。
2. 劉連煜，公司負責人因違反法令所生之損害賠償責任，公司法理論與判決研究（一），1997年11月再版。
3. 劉連煜，讓與主要部分營業或財產之判斷基準，公司法理論與判決研究（三），2002年5月。
4. 劉連煜，股東及董事因自身利害關係迴避表決權之研究，公司法理論與判決研究（五），2009年4月初版。
5. 劉連煜，股東及董事因自身利害關係迴避表決之研究—從台新金控併購彰化銀行談起，公司法理論與判決研究（五），2009年4月初版。
6. 劉連煜，董事責任與經營判斷法則的運用—從我國司法判決看經營判斷法則的發展，財金法學研究第3卷第1期，2020年3月。
7. 林國全，董事競業禁止規範之研究，月旦法學雜誌第159期，2008年8月。
8. 郭大維，股東有限責任與否認公司法人格理論之調和—「揭穿公司面紗原則」之探

討，中正財經法學第7期，2013年7月。

9. 蔡英欣，股份收買請求權制度之檢討，全國律師雜誌，2014年2月。

10. 周振鋒，評公司法第8條第3項之增訂，中正財經法學第8期，2014年1月。

11. 林大洋，公司侵權責任之法律適用—民法第28條與公司法第23條第2項之交錯與適用，最高法院九十九年度民事學術暨債法施行八十周年研討會論文集，2011年5月。

12. 陳聰富，法人團體之侵權責任，臺大法學論叢第40卷第4期，2011年12月。

13. 楊建華，股份有限公司解任董事或監察人之訴之被告，問題研析—民事訴訟法（三），1993年10月。

14. 李岳霖，轉換公司債健全管理措施，證券暨期貨月刊第35卷第12期，2017年12月。

15. 簡仲田，公司重整法制—債務清理法草案對現行公司法公司重整之修正，司法官第48期學員法學研究報告。

16. 張炳坤，財報不實民事責任之歸責原則，全國律師雜誌，2016年9月。

17. 張炳坤，清算人限境函釋應通盤檢討，稅務旬刊，2012年3月31日。

18. 張炳坤，以閉鎖性公司作為家族傳承法律設計之初探，全國律師雜誌，2018年2月。

19. 張炳坤、劉子碩，論員工股票獎勵制度之實踐與檢討—以限制型股票為核心，財經科技法律實務面面觀，2015年1月初版。

20. 張炳坤、吳孟融，企業集團之治理、問題與實踐，現代企業經營法律實務，2018年1月初版。

國家圖書館出版品預行編目資料

公司法實務解析/張炳坤著. ——初版.——
臺北市：五南圖書出版股份有限公司，
2021.10
面；　公分
ISBN 978-626-317-168-8（平裝）

1.公司法

587.2　　　　　　　　110014551

1UF4

公司法實務解析

作　　　者 — 張炳坤（201.9）

發 行 人 — 楊榮川

總 經 理 — 楊士清

總 編 輯 — 楊秀麗

副總編輯 — 劉靜芬

責任編輯 — 呂伊真

封面設計 — 姚孝慈

出 版 者 — 五南圖書出版股份有限公司

地　　　址：106台北市大安區和平東路二段339號4樓

電　　　話：(02)2705-5066　　傳　　真：(02)2706-6100

網　　　址：https://www.wunan.com.tw

電子郵件：wunan@wunan.com.tw

劃撥帳號：01068953

戶　　　名：五南圖書出版股份有限公司

法律顧問　林勝安律師事務所　林勝安律師

出版日期　2021年10月初版一刷

定　　　價　新臺幣600元

經典永恆·名著常在

五十週年的獻禮 —— 經典名著文庫

五南，五十年了，半個世紀，人生旅程的一大半，走過來了。

思索著，邁向百年的未來歷程，能為知識界、文化學術界作些什麼？

在速食文化的生態下，有什麼值得讓人雋永品味的？

歷代經典·當今名著，經過時間的洗禮，千錘百鍊，流傳至今，光芒耀人；

不僅使我們能領悟前人的智慧，同時也增深加廣我們思考的深度與視野。

我們決心投入巨資，有計畫的系統梳選，成立「經典名著文庫」，

希望收入古今中外思想性的、充滿睿智與獨見的經典、名著。

這是一項理想性的、永續性的巨大出版工程。

不在意讀者的眾寡，只考慮它的學術價值，力求完整展現先哲思想的軌跡；

為知識界開啟一片智慧之窗，營造一座百花綻放的世界文明公園，

任君遨遊、取菁吸蜜、嘉惠學子！